유교는 종교인가

유교종교론

주편 임계유 역자 금장태 · 안유경

1

지식과교양

"유교는 종교인가?"라는 질문은 유교의 본질적 성격을 인식하는 문제이면서, 동시에 전통사회와 현대사회에서 유교를 바라보는 시각이 어떤 차이를 지니며 얼마나 다양한 시각이 가능한지를 드러내주는 문제이기도 하다. 실제로 유교가 종교인지 아닌지에 대한 대답은 '유교'를 이해하는 시각에 따라 달라지며, 또한 '종교'의 개념을 인식하는 입장에 따라 달라진다. 따라서 '유교'를 종교라고 보는 견해와 '유교'를 종교가 아니라고 보는 견해는 어느 쪽이 옳다고 단정할 수가 없다. '유교'를 이해하는 내용이 서로 다르고 '종교'개념의 이해가 서로 다르면 이에 따라 유교와 종교의 사이에는 극단적으로 유교만이 진정한 종교라는 주장에서부터 유교에는 종교성이 있지만 선명하지 못하다는 중간적 견해와 유교는 종교의 신성한 세계와는 전혀 다른 세속적 가치의 영역이라 주장하는 반대쪽 극단에 이르기까지 매우 다양한 입장이 제시될 수 밖에 없다.

전통사회에서 유교는 사실 종교와 철학과 도덕과 정치가 분별되지 않은 통합적 사유 속에 살아 있었지만, 오늘날 우리가 서 있는 서구의 근대적 사유체계에서는 종교나 철학이나 도덕이나 정치는 서로 다른 체계이므로 그 가운데 어느 하나를 배타적으로 선택하도록 강요되고 있다. 이러한 분화된 사유체계에서는 통합적 사유 속에 살아왔던 전통의 유교가 종교인지 아닌지 매우 애매하고 불분명한 것으로 보이기 마련이다. 실제로 유교가 종교가 아니라는 주장은 1902년 양계초梁啓超가 「보교비소이존공론保敎非所以尊孔論」이 단초를 열었다. 그러나 양계초의 '종교'개념은 종교를 기복祈福행위에 빠진 미신으로 보고 있으며,

과학에 상반하는 것으로 과학의 발달과 더불어 장차 소멸될 것으로 보고 있으니, '종교'에서 탈피함으로써 유교를 보존하고 높일 수 있다는 입장이다. 그러나 1899년 대한제국의 고종황제는 「존성윤음(尊聖綸音)」을 반포하면서, "세계의 모든 나라가 종교를 극진히 존숭하는 것은 종교가 사람의 마음을 맑게 하고 정치의 도리가 여기서 나오기 때문이다"라하여, '종교'가 도덕과 정치의 근원이라는 긍정적 인식을 전제로, "우리 나라의 종교는 공자의 도가 아니겠는가"라 하여, 유교를 우리나라의 종교 곧 국교로 확인하였던 일이 있다.

문제는 전통사회에서 유교지식인들은 종교적 신념으로 살았지만 오늘의 유학자들은 지식체계로서 유교를 이해하더라도 종교적 신념을 잃었다는 사실에 있다. 유교인의 제사의례도 조상신과 교류하는 경건성을 상실하고 관습적 형식만 따르고 있으니, 이러한 유교인을 더 이상 종교인이라 할 수는 없는 실정이다. 과연 "유교는 종교인가?"라는 질문은 누구에게 던져야 하는지도 문제이다. 옛 유교전통에 묻는 것인지, 현재의 유교단체에 묻는 것인지부터 따져보아야 할 것이다.

중국·한국·일본의 동북아시아 한자문화권은 전통사회에서 유교문화를 기반으로 하고 있다는 점에서 공통성을 지니고 있다. 유교는 특히 중국과 한국에서 사회체제의 기반으로 확고하게 정립되어 왔지만, 20세기에 들어와 근대화과정에서 급격한 붕괴가 일어났다. 그러나 오늘에서는 지난 백년간 혹독한 비판과 파괴를 당했던 유교문화가 최근 중국에서 새로운 활력을 찾아가는 조짐이 다양하게 나타나기 시작하는 변화의 국면을 맞이하고 있다.

중국에서 이러한 변화현상의 발단은 1970년대 말부터 시작되었다. 모택동이 죽고(1976) 문화대혁명(1966~1976)이 끝나면서 그 동안 파괴되었던 중국의 문화전통에 대해 새로운 관심이 일어났다. 이에 따라 중국에서 새롭게 제기되었던 중요한 쟁점의 하나가 바로 유교의 종교성문제에 대한 논쟁이었다. 1978년 임계유任繼愈가 유교를 종교로 파악하는 견해를 제시한 이후로 중국에서 많은 학자들 사이에 유교를 종교로 인식하는 '유교종교론'과 유교를 종교가 아니라 규정하는 '유교비종교론'이 팽팽하게 맞서 활발하게 논쟁을 벌였고 토론이 전개되었다. 『유교는 종교인가』라는 이 책은 중국어판 원제목이 『유교문제쟁론집儒敎問題爭論集』(2000, 北京, 宗敎文化出版社)으로 1978년 이후 중국에서 유교가 종교인지 아닌지에 대한 논문과 논쟁 및 토론의 글들을 모두 모아 놓은 것이다.

이 책을 주편主編한 임계유선생은 지난해에 작고하였고, 그의 제자로서 이 책의 실질적 편찬자인 이신李申선생은 안유경박사에게 이 책의 한국어번역을 승인해주었고, 특별히 한국어판 서문을 써주었을 뿐만 아니라, 이 책에 수록되지 않은 최근 저작의 논문「유교와 유교연구」한 편을 한국어판에 싣도록 보내주시기도 하였다. 이신선생의 친절한 배려에 이 자리를 빌어 감사하는 마음을 밝히고 싶다.

이 책의 중국어판은 36편의 논문과 부록 2편이 발표시기 순서에 따라 수록되어 있다. 역자는 이 책의 주제를 보다 선명하게 부각시키고 또한 읽기에 편하도록 하기 위해서 원서의 편차에 상당한 변동을 감행하였다. 먼저 번역서를 두 책으로 나누었다.

〈권1〉은 '유교종교론'으로 제목을 붙이고 유교를 종교로 보는 입장의 논문 총 24편을 수록했다. 또한 원서에서 흩어져 수록된 논문들을 저자별로 모았다. 곧 제1부로 '임계유의 유교종교론'에 11편을 원서의 순서대로 수록하였고, 제2부로 '이신의 유교종교론'에 8편을 수록하였다. 여기에는 이신선생이 새로 보내준 논문을 첫머리에 싣고, 원서에 부록(1)로 수록된 논문을 끝에 붙였다. 제3부로 '하광호·뇌영해·사겸의 유교종교론'에 5편을 실었다.

〈권2〉는 '유교비종교론 및 토론'으로 제목을 붙이고, 유교의 종교성을 거부하는 견해의 논문들과 양쪽 입장에서 토론을 전개한 논문들을 총 14편 수록하였다. 따라서 〈권2〉의 제1부는 '유교비종교론'으로 11편의 논문을 수록하였는데, 중국철학의 대표적 인물인 장대년과 풍우란의 논문을 가장 앞에 싣고, 그 다음은 원서의 순서대로 실었다. 제2부는 '유교종교문제 토론'으로 3편을 실었는데, 쟁점을 학술사적 체제로 서술한 모윤전·진연의 논문을 앞에 싣고, 강광휘 등 4인의 토론과 장대년 등 6인의 필담을 차례로 실었다.

이렇게 편찬체제를 재구성한 것은 원서의 편찬의도에 벗어난다는 위험이 따르지만, 단순히 연대순 배열에서 오는 혼잡을 피하고 주제별이나 인물별로 분류하여 독자의 이해를 돕고자 하였을 뿐이다. 원서의 목차는 부록 다음에 첨부하여 참조하도록 하였다.

번역서에서는 독자의 편의를 위해 몇 가지 보완된 사항이 있다. ①원서의 목차에 편篇 제목만 수록되었지만 번역서에서는 각 편의 내용과 성격을 파악하는데 도움이 되도록 장章 제목까지 실었다. ②때로는

장의 구분을 숫자만 써놓거나 한 단어만 써 놓은 경우에는 본문내용에 따라 장제목을 보충하여 기술했다. ③원서에서 인용하고 있는 글들에 오탈자誤脫字가 많아 원문을 찾아 대조하여 바로잡았다. ④원서에 『책명』과 「편명」의 표기가 누락된 곳은 모두 구분하여 밝혔다. ⑤번역문에서 〈 〉표는 표현을 명료하게 하고 부드럽게 읽을 수 있도록 역자가 보충하여 서술한 것이다. ⑥또한 보충설명이 필요하거나 원서에 인용된 인물이나 원전을 설명하기 위해 역자 주를 가능한 충실히 달고자 노력하였다.

번역과정에서 안유경박사가 초역初譯을 하고나서 나와 함께 검토하여 가능한 오역을 줄이고 문장을 명확하게 하고자 노력을 하였다. 그러나 너무 많은 필자의 다양한 문체를 번역하는데 따르는 어려움이 심했다. 아직도 불충분한 점이 많을 줄 알지만 독자 여러분들의 질책을 받아 앞으로 고치고 바로잡아 갈 것을 기약한다. 끝으로 이 책의 간행을 허락해주신 지식과 교양 윤석원 사장님의 따뜻한 배려에 깊은 감사를 드리고, 이신선생의 호의에 다시 한번 감사를 드린다.

2011년 5월 7일
靜淸堂에서 금장태

한국과 중국 두 나라는 지역적으로 인접할 뿐만 아니라 또한 전통문화의 관계도 긴밀하다. 때문에 유교가 종교인지 아닌지의 문제는 중국 전통문화의 성질과 현재의 국가정황을 정확히 인식하는 것과 관계될 뿐만 아니라, 또한 한국 전통문화의 성질과 지금의 국가정황을 정확히 인식하는 것과 관계된다. 자기의 과거 역사를 정확히 인식하는 것은 바로 앞으로 가야할 길을 분명히 인식하는 중요한 단계이다.

　필자의 아는 바에 의하면, 한국에는 중국에서와 마찬가지로 유교가 종교인지 아닌지에 관해 분명히 다른 두 가지 견해가 있다. 필자는 일찍이 몇몇 한국 학술계의 친구들과 접촉하였는데, 이 두 가지 견해가 모두 있었다. 필자는 이 책이 한국 친구들의 유교문제를 정확히 인식하는데 조그마한 힘이나 다할 수 있기를 희망한다.

　특히 '제2부 이신의 유교종교론'의 첫 장에 해당하는 「유교와 유교연구」는 필자가 중국사회과학원 세계종교연구소에서 책임 편집한 〈2009년 중국 종교문제 보고서〉의 요청에 응하여 쓴 원고의 일부분으로, 유교의 역사와 현재 중국의 연구정황을 약간 언급하였는데, 이 기회를 빌어 한국 친구들에게 소개하고 이 책의 내용을 보충하는 계기로 삼고자 한다.

　필자는 안유경安琉鏡 박사에게 감사를 보내고, 그의 노고가 없었다면 이 책은 한국에서 출판될 수 없었을 것이다.

2010년 1월 6일

이신李申

중국어판 출판설명

　중국 고대의 통치사상이 종교인지 아닌지는 확실히 중국 전통문화를 인식하는 근본문제이다. 5·4 운동(1919) 이후 근 100년의 시간 속에서 '유교비종교설'이 중국 전통문화를 이해하는 기본 인식이 되었다. 1978년 '유교종교설'이 제기된 이후 학술계에 중대한 반향反響을 불러일으켰다. 그 때부터 20년 동안 이 문제에 대한 논쟁이 부단히 계속되었고, 최근 그 논쟁 범위가 더욱 확대된 것은 유교가 종교인지 아닌지의 문제가 학술계에 한층 더 광범위한 관심을 불러일으켰음을 반영한다. 이 책은 중국 학술계의 이 문제에 대한 실제 논쟁을 기록한 것이고, 귀중한 역사 자료를 보존하고 있어 이 논쟁에 관심을 갖는 사람들로 하여금 논쟁의 기본 정황을 비교적 쉽게 이해할 수 있게 하였다.

　유교가 종교인지 아닌지의 문제는 전통문화의 성질에 대한 이해와 관계되고, 전통문화의 연구 가운데 전체 국면에 관계되는 중요한 문제이다. 『유교는 종교인가─유교종교론 [1]과 유교비종교론 [2](원제: 儒教問題─爭論集)』이 반드시 폭넓은 관심을 불러일으킬 수 있을 것이라 믿는다.

　이 책은 논문의 본래 모습을 유지하되, 다만 일부 오자誤字에 대해서만 할 수 있는 최대한의 교정을 보았다.

2000년 10월
중국 종교문화출판사 편집자

목차

제2부 이신李申의 유교종교론

제3부 하광호何光滬 · 뇌영해賴永海 · 사겸謝謙의 유교종교론

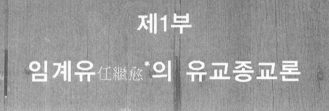

제1부

임계유仁繼愈*의 유교종교론

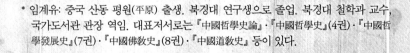

* 임계유: 중국 산동 평원(平原) 출생. 북경대 연구생으로 졸업. 북경대 철학과 교수,
국가도서관 관장 역임. 대표저서로는『中國哲學史論』·『中國哲學史』(4권)·『中國哲
學發展史』(7권)·『中國佛教史』(8권)·『中國道教史』등이 있다.

유괴는 종교인가

1

유교의 형성[1]

중국철학사는 중국이라는 영토 위에서 성장하고 발전한 것이고, 중국 사회역사의 특징은 중국철학사의 모습과 성질을 결정하는데, 이는 유럽의 사회역사가 유럽철학사의 모습과 성질을 결정하는 것과 같다.

중국에 문자기록이 있던 역사는 대부분 봉건사회의 역사이니, 중국철학사의 발전은 주로 중국 봉건사회의 역사시기에 이루어진 것이다. 중국철학사를 연구하려면, 먼저 중국 봉건사회의 철학사 연구를 분명히 하여 그것의 기본 규율을 찾아가면 중국철학사의 주요 임무도 완전에 가까워질 것이다. 중국 봉건사회의 역사에 어떤 특징이 있는지에 대해서는 사람들의 견해가 일치하지 않지만, 견해를 달리하는 부분을 제거하면 기본적으로 사람들이 공통으로 인정하는 부분이 남는다. 간단하게 말하면, 중국 봉건사회의 역사는 대략 아래 몇 가지의 특징이 있다.

---

1 이 논문은 1979년 일본을 방문했을 때 쓴 〈유가와 유교〉라는 학술보고를 보충하여 수정한 것이다. 원래 『중국사회과학(中國社會科學)』, 1980년, 제1기에 실렸던 글인데, 『임계유학술논저자선집(任繼愈學術論著自選集)』(북경사범대학출판사, 1991)에 옮겨 실렸다.

(1) 중국 봉건사회는 지속된 시간이 길었고 안정되었다.

(2) 봉건 종법제도의 발전이 비교적 완비되었다.

(3) 중앙집권하의 다민족 통일 국가구조가 일찍이 형성되어 분열이 지속
될 수 없었다.

(4) 농민봉기가 여러 차례 일어났고 그 규모가 컸다.

(5) 중국 봉건제도 하에서 자본주의가 제대로 발전하지 못하였다.

중국 봉건사회의 발전단계를 한걸음 더 나아가 세밀히 구분하면 아
래의 여섯 시기로 나눌 수 있다.

(1) 분산할거分散割據의 봉건제후통치시기

　: 춘추전국春秋戰國에서 진秦의 통일 이전까지

(2) 중앙집권적 봉건전제제도의 건립시기: 진秦·한漢

(3) 문벌사족들의 봉건전제시기: 위진남북조魏晉南北朝

(4) 통일된 봉건국가의 중건·발전과 지방할거시기: 수隋·당唐·오대五代

(5) 봉건국가 중앙집권제 완비와 사회정체시기: 송宋·원元·명明

(6) 봉건사회의 붕괴와 몰락시기: 청淸

이상의 여섯 시기에서, 수·당 이전에는 대체로 봉건사회가 발전하
였으나 송·원·명 이후에는 봉건사회제도가 정체되기 시작하여 붕괴
되는데 이르렀음을 볼 수 있다. 위에서 기술한 것은 경제와 정치형세
의 변동이지만, 동시에 통치계급의 이익을 대표하는 사상체계에도 상
응하는 변화가 발생하였다.

위에서 기술한 봉건사회의 역사적 특징과 역사적 과정은 유교를 중
심으로 하는 봉건의 의식형태를 조성하였다. 이러한 봉건 종법제도와
군주전제의 통일정권이 서로 부응하는 의식형태는 노동인민을 극도로

마취시키고 기만하는 작용을 하였기 때문에 봉건사회의 질서를 효과
적으로 안정시켰다. 유가로 하여금 봉건 경제와 정치제도를 더욱 견고
히 발전시키기 위해, 역대 봉건통치자와 사상가들은 부단히 그것(유가)
을 가공하고 개조하여 점차 세밀하고 완비되게 하였고, 동시에 오랜
기간에 걸쳐 유학의 조신造神활동을 추진하였다. 공자를 우상화하였
고, 유가경전을 신성시하였으며, 또한 불교와 도교의 사상을 흡수하여
유가를 신학神學으로 만들었다. 이처럼 신학화된 유가는 정치·철학과
윤리 셋을 하나로 융합하여 거대한 유교체계를 형성하였는데, 이것은
줄곧 의식형태영역에서 정통적 지위를 차지하여 봉건제도를 견고히
하고 그 수명을 연장시키는데 매우 큰 작용을 하였다.

춘추시기에 공자가 창립한 유가학설은 본래 은殷·주周 노예제시기
의 천명신학과 조상숭배의 종교사상을 계승하여 발전해 나온 것이다.
이 학설의 핵심은 존존尊尊·친친親親을 강조하였고, 군부君父의 절대적
통치지위를 유지하였으며, 전제종법의 등급제도를 견고히 하였다. 때
문에 이러한 학설은 조금만 개조하면 바로 봉건 통치자의 수요에 부응
할 수 있었고, 그 자체는 한 걸음 더 종교로 발전할 가능성을 가지고
있었다. 그러나 선진先秦시기에는 아직 종교가 아니고 다만 일종의 정
치윤리학설로 다른 학파들과 논쟁하였다. 유학에서 유교로의 발전은
봉건 통일 대제국이 건립되고 견고해짐에 따라 점차 진행된 것으로 일
찍이 천여 년의 과정을 거쳤다. 공자의 학설은 모두 두 차례의 큰 개조
를 겪었다. 첫 번째 개조는 한대漢代에 있었으니 그것은 한 무제武帝의
지지와 동중서董仲舒의 시행에 의한 것이다. 이것이 중국 역사상에서
말한 "제자백가를 축출하고 오직 유술만을 존숭한다(罷黜百家 獨尊儒術)"
는 조치이다. 한대의 통일된 중앙집권적 봉건종법 전제국가는 의식형
태에서 그것과 긴밀히 배합하는 종교와 철학체계가 필요하였다. 공자
가 무대로 추대되었고, 동중서와 『백호통白虎通』[2]은 공자의 입을 빌어

한대 통치자들의 요구에 적합한 종교사상을 선전하였다. 두 번째 개조는 송대宋代에 있었으니, 송의 통치자들은 당말오대唐末五代의 분산할거하던 혼란한 국면에서 정권을 잡은 기회를 이용하였다. 그들은 이전 왕조가 멸망한 교훈을 거울삼아 정치·군사·재정·인재등용의 권력을 모두 중앙에 집중하였다. 송 왕조는 차라리 대외적 문제를 양보할지언정, 대내적으로는 중앙집권적 봉건종법 전제제도를 강화하였고, 사상문화영역에서도 그것과 서로 부응하는 의식형태의 배합이 필요하였다. 한·당과 송·명은 모두 중앙집권적 봉건종법 전제국가였지만, 중앙권력은 점점 더 집중되었고 사상문화영역의 통치방법도 점점 더 세밀해졌다. 송 왕조 통치자의 수요에 부응하기 위해 송명이학宋明理學, 즉 유교가 발생하였다. 유가의 두 번째 개조가 송대에 완성되었지만, 위로 거슬러 올라가면 당대唐代로 소급해갈 수 있다. 한유韓愈(768~824)는 『대학』을 추숭하고 유가의 도통道統으로 불교의 법통法統에 대항하였다. 이고李翱(772~841?)는 『중용』으로 불교의 종교 신비주의에 대항하였다. 송대 주희에 이르러서는 『논어』·『맹자』·『대학』·『중용』을 사서四書로 정하고 일생동안 정력을 다해 그것을 주석하였다. 주희의 『사서집주四書集注』는 송宋 이후 역대 봉건통치자들에 의해 전국적으로 통용되는 교과서로 정해졌다. '사서'는 십삼경十三經에서 부각되어 나와 특별히 중시되었다.

아래에서, 우리는 한대를 시작으로 이러한 역사과정을 회고할 수 있다.

봉건통일의 국면이 형성된 후에는, 필연적으로 그것과 서로 부응하는 철학을 지도사상으로 삼을 것을 요구하였다. 진秦 왕조는 형벌을

---

2 중국 후한(後漢)의 장제(章帝)가 백호관(白虎觀)에 학자들을 모아 놓고, 유학의 경서에 관한 해석이 학자에 따라 다른 점에 대하여 토론하게 한 것을 반고(班固, 32~92)가 정리하여 엮은 경서이다.(역자 주)

엄격히 하고 법을 준수할 것을 실행하였으나, 그 결과 빨리 멸망하였
다. 가의買誼의 「과진론過秦論」3은 이러한 교훈을 총괄하였다. 한초漢初
의 황노술黃老術이 일시적으로 작용하였지만, 봉건국가를 장기간 다스
릴 수 있는 대책은 아니었다. 통일된 봉건제국은 다음과 같은 사상체
계가 필요하였으니, 즉 통일된 신권神權으로 지상의 군권君權을 수호할
수 있으며, 조상숭배로 종법의 등급제도를 견고히 할 수 있으며, 인의
도덕仁義道德의 설교로 통치자의 노동인민에 대한 억압과 착취를 숨길
수 있는 사상체계가 필요하였다. 적합한 사상체계를 찾기 위해 서한西
漢 왕조는 6~70년간이나 찾았으나, 결국 유가를 선택하였고 유가의 대
표인물인 동중서가 출현하였다.

동중서는 정치적 통일을 견고히 하기 위해 사상적 통일을 주장하여
'제자백가를 축출하고 유술만을 존숭할 것'을 제기하였다. 동중서를
시작으로 공자는 종교 교주의 지위로 격상되었다. 춘추시기의 공자는
정치가·사상가·교육가와 유가 학술단체의 지도자였지만 항상 비웃
음과 냉대를 받았다. 한대의 공자는 유교의 장엄하고 신성한 교주가
되었고, 신으로 묘사되어 영원한 진리의 화신이 되었다. 한대 봉건통
치자들은 인민들이 이룬 많은 업적을 모두 공자의 명의名義를 빌어 확
대하여 봉건 종법제도는 한걸음 더 견고해지고 강화되었다. 삼강三綱
의 설은 순자荀子와 한비자韓非子의 저작에도 이미 제기되었지만, 그 때
는 다만 한 학파의 말로 일종의 정치윤리사상을 나타냈다. 한대 동중
서 이후에는 정부가 그것을 사회생활 속으로 확대시켰다. 동한東漢의
지방 찰거察舉4제도는 많은 도덕항목을 규정하였는데, 예를 들어 효렴

---

3 가의(買誼, 200~168): 중국 전한(前漢)의 정치가·문학가, 하남성(河南省) 낙양(洛陽) 사
   람이다. '과진론'은 『고문진보(古文眞寶)』에 실려 널리 알려진 글로, 제목을 풀이하면
   '진나라의 잘못을 논함'이라고 옮길 수 있다. 가의는 '과진론'을 통해 진나라의 잘못
   을 들추어내어 현 통치의 본보기로 삼도록 하였다.(역자 주)
4 '찰거'는 현부(賢否)를 살펴서 인재를 등용하는 것을 말한다.(역자 주)

孝廉은 일종의 도덕품목인 동시에 일종의 벼슬길에 오르는 조건이었다. 유가의 봉건윤리와 사회정치제도가 더욱 긴밀히 결합하였다. 서한西漢과 동한東漢의 통치자들은 중앙집권을 견고히 하기 위해, 왕권과 신권을 한층 더 결합시켜 왕권신수王權神授를 위한 이론적 근거를 만들었다. 그러나 실제의 정치생활에서는 신권을 왕권 아래에 제한하고 왕권과 신권의 동등한 자격을 허락하지 않았으니, 신권이 왕권을 능가하였음은 더 말할 필요가 없었다.

중국의 봉건통치자들은 농민봉기와 접촉한 경험이 많았기 때문에 날로 종교화된 유학을 이용하여 인민들의 반항의지를 마비시키는 것이 매우 필요하다고 느꼈다. 이 때문에 한대에는 처음으로 유가의 경전을 취하여 그들의 정치와 법률의 시책을 위해 설명하였다. 한 무제 때 장탕張湯5의 옥사판결은 『춘추』에서 근거를 찾으려 하였다.(실제로 아무런 근거가 없었고 『춘추』와는 아무 관계가 없었다.) 동한 때 황제의 명의로 소집된 백호관白虎觀회의는 한층 더 정권으로 신권을 시행하거나 신권으로 정권을 수호한 전형적인 예이다. 이 때 유가의 모습은 이미 선진시기의 유가와 달랐으며 공자의 지위는 더욱 격상되었다.

한대의 유가는 먼저 지상왕국의 모형에 따라 천상왕국을 만들고, 그런 후에 천상왕국의 신의 뜻을 빌어서 지상왕국의 모든 활동을 지시하였다. 이것이 바로 한대 동중서에서 '백호관'회의에 이르기까지의 신학적 목적론의 실질이다. 하늘은 양(陽)이고 임금이고 부모이고 남편이며, 땅은 음陰이고 신하이고 자식이고 아내이다. 천지 자연계의 질서가 지상의 한 왕조와 같은 사회질서로 간주되었다. 자연계에도 봉건

---

5 진나라의 가혹한 법적용이 통일이라는 위업을 달성하고도 체제를 유지할 수 없다는 것을 깨달은 한 고조(高祖)는 문화주의를 추구하였다. 그러나 한나라 때도 법을 가혹하게 적용하는 혹리들이 등장하였는데, 바로 한나라 최고의 전성기였던 한 무제 때이다. 정위(廷尉: 사법부장관)인 장탕(張湯)은 엄한 통제정치의 시행에 앞서 필요했던 검찰관으로 이른바 혹리(酷吏)의 대표적 인물이었다.(역자 주)

윤리도덕의 속성이 부여되었다. 서양의 하느님이 인류를 창조한 것과 같은 창조설은 없었지만, 유사한 점이 있었다. 유가가 일존一尊에 정해지면서, 유가의 경전은 종교·철학·정치·법률·도덕·사회생활·가정생활과 풍속습관의 이론적 근거가 되었다. 철학이 유럽 중세기처럼 모두 신학의 시녀가 되지 않았지만, 육경六經의 각주脚注가 되었으니, 성인이 아니면 범법자나 다름이 없었다. 성인이란 요·순·우·탕·문·무·주공·공자 등 유가가 숭배하던 우상이다.

동한 말기에 일어난 황건黃巾봉기는 한 왕조 정치통치의 기초를 동요시켰다. 왕권과 신권이 긴밀히 결합한 한 왕조가 붕괴하고, 그것을 대신하여 일어난 것은 분산할거하던 지방의 봉건세력이었다. 정치상에 삼국분립三國分立의 국면이 출현하였다. 삼국 때는 상업교환이 거의 정지되고 더 이상 화폐가 주조되지 못함에 따라 전형적 자연경제가 출현하였다. 왕권과 신권이 서로 결합하던 유가의 정통사상—신학적 목적론도 치명적인 타격을 받았다. 이 때에 위진 현학魏晉玄學이 출현하였고, 민간과 사회상층에서는 불교와 도교가 연이어 발전하였다. 이 때 중국의 북방과 남방의 소수민족도 잇달아 무장봉기하여 한족漢族의 정치압박에 반항하였다. 그들의 지도인물 중에 어떤 사람은 팔려간 노예였다가, 후에 봉기에 성공하여 왕조를 건립하였다.6 사상방면에서 그들이 가장 먼저 충돌한 것은 유가 내의 중화와 밖의 오랑캐 사상이었다. 소수민족 통치자들은 불교를 신봉하였다. 한족의 민중들은 불교와 도교를 신봉하였다. 오두미도五斗米道7와 태평도太平道8는 농민들 사

---

6 예를 들면 유총(劉聰)과 석륵(石勒) 등을 대표로 하는 북방 소수민족의 봉기이다.
(『진서(晉書)』권102와 104)

7 중국 후한(後漢) 말에 장릉(張陵)이 사천(四川) 지방에서 창시한 종교 또는 그 교단을 말한다. 오두미교(五斗米敎) 또는 천사도(天師道)·정일도(正一道)라고도 하며, 오두미도의 이름은 바로 신도들에게 쌀 5두(斗)씩을 바치게 한데서 유래한다.(역자 주)

이에 광범위하게 유행하였다.

중국의 광대한 지역에는 이미 수준 높은 봉건의 경제·정치·문화가 있었기 때문에 소수민족은 정권을 장악한 후에 노예제사회에서 봉건사회로 매우 빨리 진입하였다. 봉건사회의 통치와 피통치의 관계도 매우 빠르게 그들을 받아들였다. 중국의 특징을 갖는 봉건종법 전제주의도 중시되었다. 왜냐하면 유가에는 인민을 통치하던 효과적인 경험이 있었고 봉건 윤리도덕규범이라는 심원한 전통이 있었기 때문이다. 물론, 결정적 작용을 한 것은 중국 봉건의 경제구조와 사회구조였다. 중국 봉건사회의 종법제도는 중국 봉건사회와 시종 함께하였는데, '삼강三綱'과 '오상五常'은 유가에 의해 만세불변의 규범으로 간주되었다. 만세불변이라 말하는 것은 옛 사람들의 한계이다. 왜냐하면 옛 사람들은 봉건사회 이외에 다른 생활방식이 있는지를 알지 못하였기 때문이다. 중국의 사회정황에서 논하면, 그것을 봉건사회 '만세불변'의 질서라고 말하는 것도 틀린 것은 아니다.

위진남북조시기에는 불교와 도교가 광범위하게 유행하여 유가가 독존獨尊의 지위를 상실하였지만, 통치자들은 결코 유가를 저버리지 않았고 유가는 여전히 봉건사상의 정통이었다. 양梁 무제武帝가 불교를 숭상하였지만, 양 무제 「칙답신하신불멸勅答臣下神滅論」의 주도사상은 여전히 유교이지 불교가 아니었다. 당시의 통치자들은 불교와 도교를 이용하여 유교를 보충하였고, 셋은 병용하거나 혹은 교대로 사용되었다. 삼교 간에는 논쟁이 있었고 타협도 있었으며 또한 상호 흡수하였다. 봉건 종법제도가 바뀌지 않고 봉건 종법제도를 유지하는 윤리강상이 폐기될 수 없는 이상, '삼강'과 '오상'의 질서는 유지되지 않을 수 없었다. 이 때문에 불교와 도교도 봉건 종법제도의 요구에 부응해야 비

---

8 중국 후한(後漢) 말기에 생겨난 최초의 도교 교단으로, 2세기 전반 우길(于吉)이 창시하고 그의 가르침을 계승한 장각(張角, ?~184)에 의해 발전하였다.(역자 주)

로소 지주계급의 지지를 얻을 수 있었다. 불교의 오계십선五戒十善9에 서 취한 선악善惡의 도덕표준은 여전히 삼강오상의 규정범위를 벗어나 지 않았고, 이를 위반하면 용서받지 못하였다. 봉건지주는 반역행위를 극악무도한 것으로 간주하였고, 불교도 무군無君·무부無父를 지옥에 떨어지는 범죄행위로 보았다. 송宋 문제文帝의 "불교가 출세出世를 주장 하지만 왕의 교화에 도움을 주었다"라는 말은 이상할 것이 없다.10 위 진 현학이 신학적 목적론을 부정하였지만, 유가의 봉건 종법제도와 삼 강오상에 대해서는 털끝하나도 건드리지 못하였다. 당시 명교名敎와 자연自然의 논쟁은 현학가들이 어떻게 삼강오상에 대처하는지의 근본 태도를 반영하였다. 어떤 학파든 모두 명교가 필요 없다고 감히 말하 지 못하였다. 현학의 가장 대표적 인물 중의 한 사람 왕필王弼(226~249) 은 공자가 노자보다 뛰어나다고 보았다.11 농민은 선진先進적 생산관계 를 구현해내는 자가 아니다. 농민의 사상은 생산자료와 정치권력에 따 라 박탈되었고, 통치계급의 왕권신수王權神授와 천명결정론天命決定論을 강요에 의해 받아들였으며, 봉건 종법제도에 속박되었다.12

---

9 오계십선(五戒十善)은 재가자(在家者)나 출가자(出家者) 모두가 지켜야 하는 가장 기 본적인 생활규범이다. '오계'는 불살생(不殺生)·불투도(不偸盜)·불사음(不邪淫)·불 망어(不妄語)·불음주(不飮酒)이고, '십선'은 불살생(不殺生)·불투도(不偸盜)·불사음 (不邪淫)·불망어(不妄語)·불기어(不綺語)·불악구(不惡口)·불양설(不兩舌)·불탐욕(不貪 欲)·불진에(不瞋恚)·불사견(不邪見)이다.(역자 주)

10 『廣弘明集』「宋文帝集朝宰論佛敎」, "若使率土之濱, 皆敦此化, 則朕坐致太平矣, 夫復 何事."

11 (西晉) 何劭, 『王弼傳』, "夫無者, 誠萬物之所資也, 然聖人莫肯致言, 而老子申之無已者 何. 王弼回答說, 聖人體無, 無又不可以訓, 故不說也."

12 "통치계급의 사상은 각 시대마다 통치지위를 차지한 사상이다. 다시 말하면, 어떤 한 계급이 사회적으로 통치지위를 차지하는 물질적 힘이고, 동시에 사회적으로 통치지위를 차지하는 정신적 힘이라는 것이다. 물질적 자료의 생산계급을 지배하 고 동시에 정신적 자료의 생산을 지배하는데, 이 때문에 정신적 자료의 생산이 없 는 사람의 사상은 일반적으로 통치계급의 지배를 받는다."(「德意志意識形態」『마 르크스엥겔스선집』, 第1卷, p.52)

비록 정치적으로 남북이 분열상태에 처하였지만, 중국 역사의 이 시기는 어떤 방면에서 여전히 발전이 있었다. 북방과 남방은 각자의 통치범위 내에서 상대적으로 안정된 정치국면을 이루었는데, 이에 북방과 남방 각 민족은 경제와 문화의 교류를 통해 한 걸음 더 융합하였다. 낙후된 많은 씨족부락과 노예제 초기의 민족은 한족과 부단히 왕래하여 서로를 잘 알아 혼인도 하고 학습도 하였기 때문에 매우 빠르게 봉건사회에 진입하였는데, 이것은 이후 수당시대에 다민족이 번성한 봉건 통일왕조를 건립하는데 조건을 마련해주었다.

수당시기 봉건경제의 한걸음 더 나아간 번영과 발전은 세계경제와 문화교류에 공헌하였다. 남북조시기의 분산할거하던 영향은 점차 사라졌다. 불교는 남북조의 각 종파가 장기간 분열하던 국면을 끝내고 통일된 각 종파를 형성하였다. 도교도 남북을 융합하여 통일된 당대唐代의 도교를 형성하였다. 불교와 도교는 각자 자기의 사원경제를 발전시키고 종파의 전법傳法체계를 세웠다. 유가의 경학經學도 남북 경학의 유파를 동시에 취하여 당대의 특징을 가진 경학을 형성하였다. 유·불·도 삼가三家의 정립은 모두 봉건왕조의 강력한 지지를 얻었다.13 삼가三家 (유가·불가·도가)의 학설에 차이가 있었지만, 그들이 복무한 대상은 일가一家(유가)에 있었다.14 조정에 큰 전례典禮가 있으면 항상 삼교 중의 대표 인물로 하여금 궁전에서 공개적으로 강연하게 하였다. 유가는 유

---

13 "당(唐) 대족(大足) 원년(701) 무측천(武則天)이 정권을 장악했을 때는 이미 삼교(三敎)에 공동의 임무가 있었고, 또한 사람들에게 『삼교주영(三敎珠英)』을 편찬하게 할 것을 분명히 선포하였다."(『唐會要』卷36)

14 당 문종(文宗: 827~840 재위)이 태어난 날에 비서감(秘書監) 백거이(白居易), 안국사(安國寺)의 사문 의림(義林), 상청궁(上淸宮) 도사인 양홍원(楊弘元)을 불러 인덕전(麟德殿) 안의 도장에 들어가 삼교를 논의하였다. 백거이가 말하기를, "유·불·도가 비록 명칭은 서로 다르지만 뜻을 모아서 종지를 세운 것은 피차에 차이가 없으니, 이른바 '근원은 같으나 명칭이 다르고 길은 다르나 돌아갈 곳은 같다'는 말이다"라고 하였다.(『白氏長慶集』卷67)

가의 경전을 강의하였고, 불교와 도교도 각자 자기의 경전을 강의하였는데, 당시에는 항상 유·불·도 삼교三敎라고 불렀다. 유·불·도가 강론한 내용도 점차 서로 비방하던 것에서 상호 보완하는 것으로 바뀌었다. 정부는 도교가 불교를 공격하고 불교가 도교를 공격하는 문자선전을 금지할 것을 명하였다. 당초唐初 조정에서 공개의식을 거행할 때에, 불교도들이 앞에 서도록 규정할 때도 있었고 도교도들이 앞에 서도록 규정할 때도 있었는데, 중당中唐 이후에는 함께 행진할 것을 규정하고 선후를 구분하지 않았다. 유가가 불가와 도가를 공격하였으나, 주로 그들이 생산하지 않고, 군대에 가지 않고, 납세하지 않고, 정부의 의무를 부담하지 않고, 중국 전통의 풍속습관에 부합하지 않는 행위 등이었다. 그러나 유가는 철학관점상에서 불교와 도교의 것을 대량으로 흡수하였다.

사람들은 송대 이학理學의 개창자인 주돈이周敦頤(1017~1073)의 대표 저작이 그의 「태극도설太極圖說」과 『통서通書』임을 잘 알고 있다. 주돈이의 학술 연원은 도사道士에서 나왔고(진단陳摶→종방種放→목수穆修→주돈이), 그들의 전수관계는 조사해볼만할 기록이 있다. 주돈이를 지지하는 주희일파는 주돈이와 도교의 관계를 적극 부인하고 새로운 해석을 하였다. 또 다른 일파인 육구연형제는 '무극無極'의 설이 노자(도교)에 연원한다고 보았으나, 유가의 정통을 지키기 위해 그들은 "이것이 주돈이의 주장이 아니거나, 그렇지 않으면 주돈이가 젊었을 때의 사상체계로 성숙하지 못한 작품"이라고 지적하였다. 또한 기록에 따르면, 주돈이와 승려 수애壽涯(북송 사람)도 학술상의 왕래가 있었다.[15] 송대 주희와 도교의 관계는 더욱 깊은데, 주희는 도교경전인 『음부경

---

15 승려 수애(壽涯)가 남긴 시가 있다. "有物先天地, 無形本寂廖. 能爲萬象主, 不逐四時凋.(천지보다 앞서 사물이 있었다. 그것은 형체가 없고 본래 고요하며, 능히 만상의 주인이 되어, 사시의 변화에 따라 시들지 않는다.)"

陰符經』·『참동계參同契』를 깊이 연구하였다. 유가와 도가를 융합한 대표적 인물은 북송으로 소급해가면 당 왕조의 사마승정司馬承禎16이 있고, 이로부터 다시 소급해가면 남조南朝의 도홍경陶弘景(452~536)과 북조北朝의 구겸지寇謙之(365~448)가 있는데, 모두 봉건 윤리학설과 결합시켜 도교를 선전하였다. 송 이후의 도교는 더 공개적으로 삼교합일을 선양하였으니, 예를 들어 여동빈呂洞賓17의 명의를 빌린 일부 송명시기 도교 저작들은 모두 충효忠孝와 인의仁義 등 봉건종법의 세속관점을 선양하였다.

유가와 불가가 상호 흡수하는 상황은 더욱 보편화되었으니 당대의 유종원柳宗元·유우석劉禹錫·양숙梁肅·백거이白居易 등과 같은데, 이것은 사람들이 모두 알고 있는 것이다. 과거 사람들은 유종언과 유우석에 대해 유물주의자로 불교를 믿어 이해하기가 어렵다고 여겼으며, 어떤 철학사가는 유물주의를 애호하는 철학가의 감정에서 나왔다는 이러한 현상에 대해 해석하고, 그들이 불교를 믿은 것에 대해서는 유감을 표시하였다. 송대 유물주의자 왕안석王安石도 동시에 불교의 신봉자였고, 만년에는 집을 버리고 절에 들어갔다. 이러한 유물주의자들은 모두 유교의 영향을 받았고, 또한 유교와 불교가 서로 모순되지 않고 상통할 수 있다고 보았다.18 불교도의 승려이면서 공개적으로 유교를 주장하였던 송대의 고산지원孤山智圓19같은 자는 스스로 중용자中庸子라고 불렀다.

---

16 사마승정(司馬承禎, 647~735): 중국 당대(唐代)의 도사, 자는 자미(子微), 법호는 도은(道隱), 자호는 백운자(白雲子)이다.(역자 주)

17 여동빈(呂洞賓, 798~?): 중국 당대(唐代)의 도사, 이름은 여암(呂巖), 자는 동빈(洞賓)이며, 호는 순양자(純陽子), 도가 남파와 북파를 연 개조(開祖)로 여조(呂祖)라고도 한다.(역자 주)

18 유종원은 다음과 같이 말하였다. "불교는 진실로 배척할 수 없는 것으로 항상『역』·『논어』와 부합하고 진실로 즐거우니 그 성정(性情)에서 공자와 도가 다르지 않다(浮圖誠有不可斥者, 往往與易論語合, 誠樂之, 其于性情奭然, 不與孔子異道)."(『柳河東集』卷25,「送僧浩初序」)

중용자中庸子 지원智圓은 이름이고 무외無外는 자字인데, 이미 서방 성인(부처)
의 가르침을 배웠기 때문에 성姓은 스승을 따랐다. 일찍이 언행言行을 연마
하여 거의 중용中庸에 가까웠으나 갑자기 잊어버릴 것을 걱정하여 중용이
라 자호自號하였기 때문에 사람들도 따라서 그렇게 불렀다. 어떤 사람이
"중용의 뜻은 유가의 유파에서 나왔고 자네는 불가인데 어째서 몰래 표절
하여 부르는가?"라고 물었다. 그가 대답하기를, "무릇 유교와 불교는 말
은 다르지만 이치는 관통하니, 백성을 교화하여 선善에 옮겨가고 악惡을
멀리하지 않은 것이 없다. 유학자는 몸을 닦는 가르침이기 때문에 외전外
典이라 하고, 불자는 마음을 닦는 가르침이기 때문에 내전內典이라 한다.
오직 몸과 마음이 내외로 구별될 뿐인데, 어리석은 백성들은 어째서 몸과
마음에서 벗어나려하는가? 우리 유교와 불교 이교二教가 아니면 무엇으로
교화하겠는가? 아! 유교여, 불교여. 모두가 안과 밖이 되는구나!20
그러므로 유교로 몸을 닦고 불교로 마음을 다스려서 '늘 마음에 새겨두고
잊지 않고 감히 태만히 하지 않기를 도에 이르지 못할까 두려워하는 것처
럼 하거늘' 어찌 그들을 버리겠는가? 아! 유교를 좋아하고 불교를 싫어하
며, 혹은 불교를 귀하게 여기고 유교를 천시하니, 어찌 중용中庸에 가까울
수 있겠는가?21

---

19 고산지원(孤山智圓, 975~1022): 중국 송초(宋初)의 승려, 성은 서(徐), 호는 고산(孤
山), 자는 무외(無外), 자호는 중용자(中庸子)·병부(病夫), 법호는 지원(智圓)이다.(역
자 주)

20 智圓, 『閑居篇』卷19, 「中庸子傳(上)」, p.19, "中庸子智圓名也, 無外字也, 旣學西聖之
教, 故姓則隨乎師也. 嘗砥礪言行以庶乎中庸, 慮造次顚沛忽忘之, 因以中庸自號, 故人
亦從而稱之. 或曰, 中庸之義其出于儒家者流, 子浮圖子也, 安剽竊而稱之耶. 對曰, 夫
儒釋者言異而理貫也, 莫不化民俾遷善遠惡也. 儒者飾身之教, 故謂之外典也, 釋者修心
之教, 故謂之內典也. 唯身與心則內外別矣, 蚩蚩生民豈越乎心身哉. 非吾二教何以化之
乎. 嘻, 儒乎, 釋乎, 其共爲表裏乎."

21 위의 책, "故吾修身以儒, 治心以釋, 拳拳服膺, 罔敢懈慢猶恐不至于道也, 況棄之乎. 嗚
呼. 好儒以惡釋, 貴釋以賤儒, 豈能庶中庸乎."

자연현상은 사회현상과 달리 인류사회의 도덕적 속성을 가지고 있지 않지만, 지원智圓은 유가의 인의仁義관점으로 자연현상에 도덕적 속성을 부여하였으니22, 이것은 주희 등이 인의예지仁義禮智로 원형이정元亨利貞을 해석하던 사상방식과 같은 방법이다.

불교와 도교의 융합이나 상호 영향도 수당시기 정치상의 통일에 따라 형성된 것이다. 도교경전이 대부분 불경佛經에서 취하였다는 것은 이미 공인된 사실이다.23 천태종天台宗의 창시자 혜사慧思(515~577)는 불교도이면서 또한 도교의 장생불로長生不老의 방술方術을 신봉하여 장수선인長壽仙人24이 되려고 하였는데, 이러한 것은 역사서에 분명히 명문화되어 있어 의심할 수 없는 것이다.

당대의 유·불·도 삼교정립三敎鼎立에서 송대의 삼교합일(三敎合一)로 발전하였는데, 이러한 장기적 역사과정은 바로 유교가 봉건정권의 지지 하에서 점차 성숙해간 과정이다.

한 무제의 유술만을 존숭하는 것을 시작으로 유가는 이미 종교의 모

---

22 전당현(錢唐縣) 서북쪽 강가를 18리쯤 가면 '의견(義犬)'이라는 마을이 있다. 옛날에 개를 기르던 어떤 사람이 개를 훈련시키다가 술에 거나하게 마시고 이 곳 풀밭에서 잠이 들었는데, 그 때 사방에 들불이 나서 개 주인이 불타죽게 되었다. 개가 수차례에 걸쳐 강물에 몸을 적셔서 그 풀을 축여주어 주인이 마침내 화를 면하였다. 주인이 잠에서 깨어났을 때는 이미 개가 힘없이 죽어 있었다. 그 뜻에 감동하여 장사를 지내주었는데, 마을 사람들은 그 곳을 '구장(狗葬)'이라 하였다. 후에 지방장관이 '의견'의 이름을 '구장'으로 바꾸었는데, 내가 배를 타고 그곳을 지나가다가 글을 지어 고마운 뜻을 전하였다. "많은 동물 중에 오직 사람이 가장 귀하다. 때문에 사람의 도를 세워서 인(仁)과 의(義)라고 하였다. '인'과 '의'를 행하지 못하면 짐승과 다름없네. 짐승이 '인'과 '의'를 행할 수 있다면 사람과 어찌 다르겠는가? 훌륭하다. 개여! 이 땅에 공을 세웠구나. 주인이 불타지 못하게 마른 풀을 적실 줄을 알았구나. 그 몸은 죽었어도 그 이름은 없어지지 않을 것이다."(『閑居篇』「感義犬」第27, "浩浩動物, 唯人爲貴. 立人之道, 曰仁以義. 二者不行, 與畜同類. 畜能行是, 與人曷異. 懿矣斯犬, 立功斯地. 救主免焚, 濡草以智. 其身雖斃, 其名不墮.)

23 도홍경의 『眞誥』에는 『四十二章經』에서 베껴 쓴 것이 수십 곳이 있다.

24 慧思의 『南嶽誓愿文』에 보인다.

형을 가지고 있었다. 그러나 종교의 모종의 특징은 아직 완전해지길 기다려야 했다. 수·당의 불교와 도교의 부단한 융합과 상호 영향을 거치고 또한 봉건 제왕의 의도적인 추진을 더하여 삼교합일의 조건이 이미 성숙되었으며, 유가의 봉건윤리를 중심으로 불교와 도교의 일부 종교 수행방법을 흡수한 송명이학宋明理學의 건립은 중국 유교의 완성을 상징하였다. 송명이학이 신봉한 것은 천天·지地·군君·친親·사師였고 봉건 종법제도를 신비적 종교 세계관과 유기적으로 결합시켰다. 그 중에 '천'과 '친'은 중국 봉건 종법제의 핵심이었다. '천'은 군권신수君權神授의 신학적 근거였고, '지'는 '천'과 짝을 이루는 것이며, '사'는 천·지·군·친을 대신하여 입언立言하는 성직자로 최고의 해석권을 가졌다. 이것은 불교가 불佛·법法·승僧을 삼보三寶로 받들고, '승'을 떠나서는 '불'과 '법'이 전파될 수 없는 것과 같았다. 송 왕조 이학이 흥기하던 시기는 불교와 도교가 쇠퇴하던 시기이다. 전국을 풍미하고 멀리 해외로까지 전파되던 불교가 형식상 쇠퇴하였으나 실제는 결코 소멸되지 않았는데, 왜냐하면 유교가 성공적으로 불교를 흡수하였기 때문이다. 보기에는 중국에 유럽 중세기처럼 종교가 절대권위를 독점한 적이 없는 것 같지만, 중국 중세기를 독점한 지배적 힘은 종교의 이름을 가지지 않았지만 종교의 실질을 가진 유교였다.

　유교라는 이 종교는 보기에는 다른 종교, 예를 들어 기독교·이슬람교·불교 등과 다르고, 심지어 상술한 종교의 명목에 반대하기까지 하였다. 청대 학자 안연顔元(1635~1704)은 일찍이 정이程頤의 사상에 대해 "불교가 이치(理)에 가까운 것이 아니라 바로 정이의 이치가 불교에 가깝다"[25]라고 지적하였다. 또한 다음과 같이 말하였다.

---

25 顔元, 『存學編』卷2, 「性理評」, "非佛之近理, 乃程子之理近佛也"

주희가 불교와 노자를 배척한 것은 모두 스스로 잘못을 범하면서 깨닫지
못한 것이다. 예를 들어 반나절 정좌하고 희노애락喜怒哀樂이 아직 발동하
지 않은 기상을 본다는 것과 같으니, 남의 그릇됨을 말하기 좋아하면서
스스로 반성하지 않는 것이 이와 같다.26

고급단계의 종교에 들어가면 모두 그들과 다른 '원죄설原罪說'이 있다.
사람이 태어나면서 죄가 있다고 선전하면 반드시 종교의 정신훈련에
기대어 사람의 영혼을 구제해야 한다. 정이는 다음과 같이 말하였다.

무릇 사람에게 몸이 있으면 자연히 사사로운 이치가 있으니, 마땅히 도와
하나 되기가 어렵다.27

유교는 금욕주의禁欲主義를 선전하였다.

심하구나, 욕심이 사람을 해침이여! 사람이 불선不善을 하는 것은 욕심이
유혹하기 때문이다. 유혹하는데도 〈유혹한다는 사실을〉 알지 못하면, 천
리天理가 없어지는데 이르러도 돌아갈 줄 모른다. 그러므로 눈은 아름다운
색色을 원하고, 귀는 아름다운 소리를 원하며, 코는 좋은 냄새를 원하고,
입은 훌륭한 맛을 원하며, 몸은 편안하기를 원한다. 이것은 시키는 것이
있기 때문이다. 그렇다면 어떻게 욕심을 막을 수 있겠는가? 대답하기를,
"생각(思)할 뿐이다. 학문에는 생각함보다 귀한 것이 없으니, 오직 생각만
이 욕심을 막을 수 있다. 증자曾子가 세 가지로 반성한 것은 욕심을 막는
방도였다."28

---

26 위의 책, "其辟佛老, 皆所自犯不覺. 如半日靜坐, 觀喜怒哀樂未發氣象是也, 好議人非,
而不自反如此."
27 『河南程氏遺書』卷3, 「謝顯道記憶平日語」, "大抵人有身, 便有自私之理. 宜其與道難一."

이러한 금욕주의는 줄곧 송 이후에 유교수양의 중심사상이 되었다. 그들은 심지어 오욕(五欲)의 배열순서도 불교의 안眼·이耳·비鼻·설舌·신身 오욕에 따라 배열하였다.

종교는 모두 하나의 지고무상한 신神(명칭은 각각 다르다)을 세울 것을 요구한다. 유교도 하늘을 공경하고 하늘을 두려워할 것을 선전하였고, 임금을 하늘의 아들(천자)이라 불렀다. 군권과 신권이 긴밀히 결합하여 임금에게 신의 성질이 부여되었다. 유교에는 또한 하늘에 제사지내고 공자에 제사지내는 의식이 있다.

'가난을 영예롭게 여기고' '가난을 즐거워할 것'을 선전한 것도 유교의 중요한 내용 중의 하나이다. 유교의 저술 중에는 도道가 있는 선비를 칭찬하여 "비록 대그릇과 표주박이 자주 텅 비는 가난에도 즐거워한다"29라고 하였다. 곤궁하여도 성색聲色의 물질적 유혹을 피하였다. 유교는 생활수준이 낮을수록 도덕품격이 높아진다고 보았다. 그들은 물질생활의 개선을 죄악의 원천으로 간주하였고, 생활욕망과 도덕수양을 양립할 수 없는 지위에 두었다. "천리가 아닌 것이 곧 사욕이요, 인욕이 없는 것이 곧 천리였다."30

유교는 모든 학문을 종교수양의 학문으로 귀결시켰다. 유교는 객관세계를 바꾸어 가지 않고 내심을 순결하게 하였으며, 밖을 향해 관찰하지 않고 안을 향해 반성하였으며, 세계의 규율을 인식해 가지 않고 정심正心·성의誠意로 성현이 되었다. 성현의 규격은 유교가 규격한 사람을 신격화한 것이니, 즉 전형적인 승려주의의 '사람'이었다. 그들은

---

28 『宋元學案』「伊川學案」, "甚矣, 欲之害人也. 人之爲不善, 欲誘之也. 誘之而弗知, 則至于天理滅而不知反. 故目則欲色, 耳則欲聲, 以至鼻則欲臭, 口則欲味, 體則欲安. 此則有以使之也. 然則何以窒其欲. 曰思而已矣. 學莫貴于思, 惟思爲能窒欲. 曾子之三省, 窒欲之道也."

29 『論語』「雍也」, 참조.(역자 주)

30 『宋元學案』「伊川學案」, "不是天理, 便是私欲. 無人欲卽是天理."

말하기를,

> 안연顏淵이 좋아한 것은 어떤 학문인가? 배워서 성인의 도에 이르는 것이
> 다.……희喜·노怒·애哀·락樂·애愛·오惡·욕欲은 정情이 이미 왕성하고 더
> 욱 방탕한데로 치달아 그 성性에 구멍이 뚫린 것이다. 이 때문에 깨달은 자
> 는 그 정을 단속하고 중中에 합하게 하며, 그 마음을 바르게 하고 그 성을
> 기르는 것이다. 그러므로 "그 정을 성으로 만든다"고 하는 것이다. 어리석
> 은 자는 그것을 제어할 줄 모르고 그 정을 내버려두어 사악한데 이르고 그
> 성을 속박하여 없애기 때문에 "그 성을 정으로 만든다"고 하는 것이다.31
> 이천伊川: 程頤은 사람이 정좌하는 것을 보면 훌륭한 학문이라 칭찬하였다.32

　종교는 모두 하나의 정신세계 혹은 천국과 서방정토라 부르기도 하
는 것이 있음을 주장하고, 종교는 모두 교주敎主·교의敎義·교규敎規·
경전經典이 있고, 종교의 발전에 따라 교파가 형성된다. 종교내부에는
멋대로 파생되어 나온 사설邪說, 즉 이단異端이 생겨날 수도 있다. 유가
는 출세出世를 말하지 않고 내세來世의 천국이 있음을 주장하지 않는다.
이것은 사람들이 통상 지적하는 유가가 종교와 다른 근거이다.

　그러나 우리는 종교가 선양하는 피안세계가 다만 인간 세상의 환상
과 왜곡에 대한 반영임을 지적해야 한다. 어떤 종교는 피안세계를 일
종의 주관 정신상태일 뿐이라고 말한다. 중국의 역사상에서 수·당 이
후의 불교와 도교에는 모두 이러한 경향이 있다. 가장 큰 영향을 주었
던 선종禪宗을 예로 든다. 중국에는 많은 종파가 출현하였지만 선종이

---

31 『宋元學案』卷16,「顏子所好何學論」, "顏所好者何學也, 學以至聖人之道也.……喜怒
哀樂愛惡欲, 情旣熾而益蕩, 其性鑿矣. 是故覺者約其情, 始合于中, 正其心, 養其性, 故
曰性其情. 愚者則不知制之, 縱其情以至于邪僻, 梏其性而亡之, 故曰情其性."

32 『宋元學案』「伊川學案」, "伊川見人靜坐, 便嘆且善學."

중국 봉건문화의 영향을 가장 많이 받았다. 그들은 다음과 같이 공언하였다.

> 보리菩提는 마음에서 찾아야 하거늘, 어찌 수고롭게 밖에서 허황된 것을 찾는가? 이 말을 듣고 이에 따라 수행하면, 서방정토가 눈앞에 있을 것이네.[33]

선종은 극락세계가 피안彼岸에 있지 않고 차안此岸에 있으며, 현실생활 밖에 있지 않고 바로 현실생활 속에 있다고 주장하였다. 이른바 출가出家와 해탈解脫은 결코 이 세계를 떠나 다른 서방정토에 이르는 것을 의미하지 않았다. 일상생활 속에서 종교의 세계관을 받아들이면, 눈앞의 속세가 곧 서방정토이요 불교 종교관을 받아들인 모든 중생이 곧 부처이니, 부처는 속세 밖에 있지 않고 속세 속에 있다.

송명이학은 선종의 이러한 관점을 흡수하였다. 비록 송명이학이 출세를 말하지 않고 내세의 천국이 있음을 주장하지 않았지만, 성인의 주관 정신상태를 피안세계로 간주하고 추구하였으니, 이것은 선종이 속세에서 부처가 될 것을 주장한 것과 같다.

정호程顥(1032~1085)의 「정성서定性書」[34]는 송명 이학자들에게 경전과 같은 권위 저작으로 인정되었지만, 이러한 '정성定性'은 불교 선종의 종교수양방법과 일맥상통한다. 이른바 "움직임이 또한 안정되고 고요함이 또한 안정되면, 보내고 맞이함이 없고 안과 밖이 없다"[35]는 것은 바

---

33 慧能, 『六祖大師法寶壇經』「疑問品」, "菩提只向心覓, 何勞向外求玄. 聽說依此修行, 西方只在眼前."
34 定性書의 원래 호칭은 「答橫渠張子厚先生書」로, 정호가 장재의 어떻게 정성해야 하는지의 질문에 회답한 편지글이다. 정성서를 통해 정호는 장재의 사상을 비판하고, 이를 토대로 하여 자신의 철학을 정립해 나간다.(역자 주)
35 『二程全書』「定性書」, "動亦定, 靜亦定, 無將迎, 無內外."

로 선종의 "물을 기르고 땔나무를 나르는 것이 신묘한 도가 아님이 없다"[36]는 것이다. 인성을 의리지성義理之性과 기질지성氣質之性으로 구분하고, 인욕人欲을 또한 기질氣質이 가지고 온 죄악으로 여겼으니 실제로 종교의 원죄原罪관념이다. 정이의 「안자소호하학론顏子所好何學論」은 한 편의 전형적 종교 수양방법론이고 한 편의 종교 금욕주의 선언서이다. 장재張載(1020~1077)의 「서명西銘」도 천天·지地·군君·친親·사師를 칭송한 유교 선언서이다. 장재는 인생의 모든 운명을 천지가 일찍이 배정해주었다고 보았으니, 부귀와 행복을 누리는 것은 당신에 대한 천지의 관심이고, 가난과 걱정에 시달리는 것도 당신에 대한 천지의 시험이었다. '천'·'지'와 '군'·'친'은 본래 한 가족이다. 이정은 사람들에게 주경主敬할 것을 가르쳤는데, "명도明道: 程顥는 또한 종일토록 정좌하기를 마치 흙으로 사람을 빚어놓은 것처럼 하였다."[37] '천리를 보존하고 인욕을 제거하는 것(存天理 去人欲)'은 모든 유심주의 이학자들이 전력투구한 수양 목표였다. 그들이 말한 '천리'는 봉건 종법제도가 허가한 행위준칙이 아님이 없었고, 내용은 삼강三綱·오상五常과 같은 유교 교조에서 벗어나지 않았다. 유교가 추구한 정신경지는 한층 더 봉건 도덕수양에 편중되어 종법제도를 견고히 하였다. 유교의 효도에는 윤리적인 의미 외에도 종교적 성질이 있었다.[38] 유교에는 입교入敎의 의식이 없고 정확한 교도敎徒의 기준이 없지만, 중국 사회의 각 계층에는 모두 많은 신도가 있었다. 유교의 신봉자는 책을 읽어 글을 아는 문화인에 제한되지 않았고, 글을 알지 못하는 어부·나무꾼·농민도 모두 유교의 무형의 제약에서 벗어나지 못하였다. 독단적 족권族權, 강압적 부권夫權, 보편적으로 존재하는 가부장적 통치는 그야말로 짙은 안개처럼 모든 가정과

---

36 "運水搬柴, 無非妙道."은 禪偈의 말이다.(역자 주)
37 『宋元學案』卷68, 「北溪學案·北溪文集補」, "故明道亦终日端坐如泥塑人."
38 『孝經』에 보인다.

사회 곳곳에 자욱이 퍼져있었다. 그것은 물샐틈없는 수사망을 펼친 것처럼 사람들로 하여금 벗어날 수 없게 하였다.

송명이학의 보편적 관심이나 반복하여 논변한 몇 가지 중심문제로는 정성定性의 문제, 의리지성義理之性과 기질지성氣質之性의 문제, 공안낙처孔顏樂處의 문제, 주경主敬과 주정主靜의 문제, 존천리 거인욕存天理 去人欲의 문제, 이일분수理一分殊의 문제, 치양지致良知의 문제 등이 있다. 이러한 문제는 철학적 모습으로 출현하였지만, 중세기 스콜라신학의 실질과 수양방법을 가지고 있었다. 보기에는 문제가 많은 것 같지만, 최종적으로 모두 '존천리 거인욕'이라는 중심제목으로 귀결된다.

송명이학의 각 유파는 정치적으로 진보적이든, 보수적이든, 유심적이든, 유물적이든지 모두 하나의 중심문제를 둘러싸고 자기의 관점을 분명히 논술하였으니, 천리天理와 인욕人欲의 관계를 어떻게 정확하게 처리할 것인지였다. 그것은 철학문제가 아니라 일종의 신학문제였으니, 즉 어떻게 영혼을 구제하고, 죄악罪惡을 없애며, 천국(이상적 정신경지)에 들어가는지의 문제였다. 중국철학사에는 사회윤리사상을 언급한 것이 특히 많고 자연을 언급한 것은 비교적 적은데, 이 또한 중세기 봉건사회의 특징에 의해 결정된 것이다. 유럽 중세기의 철학은 신학의 노예였으니, 그것의 관심도 자연계를 인식하는데 있지 않고 인류의 영혼을 구제하는데 있었다. 엥겔스Engels(1820~1895)는 특히 근대에 비로소 사유와 존재, 정신과 물질의 관계문제가 부각되었다고 지적하였다.[39] 고대古代는 이와 같지 않았다. 그 때는 하늘에 의지하여 먹고 살았고 자연의 노예였으니, 신학의 속박에서 벗어날 능력이 없었다. 서양 중세기 신학의 중심관념은 '원죄'였고, 중국 중세기 신학의 중심관념은 '존천리 거인욕存天理 去人欲'이었다. 이것은 누가 누구의 것을 베낀 것이

---

[39] "모든 철학, 특히 근대철학의 중대한 기본 문제는 사유와 존재의 관계문제이다."(『마르크스·엥겔스 선집』, 第4卷, p.219.)

아니라 봉건사회의 공통된 성질에서 결정된 것이다. 다만 중세기 봉건 사회는 천리와 인욕의 논변을 말해야 하였다. 유럽에는 유럽의 견해가 있었고, 인도에는 인도의 견해가 있었고, 중국에는 중국의 견해가 있었을 뿐이다.

자본주의가 세상에 나오기 전에, 사람들은 모두 신의 통치를 받았고 신학이 모든 것을 통제하였다. 왜냐하면 중국과 서방을 막론하고 중세기의 경제는 봉건경제요, 소농생산의 자연경제로, 하늘에 의지하여 먹고 살았기 때문이다. 물질생산은 하늘에 의지하려 하였고, 정신적으로도 하늘에 기대지 않을 수 없었다. 사람들은 종교라는 자기와 다른 힘에서 벗어날 수 없었고, 통치자들은 이러한 목사적 작용을 충분히 이용하여 자기들의 통치를 유지하였다. 이러한 원인 때문에, 봉건사회 내의 유물주의 진영은 실력에서 유심주의 진영과 대등한 세력을 유지할 수 없었다. 유물주의자들은 언제나 종교와 유심주의의 거대한 영향에서 벗어나지 못하였다. 유럽 중세기에 종교와 교회가 모든 세력을 독점하면서 일찍이 유명론唯名論40과 유실론唯實論41의 논쟁이 발생하였는데, '유명론'은 유물주의 진영에 속하였지만, 종교의 외투를 걸쳐야 하였다. 후에 18세기 프랑스의 유물주의자들은 하느님을 차버리고 신학의 외투를 벗어버리고 무신론無神論을 주장하였다. 스피노자Spinoza (1632~1677)는 실질적으로 유물주의자이지만 또한 '신'의 이러한 외투를 보유하였다. 중국철학사상에서 유물주의 관점을 제기한 사상가로, 예

---

40 '유명론'은 중세 스콜라 철학의 보편 논쟁의 하나이다. 중세 초기부터 보편(普遍)과 개체(個體)의 관계에 대해 유실론(Realism)과 유명론(Nominalism)의 대결이 있었다. 보편이 우선해서 존재한다고 하는 유실론에 대해, 개체가 우선해서 존재한다고 생각하는 것이 유명론이다.(역자 주)

41 '유실론'은 인식론(認識論)에서 인식의 대상을 사람의 의식이나 주관으로부터 독립하여 존재하는 것으로 보고, 이들을 객관적으로 파악하는 것이 참다운 인식이라고 하는 이론이다.(역자 주)

를 들어 송대의 진량陳亮(1143~1194), 명대의 왕정상王廷相(1474~1544), 청대의 왕부지王夫之(1619~1692), 안원顔元(1635~1704), 대진戴震(1724~1777) 등은 모두 다른 분야에서 유교의 어떤 방면의 문제를 비난하였다.[42] 정통의 유교―정주程朱와 육왕陸王의 이학이 철학노선에서는 서로 대립하였지만, 그들은 모두 공자를 버리지 않았고 육경六經에서 벗어나지 않았다. 그들은 모두 공자의 정통 진수眞髓를 전수받았다고 자처하였고, 공자와 맹자의 의관衣冠을 빌어서 유교를 혁신하는 배역을 맡았다. 그들은 공자의 이러한 교주敎主에 대해 감히 의심하지 않았다. 명대의 이지李贄(1527~1602)는 일찍이 "공자의 시비是非로 시비를 삼지 않을 것"을 제기하였다. 이것은 이지가 기존의 담장을 과감하게 부순 것이기도 하지만, 그가 의심한 한도는 다만 공자의 개별적 결론에 한정되었지, 공자의 이러한 교주를 의심한 것이 아니었고 공자를 타도하려는 것은 더더욱 아니었다. 이지는 입으로 성인의 말을 외우면서 봉건강상을 파괴하는 "도학으로 가장하고 성인으로 가장하는" 무리를 힘써 규탄하고 충효忠孝・인의仁義와 봉건 종법제를 유지할 것을 제창하였으니, 그는 이러한 제도를 애호한 고독한 신하요 서자였다. 이지는 불교에 대해 오체투지五體投地[43]하였으니, 그는 유교의 이단자이지 반봉건의 영웅이 아니다.

송명이학 체계의 건립은 바로 중국의 유학 조신造神운동의 완성으로, 그것은 중간에 긴 과정을 거쳤다. 유교의 교주는 공자이고, 그 교의와 숭배의 대상은 천天・지地・군君・친親・사師이며, 그 경전은 유가의 육경六經이며, 교파와 전법체계는 유가의 도통론道統論으로, 이른바 열여섯

---

42 그들은 '인욕'에 합법적 지위를 주고 유물론을 주장하고 유심론에 반대하였는데, 이것은 모두 유교의 원칙에 부합하지 않는다.

43 오체투지(五體投地)는 양 무릎과 팔꿈치, 이마 등 신체의 다섯 부분이 땅에 닿도록 엎드려 하는 큰절로, 자신을 무한히 낮추면서 상대방(부처님)에게 최고의 존경심을 표하는 예법이다.(역자 주)

글자의 진수眞髓[44]가 있다. 유교가 비록 일반 종교의 외형적 특징을 결핍하였지만, 종교의 모든 본질적 속성을 가지고 있었다. 승려주의僧侶主義·금욕주의禁欲主義·원죄관념原罪觀念·몽매주의蒙昧主義·우상숭배偶像崇拜는 내심의 반성을 중시하는 종교수양방법으로 과학을 적대시하고 생산을 경시하였는데, 이러한 중세기 스콜라철학이 구비한 낙후된 종교내용이 유교에도 있어야 할 것은 모두 있었다.

불교 선종이 일찍이 승려를 세속의 사람으로 바꾸고 중국의 봉건 종법제도에 부합할 것을 찾았다면, 유교는 세속의 사람을 승려로 바꾸고 한걸음 더 나아가 종교를 사회화하여 종교생활과 승려주의를 모든 가정에 침투시켰다. 어떤 사람은 중국이 유럽과 달리 독단적 종교가 없다고 여겼다. 그렇지만 우리는 중국에 자기의 독특한 종교가 있다고 보아야 한다. 그것의 종교세력은 겉으로는 유럽보다 느슨하지만, 그 종교세력이 미친 영향의 깊이와 폭, 그리고 대중을 규제하는 견고성은 유럽 중세기의 교회보다 훨씬 더 심하였다. 유럽 중세기에는 이교異敎에 대한 재판소가 없었으나, 중국의 유교는 '도'를 위반하는 자를 다루는데 사용한 교조敎條와 교규敎規가 매우 엄격하였다. 무릇 봉건 종법규범에 저촉되거나 대역무도大逆無道하고 인륜에 어긋난 자로 인정되면 사당 안이나 대중 앞에서 처벌될 수 있었고 사형에 처해질 수도 있었다. 더 중요한 수법은 '이치(理)로써 사람을 죽이는 것'이었다. 유교에 살해된 군중은 조금의 신음할 권리도 완전히 박탈되었고 조금의 동정과 연민도 얻지 못하였다. 천백년 동안이나 수천수만의 사람들이 어떤 낌새도 없이 유교의 '천리'에 의해 사형에 선고되었다. 유교가 "굶주림과 추위에 울부짖는 사람이나 남녀의 애원哀怨에서 죽음에 직면하여 살기를 바라는데 이르기까지 인욕이 아님이 없다고 본다"[45]면 반드시

---

44 『尙書』「虞書」, "人心惟危, 道心惟微, 惟精惟一, 允執厥中."

모든 것을 다 없앤 이후에야 통쾌할 것이다. 참으로 "사람 죽이기를 풀 베듯이 하여 소리가 들리지 않는다는 것이니,"[46] 이는 정신적 족쇄가 물질적 족쇄보다 몇 배나 가혹한지를 알지 못한 것이다.

동중서의 공자에 대한 개조는 이미 공자의 모습을 춘추시기의 공구 孔丘(공자)와 다르게 하였다. 한대漢代 중국 봉건사회는 한창 상승시기에 있어 통일의 봉건왕조가 진 왕조를 계승한 이후에는 생명력이 풍부하여 당시의 정치요구에 부응하여 형성된 유교에 비록 보수적 일면이 있었지만 적극적 요소도 있었다. 송·명 이후에는 중국의 봉건사회가 이미 후기에 진입하였으니, 이 때 출현한 자본주의의 싹은 모두 불행히도 정상적으로 발전할 기회를 얻지 못하였다. 송·명 봉건왕조의 통치자들은 유교의 발전을 추진하였으니, 주희의 공자에 대한 개조는 공자 본인의 사상적 모습과 차이가 더 컸다. 한대의 첫 번째 공자에 대한 개조에서 긍정적인 작용이 부정적 작용보다 컸다고 한다면, 송대의 두 번째 공자에 대한 개조에서는 부정적 작용이 대부분이었다.

유교는 새로운 사상이 싹트는 것을 제한하고 중국의 생산기술과 과학발명을 제한하였다. 명대(16세기) 이후, 중국 과학기술의 성과는 세계 대렬에서 선진에서 낙후로 치닫기 시작하였다. 이렇게 낙후하게 된 주요 원인은, 봉건의 생산관계가 날로 부패하여 사회경제를 침체시켜 중국의 자본주의가 발전할 기회를 얻지 못하게 하고, 유교체계가 사람들의 정신을 질식시켜 과학의 발걸음을 지체시켰는데 있다. 상층구조가 그 기초에 대해 냉담하게 전혀 관심을 갖지 않은 것이 아니었고 그 기초를 적극적으로 유지하려고 하였다. 중국 봉건사회가 특히 완고하

---

45 戴震, 『孟子字義疏證(下)』, 「權五條」, "雖視人之飢寒號呼男女哀怨, 以至垂死冀生, 無非人欲."

46 明代 沈明臣의 시인 『鐃歌』(一名 凱歌)에 "狹蒼短兵相接處, 殺人如莫不聞聲"의 구절이 있다. (역자 주)

였던 것은 유교의 저해작용이 응당 그 원인 중의 하나이다.

5·4 운동(1919)을 시작으로 '공자를 타도하자'는 구호를 제기하면서 당시 진보의 혁신파들은 공자가 중국 보수세력의 정신적 지주이니 반드시 '공자를 타도해야' 중국이 비로소 구제될 수 있다고 지적하였다. 당시 사람들은 역사사건과 역사인물을 역사적으로 다룰 줄 몰랐고 발전변화의 안목에서 사물을 잘 다루지 못하였기 때문에, 춘추시기의 정치활동과 교육문화사업에 종사한 공자와 한 이후 송·원·명·청의 봉건통치자를 거치면서 교주로 받들어진 공자를 동일하게 취급하였다. 공자는 다만 그 자신의 행동에 대해 그의 역사적 공과功過를 책임질 수 있을 뿐이지, 후세에 형상화된 유교 교주의 우상에 대해서는 책임질 필요가 없었다. 교육가·정치사상가·선진시대 유가학파의 창시자로써, 우리는 응당 전반적이고 합당한 평가를 내려 역사적 사실이 말살되는 일이 없어야 하고 또한 말살할 수도 없다. 공자라는 사람의 역사상의 공과功過는 현재 학술계에서 아직 일치하는 견해가 없지만, 이것은 학술논쟁의 문제로 단기간에 일치하는 견해를 얻는 것은 불가능하다. 유교의 건립은 유가의 쇠망衰亡을 상징하였으니, 이것은 두 개의 연필과 장부를 하나로 섞을 수 없는 것과 같다. 공자를 반드시 타도해야 한다고 한다면 이것은 옳지 않다. 만약 유교를 응당 폐기해야 한다고 한다면 이것은 마땅한데, 유교는 이미 중국 현대화를 방해하는 매우 큰 사상적 장애가 되었다.

어떤 사람은 중국 역사상에는 유럽 중세기와 같은 정교합일政敎合一의 암흑통치시기가 출현한 적이 없었다고 보는데, 이러한 생각은 공자의 유가학설에 힘을 실어주었다. 유가는 종교를 배척하는 작용을 하였고 유가는 맹목적으로 믿지 않았기 때문에 신학의 통치를 억제하였다.

중국에는 유럽 중세기와 같은 기독교가 출현하지 않았는데, 이것은 중국사회의 특징에서 나온 것이다. 중국에 유가가 있었기 때문에 종교

신권통치의 재난災難을 면하였다고 말하는 것은 옳지 않다. 왜냐하면 유교 자체가 종교이고, 그것이 중국 역사에 중국 봉건종법사회의 특징을 갖는 종교 신권통치의 재난을 가져다주었기 때문이다.

종교·미신·신권神權은 인류 역사상 피할 수 없는 현상이니, 지금까지 어느 민족과 어느 국가에 종교에 대한 면역능력이 있었는지 발견된 적이 없었다. 다른 국가와 다른 지역에는 종교가 다른 표현형식을 가지고 있는데 불과할 뿐이다. 중국의 유교는 중국을 완강하게 규제하였고 중국의 봉건사회와 시종 함께하였으며, 심지어 봉건사회가 끝났을 때도 유교의 망령이 여전히 떠돌고 있었다.

종교에는 그것의 형식과 내용이 있음을 보아야 한다. 형식상에서 신봉하는 우상의 차이와 교의敎義·교규敎規의 차이가 있을 수 있지만, 피안세계를 찾는 종교 세계관은 모든 종교의 공통된 특징이다. 교권敎權과 왕권王權의 관계는 서방과 동방이 형식상에서 차이가 있지만, 서방은 교권이 왕권보다 높았고 중국은 이전의 서장西藏(티베트)지역 외에는 왕권이 교권보다 높았다. 그러나 왕권과 교권이 긴밀히 결합하여 사람들의 사상을 속박하는 정도에 있어서는 동방과 서방이 다르지 않았다.

어떤 사람은 중화민족이 세계의 다른 민족보다 뛰어나고 여러 차례 시련을 겪으면서 유가가 제창한 기절氣節이 중요한 작용을 하였다고 여겼다. 때문에 역사상 위험에 직면해서 두려워하지 않고 정의를 보고 용감하게 뛰어드는 영웅인물이 출현하였다. 민족이 위기에 직면했을 때 중국에는 적지 않은 영웅이 출현하였고 그들은 민족의 중추적 힘이었다. 위험에 직면해서 두려워하지 않고 그들의 이상理想을 위해 몸을 바치는 일은 역사상 흔히 볼 수 있다. 예를 들면 묵자墨子의 문도들은 묵가의 이익과 이상을 수호하기 위해 끓는 물과 타는 불로 뛰어들고 죽어도 발을 돌리지 않았으며, 전횡田橫47은 5백 명의 장수들과 같은 날에 자살하여 제齊나라에 목숨을 바쳤으며, 동호董狐가 붓을 들고 사실대로 쓴 것에는48 죽음 보기를 근본으로 돌아가는 것처럼 하였다. 그들은 모두 공자 혹은 유가의 신도가 아니다. 또한 일부 종교 광신에 혹사되어 서방에 가서 경전을 구한 불교도들도 죽음을 피하지 않고 지 팡이를 짚고 홀로 먼 길을 떠날 수 있었다. 증자曾子가 말한 "어린 임금 을 부탁할 수 있고, 백리百里(제후국) 땅의 명운命運을 맡길 수 있으며, 큰 절개에 임하여 〈그 절개를〉 빼앗을 수 없는"49 강한 품격을 공자 혹은 유가의 명의 하에 기록하고 있는데, 이것은 사실에 부합하지 않는 것 임을 알 수 있다. 증자가 표방한 이러한 요구를 유가의 창시자인 공자 는 하지 않았다. 공자는 여러 나라를 두루 돌아다니다 포주蒲州50인의 포위를 당했을 때, 하늘에 거짓으로 맹세하여 보증하고서야 포위에서 풀려났다. 일단 위험지역에서 벗어나면 맹세한 것은 책임질 필요가 없 으니, 스스로 "강요받은 맹세는 믿을 것이 못된다"51라고 변명하였다. 공자는 또한 "말에는 반드시 믿음이 있어야 하고 행동에는 반드시 과 단성이 있어야 한다"52는 사람들을 업신여겼으며, '절개'와 같은 말을 뜻밖에도 좋지 않게 표현하였다. 민족에는 크든 작든 모두 나름의 장점 이 있다. 세계의 문은 이미 활짝 열렸으니, 더 이상 '하동의 흰 돼지(河 東白豕)'53와 같은 그러한 자아도취나 자아은폐의 태도를 지닐 수는

---

47 전횡(田橫, ?~BC 202): 중국 진(秦) 말기의 인물로 전담(田儋)·전영(田榮)과 함께 진나라에 반기를 들고 제나라를 다시 일으켰다. 한의 유방(劉邦)이 천하를 평정 하자 빈객(賓客) 5백여 명과 섬에 숨어살다가 유방의 부름을 받고 낙양(洛陽)으 로 가던 중에 자결하였다. 그의 죽음을 들은 빈객 5백여 명도 자결을 하였고, 그들을 '전횡 오백사(田橫五百士)'라 하여 후대에 그들의 의기(義氣)를 높이 숭앙 하였다.(역자 주)

48 동호(董狐)는 춘추시대 진(晉)의 태사(太史)였다. 동호의 곧은 붓(直筆)이란 뜻으로, 죽음을 두려워하지 않고 사실을 바르게 기록한다는 말이다.(역자 주)

49 『論語』「泰伯」, "可以託六尺之孤, 可以寄百里之命, 臨大節而不可奪也."

50 포주(蒲州)는 현재 산서성(山西省) 영제현(永濟縣) 서쪽에 있다.(역자 주)

51 "맹세하여도 신이 듣지 않는다."(『史記』「孔子世家」, "要盟也, 神不聽.")

52 『論語』「子路」, "言必信, 行必果."

없다. 유럽인의 책에서는 일찍이 기독교에는 좋은 전통이 있기 때문에 그들로 하여금 관용·인내·사랑을 품은 고상한 정조情操를 지키게 한다고 하였다. 과연 참으로 그러한가? 우리 중화민족은 당시 대포·군함·『성경』·아편이 한꺼번에 밀려왔고 이것이 바로 그들이 선양한 고상한 정조라는 것을 절실히 느꼈다. 이른바 관용과 인내의 미덕이 있었지만, 그러한 것은 노동인민에서 나온 것이지 『성경』이 가르치고 훈계한 결과가 아니다.

어떤 사람은 유가에 애국주의愛國主義의 좋은 전통이 있는데, 이것이 중화민족의 문화를 보존하고 일종의 단결을 이루는 구심력이라고 생각한다.

애국주의는 추상명사가 아니고, 그것에는 실질적인 내용이 있다. 춘추전국시기에는 제후국이 즐비하였다. 많이 배워 전문기능이 있는 사람이나 정치포부를 가진 사람이 도처에서 유세하다가 그들의 주장을 지지하는 국가의 군주에 기대어 그들의 정치이상을 널리 시행하려 하였다. 공자는 바로 그들 속의 한 사람이었다. 공자는 조국인 노나라를 떠나서 도처에서 유세하다가 제齊·위衛·초楚 등의 대국大國으로 건너갔다. 어떤 나라의 군주가 그를 등용하면, 그는 어떤 나라의 국가에서 관리가 되었다. 후에 공자의 제자들이나 제자백가의 지도자들도 모두 이렇게 하였다. 당시에는 그들이 조국을 떠나거나 혹은 애국하지 않는 것을 비난하는 사람이 없었다. 전국시기 말기에 이사李斯의 『간축객서諫逐客書』[54]에는 조국을 위해 충성을 다하려는 생각이 없었을 뿐만 아니라, 각종 이유를 들어서 진나라의 군주에게 재주와 학식이 있는 외

---

53 요동지시(遼東之豕)라는 말이 있는데, 이는 '요동의 돼지'라는 뜻으로 옛날 요동에 살던 어떤 사람이 흰 머리를 가진 돼지가 태어나자 이를 진귀하게 여겨 왕에게 바치러 길을 나섰다가 하동이라는 곳의 돼지가 모두 흰 머리인 것을 보고 그냥 집으로 돌아왔다는 이야기다. 이 이야기를 빌어 견문이 좁거나 오만한 사람, 작은 공을 세우고 득의양양한 사람을 비유할 때 쓰인다.(역자 주)

국인을 등용할 것을 권하였지 그들이 어느 국가에서 왔는지는 상관하
지 않았다. 당시 각 민족 사이에는 경제·문화·혼인의 관계가 빈번하
고 또한 당연한 것으로 받아들여 제후와 귀족들은 일찍이 인근의 소수
민족과 통혼하였으니[55], 춘추전국시기에는 민족간이나 국가와 국가간
의 관계가 정상적이고 개방적이며 폐쇄적이지 않았다.

진·한 이후에 이르면서, 중국은 다민족을 통일한 종법 봉건전제주
의의 통일국가를 세웠다. 이 때는 국내 각 민족의 관계도 평등하고 화
목하였다. 다만 북방에서 온 유목지역에서는 아직도 노예제 전기의 흉
노부락匈奴部落에 머물러 있어서 농업지역을 항상 약탈하여 일찍이 봉
건사회에 진입한 내류의 주민을 약탈하여 노예로 삼았는데, 이는 봉건
사회에 진입한 전체 인민의 반항에 부딪쳤다. 약탈과 반약탈의 투쟁은
민족 간에 간격이 생기는 것을 심화시켰다. 장기간의 전쟁과 경제교류
(전쟁도 일종의 매우 높은 문화교류의 대가를 치렀다)는 다민족 봉건
통일국가를 안정된 정치국면 하에서 부단히 발전시켰다. 수·당 황실
은 순수한 한족漢族이 아니다. 당대에는 조정과 지방관리를 임용함에
번한蕃漢(오랑캐)의 각 민족을 차별 없이 대우하였는데, 이것은 봉건의
발전과 번영에 촉진작용을 하였다. 민족이 화합하고 평화가 함께 하였
으니, 이것이 역사발전의 주류主流였다.

---

54 『간축객서(諫逐客書)』는 진나라 종실과 대신들 사이에서 외국에서 들어온 유세객
을 벼슬자리에서 쫓아내자는 의견이 일자, 당시 객경 자리에 있던 이사(李斯)가
진왕(뒤에 진시황이 됨)에게 그 부당함을 간(諫)하는 글이다. 전문(全文)의 내용은
진나라 역대 선왕들이 외래 인사들을 임용하여 크게 성공한 사례를 드는 한편,
국외에서 들어온 보옥(寶玉)과 후궁은 그대로 수용하면서 '왜 외래 인사들만은 받
아들이지 않느냐'는 논리를 전개한 글이다. 진시황이 천하통일을 하는데 외국의
인재(人才)가 없으면 불가능하다고 보고, 외국의 인재도 가릴 것 없이 불러 모아
천하통일을 이룩하자는 것이 이 작품의 요지이다. (역자 주)

55 진 헌공(晉獻公)은 오랑캐의 여자인 여희(驪姬)에게 장가를 들었고, 진 문공(晉文公)
은 적국(翟國)의 계외(季隗)에게 장가를 들었다.(『史記』「晉世家」, "晉獻公娶狄女,
娶驪姬, 晉文公娶季隗.")

그러나 지리적 형세의 한계 때문에 중국과 동남쪽 해외의 왕래관계는 서북의 육상지역만큼 활발하지 못하였다. 중국은 역사상 부단히 서북민족을 부락사회와 노예제사회에서 봉건제사회로 진입시키고, 동시에 일부 새로운 부락민족과 부단히 접촉하였다. 오랫동안 한족이 잘난체하는 우월감을 형성하여 '천조天朝'로 자처하였다. 송 이후 역대 통치자들은 내부세력을 규제하고 반란을 저지하는데 진력하였고, 게다가 그 위에 유교를 장기간 주입시킴으로써 일종의 매우 건강하지 못한 민족사상의식을 형성하였다. 외래의 것을 두려워하기도 하고 적대시하기도 하여 일종의 '유교 변태심리'가 발생하였다.[56]

어떤 사람은 유교를 중심으로 하는 문화공동체가 있어 중화민족을 단결시켰다고 보았다. 화교華僑 중에 대부분은 유가사상을 믿었고, 그들의 애국주의정신은 대부분 유가전통에서 힘을 얻었다.

이것은 사상으로 사회와 역사를 설명한 것이지, 사회와 역사로 사상을 설명한 것이 아니고 이러한 설명은 정확하지도 않다. 중국인이 해외에서 살아가는 것은 매우 쉽지 않으며, 그들 대부분은 생명의 위험을 무릅쓰고 있다. 명·청 이전에 출국하여 살아가는 화교는 정부의 지지와 보호를 받지 못하였고, 근대 중국은 또한 반식민지의 지위에 처해 있어서 정부는 해외에서 모욕과 종족의 천시를 받는 것을 보호할

---

56 "송(宋)의 문예(文藝)는 지금의 국수주의 성향이 사람을 물들이는 것과 같다. 그러나 요(遼)·금(金)·원(元)이 잇따라 진입하였으니, 이 소식은 매우 의미심장하다. 한(漢)·당(唐) 때에 변란(變亂)이 있었지만, 기백이 웅대하여 인민들은 이족(異族)의 노예가 되는데 이르지 않을 자신감을 가지고 있었고, 혹자는 결코 외래 사물을 취하여 쓸 때에 마치 저들이 포로인 것처럼 자유롭게 부리고 조금도 개의치 않았다. 한번 쇠퇴하여 무너지는 때에 이르러서는 신경이 쇠약하고 과민해져서 매번 외국의 것을 만나면 저들이 나를 포로로 삼은 것처럼 느끼고 저항하고 두려워하고 위축되고 도피하고 온 몸을 떨거나 또한 반드시 한편의 도리(道理)에 숨기려하였으니, 국수(國粹)는 마침내 나약한 임금과 나약한 노예의 보배가 되었다." (「看鏡有感」『魯迅全集』卷1, pp.300~301.)

힘이 없었다. 화교가 서로 단결하지 않고 서로 돕지 않으면 생존하기 어려웠고 발전이란 더 말할 필요가 없었다. 화교는 조국의 번영을 갈망하였고, 그들의 처지가 조국을 사랑하는 사상적 정감을 형성하였다.

　중국은 봉건 종법제도가 통치지위를 차지한 국가였으니, 화교는 고향을 등지고 떠나서 항상 봉건 종법관계, 한 고향이나 마을관계, 동업조직(길드)관계에 의지하였다. 이러한 관계를 유대로 하여 언어·습관·경제의 관계를 더하면 자연히 자기와 상호 의존하는 공동체가 결성된다. 그들은 천天·지地·군君·친親·사師의 신위神位를 함께 가지고 중국을 떠날 수 있었지만, 그들을 단결시킨 주된 힘은 현실의 생활이었지 유교의 어떤 유택遺澤이 아니었다. 몇 세기 동안, 세계적으로 조국을 잃은 유태인이 완강하게 생존하지만 그들은 모두 유교를 믿지 않았다. 유랑하는 집시gypsy[57]들도 완강하게 생존하지만, 그들도 유교가 무엇인지를 알지 못하였다.

　어떤 사람은 유교가 중화민족의 우수한 문화전통을 집중적으로 나타냈고, 그것이 '의를 취하고(取義) 인을 이루거나(成仁)' 매우 감동적인 민족영웅을 많이 배양하였다고 말하였다. 틀림없이 중화민족은 우수한 전통을 가지고 있고 역사상에서도 많은 위대한 민족영웅을 배출하였지만, 공로를 전적으로 유가 혹은 유교의 명부에 기재할 수는 없다. 중화민족의 우수한 문화전통과 자강自强정신은 민족억압과 계급억압의 투쟁 속에서나 자연계의 투쟁 속에서 형성된 것이니, 주로 반항정신·희생정신·과학정신과 민주정신을 가리킨다. 이러한 우수한 전통은 무엇보다도 광대한 노동인민의 신상身上에서 나타났고, 인민의 이익을 대표하는 일부 선진적 인물들의 신상에서 나타났다. 역대로 암흑의 전제통치에 반항하였고 폭정暴政에 반항하였고 민족억압에 반항하

---

57 유랑생활을 특징으로 하는 민족이다. 원래 인도 서북부에 살았는데, 10세기 전후에 이주하기 시작하여 세계 도처에 널리 퍼지게 되었다.(역자 주)

였으니, 결국 봉건전제를 뒤집은 것은 정통의 유가인물이 아니라 농민
들의 혁명의 힘이었다. 중국의 찬란한 고대문명을 창조하고 농업·수
공업과 건축·회화·조각 등의 방면에서 수준 높은 기예技藝를 창조하
고 세계적으로 유명한 작품의 작가들, 심지어 이름조차도 남기지 못한
농민·수공업자·각종 공예가들은 유교의 신도가 아니었다. 천명天命·
귀신鬼神을 부정하고 무신론과 유물론의 기치를 추켜든 것은 결코 유
교의 정통학자들이 아니라 유교의 전통을 과감히 타파한 선진인물들
이었다. 송·원과 명·청의 우수한 문학작품은, 그 지도사상이 대부분
"부당한 일에 침묵하지 않고(不平之鳴)" "경전의 말에서 벗어나고 도에
어긋난(離經叛道)" 것이었다. 최근 100년간 민족이 위망危亡하고 사회가
혼란하던 때에 위대한 태평천국운동太平天國(1851~1864)과 신해혁명辛亥
革命(1911)에서 5·4 운동(1919)에 이르기까지 이러한 투쟁은 깊이 잠들
어 있는 중국을 일깨웠고, 중국 공산당의 지도하에서 중국을 세계 각
국의 대열에 다시 세우는 길을 열었다. 이 위대한 운동의 중요한 투쟁
목표는 바로 반反봉건제도이고 반反유교사상이었다.

송·명 이후 유교가 제창한 '임금에 충성하고 부모에 효도하며(忠君孝
親)', '공자를 존숭하고 경전을 읽으며(尊孔讀經)', '옛날로 돌아가서 옛 것
을 지키는(復古守舊)' 것들은 모두 문화유산의 찌꺼기요 민족정신의 혹
이다. 악비嶽飛58와 같은 민족영웅은 유교가 그에게 주입한 충군忠君사
상 때문에, 그로 하여금 민족이익을 위배하게 하여 이미 손에 넣은 승
리를 저버리고 스스로 억울하게 죽음으로써 국가가 수난을 당하였다.
문천상文天祥(1236~1282)이 「정기가正氣歌」59에서 말한 '성인成仁'·'취의取

---

58 악비(嶽飛, 1103~1142): 금나라 때 여진족 군대에 대항해 싸웠던 남송(南宋) 초기의
　장군, 자는 붕거(鵬擧), 시호는 충무(忠武)이다.(역자 주)
59 '정기가'는 중국 남송 말기의 지사 문천상(文天祥)의 오언시. 1281년 그가 충의(忠
　義)의 군대를 일으키려고 전전하다가 원군(元軍)의 포로가 되어 옥중에 있을 때 지
　은 작품인데, 우국(憂國)의 시가 유명하다.(역자 주)

義’의 구절은 비록 유교 성인의 가르침에서 나왔지만, 그가 행동을 추진한 근본 동력은 그가 직면한 민족억압의 현실이었다. 우리는 마찬가지로 외부침략자들도 유교를 제창하였고 내부의 투항파들도 유교를 제창하였음을 지적해야 한다. 항전抗戰시기 일본 제국주의자들도 공자의 사당을 손질하였고, 크고 작은 유지회維持會[60]의 두목도 대부분 유교 신도였지만, 항일抗日 근거지의 군인과 민중들은 성인成仁·취의取義의 구호를 빌리지 않고 항전의 동력이 되었다.

중국문화에는 확실히 훌륭한 전통이 있으니, 예를 들어 ‘분발하여 뭔가를 이루려는 힘(奮發有力)’, ‘군세고 완강한 의지(剛毅頑强)’, ‘어려움을 참고 견디는 인내(吃苦耐勞)’, ‘사납고 포악한 것을 두려워하지 않는 정신(不畏强暴)’과 같은 것은 모두 노동인민의 우수한 품성이다. 이러한 우수한 품성은 결코 유교에서 나온 것이 아니고, 심지어 반反유교적 산물이기도 하다. 만약 우리의 수많은 민중과 해외 동포들이 모두 유교의 규범에 따라 생산을 떠나고 노동을 경시하여 “천명을 두려워하고 대인을 두려워하고 성인의 말을 두려워하여”[61] 그들이 감실龕室[62] 안에 천·지·군·친·사의 위패를 모셔두고 지성으로 예배하고, 종일토록 정좌하기를 “흙으로 사람을 빚어놓은 것 같이 하고”[63], 날마다 천리를 보존하고 인욕을 제거한다면, 장차 어떤 정신상태이고 또한 어떻게 세계에 설 수 있겠는가?

총괄하면, 역사의 사실은 이미 우리에게 유가가 우리에게 가져다준 것은 재난災難이고 질곡桎梏이며 악성종양이지 우수한 전통이 아니라는

---

60 유지회(維持會)는 항일(抗日)전쟁 초기에 일본 침략자들이 중국의 점령지역 내에 매국노를 이용하여 세운 일종의 임시적 지방 괴뢰정권이다.(역자 주)

61 『論語』「季氏」, “畏天命, 畏大人, 畏聖人之言.”

62 ‘감실’은 신상(神像)이나 위패(位牌)를 모셔두는 작은 방이다.(역자 주)

63 『宋元學案』卷68,「北溪學案·北溪文集補」, “終日端坐如泥塑人.”

것을 알려주었다. 그것은 봉건 종법전제주의의 정신적 지주였고, 중국의 인민을 장기간 우매하게 하고 낙후시키고 사상을 경직시킨 총체적 근원이었다. 유교의 지위가 있으면 더 이상 현대화의 지위는 없다. 중화민족의 생존을 위해서는 유교를 조속한 시기에 없애야 한다. 우리는 다만 5·4 시대에 일찍이 제기하였던 과학과 민주노선을 따라 더 높은 목표─사회주의로 전진할 수 있을 뿐이고, 5·4 이전의 옛날로 다시 되돌아갈 수 없다. 후퇴하면 출로는 없다.

유가와 유교[1]

2

　　'유儒'라는 호칭은 공자에서 시작되지 않았다. 공자 이전 사회에는 이미 귀족을 도와 상사喪事를 처리하거나 혹은 귀족을 도와 상례相禮를 집행해주고 생계를 도모하는 사람이 있었는데, 이러한 사람은 전문지식에 의지하여 그럭저럭 생계를 유지하였다. 공자도 처음에는 '유'에 의지하여 살길을 찾았지만, 그는 당시 다른 '유'보다 박학하여 정치적 주장을 하기도 하고 당시의 일부 정치활동에 참여하기도 하였다.[2] 공자가 창시한 유가儒家는 하나의 학술단체이고 또한 정치단체였다. 공자는 일생동안 주대周代의 노예제를 회복하기 위해 동분서주東奔西走하였고, 그의 주장이 역사의 발전방향과 배치되었기 때문에 그의 활동은 성공하지 못하고 사회와 시대의 냉대를 받았다. 사회의 발전은 공자 당시에 적극 주장되던 일이 후대에는 모두 역사에서 도태되었고, 공자

---

1 원래『중국철학』, 제3집(삼련서점(三聯書店), 1980)에 실렸던 글인데,『임계유학술논저자선집(任繼愈學術論著自選集)』(북경사범학원출판사, 1991)에 옮겨 실었다.
2 예컨대『논어』에는 공자가 그의 제자들에게 "너희들은 군자의 유(儒)가 되고 소인의 유(儒)가 되지 말라"고 가르친 것이 실려 있다.(『論語』「雍也」, "女爲君子儒, 無爲小人儒.")

당시에 적극 배척되던 일이 후대에는 모두 발전하고 강화되었음을 보여주었다. 역사의 실천은 공자가 반反역사 조류의 인물이고, 그의 사상은 보수적이고, 그의 학설은 당시에 주도한 작용도 모두 보수적임을 보여주었다. 춘추春秋시기는 노예제가 붕괴하고 봉건제가 형성되던 과도기적 시기였다.[3] 공자의 사회적 지위는 매우 찬란하지 않았고 그의 학설도 폭넓은 지지를 얻지 못하였다. 공자는 만년에 물러나서 책을 저술하고 전적典籍을 정리하였다. 그는 박학한 학자요 역사학자요 교육자였고, 고전문화를 정리하고 보존하는데 공헌하였다. 공자가 일생 동안 활동한 최대의 활약은 적지 않은 재주있는 학생을 교육하였다는 데 것인데, 전후하여 모두 3천여 명에 달하였다.[4] 공자의 문도들이 많았고 세력이 컸기 때문에 그들은 대부분 문화지식을 장악하였고, 귀족에게 고용되었으나 그들을 싸워서 지켜주는 무사와 달랐으며 그 영향도 비교적 컸다. 전국戰國시기에 유가는 이미 사회상의 현학顯學이 되었는데, 다만 묵가墨家의 학파가 그와 맞설 수 있었고 전후하여 8개의 학파로 나누어졌다.[5] 이러한 각각의 학파에 어떠한 특징이 있는지는 현재로 고찰할 수 없다. 철학의 관점에서 구분하면 주로 두 학파가 있었

---

[3] 이 문제에 대해, 중국 학술계에는 일치된 견해가 없고 대체로 네 가지 견해로 나눌 수 있다. 필자는 춘추시기에 노예제가 봉건제로 넘어가는 과도기였고 전국시기에 봉건제가 확립되었다고 주장한다.

[4] 이러한 숫자는 후대 사람들이 의심하지 않았으니 아마도 사실에 가깝다. 사회가 크게 변혁할 때에 사(士)라는 계층의 수가 점차 확대되었고, 후에 전국(戰國) 중기 이후에는 많은 국가의 귀족, 예컨대 맹상군(孟嘗君)·평원군(平原君)·춘신군(春申君)과 같은 귀족들이 사(士)를 기르는 풍조가 성행하였고, 심지어는 한 귀족이 사(士) 2·3천 명을 동시에 길렀으니, 공자시대가 비교적 이른 시기이기는 하지만 일생동안 제자 3천여 명을 받아들인 것은 가능한 일이다.

[5] 『韓非子』「顯學」에는 유(儒)를 8개로 나누고 묵가(墨家)와 함께 현학(顯學: 저명한 학설 혹은 학파)이라 불렸다. 이 8개의 학파에는 '자장파의 유학(子張之儒)', '자사파의 유학(子思之儒)', '안연파의 유학(顔氏之儒)', '맹자파의 유학(孟氏之儒)', '칠조씨파의 유학(漆雕氏之儒)', '중량씨파의 유학(仲良氏之儒)', '손씨파의 유학(孫氏之儒)', '악정씨파의 유학(樂正氏之儒)'이 있다.

으니, 하나는 유심주의의 맹자孟子학파이고 다른 하나는 유물주의의 순자荀子학파이다.

전국시기에 각국은 이미 공동의 길을 걷고 있었으니, 즉 분산할거分散割據하던 봉건국가가 통일된 중앙집권적 봉건국가로 나아갔다. 각 계급과 계층은 모두 자기의 이익을 위해 투쟁하였는데, 이것이 곧 사상상에서의 백가쟁명百家爭鳴이다. 백가쟁명의 실질은 당시 머지않아 통일되는 중앙집권 봉건국가에 어떤 태도를 취할 것인지, 어느 계급과 계층이 이러한 역사적 임무를 담당할 것인지 앞에 놓여있었다. 묵가는 "농사짓는 사람과 장인匠人이나 장사하는 사람"[6]의 이익을 대표하였고, 유가의 친친親親의 종법제도에 반대하였으며, 유가는 묵가를 아비도 없는 무부無父라고 비난하였다. 법가法家는 군인귀족과 관료계층의 이익을 대표하였고, 효제孝弟와 인의仁義에 반대하였으며, 절대군권의 관료제도를 주장하였다. 유가가 비록 8개의 학파로 나누어져 유심주의와 유물주의의 중대한 구별이 있었지만, 봉건제의 종법과 등급제도에 대해서는 맹자와 순자가 다르지 않았다. 맹자는 "부자유친父子有親·군신유의君臣有義·부부유별夫婦有別·장유유서長幼有序·붕우유신朋友有信"[7]을 주장하였는데, 그 중에서 가장 중요한 것이 효제였다.

요순堯舜의 도는 효제일 뿐이다.[8]

효도를 중심으로 하는 종법윤리사상이 이러한 사회정치구조의 지도사상이었다. 맹자는 이러한 사회윤리관념이 천부적 본성이라 보았기 때문에 그의 성선론性善論을 세웠다. 순자는 맹자와 이론적으로 첨예하

---

6 『墨子』「尙賢上第八」, "農與工肆之人."
7 『孟子』「滕文公(上)」, "父子有親, 君臣有義, 夫婦有別, 長幼有序, 朋友有信."
8 『孟子』「告子(下)」, "堯舜之道, 孝弟而已矣."

게 대립하였지만, 사회윤리상에서는 사회가 효제孝弟·충신忠信·인의仁義 등 도덕규범을 떠날 수 없다고 주장하였다. 군신君臣·상하上下의 등급제를 유지할 것을 주장하였다. 순자는 이러한 봉건 종법 등급제를 유지할 필요성을 재차 강조하였으나, 그는 인위적 수단인 교화의 방법을 써야한다고 보고 이러한 도덕이 사람의 본성에서 나온다는 것을 믿지 않았다. 이것이 그의 성악론性惡論의 결론이다. 다른 유가는 맹자와 순자의 사이에 끼여 있었으나, 그들의 봉건윤리사상은 일치하였다. 바로 이 점에 그들의 일치성이 있었기 때문에 비록 8개의 학파로 나누어졌지만 결국은 유가였다.

공자는 이러한 노예주의 보수파로 후에 봉건사회의 성인이 되었는데, 이것은 이해하기 어렵지 않다. 왜냐하면 노예제와 봉건제는 모두 귀족등급제이고, 서주西周 이래로 종법제도가 유지되어 왔기 때문이다. 공자의 효제·충신의 규범을 조금만 개조하면 바로 봉건제에 쓰일 수 있었다.

진·한의 통일은 중국 사회역사상의 일대 변혁이었다. 이러한 변혁은 기본적으로 중국 봉건왕조 2천여 년의 구조—즉 중앙집권적 봉건 통일왕조를 안정시켰으니, 이것은 중국 봉건사회가 중화민족에 의해 받아들여지고 또한 이것을 매우 정상적 상태로 간주하였다. 일시적 분열 할거分裂割據하는 정치국면이 출현하면 천하가 분열하여 와해되는 정상이 아닌 난세亂世이니, 반드시 이를 바로잡아 '어지러운 세상을 바로잡아 정상을 회복해야(撥亂反正)' 천하가 크게 다스려질 수 있다고 보았다.

정치의 통일은 반드시 사상의 통일을 수반하는데, 이것은 역사가 요구하는 것이고 동서 역사를 통해 증명된 것이다. 진·한 통일 후에 봉건통치자들이 70여년의 탐색을 거쳐 결국 찾은 것도 사상 통일의 정신적 도구, 즉 유가를 세웠다고 말할 수 있다. 우리가 특히 지적하려는 것은, 이 때의 유가는 이미 선진시기에 하나의 학파로서 백가쟁명百家

爭鳴에 참여한 유가와 달리, 봉건통일의 왕권과 신권이 긴밀히 결합한 유가였다. 이 유가가 존숭하던 대표 인물은 공자였지만, 이는 이미 선진시기에 사람들에게 중시되던 학자요, 동시에 사람들에게 비웃음거리로 타격을 입어 뜻을 이루지 못한 정객政客과는 달리, 고도의 존엄함을 갖춘 교주였다. 공자는 이미 고귀한 소왕素王이었을 뿐만 아니라, 또한 마음대로 좌지우지하는 우상으로 신과 사람의 복합체가 되었다. 봉건통치자의 의지는 공자의 경전 속의 말을 일언반구라도 보태야 비로소 권위가 있어 보였다.

노예제사회는 유럽에서 비교적 완전하고 전형적으로 발전하였지만, 유럽의 봉건사회는 중국만큼 완전하고 전형적이지 못하였다. 중국 봉건사회의 생산력은 세계 봉건사회의 역사상에서 발전하기에 충분하였다. 이러한 사회를 통치하는 봉건지주계급은 통치경험을 부단히 총괄하고 그 상부구조를 부단히 완전하게 함으로써 그것으로 하여금 상당히 완전한 체계를 형성하게 하여 철학·종교·문학·예술·법률 등 각 방면을 포괄하였다.

서한西漢과 동한東漢의 통치자들은 중앙집권을 한층 더 견고히 하기 위해, 왕권과 신권을 한걸음 더 융합시켜 왕권신수王權神授를 위한 이론적 근거를 만들었다. 그러나 그들은 신권을 왕권의 아래에 조심스럽게 제한시키고 동등한 지위를 허락하지 않았으니, 교권이 왕권을 능가하는 일은 더 말할 필요가 없었다.

중국 봉건통치자들은 농민봉기와 접촉한 경험이 많았기 때문에[9], 그들은 자각적으로 종교를 이용하여 인민의 반항의지를 마비시킬 줄을 잘 알고 있었다. 이 때문에 한대에는 처음으로 유가의 경전을 가져다 정치와 법률의 시책을 위해 설명하였다. 한 무제 때 장탕張湯[10]

---

9 중국 농민봉기는 규모가 컸고 횟수도 많아 세계 역사에서 극히 드물게 보인다.

의 재판은『춘추』에서 근거를 찾았으나, 실제로 아무런 근거가 없었
고『춘추』와는 관계가 없었다. 동한東漢 때에 황제명의로 소집한 백호
관白虎觀회의는 한층 더 정권으로 신권을 실행하거나 신권으로 정권을
수호한 전형적인 예이다. 이 때 유가의 지위는 이미 선진시기의 유가
와 차이가 매우 컸고 공자의 지위도 더 높이 격상되었다.

한대 유가는 무엇보다도 지상왕국의 모형에 따라 천상왕국을 만들
고, 그런 후에 천상왕국의 신의 뜻으로써 지상왕국에 대한 모든 조치
를 지시하였다. 이것이 바로 한대 동중서董仲舒에서 백호관회의에 이르
기까지의 신학적 목적론의 실질이다. 하늘은 양陽이고 군주이고 아버
지이고 남편이며, 땅은 음陰이고 신하이고 아들이고 아내이다. 천지
자연계의 질서가 지상의 한 왕조와 같은 사회질서로 간주되었고, 자연
계에도 봉건 윤리도덕의 속성이 부여되었다. 비록 서양의 하느님이 인
류를 만든 것과 같은 창조설은 없었지만 유사한 점이 있었다. 유가가
일존一尊에 정해지면서 유가의 경전은 종교·철학·정치·법률·도덕과
사회생활·가정생활·풍속습관의 이론적 근거가 되었다. 철학과 모든
과학이 유럽 중세기처럼 모두 신학의 시녀가 되지 않았지만, 육경六經
의 주석이 된 것은 사실이다. 성인이 아닌 자는 범법자와 다름이 없었
다. 이른바 성인의 표준은 유가에서 규정한 범위를 벗어나지 못하였
다. 동한 말의 황건黃巾의 봉기11는 한 왕조의 정치통치의 기초를 동요
시켰다. 왕권과 신권이 긴밀히 배합한 한 왕조가 붕괴하고 그것을 대
신하여 일어난 것은 분산할거하던 지방 봉건세력이었으니, 정치상에
는 삼국분립三國分立의 국면이 출현하였다. 삼국시대는 기본적으로 상

---

10 한 무제의 신임을 받아 정위(廷尉)·어사대부(御史大夫) 등의 벼슬을 지낸 사법관이
다.(역자 주)

11 황건의 난(黃巾之亂) 또는 황건적의 난(黃巾賊之亂)이라 한다. 중국 후한(後漢) 말
기 호족지주에 의한 토지겸병의 위기에 끊임없이 직면해 있던 농민이 황건적이
되어 일으킨 반란이다.(역자 주)

업교환이 정지되고 화폐주조가 정지되어 경제상에는 전형적인 자연경제가 출현하였다. 사상방면에는 왕권과 신권이 서로 결합한 유가 정통사상인 신학적 목적론도 치명적인 충격을 받았다. 이때는 이미 위진魏晉 현학玄學이 출현하였고, 민간과 사회상층에는 불교와 도교가 잇달아 출현하였다. 이 때 중국의 북방과 남방의 소수민족도 분분하게 일어나서 한족의 정치압박에 반항하여 반란을 일으켰다. 그들 중에는 팔려진 노예였으나 후에 봉기에 성공하여 왕조를 건립한 자도 있었다.12 그들이 가장 먼저 충돌한 것은 공자 유가의 '중화를 안으로 하고 오랑캐를 밖으로 하는' 사상이었고, 그들은 불교를 신봉하였다. 한족의 농민은 도교를 신봉하였으니, 오두미도五斗米道와 태평도太平道는 농민 사이에서 광범위하게 유행하였다.

　중국의 광대한 지역에는 이미 수준높은 봉건의 경제 · 정치 · 문화가 있었기 때문에 소수민족이 집권한 후에도 노예제사회에서 봉건사회로 빨리 진입하였다. 봉건사회의 통치와 피통치의 관계도 매우 빨리 받아들여졌다. 중국의 특징을 가진 봉건 종법전제주의도 중시되었는데, 왜냐하면 이러한 인민을 통치하는 경험이 실행에서 효과가 있었고, 유가에는 이러한 봉건 윤리도덕규범의 깊은 전통이 있었기 때문이다. 물론, 결정적 작용을 한 것은 중국 봉건의 경제구조와 사회구조였다. 중국 봉건사회의 종법제도는 중국 봉건사회와 시종 함께 하였는데, 삼강三綱 · 오상五常은 유가에서 만고불변의 규범으로 간주되었다. 만세불변萬世不變이라고 말한 것은 옛 사람의 한계인데, 왜냐하면 옛 사람들은 봉건사회 이외에 다른 생산방식이 있음을 알지 못하였기 때문이다. 중국의 정황에서 논한다면, 그것을 봉건사회 '만세불변'의 질서라고 말하는 것도 결코 틀린 것은 아니다.

---

12 예를 들어 유총(劉聰) · 석륵(石勒) 등은 북방민족의 봉기자이다.

위진남북조魏晉南北朝시기에는 불교와 도교가 광범위하게 유행하여 유가가 독존獨尊의 지위를 상실하였지만, 통치자들은 결코 유가를 폐기하지 않았고 유가는 여전히 봉건사상의 정통이 되었다. 양梁 무제武帝가 불교를 숭상하였지만, 양 무제의 「칙답신하신멸론敕答臣下神滅論」의 주된 사상은 여전히 유교이고 불교가 아니었다. 당시의 통치자들은 불교와 도교를 이용하여 유교를 보충하였으니, 셋은 함께 쓰이거나 혹은 번갈아 사용되었다. 삼교三敎간에는 논쟁이 있었고 타협이 있었으며 또한 상호 흡수하였다. 이미 봉건 종법제도가 바뀌지 않고 봉건 종법제도를 유지하는 윤리강상이 폐기될 수 없는 이상, '삼강'·'오상'의 질서는 유지되지 않을 수 없었다. 이 때문에 불교와 도교는 이미 이 제도를 위해 복무하였으니, 그들도 봉건 종법제도의 수요에 적응해야 비로소 지주계급의 지지를 얻을 수 있었다. 농민은 선진적인 생산관계를 체현해내는 자가 아니다. 농민의 사상은 생산자료와 정치권력에 따라 박탈되었고, 통치계급의 왕권신수王權神授와 천명결정론天命決定論을 강제로 받아들였으며, 또한 봉건 종법제도에 속박되었다. 불교의 오계십선五戒十善13이 취한 선악善惡의 도덕표준도 여전히 삼강오상의 규정범위를 벗어나지 못하였고, 그렇지 않으면 십악十惡14이 되어 용서받지 못하였다. 봉건지주가 반란을 일으키는 것은 최고의 죄악이었고, 무부無父·무군無君도 불교가 공인하는 '지옥에 떨어져서 정신적 처벌을 받는' 범죄행위였다. 송宋 문제文帝가 "불교는 비록 출세를 주장하지만 왕

---

13 오계(五戒)는 생명체를 죽이지 말라(不殺生), 남의 물건을 훔치지 말라(不偸盜), 음란한 짓을 하지 말라(不邪淫), 거짓말 하지 말라(不妄語), 술 마시지 말라(不飮酒)라는 것이다. 십선(十善)은 10가지의 선한 행위로, 살생하지 말라, 도둑질 하지 말라, 사음(邪淫)하지 말라, 남을 헐뜯지 말라, 한 입으로 두말 하지 말라, 욕하지 말라, 욕심으로 말을 꾸며하지 말라, 탐욕하지 말라, 성내지 말라, 사견(邪見)을 갖지 말라는 것이다.(역자 주)

14 십악(十惡)은 십선(十善)에 반대되는 것이다.(역자 주)

의 교화에 도움을 주었다"고 솔직히 말한 것도 새삼 이상할 것이 없다. 위진 현학이 신학적 목적론을 부정하였지만, 유가의 종법제도와 삼강오상에 대해서는 털끝 하나도 건드리지 못하였다. 당시 명교名教와 자연自然의 논쟁은 현학가들이 어떻게 삼강오상에 대처하였는지의 근본적 태도를 반영하였다. 어떤 학파든 모두 명교가 필요하지 않다고 감히 말하지 못하였다. 현학의 최고 대표인물인 왕필王弼 (226~249)과 같은 자도 공자가 노자보다 뛰어나다고 보았다.15

정치상 남북이 분열할거分裂割據하였기 때문에 중국 역사의 이 시기는 다른 한편으로 발전이 있었다. 북방과 남방은 각자의 통치범위 내에서 상대적으로 안정된 정치국면을 이루었고, 이에 북방과 남방의 각민족은 경제와 문화의 교류 속에서 한걸음 더 융합을 이루었다. 많은 낙후된 씨족부락과 노예제 초기의 소수 민족간에 부단히 왕래하고 이해하고 통혼하고 학습하여 봉건사회로 빠르게 진입하였는데, 이것은 이후 수당시기에 다민족의 번영된 봉건 통일왕조를 세우는데 조건을 마련해주었다.

수당시기에는 봉건경제가 한층 더 번영하고 발전함에 따라 세계경제 문화교류에 공헌을 하였다. 경제와 정치의 번영발전은 또한 철학과 종교의 번영발전을 이끌었는데, 남북조시기의 분열할거하던 영향이 점차 사라졌다. 불교는 남북조시대 장기간 분열하던 국면을 끝내고 통일된 각종 종파를 형성하였고, 도교도 남북을 혼합하여 통일된 당대唐代 도교를 형성하였다. 불교와 도교는 각자 자기의 사원경제와 종파 전법체계

---

15 배휘(裵徽)가 왕필에게 묻기를, "무(無)라는 것은 진실로 만물이 근거로 삼는 것이다. 그러나 성인은 감히 말을 전하지 않았으나 노자가 거듭하여 부득이 말한 것은 무엇 때문인가?" 왕필이 대답하기를, "성인은 '무'를 체득하였으나, '무'는 또한 가르칠 수 없기 때문에 말하지 않았다"라고 하였다. (何劭, 『王弼傳』에서 인용, "夫無者, 誠萬物之所資也, 然聖人莫肯致言, 而老子申之無已者何? 王弼回答說, 聖人體無, 無又不可以訓, 故不說也.") 또한 이 글은 『世說新語』「文學 第四」에 들어있다.

로 발전하였다. 유가의 경학(經學)도 남북 경학유파를 아울러 취하여 당
대의 특징을 가진 경학을 형성하였다. 유·불·도 삼교의 정립은 모두
봉건왕조의 강력한 지지를 얻었다.[16] 삼가三家(유가·불가·도가)가 일한
대상은 일가一家(유가)에 있었으니, 조정에 큰 의식이 있으면 항상 삼교
중의 대표인물로 하여금 대전大殿에서 공개적으로 강연하게 하였다.[17]
유가는 유가의 경전을 강의하였고 불교와 도교도 각자 자기의 경전을
강의하였는데, 종종 유·불·도 삼교라고 불렀다.[18] 유·불·도가 강론

---

16 당(唐) 대족(大足) 원년(701) 무칙천(武則天)이 정권을 장악했을 때에 이미 삼교에
공통의 임무가 있음을 분명히 선포하고, 또한 사람에게 『삼교주영(三敎珠英)』을
짓게 하였다.(『唐會要』卷36)

17 당 문종(文宗)의 생일에 비서감 백거이(白居易), 안국사(安國寺)의 사문인 의림(義林),
상청궁(上淸宮) 도사 양홍원(楊弘元)을 불러 인덕전(麟德殿) 내의 도장에서 삼교를 강
론하였다. 백거이가 말하기를, "유교와 불교가 비록 이름과 수치(名數)에는 같고
다름이 있지만, 뜻을 모아 종지를 세운 것은 피차가 또한 차이가 없으니, 이른바
근원은 같으나 이름은 다르고, 길은 다르나 돌아갈 곳은 같다는 것이다"라고 하였
다.(白居易, 『三敎論衡』「對僧」(또는 『白氏長慶集』卷67), 中華書局 1979, "儒門釋敎
雖名數則有異同, 約義立宗, 彼此亦無差別, 所謂同出而異名, 殊途而同歸也.")

18 "원위(元魏: 北魏)·후주(後周)·수(隋) 때는 명성과 학문이 높은 승려를 많이 불러서
유가·도가와 서로 논의하고 왕도(王道)를 살필 것을 좋아하였고 또한 생일을 축하
하는 좋은 일이었다. 당 고종은 가공언(賈公彦)을 어전에 불러 도사·사문들과 경
전의 뜻을 강설하였다. 당 덕종(德宗) 생일에 인덕전(麟德殿)을 통제하고 허맹용(許
孟容) 등에게 등좌(登座)하여 불가·도가의 무리들과 강론할 것을 명하였다. 정원
(貞元) 12년(797년) 4월 생일에 인덕전을 통제하고 급사중(給事中: 중서문하성의 벼슬)
서대(徐岱), 병부랑중(兵部郞中) 조수(趙需)와 허맹용(許孟容)·위거모(韋渠牟)를 불러
도사 갈참성(葛參成)과 사문 담연(談筵) 등 20명과 삼교(三敎)를 강론하였는데, 위거
모가 가장 변설에 능하였다. 문종(文宗) 9월 생일에는 백거이(白居易)를 불러 승려
유징(惟澄)과 도사 조상영(趙常盈)과 인덕전에서 강론하였다. 백거이는 논단이 예
리하였고, 말재간이 능숙한 것이 샘물이 흐르는 것 같았다. 임금이 미리 구상한
것인지를 의심하자 깊이 탄식하고 공손히 읍하였다."(『大宋僧史略』卷(下),「誕辰
談論(內齋附)」, "元魏後周隋世, 多召名行廣學僧, 與儒道對論, 悅視王道, 亦慶生之美
事矣. 唐高宗召賈公彦于御前, 與道士沙門講說經義. 德宗誕日御麟德殿, 命許孟容等,
登座與釋老之徒講論. 貞元十二年四月誕日, 御麟德殿, 詔給事中徐岱, 兵部郞中趙需及
許孟容韋渠牟, 與道士葛參成沙門談筵等二十人, 講論三敎, 渠牟最辯給. 文宗九月誕日,
召白居易, 與僧惟澄道士趙常盈, 于麟德殿談論. 居易論難鋒起, 辭辯泉注, 上疑宿構,
深嗟揖之.)

한 내용도 점차 서로 비방하던 것에서 상호 보완하는 것으로 바뀌었다. 정부는 도교가 불교를 공격하거나 불교가 도교를 공격하는 문자선전을 금지할 것을 명문화하여 공포하였다. 당초唐初에는 조정에서 공개의식을 거행할 때에 불교도들이 앞에 설 것을 규정할 때도 있었고, 도교도들이 앞에 설 것을 규정할 때도 있었으나, 중당中唐 이후에는 불교와 도교도들이 함께 행진할 것을 규정하고 앞뒤를 구분하지 않았다. 유가가 불교와 도교를 공격한 것은 주로 그들이 생산하지 않고, 군대에 가지 않으며, 세금을 내지 않고, 정부의 의무를 지지 않으며, 중국전통의 풍속과 습관에 부합하지 않는 등이었다.

봉건 지주계급의 총 두목인 당 왕조의 황제는 삼교를 모두 종교로 간주하였고, 삼교의 신도들도 종교로 자처하였다. 불교와 도교는 자연 종교가 문제되지 않는다. 종교에는 모두 하나의 정신세계 혹은 천국과 서방정토라 불리는 것이 있음을 주장하고, 종교에는 모두 교주敎主 · 교의敎義 · 교규敎規 · 경전經典이 있다. 종교의 발전에 따라 교파가 형성되니, 종교내부에는 멋대로 파생되어 나온 사설邪說, 이른바 이단異端이 발생할 수도 있다. 이러한 상황은 불교와 도교에도 모두 구비되어 있다. 유가는 출세를 말하지 않고 내세來世의 천국이 있음을 주장하지 않았다. 이것은 사람들이 통상적으로 가리키는 '유가가 종교와 다른 근거'이다.

그러나 우리는 종교가 선양하는 피안세계가 다만 인간세상의 환상과 왜곡에 대한 반영임을 지적해야 한다. 일부 종교는 피안세계를 일종의 정신경지로 간주하였는데, 중국 역사상에서 수 · 당 이후의 불교와 도교는 모두 이러한 경향을 가지고 있었다. 가장 큰 영향을 미친 선종禪宗을 예로 들면 선종은 다음과 같이 공언하였다.

보리菩提는 마음에서 찾아야 하거늘, 어찌 수고롭게 밖에서 허황된 것을 찾는 가? 이 말을 듣고 이에 따라 수행하면, 서방정토가 눈앞에 있을 것이네.[19]

선종은 극락세계가 피안에 있지 않고 차안에 있으며, 현실생활 밖에 있지 않고 현실생활 속에 있다고 주장하였는데, 이른바 출가出家와 해탈解脫은 결코 이 세계를 떠나 다른 서방정토에 이르는 것을 의미하지 않는다. 현재의 일상생활 속에서 종교의 세계관을 받아들이면 지금의 속세가 곧 서방정토이고, 불교 종교관의 중생이 곧 부처임을 모두 받아들이면 부처는 속세 밖에 있지 않고 속세 속에 있다.

이러한 관점은 중국의 불교에 독특한 면모를 가져다주었고, 그것은 또한 중국의 유가가 점차 중국의 특징을 가진 종교—유교가 되게 하였다.

한 무제의 '유술만을 존숭할 것'[20]을 시작으로 유가는 이미 종교의 모형을 가지고 있었다. 그러나 종교의 모종의 특징은 아직도 완전해질 필요가 있었다. 수당시대 불교와 도교의 부단한 융합과 상호 영향을 거치고 또한 봉건제왕의 의도적인 추진 하에서 삼교합일의 조건이 이미 성숙되어 유가 봉건윤리를 중심으로 하고 불교와 도교의 일부 종교 수행방법을 흡수하였다. 송명이학의 건립은 중국 유교의 완성을 상징하였고, 그것이 신봉한 것은 천天·지地·군君·친親·사師로 봉건 종법제도를 출세의 종교 세계관과 유기적으로 결합시켰다. 그 중 '군'과 '친'은 중국 봉건종법제의 핵심이고, '천'은 군권신수君權神授의 신학적 근거이며, '지'는 천을 보조하는 것이고, '사'는 천·지·군·신을 대신

---

19 慧能, 『六祖大師法寶壇經』「疑問品」, "菩提只向心覓, 何勞向外求玄. 聽說依此修行, 西方只在眼前."

20 '제자백가를 물리치고 유가학술만을 존숭하자'는 한 무제가 단행한 사상통일을 말한다.(역자 주)

하여 입언立言하는 성직자로 최고의 해석권을 가졌다. 이것은 불교가 불佛·법法·승僧을 삼보三寶로 받들지만 '승'을 떠나서는 '불'과 '법'을 전파할 수 없는 것과 같다. 송 왕조의 이학理學이 흥기하던 시기는 바로 불교와 도교가 쇠퇴하는 시기였다. 불교는 왜 쇠퇴하였는가? 왜냐하면 유교가 성공적으로 불교를 흡수하였기 때문이다. 왜 중국에는 유럽 중세기처럼 종교가 절대권위를 독점하지 못하였는가? 왜냐하면 중국 중세기 종교가 독점하던 지배력은 유교였기 때문이다.

종교 세계관은 사람들에게 금욕적 생활을 요구하였고 물질적 욕망은 죄악의 근원이었다. 가난을 편안히 여기고 가난을 즐기는 사람이라야 비로소 도덕이 고상하고 인품이 뛰어나다고 생각하였다. 송명이학이 보편적으로 관심을 갖고 반복하여 논변한 몇 가지 중심문제에는 정성定性의 문제, 의리지성義理之性과 기질지성氣質之性의 문제, 공안낙처孔顔樂處의 문제, 주경主敬과 주정主靜의 문제, 존천리 거인욕存天理 去人欲의 문제, 이일분수理一分殊의 문제, 치양지致良知의 문제 등이 있다. 이러한 문제는 비록 철학의 모습으로 출현하였지만 중세기 스콜라 신학의 실질과 수양방법을 가지고 있었다.

정호程顥의 「정성서定性書」는 송명이학자들에게 경전성의 권위저작으로 인정되었다. 이러한 정성定性은 불교 선종의 종교수양방법과 일맥상통하니, 이른바 "움직임도 안정되고 고요함도 안정되면 보내고 맞이함도 없고 안과 밖도 없다"[21]는 것은 바로 선종의 "물을 기르고 땔나무를 나르는 것이 신묘한 도가 아님이 없다"[22]는 것이다. 인성을 의리지성義理之性과 기질지성氣質之性으로 구별하고 인욕 또한 기질에 끼어서 나오는 죄악이니, 실제로 종교의 원죄관념이다. 정이의 「안자소호하

---

21 『二程全書』 「定性書」, "動亦定, 靜亦定, 無將迎, 無內外."
22 "運水搬柴, 無非妙道."은 禪偈의 말이다.(역자 주)

학론顔子所好何學論」은 한편의 전형적인 종교수양 방법론이고 한편의 종교 금욕주의의 선언서이다. 장재의 「서명西銘」도 '천·지·군·친·사'를 칭송한 한편의 유교 선언서이다. 장재는 인생의 모든 운명을 천지天地가 일찍이 배정해주었다고 보았는데, 즉 부귀富貴와 복택福澤을 누리는 것은 당신에 대한 천지의 관심이고, 가난과 걱정을 만나는 것도 당신에 대한 천지의 시험이라는 것이다. '천·지'와 '군·친'은 본래 한 가족이다. 이정은 사람에게 주경主敬할 것을 가르쳤는데, 정호는 종일토록 "정좌하기를 흙으로 사람을 빚어놓은 것처럼 하였다."[23] '천리를 보존하고 인욕을 제거하는(存天理 去人欲)' 것은 모든 유심주의 이학자들이 전력투구한 수양 목표였다. 그들이 말한 '천리'는 봉건 종법제도가 허락한 행위준칙이 아님이 없었고, 내용은 삼강三綱·오상五常과 같은 유교 교조에서 벗어나지 않았다. 유교에는 일반 종교와 같은 공통점이 있는 외에도, 또한 그것만의 특징이 있다. 공자는 교주로 추대되어 반인반신半人半神의 지위를 가지고 있었다. 그것이 추구한 정신경지는 더욱 봉건 도덕수양에 편중되어 종법제도를 견고히 하였다. 예를 들어 유교의 효도孝道에는 윤리적인 뜻 외에도 종교적 성질이 있다.[24] 유교에는 입교入敎의 의식이 없고 정확한 신도기준이 없지만, 중국사회의 각 계층에는 모두 많은 신도가 있었다. 유교의 신봉자는 책을 읽어 글을 아는 문화인에 제한되지 않고, 글을 알지 못하는 어부·나무꾼·농민들도 모두 유교라는 무형無形의 제약에서 벗어나지 못하였다. 독단적 족권族權, 강압적 부권夫權, 보편적으로 존재하는 가부장적 통치는 그야말로 짙은 안개처럼 개개의 가정과 사회의 구석구석에 자욱이 퍼져있었다. 그것은 그야말로 물샐틈없는 수사망을 펼친 것처럼 사람들

---

23 『宋元學案』卷68, 「北溪學案·北溪文集補」, "故明道亦終日端坐如泥塑人."
24 『孝經』에 보인다.

로 하여금 빠져나갈 수 없게 하였다.

송명이학의 건립은 중국 유교의 완성으로, 그것은 중간에 멀고 긴 과정을 거쳤다. 유교의 교주는 공자이고, 그 교의와 숭배대상은 '천·지·군·친·사'이며, 그 종교조직은 중앙의 국학國學과 지방의 주학州學·부학府學·현학縣學이며 학관學官은 유교의 전직 성직자였다. 승려주의·금욕주의·몽매주의는 내심의 반성을 중시하는 종교수양방법으로 과학을 적대시하고 생산을 경시하였는데, 이처럼 중세기 스콜라철학이 가지고 있던 낙후된 것들이 유교(유심주의 이학)에도 있어야 할 것은 모두 있었다. 내부에는 개별 사상가들이 속박에서 벗어나 현실을 직시할 것을 꾀하고 유물주의 관점을 제기하는 사상가들도 있었다. 예를 들어 송대의 진량陳亮, 명대의 왕정상王廷相, 청대의 왕부지王夫之, 안원顏元과 대진戴震 등은 모두 다른 영역에서 유교의 어떤 방면의 문제를 비난하였으니[25], 그들은 유교의 이단이라 불릴 수 있다. 이러한 진보의 사상가들은 모두 공자의 정통 진수眞髓를 얻었다고 자처하고, 공자와 맹자의 의관을 빌어서 혁신적 배역을 맡았다. 그들은 공자의 이러한 교주에 대해 감히 의심하지 않았다. 명대의 이지李贄는 일찍이 "공자의 옳고 그름으로 옳고 그름을 삼지 않을 것"을 제기하였는데, 그는 이러한 담장을 과감하게 깨부수었다. 그러나 입으로 성인의 말을 외우고 봉건 강상封建綱常을 파괴하는 가짜 도학을 전심전력으로 비난하고 충효忠孝·인의仁義를 제창하고 봉건 종법제를 유지하였으니, 그는 이러한 제도를 애호한 고독한 신하요 서자였다. 또한 그는 불교에 대해 오체투지五體投地[26]하였다. 그는 유교의 이단자이지 반봉건의 영웅이 아니다.

---

25 그들은 인욕(人欲)에 합법적 지위를 주고 유물론을 주장하고 유심론에 반대하였는데, 이것은 모두 유교의 원칙에 부합하지 않는다.

26 오체투지(五體投地)는 양 무릎과 팔꿈치, 이마 등 신체의 다섯 부분이 땅에 닿도록 엎드려 하는 큰절로, 자신을 무한히 낮추면서 상대방(부처님)에게 최고의 존경심을 표하는 예법이다.(역자 주)

　유교는 새로운 사상이 싹트는 것을 제한하고 중국의 생산기술과 과학발명을 제한하였다. 명明 이후 중국의 과학기술성과는 세계대열에서 처음으로 선진에서 낙후로 치닫기 시작하였다. 이렇게 낙후된 주요원인은 중국의 자본주의가 발전할 기회를 얻지 못하고, 유교체계의 완성과 그것이 사람들의 정신탐색을 질식시켜 과학의 발걸음을 지체시킨데 있다. 상부구조가 그 기초에 대해 전혀 관심을 갖지 않은 것이 아니었고 그 기초를 적극적으로 유지하려고 하였다. 중국 봉건사회가 특히 완고하였던 것은 유교의 저해작용이 응당 그 원인 중의 하나이다.

　5·4 운동을 시작으로 공자를 타도하자는 구호를 제기하였는데, 당시의 진보의 혁신파들은 공자가 중국 보수세력의 정신적 지주이니 반드시 공자를 타도해야 중국이 비로소 구제될 수 있다고 지적하였다. 당시 사람들은 역사인물과 역사사건을 역사적으로 다룰 줄을 알지 못하고, 형이상학이 비교적 엄중하여 좋은 것은 모두 좋고 나쁜 것은 모두 나쁘다고 생각하였다. 그들은 사물발전의 규율을 제대로 탐구하지 못하였기 때문에 춘추시기에 정치활동과 교육문화사업에 종사한 공자와 한대 이후 역대 봉건통치자들이 교주로 끌어올린 공자를 동등하게 취급하였다. 공자는 그 자신의 행동에 대해 그 역사적 공과功過를 책임질 수 있을 뿐이고, 후세에 형상화된 유교 교주의 우상에 대해서는 책임질 필요가 없다. 박학한 학자, 위대한 교육가, 정치사상가, 선진 유가학파의 창시자로서의 공자는 타도될 수 없다. 역사적 사실이 말살되는 것을 용납하지 않을 것이고 말살될 수도 없다. 공자라는 사람이 역사상에서의 공과功過는 현재 학술계에서 일치하는 견해가 없는데, 이것은 학술논쟁의 문제이니 단기간에 일치된 견해를 얻을 수 없을 것이다.

　유교의 형성은 일찍이 위로 천년의 과정을 거쳤고, 공자의 학설은 모두 두 차례의 개조를 겪었다. 첫 번째 개조는 한대漢代에 있었다. 그것은 한 무제의 지지와 동중서의 시행에 따른 것인데, 이것이 중국 역사상에서 말한 이른바 '백가(제자백가)를 축출하고 오직 유술만을 존숭한다(罷黜百家 獨尊儒術)'[27]는 조치이다. 한대의 통일된 중앙집권의 봉건종법전제국가에서는 의식형태와 그것이 긴밀히 결합한 종교와 철학체계가 필요하였다. 공자가 무대로 추대되었고, 동중서와『백호통白虎通』은 공자의 입을 빌려서 한대 통치자들의 요구에 적합한 종교사상을 선전하였다.

두 번째 개조는 송대宋代에 있었다. 송 통치자들은 기회를 이용하여 당말오대唐末五代의 분산할거하던 혼란한 국면 속에서 정권을 잡았다. 그들은 이전 왕조가 멸망한 교훈을 거울삼아 정치·군사·재정·인사의 권력을 모두 중앙에 집중하였으니, 송 왕조는 차라리 대외적으로 양보할 수 있어도 대내적으로는 중앙집권적 봉건종법전제제도를 강화하였고, 사상문화영역에서도 그것과 서로 부응하는 의식형태의 배합이 필요하였다. 한·당과 송·명은 모두 중앙집권적 봉건종법전제제도의 국가였지만, 중앙권력은 갈수록 집중되었고 사상문화방면의 통치방법도 갈수록 치밀해졌다. 송 왕조 통치자들의 수요에 부응하기 위해 송명이학, 즉 유교가 발생하였다. 유가의 두 번째 개조는 송대를 시작으로 위로 당대로 소급해갈 수 있다. 한유韓愈(768~824)는『대학』을 중시하여 유교의 도통道統으로 불교의 법통法統을 대신하였고, 이고李翱(772~844)는『중용』으로 불교의 종교 신비주의에 대항하였다. 송대 주희에 이르러서는『논어』·『맹자』·『대학』·『중용』을 사서四書로 정하고 일생동안 정력을 다해 그를 주석하였다. 주희의『사서집주四書集注』

---

27 이러한 견해가 성립될 수 있는지는 한층 더 토론할 필요가 있다. 어떤 사람은 송명이학이 종교임을 인정하지 않고, 동중서의 천인감응(天人感應)의 신학적 목적론이 종교임을 인정하지 않는 것을 유가의 공으로 여기는데, 왜냐하면 그것은 종교를 억제하였기 때문이다. 실제로 그것 자체는 일종의 종교이다.

는 역대 봉건통치자들에 의해 전국적으로 통용되는 교과서로 정해졌
고, '사서'는 13경에서 빠져나와 매우 중시되었다.

주희는 거대한 유교체계를 만들었는데, 불교 선종이 일찍이 승려를
세속의 사람으로 바꾸고 봉건 종법제도에 부합할 것을 찾았다면, 유
교는 세속의 사람을 승려로 바꾸고 한층 더 종교를 사회화하여 종교
생활과 승려주의를 모든 가정에 침투시켰다. 어떤 사람은 중국이 유
럽과 다른 것으로 독단의 종교가 없었다고 생각한다. 우리는 중국에
는 자기의 독특한 종교가 있고, 그 종교세력이 겉으로는 유럽보다 느
슨할지라도 그 종교세력이 미친 영향의 깊이와 폭, 그리고 대중을 제
압하는 견고성은 유럽 중세기의 교회보다 훨씬 심하였다는 것을 알아
야 한다. 유럽 중세기에는 이교異敎의 재판소가 없었으나, 중국의 유교
는 화형火刑이나 육형肉刑을 쓰지 않고 이치(理)로써 사람을 죽였다. 유
교에 살해된 대중은 한 점 신음할 권리조차 모두 박탈되었고 조금의
동정과 연민도 얻지 못하였다. 천백 년 동안, 수천의 사람들이 흔적도
없이 유교의 '천리'에 의해 사형되었으니 "굶주림과 추위에 울부짖는
사람이나 남녀의 애원哀怨에서 죽음에 직면하여 살기를 바라는데 이르
기까지 인욕이 아님이 없었다."[28] "사람 죽이기를 풀 베듯이 하여 소
리가 들리지 않았으니"[29] 정신적 족쇄가 물질적 족쇄보다 몇 배나 가
혹한지를 알지 못하였다.

동중서가 개조한 공자는 이미 공자의 모습이 춘추시기의 공구孔丘와
달랐다. 한대 중국 봉건사회는 한창 상승시기에 있었고 통일된 봉건왕
조가 진 왕조를 계승한 이후에는 풍부한 생명력을 가지고 있어서, 당

---

28 戴震, 『孟子字義疏證(下)』「權五條」, "雖視人之飢寒號呼男女哀怨, 以至垂死冀生, 無
非人欲."

29 明代 沈明臣의 시인 『鐃歌』(一名 凱歌)에 "狹蒼短兵相接處, 殺人如莫不聞聲"의 구절
이 있다.(역자 주)

시의 정치요구에 부합하여 형성된 유교에 비록 보수적 일면이 있기도
하였지만 그것에는 적극적인 요소가 있었다. 송 왕조 이후에는 중국의
봉건사회가 이미 후기에 접어들어 몇 차례 자본주의의 싹이 있었으나
불행히 모두 정상적으로 발전할 기회를 얻지 못하였다. 송·명 봉건왕
조의 통치자들이 유교의 발전을 추진하였으나, 주희가 개조한 공자는
공자 본인의 사상적 모습과 차이가 훨씬 컸다. 만약 한대의 첫 번째 공
자에 대한 개조가 적극적 작용이 소극적 작용보다 컸다고 말한다면,
송대의 두 번째 공자에 대한 개조는 소극적 작용이 대부분이었다. 유
교의 건립은 유가의 쇠망衰亡을 상징하였으니, 이것은 두 개의 연필과
장부를 한데 섞어놓을 수 없는 것과 같다. '공자는 반드시 타도해야 한
다'고 말한다면, 이것은 옳지 않다. 만약 '유교는 응당 폐기해야 한다'
고 말한다면 이것은 타당하다. 유교는 이미 중국의 현대화를 막는 극
대한 사상적 장애가 되었다.

유교의 재평가[1]

3

필자가 1980년에 쓴 「유교의 형성」[2]은 역사적 관점에서 유가가 점차 유교로 변천하는 과정을 논술하였다. 여기에서 나는 공자의 학설이 모두 두 차례의 큰 개조를 겪었음을 지적하였다. 첫 번째 개조는 한대漢代에 있었으니, 동중서董仲舒의 신학적 목적론이 발생하여 유가는 이미 종교적 모형을 가지고 있었다. 두 번째 개조는 송대宋代에 있었으니, 삼교합일의 송명이학이 발생한 것은 또한 유교의 완성이다. 이러한 변천과정은 봉건통일 대제국이 건립되고 견고해짐에 따라 점차 진행된 것으로 일찍이 천여 년의 시간을 거쳤다. 송·명 이후에는 중국의 봉건 사회제도가 정체되고 경직되는데 이르렀는데, 유교가 적극적 수호작용을 하였다. 지금 또 다른 관점에서 고찰해보자. 유교가 중국의 봉건사회를 형성한 것이 세계사의 공통된 특징을 갖는지, 불교·기독교·이슬람교가 중세기에 보편적으로 흥성하고 번영하였던 원인과

1 원래 『사회과학전선(社會科學戰線)』, 1982년 제2기에 실렸던 글인데, 『임계유학술논 저자선집(任繼愈學術論著自選集)』(북경사범학원출판사, 1991)에 옮겨 실었다.
2 『中國社會科學』, 1980年, 第1期에 실려 있다. 원제는 「論儒敎的形成」이다.

관계가 있는지, 동시에 유교가 유교되는 독특한 개성은 무엇인지, 중국의 사회와 문화에 결국 어떤 영향을 미쳤는지 등이다. 이러한 문제는 모두 필자의 이전 논문의 생각을 이어서 나온 것이기 때문에 '재평가'라고 하였다.

세계 3대종교(불교·기독교·이슬람교)가 세계적 종교가 되고 각각 다른 국가에서 통치사상이 된 것은 모두 중세기시대에 발생하였고, 중세기의 봉건사회가 종교와 분리될 수 없었던 것도 종교가 자생하고 만연하는데 좋은 토양을 제공하였다. 봉건제는 노예제와 다르다. 노예제 하의 노예는 인격을 갖지 못하였고, 노예주는 주로 폭력과 형벌로 노예를 통치하여 그들에 대해 허위적 설교를 하거나 그들을 위해 내세의 천국을 허락할 필요가 없었다. 비록 노예제에도 종교가 있었지만, 이러한 종교는 원시종교에서 간신히 탈피해 나와 비교적 조잡하였으니, 봉건제도 하의 교단종교敎團宗敎[3]처럼 신도설교神道設敎의 풍부한 사상체계를 갖추지 못하였다. 봉건제 하의 농민은 노예와 달랐는데, 그들은 자기 소유의 작은 분지份地를 가지고 있었고, 상대적으로 인신人身의 자유가 있었고, 개체경영의 노동자에 속하였으며, 봉건의 착취방식을 조세租稅와 노역勞役으로 대신하였는데, 이 때문에 봉건통치자들은 폭력과 형벌의 수단을 사용하는 외에도 사상적·정신적으로 그들에 대한 통치를 강화해야 하였다. 농민은 노역奴役의 지위에서 벗어날 힘이 없었고, 게다가 그들에게는 문화가 없었으며, 우매하고 낙후하여 인간의 고난이 가져주는 진실한 원인을 이해하지 못하였기 때문에 종교가 선전하는 몽매주의蒙昧主義를 쉽게 받아들였다. 봉건사회는 엄격한 등급제도를 실행하여 군신君臣·상하上下간의 신분지위는 뛰어넘을 수 없는 한계가 되었고, 이러한 등급질서를 안정시키기 위해 서로 다

---

[3] 종교의 가장 보편적인 분류법은 '자연종교'와 '교단종교'로 나눈다. 일반적으로 자연종교는 제도화된 종교에 대립되는 개념으로 쓰인다.(역자 주)

른 신분지위에 처한 사람들로 하여금 그 지위에 안주하도록 하였는데, 이러한 등급질서에 신성한 색채를 입히는데 종교가 필요하였다. 이러한 것들은 모두 중세기 세계사의 공통된 특징이었으니, 중국에도 예외일 수 없었다. 세계 3대종교가 중세기에 보편적으로 흥성하고 번성하였던 것은 우연한 현상이 아니다.

중세기의 종교는 원시종교와 다르다. 최근 중국의 변방지역에 살고 있는 형제·민족·사회에 대한 조사에 근거하면, 원시종교가 대체로 계급출현 이전의 종교형식임을 보여주었다. 당시 종교활동은 곧 생활의 구성부분이었으니, 예컨대 풍년을 기원하고 질병을 물리치며 수재水災와 한재旱災와 같은 재해 등을 없애는 활동에는 모두 종교의식이 있었다. 운남雲南4 등 변방지역이 보유한 원시자료에 근거해서 보면, 그들의 종교활동, 예컨대 귀신을 쫓아내고 조상에게 제사지내는 등은 모두 전 민족이 참가한 활동이었으니, 종교생활은 바로 그들의 사회생활이었고 종교활동은 동시에 그들의 생산활동이었으니, 부락간의 전쟁도 종교의식의 지도하에서 진행되었다. 중국 고서古書에 기록된 고대 씨족부락의 활동은 대부분 원시종교의 활동에 속하였으니, 그 속에 어떤 종교이론은 없었어도 종교실천과 종교의식은 바로 그들 행동의 근거였다. 원시종교는 더 많은 자발성을 띠고 있었으며, 사람과 자연, 사람과 신의 관계가 비교적 근접하였다. 원시종교의 의식은 민족의 습속과 관계가 밀접하였는데, 중국의 『의례儀禮』에 기록된 관冠·혼婚·상喪·제祭 등의 의식에는 많은 원시종교의 흔적을 가지고 있다.

봉건사회에 진입한 후에, 일부 원시종교는 성숙한 교단敎團종교로 발전하였다.(노예제사회의 종교는 원시종교에서 교단종교로 넘어가는 형태이다.) 교단종교의 보편적 특징은, 일반적으로 말하면 이론과

---

4 중국 서남지역에 위치한다.(역자 주)

체계를 가지고 있고, 사회의 윤리도덕과 긴밀하게 배합하여 종교의 선 악善惡표준에 통치계급의 도덕적 낙인烙印이 찍혀있었다. 원시종교가 주로 자연계의 자기와 다른 힘에 대한 반영을 말한다면, 교단종교는 주로 사회의 자기와 다른 힘을 반영하였으니, 교단종교는 중세기에 보 편적으로 존재하던 특권과 억압, 그리고 사회의 불공정한 현상을 위해 변호하였다. 불행을 당하는 사람들을 위해 피안세계를 묘사하고, 그들 에게 현실세계의 고난을 인내해낼 것을 요구하여 정신적 해탈을 구하 였다. 동시에, 이러한 교단종교는 일군의 민중과 이탈하는 성직자를 배양하였고, 봉건제의 등급구조에 따라 엄격한 교회조직을 형성하였 고, 자체의 사원경제를 가지고 있었다. 이에 종교세력은 봉건사회의 정치경제와 긴밀히 결합하여 강대한 조직의 봉건세력이 되었다. 종교 세력의 발전에 따라 필연적으로 종교조직과 세속정권간의 관계가 부 단히 발전하였다. 이러한 발전은, 한편으로 쌍방의 목표가 일치하여 긴밀히 배합하였음을 나타냈지만, 다른 한편으로는 서로 주도권을 다 투는 모순을 나타냈다. 교단종교도 다른 교파로 분열되었고, 각 교파 에는 서로 다른 교의教義·교규教規와 전법체계가 있었다. 교단종교의 사회적 내용과 역사적 작용에서 보면, 그것은 이미 봉건제의 정신적 지주였을 뿐만 아니라 또한 세속 지주계급과 나란히 서는 봉건성 사회 계급의 힘이었다. 이러한 특징은 중세기의 종교가 공통적으로 가지고 있던 것이니, 비록 중세기 종교에 서로 다른 개성이 있어 모순과 차이 가 컸고 심지어 유혈流血의 종교전쟁이 발생하기도 하였지만, 모두 이 러한 일반적 공통된 특징을 가지고 있었다.

주의할 것은, 불교가 인도印度에서 발생하였지만 중세기에는 힌두 교5에 배척되어 다른 나라로 옮겨갔는데, 왜냐하면 힌두교가 인도사

---

5 힌두교(Hinduism)라고도 한다. 인도에서 고대부터 전해 내려오는 바라문교(婆羅門 教)가 복잡한 민간신앙을 섭취하여 발전한 종교이다.(역자 주)

회의 수요에 더 적합하여 통치계급의 지지를 받았기 때문이다. 힌두교
는 사변철학방면에서 불교보다 크게 낙후하였으나, 그것이 불교를 이
길 수 있었던 것은 종교교의와 종교이론 때문이 아니라 중세기의 인도
에서 일어난 작용 때문이다. 이러한 현상은 종교의 전파유행과 왕성한
발달이 특정한 역사조건에 의해 결정된다는 것을 설명해주었다.

유교는 중국 봉건사회에서 형성된 일종의 종교로, 그것은 이미 중세
기 세계의 일반종교의 공통된 특징을 가지고 있고 또한 자기만의 독특
한 개성을 가지고 있었다. 이러한 공통된 특징과 개성의 통일은 중국
봉건사회의 역사적 조건을 충분히 반영하였다. 중국의 봉건사회에는
종성제種姓制(Caste)가 없었지만 종법제宗法制는 있었다. 필자는 「유교의
형성」의 논문에서 일찍이 중국 봉건사회에 대략 5가지 특징이 있음을
제기하였는데, 그 중의 하나가 바로 봉건 종법제도가 비교적 완전하게
발전할 수 있었다는 것이다. 이러한 봉건 종법제도는 유가의 삼강오상
三綱五常을 기본 내용으로 하는 종법사상을 형성하였다. 물론, 종법사상
자체는 종교가 아니다. 예를 들어 선진시기 공자·맹자·순자의 종법
사상은 일종의 사회정치윤리사상으로 종교적 성질을 가지고 있지 않
다. 그러나 그것이 종교화된 후에는 일종의 신성한 교조로 바뀌었으
니, 사람들은 그것에 대해 의심할 수 없었고 더더욱 반대할 수 없었다.
동중서가 말한 "도의 큰 근원이 하늘에서 나오니, 하늘이 변하지 않으
면 '도' 또한 변하지 않는다"[6]는 것은, 바로 천신天神의 권위를 빌어서
종법사상의 절대적 합리성을 논증한 것이다. 동중서의 신학적 목적론
은 실제로 일종의 종교화된 종법사상이다. 그것은 당시에 유행하던 다
른 일부 학파와 싸워 이기고 한대漢代 봉건통일 대제국의 정신적 지주
가 되었으니, 중세기 세계사의 발전과정을 연상해보면 이것은 일종의

---

6 『春秋繁露』「陰陽義」, "道之大原出於天, 天不變, 道亦不變."

역사적 필연이다.

동중서의 신학적 목적론은 봉건의 국가정권에 신의 후광後光을 씌어 주었는데, 천(상제)은 최고의 권위가 되었고, 정부의 행정명령은 모두 천의 뜻을 빌어서 추진되었다. 황제는 '천운을 받들었고(奉天承運)', 천을 대신하여 입언하였고, 조서詔書를 '성지聖旨'라고 하였으니 신학적 의미를 가지고 있었다. 종교신학에 이론적 해석을 부여하기 위해, 유가의 경서는 신성한 지위로 받들어졌다. 그 속에 포함된 상고上古시대 종교의 신비한 내용이 전이되고 발전되어 '천명天命'과 '성의聖意'로 해석되었다. 서방 중세기에는 신학이 과학을 완고하게 반대하였고, 성경에 위배되는 말은 허락되지 않았고, 과학으로 종교에 대항하는 자들은 과감히 사형에 처해졌다. 중국에서의 상황도 크게 다르지 않았으니, 감히 유가경전에 위배되는 말을 공표하면 '성인이 아니면 무법한 자'로 지목되었다. 일부 진보사상가와 혁신파들은 박해를 피하기 위해 일부 새로운 개혁주장을 제기하였고, 또한 성인의 경서에서 논거를 찾아 자신들의 주장이 성인의 가르침에 부합함을 표방하는데 힘썼다. 이러한 것은 서방 중세기 신학통치시기와 같은 내용이다.

전체 봉건사회에서 통치자들은 모두 '삼강오상'을 변하지 않는 진리 (天經地義)로 받들 것을 요구하였는데, 왜냐하면 이러한 종법사상이 봉건 종법제도를 유지하고 봉건질서를 안정시키는데 가장 적합하였기 때문이다. 이 때문에 종법사상을 종교화한 것은 통치자들의 일종의 내재적 요구라고 말할 수 있다. 어떤 형식을 취하여 종교화하든 어떤 이론을 써서 논증하든지는, 각자 서로 다른 시기의 과학기술과 사유발전의 수준에 의해 결정된다. 동중서의 신학은 유교의 모형일 뿐이고, 송명이학이 비로소 유교의 완성이다. 이것은 천여 년의 역사과정에서 비록 논증의 형식과 방법에 어떤 변화가 있었어도 수많은 변화는 그 종지를 떠나지 않았으니, 총체적 목적은 모두 '삼강오상'을 신성한 교조로 바꾸어 놓기 위한 것이다.

한말漢末에서 삼국三國시기에 이르기까지 중국에는 도교가 출현하였다. 이 이전에 불교가 이미 중국에 들어왔지만 영향력은 크지 않았다. 위진魏晉 후에 불교는 빠르게 발전하여 사회적으로 유·불·도 삼교가 병행하였다. 불교와 도교는 모두 출세의 교조를 이용하여 대중을 교화하였다. 도교는 중국의 토속종교인데, 연형煉形(몸을 단련함)·양신養神(정신을 기름)·양기養氣(元氣를 기름)를 종교 수련방법으로 하여 사람들에게 장생불사長生不死와 '수련하여 신선이 될 것'을 선전하였다. 불교는 사람들에게 현실세계를 버리고 육신계를 버리는 일종의 속세를 초탈하는 절대안정의 정신경지를 추구할 것을 가르쳤다. 불교와 도교는 모두 출세의 방법으로 신도들을 위해 개인해탈의 경로를 찾았고, 그들의 주장은 '폭력을 배척하고 반란에 반대하고 현실을 도피'하는 특징을 가지고 있었는데, 이것은 봉건 통치자의 입맛에 영합하는 것이었기 때문에 통치자들의 지지를 받았다. 그러나 이 두 종교의 교의는 출가할 것을 호소하고 인륜人倫을 저버렸는데, 이것은 봉건 종법제도를 유지하는 것과 어느 정도의 모순을 조성하지 않을 수 없었다. 불교와 도교는 모두 이러한 모순을 완화하고 부분적으로 자기의 교의를 수정하여 통치자의 뜻에 영합하고 봉건 종법제도의 요구에 부응하려고 노력하였다. 예를 들어 북위北魏 때의 고승인 법과法果[7]는 탁발규拓拔珪(북위의 太祖)[8]를 치켜세우기를, "〈태조는〉 총명예지하고 도를 좋아하는 것이 곧 지금의 여래如來이니 사문들은 마땅히 예를 다해야 한다"[9]라고 하였고, 또한 "도를 넓힐 수 있는 자는 임금이다. 나는 천자에게 절하는 것이

---

7 법과(法果): 중국 北魏 때의 승려로, 본적은 상세하지 않다. 나이 40에 사문이 되었고 趙郡(지금의 河北省 趙縣) 사람이다.(역자 주)

8 북위(北魏)를 세운 태조(太祖) 도무제(道武帝, 386~409)를 말한다.(역자 주)

9 『魏書』卷114, 「釋老志」, "明睿好道, 卽是當今如來, 沙門宜應盡禮.

아니요, 곧 부처에게 예배드릴 뿐이다"[10]라고 말하였다. 석승도釋僧導[11]는 송나라 효무제孝武帝(453~464 재위)에게 다음과 같이 말하였다.

> 법을 지키고 도를 넓히는 것으로는 제왕보다 앞설 수 없으니, 폐하께서 만약 사등심四等心[12]을 움직여 위중危重한 자를 불쌍히 여기고 착한 일을 하도록 권면할 수 있으면, 모래·흙·기와조각·벽돌 부스러기와 같은 쓸모없는 것들도 자연히 천궁天宮에 있게 되는 것입니다.[13]

도교의 경전인 『태평경太平經』에도 천제天帝가 인간세계를 대표한 것이 봉건황제라고 여겼다. "제왕은 하늘의 아들이고 황후는 땅의 아들이다."[14] 이 때문에 제왕을 돕는 것이 곧 천제天帝에 순종하는 것이다. 임금에 충성하고 부모에 효도하는 것도 '하늘의 마음'과 '땅의 뜻'에 따라 행동한 것이다. 비록 이와 같을지라도, 이 두 종교가 갖는 출세의 기본교의는 바뀔 수 없었으니, 그렇지 않으면 불교와 도교가 될 수 없었다. 불교와 도교의 발전, 특히 불교의 발전은 사원경제의 악성팽창을 야기하였다. 그것은 직접 납세하는 인구를 감소시켜 통치계급의 이익에 영향을 주었고, 세속 지주계급과 승려 지주계급의 모순을 격화시켰다. 중국 역사상 몇 차례의 큰 배불排佛운동은 불교세력의 발전과 봉건의 국가이익이 서로 충돌한 가장 격렬한 행동이었다.

---

10 위의 책, "能鴻道者人主也, 我非拜天子, 乃是禮佛耳."

11 석승도(釋僧導): 중국 남북조시대 승려로, 京兆 사람이다. 대표 저서로는 『成實』·『三論義疏』·『空有二諦論』 등이 있다.(역자 주)

12 자(慈)·비(悲)·희(喜)·호(護)인 '사등심'은 부처와 보살이 지녀야 할 4가지 마음가짐, 즉 사무량(四無量)·사등심(四等心)·사범주(四梵住)·사범당(四梵堂)의 하나이다.(역자 주)

13 『高僧傳』卷8, 宋壽春石澗寺釋僧導」, "護法弘道, 莫先帝王, 陛下若能運四等心, 矜危勸善, 則此沙土瓦礫, 便爲自在天宮."

14 『太平經』「安樂王者法」, "帝王, 天之子也, 皇后, 地之子也."

수당시기 봉건통치자들이 유·불·도 삼교를 모두 지지하였지만, 봉건 종법제도를 관철시키는데 가장 유력하고 가장 적합한 것은 바로 유교였다. 정부가 오경五經을 경전으로 삼고 '삼강오상'을 지도사상으로 하여 인민을 교육하고 지식인과 사대부를 배양하였다면, 불교와 도교는 보조하는 작용을 하였다.

유교는 중국에서 중국의 사회역사조건과 통치자들의 수요에 부응하여 봉건 종법제도를 유지하는 작용을 하였고, 동시에 사상투쟁의 형세에 부응하여 다른 종교와 학파들의 일부 유용한 내용을 흡수하였다. 동중서의 신학적 목적론은 천인감응天人感應을 선양하여 신이 착한 자에게 상을 주고 악한 자에게 벌을 내릴 수 있었으니, 상천上天이 직접 인사人事에 간여하여 군주의 잘못을 견책하였다. 이러한 신학은 비교적 조잡하여 유물주의 철학자 왕충王充(27~?97)의 원기자연론元氣自然論의 이론적 비판을 받은 후에는 이론상에서 성립되기 어려웠다. 송명유교는 이러한 조잡한 신학형식을 탈피하여 의지가 있는 인격신을 선양하지 않고 불교의 종교이론을 흡수하여 세계 그 자체의 '리理' 혹은 '천리天理'로 '삼강오상'의 합리성을 논증하였다. 교단종교는 실제로 사람들의 사회관계의 이질화이다. 의지가 있는 인격신을 신앙하든지, 기도와 제사를 거행하든지 여부는 결코 종교와 비종교를 구분하는 표준이 아니다. 불교의 선종은 선당禪堂 안에 불상을 세우지 않고 종교의식도 없지만, 그것은 확실히 일종의 영락없는 종교이다. 장태염章太炎(1869~1936)은 불교를 '무신론의 종교'라고 불렀는데, 이러한 견해는 검토할만하지만 불교, 특히 중국불교의 모종의 특징을 개괄하였다. 송명유교의 '천리'는 바로 '삼강오상'의 이질화이니, 그것은 봉건사회에 존재하던 사람과 사람의 관계와 가치표준을 영원하고 절대적인 신성한 질서로 이질화시켜 사람들의 이성을 억압하고 사람들을 온순하고 순종하도록 만들었다. 송명유교와 동중서의 신학이 비록 이론형태에서는 정밀하고 조잡한 차이가

있었지만, 목적과 작용방면에서 보면 결코 다르지 않다. 이정과 주희가
천·천명·상제와 같은 신학개념을 모두 '리'로 해석하여 철학개념으로
선전하였기 때문에, 보기에는 신학의 외투를 벗어버린 것 같지만 실질
적으로는 일종의 깊은 의미의 신학을 가지고 있다.

　유교는 개인의 삶과 죽음의 문제를 중시하지 않고 반대로 가족의 연
속을 매우 중시하였다. 이른바 "불효에는 세 가지가 있는데, 후사後嗣
가 없는 것이 가장 크다"[15]는 것은 자손이 단절되어 혈통을 이을 수 없
는 것을 극도의 두려운 일로 간주하였다. 봉건 종법제도에서 개인은
가족에 의지하여 '종조혈식宗祖血食(조상에게 제사지냄)'을 끊는 것을 큰 죄
악으로 여겼으니, 개인의 생존목적과 의미는 조상의 후사를 계승하고
가족의 연속을 유지하는 것이다. 유교가 숭배한 천·지·군·친·사 중
에 '친'이 비록 네 번째 위치에 있지만, 상고시대 씨족사회에서 답습해
온 조상숭배는 일종의 오래된 종교형식이다. 때문에 유교는 불교처럼
개인의 삶과 죽음을 많이 언급하지 않았지만, '하늘을 받들고 조상을
본받는(奉天法祖)' 관념 그 자체는 일종의 종교관념이다.

　유교는 출가出家를 주장하지 않고 현실적 인륜일용의 상도常道를 중
시하여 매우 강한 세속성을 띠고 있다. 종교의 세속화는 종교발전의
일반적 추세이다. 마틴 루터Martin Luther(1483~1546)의 종교개혁은 승려를
세속의 사람으로 바꾸어놓았지만, 또한 세속의 사람을 승려로 바꾸어
놓았다. 중국의 선종도 이와 같았으니, 선종은 서방의 극락세계를 사
람들이 체험하는 일종의 정신경지로 전환시켰다. 『단경壇經』에는 "동
방 땅의 사람이 죄를 지으면 서방西方(서방정토)에다 목숨을 구해줄 것을
염불하지만, 만약 서방의 사람이 죄를 지으면 어느 땅에다 목숨을 구
해줄 것을 염불하겠는가"[16]라고 말하였다. 이른바 피안세계는 결코 이

---

15 『孟子』「離婁(上)」, "不孝有三, 無後爲大."

러한 현실세계 밖에 있지 않고, 바로 사람들의 마음 속에 있다. "물을 기르고 땔나무를 나르는 것이 신묘한 도가 아님이 없다"[17]라는 해탈의 길은 바로 일상의 생활 속에 체현된 것이다. 종교의 세속화는 종교가 현실생활에 적응하는 일종의 표현으로써, 이러한 적응성을 가지고 있는지 여부는 종교 생명력의 강약을 판단하는 주요한 표준이다. 유교는 다른 종교와 달리, 그것은 먼저 피안세계를 구상해 놓은 뒤에 점차 현실세계로 나온 것이 아니라, 현실세계 속의 '삼강오상'을 종교로 가공해 놓고 피안세계로 전환시킨 것이다. 송명유교가 반복하여 토론하였던 이른바 '아래에서 배워서 위로 통달하는 것(下學而上達)'[18]과 '고명을 다하고 중용을 지키는 것(極高明而道中庸)'[19]은 선종의 물을 기르고 땔나무를 나르는 속에 신묘한 도를 체험하는 것과 같으니, 이것은 하학인사下學人事에서 상달천리上達天理로 가고, 인륜일용의 상도常道에서 이른바 '고명한 정신경지를 추구해갈 것'을 주장하였다. 이러한 정신경지는 실제로 일종의 피안세계이다. 필자가 일찍이 "동중서의 신학에는 종교의 일부 특징이 아직 완전해질 것이 요구된다"라고 말한 이유 중의 하나가 바로 동중서의 신학체계에는 피안세계의 사상이 충분히 성숙하지 못하였기 때문이다. 송명유학은 불교의 사상을 흡수하고 종법제도를 유지하려는 요구에 따라 개조하여 '천리'를 사람들이 평생토록 추구해야 하는 목표이고 유일한 정신적 출구로 간주하였으며, 또한 완비된 '주경主敬'·'정좌靜坐'·'존천리 멸인욕存天理 滅人欲'의 수양방법을 설계해내어 유교의 종교체계를 성숙하게 발전시켰다.

---

16 선종의 제6조 慧能(638~712), 『壇經』「疑問品」, "東方人造罪, 念佛求生西方, 西方人造罪, 念佛求生何國."

17 "運水搬柴, 無非妙道."은 禪偈의 말이다.(역자 주)

18 『論語』「憲問」, "下學而上達."

19 『中庸』, 第27章, "極高明而道中庸."

송명유교는 유·불·도 삼교합일의 산물이다. 그것은 유가의 봉건윤리인 강상명교綱常名敎를 중심으로 불교와 도교의 일부 종교수행방법을 흡수하고 번쇄한 사변형식의 논증을 추가하여 체계가 엄밀하고 규모가 거대한 종교 신학구조를 형성하였다. 그것은 종교일 뿐만 아니라 또한 철학이며, 정치준칙이고 또한 도덕규범이다. 이 넷의 결합은 중국 중세기 스콜라신학의 기본 요소를 완전하게 구성하였다.

사회는 하나의 유기체로써, 사회 각 부분의 조직이 비교적 완전하게 발전할 때는 사회 자체에 일종의 자기조절작용이 생겨나 유기체 생존에 불리한 요소를 억제시키고 생존에 유리한 요소를 강화시킨다. 유교는 중국 봉건사회 상층구조의 유기적 구성부분으로, 봉건사회의 구조를 견고하게 하는데 상당히 큰 작용을 하였다. 그것은 중국 중세기 후기의 전체 역사과정과 밀접히 결합하여, 한편으로는 중앙집권적 봉건통일의 정치구조를 강화하였고, 다른 한편으로는 자본주의 요소의 싹을 억압하여 봉건사회에서 자본주의사회로의 전환을 지연시켰다.

유교는 봉건 종법제도를 유지하는 '삼강오상'을 신학체계로 끌어들여 군주와 스승의 지위를 지고무상至高無上한 것으로 받들었다. 황제는 공자에게 예배해야 하였고, 유교 속의 사람들은 모두 황제를 숭배해야 하였고, 황제는 상제(天)를 대표하여 명령을 시행하였다. 이처럼 신권으로 왕권을 강화한 것은 객관적으로 유럽 중세기의 교권敎權과 왕권王權이 장기간 투쟁하던 국면을 모면시켰다. 유럽에는 교권과 왕권의 분립에 따라 승려와 세속이라는 양대 귀족계급의 쟁탈로 통일된 봉건통치를 형성하지 못하고 유럽을 장기간 봉건 할거상태에 머물게 하였는데, 이러한 상황은 줄곧 근대에까지 영향을 미쳤다. 중국의 유교는 왕권에 적극 협력하여 사상적인 통일로 정치적인 통일을 강화하였다.

유교가 통치지위를 차지한 후에, 역대 중앙정부의 지지를 얻어 『사서』와 『오경』은 봉건교육의 교재가 되어 '삼강오상'의 사상을 선전하고 봉건 종법제도를 강화하였으며, 또한 과거제도를 통하여 유교경전에 대한 이해정도에 근거하여 그들의 요구에 부합하는 지식인을 관리로 선발하였다. 유교는 통치사상이 되었고, 유교의 신앙정신은 사람들의 마음속에 깊이 파고들었으니, 중앙집권에 불리한 봉건할거封建割據·이성찬탈異姓篡奪과 같은 정변은 모두 대역무도한 것으로 간주되어 사회적 질책을 받았다. 조조曹操(155~220)와 사마의司馬懿(179~251)와 같은 인물들은 결국 후기 봉건사회에서는 용납되지 못하였다.

중국은 다민족 국가로, 북방의 많은 소수민족은 원래 씨족부락사회에 있었으나 점차 노예제사회로 발전하였다. 중원中原지역의 유교문화와 유교사상에 접촉함에 따라 그들은 매우 빠르게 봉건사회로 진입하였으니, 예를 들어 요遼·서하西夏·금金·원元·청淸과 같은 왕조는 모두 유교의 문화사상에서 힘을 얻어 사회발전 속에서 봉건화의 과정을 단축시켰다. 이러한 민족들 중에 유교를 선전하였던 몇몇 중요한 인물, 예를 들어 허형許衡(1209~1281)과 야율초재耶律楚材(1190~1244 거란족의 후손) 등은 각 민족간 사상문화의 융합을 촉진시키는데 적극적인 작용을 하였다.

중국의 봉건제는 매우 완비되고 전형적으로 발전하여 당시 세계경제문화의 대열에서 선두를 차지하였다. 유교는 중국 봉건사회의 문화를 대표하고 온갖 현상의 체계를 포괄하였으니, 그것은 선진시기 이래의 유가사상을 종합하였을 뿐만 아니라 또한 불교와 도교 및 다른 일부 학술유파의 정신적 성과를 광범위하게 흡수하였다. 유교는 천명天命을 존숭하고 또한 인사人事를 중시하였고, 치국治國·평천하平天下의 도리와 세상을 살면서 사람이 되는 준칙을 강구하였으며, 사람들에게 정욕과 물질생활의 요구를 어떻게 극복할 것인지, 즉 송유들이 말한 '천리의 올바름(天理之正)'으로 '인욕의 사사로움(人欲之私)'을 극복할 것을 가르쳤다. 당시 유럽의 기독교신학보다 이러한 유교의 세속성이 더 강

하였다. 중외中外문화의 교류에 따라 유교도 인접국가, 예를 들어 한국
· 일본· 월남· 러시아와 서구로까지 전파되었다. 이러한 국가는 유교
를 통하여 중화민족의 정신문화와 접촉하고 이해하였으며, 동시에 유
교사상도 그들 각국의 구체적 역사조건 하에서 다른 영향을 미쳤다.

유교는 송대에 정식으로 형성된 것이지만, 이때는 중국의 봉건사회
가 내리막길을 걷기 시작하였기 때문에 유교의 주도적 작용은 정체와
경직상태에 처한 봉건사회에 강심제强心劑를 주입하고 사람들의 사상
을 속박하였다. 중국 봉건사회의 문화는 당· 송을 경계로 두 개의 서
로 다른 시기로 분명히 구분할 수 있다. 한당시기의 문화가 개방적이
고 외향적이라면, 송· 명 이후는 폐쇄적이고 내향적이다. 한당시기는
중국 봉건사회가 상승단계에 있었고 문화생활이 풍부하고 다채로웠
으며, 또한 외래의 예술을 잘 흡수하여 인민들은 생활이 즐겁고 건강
하고 생기발랄할 수 있었다. 이것은 돈황벽화敦煌壁畵와 당대 귀족능묘
貴族陵墓에서 발굴된 회화와 인용人俑(순장에 쓰인 인형)의 예술 속에서 볼
수 있다. 그러나 유교가 절대적 통치지위를 차지한 이후부터는 문화
와 교육이 '징분질욕懲忿窒欲(분한 생각을 경계하고 욕심을 막음)'을 중시하고
사람들에게 도덕적 '주경主敬'· '신독愼獨'의 공부를 강조하여 고대에 객
관세계를 인식하던 의미를 가지던 '격물치지格物致知'가 '정심正心'· '성
의誠意' 등 내향적 수양의 수단으로 완전히 바뀌었다. 일부 학자들이
비록 '격물'에 외물을 인식하는 뜻이 있다고 여겼지만, 일종의 신비경
지, 즉 '활연관통豁然貫通'의 단계에 도달하기 위한 것일 뿐이라고 여겼
다. 이것은 자연을 인식하고 자연을 개조하는 과학적 사유의 발전을
심각하게 방해하였다. 본래 철학의 역할은 사람들의 사유능력의 발전
을 촉진시키고 사람들의 자연과 사회에 대한 시야를 개척하는데 있
다. 그러나 유교는 중세기의 다른 모든 종교와 마찬가지로, 자기의 종
교훈련을 중시하고 내심內心의 참회와 함양을 강조하여 '자신을 반성

하는(反視內省)' 수양공부를 인류가 추구해야 할 최고의 경지로 간주하였다. 그 결과, 사람들을 '수면앙배睟面盎背'20하는 승려 고행주의로 이끌어서 세속의 사람을 승려화하였고, 사람들의 언행거지는 모두 유교의 규범에 부합해야 하였다. 이러한 장기간 훈련의 결과, 지식인들을 진부하고 완고하게 변화시켜 사상계에는 더 이상 생기발랄한 기상을 회복하지 못하였다.

유교 속의 정주파 혹은 육왕파를 막론하고, 모두 불교의 선정禪定방법을 흡수하였으며, 그들이 제창한 주경主敬·신독愼獨은 모두 좌선坐禪과 다름이 없었다. 이것은 주희가 사람들에게 한나절 정좌하고 한나절 독서할 것을 가르친 것과 같았다. 청대 반反정주 이학가인 안원顔元(1635~1704)은 일찍이 이러한 사실에 대해, "〈주희의〉 한나절 정좌는 한나절 달마요 한나절 독서는 한나절 한유이다. 하루 24시간으로 시험해보면, 그 중 일각一刻에 해당하는 15분이 요임금·순임금·주공·공자가 되겠는가?"21라고 기롱하였다. 그는 또한 유교의 훈도 하에 배양된 독서인이 종일 정좌하고 독서하고 노동하지 않고 생업에 종사하지는 않는데 대해 "천하에 약하지 않는 서생書生이 없고 병들지 않는 서생이 없으니, 백성들의 화가 이보다 심한 것이 있지 않다"22라고 지적하였다. 안원이 '요임금·순임금·주공·공자'의 도를 동경한 것은 그의 공상空想에 불과하지만, 그가 송유들의 폐단을 비판한 것은 사실이다. 이러한 폐단과 해害는 안원이 가장 먼저 제기한 것이 아니라, 주희

---

20 『孟子』「盡心(上)」, "君子所性, 仁義禮智根於心. 其生色也, 睟然見於面, 盎於背, 施於四體, 四體不言而喩."을 참조한다. 군자는 타고난 본성인 인의예지의 덕이 마음에 뿌리박혀 있어서 그 드러나는 빛이 맑고 윤택하게 얼굴에 나타나고 풍후한 모양이 등에 나타나니, 즉 덕이 있는 자의 자태를 말한다.(역자 주)

21 『顔李叢書』第6冊,「朱子語類評」, "半日靜坐是半日達摩也, 半日讀書是半日漢儒也. 試問十二個時辰, 那一刻是堯舜周孔乎."

22 위의 책, "天下無不弱之書生, 無不病之書生, 生民之禍未有甚于此者也."

가 생존할 당시에도 사회에 관심을 갖는 진보인사들의 반대에 부딪쳤으니, 예컨대 진량陳亮과 엽적葉適 등은 일찍이 이러한 비판을 제기하였다. 진량이 말하기를,

> 도덕성명道德性命의 설이 한 번 일어나면서부터 보통의 이해할 수 없는 사람들이 스스로 그 사이에 의지하여 '단각정심端慤靜深(단정하고 매우 고요함)'을 체로 삼고 '서행완어徐行緩語(천천히 걷고 느리게 말함)'를 용으로 삼아 궁구할 수 없는 것에 힘써 그 없는 것을 덮어 가리고, 한 가지 기예와 한 가지 재능은 모두 성인의 도에 통할 수 없다고 여겼다. 이에 천하의 선비들은 비로소 그 가지고 있던 것을 잃어버리고 따라갈 곳을 알지 못하였다. 선비된 자는 문장을 말하고 의리를 실행하는 것을 부끄러워하면서 '마음을 다하여 본성을 안다(盡心知性)'고 하고, 관직에 있는 자는 정사政事와 판결을 말하는 것을 부끄러워하면서 '도를 배우고 남을 사랑한다(學道愛人)'고 하여 서로 가리고 서로 속여서 천하의 실질이 모두 폐기되었으니, 결국 온갖 일들이 다스려지지 않게 되었다.23

엽적도 다음과 같이 말하였다.

> 글을 배우는 것이 가르치는 일과 상관이 없으면, 비록 재주가 뛰어나더라도 무익하다.……뜻을 세우는 것이 세상을 걱정하는데 있지 않으면, 비록 어질더라도 무익하다.24

---

23 『陳亮集』卷15, 「送吳允成運幹序」, "自道德性命之說一興, 而尋常爛熟無所能解之人自托于其間, 以端慤靜深爲體, 以徐行緩語爲用, 務爲不可窮測以盖其所無, 一藝一能皆以爲不足自通于聖人之道也, 于是天下之士喪其所有, 而不知適從矣. 爲士者恥言文章行義而曰盡心知性, 居官者恥言政事書判而曰學道愛人, 相蒙相欺以盡廢天下之實, 則亦終于百事不理而已."

24 『葉適集』「贈薛子長」, "爲文不能關敎事, 雖工無益也.……立志不存于憂世, 雖仁無益也."

중국의 봉건사회가 내리막길을 걸을 때 유교가 한 작용을 총괄적으로 말한다면, 보수적 내지 소극적이라 할 수 있다. 이 시기에 적지 않는 개혁가들이 출현하였지만, 그들의 개혁은 대체로 실패하였다. 비록 여러 사실을 들어 개혁가들의 행동착오나 객관형세의 저촉 등으로 실패원인을 설명할 수 있겠지만, 주된 장애는 여전히 유교가 만든 완고하고 수구守舊적 사회세력에 있었다. 특히, 명·청 이후에 이르면서 유가는 더욱 사회발전의 장애가 되어 중국 봉건사회 내부에 배태한 자본주의 요소가 배태 속에서 말살되었다. 중국 근대의 많은 민주개혁의 선구자들은 유교의 속박을 타파하기 위해 눈물겨운 투쟁을 전개하여 일부 사람들이 유교의 죄인으로 문책되어 희생되기도 하였다.

유교는 항상 반종교적 모습으로 출현하였고, 또한 불교와 도교를 맹렬하게 비판하여 일부 사학자들로 하여금 중국에는 유럽 중세기와 같은 암흑의 신학통치시기를 겪지 않았다고 오인하게 하였는데, 그 원인은 바로 유교에서 힘을 얻었다. 이러한 오해 중의 하나는, 서방 중세기 종교형식이 중국 유교와 다르다는 것만을 보고 유교의 종교적 실질을 소홀히 하였다. 다른 하나는, 유교가 풍부한 사변철학의 내용을 가지고 있는 것만을 보고 유교의 종교사상적 핵심을 소홀히 하였다. 유교가 말하는 제일의제第一義諦25는 천리인데, 그것은 사람의 심지心智를 계발하는데 있지 않고, 신비와 직관의 종교적 실천으로 체찰體察하고 함양涵養하여 사람들에게 '욕망을 버리고 천리를 간직할 것'을 요구하여 성인이 되는 공부를 완성할 것을 기대하였다. 유교의 장기적 훈도 하에서 사회가 마비상태가 되었으니, 바로 노신魯迅(1881~1936)이 호되게 비판한 '국민성國民性'이다. 이러한 '국민성'은 물론 중화민족 고유의

---

25 진제(眞諦)와 속제(俗諦)라는 이제(二諦)의 하나로, 성제(聖諦)·승의제(勝義諦)라고도 한다. 열반(涅槃)·진여(眞如)·실상(實相)·중도(中道)·법계(法界)·진공(眞空) 등 깊고 오묘한 진리를 가리키는 말로 모든 법 가운데 제일이라는 뜻이다.(역자 주)

정신이 아니라, 유교의 속박이 만들어낸 기형과 변태이다. 이것은 사람이 장기간 어두운 암실暗室에 감금되어 있으면 반드시 얼굴빛이 창백하게 바뀌고, 나무가 커다란 바위 틈 사이에 끼여 있으면 그 뿌리가 곧게 뻗어 내리지 못하고 엉키게 되는 것과 같다. 유교는 개성을 추구하는 인본주의 사상을 억압한 두목으로, 사람들의 사상을 감금하고 사람들의 심령心靈을 속박하였다. 노신은 구舊중국의 재난이 심각한 중화민국에 직면하여 일찍이 "어떤 사람의 불행을 슬퍼하고 항쟁하지 않는 것에 분노한다"26라고 하였는데, 유교가 장기간 유전되어 온 해독에 대한 인식이 매우 깊었다.

유교가 한 주된 작용은 오늘날 신新중국으로 전진하는데 일종의 심각한 사상적 장애가 되었고 심지어 사회적 장애가 되었다. 왜냐하면 종교는 일종의 의식형태이고 또한 일종의 사회적 힘이기 때문이다. 장기간의 종교적 영향은 일종의 공통된 관습세력과 공통된 심리상태를 쉽게 조성한다. 유교의 영향은 오늘날 중국에 비록 잔존하지만 소홀히 할 수 없는 것이다.

물론 유교는 중국의 사회와 역사조건 하에서 발생한 일종의 복잡한 역사현상이고, 중국의 사회와 문화에 대한 영향도 다방면적이니, 이러한 것들은 모두 구체적 역사과정과 연관시켜 깊이 연구해야 한다. 동시에, 유교의 발생이 일종의 역사적 필연이었다면, 나름대로 존재의 합리성을 갖기 때문에 유교의 역사적 작용에 대해서도 전면적인 재평가를 해야 한다. 예를 들어 중국철학사상에서 보면, 유교철학은 중국철학 사유발전에 있어서 없어서는 안되는 부분이다. 그것은 위진 현학의 성과를 계승하고 유·불·도 삼교의 철학사상을 융합하여 유심주의 본체론을 새로운 단계로 추진시켜 철학사의 내용을 풍부하게 하였다.

---

26 魯迅, 『摩羅詩力說(1907년)』(또는 『孔乙己』(1919년 4월 『新靑年』 제6권 제4호에 발표), "哀其不幸, 怒其不爭."

정주와 육왕의 유교철학이 있어야 왕부지王夫之와 대진戴震의 유물주의 '원기본체론元氣本體論'이 유발되어 나올 수 있다. 필자는 다만 송명시기의 유교가 선진시기의 유가와 다르다는 것을 지적하였을 뿐이지만, 실제로 일종의 종교이고 중세기 스콜라신학의 특징을 가지고 있다. 유럽 중세기의 토마스 아퀴나스Thomas Aquinas(1224/5~1274)의 학설처럼, 일종의 신학이면서 또한 일종의 철학이다. 그러나 무엇보다도 유교가 일종의 신학이라는 사실에 주목한 뒤라야 비로소 근대철학과 정확히 구별할 수 있고, 유교의 철학사상 내용을 분석하고 평가할 때 그 한계를 쉽게 파악할 수 있다.

주희와 종교[1]

주희朱熹(1130~1200)는 중국철학발전사상의 하나의 중요한 이정표이고, 공자와 동중서를 계승한 후에 유교체계를 완성한 가장 중요한 인물이다. 주희의 사상을 연구하는 것은 학술문제뿐만 아니라 오늘날 중국인의 현실생활과도 관계가 있다. 중국 학술계의 일반적 견해는 주희의 사상체계가 철학에 속한다고 보지만, 본문에서는 주희의 사상체계가 종교에 속하고 보았으니, 그의 철학사상은 그의 종교체계를 위해 일하였던 것이다.

1. 중국의 특수한 사회역사조건이 중국 종교의 특수한 표현형식을 결정하였다

종교와 철학은 자연과학과 달리, 그것은 분명한 민족적 특징을 가지

---

1 원래 『중국사회과학』, 1982년, 제5기에 실렸던 글인데, 『임계유학술논저자선집(任繼愈學術論著自選集)』(북경사범학원출판사, 1991)에 옮겨 실었다.

고 있다. 중화민족의 문화를 다른 민족의 문화와 비교해보면 공통성2
도 있고 특수성도 있다. 중국의 사회를 서방과 비교하면 아래 몇 가지
의 특징이 있다.

중국 봉건사회가 지속된 시간은 매우 장구하고 안정되었고, 봉건 종
법제도가 비교적 완전하게 발전하였으며, 봉건의 중앙전제집권이었
고, 농민봉기가 여러 차례 있었고 규모가 컸으며, 자본주의가 발전하
지 못하였다. 중국에 문자기록이 있던 역사는 근 4천년인데, 그 중에
서 2천여 년은 봉건사회에서 보냈다. 중국 고대사상은 전 세계의 주목
을 끄는 부분이고, 그 봉건문화도 가장 뚜렷하였다. 중국의 봉건문화
를 비교적 분명히 연구하려면, 정치·경제·문화 등 각 방면의 학자들
과 공동의 노력을 동원해야 비로소 충분하다. 본문에서는 다만 철학과
종교라는 측면에서 이러한 문제에 접근하였다.

위에서 말한 것처럼, 종법제도는 중국 봉건사회와 역사의 특징 중의
하나이다. 종법제도는 씨족공동체사회 후기에 발생하였다. 일반적으
로 생산이 낙후되고 노동이 발달하지 못하고 생산량이 매우 부족한 상
황에서의 사회제도는 혈족관계의 지배를 더 많이 받는다. 세계의 많은
민족들은 사회와 경제생산의 발전에 따라, 혈족관계의 속박에서 벗어
나 지역을 분할하는 국가조직을 건립하였다. 중국에는 이와 같지 못하
였다. 국가조직이 형성된 후에도 씨족사회가 남겨놓은 혈족관계의 옛
형식을 배제하지 못하였을 뿐만 아니라, 도리어 일종의 효과적인 사회
조직이 되어 국가와 사회의 활동에 대해 계속적으로 조절작용을 하고
심지어 지배작용을 하여 사회관계를 조정하는 지렛대가 되었다. 계급

---

2 사회발전사는 인류사회가 일반적으로 다섯 가지의 사회발전단계를 거친다고 설명
하고 있다. 즉 원시사회, 노예제사회, 봉건제사회, 자본주의사회, 공산주의사회이
다. 이러한 다섯 가지 생산방식에 동의하지 않는 자도 있지만, 사회발전이 낮은 단
계에서 높은 단계로, 발달하지 않은 것에서 발달한 방향으로 발전한다는 것은 대다
수 역사학자들이 인정하는 것이다.

모순과 빈부격차에 따른 충돌이 종교관계를 통해 완화되었으나, 종법제도는 계급사회 속에서 여전히 자연적 혈연유대로 사회구성원을 견고히 연결하여 공통된 풍속습관·심리상태·행위규범이 사회상에서 여전히 보편적 의미를 가졌다. 유가는 종법제도를 유지하는 방면에서 옛 형식을 부단히 이용하고 새로운 내용을 보충해나갔다.

문제는 서주西周에서 말할 수 있다.

주周민족이 은殷민족과 싸워 이기면서 전국의 통치지위를 얻었는데, 이것은 소수 통치자가 다수의 피통치자를 정복한 것이다. 그들은 혈연관계의 종법제도를 효과적으로 이용하였으니, 혈연관계에 따라 본족本族과 그 친족의 귀족들에게 분봉分封3하고, 그들을 제齊·노魯·연燕·진晉 등 동쪽의 주요 지역에 분산시켜 국가를 건립하였다. 이러한 제도가 7~8백년간 연속되었고, 진秦이 통일한 후에는 분봉제分封制가 비로소 해체되었다. 분봉제도가 없어졌지만, 혈연관계의 종법제도는 오히려 새로운 형식 하에서 유지될 수 있었다. 진·한 통일 후에, 씨족사회에 남겨진 원시종교의식을 체계적으로 해석하고 도리를 설명한 것이 한초漢初의 『예기』이다. 원시종교에는 전적으로 담당하는 종교 성직자가 없어 씨족의 수령이 제사를 주관하였다. 씨족 내의 풍년을 기원하고 질병을 물리치고 자연재해를 없애는 등의 활동은 씨족 구성원 모두가 참가해야 하였다. 생산활동과 사회활동이 동시에 종교활동이었다. 내부 제사나 대외적 부락간의 전쟁도 종교의식의 지도 하에서 진행되었다. 고대에 기록된 많은 의례는 당시 사회민속의 기록이다. 예를 들어 관冠·혼婚·상喪·제祭·군軍·빈賓·연燕·향饗과 같은 활동은 모두 원시종교에서 그 내력을 찾을 수 있다.4 서주의 문화는 장기간 전파되어 점차 주周

---

3 봉건시대에 군주가 제후에게 땅을 주어 다스리게 하던 일이다.(역자 주)
4 오늘날 소수민족 지역의 조사는 고대 예서(禮書)에 기록된 것과 서로 비교·검증할 수 있다.

민족 범위를 초월하는 중화문화를 형성하였다. 주 왕실이 동천東遷한 후 왕실이 지도적 지위를 잃었으나, 노나라는 주공周公 때문에 완전한 예악문물禮樂文物과 전장제도典章制度를 보존하였다.[5] 유가의 창시자인 공자와 맹자가 추鄒나라와 노魯나라에서 나왔다는 것은 결코 우연이 아니다. 공자가 육경六經을 정리하고 또한 육경을 교재로 하여 제자들에게 전수하였다는 것은 학자들이 공인하는 사실이다. 육경 중에 예악부분은 원시종교의 기록과 해석을 포괄한다. 육경은 종법제를 핵심으로 하는 천인관·사회관·종교관 등의 복잡한 내용을 구체적으로 나타내었다. 유가경전의 '하늘을 공경하고 조상을 본받고(敬天法祖)', '존귀한 자를 존대하고 부모를 친애하고(尊尊親親)', '덕을 숭상하고 백성을 보호하는(敬德保民)' 교훈은 모두 원시종교의 흔적을 가지고 있지만, 후대에 유가는 전해오던 육경을 부단히 새롭게 해석하고 새로운 내용을 주입하여 생활의 준칙이 되게 하였다. 유가경전에는 시종 농후한 종교전통이 있다.

진·한의 통일은 중국이 2천여 년 동안이나 통일된 정치구조를 안정시켰다. 중국인은 오랫동안 통일이 정상적이고 분열은 정상이 아닌 것이라고 생각하였다. 그러나 봉건사회의 경제는 자연경제였고, 농민의 생산물은 국가에 납세하는 외에 모두 자신들의 일가일호一家一戶를 위해 소비하였다. 경제상 자급자족의 폐쇄적 체제는 분산경영의 개체였다. 경제상의 분산이 통일국면을 유지하려면 통일된 사상도구 없이는 불가능하다. 진·한 통일 후에 사상의 통일을 탐색하던 경험은 70년이 지나서 결국 유가가 일존一尊에 정해졌고, 동중서의 신학적 목적론이 지배적 지위를 얻었다. 동한東漢의 『백호통白虎通』[6]은 경학을 신학화하

---

5 『左傳』 「昭公 2年」에 진(晉)나라 한선자(韓宣子)가 노나라를 방문하여 노나라에 보존된 풍부한 문물전적(文物典籍)을 보고 감탄하기를, '주나라의 예가 노나라에서 다하였다'라고 하였다.

고 체계화하였다. 과거 학자들은 양한兩漢의 경학이 사승師承과 가법家
法의 전수에만 주목하고 그 신학적 의미에는 크게 주목하지 않았다고
말하였지만, 이것은 전반적이지 않다.

위진남북조시기에는 통일된 국가가 장기간 분열하여 유교의 세력이
약화되었지만, 봉건 종법제는 결코 약화되지 않았다. 문벌사족門閥士族
의 세력이 강대하여 효제孝弟의 가르침이 엄격하였고 족보7의 학문이
중시되었다. 당시 민족간의 모순과 빈번한 전쟁이 종교발전에 온상을
제공하여 불교와 도교가 성행하였다. 수·당이 통일하면서 유·불·도
가 나란히 삼교로 불렸다. 국가의 대전大典에는 삼교의 대표인물을 불
러서 궁궐에서 강론하였다. 유가가 종교로 공인된 것은 이때부터 시작
되었다.

---

6 『백호통』은 후한(後漢)의 사학자인 반고(班固, 32~92)가 편찬한 43편목으로 이루어진
책으로, 『백호통의(白虎通義)』라고도 하며 『백호통론설(白虎通論說)』이라고도 한다.
진시황 때의 분서사건이 일어난 이후, 서한시대에는 당시에 통용되던 문자로 씌여
진 금문경전(今文經典)과, 감추어 두었다가 나타난 옛날의 문자로 씌여진 고문경전
(古文經典)이 있었으며, 서한이 망할 무렵에 이르러서는 경학의 학술사상이 금문경
학과 고문경학의 두 파로 갈라지기에 되었다. 서한이 망하고 다시 동한의 정권이 들
어섰으나 금문과 고문학파간의 논쟁은 끊이지 않았다. 동한의 제3대 장제(章帝)는
재위 4년인 79년에 북궁의 백호관에 금문과 고문학자들을 불러 모아서 오경에 있어
서 금문과 고문의 다른 점을 강론하도록 하고, 반고로 하여금 그 내용을 찬집하도록
명하여 『백호통의』를 지었다. (역자 주)

7 족보(族譜=보첩): 한 宗族의 계통을 父系중심으로 알기 쉽게 체계적으로 나타낸 책이
다. 그 명칭에 있어서는, 중국에서는 종보(宗譜)라 하고, 상류계층에만 족보가 보급
되어 있는 일본에서는 가보(家譜)라는 이름을 많이 쓰고, 서구에서는 '가족의 나무'
라는 말로 표현하고 있다. (역자 주)

2. 중국철학과 중국의 종교

인류 인식사의 관점에서 중국 유·불·도 삼교의 정립과 융합과정을
살펴보면, 인류의 인식이 부단히 전진하고 부단히 심화되는 과정을 볼
수 있다.

중화민족의 인식사는 곧 중국철학의 발전사이다. 선진시기에 사람
들이 관심을 갖은 것은 천도天道문제이고 세계의 구성에 관한 문제를
토론하였다. 이것은 인류 인식의 유년기幼年期에 해당되는데, 동중서의
신학적 목적론도 이러한 인식단계의 수준에서 벗어나지 못하였다. 우
주론Cosmology의 단계에 머물러 있었고 아직 본체론Ontology의 단계에는
이르지 못하였다. 몇 차례 사회의 큰 변란과 정치상의 큰 변혁을 거치
면서, 사람들의 천도관에 대한 흥미가 점차 더 복잡한 사회모순에 유
인되어 흥미가 '세계가 무엇으로 구성되었는지'에서 더 나아가 사회현
상 속에서 사람들 자신의 문제, 즉 '사람의 본성이 어떻게 구성되었는
지'를 탐구하였다. 인성론人性論은 춘추전국시기에 이미 제기되었으나
다만 시작에 불과하였으니, 공자의 "성품은 서로 가깝고 습관은 서로
멀다"[8]에서 맹자의 성선설性善說과 순자의 성악설性惡說, 동중서의 성삼
품설性三品說, 양웅의 선악혼설善惡混說에 이르기까지, 비록 인식상에서
부단한 발전이 있었다고 말하더라도 이론상에서는 깊이 들어가지 못
하였다. 인성 선악의 근원, 인성과 사회관계, 인성과 생리기능, 개인의
행위와 인성이 무슨 관계가 있는지, 인성에 변화가 있는지, 규율은 무
엇인지 등의 문제는 모두 여전히 탐구되지 못하였다.

불교가 중국에 들어온 후에 많은 경전이 중국어로 번역되었는데, 사
람들은 불교경전에서 묘사된 세계가 중국의 육경에서 언급된 것보다

---

8 『論語』「陽貨」, "性相近也, 習相遠也."

훨씬 광대하다는 것을 보았다. 불서佛書 속의 사람의 감정·의지·심리 활동에 대한 묘사도 중국의 옛 성현들이 전수하던 인성론보다 훨씬 더 풍부하고 자세하고 복잡하였다. 삼세인과三世因果[9]의 설은 중국의 인사들이 이전에 듣지 못하던 것이었고, 들은 후에는 망연자실하지 않을 수 없었다.[10]

　　인류의 지식도 부단히 발전하고 있었다. 날로 복잡해지는 현실생활은 사람들에게 일부 근본적인 문제에 대답할 것을 강요하였다. 사회에는 어째서 재난이 있고, 사람들에게는 어째서 부귀빈천富貴貧賤이 있으며, 세계는 어떤 모양이고, 어떤 생활태도로 이러한 세계에 대처해야 하고, 사람은 어떻게 살아가야 하는지 등이다. 어떤 구체 과학도 모두 이러한 문제에 대답하지 못하였고, 다만 철학과 종교가 흥미를 가지고 대답하였다. 대답이 정확한지의 여부는 별도의 일이겠지만, 고금古今과 중외中外의 철학자와 종교학자들은 모두 정확한 답안이 있다고 생각하였으나 다만 둘이 걷는 노선은 서로 달랐다. 철학은 사변적 방법을 취하였고 종교가 걸은 것은 신앙의 길이었으며, 철학은 이성방면에서 해석하였고 종교는 감정방면에 만족을 주었다. 이론상에서 말하면 철학과 종교는 각자 자기의 영역이 있지만, 이러한 영역을 분명히 구분하는 것은 사람들이 중세기의 긴 겨울잠에서 깨어난 후에 비로소 인식할 수 있었고 비로소 철학의 완전한 의미를 얻을 수 있었다. 중세기의 철학은 아직 종교에서 독립되지 못하고 다만 종교에 예속되었다. 인류의 인식수준은 과학수준을 반영한다. 과학수준이 낮으면(근대와 비교하여), 철학은 합리적인 해석을 할 힘이 없어서 종교에 기대지 않

---

9 삼세(三世: 과거·현재·미래)에 걸쳐 업(業)의 인과(因果)가 계속 이어지는 것을 말한다. 과거의 업을 원인으로 하여 현재의 결과를 낳고, 현재의 업은 미래의 결과를 낳는 원인이 된다는 것이다.(역자 주)

10 이 말은 원굉(袁宏)의 『후한기(後漢記)』에 보인다.

을 수 없다. 철학과 종교의 경계는 오늘날 사람들도 분명히 구분하지
못하거늘, 하물며 고대 사람들에 있어서랴?

　5·4 운동(1919) 이후 중국 철학자들은 근대 유럽문화와 철학에 접촉
하였다. 그들은 중서中西철학의 성격이 얼마나 다른지를 민감하게 느
꼈다. 우리의 스승 웅십력熊十力(1885~1968)선생은 유럽철학이 사람들
에게 사변적 지식과 논리적 방법을 줄 수는 있어도, 몸소 실천하는 가
운데 '안신입명安身立命(몸을 편안히 하고 천명을 따름)'하는 정신을 얻어 누
리는 것은 사람에게 가르칠 수 없다는 것을 재차 강조하였다. 중국 전
통문화를 진정으로 이해한 학자들은 모두 이러한 차이를 느꼈다. 차
이는 객관적으로 존재하였다. 지금 지적하려는 것은, 서방인에게 결
코 '안신입명'하는 부분이 필요하지 않다는 것이 아니라, 문화가 있는
각 민족에게 '안신입명'하는 정신의 의지처가 없다는 것은 상상할 수
없다는 것이다. 서방인은 '안신입명'의 경지를 종교에 의지하였고, 세
계를 인식하는 임무를 철학에게 주었다. 서방은 산업혁명을 거치면서
과학과 생산력이 현대화를 이루어 철학과 과학을 종교에서 분리시켰
다. 중국에는 서방과 같은 그러한 산업혁명을 거치지 않았고, 장기간
봉건사회에 머물러 있어서 철학은 종교에서 분리되어 나오지 못하였
고 종교가 여전히 철학을 통치하여 둘의 한계를 분명하게 구분하지
못하였다. 이것이 바로 중국 봉건시대의 철학과 종교가 혼연히 일체
하는 상황을 조성하였던 것이다. 서방 중세기의 철학도 '안신입명'을
크게 중시하였고, 그들은 또한 우주를 포괄하고 천인天人을 관철하여
성인이 되고 현인이 되는 것을 목표로 하였다. 마치 서양 중세기의 안
셀무스Anselmus(1033~1109)가 주장한 것처럼, 신앙을 이해의 기초로 간주
하면 이해는 신앙을 위해 논거를 제공할 수 있다는 것이다. 그 시기는
중국의 송 인종仁宗(1022~1063 재위)에서 휘종徽宗(1100~1125 재위)에 이르
는 시기에 해당되니, 대체로 주돈이周敦頤·이정二程·장재張載·소옹邵雍

과 동시대이다. 서방의 토마스 아퀴나스Thomas Aquinas(1224/5~1274)가 살았던 시대는 남송의 이종理宗(1224~1264 재위)에서 도종度宗(1264~1274 재위)[11]에 이르는 시기에 해당하니, 대체로 주희보다 후대이다. 서방의 스콜라Schola철학도 '천리와 인욕'의 논변, '심신성명心身性命'의 학문을 중시하였다. 참으로 동방의 성인과 서방의 성인이 부절을 맞춘 것처럼 일치하였다. 어떤. 사람은 정주와 육왕을 근대의 칸트Kant·헤겔Hegel과 비교하는 것을 좋아하였는데, '5·4 운동' 이후에도 계속 유행하였다. 서로 다른 사회발전단계(봉건사회와 자본주의사회)를 가지고 비교하는 것은 신중하지 못하고 어떤 믿을 수 있는 결론을 얻을 수 없다. 어떤 사람은 중국의 이학理學과 인도의 불교철학이 서로 비슷한 것은 모두 동양인의 사상이기 때문이라고 생각한다. 실제로 중국과 인도의 고대사상이 서로 비슷한 것은, 중국과 인도의 고대 사회발전단계가 서로 비슷하기 때문이다. 인도와 중국은 모두 정식으로 근대 자본주의사회에 진입하지 못하고 곧바로 식민지와 반식민지로 전락하였다. 중국과 인도의 고대문화가 서로 비슷한 것은 이 두 민족의 문화가 모두 '고대古代'의 특징을 가지고 있기 때문이다.

이러한 말은 중국 민족문화의 특징을 말살하고 완전히 사회발전단계로 문화의 차이를 구별하는 것인가 아닌가? 전혀 아니다. 중국 고대문화에는 중세기의 보편적 특징을 가지고 있는 외에도, 그 자신들의 특징, 즉 봉건의 종법제도가 있다. 중국의 유교는 봉건 종법제도를 위해 일하였고 봉건종법제의 산물이니, 이것은 인도의 고대철학이 인도의 카스트Caste를 위해 일한 것을 그 특징으로 하는 것과 같다.

---

11 송(宋)나라 태조(太祖: 960~976 재위) 다음으로 태종(太宗)·진종(眞宗)·인종(仁宗)·영종(英宗)·신종(神宗)·철종(哲宗)과 아울러 휘종(徽宗)·흠종(欽宗)으로 북송(北宋)은 끝이 난다. 이어서 남송(南宋)은 고종(高宗: 1127~1162 재위) 다음으로 효종(孝宗)·광종(光宗)·영종(寧宗)·이종(理宗)으로 계속되고, 도종(度宗)·공제(恭帝)·단종(端宗)·제병(帝昺)으로 끝이 난다.(역자 주)

중국의 봉건 종법제도는 강대하고 완고하고 역사가 장구하였기 때문에 그것은 중국의 전통문화에 매우 중대한 영향을 미쳤고 그 위력이 매우 컸으며, 서양인들이 감히 상상할 수 있는 것이 아니었다. 물론 중국 본토의 사상은 그것의 지배를 받아야 했고, 외국에서 들어온 불교조차도 봉건 종법제에 양보하지 않고는 통행되기 어려웠다. 동진東晉에서 당초唐初에 이르기까지 이 2백여 년간 "사문들은 왕을 공경하지 않는다"12, "사문들이 풍속을 숭배해서 안된다"는 논쟁이 발생하였으나 모두 사문들의 실패로 끝났다. 승려들이 치외법권治外法權을 요구하였으나 실패하였다. 불경의 원문이 중국의 종법윤리제와 충돌하면, 삭제하고 번역하지 않거나 혹은 번역을 고치고 글을 보태어 봉건 종법제도의 수요에 영합하였다.13 불교도들에 대해서 말하면, '성언량聖言量14'은 최고의 준칙이었고, 고의로 위반하면 장차 지옥에 떨어져서 악보惡報를 받았다. 중국의 불교도들은 차라리 지옥에 떨어져서 '악보'를 받을지언정 감히 봉건윤리와 '삼강오상'의 존엄함을 범하지 않았다.

중국의 종교와 철학은 봉건종법封建宗法과 강상명교綱常名教를 위해 일하지 않을 수 없었는데, 이러한 사례는 여러 곳에서 볼 수 있다. 예를 들어 불교 선종사원 청규淸規15가 『백장청규百丈淸規』16를 다시 수정하고 나서 먼저 군왕을 축원하고 후에 불조佛祖(부처와 조사)를 축원하였는데, 이것은 모두 중국의 종교 세속화 정도가 깊었음을 나타낸 것이다. 의식상에 나타내는데 그치지 않고, 종교 이론상에서도 당시의 봉건 종

---

12 東晉의 慧遠(334~416)이 지은 「沙門不敬王者論」을 참고한다.(역자 주)

13 陳寅恪, 「蓮花色尼出家因緣跋」『寒柳堂集』, p.719. (일본) 나카무라 하지메(中村元, 1912~1999), 「儒教思想對佛典漢譯帶來的影響」『世界宗教研究』, 1982年, 第2期.

14 성인의 가르침에 기준을 두고 여러 가지 뜻을 헤아려 아는 일을 말한다.(역자 주)

15 청규(淸規): 승당(僧堂)이나 좌선하는 도량에서 지켜야 할 기거동작 따위에 대한 규칙을 말한다. 청정(淸淨)한 규칙이라는 뜻이다.(역자 주)

법제도와 배합하였다. 종교의 핵심은 출세를 선양하여 생활습관에서 세계관에 이르기까지 모두 현실사회의 세속의 사람과 구별을 두려는 것이다. 그러나 중국에서 가장 큰 영향을 미친 불교종파인 선종은 서방 극락세계가 피안彼岸에 있지 않고 차안此岸에 있으며, 현실세계 밖에 있지 않고 현실세계 속에 있다고 주장하였다. 해탈이란 다른 곳에 이르는 것이 아니라 다른 일종의 생활을 통하여 해탈할 수 있다는 것이니, 해탈은 바로 세계관의 전환공부이다. 이른바 출가와 해탈이란 결코 이 세계를 떠나서 다른 서방정토(극락)를 찾는 것을 의미하지 않는다. 불교의 세계관을 받아들이면 일상생활 속의 속세가 곧 서방정토이다.17

종교의 세속화는 중당中唐 이후 불교와 도교의 공통적 추세였고, 당말오대唐末五代에 이르면서 민생이 부패하고 전란이 빈번하여 사원경제가 파괴되었으나, 남아있는 선종의 이러한 종파는 몰락하지 않고 도리어 도처에 만연하였다. 도교의 전진교全眞敎18도 세속화의 길을 걸었다. 당대의 '삼교분립三敎分立'에서 당말오대의 '삼교합일三敎合一'에 이르기까지는 물이 흐르는 곳에 도랑이 생기기 마련인 것과 같았다. 이학의 출현은 바로 유교의 완성이었다. 이학이 불교와 도교를 배척하고 또한 성

---

16 『백장청규(百丈淸規)』: 중국 선원(禪院)의 규칙을 서술한 원(元)나라 때의 불서(佛書). 원명은 『칙수백장청규(勅修百丈淸規)』이다. 원래 당나라 백장회해(百丈懷海, 709~788)가 선종사원의 규범을 성문화한 것을 『고청규(古淸規)』라고 하였는데, 선종이 독립된 사원·제도·의식 들을 아직 갖지 않았을 때 법당(法堂)·승당(僧堂)·방장(方丈) 등의 제도를 설정하고 중승들에게 동서(東序)·요원(寮元)·당주(堂主)·화주(化主) 등의 각 직책을 규정해 놓았다. 그러나 이것이 당송시대에 이리저리 흩어져서 없어졌으므로 1335년 원나라의 백장덕휘(百丈德輝)가 순제(順帝)의 칙명을 좇아 수정하여 전국 선원에서 시행시켰는데, 이것이 『칙수백장청규』이다.(역자 주)

17 "보리(菩提)는 마음에서 찾아야 하거늘, 어찌 수고롭게 밖에서 허황된 것을 찾는가? 이 말을 듣고 이에 따라 수행하면 서방정토가 눈앞에 있을 것이네."(慧能, 『六祖大師法寶壇經』 「疑問品」, "菩提只向心覓, 何勞向外求玄. 聽說依此修行, 西方只在眼前.")

공을 이루어 이전 사람들이 불교와 도교를 배척하여 수백 년간 이루지 못한 사업을 완성하였다는 것은 다만 일종의 가상假象이다. 실제로는 결코 불교와 도교를 배척하지 않았고, 불교와 도교의 일부 중요한 내용을 흡수하여 유교의 간판으로 내걸었다. 종교가 정치세력과 다른 것은 어떤 힘으로 무너뜨릴 수 있다는 것인데, 종교는 의식형태이고, 특히 중세기에는 매우 큰 생명력을 가지고 있어서 역사상에서 그것을 말살하는 것은 불가능하였다. 중국 역사상의 몇 차례 큰 '폐불廢佛'[19]운동은 모두 성공하지 못하였고, '폐불' 후에 부처를 믿는 대중이 더욱 치열해진 것은 바로 이를 증명한다.

이학은 중국의 봉건사회 후기에 발생하였다. 『송원학안宋元學案』의 학자들은 손복孫復(992~1057)·석개石介(1005~1045)·호원胡瑗(993~1059)을 이학의 창시자로 여기지만, 이러한 견해는 정통 이학가들에게 인정받지 못하였다. 이학가들은 스스로 주돈이周敦頤와 이정二程이 이학의 창시자라고 생각하였고, 이 학설이 우세를 차지하였다. 북송오자北宋五子[20]가 살았던 시대는 왕안석王安石(1021~1086)의 변법이 몇 차례 반복

---

18 중국 금대(金代)에 성립된 도교 교단의 한 종파로서 개조는 왕중양(王重陽, 1112~1170)이다. 그는 고향인 협서(陝西)지방에서 포교활동을 펼쳤으나, 신도가 거의 없자 암자를 불태우고 산동(山東)지방으로 가서 영해(寧海)의 마종의(馬從義, 1123~1183)를 제자로 삼는데 성공했다. 이 사람이 제2대 교주가 된 마단양(馬丹陽)이다. 뒤이어 장춘진인(長春眞人)이 몽골의 칭기즈 칸에게 불려가 도교의 총책임자로 임명되어 면세특권을 받은 뒤, 강북은 물론 강남에서도 세력을 확장하여 강남의 정일교(正一敎)와 함께 도교계를 양분하였다. 명대 이후에도 여전히 정일교와 함께 도교계를 양분하여 제2차 세계대전 종료 직후까지 이어졌다. 전진교의 특징은 유·불·도 삼교의 조화를 중시하였으며, 특히 선종의 색채가 강하였다. 수행을 자리(自利)·이타(利他)의 2가지로 이해하고 좌선을 장려했던 것이 그 예이다.(역자 주)

19 북위의 태무제(太武帝)·북조의 무제(武帝)·당의 무종(武宗)·후조의 세종(世宗)은 모두 일찍이 행정수단을 써서 불교를 탄압하였다. 역사에서는 '삼무일종(三武一宗)'이라고 불렀다.

20 북송오자(北宋五子)는 주돈이(周敦頤, 1016~1073)·정호(程顥, 1032~1085)·정이(程頤, 1033~1107)·장재(張載, 1020~1077)·소옹(邵雍, 1011~1077)이다.

하던 시대였으니, 이것은 북송의 일대 사건이었고 북송이 멸망하고서야 이러한 정치투쟁이 끝날 수 있었다. 변법變法의 실패는 '사람의 머리에서 나온 꾀를 숨기지 못한(人謀不藏)' 탓으로만 돌릴 수 없었으니, 그것은 봉건사회 후기에 피할 수 없는 곤경이었다. 변법해도 출구가 없었고 변법하지 않아도 출구가 없었다. 이와 서로 부응한 것이 바로 철학상에서 북송이학의 건립이다. 철학도 위기를 만났다. 변하지 않으면 출구가 없었는데, 위기는 불교와 도교의 위협에서 나왔다. 손복·석개·호원이든 주돈이·이정·장재·소옹이든, 그들 개인의 사상체계가 모두 같지 않았지만 모두 불교와 도교를 비판하는데 서로 업을 모았다. 이것은 유가철학이 직면한 사상적 위기였고 변법의 형세와 마찬가지로 절박하였으니 해결하지 않으면 안되었다고 말할 수 있다. 그들은 결과를 얻으려 노력하다가 유교를 건립하였는데, 남송 주희에 이르러서 정식으로 이러한 역사적 사명이 완성되었다.

3. 주희 이론체계의 분석

주희는 주돈이 「태극도설太極圖說」의 '무극이태극無極而太極'사상을 계승하고 또한 발전시켜 '이일분수理一分殊'의 학설을 세우고 사물의 다양성과 통일성의 관계를 논증하여 주돈이의 유심주의 본체론을 비교적 완전하게 밝혔다. 이정의 '성즉리性卽理'명제를 계승하여 '리'의 객관성과 보편성을 드러냈고, 또한 장재의 '태허즉기太虛卽氣'의 학설을 흡수하고 장재의 철학체계를 개조하여 '기'를 '리'에 종속시키고 '리'가 '기'의 주재가 되게 하였다. 이것은 주희로 하여금 우주론의 구조를 과거 어떤 철학자들보다 더 완전하게 세울 수 있게 해 주었다. 인성론의 방면에서, 주희는 이전 사람들의 인성에 관한 성과를 흡수하고 또한 새롭

게 발전시켰다. 주희는 말하기를,

사람이 태어나면 성性과 기氣가 합쳐진다. 이미 합쳐진 것에서 분석하여
말하면, 성은 리理를 주로 하여 형체가 없고 기는 형체를 주로 하여 질質이
있다.[21]

이것은 천명지성天命之性이 기질지성氣質之性을 통해야 비로소 구체적
사람으로 형성된다는 말이다. 천명지성과 기질지성을 구분하는 것은
이론적으로 중국철학사상에 장기간 존재하던 성선性善과 성악性惡의 논
쟁을 해결하는 것이다. 주희는 맹자가 주장한 '성선'이 천명지성을 가
리키지만, 맹자는 사람에게 또한 기질지성이 있음을 알지 못하여 '인
성이 이미 선하다면 악이 어디에서 나오는지'의 문제를 제대로 해석하
지 못하였기 때문에 맹자의 인성에 대한 해석이 완전하지 못하다고 생
각하였다. 순자는 성악을 주장하였고, 양웅揚雄은 선악혼善惡混을 주장
하였고, 한유는 성삼품性三品을 주장하였으나, 그들은 모두 기질지성을
가리켜서 말하였고 근원인 천명지성이 선하다는 것을 알지 못하였는
데, 이 때문에 그들의 인성에 대한 해석도 철저하지 못하다. 주희는 천
명지성과 기질지성을 엄격히 구분해야 비로소 원만한 해석을 내릴 수
있다고 보았다. 때문에 그는 장재와 이정의 인성론을 매우 높이 평가
하였다.

그러므로 장재와 이정의 이론이 세워지자 제가들의 설이 사라졌다.[22]

---

21 『朱熹集』卷44, 「答蔡季通」, "人之有生, 性與氣合而已. 卽其已合而析言之, 則性主
于理而無形, 氣主于形而有質."
22 『朱子語類』卷4, "故張程之論立, 則諸子之說泯矣."

천명지성을 사람의 본성으로 해석해야 성선설을 위한 본체론적 근거를 찾을 수 있다. 주희의 체계에 따르면, 만사만물은 모두 태극이 체현體現된 것이고, 태극의 체현이 사람에게 있는 것을 성性이라고 부른다. 태극은 가장 완전무결한 본체이고, 일체의 사물은 모두 태극의 빛을 함께 나누어 받는다. 태극이 완전무결하기 때문에 태극이 인성에 체현된 것도 응당 완전무결하다. '본성이 선하다'는 것은 기질상에 결함이 있으니 노력을 통하면 차이를 줄일 수 있다는 말이다.

주희 인성론의 핵심은 봉건 도덕규범(인仁·의義·충忠·효孝 등)이 천명지성임을 논증하는데 있다. 사람마다 모두 이러한 도덕품성을 가지고 있지만, 기질의 치우치고 가려짐에 따라 일부 사람들로 하여금 이 천명지성(도덕)을 충분히 실현할 수 없게 한다. 주희의 논증을 통해 맹자의 성선설이 본체론임을 증명하고서야 비로소 확립되었으니, 그것은 사람에게 노력하면 〈인성을 회복할 수 있다는〉 방향을 주었고, 또한 지금 봉건 도덕표준에 모두 부합하지 않는 사람에게도 〈인성을 회복할 수 있다는〉 확신을 주었다. 때문에 주희가 천명지성과 기질지성을 구분한 것은 "성문(聖門)에 공로가 있다"고 말할 수 있다. 주희는 또한 천명지성의 내용에 인·의·예·지가 포함된다고 생각하였다. 인·의·예·지는 사람의 본성일 뿐만 아니고 심지어 우주의 본성(천지의 덕)이기도 하다.

> 하늘에 있는 것을 원·형·이·정이라 하고, 사람에 있는 것을 인·의·예·지라고 한다.[23]

---

23 『朱熹集』卷67, 「仁說」, "在天曰元亨利貞, 在人曰仁義禮智." (참고로, 「인설」 원문에는 이러한 글이 없다.)

주희는 이론상에서 사람마다 봉건도덕의 필요성을 받아들일 것을 논증하였고(순자 성악설을 인민을 개조하는 사상으로 흡수함), 또한 이론상에서 개조하여 성현이 될 가능성을 지적하였다(맹자 성선설의 사상을 발전시킴).

주희는 심·성·정의 관계에서도 새로운 발전이 있었다.

> 성性은 심의 이치이고, 정情은 성이 움직인 것이며, 심心은 성과 정의 주인이다.24

비유하면 "심은 물과 같고, 성은 물이 고요한 것과 같으며, 정은 물이 흐르는 것과 같다."25 성 속에 인·의·예·지가 있다가 발동하여 정이 되면 측은惻隱·수오羞惡·사양辭讓·시비是非가 된다. "인·의·예·지가 심에 근본한다"26는 것은 성性상에서 심을 본 것이다. "측은지심이 인의 단서이다"27는 것은 정情상에서 심을 본 것이다. 성은 다만 이치이기 때문에 선하지 않을 수 없지만, 발동하여 정이 되면 선善도 있고 불선不善도 있다. 본체의 심은 '도심道心'이고, 정이 쌓인 심은 '인심人心'이다. 도심·인심과 서로 부응하는 것이 천리와 인욕이다.

> 다만 사람에게는 하나의 심이 있을 뿐인데, 도리에 합하는 것은 천리天理이고 정욕을 따르는 것은 인욕人欲이다.28

---

24 『朱子語類』卷5, "性者心之理, 情者性之動, 心者性情之主."
25 『朱子語類』卷5, "心如水, 性猶水之靜, 情則水之流."
26 『孟子』「盡心(上)」, "仁義禮智根於心."
27 『孟子』「公孫丑(上)」, "惻隱之心, 仁之端也."
28 『朱子語類』卷78, "只是人之一心, 合道理底是天理, 徇情欲底是人欲."

주희와 이정의 다른 점으로는, 이정이 "도심은 천리이고 인심은 인욕이다"라고 여긴데 있다. 주희는 도심이 곧 천리이나, 인심은 모두 인욕과 같지 않고 인심에는 선도 되고 악도 되는 두 가지 가능성이 있다고 보았다. 인욕은 반드시 악한 것이지만, 인욕과 싸워 이겨서 천리를 회복하면 바로 '인仁'이 된다.

사람의 최종 목적은 인仁을 구하는데 있다.

'극기복례위인克己復禮爲仁'이란 자기의 사사로움을 극복하여 천리를 회복할 수 있으면, 이 심의 본체가 있지 않음이 없고 심의 작용이 유행하지 않음이 없다는 말이다.29

인은 마음의 덕이고 사랑의 이치이다.30

대체로 인의 도道됨은 바로 천지가 만물을 낳는 마음이니 만물에 나아가 있다는 것이다.……진실로 본체를 보존할 수 있으면 모든 선의 근원과 온갖 행위의 근본이 여기에 있지 않음이 없다. 이것은 공문孔門의 가르침이 학자들로 하여금 '인'을 구하는데 급급하게 하였던 까닭이다.31

이상으로, 주희는 사람의 보편원칙을 천(자연)의 보편원칙으로 관철시키고, 동시에 자연의 보편원칙을 사람의 보편원칙으로 확대시킬 것을 말하였다. 주희는 『대학장구大學章句』「보격물전補格物傳」에서 다음과 같이 말하였다.

---

29 『朱熹集』卷67, 「仁說」, "克己復禮爲仁, 言能克去己私, 復乎天理, 則此心之體無不在, 而心之用無不行也."

30 『朱子語類』卷20, "心之德, 愛之理."

31 『朱熹集』卷67, 「仁說」, "蓋仁之爲道, 乃天地生物之心, 卽物而在.……誠能體而存之, 則衆善之源, 百行之本, 莫不在是, 此孔門之教, 所以必使學者汲汲于求仁也."

이른바 '치지致知가 격물格物에 있다'는 것은 나의 앎을 다하고자 하면 사물에 나아가 그 이치를 궁구하는데 있음을 말한다는 것이다. 대체로 인심의 신령함에는 앎이 있지 않음이 없고, 천하의 사물에는 이치가 있지 않음이 없다. 다만 이치에서 궁구하지 않음이 있기 때문에 그 앎이 다하지 못함이 있는 것이다. 이 때문에 『대학』을 처음 가르칠 때는 반드시 배우는 자로 하여금 천하의 사물에 나아가서 더욱 궁구하여 그 지극함에 이를 것을 구하게 해야 한다. 힘씀을 오래하여 하루아침에 활연히 관통하면, 모든 사물의 표리表裏와 정조精粗가 이르지 않음이 없고 내 마음의 전체全體와 대용大用이 밝지 않음이 없다.32

격물은 '사물에 나아가서 그 이치를 궁구하는 것'이니, 사람을 가르칠 때는 구체 사물을 인식하는 것에서 시작해야 한다. 궁리의 대상은 풀 한 포기와 나무 한 그루의 이치를 궁구하는 것을 포괄할 뿐만 아니라, 또한 철학상의 가장 근본적인 원리를 포괄한다. 주희가 비록 천하만물의 이치를 궁구할 것을 말하였지만, 사람들에게 봉건 도덕원칙을 궁구할 것을 가르치는데 진력하였다.

또한 실리實理를 궁구하는 것은 절기切己공부를 포함한다. 만약 천하 만물의 이치를 궁구할 것만을 말하고 절기切己에 힘쓰지 않는다면, 『유서遺書』에서 말한 것처럼 '한가롭게 놀다가 돌아갈 곳이 없는 것'과 같게 된다.33

---

32 『大學章句』「補格物傳」, "所謂致知在格物者, 言欲致吾之知, 在卽物窮其理也. 蓋人心之靈莫不有知, 而天下之物莫不有理. 惟于理有未窮, 故其知有不盡也. 是以大學始敎, 必使學者卽凡天下之物而益窮之, 以求至乎其極. 至于用力之久, 而一旦豁然貫通焉, 則衆物之表裏精粗無不到, 而吾心之全體大用無不明矣."

33 『朱子語類』卷18, "且窮實理, 含有切己功夫. 若只說窮天下萬物之理, 不務切己, 卽是遺書所謂游騎無所歸矣."

주희의 격물설이 외물外物의 요소에서 지식(知)을 구할 것을 포괄하지만, 중점은 자연계를 인식하고 자연계의 규율을 발견하는데 있지 않는 일종의 봉건도덕수양방법임을 알 수 있다. 그가 구하려는 것은 개개 사물의 이치가 아니라 "모든 사물의 표리와 정조가 이르지 않음이 없고, 내 마음의 전체와 대용이 밝지 않음이 없는" 경지에 도달하려는 것이다. 이러한 사상적 경지는 일종의 돈오頓悟의 경지이고 전지전능全知全能한 정신경지이다.

지지知至는 천하사물의 이치를 말하는데, 앎이 이르지 않음이 없음을 뜻한다.……반드시 4에 이르고 8에 이르러 알지 못하는 것이 없는 것을 '지至'라고 한다. 등불을 가리키면서 "등불이나 촛불이 여기에 있어 빛이 방안을 비추어 조금도 이르지 않음이 없는 것과 같다"라고 말하였다. 격물格物은 세부적으로 말한 것이고, 치지致知는 전체적으로 말한 것이다.[34]
마음은 온갖 이치를 포함하고, 온갖 이치는 하나의 마음에 갖추어져 있다. 마음을 보존할 수 없으면 이치를 궁구할 수 없고, 이치를 궁구할 수 없으면 마음을 다할 수 없다.[35]

주희는 자연계에서 사람에 이르기까지 그것을 관통시켰다. 천인이 같은 이치이고, 천인이 일관하며, 천인이 상통하였다. 그는 진한시기 천인합일天人合一의 신학적 목적론보다 더 전진하였다. 동중서는 '천인합일'을 말하였으니, '천'에 의지가 있고 희노喜怒가 있고 상벌賞罰을 내릴 수 있어서 사람이 만약 '천'을 어기면 반드시 질책을 받는다고 말하

34 『朱子語類』卷15, "知至, 謂天下事物之理, 知無不到之謂.……要須四至八到, 無所不知, 乃謂至耳. 因指燈曰, 亦如燈燭在此, 而光照一室之內, 未嘗有一些不到也."
35 『朱子語類』卷9, "心包萬理, 萬理具於一心. 不能存得心, 不能窮得理. 不能窮得理, 不能盡得心."

였다. 주회도 이러한 노선을 따랐지만, 도리상 더 원만하게 말하였다. 주회의 '천'·'리'가 노골적으로 인격화된 것이 아니라 더 많은 곳에서 이성화·인성화·합리화로 나타났다. 주회는 다음과 같이 말하였다.

> 태극은 다만 하나의 지극히 훌륭하고 매우 선한 도리이다. 사람마다 하나의 태극을 가지고 있고, 사물마다 하나의 태극을 가지고 있다. 주자周子(주돈이)가 말한 태극은 천지인물의 온갖 선이고 지극히 훌륭한 표덕表德이다.[36]

자연계 사물의 경우 그 존재에서 말하면, '어떻게 〈존재하는지〉'만 있고 선악善惡의 가치는 존재하지 않는다. 사람들은 산하대지山河大地가 얼마나 선한지 어떤 덕성德性이 있는지를 말하지 않는다. "천지인물의 온갖 선이고 지극히 훌륭하다"는 이러한 천지인물에는 이미 도덕적 속성이 부여되었다. 때문에 주회는 다음과 같이 말하였다.

> 천지는 만물을 낳는 것으로 마음을 삼은 것이니, 사람과 사물이 태어나는 것도 각각 천지의 마음을 얻어서 마음으로 삼은 것이다. 그러므로 마음의 덕이 비록 총섭하고 관통하여 갖추어지지 않은 바가 없다고 말하더라도, 한 마디로 개괄하면 인仁이라고 할 뿐이다.[37]

천지는 사람과 마찬가지로 모두 '만물을 낳는 것'으로 마음을 삼는데, 이러한 '만물을 낳는 마음'은 만사만물에 관철되고 현현顯現되어

---

36 『朱子語類』卷94, "太極只是一極好至善底道理. 人人有一太極, 物物有一太極. 周子所謂太極, 是天地人物萬善至好底表德."

37 『朱熹集』卷67, 「仁說」, "天地以生物爲心者也, 而人物之生又各得夫天地之心以爲心者也, 故語心之德, 雖其總攝貫通無所不備, 然一言以蔽之, 曰仁而已矣."

풀 한 포기나 나무 한 그루에도 나타나고, 또한 사회와 정치 각 방면
으로도 관철되고 현현된다. 주희는 '월인만천月印萬川'의 비유로 이러한
도리를 설명하기를 좋아하였는데, 같은 하나의 태극(衆理之全)이 각
각의 사물에 체현되고 각각의 사물은 모두 '태극'의 빛을 나누어 받는
다는 것이다. 반드시 이러한 태극의 성질을 형용한다면, 그것은 바로
'인仁'이다.

> 천지의 마음에는 그 덕이 네 가지가 있으니, 원元·형亨·이利·정貞인데 '원'
> 이 총괄하지 않음이 없다. 사람의 마음에도 그 덕이 네 가지가 있으니, 인
> 仁·의義·예禮··지智인데 '인'이 포괄하지 않음이 없다.38
> 인仁의 도됨은 바로 천지가 만물을 낳는 마음이니 만물에 나아가 있다.
> ……진실로 본체를 보존할 수 있으면 온갖 선의 근원과 온갖 행위의 근
> 본이 여기에 있지 않음이 없다. 이것은 공문孔門의 가르침이 학자들로 하
> 여금 '인'을 구하는데 급급하게 하였던 까닭이다.39

　여기서의 '마음'은 "천지에 있으면 만물을 낳는 마음이고, 사람에 있
으면 사람을 사랑하고 만물을 이롭게 하는 마음으로 사덕四德을 포괄
하고 사단四端에 관철하는 것이다."40
　또한 주희는 이정문하의 학자들이 이정의 '인'설을 왜곡되게 전수
하여 두 가지 오류가 나타났다고 비판하였다. 하나는 물아일체物我一
體를 '인'의 본체로 여긴 것으로 양시楊時(1044~1130)를 대표로 한 것이

---

38 『朱熹集』卷67, 「仁說」, "天地之心, 其德有四, 曰元亨利貞, 而元無不統. 人之爲心, 其
　德亦有四, 曰仁義禮智, 而仁無不包."
39 위의 책, "仁之爲道, 乃天地生物之心, 卽物而在.……誠能體而存之, 則衆善之源, 百行
　之本莫不在是. 此孔門之敎所以必使學者汲汲于求仁也."
40 위의 책, "在天地則块然生物之心, 在人則愛人利物之心, 包四德而貫四端者也."

요, 다른 하나는 심에 지각이 있는 것을 '인'으로 여긴 것으로 사량좌
謝良佐(1050~1103)를 대표로 한 것이다. 주희는 본래 천인天人이 일관하
니, 천지와 사람은 모두 '만물을 낳는 것을 마음으로 삼은' 인仁을 관철
하고 체현해야 한다고 생각하였다. '물아일체'를 '인'으로 삼는 것에도
어떤 옳지 않은 점이 있다. 주희는 그 폐단이 "혹 만물을 자기로 인식
하는데 이르러"41 사람들이 '인'에 대해 반드시 노력하여 구하지 않고
본래 이미 이루어진 것으로 잘못 생각하여 사람이 소홀히 하고 느슨하
여 절실한 공부가 없을까 걱정하였다. 또한 "지각知覺으로 '인'을 말하
는 것은, 그 폐단이 혹 인욕을 천리로 여기는데 이르게 하였으니"42 이
러한 오류는 그 해가 더욱 크다. 이것은 분명히 선가禪家의 사상이다.
주희는 여러 차례 선종이 "지각을 성으로 여긴다"고 비판하였는데, 그
들(선종)은 "눈으로 보고 귀로 듣고 손으로 잡고 발로 멀리 달린다"43라
고 말하였다. 주희는 이러한 봉건 윤리가치에서 벗어나는 언행활동이
성性이 아니고 여겼다. 사람과 금수의 차이는 사람에게 가치관이 있다
는데 있으니, 시視·청聽·언言·동動이 도덕규범에 부합해야 '인'이고,
도덕내용이 없는 시·청·언·동은 금수이고 사람이 아니라는 것이다.

비록 주희의 철학체계가 천지만물에서 시작하고 격물치지格物致知에
서 착수하였지만, 결국 잠시 머물렀을 뿐이고 인류일용의 규칙으로
돌아와서 봉건 도덕수양으로 귀결하였고 '인'을 구하는 데로 귀결하였
다. '격물'하여 '치지'하는 것은 궁리窮理하여 진성盡性하는 것일 뿐이다.
명을 아는 것(知命)은 곧 천을 아는 것(知天)이다. 주희의 안중에 천지만
물은 생기生氣로 충만하고 화해和諧로 충만하였으니, 우주만물은 원래

---

41 위의 책, "或至於認物爲己."
42 위의 책, "知覺言仁, 其蔽或至於認欲爲理."
43 『抱一子三峰老人丹訣』「假性命出陰神是鬼仙小成之法」, "在目爲視, 在耳爲聽, 在手
執捉, 在足遠奔."

'인'의 현현顯現이나 다만 사람들의 수양이 부족하여 세심히 살피지 못하고 보지 못하였을 뿐이다. 원·형·이·정은 천지의 사덕四德[44]이지만 '원'이 총괄하지 않음이 없다. 인·의·예·지는 인성의 사덕이지만 '인'이 포괄하지 않음이 없다. 마음의 본질은 곧 하늘의 본질이다(마음이 곧 하늘의 덕이다). 주희는 항상 하늘(자연계)과 사람의 관계를 관철시키려 하였다. 이것은 송유들의 공통적이고 기본적인 세계관이다. 주돈이는 창문 앞에 무성히 자란 풀을 베어내지 않고 "자신과 살려는 생각이 같다"라고 하였고, 이정은 "병아리를 보면 '인'을 볼 수 있다"라고 하였으며, 정호는 "인자仁者는 만물과 동체同體이다"라고 하였다. 장재는 "백성은 나의 동포이고 만물은 나와 함께 한다", "천지를 위하여 마음을 세우고 백성을 위하여 명을 세운다"라고 하였다. 주희는 사람들에게 '마음속에 몹시 슬퍼하는 마음(中心惻怛之懷)'을 유지할 것을 가르쳤다.

일종의 사회적으로 광범위한 영향을 미친 학설은 모두 까닭 없이 신음한 것이 아니라 모두 감동을 받아 발생하였다. 북송北宋 건국 초기의 국면은 비교적 절박하였으니, 내우외환內憂外患이 끊이지 않고 계속되었다. 왕안석의 변법變法은 북송의 정국에 영향을 주기도 하였으나, 이랬다저랬다 반복하다 결국 북송의 멸망에까지 이르렀다. 이것은 당시의 정치위기를 반영한 것이다. 북송은 경제가 부진하였고 백성들은 생활근거가 없었으니, 변법하는 것도 옳지 않고 변법하지 않은 것도 옳지 않아 통치자들은 진퇴양난進退兩難에 빠졌다. 북송오자北宋五子와 왕안석의 정치상의 변법이 동시에 출현하였다. 북송오자는 학설상에서 성공하였으니, 주돈이·이정·장재·소옹에서 남송 주희에 이르면서

---

44 주희와 송유들이 말한 사물의 덕은 본질이고 속성이다. "인자(仁者)의 마음의 덕은 습한 것이 물의 덕이고 건조한 것이 불의 덕이라고 말하는 것과 같다."(『朱熹集』卷 60, 「答曾擇之」, "仁者心之德, 猶言潤者水之德, 燥者火之德.")

점차 이러한 종교사상체계가 완전해졌다. 남송이라는 작은 조정의 형편은 북송보다 더 좋지 않았고 경제도 더 어려웠고 민중의 기세는 더욱 적막하였으니, '중흥中興'은 환상에 불과하였고 회복은 빈말일 뿐이었다. 북송이든 남송이든 사회현실이 사람을 고무시키는 것은 아니지만 당시 송유들의 말에서는 이러한 어려움과 불안을 찾아볼 수 없었다. 그들이 선양한 것은 천기天機가 활발하고 생의生意가 충만하였으니, 송유들이 종사한 정신수양도 종용중도從容中道(조용히 도에 알맞음)·수면앙배睟面盎背(얼굴에 윤이 나고 등에 가득넘침. 즉 덕이 있는 자의 자태를 말함)·서행완보徐行緩步(걸음걸이가 느림)하는 성현의 기상이었다. 이것은 종교의 세계관이 현실세계의 왜곡에 대한 반영임을 설명한 것과 같다. 당말오대唐末五代에는 백성들의 생활근거가 없었고, 심지어 사람이 서로 잡아먹는데 이르렀다. 선종이 크게 성행하여 도처에서 사람에게 입지성불立地成佛(그 자리에서 바로 깨달음을 얻음)할 것을 가르쳤으니, 불경佛經을 보지 않고 좌선坐禪하지 않고도 성불하여 조사祖師가 될 수 있었다.

2년 전에, 나는 「유교의 형성」[45]이라는 논문을 발표하였다. 종교는 모두 두 세계를 선양하는데, 하나는 천국·서방정토·피안세계와 같은 초세간의 정신세계이고, 다른 하나는 현실세계이다. 어떤 종교는 피안세계를 매우 생동적이고 매우 구체적으로 말하였으니, 이는 현실세계의 일체 행복을 무한 과장한 것 같다. 또 어떤 종교는 피안세계를 일종의 주관적 정신경지로 간주하였다. 중국의 수·당 이후의 불교와 도교에는 모두 이러한 경향이 있었다. 출가는 결코 옛 사람들이 이 세계를 떠나서 다른 서방정토에서 평온을 찾는 것을 의미하지 않고, 일상생활속에서 다만 종교 세계관을 받아들이려는 것이다. 눈앞의 속세가 곧 서방정토의 극락세계이고[46], 불교의 교리를 깨닫거나 불교 세계관을

---

45 『中國社會科學』, 1980年, 第1期에 실려 있다. 원제는 「論儒教的形成」이다.

받아들이는 개개의 중생이 곧 부처였다. 부처는 속세 밖에 있지 않고 속세 속에 있었다.

송명유교도 바로 이와 같았다. 그것은 사람에게 일종의 정신경지, 이른바 "고명을 다하여 중용을 지킬 것"[47]을 가리켰으니, 세계를 바꿀 필요 없이 자기의 세계관만 바꾸면 바로 성인이 될 수 있다는 말이다. 불교의 세간을 떠나지 않고 출세할 수 있는 이러한 이론은, 자체로 불교의 이론적 완전성을 파괴하였다. 사람들은 "물을 기르고 땔나무를 나르는 것이 신묘한 도가 아님이 없다"[48]고 한다면 하필 무리하게 출가해야 할 필요가 있겠는지를 질문하지 않을 수 없었다. 부모를 섬기고 군주를 섬기는 것도 신묘한 도가 아니겠는가? 그러나 중국 봉건사회가 만난 최대의 사회위기는 '삼강三綱'의 질서가 정치에서 사상의식으로 처리되면서 '어떻게 강화하고 견고히 해야 하는지'의 문제에 있었던 것 같다. 이러한 큰 문제는 불교와 도교가 모두 힘을 다해 도우려 하였지만, '출가'를 제창하였기 때문에 언제나 한 겹의 차이가 있음을 면할 수 없었다. '물을 기르고 땔나무를 나르는 것에서 견성성불見性成佛(자기의 본성을 보고 깨달음을 얻음)할 수 있다'에서 '부모를 섬기고 군주를 섬기는 것이 성인이 되고 현인이 될 수 있다'는데 이르기까지 중간에는 종이 한 장의 차이가 있었으니, 다만 이 종이 한 장을 빼고 나면 길이 소통하고 유·불·도 삼교가 융합하게 된다. 역사상에서 보면, 유교에는 삼교합일의 행동이 있었을 뿐만 아니라 불교와 도교도 모두 삼교합일을 말하였다. 이것은 문화발전의 총체적 추세이지 어느 한 사람이 결정할 수 있는 것이 아니다. 이학이 유교가 되어 경천敬天·법조法祖의 오랜 전통에 새로운 내용을 추가시켰다.

---

46 『壇經』에 보인다.

47 『中庸』, 第27章, "極高明而道中庸."

48 "運水搬柴, 無非妙道."은 禪偈의 말이다. (역자 주)

4. 주희와 신新중국

주희는 "멀게는 수사洙泗[49]의 정통을 이었고 가깝게는 이락伊洛[50]의 연원에 닿아있다"고 자처하였는데, 그는 공자 이후에 가장 큰 영향을 미친 철학자이다. 물론 주희의 영향이 크지만, 이것은 역사조건이 조성된 것이지 완전히 주희 개인의 능력만은 아니다. 5·4시대에 '공자를 타도하자'는 구호가 제기되었고, 실제로 공자는 다른 사람을 대신하여 〈책임을 안져도 될〉 잘못을 책임졌다. 5·4시대에 구(舊)습관을 타도하려는 세력은, 공자를 겨냥했다고 말하기 보다는 차라리 주희를 겨냥했다고 말하는 편이 나을 것이다. 왜냐하면 5·4시대 사람들이 공자의 죄상을 규탄할 때에 거의 모두가 주희와 유교였고 공부자孔夫子와는 어떤 직접적 관계가 없었기 때문이다.

중국사회는 거의 자본주의 단계를 거치지 않고 반봉건과 반식민지에서 사회주의로 진입하였다. 서방의 약 400년간 중세기 교회신권의 통치세력에 반대하던 것과 같은 투쟁의 전통이 없었기 때문에 중국의 사회주의건설에 적지 않는 어려움을 가져다주었다. 5·4시기에 두 가지 구호를 제기하였는데, '과학'과 '민주'였다. 3년 전에 '5·4 운동' 60주년을 기념하였는데, 사람들은 당시 '5·4 운동'의 두 가지 큰 임무가 계속 완성될 것이라 말하였다. 유럽의 반봉건은 몇 백 년이 되었으나, 중국은 겨우 몇 십 년이다. 중국의 봉건문화와 사상이 봉건제도와 매우 긴밀하게 결합한 종교(유교)는 매우 완강하였으나, 과거 우리들은 이것에 대해 충분히 고려하지 못하였다. 최근 100년간 중국이 걸어온

---

49 수사(洙泗)는 공자가 수수(洙水)와 사수(泗水) 사이에 학당을 열고 제자들을 가르쳤기에 붙여진 이름이다.(역자 주)

50 정호(程顥)와 정이(程頤)가 이수(伊水)와 낙수(洛水) 사이에 살았기 때문에 붙여진 이름이다.(역자 주)

길에서(5·4 이후) 다시 주희에게로 소급해가서 그 이후 900년간 걸어온 길을 한번 생각해보면, 우리 개개 중국인은 중국철학사를 연구하는 사람에 대해 느끼는 바가 없을 수 없다. 철학과 종교가 보기에는 민중과 괴리되어 말하는 문제와 제기한 범주가 인간과 동떨어져 있는 것 같지만, 실제로 그것은 현세계라는 거울의 한 단면이다.

유교는 중국 봉건사회 후기에 발생한 당시 정황에 부합하였던 종교이고, 중국의 특징을 가진 종교이다. 이 점에 대해 청대의 안원顔元(1635~1704)은 "불교가〈정이의〉이치(理)에 가까운 것이 아니라 바로 정이의 이치가 불교에 가깝다"[51]라고 지적하였다. 또한 "주희가 불교와 도교를 배척한 것은 모두 스스로 잘못을 범하면서 깨닫지 못한 것이니, 반나절 정좌하고 희노애락喜怒哀樂의 아직 발동하지 않는 기상을 본다는 것과 같다"[52]라고 하였다. 안원이 말한 것은 다만 정주 유교의 일부분이다. 주희는 천지의 큰 덕을 '생명(生)'이라 하고, 천지에 만물을 낳는 마음이 있다고 보았다. 사람에게도 하늘에서 얻은 만물을 사랑하는 마음-'인'이 있다. '인'이 없는 사람은 사람이 되지 못하고, '인'이 없는 천지는 천지가 되지 못한다. 주희의 학문은 단순히 지식의 탐구에 있지 않고, 확실히 실천으로 고대 성인의 가르침을 체험하였다. 주희는『논어』의 "사람의 잘못을 보면 '인'을 알 수 있다"[53]는 구절을 다음과 같이 이해하였다.

잘못을 본다는 설은……오로지 한 사람만을 가리켜서 말한 것이 아닌 것 같다. 이것은 바로 사람에게 잘못이 있는 까닭은 모두 그 치우친 바에 따라 두텁기도 하고 얇기도 하며 잔인하기도 하고 차마 하지 못하기도 하는데,

---

51 顔元,『存學編』卷2,「性理評」, "非佛之近理, 乃程子之理近佛也"
52 위의 책, "其辟佛老, 皆所自犯不覺, 如半日靜坐, 觀喜怒哀樂未發氣象是也."
53『論語』「里仁」, "觀過, 斯知仁矣."

하나라도 잘못이 있으면 인욕의 사사로움이 아님이 없음을 통론한 것이다.
만약 여기에서 양쪽의 치우친 곳을 볼 수 있으면……바로 천리의 유행을
본다.……그러므로 "사람의 잘못을 보면 '인'을 알 수 있다"고 하였다. 사
람의 잘못에 따라 그 치우친 바를 보면 또한 '인'을 알 수 있다는 말이지, 반
드시 이와 같은 이후에 '인'을 알 수 있다고 여긴 것은 아니다.[54]

주희는『논어』원문을 위와 같이 해석하였을 뿐만 아니라, 또한 성
인의 가르침을 몸소 체득하였다.

만약 '자기의 잘못을 본다'고 하는 것을 마음속으로 일찍이 시험해보면,
오히려 온전하지 못하다고 느낄 것이다. 만약 '반드시 잘못이 있음을 기
다린 이후에 본다'면 잘못의 악惡이 이미 드러나서 보아도 손쓸 수 없고
오래도록 후회하고 책망하여 도리어 마음에 해가 되어 마음을 기르는 것
이 아닐 것이다. 만약 '잘못이 있음을 기다리지 않고 미리 평일의 치우친
바를 본다'고 한다면, 이 마음은 텅 비어 본래 한 가지 일도 없어서 줄곧
배양하거나 함양해가지 않고 바로 치우친 곳을 미리 찾으려 마음을 주시
할 것이다. 성인이 평소에 사람에게 마음을 기르고 '인'을 구하는 방법을
가르친 것은 이처럼 지리支離하지 않은 듯하다.[55]

54『朱熹集』卷67,「觀過說」, "觀過之說,……似非專指一人而言, 乃是通論人之所以有過,
皆是隨其所偏, 或厚或薄, 或忍或不忍, 一有所過, 無非人欲之私. 若能於此看得兩下偏
處,……便見天理流行,……故曰觀其過斯知仁矣. 言因人之過而觀其所偏, 則亦可以知
仁, 非以爲必如此而後可以知仁也."
55『朱熹集』卷67,「觀過說」, "若謂觀己過, 竊嘗試之, 猶覺未穩. 若必俟有過而後觀, 則過
惡已形, 觀之無及, 久自悔咎, 乃是反爲心害而非所以養心. 若曰不俟有過而預觀平日所
偏, 則此心廓然本無一事, 却不直下栽培涵養, 乃預求偏處而注心觀之, 聖人平日敎人養
心求仁之術, 似不如此之支離也."

주희의 학문은 입으로 강론하는 것이 아니라 확실히 체험 속에서 얻는 것이니, 단순한 사변의 학문이 아니고 행위를 지도하는 학문이며, 종교이지 철학이 아님을 알 수 있다. 종교는 교인이 말할 수 있는 것이 아니고 교인이 해나가는 것이다. 한대 동중서董仲舒의 학설을 『백호통白虎通』의 유교 신학과 서로 비교하면, 한대의 '천'은 인격화된 신으로 2천년 전 인류인식의 수준을 반영한다. 주희의 '천'은 생동적 인격신이 아니라 봉건 종법화의 이성의 신으로, 사람의 형체를 가지고 있지 않지만 사람의 성품을 가지고 있고 '만물을 낳는 마음'을 가지고 있다. 유교가 숭배하던 대상은 천天·지地·군君·친親·사師로, 다원적多元的인 것 같으나 실제로 이 다섯 가지는 봉건 종법사회의 이질화 산물이다. 그 중에 '군'은 봉건정권을 대표하고, '친'은 족권族權을 대표하였는데, 이것은 중국 봉건종법제도의 핵심이다. '천'은 군권君權의 신학적 근거였고, '지'는 천을 보조하였으며, '사'는 천·지·군·친을 대신하여 입언하는 성직자로 봉건제도 최고의 해석권을 가지고 있었다. 마치 불교가 불佛·법法·승僧을 삼보三寶로 받들었지만, '승'56을 떠나서는 '불'과 '법'을 전파할 수 없었던 것과 같다.

유교는 다른 종교와 달리, 심지어 종교에 반대하는 기치를 내걸었다. 유교가 기질지성氣質之性을 악의 기원으로 삼은 것은 곧 종교의 '원죄原罪'설이다. 유교는 금욕주의를 선전하여 사람에게 물질생활을 경시할 것을 가르쳤고, 사람에게 '천리'에 굴복할 것을 가르쳤다. 외부세계를 개선하지 않고도 사람에게 내심의 '일념一念의 차이'를 함양하고 성찰할 것을 가르쳤다. 주희의 학설은 한때 이해되지 못하여 일찍이 금고禁錮를 당하였으나, 오래지 않아 해지되었다. 원·명·청을 거쳐 국가의 지지를 얻어 주희의 저작은 지식인들의 고시 교과서가 되었으니,

---

56 유교의 사(師)는 불교의 승(僧)에 해당된다.

주희의 관점도 지식인들에게 널리 주입되었다.

생산력과 경제발전이 봉건주의의 속박을 타파하고 자본주의를 위해 길을 열 것을 요구하였다. 명 왕조 만역萬曆(1573~1620)에서 청 왕조 건륭乾隆(1736~1795)시기에는 공·상업이 지역별로 상당히 발전하였는데, 만약 봉건세력의 방해를 받지 않았다면 당시 세계와 보조를 맞추어 자본주의로 나아갈 수 있었을 것이다. 그러나 중국의 봉건세력은 매우 완고하고 강대하여 당시 새로운 도전이 몇 차례 있었지만 모두 억제되었다. 역사학자들은 항상 아편전쟁阿片戰爭 이후에 중국의 과학과 기술이 비로소 강요에 못 이겨 할 수 없이 낙후되었다고 말하지만, 실제로 명 중엽 이후부터 중국의 과학과 기술은 이미 주도적 지위를 상실하기 시작하였다. 중국이 화약을 발명하였지만 명 왕조는 서양의 대포를 구매해야 하였고, 해양사업은 중국이 본래 선진적이었으나 명 이후에는 낙후되어 해양에서도 세계를 주도한 것은 중국인이 아니었다. 천문역법은 중국이 세계의 선진국가 중의 하나였으나, 명 이후에는 역법계산도 서방의 정확함에 미치지 못하였다. 중국의 과학과 기술이 낙후된 것에는 여러 가지의 원인이 있지만, 송대 유교사상이 인민을 속박한 작용이 결코 과소평가될 수 없다.

주희의 격물설은 결코 과학자를 양성하지 못하였고, 다만 봉건 종법제도를 위해 일하였을 뿐이다. 주희의 인설仁說은 개혁가를 훈련해내지 못하였으니 더더욱 혁명가는 있을 수 없다. 그의 격물궁리格物窮理와 심신성명心身性命의 학문은 봉건 윤리질서를 지키기 위한 것이었다.

통상적인 정황에 따르면, 사회주의의 전신은 자본주의이다. 신新중국은 발달한 자본주의 사회를 거치지 않고 반봉건과 반식민지의 옛 터전에서 건립된 것이다. 인민민주의 정권 하에서 봉건의 토지사유제를 쉽게 개혁하였지만 봉건 종법주의 영향에 대한 평가가 부족하여 어느 것이 봉건문화의 우수한 전통이고 어느 것이 봉건문화의 찌꺼기인지를 자세히 구분하지 못하였다. 각 민족의 문화마다 정화精華부분은 인민과 대중이 장기간 축척하고 창조한 문화재산이고, 민족문화의 우수한 전통을 대표한다. 찌끼기 부분은 소수의 특권 착취자가 전 국민의 명의를 빌어서 사리를 도모한 것이니, 민족문화의 혹이다. 전 세계가 주목한 중국 10년의 '문화대혁명(1966~1976)'의 많은 죄악행동은 봉건주의로 마르크스주의를 사칭하여 거침없이 진행한 것이다.

중국 봉건주의의 핵심은 봉건 종법제도인 '삼강三綱'설이다. '삼강'설과 사회주의 민주는 서로 용납되지 않는 것이다. 유교의 중심사상은 바로 '삼강'설이다. 군권君權·족권族權·신권神權의 압박 하에서 농민에게는 민주가 없었다. 만약 대중이 족권 하에서 해방되어 나오지 못하고 다만 장씨張氏 성과 왕씨王氏 성 일족일가一族一家의 지배를 받는다면, 민주는 더 말할 나위가 없다. 젊은 남녀의 혼인자유의 권리도 가장家長과 구세력의 방해를 끊임없이 받았지만, 현재의 새로운 혼인법은 법률형식으로 젊은 남녀의 민주권리를 보장하였다. 가장제家長制와 일언당一言堂57도 봉건 종법제의 잔여이다. 이러한 문제가 서방사회에서는 이미 더 이상 문제가 되지 않았으나 신중국에서는 사회의 전진을 방해하였다.

서방세계에도 나름대로 자기의 어려움이 있었으니, 예를 들면 '가정관계가 견실하지 않다'거나 '노인이 돌아갈 곳이 없다'는 등의 문제이다. 때문에 어떤 사람은 동양의 가족제도에 많은 장점이 있다고 말하기도 하였다. 사회주의의 노인을 존경하고 어린애를 사랑하거나 상호 평등의 새로운 가정관계는 자녀에게 부모를 봉양할 의무가 있고, 봉건 종법제 가장의 절대통치와도 차이가 있다. 봉건제의 효도와 사회주

---

57 일언당(一言堂): 문화대혁명 당시 중국에서는 '모택동과 등소평의 한 마디가 만 마디를 능가하고 구절마다 진리이다'는 말이 널리 사용되었는데, 즉 대중의 의견을 무시하는 지도자의 독단적인 태도를 말한다.(역자 주)

하의 부모를 존경하는 '효'는 다른 것이다. 왜냐하면 봉건 종법제 하에서 자녀는 부모의 부속물이었고 자녀는 부모를 위해서 생활하였기 때문이다. 마찬가지로, 우리는 어떤 학설이 다른 사회환경에서 다르게 작용할 수 있음을 보아야 한다. 주희와 왕수인학파는 일본에 전파되어 진보적 작용을 하였다. 서방에서 중국의 문화도 서로 다른 시기에 있었으니, 다른 민족과 국가에 다른 영향을 미쳤다. 왜냐하면 각 민족의 존재와 발전은 그 자신의 전통문화에 근거하여 버팀목을 삼지만, 외래문화는 참고하거나 촉매작용을 할 뿐이기 때문이다. 주희의 사상은 적극적 부분이든 소극적 부분이든 외국문화에 대해 모두 결정적 작용을 하지 못하였다. 주희의 사상은 중국에서 근 천년 동안 정부의 지지를 얻어 강제로 주입되어 '삼강설'과 '천·지·군·친·사'의 숭배는 이미 사람들 마음속에 깊이 파고들어 고치기 어려운 오랜 습속이 되었다. 신중국의 학자로서 몸소 느끼는 것은 이러한 문화권 밖에 있는 학자들의 인상과 다르다는 것이다.

우리가 말한 것은 철학문제이지만, 내가 여기에서 언급한 것은 단순히 철학문제에만 속하지 않는 것 같다. 이것은 바로 주희의 사상이다. 주희는 사람에게 격물格物과 치지致知에서 시작하여 정심正心·성의誠意·수신修身·제가齊家에 나아가서 치국治國·평천하平天下에 이를 것을 가르쳤다. 사회주의를 건설한 국가도 '치국·평천하'의 범위에 속한다. 주희의 방안에 따르는 것은 옳지 않다. 주희의 학설이 근 천년 동안 말해졌으나, 인민의 풍족한 생활을 해결하지 못하였고 중국 인민을 진정으로 자립시키지 못하였다. 주희의 사상체계 중에는 취할 것도 있지만, 주희가 건립한 유교체계는 취할 수 없는 것이다.

주희의 『사서집주』[1]

-유가 경학의 일대 변혁

진·한이 세운 통일된 봉건왕조가 정치적 통일과 교화적 통일을 강화하기 위해, 한 무제는 오경박사를 두고 유가를 일존一尊에 정하고 정부의 권력으로 유가사상을 시행하였다. '오경五經'은 국가가 규정한 교재가 되었다.

경서經書의 글은 간결하고 심오하여 옮겨 베끼기가 쉽지 않아 경전을 전수하는 일은 암송에 의지하였고, 고대에는 백과전서와 같은 참고도서가 없어서 '글자를 해독하고 문장을 끊어 읽는' 것은 모두 일일이 사람이 알려주었다. 경전을 가르칠 때는 반드시 스승이 있어야 하고, 스승이 가르친 것은 문장의 구절을 말하고 또한 책 속의 도리를 해석하였으니, 이것이 '경소장구經疏章句'학의 기원이다.[2]

---

1 원래 악록서사판(嶽麓書社版)『사서집주서(四書集注序)』, 1987년에 실렸던 글인데,
　『임계유학술논저자선집(任繼愈學術論著自選集)』(북경사범학원출판사, 1991)에 옮겨
　실었다.

한漢 이후 사회정치가 부단히 변화하여 다른 시대의 정부(왕조)를 위해 일하던 경학도 따라서 변화하였기 때문에 경학은 시대적 특징을 갖는다. 한나라 사람은 경전을 해석하면서 천인감응天人感應 사조의 영향을 받아 천도天道로 인사人事를 견강부회하였으니, '신학경학神學經學'이 되었다.. 그것은 한대 통일정권을 견고히 하는 유력한 도구가 되었다. 신학경학은 일종의 비교적 조잡한 신학체계였지만, 그것은 시대사조를 체현하고 당시의 많은 학과(예를 들어 철학·신학·사학 등)의 내용을 포함하여 경학으로 최고의 지도사상을 삼아 나라를 다스리고 나라를 안정시키는 시책을 시행하는데 도움을 주었으니, 경서를 인용하여 옥사를 판결하고 정책을 시행하는 등과 같았다.

당초唐初에 편찬된『오경정의五經正義』는 남방경학과 북방경학을 하나로 융합하였다. 그것은 당초에 남북조를 통일한 이후의 새로운 형세를 반영한 것이다. 당 영휘永徽 4년(653년)에 천하에 반포되어 송 왕조에 이르기까지 줄곧 명경과明經科(과거시험의 한 분과)에서 선비를 선발하는 표준교과서로 쓰였다. 지속된 시간은 한대의 신학경학보다 훨씬 오래되었다. 그러나 당 왕조는 안사安史의 난(755~763)을 겪으면서 사회정황에 급격한 변화가 발생하였다. 당 중기 이후에『오경정의』는 이미 시정施政의 요구에 완전히 만족할 수 없었는데, 왜냐하면 천하는 지방할거에 처하여 중앙정권과 대항하였고, 당말唐末의 오대십국五代十國에서 북송北宋의 건국에 이르기까지 중국은 봉건사회의 후기에 진입하였기 때문이다. 정권의 통치질서를 안정시키고 봉건 종법제도를 유지시키는 것으로는 유가경학 이외에도 불교경학과 도교경학이 있었다. 경학의 권위성을 강화하기 위해서는 다만 당시 사회사조의 여러 문화요소를 경학

---

2 경전의 주석이나 글의 장(章)과 구(句)의 풀이에만 치우쳐 전체적인 대의(大意)에는 통하지 않는 학문이라는 뜻으로, 중국 한나라의 훈고학(訓詁學)을 이르는 말이다.(역자 주)

속으로 흡수해야 경학이 비로소 생명력을 가질 수 있었다. 완전한 상부구조의 건설은 하루아침에 세워진 것이 아니다. 한초漢初 동중서董仲舒의 경학체제는 한초에서 시작되어 70년을 거쳤다. 『사서四書』의 출현3은 북송의 건국에서 시작되어 거의 100여년의 시간이 걸렸다.

시대사조를 체현하는 새로운 체제의 형성은 세 가지 조건을 구비해야 하였다. 첫째, 정국의 안정이다. 오랜 전쟁으로 혼란한 와중에는 새로운 체제가 출현할 수 없다. 둘째, 필요한 사상적 자료가 충분히 누적되어야 한다. 셋째, 새로운 체제에는 시대사조를 체현하는 사상가가 있어야 한다. 북송 중기에 이르러서야4 비로소 이러한 세 가지 조건이 구비되었고, 남송의 주희가 이러한 사명을 훌륭히 완성하였다. 그가 중국 봉건사회 후기에 이룬 공헌과 작용은 동중서가 중국 봉건사회 전기에 이룬 공헌과 작용보다 더 컸다. 주희가 공자사당에 배향되어 제사를 받은 지 7백년에 이르렀으나 5·4 시기(1919)에 이르러서 주희의 위패가 비로소 철거되었다.

『논어』·『맹자』가 선진先秦의 작품이고 『대학』·『중용』이 한초漢初에 이루어졌다는 것은5 학술계의 공통된 견해이다. 이 네 부분은 각각 독립되고 서로 연결되어 있지 않다. 이 네 부분을 하나로 묶어서 '사서四書'라고 불렀고 사회의 인정을 받았는데, 그것은 주희가 이룩한 노력의 결과이다. 멀리 남북조시기에는 『중용』이라는 책이 이미 중시되었고, 양梁 무제武帝가 『중용』과 불경을 동등하게 취급한 것은 『중용』이 이미 『예기』에서 독립되어 나왔음을 말하는 것이나 다름이 없었다.6

---

3 『사서』의 출현은 '신경학(新經學)'의 형성을 상징하는데, 이것은 『오경정의』 이후에 불교와 도교의 일부 종교내용을 흡수하여 형성된 '유교경학(儒敎經學)'이다.

4 북송의 인종(仁宗)시기에 몇몇 사상가들이 출현하여 '사서'와 '오경'을 다 같이 중시할 것을 정식으로 제기하였다.

5 任繼愈, 『中國哲學發展史』(秦漢卷), pp.219~244에 보인다.

6 任繼愈, 『中國哲學發展史』(魏晉南北朝卷), pp.436~618에 보인다.

『논어』가 한대에는 아직 『오경』과 나란히 서지 못하였으니, 『효경』의 지위와 비슷하여 『오경』을 보조하는 작용을 하였다. 한대에 『맹자』의 지위는 『순자』에 미치지 못하였다. 당 왕조 한유韓愈(768~824)가 지은 『원도原道』에서는 "도통道統이 불교와 서로 비슷하다"고 공공연히 말하였고, 요·순·우·탕·문·무·주공에서 공자와 맹자에 이르기까지 일맥상통一脈相通하는 도통이 있음을 지적하였다. 요·순·우·탕·문·무·주공은 제왕이면서 성인을 겸하였으나, 공자와 맹자는 모두 춘추전국시기에 영향을 미친 사상가였지 제왕의 신분을 가지지 못하였다. 공자와 맹자의 성인 지위는 그들이 남긴 언행기록인 『논어』와 『맹자』에 근거하여 나온 것이다. 유종원柳宗元(773~819)은 불교를 변호하기 위해 불교가 말한 도리를 『역』·『논어』와 결합시켰는데, 그가 『논어』와 『역』을 한데 섞어 논하여 『논어』도 '경전'의 지위를 누렸다. 한유보다 조금 뒤의 인물인 이고李翶(772~841?)는 『중용』에 근거하여 『복성서復性書』를 지어 성인의 가르침을 발전시켰다. 당나라 사람은 이미 『대학』·『중용』·『논어』·『맹자』의 중요성에 주목하기 시작하였다. 북송의 장재張載(1020~1078)는 젊었을 때에 병법을 논하기를 좋아하였으나, 한번은 범중엄范仲淹(989~1052)을 알현하였는데 범중엄이 『중용』을 가르쳐 주었다. 이로부터 장재는 유가의 신도가 되었다.[7] 『중용』이라는 책은 당에서 북송에 이르기까지 이미 상당히 유행하였고 어디서나 볼 수 있는 유가의 전적이었음을 알 수 있다.

정이程頤(1033~1107)는 낙학洛學을 개창하였는데, 그는 항상 『대학』·『중용』·『논어』·『맹자』를 기본 교재로 하여 문도들을 교육하였다. 이 네 권의 책이 유가계열의 총서가 된 것은 응당 정이에서 시작되었다고 말해야 할 것이다. 북송의 인종仁宗 경력慶曆(1041~1048) 이후에 문화가

---

7 여대림(呂大臨)의 『횡거선생행장(橫渠先生行狀)』 참조.

발달하고 인재가 배출되어 찬란한 국면이 출현되었으니, 낙학과 대치하는 왕안석王安石·사마광司馬光·소씨 부자蘇氏父子·소옹邵雍·장재張載 등 많은 학파가 있었다. 이러한 학파 중에 사마광은 이 네 권의 책에 대해 완전히 찬성하지 않았다. '사서'가 비록 북송에서 중시되었지만 아직 정형화되지 못하였다. '사서'와 '오경'을 나란히 배열시키고 '사서'가 '오경'보다 훌륭하다고 공개적으로 주장한 것은 주희에서 시작되었다.8

한유와 이고는 『대학』과 『중용』을 상세히 밝혀 주었지만, 그것을 『예기』에서 분리시키지 못하였다. 주희는 "하남河南의 정부자께서 사람을 가르칠 때는 반드시 먼저 『대학』·『논어』·『중용』·『맹자』의 말에 힘쓰게 한 후에 『육경』에 이르게 하였다"9라고 말하였다. 주희는 한걸음 더 나아가 『사서』를 배우는 순서를 학자들에게 다음과 같이 설명하였다.

먼저 『대학』을 읽어서 그 규모를 정하고, 다음으로 『논어』를 읽어서 그 근본을 세우며, 다음으로 『맹자』를 읽어서 발월發越(기상이 빼어남)을 보고, 다음으로 『중용』을 읽어서 옛 사람들의 미묘한 곳을 구해야 한다.10

주희는 『사서』를 연구하고 주석하는데 매우 많은 시간과 노력을 기울였다. 주희는 『대학』을 비교적 많이 교정하였는데, 전체내용을 '경經'과 '전傳'으로 나누고 또한 원래의 순서도 바꾸었다. 〈격물장格物章〉에 '경'은 있으나 '전'이 없다고 여기고 '전', 즉 「격물전보格物傳補」를

---

8 "『논어』와 『맹자』가 공부하는데 투자하는 시간은 적지만 얻는 효과가 많은 데 반해, 『육경』은 투자하는 시간은 많지만 얻는 효과가 적다."(『朱子語類』卷9, "語孟, 工夫少, 得效多, 六經工夫多, 得效少.")

9 『朱子語類』卷82, "河南程夫子之敎人, 必先使之用力乎大學論語中庸孟子之言, 然後及乎六經."

10 『朱子語類』卷14, "先讀大學以定其規模, 次讀論語以立其根本, 次讀孟子以觀其發越, 次讀中庸以求古人微妙處."

보충하였다. 이러한 행동은 후대 학자들의 회의와 반대를 야기하였다. 주희는『중용』을 정이의 관점에 따라 새로이 장절章節을 나누고, 그것을『대학장구大學章句』와『중용장구中庸章句』라고 불렀다.『논어』와『맹자』두 권에 대해서는 고치지 않았으나 고금古今의 주석을 널리 읽고 훌륭한 것을 가려내어『집주集注』라고 하였다. 이 네 권의 책을 합본하여『사서집주四書集注』라고 하였다.

주희는 일생동안 정력을 다해 학술활동에 종사하였으니 강학하고 저술한지 40여년에 이르렀다. 중국사상가들 중에서 사회발생에 심원한 영향을 미친 자는 3~5명에 불과한데, 주희는 그 중의 한 사람으로 그의『사서집주』가 결정적 작용을 하였다. 주희는 34세 때에『논어요의論語要義』를 지었고, 43세 때에『논어정의論語精義』를 지었고, 48세 때에『집주集注』를 완성하였는데, 이 후에도 부단히 수정하고 보충하였다. 주희는『대학』과『중용』에 가장 많은 힘을 들였다. 62세 때에『대학』과『중용』이 아직 간행되지 못하였고, 그는 69세 때에 다음과 같이 진술하였다.

> 나는『대학』에다 심히 많은 공을 쏟았다. 온공溫公(司馬光)이『자치통감資治通鑑(1084)』을 쓰고서 "신(온공)이 평생동안 정력을 다한 것은 온전히 이 책에 있다"라고 말하였는데, 내가『대학』에 대해서도 그러하였다.『논어』·『맹자』·중용』은 〈상대적으로〉 힘을 들이지 않았다.[11]

주희는 스스로『대학』에 많은 정성을 쏟았다고 여겼는데, 이것은 사실이다. '격물格物'과 같은 말은『대학』원문에서는 철학범주로 볼 수 없지만, 주희의 주석을 거치면서 '격물'은 후에 유교체계의 중심과

---

11 『朱子語類』卷14, "某于大學用功甚多. 溫公作通鑑, 言臣平生精力全在此書, 某于大學亦然. 論孟中庸却不費力."

제가 되었다. 후대 왕수인王守仁(1472~1529)과 주희의 이론적 분기도 '격물'에 대한 이해에서 발생하였다. 주희 '격물'설의 의미는 『대학』을 해석하는데 있지 않고 자기의 유교 신체계를 건립하는데 있었다.

『사서집주』는 한나라 사람 이후의 주석가인 동중서董仲舒・사마천司馬遷・양웅揚雄 등 15명을 인용하였고, 송나라 사람과 동시대 사람 41명을 인용하였다. 주희는 가능한 여러 학설을 널리 채택하였다.12

> 혹자가 묻기를, "『집주』에는 두 가지 설이 있는데 어느 것이 낫습니까?" 대답하기를, "만약 내가 〈어느 설이〉 나은지를 안다면 어찌 그 못한 설을 두었겠는가? 다만 이 두 설이 모두 통하기 때문에 함께 두었다. 그러나 반드시 한 설만이 성인의 본뜻에 합할 수 있지만 알수 없을 뿐이다." 다시 말하기를, "대체로 두 설 중에서는 앞의 설이 낫다."13
> 정선생(정이)께서 경전을 해설하면서 '이치는 말을 이해하는 속에 있다'고 하였는데, 내(주희)가 『논어』를 집주한 것은 다만 그 말을 분명하게 밝혀서 사람들로 하여금 경서의 글을 완미하게 하였으니, 이치는 모두 경서의 글 속에 있다.14

『사서집주』는 다만 자구字句에 관한 주석으로만 볼 수 없고, 그것은 주희의 모든 철학체계를 체현한 것이다. 『집주』에서 공자와 맹자의

---

12 『맹자집주』에는 왕면(王勉: 자는 電齋. 靈山 사람이다)의 설 세 가지를 인용하였다. (양혜왕(하)・이루(상)・이루(하)를 참조한다.) 이 사람은 송사(宋史)에 전해지지 않고 유명한 인물도 아니지만, '소흥(紹興: 浙江省)지방의 진사인 왕면'이라는 기록이 있다. (錢穆의 『朱子新學案』에 보인다.)

13 『朱子語類』卷19, "或問集注有兩存者, 何者爲長. 曰使某見得長底時, 豈復存其短底. 只爲是二說皆通, 故幷存之, 然必有一說合得聖人之本意, 但不可知爾. 復曰, 大率兩說, 前一說勝."

14 『朱子語類』卷19, "程先生解經, 理在解語內, 某集注論語只是發明其辭, 使人玩味經文, 理皆在經文內."

말을 해석하면서, 공자와 맹자에 본래 있던 뜻을 주희가 발전시킨 것도 있고, 공자와 맹자에 없는 뜻을 주희가 첨가한 것도 있다. 공자와 맹자는 여러 곳에서 인仁과 의義를 말하였다. 공자는 대부분 '인'을 말하였고, 맹자는 대부분 '인의仁義'를 함께 거론하였다. 주희가 해석한 '인의'는 공자·맹자와 결코 같지 않다. 『사서집주』에는 말하기를,

> 인仁은 마음의 덕이고 사랑의 이치이다.[15]
> 의義는 마음을 제약하는 것이고 일의 마땅한 것이다.[16]
> 예禮는 '인'이 드러난 것이고 지智는 '의'가 모인 것이다.[17]

이러한 사상은 모두 공자와 맹자에 원래 있던 것이 아니다. 공자와 맹자는 이처럼 깊고 이처럼 세밀하게 말하지 못하였으니, 이것은 주희가 창조한 것이다.

또한 주희는 자신의 이해에 따라 공자와 맹자의 원뜻을 발전시키기도 하였다. 예를 들어 『논어』의 "『시경』 3백편의 뜻을 한마디로 개괄하면 생각에 사특함이 없다(思無邪)는 말이다"[18]는 것을, 주희는 다음과 같이 주석하였다.

> 모든 시에서 선善을 말한 것은 사람의 착한 마음을 감동시켜 분발하게 할 수 있고, 악惡을 말한 것은 사람의 방탕한 마음을 징계할 수 있으니, 그 효용은 사람들로 하여금 그 성정性情의 올바름을 얻게 하는 대로 돌아갈 뿐이다. 그러나 그 말이 은미하고 완곡하여 각각 한 가지 일로 인하여 말한

---

15 『孟子集注』「梁惠王(上)」, "仁者, 心之德, 愛之理."
16 『孟子集注』「梁惠王(上)」, "義者, 心之制, 事之宜也."
17 『朱子語類』卷6, "禮者, 仁之發. 智者, 義之藏."
18 『論語』「爲政」, "詩三百, 一言蔽之, 曰思無邪."

것이고, 그 전체를 곧바로 가리킨 것을 찾는다면 이 말처럼 분명하고 뜻을 다한 것이 없을 것이다. 그러므로 부자께서 "『시경』 3백편에 이 한마디 말19이 족히 그 뜻을 다 덮을 수 있다"라고 하였으니, 대체로 사람에게 보여주신 뜻이 또한 깊고도 절실하다.20

주희 주석의 훌륭한 점은 교육이나 심성수양방면에서 『시경』을 읽는 방법을 제기하여 사람들에게 '그 성정性情의 올바름을 얻는 것'을 잘하도록 가르쳤다는데 있다. 전통사상의 옹호론자들처럼 융통성이 없이 경서상의 말을 백방으로 두둔하고, 한사코 『시경』에서 말한 시는 모두 일반 원칙이고 어떤 사악한 생각도 없다고 말하는 이러한 우둔한 해설법은 경서의 원뜻에 부합하지 않고 설득력도 없다. 주희는 『시집전詩集傳』에서 이미 일부 시는 '외설적인 시'라는 것을 분명히 지적하였다.

『집주』에서는 수시로 등급존비等級尊卑질서의 사상교육을 주입하였다. 예를 들어 『논어』「팔일편八佾篇」의 "이것을 차마할 수 있으면 무엇인들 차마하지 못하겠는가?"21라는 장에서 대체로 '인忍'을 '용인容忍'으로 해석하였다. 주희는 충군忠君의 심리감정에 착안하여 계씨의 이 같은 대역무도大逆無道한 참람한 행위가 모두 차마하는 마음에서 나왔다면, 또한 차마하지 못하는 마음에서 나오지 못할 것이 무엇이 있겠는가라고 해석하였다.

주희의 강론이 중시되고 발전하여 이것은 송대 학자들의 학문하는

---

19 이 한마디 말은 '사무사(思無邪)' 세 글자이다.

20 『論語集注』「爲政」, "凡詩之言, 善者可以感發人之善心, 惡者可以懲創人之逸志. 其用歸於使人得其性情之正而已. 然其言微婉, 且或各因一事而發, 求其直指全體, 則未有若此之明且盡者. 故夫子言, 詩三百篇, 而惟此一言, 足以盡蓋其義, 其示人之意亦深切矣."

21 『論語』「八佾」, "是可忍也, 孰不可忍也."

풍조가 되었다. 정이가 숭정전崇政殿의 설서說書(경연에서 황제에게 강의함)22에 임명되어 나이어린 황제인 송 철종哲宗에게『논어』를 강연할 때 안회顏回의 곤궁한 생활, 즉 "한 그릇의 밥과 한 표주박의 음료로도 그 즐거움을 바꾸지 않았다"23라는 장을 설명하였다. 문인들은 이 장이 황제와는 어떤 관계도 없다고 생각하였으나, 정이는 어떻게 설명하였나? 정이는 다음과 같이 말하였다.

> 누추한 골목에 사는 선비는 인의仁義가 몸에 베여있어서 그 빈천貧賤을 잊으나 임금은 지위가 높고 봉양이 모두 갖추어져 있으니, 진실로 배워서 알지 못하면 어찌 부귀가 옮겨가지 않을 수 있겠는가? 또한 안자顏子: 顏淵는 임금을 보좌할 만한 재주이지만 단식표음簞食瓢飲24하였고, 계씨季氏(노라의 대부)는 노나라의 좀 벌레이지만 주공周公보다 부유하였다. 노나라 군주의 쓰고 버림이 이와 같은 것은 후세의 귀감이 아니겠는가? 듣던 자들이 탄복하였다.25

봉건사회 후기의 철학체계는, 특히 심心과 성性을 강조하여 종교 내 심수양 속의 참회懺悔·금욕禁欲·반성反省·자책自責의 사상적 감정을 훈련시켰다. 이러한 훈련은 한·당의 불교와 도교가 유행한 이후에 출현한 것으로, 한대 경학이 천인감응天人感應사조를 흡수하고서야 비로소

---

22 설서(說書): 송대에 경서를 임금에게 진강(進講)하는 일을 맡은 벼슬이름이다. 조선시대에는 정7품 관직의 하나로, 세자시강원(世子侍講院)에서 세자에게 경사(經史)와 도의(道義)를 가르치는 사서(司書) 아래의 직책이다.(역자 주)

23 『論語』「雍也」, "一簞食, 一瓢飲, ……不改其樂."

24 단식표음(簞食瓢飲): 대그릇에 담은 밥과 표주박에 담은 음료라는 뜻으로, 가난한 사람이 먹는 보잘 것 없는 음식을 말한다.(역자 주)

25 『二程遺書』附錄,「伊川先生年譜」, "陋巷之士, 仁義在躬, 忘其貧賤. 人主崇高, 奉養備極, 苟不知學, 安能不爲富貴所移. 且顏子, 王佐才也, 而簞食瓢飲, 李氏, 魯國之蠹也, 而富於周公, 魯君用舍如此, 非後世之監乎. 聞者歎服."

생명력을 가질 수 있었던 것과 같다. 송대 유교경학의 특징은 심성론으로 유가경전, 특히 『사서집주』를 해석하였는데 있다. 그것은 사람의 '처세'도리를 강조하였는데, 주로 사람들에게 어떻게 '몸을 닦아 본성을 기르는지', '성정을 함양하는지', '마음을 바르게 하고 뜻을 참되게 하는지'를 가르쳤다. 집에서는 효자가 되고, 벼슬하여서는 충신이되고, 성인이 되고 현인이 되는 것이 모두 인륜의 일용日用간을 떠나지않았다. 심성론으로 경서를 해석한 것은 중국경학사상에서 이전에 없던 일대 변혁이었다.

『대학』이 『예기』에서 나온 것은 한초漢初에 선진시기의 공자·맹자·순자 등 유가의 각 학파의 사상을 종합하여 봉건 종법제도의 정치강령에 협조한 것이다. 『대학』은 중국 봉건종법제도 하의 가가호호를 생산단위로 하는 소농경제의 세계관을 충분히 반영하였다.

『대학』과 『중용』은 모두 서한西漢 초기의 유가 저작에 속한다. 최근어떤 사람들은 『대학』을 순자일파의 저작이고, 『중용』을 맹자일파의저작으로 보기도 한다.[26]

『대학』의 기본내용은 후인들이 말한 '삼강령三綱領'과 '팔조목八條目'이다. 삼강령은 명덕明德·신민新民·지어지선止於至善이고, 팔조목은 격물格物·치지致知·성의誠意·정심正心·수신修身·제가齊家·치국治國·평천하平天下이다. 이것은 한초 통일왕조가 수립된 후에 선진유가인 맹자와순자의 여러 유파가 봉건 종법제도의 정치강령에 어떻게 협조하였는지를 총괄한 것이다. 봉건 종법제도는 가정을 근본으로 삼는데, 가정은 소농경제의 기본세포이다. 이 때문에 개개인의 사회적 지위와 직책을 명확히 요구할 것을 제기하였다. 『대학』에는 "천자에서 일반백성에 이르기까지 모두 수신을 근본으로 삼는다"[27]라고 하였다. '수신'

---

26 풍우란(馮友蘭)의 설을 참조한다.

에서 내심의 수양방면으로 추구해가면 '격물'·'치지'·'정심'·'성의'가 있고, 사회방면으로 전개해가면 '제가'·'치국'·'평천하'에 이른다. 이것이 『대학』이라는 책의 원래 의미이다.

『사서집주』는 『대학』의 강령을 '격물'로 해석하였는데, 이것은 주희 개인의 『대학』에 대한 독특한 해석이니 주희 '격물설'은 『대학』 자체의 의미와 구별해서 다루어야 한다.

『중용』 제1장에서 말한 것은 유가의 사회사상으로, 봉건 종법제도 하에서 사람이 처세하는 보편원칙을 말하였다. 그것은 사람이 처세하는데 너무 지나치지도(過) 말고 모자라지도(不及) 말고 아주 적당해야 비로소 '중용中庸'이라고 지적하였다. 중용은 양 극단 사이에서 평균치를 내는 것이 아니라, 구체적인 상황에 근거하여 가장 합리적인 행위 선택을 하는 것이다. 어려움은 바로 '꼭 알맞은'—적정한데 어려움이 있다. 행위의 적정함은 행위자의 도덕수양의 수준에서 결정되지만, 사람들의 일상생활 속에서 항상 부딪치는 가장 평범한 크고 작은 행위 속에서 요구되는 것은 모두 자각적으로 해나갈 수 있고 가장 적절하게 해낼 수 있다.

> 군자의 도는 광대(費)하고 은미(隱)하여 부부의 어리석음으로도 더불어 알 수 있으나, 그 지극함에 이르러서는 비록 성인이라도 알지 못하는 것이 있다.[28]
> 위대하구나! 성인의 도여. 방대하게 만물을 기르니 높고 큼이 하늘에 이르렀다.[29]

---

27 『大學』, 第1章, "自天子以至於庶人, 壹是皆以修身爲本."

28 『中庸』, 第12章, "君子之道, 費而隱, 夫婦之愚, 可以與知焉, 及其至也, 雖聖人亦有所不知焉."

29 『中庸』, 第27章, "大哉聖人之道, 洋洋乎發育萬物, 峻極于天下."

그러므로 군자는 덕성德性을 존중하고 학문을 말하며, 광대함을 이루고 정미함을 다하며, 고명을 다하고 중용을 지킨다.30

『중용』이 당시에 사회적 관심을 불러일으킨 것은 사회생활방면에 관한 중용의 준칙이었으니, 중점은 윤리방면에 있었다. 『중용』에도 일부 인성론방면에 관한 논술이 있었으니, 집약하여 '성誠'이라는 범주로 말하였다. 양한兩漢 경학의 관심은 통일된 철학사상체계를 건립하는데 있었으니, 도처에 '천인감응'사상이 만연하였다. 『중용』에 있는 인성론에 관한 설명은 다음과 같다.

진실한 자(誠)는 하늘의 도이고, 진실하려는 자(誠之)는 사람의 도이다. 진실한 자는 힘쓰지 않고도 〈도에〉 맞으며, 생각하지 않고도 얻으며, 종용從容(여유가 있고 넉넉한 모습)히 도에 맞으니 성인이다. 진실하려는 자는 선을 택하여 굳게 잡는 자이다.31

더 많은 반향反響을 불러일으키지 못하였다. 『중용』은 맹자와 순자의 인성론을 종합하고 겸용의 태도를 취하여 "만물이 함께 길러져도 서로 해치지 않고, 도가 함께 행해져도 서로 어긋나지 않는다"32라고 여겼다.(이처럼 모두 받아들이는 겸용의 경향은 『여씨춘추呂氏春秋』에서 이미 시작되었다.) 왜냐하면 당시 통일된 철학체계가 필요하였기 때문이다. 『중용』은 '천인합일天人合一'의 이론으로 사람의 우주 사이에서의 지위와 작용을 해석하는데 노력하였다.

---

30 『中庸』, 第27章, "故君子尊德性而道問學, 致廣大而盡精微, 極高明而道中庸."
31 『中庸』, 第20章, "誠者天之道也, 誠之者人之道也. 誠者不勉而中, 不思而得, 從容中道, 聖人也. 誠之者, 擇善而固執者也."
32 『中庸』, 第30章, "萬物並育而不相害, 道並行而不相悖."

오직, 천하의 지극히 진실한 자만이 그 성性을 다할 수 있다. 그 성을 다할 수 있으면 사람의 성을 다 할 수 있고, 사람의 성을 다할 수 있으면 사물의 성을 다할 수 있다. 사물의 성을 다할 수 있으면 천지의 화육을 도울 수 있고, 천지의 화육을 도울 수 있으면 천지와 더불어 참여할 수 있다.[33] 그 다음은 한쪽으로 지극히 하는 것이니, 한쪽으로 지극히 하면 진실할 수 있다. 진실하면 드러날(形) 수 있고, 드러나면 나타낼(著) 수 있으며, 나타내면 밝아질(明) 수 있고, 밝아지면 감동시킬(動) 수 있으며, 감동시키면 변할(變) 수 있고, 변하면 변화할(化) 수 있으니, 오직 천하의 지극히 진실한 자만이 변화할 수 있다.[34]

『중용』은 '성誠'의 작용을 무한히 과장하고 신비화하였다. 이러한 경향이 한대에는 주의를 끌지 못하였고, 당연히 사회영향도 발생하지 못하고 방치되었다. 그러나 당·송 몇 세대 사람들의 발전적인 해석을 거치고, 더 주요한 것은 시대적 수요와 인류인식의 심화가 불교와 도교의 저술 속에서 심성론이 부단히 충실해졌다. 『중용』의 가치가 새롭게 인식되었다.

『사서집주』의 역사적 지위와 작용은 아래의 몇 방면에서 고찰할 수 있다.

첫째, 『사서집주』는 당·송 이래 누적된 문화를 흡수하고 당시에 도달할 수 있는 이론적 수준에 도달하여 완전한 유교체계를 건립하였다. 그것은 각 등급의 사람을 적당하다고 여겨지는 사회위치상에 배열하여 봉건사회 구성원의 입체적 교육체계를 세웠는데, 이것은 사회를 안

---

33 『中庸』, 第22章, "惟天下之至誠爲能盡其性, 能盡其性則能盡人之性, 能盡人之性則能盡物之性, 能盡物之性則可以贊天地之化育, 可以贊天地之化育則可以與天地參矣."

34 『中庸』, 第23章, "其次致曲. 曲能有誠, 誠則形, 形則著, 著則明, 明則動, 動則變, 變則化, 唯天下之至誠爲能化."

정시키는데 매우 중요한 작용을 하였다.

둘째, 『사서집주』는 일부 내심수양을 강화하고 마음의 잡념을 제거하는 유교경전이다. '정심성의正心誠意'·'주경主敬'·'수일守一'·'격물치지格物致知'·'존성存誠'을 인생수양의 내용으로 간주하였고, 최종 목적은 사람에게 성현이 될 것을 가르쳐서 사회생활과 일륜일용 속에서 정신적인 해탈을 얻게 하는데 있었다. '고명을 다하고 중용을 지키는(極高明而道中庸)' 것은 '내성외왕內聖外王의 도'를 관철한 것이다.

셋째, 『사서집주』는 전통 주석의 옛 형식을 타파하였다. 간단하게 말하면, 신인新人들의 견문이다. 송유들은 요·순·우의 심법心法과 문왕·무왕·주공·공자·맹자 이래로 오랫동안 전해지지 않던 비밀을 얻었다고 자처하였다. 주희의 주석에는 근거가 있는 것도 있고 근거가 적은 것도 있으며, 어떤 것은 생각을 터놓고 말하여 고대서적의 근거가 필요없는 것도 있다. 그의 특징은 모방에서 벗어나 옛 사람들의 속박을 받지 않았다.

사마광司馬光(1019~1086)은 「풍속을 논한 상소문(論風俗箚子)」에서 다음과 같이 말하였다.

신진 후생들은 소장 여부를 알지 못하고 입으로 전하고 귀로 동냥하여 흡연翕然히 풍속이 되었다. 『역』을 읽는데 이르러 괘효卦爻를 알지 못하면서 이미 「십익十翼」이 공자의 말이 아니라고 하였고, 『예기』를 읽는데 편수篇數를 알지 못하면서 이미 『주관周官(『주례周禮』)』이 전국시대의 책이라고 하였으며, 『시경』을 읽는데 「주남周南」과 「소남召南」을 알지 못하면서 이미 '모전(毛傳: 毛亨과 毛萇의 주석)'과 '정전(鄭箋: 鄭玄의 주석)'이 장구(章句)의 학문이라고 하였고, 『춘추』를 읽는데 12공을 알지 못하면서 이미 『삼전三傳(춘추삼전인 『공양전公羊傳』·『곡량전穀梁傳』·『좌씨전左氏傳』)』을 묶어서 높은 시렁에 두고 읽지 않는다고 하였다.35

　사마광은 당시 학풍에 만족하지 않고 불평을 터뜨렸다. 실제로 '신진 후생'들을 책망할 수 없었으니, 당시 청년학자들의 "옛것을 의심하는 경향"도 그들의 선배들에게 배운 것이다.36

　넷째, 『사서집주』는 국가 교과서로 지정되어 원·명·청 각 시대에는 과거를 열어 선비를 뽑는데 쓰였으니, 즉 정부관리를 선발하는 표준이 되었다. 그 학술적 영향 외에도, 그것은 역대정부에 의해 강제로 주입되었다. 독서인이 참가한 국가의 각급 고시는 『사서집주』의 관점을 벗어나지 못하였고, 그렇지 않으면 채용되기가 어려웠다. 이것도 『사서집주』가 오랫동안 유전될 수 있었던 요소 중의 하나이다.

　한대의 경학을 전기의 '신학경학'이라 부른다면, 후기의 경학은 '유교경학'이라 부를 수 있다. 전기의 경학은 우주론의 형식으로 출현하였고, 후기의 경학(유교경학)은 심성론의 형식으로 출현하였다. 중간에 위진남북조 불교경학의 보완을 거쳐서 유교경학에 시대적 특징을 나타내는 새로운 내용이 추가되었다. 그것은 우주론과 본체론을 초월하고 심성론의 이론적 수준을 향상시켜 중국 봉건사회 경학의 최고봉에 도달하였고, 동시에 중국 봉건사회의 경학이 이미 막바지에 이르러 경학의 역사적 사명이 이미 끝났음을 보여주었다.

---

35 『溫國文正司馬公文集』卷6,「論風俗箚子」, "新進後生, 未知藏否, 口傳耳剽, 翕然成風. 至有讀易未識卦爻, 已謂十翼非孔子之言, 讀禮未知篇數, 已謂周官爲戰國之書, 讀詩未盡周南召南, 已謂毛鄭爲章句之學, 讀春秋未知十二公, 已謂三傳可束之高閣."

36 고대경전을 의심하는 풍조가 북송 때에 이미 형성되었다. 『주역(周易)』「계사(繫辭)」가 공자의 작품이 아니라고 의심한 자로는 구양수(歐陽修)가 있고, 『주례(周禮)』를 의심한 자로는 구양수·소식(蘇軾)·소철(蘇轍)이 있으며, 『맹자』를 의심한 자로는 사마광(司馬光)·이구(李覯)가 있고, 『상서(尚書)』의 「윤정(允征)」·「고명(顧命)」을 의심한 자로는 소식이 있으며, 『시서(詩序)』를 의심한 자로는 조설지(晁說之)가 있다. 왕안석(王安石)은 『춘추』를 폄하하였는데, 「삼경신의(三經新義)」가 옛 전통을 버렸다는 새로운 해석을 제기하였다. 남송의 주희는 공안국(孔安國)의 『서서(書序)』가 위진 때 사람의 작품이라고 의심하였다.

중국의 민족형식을 가진
종교-유교[1]

공자는 유가의 창시자이다. 공자 이전에 이미 '유儒'를 직업으로 삼
는 자가 있었지만, 그들은 학파를 형성하지 못하였다. 공자는 일생동
안 교육사업에 종사하여 제자들을 가르쳤고 그의 사상체계로 사람을
가르쳤는데, 이에 중국에는 최초의 학파-'유가'가 출현하였다. 공자와
유가가 갈라놓을 수 없는 관계에 있다는 것은 모두가 인정하는 것이
다. 후에 송 왕조에 유교가 흥기하였는데, 유교는 공자를 교주로 받들
었고 교주는 공자 사후死後 몇 해 뒤에 출현하였으니, 공자는 이에 대해
어떤 책임도 질 필요가 없다. 유가와 유교는 같은 것이 아니다.

북주北周 때는 이미 '삼교三敎'의 견해(삼교는 불교·유교·도교를 가
리킨다)가 있었으나, 북주는 재위기간이 짧아 주목을 끌지 못하였다.
수당시기에 '삼교'의 설이 이미 유행하였고, 당 왕조는 국가의 경축대
전이 있으면 '삼교'를 불러 대전大殿에서 강론하였다. 유·불·도 삼교
는 자기의 '교'를 위해 영예를 다투고 지위를 다투었는데 모두 대표를

---

1 원래 『문사지식(文史知識)』, 1988년, 제6기에 실렸던 글인데, 『임계유학술문화수필
(任繼愈學術文化隨筆)』(중국청년출판사, 1996)에 옮겨 실었다.

파견하여 적극 참가하였다.

당 왕조에는 불교와 도교를 배척하는 사람이 적지 않았는데, 가장 잘 알려진 사람이 한유韓愈(768~824)이다. 한유는 불교를 배척하였는데 (도교에도 반대하였다), 한유가 불교를 배척한 것은 유교로써 불교와 도교를 대신하고 유교를 위해 지위를 다투는데 있었다. 한유와 같은 주장을 한 사람은 당 왕조에 소수를 차지하였고, 사회적으로 다수 사람들은 삼교정립三敎鼎立의 사실을 인정하여 공자·석가·노자가 모두 '성인聖人'이고 모두 존경할만하다고 생각하였다.2 석가의 신분은 남북조에 일어났는데, 사람들은 이미 그를 더 이상 외국인으로 간주하지 않았고, 불교경전도 유가경전과 같은 합법적 지위를 얻어 '불교경학'을 세웠으며 보급정도도 유가경전을 초월하였다.

유교가 완전한 형태의 종교가 된 것은 북송北宋에서 시작되었고 주희가 그것을 완전해지게 하였다. 여러 해 동안 사람들이 습관적으로 이학理學 혹은 도학道學이라 부르던 이러한 체계를 필자는 '유교'라고 불렀는데, 이것은 어떤 용어의 논쟁이 아니라 실제관계가 중대하다. 사실을 설명하기 위해, 먼저 중국의 국가정세를 말하겠다.

당우唐虞(요순)3 삼대三代(하·상·주)의 역사자료가 남긴 것이 많지 않으니 다만 진·한에서부터 말하겠다. 진·한은 이후 2천여 년의 정치구조, 즉 통일된 중앙집권적 봉건전제제도를 안정시켰다. 진·한 이후의 여러 왕조에서 청말淸末에 이르기까지 모두 이러한 노선을 따라 전진하였다. 2천여 년간 분열의 시기도 있었지만 기간은 그리 길지 않았다. 일반백성에서 통치자에 이르기까지 모두 분열의 기간을 정상이 아

---

2 삼교(三敎)가 정립되면서 공자와 노자가 이미 교주로 간주되었으나, 지위는 선진시기의 공자와 같지 않았다.

3 당우(唐虞): 요임금의 성이 도당씨(陶唐氏)이고 순임금의 성이 유우씨(有虞氏)이니 요순을 말한다.(역자 주)

닌 현상이고 통일만이 정상적인 것이라고 보았다. 2천여 년 간 기본
모순, 즉 정치상의 고도한 통일과 경제상의 극단적 분산에 일관하였
다. 봉건경제는 가가호호家家戶戶가 생산단위인 자연경제였으니, 생산
품은 자기들을 위해 소비하였고 유통되지 않았다. 경제교류와 수공업
은 기본적으로 폐쇄적이었고, 다만 상층 귀족들이 누리는 사치품이 전
국적으로 유통되었다. 남해南海의 진주·비단과 북방의 모피는 모두 궁
중 귀족들의 수중에 들어갔고, 비단길은 멀리 유럽까지 이르렀다. 그
러나 이것은 사치품에 제한되었기 때문에 이후 자본주의시기의 상품
과 함께 논할 수 없다.

자연경제의 특징은 폐쇄적이고 분산경영으로 정부의 과다한 간섭을
원하지 않았다. 중국의 진·한 이후에 통일된 대국大國은 정치적으로
권력을 집중할 것을 요구하였지만, 다민족이고 지역이 광대하여 정령
政令이 일치하지 않으면 통일의 목적에 도달하기가 어려웠다. 중국 중
원中原지역은 봉건사회에 비교적 일찍이 진입하여 생산도 비교적 발달
하였으나, 주변지역의 일부 민족들은 여전히 노예제와 심지어 원시사
회에 머물러 있어서 쌍방은 약탈의 전쟁에서 벗어나기 어려웠다. 국가
생산의 정상적 발전을 보장하기 위해서는 객관적으로 강력한 중앙정
부가 있어서 안정과 번영을 유지하는 국면이 필요하였다. 정치상의 고
도한 통일은 객관적 수요였고 경제상의 극단적 분산도 객관적 현실이
었으니, 그것은 자연경제의 본성이었다. 정치적 집중과 경제적 분산이
라는 이러한 모순을 조화하여 한쪽으로 편중되지 않게 하는 것이 바로
역대 통치자들의 주된 관심이었다. 유교는 여기에서 중요한 역할을 하
였다.

봉건사회는 어떤 통치에 의존하였는가? 중국은 사방으로 수천 리나
되는 대국大國이었으니, 다만 무력과 정치권력에 의지해서는 일을 처
리할 수 없었다. 정치·군사적 힘 외에도 종교와 결합할 수 있었다. 세

계의 3대 종교는 모두 봉건사회에서 발전하였는데, 이것은 우연한 현
상이 아니다. 봉건사회는 종교가 필요하였다. 종교의 필요성이 다만
개인의 수요에서 나왔다면, 그것은 주관적 요소와 우연성을 띠고 있어
서 크게 주의할 필요가 없다. 만약 종교의 필요성이 사회적 수요나 국
가적 수요에서 나왔다면, 주관적이고 우연적인 것으로 간주할 수 없고
사회성·대중성·객관성을 갖는다. 종교의 발생과 유행은 곧 사회의
객관적 수요에서 나온다. 유교는 중국 고대라는 이러한 영토의 특수한
종교에서 출현하였으니, 다만 중국에만 있을 수 있는 종교이다.

　종교가 종교되는 것에는 그것의 본질부분과 외곽부분이 있다. 외
곽부분은 종교의 조직형식·신봉대상·경전암송·종교활동의 의식
등에 해당된다. 이 방면은 종교마다 다르다. 종교가 종교되는 것에는
또한 본질부분이 있는데, 본질은 신앙하고 추구하는 영역이 사람과
신의 관계 혹은 교섭을 가리킨다. 중국 고인들이 습관적으로 쓰는 견
해, 즉 '천인관계天人關係'이다. 종교가 언급하는 범위는 사회생활 속에
도 있고 또한 사회생활 밖에도 있다. 종교는 현실생활 속의 길흉화복
吉凶禍福문제를 처리해야 하고, 동시에 초현실의 외적 힘을 빌려야 한
다. '천인관계'는 두 대상인 '하늘(天)'과 '사람(人)'을 언급하는데, 둘 중
에는 허구적-하늘도 있고 실재적-사람도 있다. 이것은 허구성과 실
재라는 둘의 기이한 관계를 조성하였다.

　세계를 창조하는 주재자가 있는지? 세계를 창조하는 주재자는 어떤
형상인지? 자상한지 엄격한지? 중국인인지 외국인인지? 형체가 있는
지 형체가 없는지?4 이 모두는 중요하지 않다. 종교와 철학은 모두 인
생과 사회의 근본문제를 말하지만, 둘의 입장과 방법은 다르다. 철학
이 이성과 사변의 방식으로 세계와 인생의 근본문제를 탐색하고 분석

---

4 불교와 기독교에는 우상이 있어 숭배하지만, 이슬람교에는 우상이 없으며, 도교는
　조물주가 있음을 인정하지 않았다.

한다면, 종교는 신앙과 직관直觀으로 세계와 인생의 근본문제를 탐색하고 해결한다. 철학은 적어도 일부 문제는 분명하지 않아서 경솔하게 결론을 내리기가 곤란하다는 것을 인정하지만, 종교는 해결하지 못하는 문제가 있다는 것을 인정하지 않고, 분명하지 않는 문제도 없으며, 인생에서 만나는 진단하기 어렵고 치료하기 힘든 큰 병을 종교가 모두 직접 없앨 수 있다고 보았다. 이러한 차이 때문에 철학이 종교에서 분리되어 나온 이후에5 과학과의 관계가 비교적 밀접하였지만, 종교는 본질적으로 과학과 대립하였다. 왜냐하면 신앙주의는 의심하는 것을 허락하지 않고, 숭배의 대상이 연구의 대상으로 간주되는 것을 허락하지 않고 비이성주의의 노선으로 나아갔기 때문이다. 어떤 종교철학은 이성주의의 형식으로 사람을 신앙주의로 끌어들였는데, 불교 중에 일부 유파는 사변적 수단으로 사람을 신앙주의로 끌어들였다. 이학理學 - 필자가 '유교'라고 부르는 것은 일종의 이성주의를 수단으로 하여 최종적으로 사람을 신앙주의로 끌어들였다. 송유들은 사람들에게 의심을 잘하게 하는 것으로 독서만한 것이 없다고 가르쳤고, 주희는 독서법에 대해 많은 가치있는 경험을 강론하였다. 그러나 사람들이 '왜 효도해야 하고 왜 충성해야 하는지' 의심하는 것을 허락하지 않았다. 충효忠孝에 대해 의심하는 것은 금수禽獸나 다름없었다. 왕양명王陽明은 반反전통적이고 가장 대담하게 의심한 자로 볼 수 있는데, 공자의 말에 대해서도 깊이 고려한 후에 믿었지 맹종하지 않았다. 그러나 왕양명도 감히 의심하지 않는 것은, 사람이 충성해야 하고 효도해야 하는지 여부이다. 충효는 천성적이고 양지良知에 의지하여 발생하는 뿌리라고 생각하였다.

종교에는 금욕주의를 제창하고 욕망을 억제하는 훈련방법이 있는

---

5 유럽에는 근대 이후의 일이니, 중세기 시기는 철학이 종교의 포용 하에서 비로소 존재할 수 있었다.

데, 유교도 마찬가지다. 징분懲忿·질욕窒慾은 유교 수양의 기본내용이
다. 철학은 사람들에게 진리에 복종하고 진리를 위해 투쟁할 것을 가
르쳤다. 주희는 소인이 정권을 잡고 그 자신을 압박할 때에 투쟁을 고
수하지 않고, 황제에게 상소를 올려 해명하려던 원고를 소각하고 스스
로 '둔옹遯翁'이라 불렀는데, 이것은 주희가 점을 쳐서 신명神明의 계시
를 받은 이후에 내린 결정이었다.6 운명을 주재하는 것은 '하늘'이지
'사람'이 아니다. 하늘과 사람의 사이에 처해서는 최종적으로 사람을
굽혀서 하늘을 따랐다.

　유교는 종교의 일반적 본질을 가지고 있는 외에도, 유儒의 외곽에는
또한 종교의 특징이 있다. 그것은 천天·지地·군君·친親·사師를 신봉하
였다. '군'·'친'은 봉건 종법제도의 핵심이다. 『사서四書』·『오경五經』·
『십삼경+三經』은 유교가 함께 송독하던 경전이었고, 하늘에 제사지내
고 공자에게 제사지내고 조상에게 제사지내는 것은 봉건 종법제도 하
에서 천자에서 일반 백성에 이르기까지 등급제도에 따라 거행하던 유
교의 제사의식이었다. 어려서 서당에서 책을 읽고 유교의 교육을 받기
시작할 때는 공자의 위패에 무릎을 꿇고 엎드려 절하는 예를 행하였
다.7 중앙에서 지방의 주州·부府·현縣에 이르기까지 모두 공자의 사당
을 세웠고, 공교孔敎의 신도들이 정기적으로 모여 예배하던 장소였다.

---

6 주희는 『주역본의(周易本義)』 첫머리에서 점을 치는 의식을 다음과 같이 말하였다.
"날마다 향을 피우고 공경을 지극히 한다.……점치는 자가 재계하고 의관을 깨끗
이 한 후, 북쪽을 향하여 손을 씻고 향을 피우고 정성을 드린다.……명하기를, '태
서(泰筮: 점장이를 높인 말)의 〈길흉을 알리는〉 항상 믿음직한 말을 빌립니다. 태서의
믿음직한 말을 빌립니다. 지금 모관(某官) 아무개가 어떤 일이 되고 안되는지를 몰
라서 신령님께 여쭈니, 길흉(吉凶)·득실(得失)·회린(悔吝)·우우(憂虞)를 신께서 밝게
가르쳐 주소서'라고 하였다."(『周易』「筮儀」, "日炷香致敬.……筮者齊潔衣冠北面, 盥
水焚香致敬.……命之曰, 假爾泰筮有常. 假爾泰筮有常. 某官姓名, 今以某事云云, 未知
可否. 爰質所疑于神于靈, 吉凶得失, 悔吝憂虞, 惟爾有神, 尚明告之.")
7 노신(魯迅)은 그가 어린 시절 입학 때에 세 개의 서실에서 스승으로 모시는 예를 올
렸다고 기술하였으니 아직도 바뀌지 않았다.

바로 그것이 중국이 스스로 배양해낸 일종의 종교로, 봉건 종법제도를 핵심으로 하여 불교와 도교의 일부 종교수양방법(금욕주의·정좌반성 등)을 흡수하였다. 그것은 천백 년 동안 많은 충忠·효孝의 전형을 배양하고 훈련해내어 전적典籍에 기재되고 금석에 이름이 새겨지고 사당에 모셔졌다. 유교가 반反종교의 모습으로 출현할 때도 있었지만, 실제는 봉건 종법제도에 적합한 민족형식의 종교이고 더 한층 입세入世적 모습으로 사람들을 신앙주의·몽매주의·우상숭배의 막다른 골목으로 끌어들였다.

유교가 세워진 후에 역대 정부에서는 행정명령으로 유교의 주장을 널리 시행하였고, 과거고시로 쓰여 청년들로 하여금 깊이 연구하도록 고무시켜 종교를 사회화하여 세속의 사람을 승려로 변화시켰다. 사람들은 유신의 10년 동란動亂(1966년부터 1976년까지의 문화대혁명을 말한다) 기간에 조신造神운동이 이루어져 수천만 대중들의 취한 것 같고 미친 것 같은 심리상태를 기억하는데, 그것의 종교 근원에는 불교가 있었던 아니고 도교가 있었던 아니라 중국 유교의 유령이 떠돌고 있었으나, 다만 그것이 무신론無神論의 모습으로 사람들 앞에 나타난 것에 불과하다.

백록동白鹿洞서원의

학규學規1

백록동白鹿洞서원2은 주희가 강학하던 근거지 중의 하나이다. 주희는 일생동안 강학하는 일에 종사하여 인재 배양을 자기의 임무로 삼았다. 그는 당시의 교육제도에 만족하지 않고 학교경영에 대한 자기의 종지를 제시하였다. 보기에는 이것이 주희의 교육방침인 것 같지만, 그것의 실제의미는 교육범위를 훨씬 뛰어넘는다. 백록동서원의 학규學規3는 마땅히 주희의 철학 세계관의 강령綱領으로 보아야 한다.

---

1 『임계유학술논저자선집(任繼愈學術論著自選集)』(북경사범학원출판사, 1991)에서 발췌한 것이다.

2 중국 강서성(江西省) 성자현(星子縣) 노산(盧山) 산기슭에 있던 서원. 9세기 초에 당나라의 이발(李渤)이 창건하여 북송(北宋) 초에는 4대 서원의 하나로 꼽혔다. 남송의 주희(朱熹)가 학문을 가르친 곳으로도 유명하다.(역자 주)

3 주희는 일찍이 백록동서원의 학규(學規)를 만들어서 지역 사회교육의 기틀을 마련하는데 크게 기여하였다. 그 규약은 크게 5개 항목으로 구성되어 있다. 첫째, 오교의 목적(五敎之目)으로 오륜(五倫)과 삼강(三綱)의 가르침이 주된 내용임을 밝히고 있다. 둘째, 학문하는 순서(爲學之序)로서 학문하는 절차와 방법을 밝히고 있다. 셋째, 몸을 닦는 요지(修身之要)로서 몸가짐을 절도있게 하기 위한 규범을 밝히고 있다. 넷째, 사물에 접하는 요지(接物之要)로서 사물을 접하고 다룰 때 유념해야할 일을 제시하고 있다. 다섯 째, 일을 처리하는 요지(處事之要)로서 일을 처리해감에 있

1. 학규의 교육목적

학규에서 가리키는 교육의 목적은 지식전수, 즉 읽고 외우는데 힘쓰고 사장詞章을 일삼고 명성을 낚고 이익과 벼슬을 얻는데 있지 않고, 배우는 자에게 의리를 강론해주어 그 몸을 닦고 미루어가서 남에게 미치고 최종적으로 성현聖賢이 되는데 있었다. 주희는 요순시대에 일찍이 설契(순임금의 교육을 담당하던 신하)을 시켜 사도司徒(교육관)로 삼아 "5교五敎를 삼가 펴는 것"[4]을 총체적 강령으로 삼았다고 믿었다. 이 '5교'는 다음과 같다.

부자父子간에는 사랑이 있어야 하고, 군신君臣간에는 의리가 있어야 하며, 부부夫婦간에는 구별이 있어야 하고, 장유長幼간에는 차례가 있어야 하며, 붕우朋友간에는 믿음이 있어야 한다.[5]

요순시대에 이 다섯 가지 사회규범이 제기될 수 있었는지 여부는 여기에서 언급하지 않겠다. 그러나 주희는 '오륜五倫'관의 확립을 인생의 가장 중요한 일, 즉 사회질서를 유지하고 인륜관계를 명확히 하는 영원한 준칙으로 보았다고 단언할 수 있다. 이 '5교'를 떠나면 학문이 있을 수 없었으니, 그것은 학문하는 기초이고 사람되는 근본이었다. 기본 내용에는 다섯 항목이 있다.

어서 지켜야할 규범 등을 자세히 밝혀주고 있다.(역자 주)
4 『書經』「舜典」, "敬敷五敎."
5 『朱熹集』卷74,「白鹿洞書院揭示」(또는 『朱子語類』卷8), "父子有親, 君臣有義, 夫婦有別, 長幼有序, 朋友有信."

널리 배우고(博學), 자세히 묻고(審問), 신중히 생각하고(愼思), 명확히 판단하고(明辨), 독실히 실행한다(篤行).[6]

앞의 네 가지는 지식전수의 범위에 속하지만, 마지막 항목인 '독행篤行'은 지식에 속하지 않고 실천에 속한다. 주희는 아는 것이 먼저이고 행하는 것이 나중의 일이라고 주장하였는데, 지식을 배우는 것은 실천을 위해서이다. '독행'은 수신修身의 범위에 속한다. '수신'의 요점에는 네 조목이 있다.

말은 진실하고 미더워야 하며, 행동은 독실하고 공경스러워야 하며, 분노를 경계하여 욕심을 막고, 선으로 옮겨가서 잘못을 고친다.[7]

이 네 조목은 언론규범·행위태도·심리활동·도덕수양을 포괄한다. 즉 내심에서 행동까지의 모든 요구이다.

행위는 반드시 사물에 접하여(接物), 즉 사물과의 관계 속에서 일을 처리해야 한다. 주희는 일을 처리할 때 다음과 같이 할 것을 요구하였다.

그 의義를 바르게 하고 그 이익을 꾀하지 아니하며, 그 도道를 밝게 하고 그 공로를 따지지 않는다.[8]

이것은 원래 동중서의 격언格言인데, 주희가 모두 계승하였다. 사람과 사람의 관계를 처리하는 원칙(接物의 요령)에서 주희는 다음과 같이

---

6 『朱熹集』卷74,「白鹿洞書院揭示」, "博學之, 審問之, 愼思之, 明辨之, 篤行之."
7 위의 책, "言忠信, 行篤敬, 懲忿窒欲, 遷善改過."
8 『朱熹集』卷74,「白鹿洞書院揭示」(또는 『漢書』「董仲舒傳」), "正其義(誼)不謀其利, 明其道不計其功."

할 것을 요구하였다.

> 자기가 원하지 않는 것을 남에게 베풀지 말라. 행하고도 얻지 못함이 있
> 으면 돌이켜 자기 자신에게서 찾아야 한다.[9]

이것은 본래 공자와 맹자의 고훈古訓인데, 주희도 모두 계승하여 이로
써 학자를 교육하고 사람과 사람의 관계를 처리하는 준칙으로 삼았다.

이러한 학규는 대문 위쪽 눈에 가장 잘 띄는 곳에 붙여두어 학생들
의 주의를 끌었다. 그것을 기억해야할 뿐만 아니라 또한 실제 행동으
로 보여주어, 그것으로 학생들의 모든 언행과 심리활동의 규범으로 삼
았다. 이러한 '5교'의 원칙에 부합하지 않은 것은 행해서는 안되었고
말해서도 안되었을 뿐만 아니라 또한 생각해서도 안되었다.

> 생각하고 행동하는 사이에 삼가고 두려워하는 것이 반드시 저들 규칙보
> 다 더 엄격하였다.[10]

2. 학규의 내용

백록동서원의 학규가 언급하는 것은 그곳에서 강의를 듣는 학생에만
국한되지 않았고, 또한 문자의 표면적 의미에만 국한되지 않아 글이 분
명하고 이해하기가 어렵지 않았다. 그것에는 한층 더 깊은 사회적 의미
가 있어서 사람들의 주의를 끌만하였다. 이 학규는 주희의 학교 경영방

---

9 위의 책, "己所不欲, 勿施于人, 行有不得, 反求諸己."
10 위의 책, "夫思慮云爲之際, 其所以戒愼而恐懼者, 必有嚴於彼者矣."

침이라고 말하기보다는 차라리 주희의 정무政務 시행방침이라고 말하는 편이 나을 것이고, 주희의 철학사상이라고 말하기보다는 주희의 종교사상이라고 말하는 것이 나을 것이며, 주희 정치학의 대강大綱이라고 말하기보다는 차라리 주희 정교합일政敎合一의 체현이라고 말하는 것이 나을 것이다.

'정교합일'은 역사학계에서 일찍이 서양 유럽 중세기에 유행하였고, 종교 지도자가 지방행정의 지도자를 겸하거나 혹은 지방행정의 지도자가 종교 지도자를 수락하는 것이라고 생각하였다. 이슬람교가 유행하던 지역에도 정교합일로 교권敎權이 왕권王權을 지도하였다. 중국의 티베트도 개혁 이전에는 정교합일의 형식이었으나, 개혁 이후에는 행정과 종교가 분리되었다. 중국대륙의 광대한 지역에는 일반적으로 정교합일의 역사현상이 존재하지 않았다고 생각하였다. 어떤 역사학자는 이것이 중국 역사의 특징과 장점이기 때문에 유럽 중세기와 같은 혼란을 겪지 않았다고 여겼다. 이러한 견해는 맞지 않는데, 왜냐하면 사실에 부합하지 않기 때문이다.

종교를 언급하면, 사람들은 습관적으로 기독교·불교·이슬람교로써 표준을 삼고, 그러한 종교와 같은 것은 종교로 인정하고 같지 않는 것은 종교로 인정하지 않는다. 우리는 실제에서 출발하여, 먼저 일종의 고정된 틀을 쓰지 않고 살아있는 역사를 판단해야 한다.

인류학·고고학·사회학과 역사문헌의 기록에서 지금껏 종교신앙이 없는 어떤 민족도 발견된 적이 없었다. 다만 종교신앙의 종류가 다르고, 그 사이에 높고 낮고 깊고 얕은 차이가 있을 뿐이었다. 화하華夏(중국의 옛 명칭)민족을 주체로 하는 중화민족을 가지고 말하여도, 그것에는 종교가 있었다. 종교는 일종의 사회현상으로 역사의 전진에 따라 변화하였다.

진·한 이후부터 정치상 통일의 봉건대국을 형성하였다. 진·한의 통일은 이후 2천년의 정치구조에 기초를 마련하였다. 이러한 구조를 유지하기 위해, 중국의 역대 정치가·사상가·철학가들은 각자의 관점에서 노력하여 이러한 총체적 구조를 발전시키고 견고히 하여 그것의 통치체제를 날로 완전하게 하였다. 경제구조에서 보면, 중국의 영토가 광활하고 자연경제가 지역봉쇄의 상태를 띠어 통일에 불리하였다. 정치적 요구에서 보면, 중화민족의 전체이익을 위해서는 고도의 통일을 이루어야 했고(예를 들어 水利를 일으키고, 外侵을 막고, 재난을 구제하는 등), 통일을 이루려면 철학사상과 종교사상이 정치사상과 서로 힘껏 배합해야 하였다. 잘 배합하여 정부의 지지를 얻으면, 통일에 불리한 것이 제한을 받고 통일을 파괴하는 것이 저지되었다. 한 세대 한 세대로 전해져 내려가면서 중국 봉건사회의 제도가 점차 완전해졌다. 전 세계와 비교하더라도, 중국 봉건제도가 가장 완전하였고 봉건문화가 가장 발달하였다.

중국 봉건사회를 유지하려면, 정치역량에 의지하는 동시에 철학과 종교의 호응을 얻어야 한다. 진한시기는 중국의 종교와 철학이 서로 협력하여 통일의 국면을 수호하였고, 동중서董仲舒(BC 179~BC 104)는 처음으로 유교체계를 건립하였다. 사회상에 유행하던 천인감응天人感應사조를 이용하고 왕권을 위해 일하였다. 이후 한대의 신학경학神學經學은 이미 정교합일의 모형이었다. 중국의 정교합일이 유럽과 다른 점은, 왕권을 주主로 하고 신권을 부副로 하여 신권이 왕권을 위해 일하였다. 한대의 종교신학은 비교적 조잡하였다. 삼국三國 이후에 더 정교한 종교가 있었으니, 도교가 정식으로 건립되었고 불교가 대량으로 유입되었다. 불교와 도교는 각자 중국의 정권을 위해 힘을 다하였다. 모두 삼강三綱·오상五常의 봉건제도를 수호하기 위해 설교하였다. 충군애국忠君愛國(임금에 충성하고 나라를 사랑함)도 종교 교의의 주요 내용이 되었다. 그들의 설교는 직접적인 것도 있었고 간접적인 것도 있었다. 총괄하

면, 종교활동과 정치활동이 기본적으로 조화를 이루고 일치하였다. 수
· 당에 이르러 삼교(유교 · 불교 · 도교)가 정립되고 서로 보조를 맞추어
모두 왕권을 위해 노력하였다.

북송北宋은 처음으로 삼교정립의 기초 위에서 한걸음 더 나아가 삼
교합일三敎合一을 촉진시켰다. 유가를 주류主流로 하고 불교와 도교 속
의 특유하고 유가에 부족한 것을 흡수하였으니, 예컨대 심성론心性論의
분석, 종교수양, 금욕주의 등의 내용을 하나의 체계로 융합시켰다. 이
방면은 북송 제유들이 대량의 작업을 하였다. 주희는 북송 제유의 뒤
를 이어 이룩한 최대의 학자이고 또한 정교합일의 집대성자로, 역사상
에서 결정적인 작용을 하였다.

중국의 정교합일은 중국 전통 종교신앙(서주까지 거슬러 올라갈 수
있다)을 계승하여 '경천법조敬天法祖'와 '왕권신수王權神授'사상(왕은 천명
이 돌아갈 곳이요 하늘로부터 명을 받았다)이 중앙집권을 안정시키는
데 촉진작용을 하여 유교의 전문 전파자인 유학자(사대부)라는 하나의
특수한 계층을 형성하였다. 그들은 '도'를 중시여기고 왕의 스승이 되
어 최고 지도자에 충당되지 못하였지만, 정부와 황제에게 의견을 내
고 계획을 확정하고 지도사상을 제공하였다. 종교와 교육을 서로 결
합시켜 교육제도를 제정하고, 과거제도로써 유교의 후계자를 배양하
여 중앙에다 부단히 예비인력을 수송해주어 중앙정권을 강화하였다.
경전으로 정치와 법률조치를 지도하였고, 경전으로 법률조문을 해석
하였으며, 경전에 입각하여 소송사건을 판결하였다(引經決獄 혹은 春秋決
獄). 경전 해석권은 유학자들의 독점으로 돌아갔다. 중앙에서 지방에
이르기까지 유교의 조직계통은 없었으나, 중앙에는 태학太學이 있었고
지방에는 부학府學과 현학縣學이 있었다. 교육자는 숭고한 사회적 지위
를 누렸고 일반 행정관리와 달랐다. 중앙에서 지방에 이르기까지 일
련의 조직이 있었으니, 지방에는 관리와 신사紳士(지방의 세도가)가 함께

정치를 하였고 향리에는 향규민약鄕規民約(향약)이 있었는데, 내용은 봉건 삼강오상의 원칙에 관철하였다. 백록동서원 학규에서 청 왕조 강희康熙 연간(1661~1722)에 반포된 '학궁성훈學宮聖訓 16조'에 이르기까지 일맥상통하는 관계가 있다.[11]

정교합일은 서방에만 있었던 것이 아니라 중세기 봉건사회의 공통된 현상이었지만, 각 지역의 정교합일에는 각자 자기의 특징이 있었다. 그것에는 그것의 역사적 사명이 있었으니, 정교합일의 출현은 역사의 객관적 수요였다. 그것의 역사사명이 완성된 뒤에는 바로 역사무대에서 퇴출하였다. 봉건사회 후기에 중국의 정교합일은 이미 그 적극적 작용을 상실하였으니, '공을 이루면 몸이 물러나야 하는 것'과 같은 이치였다. 신新정권의 수립에 따라, 구舊정권이 바로 종결을 고하였다. 사상의식방면의 영향은 장기적이어서 단기간에 모든 것을 완전히 청산하기는 어렵다. 이것은 우리가 오늘날 사회주의 정신문명을 건설하고 사상교육의 직업에 종사하는 과학자들의 공통된 임무이다.

---

11 『聖諭廣訓』, 〈聖諭16條〉, "효제(孝弟)를 돈독히 하여 인륜을 중시하고, 종족(宗族)을 돈후히 하여 화목을 이루며, 향당과 조화를 이루어 논쟁을 그치고, 농상(農桑)을 중시하여 의식을 풍족히 하며, 절약을 숭상하여 재용(財用)을 아끼고, 학교를 번창시켜 선비의 습관을 바르게 하며, 이단을 축출하여 정학(正學)을 숭상하고, 법률을 강학하여 어리석음을 경계하며, 예와 겸양을 밝혀서 풍속을 돈후히 하고, 본업에 힘써서 민지(民志)를 안정시키며, 자제들을 가르쳐서 하지 말아야 할 것을 금지시키고, 모함을 종식시켜 선량함을 보전하며, 은닉과 도주를 경계하여 연루되지 않게 하고, 재정을 완벽히 하여 조세가 독촉되는 일을 줄이며, 민병제와 연계하여 도적을 소멸하고, 원한을 해소하여 자기생명을 소중히 지킨다. (敦孝弟以重人倫, 篤宗族以昭雍睦, 和鄕黨以息爭訟, 重農桑以足衣食, 尙節儉以息財用, 隆學校以端士習, 黜異端以崇正學, 講法律以警愚頑, 明禮讓以厚風俗, 務本業以定民志, 訓子弟以禁非爲, 息誣告以全良善, 戒匿逃以免株連, 完錢糧以免催科, 聯保甲以免盜賊, 解仇忿以重身命。)"

3. 주희의 '정교합일'체계

주희의 '정교합일'체계는 주희 개인의 것으로만 볼 수 없고, 송·원·
명·청 8백년에 이르는 정치체제를 대표하였다. 정교합일의 체계는 철
학자와 과학자를 배양하는데 있지 않고, 봉건의 통일왕조를 위해 대량
으로 과거 어떤 시기보다 더 봉건질서에 알맞고 견고히 하는 합격된
인재를 배양하는데 있었다. 역사는 이러한 체제가 소기의 효과를 거두
었음을 증명하였다.12

'박학博學·심문審問·신사愼思·명변明辨'이 모두 지식을 구하는데 속하
지만, 그것은 사람에게 천지만물의 이치를 궁구할 것을 가르치는 것이
아니라 인륜일용 속에서 실현하는데 있었다. 어떤 사람은 주희가 말한
격물格物이 사람에게 만물의 이치를 궁구할 것을 가르쳤고 왕수인王守仁
이 말한 '격물'은 사람에게 자신의 내심을 바르게 할 것을 가르쳤다고
여겼다. 실제로, 주희는 사람에게 학문하는 최종 목표가 여전히 내심
의 수양을 충실히 하는데 있다고 가르쳤다.

> 말은 진실하고 미더워야 하고, 행동은 독실하고 공경스러워야 하며, 분노
> 를 경계하여 욕심을 막고, 선善으로 옮겨가서 잘못을 고친다.13

여기에는 인생철학이 있고 종교의 금욕주의가 있다. 이 점은 정자·
주자·육구연·왕수인이 다르지 않다. 후에 청대 이학 속에서 일부 주
희를 비판하는 혁신파가 나타났으니, 유심주의와 유물주의의 관점에

---

12 송(宋) 이후에 간신(奸臣)은 있었어도 왕위를 찬탈한 찬신(簒臣)은 없었다. 조조(曹
操)와 사마의(司馬懿)부자가 궁중정변으로 정권을 획득한 사건은 이로부터 자취를
감추었다. 이 모두가 정교합일의 실제적 효과이다.

13 『朱熹集』卷74,「白鹿洞書院揭示」, "言忠信, 行篤敬, 懲忿窒欲, 遷善改過."

서 보면 그들은 이전 사람들과 달랐지만 여전히 유교의 범위를 벗어나지 못하였다.

유교에는 독특한 체계와 구조가 있었으니, 신권과 왕권 사이에는 첨예한 모순이 없었고 생사生死를 뛰어넘는 투쟁이 없었다. 그것(유교)은 정권의 지렛대를 이용하여 수시로 둘의 관계를 조절하여 그것을 온화하게 발전하게 함으로써 유럽 중세기와 같은 그러한 교권과 왕권의 장기간 전쟁이 발생하지 않았다. 유교는 곧 국교國敎였고, 유가경전에는 모독할 수 없는 신성성이 있었다. 유교 지도자는 제왕의 스승이 될 수 있었지만 제왕이 될 수는 없었다. 왕권이 최종의 관리 실권을 가지고 있었으나, 반드시 유학자를 스승으로 삼았다.

정문입설程門立雪에서 본

유교₁

1992년 『군언群言』, 제8기에 장대년張岱年(1909~2004)선생은 「변정문입설辨
程門立雪」을 게재하여 와전되는 사실을 분명히 밝혔으니, 예를 들어 정씨문하
의 사제관계를 기술하여 오늘날 학술계에 깊이 이해되지 않는 학풍을 대체로
바로잡았는데, 글이 매우 훌륭하다.

지금 필자는 관점을 바꾸어 정문입설程門立雪₂을 말하고자 한다. 제
자들은 선생 옆에서 2~3시간동안 숙연히 서 있었는데도₃ 선생은 눈
을 감고 앉아 있었으니, 눈을 감고 정신을 길렀을까? 졸았을까? 아니
면 무엇을 하고 있었을까?

1 원래 『군언(群言)』, 1993년, 제2기에 실렸던 글인데, 『임계유학술문화수필(任繼愈學術
   文化隨筆)』(중국청년출판사, 1996)에 옮겨 실었다.
2 정문입설(程門立雪): 북송 때 양시(楊時)와 유초(柳酢)가 대유학자 이천선생 집을 찾아
   가 가르침을 청하는 과정에서 생긴 고사이다. 선생을 뵈러 갔을 때 선생이 눈을 감
   고 있었고 눈을 떴을 때는 내리기 시작한 눈이 벌써 한자나 쌓여 있었다. 그리하여
   스승을 공경하고 가르침을 받는 제자들의 지조를 이르는 말이 되었다.(역자 주)
3 화북(華北) 중등 강수량의 계산에 따르면, 눈이 일척(一尺)이 쌓이려면 적어도 2~3시
   간은 내려야 한다는 것이다.(역자 주)

기록에 따르면, 하남河南 정씨형제4는 동시대에 강학하였고 동일한 제자에게 전수해 주었으니, 그들의 학문하는 방법은 기본적으로 서로 같았다. 다만 두 사람의 성격에는 차이가 있었으니, 형인 정호는 사람 됨이 평이하고 친근하였으나 동생 정이는 사람됨이 엄숙하여 제자들이 그를 볼 때 조금 두려워하였다. 정호가 죽은 후에 정이는 계속하여 그들의 문하생을 가르쳤다.

> 이천伊川(程頤)은 사람이 정좌靜坐하는 것을 보면 그의 학문이 훌륭하다고 칭찬하였다.5
> 명도明道(程顥)는 종일 정좌하기를 마치 진흙으로 사람을 빚어놓은 것 같이 하였다.6
> 사량좌謝良佐(1050~1103)가 부구扶溝(지금의 河南省 許昌)에 가서 명도를 뵙고 수학하기를 매우 독실히 하였다. 명도가 어느 날 그에게 말하기를, "자네가 여기에서 서로 따르면서 나의 말만을 배웠기 때문에 그 학문은 마음과 입이 서로 응하지 못하니 어찌 행할 수 있겠는가?"라고 하였다. 이에 대해 묻기를 청하자, "정좌하라"라고 하였다.7

정씨 문하에서는 학생을 기르는데, 한편으로는 지식을 교육하였고 다른 한편으로는 덕성을 교육하였다. 정이는 다음의 두 말로 귀결하였다.

---

4 형은 정호(程顥, 1032~1086)이고, 동생은 정이(程頤, 1033~1107)이다.
5 『宋元學案』卷16, 「伊川學案(下)」, "伊川見人靜坐, 便嘆其善學."
6 『宋元學案』卷14, 「明道學案(下)」, "明道終日坐, 如泥塑人."
7 『宋元學案』卷24, 「上蔡學案」, "往扶溝見明道受學, 志甚篤. 明道一日謂之曰, 爾輩在此相從, 只是學某言語, 故其學心口不相應. 盡若行之. 請問焉, 曰且靜坐."

함양涵養은 반드시 경敬으로써 하고, 진학進學(학문의 길에 나아가는 것)은 지식
을 성취하는데(致知) 있다.[8]

진학進學은 책을 읽고, 역사를 강론하고, 경서 속의 도리를 체득하는
것을 가리킨다. 『이정유서』에 유가경전과 관계가 있는 주석과 설명이
모두 이 부류에 속한다. 정이의 『역전』은 정씨가 경전을 해석한 대표
작이다. 이 밖에도 『논어』·『맹자』·『대학』·『중용』에 대한 해석은
모두 '치지致知'방면의 교제에 속한다.

'치지'는 사람에게 견문을 넓힐 것을 가르치는데 있지 않고, 독서를
입문入門으로 하여 성인이 되고 현인이 되는 목적에 도달하는 것이다.

함양을 '경'으로써 하는 것은 학자의 덕성을 기르고 공부를 통하여
성현들의 정신경지를 체득하는데 있다. '진학'과 '함양'은 어느 것 하나
폐기할 수 없지만, 함양은 독서보다 더 중요하다. 정이는 경사經史에
정통하고 학식이 넓고 문장이 뛰어난 것이 모두 '치지'의 범위라고 생
각하였는데, 만약 함양을 '경'으로써 하는 공부가 부족하면 진정한 학
문이 있을 수 없다고 여겼다. 소식蘇軾(1036~1101)과 정이는 같은 조정
에서 벼슬하여 서로 안면이 있었다. 정이는 소식이 일개 문인에 불과
하고 함양공부가 부족하여 성현의 경지와는 거리가 멀다고 여겼다. 소
식도 정이가 세상물정에 어둡고 완고하고 고지식하여 융통성이 없다
고 비웃었다.

『중용』은 정이가 크게 존숭하던 경전이다.[9] 『중용』에는 "희노애락
이 아직 발동하지 않은 것을 중中이라고 하고, 발동하여 절도에 맞는
것을 화和라고 한다"[10]라고 하였다. 정씨 문하에서는 사람에게 정좌하

---

8 『二程遺書』卷18, 「劉元承手編」, "涵養須用敬, 進學則在致知."

9 『논어』·『맹자』·『대학』·『중용』을 『사서(四書)』라고 부르고, 그 지위를 『오경』과
　나란히 배열하는데 가장 먼저 추진시킨 자가 정이이다.

고 반성하여 성인의 중화中和의 기상을 체인할 것을 가르쳤다. 이것은
일종의 내심의 자아조절 정신훈련으로, 생각을 마음에 두지 않을 뿐만
아니라(불교에서는 비상非想이라고 한다) 생각을 배제시키지도 않을 것(불교
에서는 비비상非非想11이라고 한다)을 요구하였다.12 장기간의 훈련을 통하
여 사람들로 하여금 심리상의 절대적인 평정과 안정을 유지하게 하였
다. 이러한 훈련방식과 유사한 것을 불교에서는 '선정禪定'이라 하였고,
도교에서는 '좌망坐忘'이라 하였다. 당·송 이래, 불교와 도교에서는 모
두 이러한 종교적 수양공부를 선전하였는데, 이런 공부가 부족하면 학
자들의 대열에 오르지 못하였을 뿐만 아니라 성인의 경지에 들어가기
가 더욱 어려웠다.

불교와 도교의 종지는 모두 사람에게 사회생활을 멀리하고 가정관
계에서 벗어날 것을 가르쳤다. 유가는 사람에게 세속의 정신경지(중화
경지)를 초월해야 할 뿐만 아니라, 또한 이러한 정신경지를 기초로 하
여 사회활동과 가정생활에 적극 참여할 것을 가르쳤으니, 유가는 개
인의 심신수양을 강화하여 세속을 초월하는 정신경지로 치국과 평천
하의 입세入世활동에 참여할 것을 제창하였다. 내재적 초월과 외재적
사회활동을 하나로 융합시킴으로써 완전무결한 인생가치를 실현하였
다. 이것이 바로 유가가 표방한 '내성內聖(개인수양) 외왕外王(평천하)의
도'이다.

정씨가 문인을 교육하던 수양방법은 결코 독창적인 것이 아니라,
그것은 수·당 이래로 불교와 도교에서 장기간 유행하던 종교수양사

---

10 『中庸』, 第1章, "喜怒哀樂之未發謂之中, 發而皆中節謂之和."

11 비상(非想)은 '생각하지 않는다'는 의미이다. 그러나 '생각하지 않는다는 것'에 머
물러 그 '생각하지 않는 상태'에 매몰되기에 비상(非想)을 부정해서 비비상(非非想)
이라 한 것이다.(역자 주)

12 사람들에게 통용되는 '상입비비(想入非非: 허황되고 터무니없는 생각)'의 전례는 불전
(佛典)에서 유래한다.

조를 반영한 것이다. 사마광司馬光(1019~1086)은 정이와 방법이 달랐으니, 그의 수양방법은 정좌할 때 의념意念(정신)을 집중하여 '중中'자를 깊이 생각하였다. 정씨형제와 동시대의 장재張載(1020~1077)와 소옹邵雍(1011~1077) 등에도 각각 정씨의 정좌와 비슷한 정신수양방법이 있었다.

남북조에서 수·당에 이르는 몇 백년간은 불교와 도교의 세력이 유가를 훨씬 뛰어넘었고, 둘의 정신수양방법은 공자와 맹자 및 한대의 유가에서 결핍된 것이었다. 당唐 이후, 유가는 격렬한 삼교三敎 투쟁 속에서 발붙일 여지를 얻어 불교와 도교의 정신수양방법을 흡수하여 자기를 충실히 함으로써 신유가New-Confucianism를 형성하였고 또한 '유교'라고 불렀다. 정문입설程門立雪의 고사는, 한편으로 유가가 스승을 존경하고 도를 중시하는 정신을 설명하였고, 다른 한편으로는 당시 유가가 확실히 불교와 도교의 영향을 받아 이들의 종교수양방법을 유교 속으로 받아들였음을 보여주었다.

유교가 종교인지 아닌지는 국내 학술계에 다른 관점이 있었으니, 어떤 사람은 종교라고 여기고 어떤 사람은 종교가 아니라고 여겼다. 형식상 유교는 분명히 오늘날 유행하는 세계 삼대종교와 다르다. 만약 종교의 실질에서 본다면, 유교는 종교의 실질을 가지고 있다. 종교 형식인 교단조직, 종교교의, 숭배대상, 고정된 교도敎徒, 경전 송독 등은 유교에도 모두 있다. 종교의 실질은 현실세계에 대한 초월성이다. 서방정토를 믿고 죽은 후에 천당에 가는 것이 종교의 초월성인데, 이것은 일종의 외재적 초월이다. 또 다른 초월성이 있으니, 다른 세계에서 초월을 찾을 필요 없이 다만 현실생활 속에서 세계관을 한번 바꾸면, 즉 세속을 초월하여 성인의 경지에 들어갈 수 있다. 종교 세계관의 내재적 초월을 가장 충분히 발전시킨 것이 중국의 선종禪宗이다. 선종은 한번 깨달으면 곧 보리菩提이고 한번 미혹되면 곧 속세의 범부凡夫라고 공언하였다. 부처에게서 가르침을 얻는 것은 자기를 구제하는 것만 못하다. 선종은 "물을 기르고 땔나무를 나르는 것이 신묘한 도가 아님이 없다"[13]라고 하였으니, 부처가 되는 것도 반드시 서방정토에 가지 않아도 지금 바로 부처가 될 수 있다. 선종의 내재적 초월관과 같은 것이 유교에는 완전히 구비되어 있다. 유교에서는 "물을 기르고 땔나무를 나르는 것이 모두 신묘한 도로써 견성성불見性成佛(인간이 본성을 깨치면 누구나 부처가 된다)할 수 있다면, 부모를 섬기고 군주를 섬기면서 정상적 사회생활을 하는 것이 어째서 성현이 될 수 없겠는가?"라고 말하였다. 일상생활 속에서 '천리를 보존하고 인욕을 제거하고(存天理去人欲)' 부단히 경敬으로 함양하면, 자연히 사람들의 사상적 경지를 향상시킬 수 있다. 경지가 다를 경우, 비록 보기에는 행위가 일반인과 어떠한 차이가 없는 것 같지만, 경지에는 성인聖人과 범인凡人의 차이가 있다. 송대 이후에 세워진 유교는 특히 사람들의 정신수양과 내재적 초월을 강조한 중국적 특색을 가진 종교였다. 유교는 중국사회에 안정된 봉건질서를 유지시키고 봉건제도의 해체를 지연시키는 작용을 하였다. 종교는 효과적인 정교합일政敎슴一의 완비된 체제를 통하여 중국 전통문화의 전파와 보급을 강화하였고 민족의 응집력을 모으는 데 적극적 작용을 하였다. 근대에 이르러 유교는 현대화를 방해하는 소극적 작용을 하였다.

---

13 "運水搬柴, 無非妙道."은 禪偈의 말이다.(역자 주)

주희의 종교 감정[1]

주희를 심원한 영향을 미친 철학자라고 말하는 것에는 학술계가 이에 대해 다른 의견이 없지만, 주희를 종교학자라고 말하는 것에는 논쟁의 여지가 있다.

사람들은 기독교·불교·도교·이슬람교가 종교임을 인정하는데 익숙해져 있고, 이러한 종교의 신앙이나 조직과 같지 않는 것은 종교로 여기지 않는다. 오늘날 우리는 실사구시實事求是의 원칙에 따라 이제까지 익숙해져 있던 척도를 잠시 버려두고, 종교가 종교되는 것에는 반드시 구비되어야 할 어떤 내용이 있는지 살펴보자.

종교와 철학은 모두 상층구조의 최고층에 속하지만, 신의 존재는 논증해내는 것이 아니니 고대의 유명한 '상제上帝존재의 증명'에 관한 것은 모두 그것의 '증명'임무를 완수하지 못하였다. 왜냐하면 상제의 존재는 신앙에서 나오는 것이지 논증에서 나오는 것이 아니기 때문이다. 신앙은 의심하는 것을 허락하지 않아서 '무엇 때문에'라고 물을 수 없

---

1 원래 『군언(群言)』, 1993년, 제8기에 실렸던 글인데, 『임계유학술문화수필(任繼愈學術文化隨筆)』(중국청년출판사, 1996)에 옮겨 실었다.

다. 가장 근본적인 문제일수록 더욱 더 의심하는 것을 허락하지 않는
다. 철학의 기본은 이성理性이고 체계적 논증이니, 철학은 사람들이 '무
엇 때문에'라고 물어가는 것을 권장한다.

수당시기에 삼교三教가 병립하여 각자 문호門戶를 세웠다. 북송北宋의
건국은 유교가 불교와 도교의 일부 내용을 흡수하고 그것으로 자기(유
학)를 충실히 하여, '삼강오상三綱五常'을 신앙내용의 핵심으로 하고 불
교와 도교의 심성수양과 금욕주의를 융합하여 새로운 체계를 세웠다.
유교는 북송의 이정二程을 기초로 하고 남송의 주희朱熹에서 완성되었
다. 유교는 '삼강'을 신앙의 핵심으로 하였다. '삼강'은 영원히 존재하
고 만세토록 변치 않는 준칙이었다. 의심하는 것을 근본적으로 허락하
지 않았고 더더욱 토론하는 것을 허락하지 않았다. '삼강'의 질서는 인
류사회의 질서요, 우주의 질서였다.

주희는 유교의 '성경聖經'-『사서四書』2를 수립하고, 유교의 교주-공
자를 받들고, 유교의 교단과 전승傳承체계-유교집단을 조직하고, 도통
설道統說을 세웠다. 주희는 일생동안 정력을 다해 『사서』를 주해하였
고, 또한 유가경전의 해석권을 얻고 정부의 힘을 빌어서 널리 보급하
였으며, 국가의 교재로 정해져 전국 지식인의 필독서가 되었다. 유교
의 합법적인 전파를 위해 기초를 닦았다.

공자가 불행히 유교의 교주로 받들어진 것은 노자가 도교의 교주로
받들어진 것과 같은 경우이다. 공구孔丘(공자)의 '구丘'는 'qiū'로 읽을 수

---

2 종교경전은 글자가 지나치게 길지 않아서 사람이 외워서 전하기에 편리해야 하였
다. 유가의 『오경(五經)』은 글자가 많아서 기억하기가 쉽지 않고 알기도 쉽지 않다.
예를 들어 『오경』중의 『상서(尚書)』는 읽기가 어렵고 기억하기가 어려우며, 『시경
(詩經)』은 내용이 복잡하고, 『춘추(春秋)』는 간략하다. 세상에 전해지는 몇 개의 큰
종교경전인 『고란경(古蘭經)』·『신약(新約)』·『구약(舊約)』은 글자가 모두 많지 않아
외우기에 편리하다. 불교경전은 수가 많지만, 신도들 사이에 유행하고 널리 전송(傳
誦)되는 경전은 일부 소형 경전인데, 『반야심경(般若心經)』과 같은 것은 단지 몇 백자
에 불과하다.

없고 다만 '모(某)'로 읽을 수 있었는데3 이는 이름을 피하기 위한 것이다.4 수당시기에는 공자·노자·석가모니가 '삼성三聖'으로 나란히 불렸으나, 세 분 중에 석가모니만 교주가 되는데 손색이 없었고 공자와 노자 두 분은 뜻하지 않은 재난을 만났다.

주희는 공자를 교주로 받들고 공자를 '신'으로 받들었다. 공자에 대한 주희의 신앙은 참된 마음과 진실한 뜻에서 나왔으며, 그는 공자가 하늘에 신령스럽게 계신다고 믿고 수시로 후세 유생들의 언행을 감찰하고 경청하였다. 주희가 24세에 처음으로 관리(同安主簿)가 되어 글을 지어 선성先聖에게 고하였는데, 이 후부터 수십 년간 중대한 일을 만나면, 예를 들어 새로운 관직에 임명되고, 강학서원을 세우고, 서적을 수장하는 건물이나 대들보를 올리는 공사를 시공하고, 주희의 주요한 저작을 간행하고, 관직을 사직하고, 심지어 학습이 좋지 않은 제자를 처벌할 때도 모두 글을 지어 선성(공자)에게 고하였다.

선성先聖과 선현先賢을 모시는 의식에서도 불교와 도교의 방식을 모방하여 신상神像을 세우고 매달 초하루와 보름에는 여러 학생들을 데리고 와서 배알하고 "향을 피워 제사를 드렸다." 주희는 당시에 "신을 경외하고 숭배하였으나 노자와 부처의 사당에 신을 섬기는 일은 옳다고 여기지 않았으며, 그는 일찍이 지방관이 된 기회를 이용하여 다섯 곳의 불교사원의 사당재산을 몰수하여 유가의 학전學田5에 충당하였다."6

---

3 피휘(避諱): 존중받아야할 대상의 이름을 범하지 않는다는 의미로, 그 이름을 사용하지 않기 위해 다른 글자로 대체하거나 고쳐 사용하는 관습이다. 때에 따라서는 글자뿐 아니라 음이 비슷한 글자를 모두 피하기도 하였다.(역자 주)

4 원대(元代) 구장춘(丘長春)은 원초(元初)의 유명한 도교의 지도자로, 백운관(白雲觀: 중국 북경에 현존하는 全眞敎 龍門派의 총본산)에는 구조전(丘祖殿)이 있는데, 후인들은 공구(孔丘)의 이름을 피하기 위해 '丘長春'을 '邱長春'으로 고치고 '丘祖殿'은 '邱祖殿'으로 고쳐 썼다.

5 학전(學田): 소출로 학교의 경비에 충당하는 전답을 말한다.(역자 주)

주희의 문집 속에는 공자를 신으로 간주하였으니, 크고 작은 일에도 반드시 '선성先聖에게 고하는 글'이 있었고, 그 다음은 각지 선현들의 사당에 제사지낸 글인데, 이러한 문장은 수가 또한 매우 많았다.

그 다음은 사직社稷·기우祈雨·사우謝雨7·지우止雨(비가 그치기를 기도)에 제사지내거나 산천의 신기神祇에 기도하는 글이다.

또한 가묘家廟와 분황焚黃8에 제사지내고 조상에 제사지내는 글이 있다. 이 밖에도 토지에 제사지내고, 한해를 축원하고, 점을 치고, 신명神明을 구하여 길흉을 정하는 글이 있다.

공자에 대한 주희의 충성심은 일반 학술상의 신봉뿐만이 아니라, 교주에 대한 종교도들의 경건함이 들어있었다. 이러한 사상적 감정은 인류역사의 진보로 중세기 단계에 보편적으로 출현하였던 것이다. 서양의 아우구스티누스Aurelius Augustins9와 안셀무스Anselmus10는 주희시대와 전후로 멀지 않는데, 그들이 관심을 가진 문제는 어떻게 심령心靈을 구제하고 깨끗이 하여 천리를 보존하고 인욕을 제거하여 외부유혹에 빠지지 않도록 하는가였다. 동양과 서양 성현이 부절을 합한 것처럼 일치하였다고 말할 수 있다.

학술계는 5·4 운동(1919) 이후 중국과 서양문화의 차이를 논의하였

---

6 『朱熹集』卷79, 「建寧府崇安縣學田記」 참조.

7 가뭄 뒤에 단비가 내릴 경우 신에게 감사의 제사를 지내는 것이다.(역자 주)

8 분황(焚黃): 죽은 이에게 관직이 추증(追贈)될 경우, 조정에서 사령장(辭令狀)과 누런 종이에 쓴 사령자의 부본(副本)을 주면, 그 자손이 추증된 이의 무덤 앞에서 이를 고하고, 누런 종이의 부본을 불태우는 것을 말한다.(역자 주)

9 아우구스티누스(354~430): 유럽 중세기 신학자로, "이해가 신앙이 되고 신앙이 이해가 된다", "하느님은 진리이고 만물의 종극적 진리이며 지상의 선(善)이다"라고 주장하였다. 저서로는 『고백록(Confessiones)』 등이 있다.

10 안셀무스(1033~1109): 유럽 중세기 신학자로, 하느님 존재의 '본체론적 증명'을 제기하고 "일반은 독립적으로 존재하는 제1성(第一性)의 실체이고, 개별 사물은 제2성(第二性)이다"라고 주장하였다.

으니, 이러한 글은 대부분 지역간의 차이에 착안하여 오늘날 구미歐美와 중국 전통문화를 서로 비교하여, 그들이 말한 중국 전통문화가 중세기 신교神教의 짙은 안개 속에서 완전히 벗어나지 못한 아주 오래된 문화라는 것을 소홀히 하였다. 중세기의 중국 전통문화를 현대의 유럽 문화와 비교하는 것은 타당하지 않다.

불교에서 유교로[1]

— 당唐·송宋 사조의 변천

　진·한이 중국 대일통大一統[2]의 구조를 다져 2천여 년 동안 통일이 주류主流가 된 것은 정상적인 현상이라고 생각한다. 중화민족의 응집력은 진·한에서 기초가 다져졌다.

　고대의 국가정세를 인식하려면, 언제나 고대 중국의 사회성질을 파악해야 한다. 중국 고대는 언제 봉건사회에 진입하였는지, 중국 고대 사회역사의 분기分期문제에 관해 사학계에는 적어도 네 가지 견해가 있으니[3], 본문에서는 사회분기의 관점에서 국가정세를 분석하지

---

1 유교에 관해서는 졸저인 「유교의 형성」(『中國社會科學』, 1980年, 第1期)과 「주희와 종교」(『中國社會科學』, 1982年, 第2期), 「유교의 재평가」(吉林, 『社會科學戰線』, 1982年, 第2期), 『宗敎詞典』(p.1148, 上海辭書出版社, 1983)에 '유교'조항에 보인다.
　원래 『임계유학술문화수필(任繼愈學術文化隨筆)』(중국청년출판사(中國靑年出版社), 1996)에 실렸던 글이다.

2 '대일통(大一統)'사상은 한대(漢代)에 대제국을 효율적으로 통치하기 위해 대두되었는데, 황제 중심의 정치적 통일과 공자의 유학으로 사상을 통일하는 것을 말한다.(역자 주)

않고 중국 고대 사회구조의 기본모순의 관점에서 초보적으로 탐색하였다.

진·한은 중앙집권적 통일국가를 건립하였다. 구조상에서 보면 한 쌍의 모순이 존재하였다. 한편으로 중앙정부는 고도의 집중된 권력을 가져야 했으니, 정권이 집중되지 않으면 그처럼 광대한 영역은 통일할 수 없다. 다른 한편으로 많은 소생산자들이 생산의 능력과 흥미가 있어야 했으니, 그렇지 않으면 정권의 집중적 통일은 어떻게 말할 길이 없다. 정치상으로는 중앙의 고도로 집중된 권력을 가졌지만, 경제상으로는 극도로 분산된 개체 소농경제였다.

고도의 집중된 정치와 극도로 분산된 경제는 2천여 년 대립과 통일을 통한 모순을 이루었다. 중앙집권은 언제나 점점 더 집중하기를 희망하였으나, 소농경제는 자급자족自給自足하여 그것의 본성은 분산된 자주自主였으니 그들은 정부의 지나친 간섭을 원하지 않았다. 이 둘은 서로 떼어놓을 수 없다. 역대 정치가와 사상가들은 모두 이러한 현실이 제기하는 '시대의 변화에 따라 알맞게 제정하는(因時制宜)' 방안에 직면해야 했다. 둘의 관계를 잘 처리하여 천하가 태평하면 치세治世라 불렀고, 그 반대이면 난세亂世였다. 진·한 이래로 2천 년간은 모두 이러한 모순 속에서 발전해왔으니, 이것이 바로 중국 진·한 건국에서 아편전쟁阿片戰爭(1840~1842)에 이르기까지 장구한 역사시기의 국정國政이다.

---

3 서주봉건설(西周封建說: 范文瀾을 대표로 한다), 춘추전국봉건설(春秋戰國封建說: 郭沫若을 대표로 한다), 진한봉건설(秦漢封建說: 翦伯贊을 대표로 한다), 위진봉건설(魏晉封建說: 尙鉞을 대표로 한다).

1. 수당시기의 삼대 종교(불교·도교·유교)

동진東晉 남북조 때에 이 삼교三敎는 모두 이미 상당한 세력을 가지고
있었다. 삼교의 명칭은 북주北周(556~581)에서 시작되었고, 삼교의 명칭
이 전국 각지에 통용된 것은 당 왕조의 일이다.[4] 삼교는 모두 중화민
족의 문화생활·사회생활·가정생활과 정치생활에 깊은 영향을 미쳤
다. 삼교 간에도 상호 영향을 주었다. 당·송 이래 1천여 년간 문화의
총체적 구조는 모두 삼교와 관계가 있으며, 전문적으로 상세히 논술해
야 하나 여기서는 더 이상 언급하지 않았다.

도교와 불교가 동시에 중국의 역사무대에서 활약한 것은 대략 동한
東漢 말기이다. 당시 천하는 크게 혼란하여 중앙정부는 전국을 통제할
능력을 상실하였고 유교는 쇠퇴하였다. 이는 불교와 도교에게 비옥한
토양을 제공하였다. 도교와 농민봉기는 연루되어 있으며[5], 봉기가 실
패하면서 도교는 한 차례 제약을 받았다. 불교는 유리한 기회를 이용
하여 제왕과 귀족들의 지지 하에서 많은 신도들을 불러들여 날로 왕성
하였다. 도교는 본래 불교와 같은 기회가 있었지만, 한 발 뒤쳐지면서
점점 뒤쳐져서 불교의 발전규모에 이르지 못하였다. 당 왕조 황제는
애써 노자가 이씨李氏 성이라는 친척관계를 이용하여 도교가 특별한
은총을 받아 비교적 빨리 발전하였다. 가령 도교가 가장 왕성하던 시
기일지라도 도교의 궁관宮觀 수와 신도 수는 불교의 1/20에 불과했다.[6]

---

4 무칙천(武則天: 690~705 재위)이 정권을 잡았을 때 삼교(三敎)에 공동의 임무가 있음을
분명히 선포하고, 사람들에게 『삼교주영(三敎珠英)』(『唐會要』卷36)을 짓게 하였다.
당나라 문종(文宗)은 생일에 비서감(秘書監)인 백거이(白居易), 안국사(安國寺)의 사문
(沙門) 의림(義林), 상청궁(上淸宮) 도사(道士)인 양홍원(楊弘元)을 인덕전(麟德殿)의 도
장(道場)으로 불러서 삼교를 논하였다.(일이 『白氏長慶集』卷67에 보인다.)

5 동쪽으로는 황건(黃巾)봉기가 있었고, 서쪽의 파촉(巴蜀: 四川省)과 한중(漢中: 甘肅省)
에서는 장릉(張陵)·장로(張魯) 등이 중앙의 활동에 반대하였다.

6 당말(唐末) 도사(道士)인 두광정(杜光庭, 850~933)의 기록에 근거하였다.

수당시기 삼교 중에서 세력이 가장 큰 것은 불교였다.

> 개황開皇(수나라 文帝의 연호, 581~600) 원년元年(581년)에, 고조高祖(文帝)는 온 천
> 하에 조서를 내려 마음대로 출가할 수 있게 하고, 이어 호구戶口를 계산하
> 여 돈을 거두어 불경과 불상을 만들었다. 경사京師 및 병주並州·상주相州·
> 낙주洛州 등 큰 도시에서는 관官에서 필사한 『일체경一切經』[7]을 아울러 절
> 안에 비치하고, 또한 별도로 필사하여 비각祕閣에 수장하게 함으로써 온
> 천하 사람들이 바람에 쏠리듯이 앞을 다투어 서로 경모하여 민간에 있는
> 불경이 육경六經보다 수십 수백 배나 더 많았다.[8]

또한 도교도들의 기록에 근거해도 삼교 중에 불교의 세력이 가장 컸다.

> 천존天尊(도교 교주)께서 천상을 교화하고 만물을 주재하는 것은 세상 사람
> 의 아버지와 같다. 세존世尊(불교 교주)께서 세상을 교화하고 사람에게 선善
> 을 권면하는 것은 세상 사람의 어머니와 같다. 유교경전이 세간에 유행하
> 는 것은 마치 세상 사람의 형과 같다. 온 세상 사람이 갓난아이와 같아서,
> 다만 그 어머니(불교)를 알고 그 아버지(도교)와 형(유교)의 존귀함을 알지
> 못한다. 그러므로 도를 아는 자가 적고 유교를 중시하는 자가 적은 것은
> 이상할 것이 없다.[9]

---

7 『일체경(一切經)』은 불교가 소유한 경전을 총칭하는데, 후에 『대장경(大藏經)』이라
불렀으며, 당초에는 '일체경(一切經)' 혹은 '중경(衆經)'이라 불렀다.

8 『隋書』卷35, 「經籍志」, "開皇元年, 高祖普詔天下, 任聽出家. 仍令計口出錢, 管造經像.
而京師及並州相州洛州等諸大都邑之處, 並官寫一切經, 置于寺內, 而又別寫, 藏于祕閣.
天下之人, 從風而靡, 競相景慕, 民間佛經, 多于六經數十百倍."

9 『體道通鑑後集』卷3, 「王奉仙」, "天尊化於天上, 主宰萬物, 若世人之父也. 世尊化於世
上, 勸人以善, 若世人之母也. 儒典行於世間, 若世人之兄長也. 擧世人如嬰兒焉, 但識其
母, 不知其父兄之尊. 故知道者少, 重儒者寡, 不足怪也."(『雲笈七籤』卷116, 『王奉仙』
조와 대략 같으나 문구는 조금 다르다.)

불교세력이 성대하여 논밭과 집을 소유하였고 신도가 매우 많아 각 방면에서 우세를 차지하였다. 불교사원이 종교전파의 중심임은 말할 필요가 없었다. 사원에는 대량의 장서藏書가 있었으니, 불교의 전적典籍도 있고 세속의 전적도 있어서 그곳은 문화의 중심이었다. 사원은 금품을 대출해주는 경영으로 이자를 받았으니, 그곳은 경제의 중심작용을 하였다. 사원은 많은 방을 임대하여 숙박을 제공함으로써 시험에 응시하는 학생들이 숙박하고 장서(藏書)를 이용하여 과거고시를 준비하였으니, 그곳은 또한 지식인과 연락하는 장소였다.10

당대의 역사를 잘 아는 사람들은 모두 당 왕조의 문치文治·무공武功·예술·시가詩歌·회화·음악·무용이 모두 세계 최고의 수준에 이르렀으나, 유독 당대의 철학과 철학가의 성과만은 강대한 정치·경제지위와 서로 걸맞지 않은 것 같아 사람들로 하여금 당혹감을 면치 못하게 하였다고 생각한다. 사람들에게 이러한 의문이 생기는 원인은 철학과 철학가를 당대의 삼교三敎발전과 연관시켜 고찰하지 못하고, 다만 유가의 작은 틀 안에서만 찾는데 있었으니, 한유韓愈·유종원柳宗元·유우석劉禹錫 등의 경우이다. 그들은 불교철학을 중국철학의 일부분으로 간주하지 못하였다. 당시 주요한 철학저술과 뛰어난 철학가들은 모두 유문儒門(유가)에 있지 않고 불문佛門(불가)에 있었다.11 삼교를 함께 고찰하지 않으면, 당대 사상의 발전을 전체적으로 이해하고 정확하게 설명할 수 없다.12

불교가 왕성하게 발달한 형세와 비교하면, 유교의 세력은 '부족함

---

10 당나라 사람의 소설에는 선비들이 사원에서 젊은 여자들과 서로 만나는 고사를 많이 기록하였는데, 고사는 허구(虛構)에서 나왔어도 이러한 배경은 허구가 아니다.

11 송나라 사람인 장방평(張方平, 1007~1091)은 일찍이 말하기를, "유가는 담박하여 수습하지 못하여 모두 불교(선종)로 몰려들었다"(『捫虱新話』上集 卷3, 「儒釋迭爲盛衰」, "儒門淡薄, 收拾不住, 皆歸釋氏焉)라고 하였다.

12 任繼愈주편, 『中國哲學發展史』(隋唐卷, 人民出版社, 1994) 참고한다.

을 드러내는 것'을 면치 못하였다. 당나라 시대가 끝나도록 유교의
통행하던 경전은 『오경정의五經正義』[13]였다. 이것은 당나라 초기 공영
달孔穎達(574~648) 등이 왕명을 받들어 편찬한 교육과 과거의 교재였
다. 이『오경정의』는 송대에 이르러서도 여전히 통용되었다. 『오경
정의』는 남북조시기 몇 사람의 경전주석을 섞어 모은 것이니, 남조
(南朝)의 현학玄學사상도 들어있고 북조北朝의 경학經學사상도 들어있
다. 엄격하게 말하면, 『오경정의』는 이들 사상을 모아서 합친 선본選
本(중요 내용만을 선별하여 정리함)이었으니, 그것은 완전한 체계를 이루지
못하였고 당 왕조 통일의 광대하고 광활한 모습을 반영하지 못하였
다. 한대 동중서의 철학체계는 후인들이 보기에 비교적 조잡한 신학
체계에 속하지만, 그것은 전적으로 한 왕조 건립의 사상체계가 되어
한대 통일의 웅장한 기개氣槪를 반영해내었다. 음양오행과 천인감응
天人感應의 이론으로 당시 사회와 자연윤리와 종교 등 많은 현상을 설
명한 것은, 기본적으로 한나라 사람이 제기할 수 있는 중대한 문제에
해답(해결이 아니다)할 수 있었다. 그러나『오경정의』는 그 역사의
사명을 완성하지 못하였다. 당대 사람들이 직면했던 우주와 인생의
각종 중대한 문제에 해답하는 것은 불교와 도교에 의해 전당되지 않
을 수 없었고, 불교의 부담이 조금 더 무거웠다. 유교는 직접 정권을
위해 일하였으며, 그것(유교)이 일어서야 했던 실제적 공능은 고도의
추상사유와 관계되는 깊은 이해였으니, 유교의 발언권은 많지 않았
고 약하게 나타났다.

---

13 당의 태종(太宗)이 공영달(孔穎達)·안사고(顏師古) 등을 시켜 유교의 기본 경서인
『역경』·『시경』·『서경』·『예기』·『춘추』 등 오경(五經)에 해설을 붙여 편찬케
한 주석서이다. 총 323권.(역자 주)

2. 불교-선종-유교

남북조 이래로, 부처는 이미 중국의 '성인'이 되어 부처·노자·공자를 함께 '삼성三聖'이라 불렀다. 불교가 전래된 후에는 중국의 봉건 종법제도를 부단히 받아들여 군신君臣·부자父子·강상명교綱常名敎사상도 불교가 선전하던 내용 중의 하나가 되었다. 이러한 현상은 이미 많은 학술계의 인사들이 인정하였다. 여기에서 지적하려는 것은, 불교가 초기에 중국에 전파되는 가운데 불경佛經이 중국어로 번역될 때에 이미 적지 않은 중국의 유교사상이 번역되었으니, 유가의 윤리관과 가치관에 있던 것이 번역을 통해 중국어로 번역된 불경에 삽입되어 부처의 가르침이 되었다.14

진晋·송宋(劉宋) 연간에 불교 이론가들은 당시 현학가의 논쟁에 참가하여 세속의 학자들과 함께 본체론의 문제를 탐구하였다.15 이러한 논변은 중국철학의 발전을 촉진시켰다. 남북조시기 불교 이론계는 반야학般若學에서 열반학涅槃學으로 토론이 전환되었다. 열반학은 바로 철학의 심성론心性論이다(불교에서는 佛性論, 즉 人性論이라 불렀다). 본체론에서 심성론으로의 진입은 당시 사상계에서 유행하던 화제였다. 반야학에서 열반학으로(본체론에서 심성론으로)는 바로 중국철학사 발전의 논리와 함께 전개되었으니, 당시 중국철학사는 본체론에서 심성론으로 옮겨갔다.

'안사安史의 난'16은 당 왕조가 왕성함에서 쇠약함으로 바뀌는 전환점이었으니, 불교도 전란의 영향을 받았다. 불교가 타격을 받은 가장

---

14 일본학자인 나카무라 하지메(中村元, 1912~1999)의 「유교사상의 불전(佛典)에 대한 중국어 번역이 가져온 영향」(『世界宗敎研究』, 1982年, 第2期)을 참고한다.

15 任繼愈주편, 『中國哲學發展史』(魏晋南北朝卷) 속의 「위진남북조의 불교경학」과 관계있는 '육가칠종(六家七宗)'의 논술을 참고한다.(人民出版社, 1988年, pp.452~465.)

중요한 것이 당 후기 무종武宗 회창會昌(당 무종의 연호) 5년(845년)의 폐불
(廢佛)운동이었다. 이 폐불운동은 불교의 손실이 가장 큰 외에도, 몇몇
외래의 다른 종교가 있었다.17 회창(會昌)의 폐불은 불교 각 종파의 물
질적 시설이 심하게 파괴되어 회복되기가 어려웠고, 사원경제는 이로
부터 한번 무너지면서 다시는 일어나지 못하였다. 그러나 선종禪宗은
이전보다 더 많은 전파 기회를 얻었다.

심성론은 수·당 불교의 각 종파들이 공동으로 관심을 갖던 문제였
다. 각 종파들은 각자의 관점과 방법으로 심성론의 체계를 세웠다.18
진晉·송宋 연간에 축도생竺道生(355~434)의 열반학은 초기의 심성론을
대표하였다. 축도생은 독창적 견해가 있었지만 또한 인도불교의 경전
을 모방하였으니, 만약 북본北本 『열반경涅槃經』19이 발견되지 않았다
면 축도생은 일생동안 여한으로 생각하였을 것이다.20 당대 불교는
창조성이 더욱 강하여 불교경전의 문구文句에 근거가 있는지 없는지를
분간하는 것은 결코 중요하지 않았다. 당대 불교의 각 종파들은 모두

---

16 '안사의 난'은 755년에서 763년까지 9년간 당나라에 생긴 반란이다. '안사'라는
　이름은 난을 이끌었던 안녹산(安祿山)과 사사명(史思明)의 머리글자를 딴 것이다.
　(역자 주)

17 요교(祆敎: 조로아스터교)와 경교(景敎: 네스토리우스교) 등은 사원이 철거되고 신도들
　이 감금되었다.

18 천태종(天台宗)·화엄종(華嚴宗)·법상종(法相宗)·유식종(唯識宗)·선종(禪宗)은 모두
　자기의 심성론이 있었으니, 『中國哲學發展史』(隋唐卷)과 『中國哲學史』에는 모두
　별도의 전장(專章)을 두었다.

19 『열반경』에는 '북본(北本)'과 '남본(南本)'이라는 두 본과 '대반니원경(大般尼洹經)'이
　라는 또 다른 본이 있다. '대반니원경'은 동진(東晉)의 법현(法顯)이 418년에 남본
　과 북본의 앞부분을 번역해 6권 18품으로 나누어 한역한 것이고, 북본 열반경은
　421년 북량(北凉)의 담무참(曇無讖)이 번역한 것으로 40권 13품으로 되어 있다. 이
　북본 열반경에 근거하여 혜엄(慧嚴)과 혜관(慧觀)이 거사 사영운(謝靈運)과 함께 법
　현이 번역한 '대반니원경'을 대조하여 다시 번역하여 보완하였다. 이것은 모두 36
　권 25품으로 되어 있으며, 중국의 강남지방에서 번역되었다 하여 '남본 열반경'이
　라 불렸다.(역자 주)

불교경전을 차용하여 자기의 체계를 세웠으니, 천태종天台宗은 『법화경法華經』에서, 화엄종華嚴宗은 『화엄경華嚴經』에서, 모두 불교경전을 근거로 하여 모두 대담하게 발전하였다. 묵수墨守(墨翟)에게서 전수받은 현장玄奘(602~664)이 경전을 번역할 때도 간혹 편집하거나 몰래 끼어넣는 방식으로 자기의 관점을 나타냈으니[21], 대담하고 참신한 선종은 더 말할 필요가 없다.

각 종파가 쇠락하고 선종만 홀로 왕성하였다. 당시는 난세亂世여서, 당나라 중앙정부는 전국에 대한 통제력을 완전히 상실하였으나 선종은 더욱 발전하였다. 왜냐하면 선종에는 스스로 노동하여 자기를 먹여 살리는 전통이 있어서 사원경제가 둔 고리高利貸와 수전대收田貸(농경지에서 수확한 작물을 빌려줌)의 생활에 의지하지 않았기 때문이다. 선종의 백장회해百丈懷海(749~814)가 『백장청규百丈淸規』를 제정하였으니, "하루 일하지 않으면 하루 먹지 않는다(一日不作, 一日不食)"는 규정이 있었다. 소농경제와 소생산의 방식으로 승려집단의 생활을 공동으로 유지하였다.

선종 내부에는 적지 않은 유파가 있었으니, 후인들은 남파南派(頓悟)와 북파北派(漸悟)로 나누고[22] 7가10실七家十室[23]이 세분되어 백가百家에

---

20 축도생은 "일천제(一闡提: 영원히 깨달음을 얻을 수 없는 중생) 사람에게도 모두 불성이 있다(一闡提人皆有佛性: 누구나 성불할 수 있다)"거나 "남의 것을 빌리지 않고 독자성에 철저할 것(孤明先發)"을 제기하였는데, 사람들은 그가 불교경전의 근거를 결핍하고 사설(邪說)로 간주되어 불교단체에서 축출되었다고 생각하였다. 후에 북본(北本) 『열반경』을 얻어 보니 경전 속에 명문규정이 있었으니 "축도생이 승려들의 지지를 받아 명예를 회복하였다"는 것이다.

21 『성유식론(成唯識論)』은 난잡한 번역으로, 역자가 자기의 생각을 섞어 넣었다.(呂澄(1896~1989), 「觀所緣緣論會譯」(『內學』, 제4집에 들어있다)에 보인다).

22 중국 선종 5조 홍인(弘忍)의 전등(傳燈)제자로 혜능(慧能)과 신수(神秀)가 있었으니 혜능을 잇는 계보를 남종선(南宗禪)이라 불렀고, 신수의 학인들을 북종선이라 불렀다. 남종선이 즉각적인 깨달음인 돈오(頓悟)를 주장한데 비해, 북종선은 단계적인 깨달음인 점오(漸悟)를 강조하였다.(역자 주)

그치지 않았다. 각 유파에는 각자 강조하는 독특한 방식이 있었으나 여기서는 상세히 설명하지 않겠다. 각 유파에도 공통점이 있어―스스로 자기를 구제하였으니, 만약 자기가 스스로 깨닫지 못하면 부처도 어찌할 수 없다. 이러한 자아해박自我解縛(스스로 속박을 풀어줌) 또는 자아해탈自我解脫의 사상방법과 수양방법은 중국 고대 소농경제의 자급자족하는 생산방식을 반영하였다.

본 논문에서는 중국의 국가정세가 고도로 집중된 중앙권력과 극도로 분산된 소농경제의 모순적 통일임을 처음으로 제기하였다. 선종 '자아해탈'의 구호는 더욱 부각되었다. 당말오대唐末五代에는 황제가 유명무실해져 집중된 통일과 분산된 개체의 모순이 이미 균형을 잃고 조화를 잃어 중앙정부의 명령은 실행되지 않았고 국가권력은 여러 갈래로 분열되었다. 오대십국五代十國의 정권은 더욱 빈번하게 교체되어 천하에는 중심이 없었고, 선종은 바로 이 때에 그 도가 크게 유행하였다.

대일통의 정상질서를 유지하려면, 반드시 정권의 집중과 경제의 분산으로 하여금 균형과 조화를 회복하게 해야 한다. 분산된 소농경제와 집중된 중앙통일이 완전한 사상체계로 들어서는데, 다만 유교가 이러한 역사적 임무를 완성하고 극도로 분산된 상황을 바꿀 수 있었다.

유교는 북송시기에 한유韓愈(768~824)와 이고李翱(772~844)의 집중된 통일을 강화하는 노선을 계승하였고, 동시에 불교 특히, 선종의 심성론을 흡수하여 불교의 심성수양인 선종의 '명심견성明心見性(마음을 밝혀 본성을 봄)'을 주경主敬·함양涵養·수일守一로 바꾸고 치국·평천하의 정

---

23 7가는 위앙종(潙仰宗)·조동종(曹洞宗)·임제종(臨濟宗)·운문종(雲門宗)·법안종(法眼宗)과 황룡파(黃龍派)·양기파(楊岐派)를 말하고, 10실은 강서(江西)·하택(荷澤)·북수(北秀)·남선(南銑)·우두(牛頭)·석두(石頭)·보당(保唐)·선습(宣什)·조나(稠那)·천태(天台) 등을 말한다.(역자 주)

치목표와 서로 결합시켰다. 심성의 학문은 주로 안을 다스렸고, 치국·평천하는 주로 밖을 다스렸다. 『중용』·『대학』·『논어』·『맹자』는 반드시 읽어야 하는 경전으로 간주되어 '사서四書'라고 불렸다. 안으로 마음을 다스리고 밖으로 나라를 다스렸으니, 송유들은 '내성외왕內聖外王의 도'라고 불렸다. '극고명(極高明)'이 내심의 수양을 강화할 것을 가리킨다면, '도중용道中庸'은 일상의 사회생활에 참여하고 생활을 벗어나지 않는 것을 가리킨다. 선종은 선학禪學이 일상생활을 떠나지 않음을 공언하여 "물을 기르고 땔나무를 나르는 것이 신묘한 도가 아님이 없다"[24]라고 하였다. 이미 물을 기르고 땔나무를 나르는 것에서 '명심견성'할 수 있다면, 어째서 부모를 섬기고 군주를 섬기는 것이 신묘한 도가 아니겠는가? 선종에서 유교에 이르기까지 차이가 겨우 몇 걸음 밖에 안되어 송유들은 선종의 사유방식에 따라 종교수양방식에도 한걸음 더 매진하여 종교수양과 사회생활을 하나로 만들어 '극고명'하고 '도중용'하였다.[25] 당 왕조의 『오경정의』를 완성시킬 임무가 없었고, 송유들은 『사서』로 『오경』을 대신하였으니, 이것이 진·한 이후 경학의 일대 변혁이었다.

　『사서』로 지도사상을 삼으면, 중앙의 고도로 집중된 권력과 극도로 분산된 소농경제의 모순을 더 잘 조화시킬 수 있다. 군주(집권의 상징)는 천자요 가장家長(백성의 부모)으로 본래는 대립적 지위에 있었으나, 새로운 경학의 해석을 통하여 집안의 부자父子관계로 설명되었다. 『대학』의 격물格物·치지致知·성의誠意·정심正心·수신修身·제가齊家·치국治國·평천하平天下라는 이러한 사상체계는 이미 고도로 집중된 중앙정권의 절대성(천리)으로 해석되었고, 또한 분산된 소농경제의 합리성(이일분수)

---

24 "運水搬柴, 無非妙道."은 禪偈의 말이다.(역자 주)
25 『中庸』, 第27章, "極高明而道中庸."

으로 설명되었다.26 몇 천 년 지속되던 일대 모순(중앙과 농가)에 대해, 이론상에서 하나의 합리적인 답안을 찾았다.

유교의 건립은 불교와 도교세력의 쇠퇴를 의미한다. 한유의 배불排佛은 불교의 심성론을 흡수하지 못하였기 때문에 불교와 도교의 영향을 배제시키지 못하였다. 송유들이 불교와 도교를 물리친 것이 아니라, 불교와 도교의 종교심성수양이론을 흡수하여 자신(유교)을 충실히 하여 불교체계의 일부분으로 변하였는데, 그것이 성공하였던 것이다.

송宋 이후의 삼교는, 겉으로 삼교(유·불·도)의 문호門戶를 유지하였으나, 삼교는 모두 자기 외의 다른 두 종교로 자기를 충실히 하려고 노력하였다. 송 이후의 삼교세력도 균형을 이루지 못하였는데, 당대唐代의 삼교와는 달리 유교가 주류를 이루었고 불교와 도교는 종속적 지위에 있으면서 유교에 협력하는 작용을 하였다.

불교에서 유교에 이르기까지, 보기에는 교의教義와 교리教理가 다르게 변한 것 같지만, 실제로 유교와 불교가 연이어 말하고 토론한 문제는 서로 연결된 것이고, 사상발전의 깊이도 점차 심화되었다. 형식상이나 문자상에는 충돌이 있었지만 실제로 일관하였다. 왜냐하면 유교와 불교는 모두 중국철학으로 계승관계에 있었고 내재관계에 있었기 때문이다.

---

26 '분수(分殊)'의 '분(分)'은 '분(份)'으로 읽어야 하니, 직분(職分)·명분(名分)으로 개개인에게는 자기의 직분이 있다. 군주에게는 군주의 직분이 있고, 신하에게는 신하의 직분이 있으며, 아버지·아들·부부에게도 모두 각자의 직분이 있다. 사회질서를 인륜(人倫)이라 부르고, 각자 직분을 다하는 것을 "인륜과 직분을 다한다(盡倫盡職)"라고 한다.

『중국유교사』[1] 서문[2]

남북조南北朝시대 이후에는 유교와 불교·도교를 함께 삼교三敎라고 불렀다. 이 삼교는 모두 왕의 교화를 보조하거나 민심民心을 구제하는 사회적 기능을 가지고 있었고, 모두 정부의 중시와 지지를 받았다.

먼 춘추시기 이전에, 중국에는 일찍이 자기의 전통 종교신앙이 있었으나 아직 정해진 명칭이 없었다. 유교의 명칭은 후에 생긴 것이다.

중화민족은 황하黃河와 장강長江유역에서 활동을 시작하던 날로부터 그들의 종교가 있었다. 이러한 종교는 부락신과 씨족의 영웅인물을 숭배대상으로 하였다. 전해오던 황제黃帝는 배와 수레·집·옷 등의 기물을 발명한 신이었고 또한 문자를 창조하였다. 염제炎帝와 신농神農은 곡식재배와 의약을 발명하였고, 복희伏羲는 가축을 길들이는 법을 발명하였고, 수인燧人은 불을 사용하는 법을 발명하였는데, 그들은 사람이면서 또한 신이었다. 중국 고대 민족신앙은 항상 씨족의 지도자가 죽

---

1 李申, 『中國儒敎史』(上·下卷)는 上海人民出版社에서 1999년 12월과 2000년 2월에 각각 상·하 두 권으로 나누어 출판하였다. (편집자 주)

2 원래 『중국철학사(中國哲學史)』, 1997년, 제4기에 실렸던 글이다.

은 후에 신이 되어 그 종족의 제사를 받았는데, 씨족과 종족의 인쇄기록을 가지고 있고 향토鄕土적 분위기를 띠고 있었으니, 서구 고대의 신화전설과는 크게 달랐다.

중국 고대의 제사대상은 조상제사와 천제天帝의 신봉이 '서로 짝하고 서로 따라서(相伴相隨)' 한데 섞여 있었다. 지상왕국의 조직형식이 날로 완비됨에 따라, 상제의 윤곽과 형상도 마치 그림자가 형체를 따르는 것처럼 날로 완전해졌다. 조상에 제사지내고 천신天神을 공경하는 둘이 긴밀히 섞이고 하나로 응결되어 중화민족 전통신앙의 핵심을 구성하였으니, '경천敬天'과 '법조法祖'로 귀결할 수 있다.

중화민족의 활동과 생활의 기본지역은 장강과 황하유역을 근거지로 하였다. 내외 정치형세의 변화에 따라 밖으로 일부 확장될 때도 있었고 안으로 일부 축소될 때도 있었지만, 총체적 범위는 장강과 황하 두 유역을 벗어나지 않았다. 이것은 중화민족이 5천 년간 생존하고 서식하던 근거지였다.

진秦·한漢 이후 장강과 황하유역 두 지역을 중심으로 다민족 통일의 중앙집권 대국을 건설하였는데, 이러한 대국통일의 구조가 2천여 년을 유지하여 오늘에까지 이르렀다. 사회의 변혁과 문화의 발전 및 국내외의 경제와 문화교류에 따라, 이러한 다민족 통일대국의 정치와 조직형태·지도집단에는 여러 차례 변화가 있었다. 진·한 이후, 이러한 다민족이 공동으로 조성하려던 통일대국의 발전노선은 결코 순조로운 것만이 아니었다. 몇 천년 동안, 그것은 내우외환內憂外患을 만나 정권이 몇 차례 교체되기도 하였고, 사회는 무수한 동란動亂을 겪었으며, 민족 간의 융합과 협조를 기조로 하는 일시적 전쟁도 있었다. 총괄하면, 진·한 이후 중국 2천년의 역경이 지극히 평범하지 않았다는 것이다. 때문에 인민들은 이미 중앙의 고도로 통일된 정권 하의 생활에 익숙하였다. 왜냐하면 통일대국은 인민에게 실질적 이익을 가져다

주었으니, 예를 들어 국가의 통일은 내전內戰을 일소시켜 백성들은 백
년 동안 전쟁을 하지 않고 편안하고 즐겁게 살아갈 수 있었기 때문이
다. 통일대국은 국가의 힘을 빌어 각종 자연재해를 구제하였고, 각지
의 풍작과 흉작에 따른 세수稅收를 조절함으로써 인민들이 살 곳을 잃
고 떠돌아다니는 생활을 면할 수 있게 해주었다. 국가통일은 전국의
인력을 동원하여 외부의 침략세력을 막아낼 수도 있었다. 국가통일은
전국의 인력과 물자를 모아 대규모의 건설사업과 문화사업을 벌릴 수
있었으니, 예를 들어 만리장성萬里長城을 축조하고, 운하運河를 만들고,
큰 수로水路를 정비하고, 중대 사항의 문화건설을 시행하며, 『영락대
전永樂大典』과 『사고전서四庫全書』와 같은 대규모의 문화서적을 편찬하
는 등과 같으니 이는 결코 한 사람 또는 한 지역의 인재가 감당할 수
있는 것이 아니요, 전국의 인재를 모아 협동 단결해야 비로소 최고의
성과를 낼 수 있었다.

　동시에, 고대 중국은 자연경제구조의 소농경제였으니, 가가호호家家
戶戶가 생산단위였고 생산한 산물産物은 전 가족의 소비로 쓰이는 외에
남는 것이 거의 없었다는 사실에 주목해야 한다. 통일대국의 고도로
집중된 중앙집권적 정치체제의 힘을 빌려 분산되고 영쇄한 소량의 자
산을 모아서 "모래를 모아 탑을 쌓거나(聚沙成塔), 여우 겨드랑이 털을
모아 갖옷을 만드는 것(集腋成裘)"[3]처럼 대국의 종합적 국력을 충분히
발휘해야 비로소 몇 건의 큰 일을 처리할 수 있었다. 역사상 대국통일
은 인민에게 일부 불편을 가져다주기도 하였지만, 몇 천 년간의 실행
은 많은 인민들의 통일대국에 대한 방식이 옹호적이고 지지적임을 나
타냈고, 또한 사상관념상에서도 공통된 인식을 얻어냈으니, 많은 인민

---

3 집액성구(集腋成裘): 『태평어람(太平御覽)』에 나오는 말로 '여우의 겨드랑이 밑에 난
　흰털을 모아 갖옷을 만든다'는 뜻으로, 여러 사람이 힘을 모으면 어떤 일이든지 성
　취할 수 있다는 의미이다.(역자 주)

들은 줄곧 통일대국이 정상적인 것이고 분열分裂과 할거割據가 정상이 아닌 것이라고 생각하였다. 가령 남북분열에 처했던 어떤 시기에도 할거하던 사람들은 마땅히 통일되어야 한다고 여겼으며, 정상이 아닌 국면을 끝낼 것을 요구하였다.

이러한 총체적 정치형세 하에서, 중국의 철학·문학·사학·종교는 모두 각자의 사상영역에서 그들의 상부구조의 작용을 발전시켰다.

진·한에서 아편전쟁(1840)에 이르기까지, 중국의 역대 왕조는 모두 효과적인 대일통의 정치관리를 강화하려고 노력하였고, 완전하고 합리적인 사회질서를 건립하려고 노력하였다. 그들은 정치와 법률의 강력한 수단을 동원하는 외에도, 철학과 종교의 교화작용을 발전시키고 정치에 배합하여 형벌의 부족한 점을 보충하였다. 다만 법치法治와 교화教化 둘이 '성공할 수 있도록 서로 잘 도와야(相補相成)' 비로소 이러한 다민족의 통일대국을 견고히 하고 완성할 수 있다는 것이다.

유교는 중국이라는 토양 위에서 몇 천년을 생존한 토종 종교이다. 진·한 이전에 이미 '경천'과 '법조'의 신앙 핵심이 제기되었다. 진·한 이후 국가형태가 날로 완비됨에 따라, 천제天帝의 형상은 바로 지상왕국의 신비스럽고 평범하지 않음을 반영하였다. 천신天神은 화복禍福과 상벌賞罰을 담당하는 외에도, 또한 사람들의 내심활동과 행위동기를 관찰하고 규정하였다. 불교·도교·유교는 모두 서로 다른 관점에서 대통일의 봉건 왕조제도의 합법화와 합리화를 위한 이론체계를 세웠다.

중국 인민들이 받아들이고 지지하고 옹호한 것은, 이러한 대일통의 국가제도였다. 불·도·유 삼교三敎는 각자 자기들의 종교입장에서 그 합리성을 논증하였다. '삼강三綱'·'오상五常'의 언행 속에서 천리天理를 체현하였다. 충효忠孝를 선양한 것은 인류의 천성에서 나온 것이다. 불충不忠과 불효不孝는 사람의 천성에 위배되었으니, 부처가 되고 신선이 되며 성현이 될 수가 없었을 뿐만 아니라 심지어 사람도 될 수가 없었다.

유교는 일찍이 고대에 공로가 있었으니, 왜냐하면 유교는 대일통의 봉건왕조를 견고히 하는데 적극적인 작용을 하였기 때문이다. 고대 봉건 대일통의 성과는 이미 중국 고대사회의 실제수요에 부합하였음을 증명하였다. 이러한 제도를 위해 복무한 유교의 공적은 충분히 긍정해야 한다.

중국 전통종교의 핵심신앙은 '경천'·'법조'이고, 진·한 이후 중국 전통종교의 핵심신앙은 '충효忠孝'·'삼강三綱'이다. '충효'·'삼강'의 신앙과 '경천'·'법조'의 고대 신앙이 일맥상통하는 것은 '경천법조'의 종교적 내용을 완전화되게 하였으니, 그것은 종교신앙이고 또는 정치사상으로 대일통 국가의 생존요구에 한층 더 부응할 수 있었다.

선진시기 '경천법조'의 신앙은 당시 중앙정권의 통치가 크게 집중하지 못하고 중앙의 통솔력도 충분히 강대하지 못한 정치형세와 서로 부응한다. 진·한 이후, 지상왕국의 세력이 강대하였고 상제의 통섭범위도 광대하였으니, 산천山川·일월日月뿐만 아니라 사람들의 내심의 활동이나 한 생각의 선악善惡까지도 종교신학의 통제를 받아야 했다.

진·한 이후에는 황제가 직접 천하의 군郡·현縣을 관리함에 따라, 관리에 참여한 것으로는 승상丞相·삼공三公이 있었다. 그러나 황제는 항상 대신大臣이나 권신權臣의 방해를 받았고, 심지어 궁중정변이 일어나 황권이 찬탈될 때도 있었다. 중앙집권을 강화하고 사회질서를 견고히 하기 위해, 송 왕조 이후에는 유교의 교화작용을 강화하였다. 송 이후에 권신은 있었으나 찬신簒臣은 없었다. 유교는 교화의 힘으로 중앙집권을 견고히 하고 그것을 더욱 안정시켰다. 조조曹操(155~220)가 당 이전에는 유능한 신하의 형상이었으나 송 이후에는 간신奸臣이 되었고, 양웅揚雄(BC 53~BC 18)이 당 이전에는 사상계에서 비교적 좋은 명성을 얻었으나 송 이후에는 왕망王莽의 관직을 지냄에 따라 명성이 땅에 떨어졌다. 특히 명청시대에는 과거시험으로 선비를 선발함에 따라 정부는 고시제도로 유교사상을 강력하게 시행하였고, 송대 유학자인 정주 사상체계를 선비를 뽑는 표준으로 삼았는데, 이는 행정명령으로 유교 신앙을 강화하고 보급시킨 것과 같은 것이다. 과거고시는 명청시대에 독서인이 벼슬길에 오르려면 반드시 거쳐야 하는 길이었으니, 이러한 길로 나간 선비들은 모두 체계적으로 유교사상의 훈련을 받아야 했는데, 이것이 유교를 보급시키는데 유력한 작용을 하였다.

중국 유교에 있는 또 다른 특징은 고도의 정교합일政敎合一, 즉 정교가 구분되지 않고 정교가 일체였다는 것이다. 황제가 교황을 겸임하였고, 혹은 교황이 황제를 겸하였다고 부르기도 하였다. 신권神權과 정권政權이 하나로 융합되어 유교의 교의敎義가 정부의 정령政令방식으로 하달되었다. 조정의 '성유광훈聖諭廣訓'4은 성지聖旨였고, 교황의 칙서勅書와 같았다. 중세기 유럽의 국왕 즉위는 교황이 대관戴冠해야 비로소 상제의 허락을 얻을 수 있다고 여겼다. 중국의 황제 즉위는 황제 자신이 천하에 조서詔書만 반포하면 바로 실행되었다. 조서의 첫 머리는 반드시 "하늘을 받들어 국운國運을 이은 황제는 다음과 같은 조서를 내린다(奉天承運 皇帝詔曰)"로 시작되는데, 황제의 조서는 동시에 교황칙령과 같은 권위를 가졌다.

유교는 중화민족 특유의 전통종교이고, 중국이라는 오래된 토양 위에서 생활한 각 민족, 즉 한족漢族 이외의 소수민족을 포괄한다. 예를 들어 북방의 요遼·금金·원元·서하西夏·청淸과 같은 역대 왕조는 모두 유교를 국교로 하였고 공자를 교주로 받들었다.(이것은 공자 생전에 예측할 수 없었던 것이고, 노자가 도교에 의해 교주로 받들어졌으나 노자에 의해 예측될 수 없었던 것과 같은 것이다.)

---

4 중국 청(淸)나라 제5대 황제인 옹정제(雍正帝, 1678~1735)가 민중교화를 위하여 포고한 교육칙어(敎育勅語)이다.(역자 주)

유·불·도 삼교는 모두 고대 전통종교이다. 오직 유교만이 정치와 종교가 결합하는 우수성을 이용하여 국교國敎가 될 수 있었으니, 유교의 신권과 황권이 하나로 융합하여 분리될 수 없었다. 일단 황권제도가 폐기되면, 유교도 황권제도를 따라 함께 시들게 된다. 행정명령이 종교를 타도하지 못한 것은 일찍이 역사에서 증명되었지만 정권은 교체될 수 있었다. 유교와 황권이 하나로 융합되었기 때문에 황권의 폐기에 따라 유교도 소멸되었다. 반대로, 불교와 도교는 당초에 유교처럼 왕성하지 못하였지만, 그들은 황권과 서로 배합하여 하나로 결합되지 못하였다. 유교가 소멸하였으나 불교와 도교는 여전히 계속 존재할 수 있었다. 종교의 존재는 그 장기성長期性에 있음을 알 수 있다. 유교 속에 '경천법조'의 종교 핵심부분은 오늘날에도 여전히 중국인의 사상 속에서 영향을 주고 있지만, '삼강'사상은 오늘날 존재기반이 크게 축소되어 거의 소멸되었다.

유교의 발전과정에 따라, 대체로 아래 몇 단계로 구분할 수 있다.

(1) 전前유교시기 ─ 진秦·한漢 이전

(2) 준準유교시기 ─ 양한兩漢

(3) 삼교三敎병립시기 ─ 위魏·진晉·수隋·당唐

(4) 유교 형성시기 ─ 북송北宋(장재와 이정)

(5) 유교 완성시기 ─ 남송南宋(주희)

(6) 유교 응고시기 ─ 명明·청淸

나는 이신李申이 쓴 『중국유교사中國儒敎史』(상권)의 원고를 매우 흥미롭게 보았는데, 이 책은 중국의 문화사·사상사·철학사를 연구하기 위해 담장을 허문 것이다. 이 담장은 오랜 시기 우리의 시야를 가로막고 있었다.

우리는 지금 개방이라는 새로운 시대에 직면해 있고, 중화민족은 지금 자신만만하게 세계로 나아가고 있다. 우리는 외래의 가치있는 문화를 흡수하여 자기의 우수한 전통을 충실히 하기도 하고, 또한 보수적 관습에 사로잡혀 민족문화의 진귀한 보물에 얼룩을 묻히기도 한다. 사회주의 신문화를 창건하려면, 먼저 우리의 오래된 지반을 말끔히 정리해야 한다. 우리는 장기간 폐쇄되어 있어서 사방에서 쏟아지는 다양한 외래문화에 갑자기 접촉하면 불가피하게 대처할 겨를이 없게 된다. 중국의 유구한 문화에 대해서도 마르크스의 역사유물주의로 신중히 평가해야 한다. '5·4 운동(1919)' 이후, 학술계에서는 중국 전통문화에 대해 탁월한 성과를 거둔 연구를 진행하였으나, 유독 중화민족의 윤리관·가치관·사회생활·문화생활·가정생활에 영향을 미친 유교에 대해서는 분명히 정리하지 못하였으니, 이는 찾아내어 설명할 수 있는 근거가 많이 있는데도 분명히 보지 못하고 분명히 말하지 못하였던 것이다. 유교를 연구하지 않으면 고대와 지금의 중국사회를 정확히 인식할 방법이 없다.

이신은 '학문을 좋아하고 생각이 깊으며(好學深思)' 여러 해 동안 유교를 연구하였다. 그의 이 책의 출판은 반드시 중국종교사의 연구와 중국문화사의 연구에 새로운 사유노선을 제공할 것이다.

사상체계는 한 민족의 모든 물질생활과 문화생활의 거울이다. 유교는 중화민족 토종의 종교이고, 도교도 중국 토종의 종교이지만, 도교는 국교(國敎)가 되지 못하였다. 도교의 영향도 매우 심원하였으나, 문화와 사상영역 속에서 비록 도교가 지극히 왕성하던 시기에도 세력이 불교에 미치지 못하였고, 더욱이 송명시기 이후 절대적 통치지위를 차지한 유교와는 비교될 수가 없었다. 다만 유교의 존재라는 이러한 사실을 철저히 모색하고 나아가 유교의 많은 분과부분을 충분히 연구해야, 비로소 효과적으로 중국의 특색을 가진 사회주의 신문화를 건설하는데 약간의 건축재료를 보탤 수 있다.

　이신의 이 저술은 유교의 탐구에 관한 첫 걸음이 될 수 있겠지만, 새로운 영역을 개척하는데 항상 부딪치는 어려움과 주밀하지 못한 부분은 피할 수 없다. 더 많은 학자들의 관심을 불러일으킬 수 있으려면, 반드시 대량의 큰 성과를 학계에 쏟아내야 할 것이다. '벽돌을 던져서 옥을 끌어내기를'[5] 우리는 기대하고 있다.

---

5 포전인옥(抛磚引玉): 다른 사람의 훌륭한 의견을 듣기 위해, 먼저 자신의 미숙한 의견을 내놓는 것을 말한다.(역자 주)

제2부

이신_{李申}*의 유교종교론

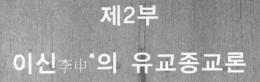

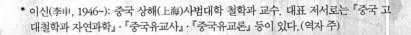

* 이신(李申, 1946~): 중국 상해(上海)사범대학 철학과 교수. 대표 저서로는『중국 고
대철학과 자연과학』·『중국유교사』·『중국유교론』등이 있다. (역자 주)

유고는 종교인가

1

유교와 유교연구[1]

1. 유교의 역사

유교는 중국 전통의 국가종교이며 또한 중국 전통문화의 신경과 영혼이다. 중국 전통문화가 5천 년간 일찍이 중단되지 않았기 때문에 유교도 수천 년의 변천과 발전 속에서 일찍이 중단되지 않았다. 또한 이러한 변천과 발전은 기본적으로 일종의 자체적 변천과 발전이었다. 때문에 그것의 변천과 발전노선은 종교 자체의 변천과 발전의 전형으로 대표될 수 있다.

유교의 근원은 중국에 전해지는 역사시기로 소급해갈 수 있으니, 즉 요순堯舜시대 심지어 더 이른 황제黃帝의 시대와 더 이전의 복희씨伏羲氏시대로 소급해갈 수 있다. 전설에 의하면, 복희·황제시기에는 이미 왕이 하늘에 제사지내는 전통이 있었기 때문에 국가종교로서의 모형을 구비하였으며, 심지어는 이미 원시종교에서 국가종교로 변천

하기도 하였다. 또 다른 전설에 의하면, 대략 황제의 자손 전욱씨顓頊氏시대에는 '땅과 하늘의 소통이 끊어지는(絶地天通)' 한 차례의 중요한 종교변혁을 겪고서야 비로소 점차 원시적 종교상태에서 벗어나게 되었다고 하였다. 이 후의 성왕인 요堯·순舜·우禹·탕湯·문왕文王·무왕武王은 모두 이러한 종교의 발전에 중대한 공헌을 하였다.

믿을 만한 문헌자료에 근거하면, 주대周代 초기에 주 무왕과 협조하여 상 왕조의 통치를 뒤엎은 주공周公 희단姬旦2은 주 왕조를 건립한 후에 일찍이 '예악禮樂을 제정하여' 당시 선진적인 정교일체政敎一體의 의례제도를 수립하였다. 그러나 수백 년 후에는 이 제도가 점차 파괴되었다. 춘추시대의 공구孔丘(공자)는 당시의 혼란한 상황을 걱정하여 일생동안 허둥지둥 국가의 질서와 안정을 회복할 것을 희망하였다. 공자는 당시 가장 박학한 학자였기 때문에 많은 존경을 받아 '공자孔子' 혹은 '부자夫子'로 존칭되었고, 사람들이 그의 이름을 부르는 것을 일종의 모욕으로 느끼기도 하였다. 그러나 그의 주장은 당시 군왕들의 호응을 얻지 못하였다. 그래서 그는 고대 성왕들이 창조한 것으로 보이는 문화성과를 정리하고 자기가 이해한 것을 제기하여, 이러한 문헌이 후세 사람들의 행위의 근거가 될 수 있기를 희망하였다. 공자가 정리한 고대문헌은 유교경전 혹은 유교경전의 기초가 되었다. 주공 희단姬旦과 공자가 의례제도와 종교관념에서 중대한 공헌을 하였기 때문에 당대唐代에 이르기까지 사람들은 항상 '주공周孔'이라 함께 불렀고, 그들을 두 분의 최고 성인으로 간주하였으며, 유교의 주장을 '주공周孔의 도'라고 하였다.

한대漢代 국가통치의 수요에 따라 한 무제를 시작으로 '유술(유교)만을 존숭하는(獨尊儒術)' 정책을 실행하였다. 유학자 동중서董仲舒(BC179~BC10

---

2 문왕(文王)의 아들이요 무왕(武王)의 동생으로, 성은 희(姬)고 이름은 단(旦)이다.(역자 주)

4)는 공자의 사상에 근거하고 새로운 역사조건에 부응하여 이러한 전통의 국가종교 교의를 새롭게 해설하였다. 동중서의 새로운 해석 위에서 후대의 유교가 부단히 노력하여, 점차 전통종교를 주공과 공자에 의해 다져진 유가학설의 기초 위에 철저히 세워지게 하였다. 때문에 유술만을 존숭하는 것은 전통의 국가종교가 철저히 유교화되는 발단이요 또한 유교의 진정한 발단이었다.

동중서의 새로운 해석과 발전을 거친 유교 교의敎義는 의례제도의 수립을 중시하였는데, 그 중에서도 특히 하늘에 제사지내고 조상에 제사지내는 의례제도가 수립되었다. 완비되었으나 복잡한 의례제도는 사람들이 질서를 지키고 '분수에 만족하고 본분을 지키는安分守己' 습관을 기르는데 도움을 주었으니, 이것이 바로 유교가 중시하는 의례의 중요한 목적 중의 하나이다. 그러나 의례제도의 외형적 성질은 또한 쉽게 위선을 야기하였다. 위진시대 왕필王弼(226~249) 등을 대표로 하는 유교 사상가들은 형체를 볼 수 있는有 행위의 배후에 놓인 그 볼 수 없는無 것을 더 중시하였고, 또한 그 배후에 놓인 볼 수 없는 것이 볼 수 있는 것보다 더 중요하다고 여겼다. 그들의 견해가 많은 사람들의 지지를 받았지만 결코 유교 국가의 사상적 지도가 되지 못하였는데, 왜냐하면 그들은 '무無'가 무엇인지를 말하지 못하고 '무'에 대한 이해가 서로 달라 각자 자기주장대로 행할 수 있었기 때문이다.

수당시대에는 의례제도의 수립이 최고조에 이르렀다. 당대 중기에 제정된『개원례開元禮』3는 후대 의례제도의 모범이 되었다. 그 속에는 어떻게 하늘에 제사지내고 조상에 제사지내고 공자에 제사지내는지

---

3 중국 당나라 때의 예제(禮制)를 규정한 책. 150권.『대당개원례(大唐開元禮)』라고도 한다. 현종(玄宗)의 개원 연간에 소숭(蕭嵩) 등이 황제의 명을 받아 태종 때의『정관례(貞觀禮)』와 고종 때의『현경례(顯慶禮)』를 절충하여 만들었다.『당개원례』가 만들어짐으로써 당대의 오례(五禮)제도가 완비되었다.(역자 주)

에 대해 모두 상세히 기록하였고 법전法典의 의미를 갖게 규정하였다.
이러한 제도수립은 응당 국가를 안정시켜 나갔지만, 머지않아 유명한
'안사安史의 난'4이 일어나면서 국가는 이로부터 혼란에 빠지고 당 정
권도 이로부터 주저앉아 다시는 일어나지 못하였다. 당 왕조 후기의
유학자들은 유교의 효능을 반성하여, 한편으로는 불교와 도교를 단호
히 배척할 것을 주장하였고, 다른 한편으로는 사람들의 내심에 의례
제도를 준수하는 경건함을 기를 것을 호소하였기 때문에 심성心性문제
에 대한 탐구가 점차 유학자들의 가장 중요한 이론적 방향이 되었다.
『맹자』·『대학』·『중용』 등 과거에 소홀히 여겼던 유교전적이 특별
히 중시되었다. 송대에 이르러 정호程顥·정이程頤형제와 그들의 후계
자 주희朱熹(1130~1200)의 노력을 거쳐 『맹자』 등의 서적이 특히 중시
되어 『논어』와 함께 '사서四書'로 불렸고 유학자들의 필수적이고 가장
중요한 서적이 되었다.

　이처럼 유교 교의의 변천은 크게 두 단계로 나누어졌다. 앞의 단계
는 의례제도의 수립을 중시하는 '주공周孔의 도'이고, 뒤의 단계는 내심
의 경건함을 기를 것을 중시하는 '공맹孔孟의 도'이다. 청대 유학자들은
당대唐代와 그 이전의 단계를 '한학漢學'이라 불렀고, 송대를 시작으로
하는 유학을 '송학宋學'이라 불렀다. 의례제도의 수립이 여전히 중요한
것이었지만, 송학은 한층 더 자발적으로 지킬 것을 요구하였다. 후인
들은 송대 유학자들이 내심의 수양을 지나치게 강조하였기 때문에 국
가를 다스리는 능력을 상실하였다고 여겼다. 그러나 송학의 주장자들
은 내심의 수양을 잘하면 국가의 각종 제도에 정통하여 치국治國·평천
하平天下의 목적에 도달할 수 있다고 보았다. 왜냐하면 송대 유학자들
은 사람마다 마음속에 모두 의례제도를 지키는 천부적인 천리天理가

---

4 안사의 난(安史之亂, 755~763)은 중국 당나라 중기에 안녹산(安祿山)과 사사명(史思明)
　등이 일으킨 반란이다. (역자 주)

있으니; 문제는 내심의 수양을 통해 이러한 천리를 개발해내는데 있다
고 여겼으며, 혹자는 이것을 사욕私欲에 가려지고 혹은 오염된 천리를
드러내는 것이라고 말하였다.

　'송학'은 명 왕조의 멸망에 따라 유학자들의 심한 비판을 받았는데,
그들이 실제적인 치국治國의 특성을 중시하지 않는 결과라고 보았다.
청대 유학자들은 송학에 대해 많은 비판을 하였지만, 청대 유학자들
역시 새로운 주장을 제기하지 못하고 다만 '한학'과 '송학' 사이를 배회
하였다.

　외부의 간섭이 없었다면, 유교는 장기간 배회한 후에 새롭게 수립될
수 있었을 것이다. 그러나 제국주의가 출현하였다. 아편전쟁阿片戰爭[5]
중에 제국주의는 대포와 함대로 중국의 문을 열었다. 유교와 그 기반
체제인 청 왕조의 국가정권은 모두 생사존망生死存亡의 문제에 직면하
였다. 새로운 강적强敵에 직면하여 어떤 유학자들은 유교경전의 지도
로 국가와 유교를 부흥시킬 것을 주장하였고, 어떤 사람은 과거에 중
시되지 않았던 '자서子書'[6]속에서 구국救國의 답안을 찾았다. 어떤 유학
자들은 서양을 배울 것을 주장하였으니, 무엇보다도 서양의 견고한 선
박과 대포를 제조하는 기술을 배우고 이어서 서양의 정치제도를 배울
것을 주장하였다. 이 모든 것에 효과가 나타나지 못한 상황에서, 유교
국가는 위로 천 년간 계속되던 과거제도를 폐지할 것을 선포하였다.
이에 따라 유교경전이 방치되었고 유교의 이론도 폐기되었다. 후에 신

---

5 19세기 중반에 청나라와 영국 사이에서 벌어진 전쟁으로 두 차례의 전쟁이 있었다.
　제1차 아편전쟁(1840~1842)은 중국의 아편 단속을 빌미로 하여 영국이 1840년에 일
　으킨 전쟁이고, 제2차 아편전쟁(1856~1860: 일명 애로호 전쟁)은 제1차 아편전쟁 이후
　청나라의 개방이 기대에 못 미치자 영국이 1856년에 아일랜드·프랑스와 함께 청나
　라를 공격하면서 일어난 전쟁이다. (역자 주)
6 도서 사부(四部)분류법 중에 자부(子部)서적을 말한다. 예를 들어 『노자』·『묵자』·『순
　자』·『맹자』 등이다. (역자 주)

해혁명辛亥革命7이 일어났다. 새로운 공화국은 하늘에 제사지내지 않고 공자에게 제사지내지 않았으니, 유교의 제사제도도 폐기되었고 유교의 주체적 지위도 존재하지 않게 되었다.

2. 유교의 명칭

공자는 자기의 역할이 고대 성왕, 예컨대 요·순·우·탕·문·무·주공이 부단히 창조하고 개진하던 사업을 계승하는 것이라고 생각하였다. 이 사업의 목적이 국가의 질서와 사회의 안정을 유지시키고 인민들을 행복하고 편안하게 살 수 있게 하는데 있었기 때문에 유교의 기본 주장도 '선왕의 도' 혹은 '선왕의 교敎'라 불렸다. 질서와 안정을 유지하려면 의례제도로써 사람들에게 '분수에 만족하여 본분을 지키는 (安分守己)' 습관을 기르게 하는 것이 가장 중요한 수단이기 때문에 '예교禮敎'로 불렸다. 사람들은 이러한 질서 속에서 모두 상응하는 지위가 있었고, 상응하는 지위에는 모두 상응하는 명칭이 있었으니, 군신君臣·부자父子·부부夫婦 등과 같은 것이다. 이 상응하는 명칭에는 모두 상응하는 요구가 있었다. 의례제도를 실행하는 과정에서 사람들은 항상 명칭에 근거하였으니, 개인에 대해 상응하거나 반드시 지켜야 하는 요구를 제기하였기 때문에 또한 '명교名敎'라고도 불렸다. 이 밖에도 또 다른 견해가 있지만, 이 몇 가지가 가장 보편적으로 널리 행해졌으며 그것들은 유교와 같은 말이었다.

---

7 1911년(辛亥年)에 일어난 중국의 민주주의 혁명을 말한다. 제1혁명이라고도 한다. 이 혁명으로 청나라가 멸망함으로써 2천 년간 계속된 전제정치(專制政治)가 끝나고, 중화민국(中華民國)이 탄생하여 새로운 정치체제인 공화정치의 기초가 이루어졌다. (역자 주)

공자 이후 오래지않아 전국시대 초기의 사상가 묵적墨翟(약 BC 468~B
C 376)은 일찍이 유교를 도교道敎라고 불렀는데, 왜냐하면 유학자들이
스스로 옳은 길이라 여기고 받들어 행하였기 때문이다. 한대 말기에
중국 불교서적인『모자이혹론牟子理惑論』8에서도 공자의 교敎를 '도교'
라고 불렀다. 진대晉代에 이르기까지 황제가 유학자들을 조정으로 불
러서 임용하던 조서詔書에도 여전히 유교를 '도교'라고 하였다.

'유교儒敎'라는 말은 가장 먼저『사기史記』에 나온다.『사기』「유협열
전游俠列傳」에는 "노나라 사람들은 모두 유술로써 가르쳤는데, 주가朱
家9들이 사이에 끼여서 들었다"10라고 하였다. 이것은 아마도 '유儒'와
'교敎' 두 글자가 우연히 연결된 것이다. 한대 말기에 이르러 유학자 채
옹蔡邕(133~192)은 정식으로 명사인 '유교'를 사용하였다.

> 태위공승太尉公承 숙서夙緒가 대대로 유교를 독실히 하여『구양상서歐陽尙書』·
> 『경씨역京氏易』을 사방 사람들에게 가르쳤다. 학자들은 멀리서 왔는데
> 3천명이 넘었다.11

위진시대에는 '유교'라는 개념이 점차 유행하였다. 수·당 이후에는
고대 성왕에 의해 창립되고 부단히 개선된 것이거나 공자에 의해 종합
하여 새롭게 창조된 것을 가리키게 되었고, 한대에는 국가에 의해 국

---

8 모자(牟子, 165?~251?)의『이혹론(理惑論)』은『홍명집(弘明集)』에 수록된 것으로, 유
　불도 삼교(三敎)의 일치를 37조에 걸쳐 문답체로 논술한 책이다.『홍명집』에는 모
　자를 후한의 모융(牟融)이라 하였으나 잘못된 것이다. 일설에는 창오태수(蒼梧太守)
　모자박(牟子博)이라고도 하나 확실하지 않다. 저술 연대도 후한 말에서 남조의 송
　(宋)·제(齊)시대까지의 여러 설이 있다.(역자 주)
9 한나라 초기 노나라 땅의 협객(俠士)을 말한다.(역자 주)
10 『史記』「游俠列傳」, "魯人皆以儒敎, 而朱家用俠聞."
11 『蔡中郎集』卷5,「司空楊公碑」, "太尉公承夙緒, 世篤儒敎, 以歐陽尙書·京氏易誨受四
　方. 學者自遠而至, 蓋踰三千."

교인 종교로 세워졌다.

유교의 뜻은 유학자들이 종사한 '교敎'이다. '교'는 바로 교육敎育과 교화敎化이다. 이러한 교육과 교화는 학교교육을 가리킬 뿐만 아니라 광대한 민중에 대한 것이기도 하다. 이러한 '교'는 현대적 의미의 교육 뿐만 아니라 신기神祇를 도와서 교육하고 교화하는, 즉 신도설교神道設敎 이다. '신도설교'는 유교경전 『주역』속의 말이다.

성인이 신도(神道)로써 가르침을 베풀어 천하 사람들이 복종하였다.[12]

유학자들의 해석에 따르면, 이 구절의 뜻은 '신도'로써 민중을 교육 하면 민중이 쉽게 받아들이고 복종한다는 것이다. 후세 어떤 사람은 이 말에 대해 "유학자들 자신은 신기神祇를 믿지 않으면서 다만 '신기' 로 민중을 교육하는 것은 유교에 대한 오해이다"라고 해석하였다. 현 존하는 어떤 유교문헌에도 유학자들이 신기를 믿지 않았다는 기록을 찾을 수 없다. 유학자들이 어떤 저속한 신기를 비난하거나 혹은 부인 할 때는 있었지만, 그것은 더 높고 더 중요한 신기신앙을 지키기 위해 서이다. 이는 기독교와 불교가 항상 그들 종교 외의 신기를 공격하는 것과 같은 것이다.

'신도설교'의 뜻은 종교이다. '종교'라는 개념은 최근에 이르기까지 학계(종교학계를 포괄한다)에서 '외래어'로 간주되었으나, 실제로 이 것은 중국 고대에 원래 있던 단어이다. 그 뜻은 신기의 의지로 민중을 교육하는 것이니 바로 '신도설교'이다. 허신許愼의 『설문해자說文解字』 에 따르면, 종宗은 조상의 사당을 존숭하는 것이다. 면宀에서 나오고 기示(祇와 같은 뜻임)에서 나온 글자이다.[13] '면宀'이 나타내는 것은 집이

---

12 『周易』「觀卦」, "聖人以神道設敎, 而天下服矣."

다. '기示'의 뜻은 다음과 같다.

하늘이 상象을 드리워 길흉을 나타내는 것은 사람에게 보여주려는 것이
다. '이二'에서 나온 글자이다('이二'는 고문古文의 '상上'자이다.) 세 줄로 드리워진
것三垂은 해·달·별이다. 천문을 살핌으로써 때의 변화를 드러내니 '기示'
는 신神의 일이다. 대체로 기示에 속하는 글자는 모두 '기示'에서 나온 것이
다. 신은 지극히 절실하다.[14]

이 때문에 '종宗'의 뜻은 방에서 신기神祇: 神示에게 제사지내는 것이다.
종교는 신기의 뜻으로 민중을 교육하는 것이다. 오늘날에 이르기까지
적어도 원시상태를 벗어난 종교는 일부 사람들이 '신기'의 뜻을 빌어서
민중을 교육하는 일종의 사회현상이 아님이 없었다. 이 때문에 종교라
는 개념은 영어의 'religion'보다 이러한 사회현상의 본질을 더 정확하
고 깊게 반영하였다고 말할 수 있다.

중국 역사상에서 가장 일찍이 종교로 자처한 것은 불교이고, 그 다
음이 유교와 도교이다. 청대 말기에 이르러서는 유학자들이 이미 종교
를 보편적 의미를 갖는 호칭으로 간주하고 모든 종교를 호칭하였다.

지금까지 발견된 고대문헌 중에 불교·도교와 함께 언급된 글에서
는 모두 유교가 불교·도교와 같은 성질의 사회적 존재이고, 차이는
다만 공公을 위하고 사私를 위하는데 있거나 국가를 위하고 개인을 위
하는데 있다고 여겼다. 유학자들은 유교가 국가와 민족을 위해 일하는
공심公心에서 나온 종교이고, 불교와 도교는 개인의 사리私利만을 추구
하는 종교라고 보았다. 혹자는 유교가 하늘의 뜻을 받들어 일을 실행

---

13 『說文解字』, "宗, 尊祖廟也. 從宀從示."
14 『說文解字』, "天垂象, 見吉凶, 所以示人也. 从二(二, 古文上字). 三垂, 日月星也. 觀乎
天文以察時變, 示神事也. 凡示之屬皆从示. 神至切."

하여 사회질서를 지키고 사회 안정을 유지시키는 종교라면, 불교는 사람의 내심內心에 호소하고 사람들에게 질서를 지키지 않을 것을 가르침으로써 사회 안정에 해가 되는 종교로 보았다. 또한 불교와 도교는 스스로 사람 마음을 아는 '내학內學'이라 여겼지만, 유교는 다만 외형적인 의례제도에 정통한 학문에 불과하였다. '신기'를 통하여 민중을 교육하는 점에서는 서로 일치하였고 서로 비난한 적이 없었다.

유교와 같은 뜻의 또 다른 호칭은 '공교孔敎'이다. 공교의 표면상의 뜻은 '공자의 가르침'이다. 불교를 '석가모니의 가르침'이라 부르고 기독교를 '예수의 가르침'이라 부르는 것과 같이, 모두 그 가르침 속의 가장 중요한 성인을 가르침의 대명사로 간주하였다. 뜻은 그 가르침을 따르는 것이 바로 그 성인의 가르침이라는 말이다.

중국 고대에 유교 혹은 공교는 시종 사회 혹은 국가의 통치지위를 차지하였다. 개별 황제 혹은 국가 관리들이 불교와 도교를 숭배한 것은, 다만 개인적 행위이고 국가를 대표하지는 않았다. 중국 고대국가에는 한대漢代를 시작으로 줄곧 유교 혹은 공교를 국가종교로 간주하였고, 그 중에는 원대元代에 수립된 정권도 포괄한다. 하늘에 대한 제사를 가장 중요한 국가제사로 간주하였으며, 또한 이를 중심으로 유교의 요구에 따라 규범의 의례제도를 수립하였다.

장기간의 마찰과 조화를 거쳐 유교·불교·도교는 점차 유교를 핵심으로 하고 불교와 도교가 보조하여 공동으로 당시의 국가를 위해 일하는 국면을 형성하였으니, 이 때문에 그들을 함께 삼교三敎라 불렀다. 비록 이슬람교가 매우 일찍이 중국에 비교적 안정된 집단을 형성하였지만, 다만 국한된 종교에 머물렀다. 기독교가 후에 큰 발전이 있었지만, 청 왕조가 멸망하고 유교가 폐기되기까지 중국사회에서는 줄곧 그것을 외래종교로 간주하였다. 때문에 중국의 봉건사회가 끝날 때까지 중국 고대에는 다만 삼교가 함께 언급되었다. 유교를 불교·도교와 함께 삼교라 부른 것도 유교의 종교적 성질을 충분히 설명해준다.

각자 자기들의 입장에서 문제를 보면, 중국 고대 유·불·도 삼교는 모두 자기가 성교聖教라고 생각하였다. 불교와 도교가 자기들이 '성교'라고 말하였고, 유교도 자기가 '성교'라고 말하였다. 청 왕조 말기에 제국주의의 침입과 기독교가 한 걸음씩 다가오는데 직면해서도 유교는 여전히 자기가 '성교'이고 기독교 등은 '성교'가 아니라고 보았다.

성교와 짝하는 명칭은 '성경聖經(성인의 경전)'이다. 중국 고대문헌에는 '성경'이라는 말이 흔히 사용되었고, 유학자들의 말에서 성경이 가리키는 것은 유교의 경전으로 『주역』·『상서』·『시경』 등을 포괄한다. 처음에는 오부五部였으나 후에는 십삼부十三部로 발전하여 십삼경十三經이라 불렀다. 오늘날 말하는 '성경'은 거의 누구나 모두 기독교의 『신구약전서』을 가리킨다고 생각할 수 있는데, 이것은 중국 기독교도들이 그들이 신앙하는 경전을 이렇게 부름에 따라 다른 중국인들이 자기의 역사를 잊어버린 결과이다. 이와 짝하는 '성탄절'의 경우도 대만臺灣에서는 '예수 탄생절'로 부르는데 정확하다. 왜냐하면 중국의 성인은 공자이기 때문이다.

3. 유교의 신앙과 제사제도(상)

유교신앙의 최고신은 '천天'이다. '천'이 가리키는 것은 무엇인가? 이 또한 한 차례의 변천과정을 겪었다.

유교경전에서 '천'과 대등한 또 다른 호칭은 상제上帝이다. 혹은 제帝·천제天帝라고 부른다. 갑골문에는 많은 '제'가 있으나 천은 없기 때문에, 어떤 학자는 상나라 사람의 최고신앙은 '제' 혹은 '상제'이고, 주대周代에 비로소 천을 신앙하게 되었다고 여겼다. 또한 이것은 상나라가 유목민족이고 주나라가 농업민족에 따른 결과라고 해석하였다. 그러나 『상서』속의 상대商代와 이전의 문헌에는 모두 분명하게 '천'을 최고 신앙으로 간주하였다. 『상서』와 똑같이 중요한 『시경』속의 주나라 사람의 시가詩歌에도 명확하게 상제를 노래하였다. 『상서』에 기록된 진실성을 부인하는 것은 근거가 없는 것이고, 『시경』속의 상제와 관계있는 시가詩歌도 소홀히 할 수 없는 것이다. 이러한 기록은 주대와 그 이전의 매우 오래된 역사시기 속에서 중국 고인들은 '천' 혹은 '상제'를 자신들의 최고신앙으로 간주하였음을 설명한 것이다.

상제는 무엇인가? 혹자는 '상제는 누구인가?'라고 하였다. 이것은 기독교 속에서 학자들에 의해 말해지던 '상제관'의 문제이다. 기독교 속에서 상제관과 관계있는 토론은 기독교 신학의 가장 중요하고 이론적 색채를 가장 잘 구비한 부분이다. 마찬가지로, 유교 속에서 '무엇이 천 혹은 상제인가?'에 대한 토론도 중국 고대철학의 중요한 내용을 구성한다.

현존하는 역사자료, 특히 갑골문의 기록에 근거하면, 곽말약郭沫若(1892~1978) 등 역사학자들은 상대商代의 지상신이 상제이고, 이 상제는 바로 그들의 조상이라고 생각하였다. 『사기』「봉선서封禪書」의 기록에 따르면, 진한시기에는 국가가 제사지내던 상제에 다섯 분이 있으니 황제黃帝, 염제炎帝, 청제 태호靑帝太昊: 伏羲, 백제 소호白帝少昊, 흑제 전욱黑帝顓頊이다. '백제'가 제사를 받은 것은 진나라 사람들이 그를 '백제 소호'의 후손으로 여겼기 때문이다.

『사기』의 본기本紀부분에는 요·순·우와 하·상·주의 조상을 모두 황제黃帝로 소급해갔다. 또한 역사에 근거하면, 상고시대에는 다만 제왕의 자손만이 비로소 천자가 될 수 있다고 여겼다. 유방劉邦(BC 202~BC 195 재위)은 일개 평민으로 짧은 시간에 천자가 되었는데, 이것은 사마천司馬遷으로 하여 매우 이해하기 힘들게 하였던 일이다. 『사기』속의 이러한 의혹은 당시 사람들의 관념 속에 상제의 자손만 천자가 될 수 있다는 것을 설명해주었다. 천자가 처음에는 참으로 실재하는 호칭이었으니, 즉 그는 상제의 아들이었다.

천자가 반드시 상제의 아들이라는 관념은 유교의 상제관에 많은 영향을 미쳤다. 한대 유교는 집요하게 유방을 위해 상제의 혈통을 찾으려 노력하였고, 200여년의 탐색을 거쳐 동한東漢에 이르러 유학자 가규賈逵는 『좌전左傳』에서 유루劉累라는 이름을 찾았는데[15], 그는 하대夏代에 용을 기르던 관리였다. 유루는 요임금의 후손이고 유방의 조상이었다. 이에 유방은 요임금의 후손이 되었고, 요임금에 의해 황제로 소급해갈 수 있었으니 황제의 자손이다. 후에 왕망王莽(8~23 재위)은 자신을 황제라 부르고 왕씨王氏가 순임금의 후손이라고 여겼다. 조비曹丕(220~226 재위)도 스스로 황제라 칭하고 조씨曹氏의 조상도 순임금이라고 여겼으며, 모두 순임금에 의해 황제로 소급해갈 수 있었다. 그러나 후대로 내려갈수록 이러한 노력은 더 어려워졌는데, 이에 유학자들은 '감생제感生帝'를 이용하였다.

이른바 '감생제'는 한대 유학자들이 만들어낸 개념이다. 그들은 천자의 출생에서 반드시 그들의 모친이 천상天上의 어떤 상제의 정기를 받은 결과라고 생각하였는데, 이 천자의 모친에 정기를 준 상제가 바로 그 천자의 감생제이다. 남북조시대 후기를 시작으로 적지 않은 정권이 감생제 제사를 두었고, 명대에 이르러서 감생제 제사가 비로소 폐기되었다.

이러한 사실은 중국 고대의 상제가 당시 중국인의 조상신이었음을 설명한 것이다. 그 중에 가장 대표적인 자가 황제黃帝와 염제炎帝이다. 이른바 '염황자손炎黃子孫(염제와 황제의 자손)'은 무엇보다도 천자들의 가

---

15 『左傳』「昭公 29年」 참조.

족이 바로 황제 혹은 염제의 후손이라는 말이고, 후에는 중국 일반 사람들의 조상에 대한 다른 명칭이 되었다. 다시 말하면, 진한시대와 그이전에 중국 고인들이 신앙하던 상제는 바로 그들의 조상이었다.

그러나 오늘날의 사람들, 즉 많은 역사학자나 유학연구방면에서 모종의 지도자적 직무를 담당하는 많은 학자들을 포괄하는데, 모두 이러한 역사를 잊어버리거나 혹은 소홀히 하였다. 그들이 공식적으로 발표한 논문에는 항상 상제(하느님)가 기독교의 것이고 중국 고대에는 상제를 신앙하지 않았다고 하였다. 많은 학자들이 공동으로 집필한 권위적사전 『사원辭源』16에는 중국 고대의 많은 어휘를 수집하고 있으며, 심지어 매우 보기 드문 어휘도 많이 수록하고 있어 집필자의 공력功力을 엿볼 수 있다. 그러나 그 속에는 '호천상제昊天上帝' 한 조목을 잊어버렸다. '사적事蹟만을 열거하고 조상의 업적을 잊어버리는(數典忘祖)' 이러한 현상은 모두 유교가 종교임을 소홀히 한 결과이다.

고대의 상제는 또한 제帝라고 불렀다. '제' 앞에 상上자를 더한 것은, 당초에는 천상의 '제'를 가리킨 것이 아니라 아마도 고대의 '제'를 가리켰을 것이다. 다시 말하면, 상제의 '상'이 처음에는 시간개념이었는데, 이는 상고上古의 '상'이 시간개념인 것과 같은 것이다. 후에 종교관념의 변천에 따라 '제'는 천상에 이르는 것으로 간주되었고 상제가 비로소 천상의 '제'가 되었다.

상제가 천상에 있기 때문에 '천'으로 상제의 호칭을 대신할 수 있었으니, 이는 『논어』에서 공자가 태산泰山으로 '태산의 신령'을 지칭하던 것과 같다.17 후대에 이르러서 '지위와 명망(地望)'으로 그 사람을 대신 가리킨 것이 이미 중국인의 습관이 되었으니, 예를 들어 창려昌黎로 한

---

16 『辭源』, 商務印書館, 1983.(역자 주)
17 『論語』「八佾」, "季氏旅於泰山. 子謂冉有曰, 女弗能救與. 對曰不能. 子曰嗚呼, 曾謂
泰山不如林放乎." 참조.(역자 주)

유韓愈[18]를 가리키거나 하동河東으로 유종원柳宗元을 가리킨 경우이다. 상제에서 '천'에 이르는 이러한 과정은 지금도 추측에 불과하지만, 그렇지만 우리가 역사 자료 속에서 찾을 수 있는 것이 지금껏 가장 합리적인 추측이다.

역사문헌에 근거하더라도 '천'과 '상제'가 적어도 요순시대에는 이미 같은 뜻의 개념이었다. 국가의 제도 속에서 진한시기에 제사의 최고 대상은 여전히 상제였고, 또 다섯 분이 있었다. 한 무제의 유술만을 존숭하던 시기에, 어떤 사람은 천상에 태일太ㅡ이라 불리는 최고의 신이 있고 오제五帝는 태일을 보좌하는데 불과하다고 건의하였다.[19] 통일된 국가에는 통일된 최고신이 필요하였다. 이에 총명한 한 무제는 이처럼 내력이 분명하지도 않고 심지어 경전상에 전혀 근거가 없는 상제를 받아들였다. 태일신을 국가제사의 최고신으로 간주하였다. 오제의 지위는 강등되었다. 후에 유학자들은 오제의 새로운 명칭을 만들어냈다. 이 새로운 명칭에는 모두 두 쌍이 있었는데, 그 중 한 쌍이 계속 사용되었다. 즉 동방 청제 영위앙東方青帝靈威仰, 남방 염제 적표노南方炎帝赤熛怒, 서방 백제 백초구西方白帝白招矩, 북방 흑제 엽광기北方黑帝葉光紀, 중앙 황제 함추뉴中央黃帝含樞紐이다. '오제'라는 새로운 이름의 출현은 상고시대 조상신에서 변천한 상제가 막 물러나 유교 최고신의 지위가 되었음을 상징한다.

서한西漢 말기에 왕망王莽과 유흠劉歆 등의 유학자들은 유교의 제사의식을 개혁하고 유교경전에 따라 최고신을 '황천상제태일皇天上帝太ㅡ'이라 불렀다. 동한東漢에 이르러서는 '황천상제'라고만 부르고 '태일'을 삭제하였다.

---

18 한유의 본적은 실제로 하남(河南) 맹현(孟縣)에 있으며, 당대에는 '하양(河陽)'이라 불렀으니, 즉 황하 북쪽 해안 일대 토지이다.

19 한 무제 때 방사 유기(謬忌)이다. (역자 주)

'황천상제'의 명칭은 유교경전에 나온다.

> 황천상제께서 그 원자元子(천자)를 바꾸시니, 이것이 대국大國인 은나라의
> 명이다.[20]

이후부터 역대로 분명하지 않던 태일신은 잠적하였고, 유교국가의 최고신의 명칭이 처음으로 유교경전의 기초 위에 세워졌다.

삼국시대는 유교국가가 분열하였다. 촉나라는 한 왕조의 정통을 계승하였다고 자처하면서 여전히 황천상제에게 제사지냈다. 오나라는 상제를 황황후제皇皇后帝라고 불렀고, 그 근거를 『논어』「요왈편堯曰篇」의 "감히 황황후제에게 아룁니다"[21]에 두었다. 조위曹魏는 자기의 상제를 황황제천皇皇帝天 혹은 '황천의 신'이라 불렀으나 황천상제의 호칭이 바뀐 것에 불과하며, 그 근거가 모두 유교경전에 있었다.

그 후 진대晉代와 남북조시기에는 국가분열이 더욱 심각하였다. 그러나 모든 정권이 유교경전에 근거하여 지상신의 명칭을 확정하고 유교의 의례제도에 따라 제사를 진행한 방면은 완전히 일치하였다.

수당시기에는 국가의 통일로 지상신의 이름이 『주례周禮』에 근거하여 정식으로 호천상제昊天上帝로 확정되었다. 호천상제의 뜻은 유학자 모씨毛氏의 『시경』「서리편黍離篇」의 "아득하고 아득한 푸른 하늘"[22]에 대한 해석에 근거하였다. '호천'의 뜻은 "넓고 큰 원기浩大元氣"이고, 상제의 뜻은 '천'이 군주와 마찬가지로 세계를 통치한다는 말이다. 송대에 이르러 유학자 정이程頤(1033~1107)는 호천상제에 대해 한걸음 더 나아가 해석하여 하나의 원기元氣 덩어리인 자연의 '천'이 곧 상제의 신체

---

20 『尙書』「召誥」, "皇天上帝改厥元子妓大國殷之命."

21 『論語』「堯曰篇」, "敢詔告於皇皇后帝."

22 『詩經』「黍離」, "悠悠蒼天."

라고 여겼다. 원기 속에 존재하며, 게다가 원기와 떨어질 수 없고 원기를 주재하는 천리天理가 곧 상제였다. 이 때문에 어떤 의미에서 말하면, '천' 혹은 상제가 바로 리理였다. 이러한 상제관은 유학자 주희의 인정을 얻어 원·명·청시대 상제관념의 정통적 해설이 되었다.

상제의 명칭은 명대 중기에 가정嘉靖(명 世宗의 연호)황제에 의해 새로이 황천상제皇天上帝로 고쳐져 불렸고 청대 국가정권에 의해 받아들여졌다. 지금도 중국 북경北京의 천단天壇공원 안에 보관하고 있는 상제의 신주 편액에 쓰인 것은 황천상제이다. 이와 같지만 국가의 정식문서에는 상제의 명칭이 여전히 항상 호천상제昊天上帝로 불렸다. 상제에 대한 약칭에는 유교경전인 『상서』「탕고湯誥」의 "위대한 상제께서 백성들에게 속마음을 내려주셨다"[23]에 근거하여 '황상제皇上帝'라고 불렀다. 후에 홍수전洪秀全(1814~1864)이 상제교上帝教를 세우고 그의 상제를 '황상제'라 불렀는데, 실제로 유교의 명칭을 사용한 것이다. 홍수전은 내심으로는 여전히 유생儒生이었다.

수당시대에는 여전히 오제五帝에 대한 제사를 유지하였으나, 이 때 처음으로 '오천제五天帝'와 '오인제五人帝'로 구분하였다. '오천제'는 오행五行의 정기 혹은 동·서·남·북·중앙 다섯 방위의 상제로 간주되었는데, 그 중의 한 분이 어떤 왕조에 해당하는 천자의 감생제로 상제가 되어 호천상제를 동반하여 제사를 받을 수 있었다. 그러나 황제黃帝·염제炎帝 등은 다만 인제人帝, 즉 인간의 제왕으로만 간주되었고 천제天帝가 아니었기 때문에 호천상제를 동반하여 국가의 최고 제사를 받을 수 없었다. 유교의 상제관에 근본적 전환이 이루어졌다.

'오천제'도 상제로 불렸기 때문에 당대唐代 중기에 무칙천武則天(690~705 재위)의 주관 하에 유학자들은 호천상제만 '천'이라 부를 수 있었고 다

---

23 『尙書』「湯誥」, "惟皇上帝降衷于下民."

른 상제는 '천'이라 부를 수 없도록 규정하였다. 이 때 '천'이 비로소 유교신앙의 최고신이었고 보통의 상제는 '천'과 함께 배열될 수 없었다.

4. 유교의 신앙과 제사제도(하)

유교가 국가종교에 속하는 것은 고대 이집트종교, 고대 희랍, 고대 로마종교, 유태교, 인도교, 그리고 일본의 신도교神道敎와 같은 특징을 갖는다. 그들의 신기神祇는 모두 이전의 원시종교에서 전환되어 나와 일련의 집중화 과정을 거쳐 한 분 혹은 여러 분의 최고신이 출현하였다. 최고신 아래에도 많고 적은 일련의 신기가 있었다. 이러한 신기의 지위와 조직정도는 항상 당시의 사회적 정황과 서로 부응하였다.

모든 고대 국가 중에 중국의 국가제도가 가장 완비되었고 당시에 가장 선진적이었다고 말할 수 있으며, 혈연관계를 유대로 하는 사회 조직화 정도도 최고였기 때문에 유교의 신기에도 그 조직화 정도가 최고였다. '천' 혹은 '상제'는 인간의 군주에 해당하였다. 상제 아래에 천상의 일월日月과 지상의 오악五嶽은 인간의 삼공三公 혹은 제후諸侯에 해당하였다. 기타 밝게 빛나는 성신星辰 혹은 지상의 산천山川도 그들의 대소大小와 인류사회와의 밀접한 정도에 따라 다른 등급으로 구분되었다. 당대唐代를 시작으로 인간의 군주에 의해 모종의 신기에 봉호封號가 주어졌으니, 예를 들어 오악과 기타 산천이 모두 일찍이 공후公侯로 봉해지거나 심지어 '왕' 혹은 제帝로 봉해졌다. 인간의 군주가 신에 봉해질 수 있었는데, 왜냐하면 군주는 '천'의 아들이고 그 종교적 지위도 이러한 신기보다 높았기 때문이다.

원칙상 백성에게 유익한 모든 사람과 사물은 모두 신기가 되어 국가제전에 들어갈 수 있었다. 그러나 본래 없었지만 후에 유교국가에 의해 제전에 들어간 가장 중요한 신기가 바로 '공자'이다.

공자가 죽은 후에 전통의 제사원칙에 따라, 공자는 고향에서 자기 후인들의 제사를 받을 수 있었고 학생들의 제사도 받을 수 있었으나 국가의 공신公神은 아니었다. 한초漢初에 유방劉邦이 공자의 고향을 지나다가 공자에게 제사를 지냈지만, 그것은 다만 개인적 행위로 한낱 후인의 선성先聖 혹은 선현先賢에 대한 숭배일 뿐이었다. 서한西漢 중기에 천재天災가 자주 발생하고 사회가 혼란하였다. 유학자 매복梅福24은 이러한 현상이 공자에 대한 제사가 적절하지 못했기 때문에 상천上天이 분노한 것이라고 여겼다. 당시 국가는 매복의 제의를 받아들여 전통에 따라 공자를 상탕商湯의 후손으로 봉하고 선왕의 제사를 계속 지냈다. 동한東漢에 이르러서는 국가가 비로소 정식으로 공자를 국가의 공신公神으로 간주하였고 그 지위도 사직신社稷神과 동등하였다. 당대에는 현縣마다 모두 공자에 제사지내는 사당을 세울 것을 명하였다. 매년 봄과 가을 두 차례의 큰 제사와 매월 초하루와 보름 두 차례의 작은 제사가 있었다. 큰 제사는 당초에 학궁學宮(국자감)에 의해 주관되었으나 후에는 지방의 주요 관원에 의해 주관되는 것으로 바뀌었다. 당대 이후에는 공자의 지위가 부단히 향상되었고 공자에 대한 봉호도 계속하여 증가하였다. 청대에는 공자의 제사가 상제 혹은 국가의 조상신과 같은 등급의 대사大祀25가 되었다.

공자가 국가의 공신이 된 이후에 유학자들의 종교적 지위도 함께 향상되었다. 당대에는 공자를 위해 종사從祀26를 세웠는데, 이는 유학자

---

24 매복(梅福, ?~88): 중국 서한(西漢) 말기의 문장가, 자는 자진(子眞), 원래의 성은 오씨(吳氏)였으나 뒤에 매씨(梅氏)로 바꾸었다. 특히 『상서(尚書)』와 『곡량춘추(谷梁春秋)』에 밝았다.(역자 주)

25 제사의 대상을 그 비중과 중요도에 따라 대사(大祀)·중사(中祀)·소사(小祀)로 등급지어 구분하였는데, 대사는 주로 사직·종묘와 같이 천자가 친히 지내는 큰 제사를 말한다.(역자 주)

들이 함께 제사를 받는 제도였다. 가장 일찍 선발된 것은 유교경전을 주석하는데 중대한 공헌을 한 스물 두 분의 유학자였고, 후에 공자의 모든 제자와 역대 저명한 유학자들로 확대되었다. 송대에는 종사제도 가 점차 완비되었다. 그 중 최고의 네 분이 '사배四配'로 불렸다. 그들은 안회顏回·증삼曾參·자사子思와 맹자孟子이다. 그 다음은 십철十哲인데, 공자의 열 분의 우수한 제자이다. 그 다음은 선현先賢인데, 공자의 가 르침을 친히 받은 제자들에게 제사하였다. 마지막은 선유先儒인데, 공 자 제자 이후 역대 가장 뛰어난 유학자들에게 제사하였다. 후대의 유 학자들도 죽은 뒤 공묘孔廟에 들어가서 '선유'가 되는 것을 최고의 영광 으로 여겼다.

선유의 계열 중에 저명한 유학자 한유韓愈(768~824)가 있고, 또한 중 국인이면 누구나 다 아는 제갈량諸葛亮(181~234)이 있다. 공자 제자 아래 에 자사와 맹자 외에 최고의 제사지위를 얻은 것은 왕안석王安石(1021~ 1086)으로, 일찍이 안회·맹자와 함께 공자에 배향되었으나 후에 공묘 孔廟에서 축출되었다. 그 이유는 왕안석이 "하늘의 이변은 두려할 것이 없다"[27]라고 주장하였기 때문이다. '하늘을 두려워하지 않는 것'은 유 교의 가장 큰 죄악으로 간주되었다. 또 다른 분은 주희인데, 처음에는 선유先儒였으나 후에는 선현先賢으로 승격되었고 마지막에는 선철先哲 로 승격되었다.

그들의 공헌이 크더라도 아직 공묘에 들어가지 못한 유학자들은 선 현으로 간주되어 각자의 고향 혹은 그들이 생활하고 일하던 곳에서 중 앙이 아닌 지방급의 제사를 받았다. 도처에 있는 고대의 선현사先賢祠가 모두 이것이다. 선현사는 공묘 안에 세우거나 혹은 단독으로 사당을 세

---

26 공자묘에 후세의 유학자들을 배향하는 것이다.(역자 주)
27 『宋史』卷327, 「王安石列傳」, "天變不足畏."

웠다. 유학자 유종원柳宗元(773~819)의 사당은 유주柳州28에 있다. 그 곳 사람들의 말에 따르면, 유종원의 신은 매우 영험이 있어 〈사람들이 그에게 무엇을〉 구하면 반드시 응하였고, 그 곳 날씨를 순조롭게 도와주어 조정에서도 부단히 그 사당에 봉호를 내렸지만 공묘에는 들어가지 못하였다는 것이다.

천상의 별과 지상의 산·강·호수·바다는 원칙상 모두 유교의 신기였다. 각종 자연현상과 바람·비·천둥·번개 등도 유교의 신기였다. 사람에게 유익하고 혹은 사람의 생활과 밀접한 관계가 있는 동·식물도 유교의 신기가 될 수 있었다. 각종 저명한 인물도 모두 유교의 신기가 될 수 있었다. 다만 그들이 신기가 되려면 반드시 국가의 허가를 얻어 제전祭典에 들어가야 하였다. 그렇지 않으면 음사淫祀29, 즉 규정을 벗어난 제사로 간주되었다. 이러한 제사가 유교의 반대에 부딪치면 그것이 행복을 가져다줄 수 없다고 생각한다.

> 제사지내야 할 곳이 아닌데 제사지내는 것을 '음사'라 하는데, 음사는 복을 주지 않는다.30

이른바 제사지내야 할 곳이 아니라는 것은 자기가 제사지내서는 안 되는 신기에 제사지내는 것을 말한다. 유교의 제사제도에 따르면, 천자는 하늘에 제사지낼 수 있었고, 천하의 명산대천名山大川에 제사지낼 수 있었고, 모든 신기에 제사지낼 수 있었다. 제후는 하늘에 제사지낼 수 없었고, 다만 자기 경계 내의 명산대천에 제사지낼 수 있었다. 일반 백성은 제사지낼 수 있는 공신公神이 더욱 적었는데, 조신竈神(부엌 신)

---

28 '유주(柳州)'는 광서성(廣西省) 중부에 위치하고 있는 남방의 도시이다.(역자 주)
29 부정(不正)한 귀신을 제사지내는 것을 말한다.(역자 주)
30 『禮記』「曲禮(下)」, "非其所祭而祭之, 名曰淫祀. 淫祀無福."

외에 거의 자기의 조상에게만 제사지낼 수 있었다.

공자는 국가의 공신이었지만, 규정에 따라 다만 유학자에 의해 제사가 진행될 수 있었다. 관원은 공자에 제사지낼 수 있었는데, 왜냐하면 유술만을 존숭하는 국가에서 관원은 일반적으로 모두 유학자였기 때문이다.

청대 말기에 유학자들은 중국이 장기간 가난하고 나약했던 교훈을 총괄하여 각 방면에서 자강自強의 길을 모색하였다. 강유위康有爲(1858~1927)가 찾은 원인 중의 하나는, 중국의 유교가 기독교처럼 교회를 많이 세워 사람들이 쉽게 상제와 소통하지 못하는데 있었다. 그래서 강유위는 변법變法을 요구하는 동시에 유교의 제사제도를 고칠 것을 요구하였다. 그 중에 가장 중요한 두 가지가 사람들에게 하늘에 제사지낼 것을 허락하고 사람들에게 공자에 제사지낼 것을 허락하는 것이었다. 강유위는 종묘宗廟와 공묘孔廟 이외의 유교 사당, 심지어 절이나 도관道觀조차도 모두 공묘로 개조하고, 이러한 방법을 통하여 공자의 사상을 참으로 모든 중국인의 심중에 전파시킴으로써 중국을 부강하게 할 것을 주장하였다. 그러나 강유위의 변법행위는 실패하였고, 강유위의 종교로 바꾸려는 주장도 거의 토론에 부치지 못하였다. '유교비종교설'이 흥기함에 따라 사람들은 거의 모두 강유위의 종교로 바꾸려는 주장을 잊어버렸다.

5. '유교가 종교인지 아닌지'에 관한 논쟁과 유교연구

유교가 종교인지 아닌지에 관한 논쟁은 지금까지 큰 논쟁으로는 세 차례가 있었다. 첫 번째는 마테오리치Matteo Ricci(1552~1610)가 중국에 온 후에 발생하였고, 두 번째는 20세기 초기에 발생하였고, 세 번째는 19

78년 말에 시작되어 지금에 이르기까지 여전히 계속되고 있다.

1902년 이전에 유학자들은 한결같이 유교가 불교·도교·회교·기독교와 같은 성질의 종교이고, 그들과의 차이는 다만 유교가 성교^{聖敎}이고 다른 것은 성교가 아닌데 있다고 보았다. 첫 번째 유교가 종교인지 아닌지에 관한 논쟁은 기독교 내부에서 발생한 '의례의 논쟁'[31]이었다. 이른바 '의례의 논쟁'은 기독교 내부에서 유학자들이 공자에 제사지내고 조상에 제사지내는 것이 종교활동인지 아닌지를 논쟁하였다. 만약 종교활동이라면 이러한 활동에 종사하는 사람은 기독교에 가입할 수 없고, 〈그렇지 않고 종교활동이〉 아니라면 기독교인이 될수 있다. 마테오리치는 중국에 와서 선교활동을 전개하기 위해 스스로 방안을 찾다가 공자에 제사지내고 조상에 제사지내는 전통의 유학자를 기독교에 가입시킬 것을 허락함으로써 중국에서 선교활동을 전개하였다. 그는 로마 공교회^{公敎會}의 보고에서 이러한 활동은 다만 기념적 의미만 가질 뿐이고 종교적 의미를 갖지 않는다고 주장하였다. 그러나 마테오리치가 쓴 『중국 찰기^{札記}』[32]에는 유교를 중국 종교상

---

31 17세기에서 18세기 중엽까지 중국에서 활동하던 예수회 선교사들과 도미니코회와 프란치스코회 선교사들 사이에서 일어난 중국 의례에 대한 100여 년간의 논쟁을 말한다. 16세기말 중국에 진출한 예수회 선교사 마테오리치(Matteo Ricci, 1552~1610)와 동료 선교사들은 중국 선교에 있어서 중국 의례, 즉 조상숭배와 공자숭배를 중국문화와 관련된 의식(儀式)으로 파악하고 이를 허용하였으나 예수회부터 반세기 늦게 중국에 진출한 도미니코회와 프란치스코회 선교사들은 예수회의 이러한 선교방법에 반대하였다. 그리하여 1643년 도미니코회 선교사 모랄레스(Morales)가 예수회의 선교방법을 비판하는 17개항의 문제점을 교황에게 제출하여 1645년 인노첸시오(Innocentius) 9세는 중국 의례를 금하는 훈령을 내렸고, 이에 대해 예수회에서는 1651년 마르티니(Martini)를 교황청에 파견, 1656년 알렉산데르(Alexander) 7세로 하여금 중국 의례의 허락을 받아냈다. 그 뒤 중국 의례의 찬반에 관한 논쟁은 100년간 계속되었으나 1715년 클레멘스(Clemens) 11세가 중국 의례를 금하는 칙령을 발표하고, 이어 1742년 베네딕토(Benedictus) 14세를 재천명하는 결정적 칙서를 발표함으로써 중국 의례에 관한 논쟁은 종지부를 찍게 되었다.(가톨릭 백과사전 참고: 역자 주)

황의 중요한 내용으로 간주하였으며, 또한 유학자들은 "세상의 모든 사물을 지키고 관할하는 신이 있음을 확실히 믿었다"[33]라고 분명히 지적하였다.

> 이것은 유가로 불리는 사람이 확실히 인정하는 최고의 신기神祇(天神과 地祇)이다.[34]
>
> 유학자들은 다른 귀신도 인정하였지만, 이러한 귀신의 통치권이 크게 제한되었고 받아들이는 존경에도 차이가 컸다.[35]

이 『찰기』에서 마테오리치가 유교를 종교가 아니라고 말한 것은, 다만 그의 선교를 위한 책략에 불과하였다고 결론내릴 수 있다.

마테오리치의 견해는 결코 기독교 내부의 인정을 받지 못하였다. 마테오리치가 죽자, 그의 선교책략이 바뀌게 됨으로써 중국 유교국가와의 충돌을 야기하였다. 이후부터 유학자들이 공자에 제사지내고 조상에 제사지내는 활동이 결국 종교활동인지 아닌지, 나아가 유교가 종교인지 아닌지에 관해서 기독교 내부에서 200년간이나 논쟁하였다.

두 번째 논쟁은 20세기 초기에 발생하였다. 강유위는 유교를 개혁할 것을 주장하였고, 그의 학생인 양계초梁啓超(1873~1929)는 그의 주장에 따라 호남湖南 자강학당自强學堂에서 강학하면서 유교가 종교임을 강력히 주장하였다. 그러나 변법이 실패한 후에, 양계초는 1902년에 「보교비소이존공론保教非所以尊孔論」[36]을 발표하여 유교가 종교가 아니라고

---

32 찰기(札記)는 독서하여 얻은 생각과 견문 따위를 수시로 기록한 글이다. (역자 주)

33 마테오리치, 『마테오리치 중국 札記』, 何高濟 · 王遵仲 · 李申(중국사회과학원 근대사연구원－필자가 아니다)역, 何兆武 교정, 북경, 中華書局, 1990, p.101.

34 위의 책, p.102.

35 위의 책, p.101.

36 梁啓超의 『飮冰室合集』에 실려 있다. (역자 주)

주장하였다. 양계초의 견해는 곧장 그의 스승인 강유위의 강력한 질책을 받았지만, 양계초의 주장을 달라지게 하지는 못하였다. 이후부터 유교는 종교가 아니라는 관점이 점차 유행하였다.

10년 후, 1912년에 새로운 공화국이 수립되었다. 채원배蔡元培(1868~1940)는 교육부장관을 역임하였다. 이 전에 채원배는 그가 독일에서 쓴 학위논문을 포함하여 몇 차례 글을 발표하였는데, 모두 유교가 종교임을 분명히 주장하였다. 그러나 교육부장관에 임명된 후에는 무엇보다도 먼저 학교에 남아있던 '공자를 존숭하고 경전을 읽는(尊孔讀經)' 제도를 폐지하였고 오래지 않아 유교가 종교가 아님을 선포하였으며, 또한 심미교육審美敎育37으로 종교를 대신할 것을 주장하였다.

몇 년 후에 진독수陳獨秀(1879~1942)는 『신청년新靑年』잡지를 창간하고, 그 잡지에 몇 차례 글을 발표하여 유교의 교는 '교화의 교'이지 '종교의 교'가 아니라고 분명히 지적하였다.

이 몇 차례의 논쟁을 통해 유교가 종교가 아니라는 주장이 절대적 우세를 차지하였다. 이후부터 유교는 종교가 아니고 중국 고대는 종교가 없는 국가라는 것이 중국 학술계의 정론이 되어 전통문화와 관련되는 모든 저술의 입론 기초가 되었다.

세 번째 논쟁은 1978년 말에 시작되었는데, 임계유任繼愈(1916~2009) 선생은 남경南京(江蘇省)시 〈중국 무신론 학술대회〉에서 유교가 종교라는 강연을 발표하였다. 후에도 이러한 주제로 몇 차례 강연과 논문을 발표하여 유교가 종교임을 논증하였다. 그러나 10여 년간 찬성하는 자는 거의 없었고, 다만 임계유선생 혼자서 유교가 종교라는 설을 견지하였다.

1986년에 하광호何光滬는 처음으로 논문을 발표하여 유교가 종교라

---

37 예술을 통하여 정서를 순화함으로써 인격을 닦는 교육. 지육(知育)·덕육(德育)·체육(體育)과 더불어 교육의 한 부분이다.(역자 주)

는 설을 지지하였고, 후에 뇌영해賴永海·사겸謝謙·이신李申 등이 잇달아 다른 형식으로 유교가 종교라는 설을 공개적으로 지지하였다. 1999년에 이르기까지 10여 년간 유교가 종교라는 설을 명확히 지지하는 학자는 임계유선생을 포함하여 모두 5명에 불과하였다.

1999년과 2000년에 이신은 『중국유교사』[37] 2권을 연이어 출판하였다. 지지자들은 이 책이 '중국 전통문화연구분야에서 코페르니쿠스Copernicus적 혁명'이요 '시대를 긋는 저작'이라고 하였다. 반대자들은 그 책이 '국가급의 콩비지 공정과정'이요 '훈고에 통하지 않고 고서古書를 읽지 않은 결과'라고 비난하였다. 열띤 논쟁이 1년간 지속되었고, 간간이 일어나는 산발적인 논쟁은 오늘에도 여전히 계속되고 있다.

『중국유교사』를 둘러싼 논쟁의 결과, 더 많은 사람들이 유교가 종교라는 설을 받아들이게 되었다. 상징적인 사건으로는 첫째, 국제유학연합회와 상해사범대학, 중국사회과학원 세계종교연구소가 합작하여 〈유학, 유교와 종교〉라는 학술토론회를 개최하였다. 둘째, 중국사회과학원 세계종교연구소에 〈유교연구센터〉가 설립되어 국가 종교국의 국장이 대회에 참가하였는데, 이것은 국가최고의 종교연구기구와 종교관리기구가 모두 유교가 종교로써 중국 역사상에 존재하였음을 정식으로 인정하는 것을 의미한다. 셋째, 이러한 종교 보고서는 정식으로 유교를 중국의 가장 중요한 전통종교로 간주하고서 연구하고 소개하였다.

지금까지 유교에 관한 연구는 전체적으로 비교적 빈약하였고, 여전히 유교가 종교임을 논증하는 단계에 머물러 있다. 유교가 종교임을 논증하는 것과 관계되는 학술논문은 항상 학회지와 학자들의 배척을 받았다. 유교연구가 정상적으로 전개되려면 아직 시일이 더 필요하다.

---

38 李申, 『中國儒教史』(上·下卷)는 上海人民出版社에서 1999년 12월과 2000년 2월에 각각 상·하 두 권으로 나누어 출판하였다.(역자 주)

현재 두 가지 유교연구작업이 진행되고 있다. 첫째,『중화대전中華大典·종교전宗敎典·유교분전儒敎分典』은 이미 거의 편집되었으니 장차 하북인민출판사에서 출판될 것이다. 둘째, 북경도서관출판사에서 출판된 총서인『유교자료유편儒敎資料類編』은 모두 30권인데, 머지않아 4권으로 출판될 것이다. 또 다른 영인 출판된 대형의 자료총서인『유교자료선휘儒敎資料選彙』는 목록이 이미 선정되어 지금 합작할 출판사를 찾고 있다.

이러한 자료작업은 모두 기초 작업이다. 그것들의 출판은 유교연구에 자료상의 편의를 제공할 것이다.(2009년 4월)

유교에 관한
몇 가지 문제[1]

13

　'유·불·도' 속의 '유儒'가 종교인지 아니면 철학인지의 문제는, 국내서든 국내외서든 역대로 다른 견해가 있었다. 이미 발표된 논문에서 보면, 대다수 사람들은 '유'를 철학으로 보았고 소수 몇몇 사람만이 종교라고 주장하였다. 본문에서 저자 이신선생은 '공자와 귀신', '유교의 상제와 신령', '유교의 피안세계', '유교의 조직과 제의祭儀' 등 몇 방면에서 '유교가 종교'라는 관점을 논술하고, 유교가 종교임을 부인하는 것은 유가학설의 절반을 절단해내는 것과 같아서 중국 고대문화를 전반적이고 정확하게 인식할 수 없다는 관점에 찬성하였다. 이 글을 발표하는 목적은 서로 다른 관점의 논쟁을 고취하여 중국 종교연구의 심오한 발전을 한 단계 더 촉진시키는데 있다.

　1979년에 남경南京(江蘇省)시에서 열린 〈중국 무신론학회 창립대회〉[2]와 태원太原(山西省)시에서 열린 문화대혁명 후의 〈중국 철학사학

---

1 원래 『세계종교연구(世界宗教硏究)』, 1995년, 제2기에 실렸던 글이다.
2 이 창립대회는 응당 1978년 말경이어야 한다.(중국 종교문화출판사 편집자 주)

회 제1차 학술토론회〉에서, 임계유선생은 '유교가 종교'라는 명제를 제기하였다. 이 후에 연이어 「유교의 형성」, 「유가와 유교」, 「유교의 재평가」, 「주희와 종교」 등의 논문을 발표하여[3] 유교의 본질과 그 특징을 논술하였다. 그 때부터 지금까지 10여 년이 지났지만, 학술계에서는 간헐적으로 다른 방식으로 '유교가 종교인지'에 대해 토론과 논쟁을 진행하였다. 대체적으로 보면, 찬성하는 자는 적었고 반대하는 자가 많았다고 말할 수 있다. 반대자의 의견을 개괄하면, 유교가 일반 종교의 특징을 가지고 있지 않다는 것이다. 예를 들면 유학자들은 일반적으로 귀신을 믿지 않았고, 유교에는 종교조직과 종교의식이 없으며, 유교에는 피안세계가 없다는 등등이다. 위에서 기술한 이러한 학술관점에 대해 '유교종교설'을 주장하는 자나 손을 꼽을 수 있을 정도의 소수 찬성자들은 여러 해 동안 거의 논박하지 못하였다. 본문에서는 필자의 부족한 식견을 절감하면서도 유교와 관계되는 문제에 대해 필자의 약간의 생각을 말하고자 한다. 잘못되고 부당하다고 여겨지는 부분에 대해서는 관련 전문가들의 많은 질정과 비평을 바란다.

1. 공자와 귀신

'유교비종교설'의 가장 중요한 근거는, 공자가 귀신을 믿지 않았고 적어도 귀신을 독실하게 믿지 않았다는 것이다. 유가학파의 창시자가 귀신을 믿지 않았다거나 혹은 귀신을 진심으로 믿지 않았으니, 후세 유가가 또한 어떻게 귀신을 믿는 종교가 될 수 있겠는가? 이 때문에 공자의 귀신에 대한 태도문제는 우리가 가장 먼저 토론해야 할 문제이다.

---

3 『任繼愈學術論著自選集』, 1991, pp.115~190. 원제는 「論儒敎的形成」·「儒家與儒敎」·「儒敎的再評價」·「朱熹與宗敎」이다.

『논어』라는 책에서 출발하면, 일부 사람들은 공자가 신을 믿었다고 여기지만, 또 다른 일부 사람들은 공자가 신을 믿지 않았고 적어도 귀신을 진심으로 믿지 않았다고 여겼다. 여러 해 동안 공자의 귀신을 대하는 태도에 관한 논쟁은, 거의 모두 『논어』의 범위에서 벗어나지 못하였다.

그러나 공자는 일생동안 각국을 두루 돌아다니면서 다스려질 수 없는 세상에서 예악이 무너진 잘못을 구제하고 선왕의 도를 행하고자 하였으나, 결국 하나의 일도 이루지 못하였다. 이룬 것은 다만 글을 가르치고 사람을 교육하는데 있었다. 글을 가르치려면 교재가 있어야 하고, 교재는 선왕의 도가 실려있는 각종 문헌과 제도였으니, 이것이 바로 오경五經 혹은 육경六經이다. 공자는 '선인들의 말씀을 기술할 뿐이고 창작하지 않았다(述而不作)'고 자처하였는데, 그가 '기술'한 것도 바로 이러한 선왕의 도를 실고있는 문헌이다. 또한 공자는 오늘날 교사와 다른데, 그가 기술한 것은 그가 믿는 것이었고 무슨 내용을 가르쳐 줄 것인지는 전적으로 자신에 의해 결정되었다.

『논어』는 다만 공자가 수업하는 도중에 학생들의 질문에 대답한 기록이고 공자의 전체사상이 아니다. 이 때문에 반드시 육경과 연관시켜 보아야 비로소 공자사상의 전체모습을 간파할 수 있다.

육경 중에 『악기樂記』는 일찍이 없어졌다. 주희 말에 따르면, 『주역』은 당시에도 교재가 되지 못하였고, 『춘추』는 공자가 만년에 편찬한 것이다. 이 때문에 육경 중에 『시경』·『상서』와 예경禮經은 의심할 것 없이 공자가 학생을 가르치던 교재이다. 또한 『장자』를 시작으로 '시경과 서경' 혹은 '시경과 예기'도 유가 혹은 유학의 특징으로 간주되었으니, 그렇다면 이 몇 부의 유교경전의 귀신에 대한 태도는 어떠한가?

먼저 『시경』을 말하자면, 그 「대아大雅·문왕文王」편에서는 다음과 같이 말하였다.

문왕은 위에 계시니 아! 하늘보다 밝구나.4

문왕이 오르내리시니 상제가 좌우에 계시는 듯하다.5

이 편에서는 상제가 존재하는 것으로 여겨졌을 뿐만 아니라, 또한 사람과 같은 형상의 존재인 것 같다. 그러나『시경』에는 이러한 논의와 유사한 상제의 시편詩篇이 결코 수가 적지 않다. 시에서 사람들은 하늘을 원망할 수 있고 심지어 하늘을 증오할 수도 있었지만, 모두 지상신인 천天 혹은 상제上帝의 존재를 부인하지 않았다.

음악의 역사에 있어서 전문가들은 항상 다음과 같은 견해가 있었다. 즉 음악가무는 최초에 신을 기쁘게 하는데 쓰였는데, 이 때문에 음악은 종교에 근원한다는 것이다. 중국 고대의 시가詩歌와 음악을 연구하는 학자들도 항상『구가九歌』6 등이 신을 기쁘게 하는 노래라고 말하였다. 실제로,『시경』속의 많은 '시'도 신을 기쁘게 하는 노래이다.『모시毛詩』7「시보서詩譜序」에는 다음과 같이 말하였다.

그러므로 공자가 의왕懿王(서주의 7대왕)과 이왕夷王(서주의 9대왕, 의왕의 아들) 때의 시를 기록하다가 진陳나라 영공靈公(BC 613~599 재위)의 음란한 일에 이르러서는 "풍風이 변하고 아雅가 변하였다"8라고 하였다. 부지런히 일하는

---

4 『詩經』「大雅·文王」, "文王在上, 於昭于天."

5 『詩經』「大雅·文王」, "文王陟降, 在帝左右."

6 구가(九歌): 초사(楚辭)의 편명이다. 전국시대 초나라 굴원(屈原)이 민간에서 신에 제사지내는·노래를 근거로 지은 것으로, 동황태일(東皇太一)·운중군(雲中君)·상군(湘君)·상부인(湘夫人)·대사명(大司命)·소사명(少司命)·동군(東君)·하백(河伯)·산귀(山鬼)·국상(國殤)·예혼(禮魂) 11편을 말한다. (역자 주)

7 『시경』은 전한 사람에 따라서 노시(魯詩)·제시(齊詩)·한시(漢詩)·모시(毛詩) 등으로 불리었는데, 후세에 삼가시(三家詩)라고 일컬어진 서한(西漢) 때 나온 노시·제시·한시는 모두 실전(失傳)되었고, 현존하는 시경은 노(魯)나라의 모형(毛亨)이 전한 모시(毛詩)이다. (역자 주)

백성의 노고를 불쌍히 여기고 상제를 밝게 섬기면 칭송하는 소리를 들어 큰 복이 저와 같을 것이고, 만약 어기고 쓰지 않으면 겁탈이나 죽음을 당하여 큰 화가 이와 같을 것이다.[9]

공영달孔穎達(574~648)은 『모시정의毛詩正義』 서문에서 다음과 같이 말하였다.

그러므로 천지와 귀신을 감동시키는 것으로는 시詩보다 더 절실한 것이 없다. 이것이 바로 시의 공용功用이니 그 이로움이 크다.[10]

시의 작용이 이와 같고 시의 내용이 그와 같으니, 공자가 시를 '기술'할 때는 천지와 귀신에 대해 또한 어떤 태도를 견지하였을까?

다음으로, 『상서尙書』를 말하겠다. 현존하는 『금문상서今文尙書』 20여 편 중에서 제1편 「순전舜典」에는 순임금이 제위帝位를 수락한 뒤를 말하고 있다. 즉

드디어 상제께 유類제사를 지내고, 육종六宗에게 인禋제사를 지내고, 산천에 망望제사를 지내고, 여러 신들에게 두루 제사를 지냈다.[11]

---

8 풍(風: 국풍)과 아(雅: 소아·대아)에는 정(正)·변(變)의 설이 있었으니, 정풍(正風)·변풍(變風)·정아(正雅)·변아(變雅)가 그것이다. 정치가 잘 되어 세상이 평화로웠던 시대에 나온 시를 '정풍'·'정아'라 하였고, 정사가 어지러워진 시대에 나온 시를 '변풍'·'변아'라고 하였다. (역자 주)

9 『毛詩』「詩譜序」, "故孔子錄懿王夷王時詩, 訖於陳靈公淫亂之事, 謂之變風變雅, 以爲勤民恤功, 昭事上帝, 則受頌聲, 弘福如彼. 若違而弗用, 則被劫殺, 大禍如此."

10 孔穎達, 『毛詩正義』序, "故曰感天地動鬼神, 莫近於詩. 此乃詩之爲用, 其利大矣."

11 『尙書』「舜典」, "肆類于上帝, 禋于六宗, 望于山川, 遍于群神."

아래 각 편에서「우공禹貢」편이 산천의 산물을 말하는 외에,「감서甘誓」·「탕서湯誓」·「반경盤庚」·「고종융일高宗肜日」이하에서「주서周書」의 각 편에 이르기까지, 어느 편인들 '천'과 '천명'을 말하지 않은 곳이 있는가? 공자가 '기술'한『상서』에는 또한 그 속의 '천'과 '상제', '천명'과 '귀신'을 어떻게 다루고 있는가?

마지막으로, 예禮를 말하겠다. 공자가 예를 중시하였음은 이미 의심할 여지가 없다. 그러나 공자가 중시한 예는 그 내용과 의미가 또한 어떠한가? 공자는 예가 무너지는 것을 몹시 가슴 아파 하였는데, 그 내용과 의미는 또한 무엇 때문인가?

『예기』「제통祭統」에는 다음과 같이 말하였다.

예에는 다섯 가지가 있는데, 〈그 중에서〉 제사지내는 것보다 더 중요한 것이 없다.12

예를 중시하는 것에서 가장 으뜸으로 주요한 것은 제례祭禮를 중시하는 것이고, 예가 무너지는 것에서 가장 으뜸으로 주요한 것도 제례가 파괴되는 것이다.

주나라 평왕平王(BC 770~720 재위)이 동천東遷하던 그 해(BC 770)를 시작으로, 진秦나라는 천자만이 하늘에 제사지낼 수 있는 예제禮制를 어기고, 스스로 소호少昊의 신으로 자처하고 제터(時祭)13를 세우고 백제白帝에게 제사지냈다. 머지 않아, 제齊 환공桓公(BC 685~643 재위)도 자기의 공적이 옛 황제와 같다고 여기고 봉선封禪을 실행하였다. 유학자의 고향인 노나라에서도 남에게 뒤지지 않으려고 교외에서 하늘에 제사지

---

12 『禮記』「祭統」, "禮有五經, 莫重于祭."
13 치제(時祭): 천지의 신령과 고대의 제왕을 제사지내던 제터를 말한다.(역자 주)

내는 예를 실행하였다. 또한 "왕이 아니면 체禘제사를 지내지 못한 다"[14]는 예제의 규정을 어기고 '체'제사의 예를 행하였다. 공자가 비록 그 잘못을 알았지만 차마 말하지 못하였다.

현존하는 예경禮經에는 세 가지가 있으니, 『주례周禮』·『의례儀禮』· 『예기禮記』이다(『예기』는 또한 『대대예기大戴禮記』와 『소대예기小戴禮記』 로 나눈다). 그 속에서는 하늘에 제사지내고 귀신에 제사지내는 것에 관해 모두 상세하고 분명하게 말하였다. 물론 이러한 내용이 모두 공 자 이전에 나온 것은 아니지만, 공자 이후에 나온 것은 공자가 기술한 것과 더욱 관계가 있다. 우리는 그 속의 '자왈子曰'·'공자왈孔子曰'이 진 실로 모두 공자가 말한 것이라고 긍정할 수는 없지만, 예경에서 천지 와 귀신을 대하는 기본태도는 공자와 전체 유가의 기본태도라고 말하 지 않을 수 없다.

『논어』에서 우리는 공자의 "귀신을 공경하되 멀리하였다"[15]는 기 록을 읽을 수 있고, 공자의 "병이 있을 때 신에게 기도하였다"[16]는 소 극적인 태도를 읽을 수 있다. 이러한 사례에서 우리는 다음의 같은 일 부를 보충할 수 있다. 예를 들면, 『좌전』「애공哀公 6년」에는 초나라 소왕昭王(BC 515~489 재위)에게 병이 있었으나, 황하黃河의 신에 제사지 내지 않았을 뿐만 아니라 또한 질병이 영윤令尹과 사마司馬에게로 옮겨 갈 것을 신에게 기도하지도 않았다.[17] 공자가 칭찬하여 말하기를 "초 나라 소왕이 큰 도리를 알았다"[18]라고 하였다. 그러나 이러한 사례는

---

14 『禮記』「喪服小記」, "禮不王不禘."

15 『論語』「雍也」, "敬鬼神而遠之."

16 『論語』「述而」, "有病禱神."

17 『春秋左傳』「哀公 6年」, "初昭王有疾. 卜曰河爲祟. 王弗祭. 大夫請祭諸郊.……遂弗 祭."(일찍이 초나라 소왕이 병이 들었다. 복서가가 황하(黃河)의 신을 숭상하라고 하였다. 그러나 소왕은 제사지내지 않았다. 대부들이 교외에서 황하의 신에게 제 사지낼 것을 간청하였다.……마침내 제사를 지내지 않았다.)(역자 주)

다만 공자시대 전통의 종교관념에 모종의 변화가 발생하였음을 설명하지만, 이러한 변화는 시대의 발전에 따라 부단히 발생하는 것이다. 당시의 선진 인물들은 공자를 포함하여 이미 더 이상 이전과 같지 않았고, 적어도 상대商代 사람들처럼 일마다 모두 귀신에게 물어보고 복종하던 것과는 더 이상 같지 않았지만, 공자가 근본적으로 귀신을 믿지 않았다고는 결코 설명할 수 없다. 또한 세계의 다른 종교와 중국의 이후 유·불·도 삼교三敎의 정황에서 보면, 종교 사상가들이 모종의 귀신 혹은 미신현상에 반대한 것은 도리어 그 종교신앙을 유지하기 위한 고상한 순결이다. 이 점은 우리가 이후에도 논술해야 하는 것이다.

　이상의 고찰에서 공자가 귀신을 믿지 않은 것이 아니라 천명과 귀신을 진심으로 믿었고, 또한 전통의 종교 의례제도를 유지하기 위해 완강히 노력하였음을 분명히 나타내었다.

2. 유교의 상제와 신령(상)

　한 무제는 동중서의 대책(천인삼책)을 받아들여 '유술만을 존숭할 것'을 결정한 후에, 박현亳縣19 출신 유기謬忌의 건의를 받아들여 태일太一을 지상신으로 삼고 오제五帝를 강등시켜 '태일'을 보좌하게 하였다. 이후부터 상제의 명칭과 그 의미는 전적으로 유학자에 기인하고 유교경전에 근거하여 규정되고 해석되었다.

　서한西漢 말기에 왕망王莽(8~23 재위)이 집권하면서 유교경전에 근거하여 상제를 '황천상제태일皇天上帝太一'이라 불렀다. 동한東漢은 왕망을 계

---

18 『春秋左傳』「哀公 6年」, "孔子曰, 楚昭王知大道矣."

19 박인(亳人)은 지금의 산동(山東) 조현(曹縣) 사람이다. 박(亳)은 박(薄)으로도 표기한다.(역자 주)

승하여 '황천상제皇天上帝'라고 불렀다. 그 후에 '황황제천皇皇帝天(曹씨의 魏나라)'이라 부르기도 하였고, '황황후제皇皇后帝(孫씨의 吳나라)'라고 부르기도 하였으며, '호천상제昊天上帝(晋나라)'라 부르기도 하였고, '천황대제天皇大帝(南朝의 梁나라)'라고 부르기도 하였다. 수당시대에는 『주례周禮』에 근거하여 상제를 '호천상제昊天上帝'로 이름을 정하였고, 마침내 후대에도 계속 사용되었다. 송 진종眞宗(998~1022 재위)은 일찍이 상제에게 존경을 표시하여 '옥황대천제玉皇大天帝'라고 불렀으나 계속 사용되지 못하였고, 유학자에 의해 제정된 국가제전에서는 여전히 호천상제라 불렀으며 청말까지 이어졌다. 현존하는 북경北京의 천단天壇 기년전祈年殿에는 여전히 호천상제의 신주나 위패를 보유하고 있다. '옥황대천제'의 명칭은 도교에 의해 채택되었고, 또한 도관道觀 안에 초상화를 세우고 전각殿閣을 세워 도교상제의 정식명칭이 되었다.

황천皇天·호천昊天의 명칭은 유교경전에서 나왔으니, 예컨대 『시경』과 『주례』 등이다. 이러한 유교경전 속에서는 또한 상천上天·창천蒼天·민천旻天 등 지상신에 관한 명칭을 볼 수 있는데, 이러한 명칭의 의미는 어떠한가? 『모시毛詩』「서리黍離」에는 다음과 같이 말하였다.

> 창천蒼天은 형체(體)로서 말한 것이다. 존귀하여 군주로 삼을 수 있으면 황천皇天이라 불렀고, 원기가 광대하면 호천昊天이라 불렀으며, 인仁으로 덮어주어 백성을 불쌍히 여기면 민천旻天이라고 불렀고, 위에서 내려와 살피면 상천上天이라 불렀다.[20]

다시 말하면, 저 높은 위에서 아득히 바라보는 광대한 원기는 바로 세상에 군림한 인애자선仁愛慈善한 상제이다.

---

[20] 『毛詩』「黍離」, "蒼天, 以體言之. 尊而君之, 則稱皇天, 元氣廣大, 則稱昊天, 仁覆閔下, 則稱旻天, 自上降鑒, 則稱上天."

후에 유학자들은 보편적으로 신과 사람의 형상이 다르다는 의견을
받아들였고, 또한 그것을 정식으로 국가제전에 기입해 넣었다.

『개보통례開寶通禮』에 따르면, 원기가 광대한 것은 호천昊天이라 불렸고,
멀리 바라보아 아득한 것은 창천蒼天이라 불렸다. 사람이 존숭하는 것으
로는 제帝보다 나은 것이 없고 하늘에 의지하기 때문에 상제上帝라고 불
렀다.21

북송北宋 중기에 유학자들은 또한 기氣 속에서 이치를 체득해 내었으
니, 이에 정이程頤(1033~1107)는 다음과 같이 말하였다.

하늘은 이치이고, 신神은 만물을 신묘하게 하는 것으로 말한 것이고, 제帝
(상제)는 일을 주재하는 것으로 이름 붙인 것이다.22
형체로써 말하면 천天이라 하며, 주재로써 말하면 제帝라 하며, 공용으로
써 말하면 귀신鬼神이라 하고, 신묘한 작용으로써 말하면 신神이라고 하며,
성정性情으로써 말하면 건乾이라고 한다.23

천天·제帝·귀신鬼神이 비록 이름은 다르지만 실상은 같다. 이른바
형체는 바로 거대한 원기元氣이다. '리'가 '기'를 주재하니, 그 상제는 바
로 저 거대한 원기 속의 '리'를 말한다. 일반적으로 말하면, 저 거대한
원기는 상제의 형체이고, '기' 속의 '리'는 상제의 영혼이며 혹자는 상

---

21 『宋史』卷99, 「禮志」, "按開寶通禮, 元氣廣大, 則稱昊天. 据遠視之蒼然, 則稱蒼天. 人
　之所尊, 莫過于帝, 托之于天, 故稱上帝."
22 『程氏遺書』卷11, 「師訓」, "天者, 理也. 神者, 妙萬物而爲言者也. 帝者, 以主宰事而
　名."
23 『程氏遺書』卷22(上), 「伊川語錄」, "以形體言之謂之天, 以主宰言之謂之帝, 以功用言
　之謂之鬼神, 以妙用言之謂之神, 以性情言之謂之乾."

제 그 자체라고 말하기도 한다.

이러한 상제는 사람과 모습은 다르지만 사람과 성품은 같다. 상제는 인격을 가지고 있어서 착한 자에게 상을 주고 악한 자에게 벌을 줄 수도 있고 사람과 감응感應할 수도 있다.

> 필부匹夫의 지성至誠이 천지를 감동시키는 것에는 진실로 이 이치가 있다.[24] 체棣가 묻기를, "착한 자에게 복을 주고 악한 자에게 재앙을 주는 것은 어떻습니까?" 대답하기를, "이것은 자연의 이치이다. 착하면 복이 있고 악하면 재앙이 있다."……또 묻기를, "지금 사람은 선악의 보응報應이 어떻습니까?" 대답하기를, "다행인 것도 있고(착하면 복을 받고 악하면 재앙을 받는 것), 불행인 것도 있다(착한데 복을 받지 못하거나 악한데 재앙을 받지 않는 것)."[25]

정이의 말에 의하면, 그러한 보응을 받지 않은 것은 요행에 불과할 뿐이다. 이 때문에 '천'과 '상제'는 전지전능全知全能하고 무소부재無所不在하다. 사람은 시시각각 매우 경건한 심정으로 자기를 닦는데, 마치 상제가 당신의 신변에 있는 것처럼 하였다.

> "충忠과 신信은 덕으로 나아가는 것이요 종일토록 힘쓰고 힘쓰니"[26] 군자는 종일토록 하늘과 마주대하고 있다.……그러므로 신이 "그 위에 있는 듯하고, 그 좌우에 있는 듯하다"라고 하였다. 크고 작은 일에서도 다만 "진실로 가릴 수 없음이 이와 같다"라고 하였다. 처음부터 끝까지 이와 같은데 불과하다.[27]

---

24 『程氏遺書』卷15, 「入關語錄」, "匹夫至誠感天地, 固有此理."

25 『程氏遺書』卷22(上), 「伊川語錄」, "棣問, 福善禍淫如何. 曰此自然之理. 善則有福, 淫則有禍.……又問, 今人善惡之報如何. 曰幸不幸也."

26 『周易』「乾卦」, "忠信所以進德.……終日乾乾."

정씨형제의 상제관이 유학자에 의해 계승되어 송대 이후 정통적 상제관이 되었다. 주희의 「경재잠敬齋箴」에서는 상제에 대한 경외敬畏를 유학자가 자기를 닦는 가장 중요한 조목으로 간주하였다.

> 의관衣冠을 바르게 하고, 시선을 존엄하게 하고, 마음을 가라앉히고 앉아 상제를 마주대하는 듯이 하라.28

이 때문에 송宋 이후 유학자들이 자기를 닦는데 사용한 '주경主敬'원칙은, 일종의 도덕적 심리상태일 뿐만 아니라 무엇보다도 일종의 종교적 심리상태였다. '경'은 바로 상제를 경외敬畏하는 것이다.

그렇다면 공자를 시작으로 유학자로서 상제를 믿지 않거나 상제의 존재를 부인한 유학자가 있었는가? 한 사람도 없었다고 말할 수 있다.

예를 들어 순자가 그의 「천론天論」편에서 기우제를 지내고 점을 치는 것에 반대하고 "〈천명에 순종하지만 말고〉 천명을 제재할 것(制天命)"을 주장하였는데, 이러한 주장은 다만 하늘에 자기의 직분이 있어서 하늘이 사람의 행위를 자기의 생각대로 바꿀 수는 없었지만, 결코 지상신인 하늘의 존재를 부인하지 않았음을 설명하였다. 그의 「예론禮論」편에는 다음과 같이 말하였다.

> 예에는 세 가지 근본이 있으니, 천지는 생명의 근본이고, 선조는 인류(종족)의 근본이며, 임금과 스승은 다스림의 근본이다.……그러므로 예는 위로 하늘을 섬기고, 아래로 땅을 섬기며, 선조를 존경함으로써 임금과

---

27 『程氏遺書』卷1, 「端伯傳師說」, "忠信所以進德, 終日乾乾, 君子當終日對越在天也. ……故說, 神如在其上, 如在其左右, 大小大事而只曰誠之不可掩如此夫. 徹上徹下, 不過如此."

28 『朱熹集』卷85, 「敬齋箴」, "正其衣冠, 尊其瞻視, 潛心以居, 對越上帝."

스승을 존중하니, 이것이 예의 세 가지 근본이다.29

그러므로 왕자는 태조(太祖: 시조)를 하늘과 나란히 제사지내고⋯⋯하늘에 지내는 교제郊祭는 천자에서 그치고(천자만이 지내고), 땅에 제사지내는 사제 社祭는 제후에서 그친다(제후만이 지낸다).30

제사는 그 신을 공경히 섬기는 것이다.31

그러므로 사社는 땅의 신에게 제사지내는 것이고, 직稷은 곡식의 신에게 제사지내는 것이며, 교郊는 여러 임금을 합하여 하늘에 제사지내는 것이다.32

이러한 말은 순자가 지상신인 하늘의 존재를 부인하지 않았고, 다른 신령의 존재도 부인하지 않았음을 나타낸다. 그는 다른 유학자들과 마찬가지로, 예제禮制를 견지하고 '천天·지地·군君·친親·사師'의 제사를 주장하였다.

또한 왕충王充(27~97)을 예로 들자. 그는 당시의 천인감응설天人感應說에 반대하고, 사람이 죽으면 지각이 없어 귀신이 되지 않는다고 여겼다. 사람들은 이미 왕충이 귀신의 존재를 완전히 부인하지 않았음에 주목하였다. 사람들이 여전히 주목하고 있는 것은, 왕충이 신령인 하늘의 존재를 부인하지 않았고 상제의 존재를 부인하지 않았다는 것이다. 『논형論衡』「사위死僞」편에서는 다음과 같이 말하였다.

상제는 공신公神이다.33

---

29 『荀子』「禮論」, "禮有三本, 天地者, 生之本也, 先祖者, 類之本也, 君師者, 治之本也 ⋯⋯故禮, 上事天, 下事地, 尊先祖而隆君師, 是禮之三本也."

30 『荀子』「禮論」, "故王者天太祖⋯⋯郊止乎天子, 而社止于諸侯."

31 『荀子』「禮論」, "祭祀, 敬事其神也."

32 『荀子』「禮論」, "故社, 祭社也. 稷, 祭稷也. 郊者, 并百王於上天而祭祀之也."

33 『論衡』卷21,「死僞」, "上帝, 公神也."

『논형』「변숭辨崇」편에서는 말하였다.

하늘은 온갖 신들의 주인이다. 도덕道德과 인의仁義는 하늘의 도이고 전율과 공포는 하늘의 마음이다.…… 공자께서는 "삶과 죽음은 명에 달려있고 부귀는 하늘에 달려있다"라고 말하였다.…… 사람의 세상에서 화禍와 복福은 명에 달려있다. 34

『논형』「뇌허雷虛」편에는 말하기를,

천신天神이 하늘에 머무는 것은 왕이 집에 머무는 것과 같다. 35

본문에서는 이것이 바로 옛 사람들이 상제를 하늘로 불렀던 것에 대한 가장 정확한 해석이라고 생각한다. 하늘과 사람은 하나의 이치이고, 후인들도 항상 '지역의 명망名望'으로 인물을 대신하였다. 예컨대 '창려昌黎'로 한유韓愈를 대신하거나(한유의 출생지는 실제로 孟縣이다) '황매黃梅(지금의 湖北省 黃梅)'로 오조홍인五祖弘忍(601~674)을 대신하는 등이다. 왕충이 반대한 것은 다만 사람의 행위가 상제를 감응시킬 수 있다고 말하는 것이다.

---

34 『論衡』卷24, 「辨崇」, "天, 百神主也. 道德仁義, 天之道也, 戰栗恐懼, 天之心也.…… 孔子云, 死生有命, 富貴在天.…… 人之於世, 禍福有命."
35 『論衡』卷6, 「雷虛」, "天神之處天, 猶王者之居也."

3. 유교의 상제와 신령(하)

유학자들은 상제의 존재를 인정하였고, 상제의 작용에 대해서도 분명히 해석하였다.

일반적인 신령과 마찬가지로, 상제는 지상신으로서 그 기본 공능은 자연히 일체를 주재하거나 착한 자에게 상을 주고 악한 자를 벌하는 등이다. 가의賈誼(BC 200~BC 168)는 다음과 같이 말하였다.

그러므로 하늘의 주벌誅伐은 넓고 깊숙한 곳이나 아득히 멀어 사람이 없는 곳도 도울 수 없으니, 비록 겹겹이 쌓인 돌 속에 있어도 반드시 알 것이다!……그러므로 "하늘은 높은데 있으면서 그 낮은데 것을 듣고, 수확한 벼이삭(아주 미세한 곳)도 살핀다"라고 하였다.36

육가陸賈(BC 240~BC 170)는 말하기를,

(학자들은) 먼저 천문天文에서 옳고 그름을 결정하고, 그 다음으로 인간세상의 일에서 의심을 결정한다.37
성인은 하늘의 변화에 인하여 그 잘못을 바로잡고, 그 단서를 다스려서 그 근본을 바로잡는다.38

상제가 일체를 주재하고, 전지전능하며, 착한 자에게 상을 주고 악한 자에게 벌을 주는 사상은 동중서에 이르러서 완비된 신학체계로 발

---

36 『新書』卷7, 「耳痺」, "故天之誅伐, 不可爲廣虛幽閒, 攸遠無人, 雖重襲石中而居, 其必知之乎.……故曰, 天之處高, 其聽卑, 其收芒, 其視察."
37 『新語』「思務」, "上決是非于天文, 其次定狐疑于世務."
38 『新語』「思務」, "聖人因天變而正其失, 理其端而正其本."

전하였다. 후대의 유학자들은 다만 한대 유학자들이 '천인감응'을 너무 지나치게 말하였다고 여겼지만, 상제가 주재하거나 착한 자에게 상을 주고 악한 자에게 벌을 주는 공능을 근본적으로 부인하지 않았다. 『정씨유서程氏遺書』권22(하)에는 이천伊川의 말을 싣고 있다.

> 또 묻기를, "한유들이 말한 『춘추』의 재이災異는 어떻습니까?" 대답하기를, "한나라 이후부터 이것을 안 사람이 없었다. 동중서가 말한 '하늘과 사람의 상호 관계'[39]에서도 대략 약간의 모양을 보았으나, 다만 한유들에 의해 너무 지나치게 추진되었다. 구태여 어떤 일에 어떤 감응이 있다고 말할 필요가 있겠는가?"[40]

정이의 이러한 사상은 송대 이래로 유학자들의 기본관념이었다.

그러나 유교의 특징이 되는 것으로, 유학자들은 상제가 인류에게 군주와 스승을 파견하여 그들(군주와 스승)로 하여금 상제의 백성을 교화하고 다스리게 하였다고 여겼다. 『맹자』「양혜왕(하)」에는 다음과 같은 글이 실려있다.

> 하늘이 아래에 백성을 내보내시어 군주를 세우고 스승을 세우는 것은, 오직 그들(군주와 스승)이 상제를 도와서 사방의 백성을 사랑하도록 하기 위한 것이다.[41]

---

39 『漢書』卷56, 「董仲舒傳」, 〈賢良對策(1)〉, "天人相與之際."

40 『程氏遺書』卷22(下), 「伊川語錄」, "又問, 漢儒談春秋災異, 如何. 曰, 自漢以來, 無人知此. 董仲舒說天人相與之際, 亦略見些模樣, 只被漢儒推得太過. 亦何必說某事有某應."

41 『孟子』「梁惠王(下)」, "天降下民, 作之君, 作之師, 惟曰其助上帝, 寵之四方."

맹자는 이 말이 『상서尙書』에서 나왔다고 하였다. 『고문상서古文尙書』 「태서泰誓」의 글은 『맹자』와 조금 차이가 있다.

> 하늘이 아래 백성을 도와 군주를 세우고 스승을 세운 것은, 그들이 능히 상제를 도와서 사방의 백성을 사랑하여 편안히 살 수 있도록 하기 위한 것이다.[42]

주희는 『대학장구大學章句』서문에서 이러한 뜻을 더욱 분명하게 말하였다.

> 하늘이 백성을 내보내면서부터 이미 인·의·예·지의 본성을 부여하지 않음이 없었다. 그러나 기질을 부여받은 것이 혹 같지 못하였으니, 이 때문에 모두 그 본성을 가지고 있음을 알아서 그것을 온전히 하지 못하였다. 한 사람이라도 총명聰明·예지叡智하여 그 본성을 다할 수 있는 자가 그 사이에서 나오면, 하늘은 반드시 그들에게 억조億兆의 군주와 스승이 될 것을 명하여, 그들(군주와 스승)로 하여금 〈백성을〉 다스리고 가르치게 하여 그들의 본성을 회복하게 하였다.[43]

이 때문에 유교 교의敎義에 따르면, 군주는 천명을 받아서 즉위하였을 뿐만 아니라 스승도 하늘이 명한 것이다. 그러나 유술만을 존숭한 이후부터 스승도 유학자에 의해 전담되었다. 유학자의 대표는 공자이고 '선사先師'라고 불렸다. 이 후의 많은 유학자들, 즉 안회顏回나 심지

---

42 『尙書』「泰誓(上)」, "天佑下民, 作之君, 作之師, 惟其克相上帝, 寵綏四方."

43 『大學章句』序, "蓋自天降生民, 則旣莫不與之以仁義禮智之性矣. 然其氣質之稟或不能齊, 是以不能皆有以知其性之所有而全之也. 一有聰明叡智能盡其性者出于其間, 則天必命之以爲億兆之君師, 使之治而敎之, 以復其性."

어 동중서董仲舒·왕필王弼에 이르기까지 모두 '선사'의 칭호를 얻었다. 그러나 『주례』에 따르면, 선사도 신령과 같은 제사를 누렸다. 『예기』 「문왕세자文王世子」에는 다음과 같은 글이 실려있다.

대저 처음으로 학교에 들어간 자는 반드시 선성先聖·선사先師에 제사를 지냈다.44

천자가 학교를 시찰할 때도 반드시 선사에게 제사를 지냈다. 천자가 출정出征에서 돌아와서는 선사에게 노획물을 바치고 성공을 보고하였다.

'처음으로 학교에 들어간 자'가 제사지내던 선성先聖이 한 왕조 동안은 주공(周公)을 가리키기도 하였고 공자를 가리키기도 하였으나, 후대에는 성인과 스승이 공자 한 몸에 모아져 '지성선사至聖先師'라고 불렀다. 군주에 이르러서도 물론 성인이었다. 누가 군주가 되면 누구는 바로 성인이었다. 유방劉邦(BC 202~BC 195 재위)이 황제가 되었을 때, 사마천司馬遷은 다음과 같이 말하였다.

이것이 바로 옛날부터 전해지던 이른바 위대한 성인이구나!……위대한 성인이 아니면 누가 이 명을 받아서 황제가 될 수 있겠는가?45

안록산安祿山이 반란을 일으켜서 가서한哥舒翰(?~757)을 체포하였다.

---

44 『禮記』「文王世子」, "凡始立學者, 必釋奠于先聖先師."
45 『史記』卷16, 「秦楚之際月表」, "此乃傳之所謂大聖乎.……非大聖孰能當此受命而帝者乎."

안록산이 가서한에게 묻기를, "너는 항상 나를 얕보았는데 지금은 어떠한
가?"라고 하였다. 가서한이 땅에 엎드려 대답하기를, "신의 육안이 성인
을 알아보지 못하였습니다"라고 하였다.[46]

가서한의 대답이 물론 살려고 한 것이지만, 군주를 성인으로 여기는
보편적 의식을 반영한 것이다. 군주의 명령을 '성지聖旨'라고 불렀고,
'성지'는 바로 하늘의 뜻을 나타내었다. 성인의 말은 바로 '하늘의 뜻'
이었다. 동중서는 다음과 같이 말하였다.

명名과 호號는 소리는 달라도 근본은 같은데, 모두 이름을 불러서 하늘의
뜻에 이르는 것이다.[47]
하늘은 말하지 않지만 사람을 시켜서 그 뜻을 드러내게 하고, 작위함이
없지만 사람을 부려서 그 중도中道를 행하게 한다. 이름은 성인이 드러낸
하늘의 뜻이다.[48]

소옹邵雍(1011~1077)은 「관물觀物」 편에서 말하기를,

성인은 한 마음(一心)으로 모든 마음(萬心)을 살피고, 한 몸(一身)으로 모든
몸(萬身)을 살피며, 한 사물(一物)로 온갖 사물(萬物)을 살피고, 한 세대(一世)
로 만 세대(萬世)를 살필 수 있다.[49]

---

46 『資治通鑑』卷218, 「唐紀34」, "安祿山問翰曰, 汝常輕我, 今定如何. 翰伏地對曰, 臣肉
眼不識聖人."
47 『春秋繁露』「深察名號」, "名號異聲而同本, 皆鳴號而達天意者也."
48 『春秋繁露』「深察名號」, "天不言, 使人發其意, 弗爲, 使人行其中. 名, 則聖人所發天意."
49 『皇極經世』卷11, 「觀物篇」, "能以一心觀萬心, 以一身觀萬身, 以一物觀萬物, 以一世
觀萬世."

또 이르기를,

> 성인은 마음으로 하늘의 뜻을 대신할 수 있고, 입으로 하늘의 말을 대신
> 할 수 있으며, 손으로 하늘의 재주(工)를 대신할 수 있고, 몸으로 하늘의
> 일을 대신할 수 있는 자이다.[50]

청말의 강유위康有爲는 『춘추동씨학春秋董氏學』권5에 「공자의 춘추가
하늘을 대신하여 나타낸 뜻(孔子春秋代天發意)」이라는 한 조목을 끼워 넣
었는데, 그 속에서 다음과 같이 말하였다.

> 양자楊子가 말하기를, "성인은 하늘의 입이다"라고 하였다. 공자가 제도를
> 만들고 뜻을 세운 것은 모두 천명(天數)에서 나온 것이다. 대저 하늘은 말
> 할 수 없어서 공자를 시켜서 대신 드러내게 하였다. 그러므로 공자의 말
> 은 공자의 말이 아니라 하늘의 말이며, 공자의 제도와 뜻은 공자가 한 것
> 이 아니라 하늘의 제도와 뜻인 것이다.[51]

강유위의 견해는 결코 그가 발명한 것이 아니라 유교의 일관된 전통
이었다.

성인의 말이 이미 하늘의 말이라면, 성인에 의해 해석된 유교의 교
의敎義도 하늘의 뜻을 전달한 것이다. 유학자들이 유교경전에 따라 일
을 처리한 것도 바로 하늘의 뜻에 따라 일을 처리한 것이다.

'천' 혹은 상제 아래가 이른바 '백신百神'이다. '백신'의 구성은 일월日

---

50 『皇極經世』卷11,「觀物篇」,"其能以心代天意, 口代天言, 手代天工, 身代天事者焉."
51 康有爲,『春秋董氏學』卷5,「孔子春秋代天發意」(臺灣商務引書館, 1969), "楊子曰, 聖
爲天口. 孔子之創制立義, 皆起自天數. 蓋天不能言, 使孔子代發之. 固孔子之言, 非孔
子言也, 天之言也. 孔子之制與義, 非孔子也, 天之制與義也."

月·산천山川에서 조수鳥獸·창문에 이르기까지, 더 나아가 명유名儒·명
신名臣·명인名人도 백신의 대열에 끼일 수 있다. 백신의 수가 많을 때
는 1700분에 달하였고, 적을 때도 6~700분이나 되었다. 백신에 제사
지내는 것은 사람들로 하여금 중국의 종교를 다신교로 불리게 하였고,
또한 명말明末 이래의 선교사들로 하여금 2~300년간의 '의례儀禮의 논
쟁'52을 발생시켰다. 중국을 다신교라고 부르는 사람들과 선교사들은
모두 백신 위에 또 한 분의 주신主神이 있는지를 알지 못하였으니, 그
분이 바로 상제이다. 그러나 이른바 일신교一神敎는 실제로 많은 신들
위에 한 분의 '주신'이 계시는 것에 불과하다. 많은 신들의 수에 이르
러서는 그 구체적인 정황을 보고 정해야 한다.

　유교의 '백신'은 인간들의 관료체계와 같은 등급체계로 구성되어 있
다. 각 신들의 등급과 작위는 일반적으로 말하면, 유학자에 의해 규정
된 것이고 나란히 국가제전에 실려있다. 평소에 '백신'은 규정에 따라
일방적으로 제사를 누렸으니, 마치 제후가 봉지封地와 식읍食邑을 가지
는 것과 같았다. 큰 제사 때는 등급에 따라 천단天壇 위에 배향하고 종

---

52 17세기에서 18세기 중엽까지 중국에서 활동하던 예수회 선교사들과 도미니코회
　와 프란치스코회 선교사들 사이에서 일어난 중국 의례에 대한 100여년 간의 논
　쟁을 말한다. 16세기말 중국에 진출한 예수회 선교사 마테오리치(Matteo Ricci,
　1552~1610)와 동료 선교사들은 중국 선교에 있어서 중국 의례, 즉 조상숭배와 공
　자숭배를 중국문화와 관련된 의식(儀式)으로 파악하고 이를 허용하였으나 예수회
　부터 반세기 늦게 중국에 진출한 도미니코회와 프란치스코회 선교사들은 예수회
　의 이러한 선교방법에 반대하였다. 그리하여 1643년 도미니코회 선교사 모랄레
　스(Morales)가 예수회의 선교방법을 비판하는 17개항의 문제점을 교황에게 제출
　하여 1645년 인노첸시오(Innocentius) 9세는 중국 의례를 금하는 훈령을 내렸고,
　이에 대해 예수회에서는 1651년 마르티니(Martini)를 교황청에 파견, 1656년 알렉
　산데르(Alexander) 7세로 하여금 중국 의례의 허락을 받아냈다. 그 뒤 중국 의례
　의 찬·반에 관한 논쟁은 100년간 계속되었으나 1715년 클레멘스(Clemens) 11세가
　중국 의례를 금하는 칙령을 발표하고, 이어 1742년 베네딕토(Benedictus) 14세를
　재천명하는 결정적 칙서를 발표함으로써 중국 의례에 관한 논쟁은 종지부를 찍
　게 되었다.(가톨릭 백과사전 참고: 역자 주)

사하였다. 국가제전에 들지 못한 것은 '음사淫祀'로 불렸다. 유학자 혹은 일부 국가 관리들은 항상 '음사'를 폐기하기 위해 투쟁하였고, 그들은 항상 무신론자로 오인되었다. 어떤 때는 이미 제전에 들었던 것도 파면되거나 강등降等될 수 있었으니, 이는 관리가 파면되고 좌천되는 것과 같았다. 민간에 유행하던 '음사'도 제전에 받아들여질 수 있었으니, 마치 반역자를 투항시키는 것과 같았다. 일반적으로 말하면, 이러한 일은 모두 유학자 출신의 관리에 의해 제기되고 건의되었으며, 또한 건의에서 비준을 거친 후에 실행에 부쳐졌다.

4. 유교의 피안세계

상제와 신령들의 세계가 바로 유교의 피안세계이다. 기타 종교와 다른 듯한 것은, 유교는 사람이 죽은 후에 다른 세계로 들어갈 것을 주장하지 않았고, 그런 까닭에 생전에 세속생활에서 벗어날 것을 주장하지도 않았으며, 현실의 일을 잘 처리할 것을 주장하였다. 간단하게 말하면, 유교는 입세적이요 출세적이지 않다. 이 점도 유교가 종교가 아님을 주장하는 주요한 근거이다.

유교경전에 따르면, 상제가 "군주를 세우고 스승을 세워서" 군주와 스승에게 준 임무는, 그들로 하여금 사람들을 상제의 세계 속으로 데리고 가게 하려는 것이 아니라, 그들이 "능히 상제를 도와서 사방의 백성을 사랑하고 편안히 살 수 있게 하려는 것이니"[53], 즉 상제를 보좌하여 천하를 잘 다스리게 하려던 것이다. 이것은 다만 교의敎義의 차이지 결코 종교와 비종교의 분수령이 아니다.

---

53 『尙書』「泰誓(上)」, "天佑下民, 作之君, 作之師, 惟其克相上帝, 寵綏四方."

실제로 종교가 반드시 출세를 주장하는 것은 아니다. 출세를 주장하는 것은 항상 일종의 부득이해서이다.

기독교로 논하면, 이른바 기독(基督: Christ(그리스도))은 다윗David과 같은 '성왕聖王'에 불과하다. 그의 임무는 사람들을 인도하여 천국天國으로 끌어올리는 것이 아니라, 하느님의 뜻을 받들어 사람들의 고난을 구제하고 사람들로 하여금 행복을 얻게 하는 것이다. 예수는 사람들이 간절히 바라던 구세주이다. 그러나 예수는 성공하지 못하고 세상 사람들을 위해 자기의 피를 흘렸다. 이 때에 예수는 비로소 "나의 나라는 이 세상에 있지 않다"라고 말하였다. 사람들도 비로소 그를 따르기 시작하였고 천국에 들어갈 것을 희망하였다.

그러나 아우구스티누스Aurelius Augustinus(354~430)의 해석에 근거하면, '천국'에는 두 가지 의미가 있다. 하나는, 하늘 위의 나라를 가리키니 바로 보통 말하는 '천당'이다. 다른 하나는, 신도자의 단체를 가리킨다. 후에 사람들은 교회를 천국으로 간주하였다. 홍수전洪秀全(1814~1864)이 손에 넣었던 『권세양언勸世良言』54에도 여전히 천국에 두 가지 의미가 있다고 하였다. 하나는, 천당의 영원히 즐거운 복을 가리키니, 착한 사람의 육신은 죽은 후에 그 영혼이 참된 복을 받는다는 것이다. 다른 하나는, 지상의 구세주인 예수를 믿는 대중 집회나 천상의 하느님께 예배드리는 공공의 모임을 가리킨다. 그렇다면 일체의 사람이 모두 하느님과 예수를 믿어서 교회로 하여금 이러한 세상을 통치하게 한다면, 또한 어떻게 될까?

---

54 세상에 권할 만한 좋은 말이라는 뜻의 그리스도교 입문서. 중국 청나라 말기에 프로테스탄트선교사 윌리엄 밀른(William Milne)의 가르침을 받아 개종한 광주(廣州)출신 양아발(梁阿發)에 의해 1832년 중국인에 대한 선교용으로 만든 것이다. 밀른이 번역한 그리스도교 교리와 불교사상이 어우러져 5권으로 종합되어 있으나, 문어(文語)와 구어(口語)가 뒤섞인 문체로 난해하다. 태평천국(太平天國)의 지도자 홍수전(洪秀全)의 그리스도교 교리 이해에 결정적 영향을 주었다. (역자 주)

홍수전의 '배상제회拜上帝會'[55]는 바로 '구세주 예수를 믿는 대중 집회이고 천상의 하느님께 예배드리는 공공의 모임'이다. '배상제회'가 크게 발전하여 중국 국토의 절반을 차지한 후에 홍수전은 자기가 창건한 국가를 '태평천국太平天國'이라고 불렀다. 다시 말하면, 홍수전의 시야에서 그의 국가는 바로 천국이었다. 홍수전은 지옥과 염라대왕의 설을 부인하였는데, 왜냐하면 외국의 성인은 다만 위대한 하느님께서 '세상을 심판한다'고 말하였지만, 중국의 성인은 다만 위대한 상제께서 "속으로 아래 백성을 도우시고 아래 백성을 굽어 살핌이 심히 밝으셨다"[56]라고 하였지 어떤 지옥의 일도 말하지 않았기 때문이다. 홍수전의 이해는 『성경』의 원뜻에 부합하였고 유교경전의 본뜻에도 부합하였다.

다시 말하면, 기독교는 처음부터 최근에 이르기까지 여태껏 현실천국에 대한 추구를 포기하지 않았으니, 피안천국은 결코 기독교의 본뜻이 아니요 적어도 그들이 추구한 주요 목표가 아니다.

기독교는 유태교Judaism에 근원한다. 구세주에 대한 희망은 유태교의 기본 교의敎義이다. 비록 1100년의 역사 속에서 유태교에 적지 않은 가짜 구세주가 출현하였지만, 그들의 진짜 구세주에 대한 희망에는 조금도 영향을 주지 못하였다. 전직 이스라엘 부총리였던 아바 에반Abba Evan(1915~2002)은 유태교의 이러한 교의에 깊은 자긍심을 느꼈다. 그는 다

---

55 19세기 중엽 중국에서 태평천국(太平天國)운동의 바탕이 된 그리스도교의 종교결사. 상제회(拜上帝會)라고도 한다. 1843년 홍수전(洪秀全)이 광동성(廣東省) 화현(花縣)에서 창시하였는데, 주로 광서성(廣西省)의 객가(客家)를 중심으로 빈농·광산노동자·유민들 사이에 퍼졌다. 유교를 바탕으로 하는 전통체제와 날카롭게 대립, 우상숭배와 공자에 대한 배례를 엄금하고 미신과 아편을 배격하며, 모세의 십계(十戒)를 본받아 금욕적인 계율의 실천운동을 폈다. 광서에서 일으킨 우상파괴운동을 계기로, 청 왕조를 악마라 일컬으며 악마타도의 혁명운동을 전개하였다.(두산대백과사전 참고: 역자 주)

56 洪秀全, 『太平詔書』「原道覺世訓」, "陰騭下民, 臨下有赫."

음과 같이 말하였다.

> 유태교는 선화先和─정직과 진리의 계시자─및 구세주에 대한 신앙을 기독
> 교에 부여하였으니, 그들은 이렇게 사람을 감동시키는 신화를 창조할 수
> 있는 유일한 민족이다. 다만 구세주에 대한 신앙이 있어야 비로소 인류역
> 사는 이미 정해진 목표를 향해 전진하는 사상이요 논리에 부합하는 발전이
> 라고 말할 수 있다.[57]

구세주의 강림은 "물질적 부유(행복과 진보)와 사상적 건강(완전한 인
성)"이라는 황금시대를 가져왔다.[58]

다시 말하면, 유태교가 시종 변함없이 추구한 것은 바로 속세의 천
국이었다. 이러한 문제선상에서 유교는 '성왕'이 '치국·평천하'의 목표
를 실현할 것을 희망하였으니, 마찬가지로 종교의 추구이다. 왜냐하면
이것은 천 혹은 상제의 명의 하에서 진행된 것이고, 상제의 의지를 실
현하기 위한 것이기 때문이다.

처음에 유교는 다만 상제의 의지를 일부 외형적 규칙조항으로 바꾸
어 놓았으니, '삼강오상三綱五常'과 같은 것을 사람들을 시켜서 준수하게
하였다. 또한 이러한 규칙조항을 지키면 하늘의 보호를 받고, 지키지
않으면 하늘의 벌을 받는다고 말하였다. 하늘의 보호와 벌은 또한 형상
이 있어 볼 수 있는 것이다. 비유하면 부귀를 얻을 수 있는지, 많은 자
손을 낳을 수 있는지 등이다. 이것은 한대 유교의 보응관報應觀이다.

사실에 드러나는 이러한 '보응설'은 반드시 사실 그 자체에 의해 타
파될 것이다. 때문에 송대에 이르러 유학자들이 비록 이러한 보응관에

---

57 Abba Evan, 閻瑞松 역, 『猶太史(My people: the story of the Jew, 1968)』, 중국사회과
학출판사, 1986, p.106.
58 위의 책, p.232.

완전히 반대하지는 않았지만, 즉 정이가 말한 것처럼 보응의 여부가 "다행인 것도 있고 불행인 것도 있지만(幸不幸)"[59], 그들은 불교 선종의 방식을 받아들여 내심에서 위안을 찾았다. 선종은 "마음이 곧 부처이고 마음이 곧 서방의 불국정토佛國淨土이니, 부처를 찾는 것은 다만 마음속에서 찾을 뿐이고 밖에서 구하지 않는다"라고 말하였다. 이정은 "마음이 바로 하늘이니, 마음을 다하면 본성을 알고 본성을 알면 하늘을 안다"[60]라고 말하였다. 이후부터 유학자들은 '치국·평천하'와 "능히 상제를 도와서 사방의 백성을 사랑하고 편안히 살 수 있게 하는" 현실적 이상을 포기하지 않았으며, 동시에 자기의 마음속에 자기를 위해 하나의 '상제'·'서방정토'·'천국'·'피안세계'를 보존하였다. 오늘날에 이르러, 이러한 피안세계는 거의 모든 고급단계의 종교가 추구하는 목표로 발전하였다.

5. 유교의 조직과 제의祭儀

기독교는 민간에서 발전해 나온 것이니, 국가의 정권조직 밖에 자기의 조직을 세우지 않을 수 없었다. 구체적 역사조건에 따르면, 기독교 세계에는 정치와 종교라는 두 개의 독립된 조직체계를 형성하였다. 이슬람교가 탄생한지 오래지 않아 무력으로 많은 지역의 국가정권을 획득하였다. 이처럼 이슬람교는 직접 국가정권의 조직체계를 통하여 자신들의 교의를 관철시켰으니 따로 조직을 세울 필요가 없었다. 종교가

---

59 다행인 것(幸)은 착하면 복을 받고 악하면 재앙을 받는 것이고, 불행인 것(不幸)은 착한데 복을 받지 못하거나 악한데 재앙을 받지 않는 것을 말한다.(역자 주)

60 『程氏遺書』卷2(上), 「元豊己未呂與叔東見二先生語」, "只心便是天, 盡之便知性, 知性便知天."

국가정권 밖에 자기의 조직을 세우는지 여부는, 구체적 정황에 의해 결정되는 것이지 종교와 비종교의 분수령이 아니다.

유교는 정권조직 밖에 자기의 조직을 세우지 못하고, 정권조직이 동시에 유교의 종교조직이었다. 이러한 조직 속에서 보직을 맡은 관원은, 동시에 일종의 교도직이었고 종교의 직능職能을 집행하였다.

모든 정권조직 위에 가장 높은 곳에 있는 것은 군주였다. 군주는 국가의 원수일 뿐만 아니라, 동시에 최고의 교도직이었다. 그는 천자이고 '성상聖上'으로, 하늘에 제사지내는 가장 성대한 제전에서 주제主祭를 맡았다.

황제 아래 각급 관원들은 각자의 등급에 따라 다른 제사임무를 담당하였다. 조정에 직무를 맡은 관원들도 항상 황제의 사자使者가 되어 수도 밖으로 가서 제사임무를 집행하였다.

각급 지방의 주요 관원들은 원래의 제후를 대신하여 일정한 경계 내의 명산대천에 제사를 지냈다. 그 중의 중요한 임무가 기우제였다. 고대의 개인문집 속에는 지방의 주요 관원을 지냈던 유학자한테 거의 모두 기청제祈晴祭(날이 맑기를 빎), 기우제 및 신령에게 제사지내던 것과 관계있는 시문詩文이 있다. 예컨대 엽적葉適(1150~1223)은 유물주의 경향의 사상가로 간주되지만, 『엽적집葉適集』권26에는 「기청문祈晴文」·「기설문祈雪文」·「사산도우문祠山禱雨文」 수편이 들어있다. 그 중 「송용수환담문送龍水還潭文」에는 다음과 같이 말하였다.

……그러나 경내의 모든 백성들은 사사로이 근심하고 허물을 헤아려 바야흐로 용의 공적이 이룬 것으로 미루어가고 우직雨職(기우를 담당한 제관祭官)이 전담한 효험을 보아 이 지방을 보호하여 영원히 믿고 의지하고자 하였다. 오직 용은 특별하게 베풀기를 싫어하지 않고 위엄함과 신령함을 드러내니, 지금 이후부터 가뭄이 있으면 반드시 〈용에게〉 고하였고, 백성들은

마땅히 그 힘을 다하여 용을 섬기는데 게을리 하지 않았다. 용은 그들을 보살펴 주었다.[61]

소식蘇軾(1036~1101)과 육구연陸九淵(1139~1193) 등의 문집 속에서도 모두 이러한 글을 찾을 수 있다.

국가의 직무를 담당하는 관리는 동시에 종교적 직능을 가지고 있었으니, 이것이 유교의 특징이다. 이러한 점에서 유교는 이슬람교와 유사하고 기독교 세계의 정황과 다르니, 기독교 국가에서는 행정직무와 교직이 분리되었다.

중국 고대국가에서는 종교업무를 전문적으로 관리하는 부서가 있었다. 이러한 부서는 현대 국가의 종교 관리부서가 아니라, 오늘날 중국의 종교국宗敎局과 같은 것으로 '종교국'은 종교 조직체계 밖의 국가기구이다. 고대의 종교업무 관리부서(『주례』의 '춘관春官'이나 후대의 예부禮部와 같다) 자체는 바로 종교조직 속의 하나의 기구였으니, 그 임무는 종교활동을 조직하고 실시하였다.

당·송 이후, 종교업무를 전담하는 부서가 예부에 귀속되었다. 육부六部 중에 예부의 지위가 가장 높았고, 예부의 주요 관원을 '천관天官'이라 불렀다. 예부의 지위는 종교업무가 국가업무 속에서의 지위였다. 기독교 국가 속에는 또한 이러한 부서가 없었고, 이러한 부서는 교회와 로마 교황청에 속하였다.

다시 말하면, 유술만을 존숭하는 것을 시작으로 중국 고대의 국가조직은 동시에 유교의 종교조직이었다.

갑골문과 기타 문헌에 근거하면, 상대商代의 군주는 신에 대한 제사

---

61 『葉適集』卷26,「送龍水還潭文」,"而合境士民, 私憂過計, 方欲推龍功之所致, 驗雨職之所專, 保佑此方, 永永依怗. 惟龍不倦特施, 顯發威靈. 自今以往, 有旱必告. 邦人當竭其力, 事龍無怠. 龍其鑒之."

가 매우 빈번하였고, 거의 매일 제사를 지내야 하였고 항상 규모도 거
대하였다. 춘추시대에 이르러서는 제물祭物의 깨끗함과 풍성함으로
신의 환심을 얻으려는 사람도 있었다. 유교의 제사 비중에 대해서도
새로운 주장을 제기하였다. 『예기』「제의祭義」에는 다음과 같이 말하
였다.

> 제사는 자주 지내려 하지 않았으니, 자주지내면 번거롭고 번거로우면 공
> 경하지 않는다. 제사를 드물게 지내려 하지 않았으니, 드물게 지내면 게
> 을러지고 게을러지면 잊어버린다.[62]

"제사는 자주 지내려 하지 않았고 드물게 지내려 하지도 않았다"는
원칙에 근거하여, 유교의 제사에 대한 등급·횟수와 제물의 종류·수량
및 순서를 모두 상세히 규정하였으며, 또한 부단히 수정을 가하였다.

유교의 제례祭禮규정에 의하면, 천자는 하늘에 제사를 지냈고 천하
의 명산대천名山大川에 제사를 지냈으며, 제후는 경내의 명산대천에 제
사를 지냈으며, 경대부는 오사五祀[63], 즉 대문(門)·방문(戶)·우물(井)·
부엌(竈)·중류中霤(오늘날 거실에 해당) 등에 제사를 지냈으며, 일반 서민
들은 다만 자기의 조상에게 제사지낼 수 있었다. 규정을 위반하면 바
로 참월僭越되었다. 참월행위가 가벼우면 질책을 받아 강제로 시정되
었지만, 무거우면 벌을 받거나 심지어 죽음에 이르렀다.

제사의 횟수에도 규정이 있었다. 예를 들면 상제에게 제사지내는 것
은 1년에 네 차례 있었다. 즉 봄에 기년祈年, 여름에 기우祈雨, 가을에

---

62 『禮記』「祭義」, "祭不欲數, 數則煩, 煩則不敬, 祭不欲疏, 疏則怠, 怠則忘."
63 오사(五祀)는 계절의 신에게 제사를 지내는 것인데, 2월(봄)에는 방문(戶)에, 5월
(여름)에는 부뚜막(竈)에, 6월(늦여름)에는 중류(中霤: 집안의 한가운데 있는 방)에, 8
월(가을)에는 대문(門)에, 11월(겨울)에는 우물(井)에다 제사를 지냈다.(역자 주)

명당明堂에 드리는 큰 제사, 겨울에 교제郊祭가 가장 성대하였다. 조상에게 제사지내고 공자에게 제사지내는 것은 일반적으로 봄과 가을 두 차례였다. 규정 외에도 큰 일을 당할 때마다 또한 수시로 제사지냈으며, 자기가 하려는 일을 상제 혹은 조상에게 보고하는 것을 '고례告禮'라고 불렀다. 봉선封禪은 큰 성공을 얻었을 때 실행하는 가장 성대한 '고례'였다.

이처럼 비교적 성대한 의례 외에도, 평소에 행하던 간단한 예절이 있었다. 예컨대 학궁學宮에서 공자에 제사지내는 것인데, 봄과 가을 두 차례의 큰 제사 외에도 매달 음력 초하루와 보름에도 두 차례의 비교적 작은 제사가 있었다. 그 다음으로, 학생이 매일 수업할 때도 모두 공성孔聖(공자)에게 예를 행해야 하였다. 중국 민간에는 "예가 아무리 지나쳐도 사람들이 탓하지 않는다(禮多人不怪)"는 말이 유전하였다. 실제로 신도 탓하지 않았으니 "아침저녁으로 한 개의 향을 피우는 것"도 비교적 정상의 현상이었다.

제물에도 여러 가지의 규정이 있었으니, 가장 성대했던 대뢰大牢의 삼생三牲(소·양·돼지)에서 과일과 채소에 이르기까지 모두 제물에 충당될 수 있었다. 조상에 제사지내는 의례 중에는 천신薦新64이 있었으니, "철에 따라 새로 나는 음식물이나 처음으로 익은 햇곡식·햇과일은 모두 먼저 침묘寢廟(종묘)에 올린 후에 먹었다. 2월에는 어린 양을 바치고 얼음 창고를 열며, 4월에는 돼지와 함께 보리밥을 맛보고, 7월에는 곡식(기장)을 올리고, 8월에 마麻를 맛보며, 9월에는 햅쌀을 맛보며, 12월에는 물고기를 맛보았다."65 한 혜제惠帝(BC 195~BC 188 재위) 때에 숙손

---

64 새로 농사지은 과일이나 곡식을 먼저 사직(社稷)이나 조상에게 감사하는 뜻으로 드리는 의식이다.(역자 주)

65 『通典』卷49,「禮(7)·沿革(7)·吉禮(7)」, "其四時新物初登, 皆先薦寢廟而後食. 二月獻羔開冰, 四月以彘嘗麥, 七月登穀, 八月嘗麻, 九月嘗稻, 十二月嘗魚."

통叔孫通**66**은 "옛 사람에게는 봄에 과일을 맛보는 일설이 있었다"라고 말하고, 이에 앵두를 종묘에 올렸다. 이후부터 과일과 채소도 제물이 되었다.

유교가 비록 제사를 여러 가지로 규정하였지만, 인정人情이 있어서 예를 뛰어넘는 일이 거의 수시로 발생하였다. 후장厚葬과 깊은 통곡은 때로 유학자들로 하여금 가산을 탕진하여 죽음에 이르게 하였으며, 1년에 한번 혹은 3년에 한번 지내는 교제郊祭**67**는 때로 국가제정을 어렵게 하였으며, 봉선封禪과 고천告天에 이르러서는 심지어 백성이 궁핍해지고 재물이 탕진하게 되었다. 소비가 거대하여 백성의 걱정이 많았으니, 오늘날 사람이 상상할 수 있는 정도가 아니었다. 유교국가 내의 종교의 경건함은 조금도 다른 사람에 뒤지지 않았다.

국외인이 이러한 국가 내에서 각자 제사지내는 신령이 다른 것을 보고 '어찌 이것이 다신교이겠는가? 다만 우신숭배일 뿐이다'라고 말한다면, 실제로 실정을 이해하지 못한 말이다.

6. 결론

유교와 관계있는 문제가 여전히 많지만, 논증은 후일을 기다리겠다. 마지막으로, 나는 두 분의 학자를 거론하려 한다. 하광호何光滬는 박사논문심사 때 특별히 유교가 종교임을 분명히 논술하였다. 후에 논문은 『다원화의 상제관』이라는 이름으로 출판되었다. 서문에서 다음과 같

---

66 숙손통(叔孫通, ?~BC 194): 숙손하(叔孫何)라고도 한다. 서한(西漢) 초기의 유학자. 한 고조(高祖)가 천하를 통일한 후에 박사(博士)의 벼슬을 받고 조정의 궁정의례(宮廷儀禮)를 제정하였다.(역자 주)

67 천지에 지내는 제사로, 동지에는 남교(南郊)에서 하늘에 제사지내고 하지에는 북교(北郊)에서 땅에 제사지내는 것을 말한다.(역자 주)

이 말하였다.

유교는 천天·지地·군君·친親·사師를 높이 받들었는데, 여기서의 '천'은 자연의 천이 아니고, "하늘이 아래 백성을 도와 군주를 세우고 스승을 세웠다(天佑下民, 作之君, 作之師)"는 천이요, "하늘의 질서에 법칙이 있다(天敍有典)", "하늘의 질서에 예가 있다(天秩有禮)", "하늘이 덕 있는 자에게 명하였다(天命有德)", "하늘이 죄 있는 자를 벌하였다(天討有罪)"는 천이요, "하늘이 아래에 있는 백성을 굽어보시니 천명이 이미 〈주나라에〉 모였다(天監在下, 有命旣集)[68]"는 천이니, 만물의 주재자이고 의지가 있는 신이다.[69]

또한 자주自注에서 말하기를,

많은 사람들이 '유교'설에 반대하는 주요 이유 중의 하나가 '천'은 인격성을 가지고 있지 않기 때문에 신이 아니라는 것이다. 잠시 이것이 신에 대한 매우 좁고 기독교를 표준으로 하는 정의(신은 반드시 인격성을 가지고 있어야 한다)를 전제로 한 것이든, 또한 기독교의 신의 '인격성'이 결코 그들이 이해하는 그러한 인격성이 아니거나 하느님에 대한 본질적 정의도 아니든 간에, 이러한 견해 자체로 논하는 것은 성립될 수 없다. 공자의 "내가 잘못을 하였다면 하늘이 버릴 것이다! 하늘이 버릴 것이다!"(『논어』「옹야」), "하늘이 나를 망하게 하는구나! 하늘이 나를 망하게 하는구나!"(『논어』「선진」), "하늘이 이 문文을 버리지 않았는데, 광匡 땅의 사람들이 나를 어떻게 하겠는가?"(『논어』「자한」) 등등 견해 속의 '천'은 인격이 없는 하늘을 가리킨다고 할 수 없다. 그렇지 않다면 "나는 기도한지 오래되었다"(『논어』「

---

68 『詩經』「大雅·大明」, "天監在下, 有命旣集."
69 河光滬, 『多元化의 上帝觀』, 貴州人民出版社, 1991, p.5.

술이山)는 설도 있을 수 없다. 결국, 조금의 인격성도 가지고 있지 않는 '천'에 대해서는 기도할 수가 없고 위패를 세울 필요도 없는데, 왜냐하면 이러한 '천'은 사람과 상통할 수 없고 물론 종교의 신도 아니기 때문이다. 그러나 유교의 '천'은 결코 사람과 상통할 수 없는 것이 아니다.[70]

유교가 종교임을 찬성하는 또 다른 학자는 뇌영해賴永海이다. 그는 최근 저술인『불학과 유학』에서 말하기를,

세상의 많은 민족과 마찬가지로, 중국의 먼 옛날 상고(上古)문화는 상당한 정도에서 일종의 종교문화이다.……공자는 '천'을 완전히 포기하거나 혹은 타도하지 못하였을 뿐만 아니라, 전체 고대사상사에서도 모두 '천'이라는 껍데기를 완전히 포기하지 못하였으니, 모두 이러한 '무성무취無聲無臭'하고 또는 지고무상至高無上한 '천' 아래에서 각종 문제, 특히 인사人事문제를 담론하고 토론하였다.[71]

유가가 중시한 윤리와 토론한 심성心性은 그 근원이 줄곧 '천'에 있고 '천도天道'에 있었으니, '천도'가 따라서 변한 산물産物이다.……종교성질을 가지는 것에서 말하거나 농후한 종교색채를 띠는 것에서 말하면, 중국 고대 유가학설은 종교와 관계되는 문제에서 서방 혹은 인도의 고대와 어떤 원칙적인 구별이 없다.……사람들의 유가학설 사유형식에 대한 파악은, 항상 후반부인 '인사'·'윤리' 혹은 '정치'만을 돌아보았고, 본원인 '천' 혹은 '천도'를 내버렸다.[72]

---

70 위의 책.
71 賴永海,『佛學과 儒學』, 浙江人民出版社, 1992, pp. 19~22.
72 위의 책.

"도를 듣고 아는 것이 선후가 있는지에 있고, 기술과 학업이 그 분야에 정통한가에 있다."[73] 내가 하광호와 뇌영해 두 사람의 의견을 대략 인용한 것은, 그들이 모두 종교학을 전공한 학자이고 모두 탁월한 업적이 있기 때문이다. 이 때문에 유교가 종교인지 종교가 아닌지를 판단하는 문제에서는 대체로 그들의 의견을 따라야 한다.

만약 뇌영해가 말한 것처럼 유교가 종교임을 부인한다면, 유가학설의 상반신을 절단해내는 것이니, 이와 같다면 우리는 유가문화를 전반적으로 인식할 수 없고 전체 중국 고대문화를 정확히 인식할 수도 없다.

---

[73] 韓愈, 『韓昌黎先生文集』「師說」, "聞道有先後, 術業有專攻."

유교는 종교이다[1]

14

　　문휘보文彙報 신문 6월 12일에 곽예적郭豫適선생은 「유교는 종교인가?」라는 글을 발표하였다. 글에서 그는 『종교사전』에 '유교'조항을 두어 "중국에 종교로서의 유교가 존재하고 있음을 긍정하였다"[2]라고 하였는데, 이에 대해 이의異議를 제기한다. 실제로『종교사전』속의 '유교'조항에는 다만 학술계에 존재하는 두 가지 다른 의견만을 열거하였지 중국에 종교로서의 유교가 존재하고 있음을 '긍정'하지 않았다. 이 밖에도, 그 조항에서는 다만 송대에 완성된 유교체계가 '천리를 간직하고 인욕을 없애거나', '세속의 사람을 승려로 바꾸어 놓았다' 등을 주장하였다고 말하였지, 결코 공자가 '금욕주의' 등을 주장하였다고는 여기지 않았다. 그러나 이러한 인용이 정확하지 않는 것은 결코 중요하지 않으니, 중요한 것은 곽선생이 제기한 문제, 즉 '유교가 종교인가 아닌가'이다.

---

1 원래『문휘보(文彙報)』, 1996년 9월 18일, 제10판에 실렸던 글이다.
2 郭豫適, 「儒敎是宗敎嗎?」『文彙報』(1996년 6월 12일 제10판) 참조.

'유교가 종교인가 아닌가'의 논쟁은 오늘날에 시작되지 않았다. 위로 거슬러 올라가면, 마테오리치Matteo Ricci(1552~1610)까지 소급해갈 수 있다. 두 번째의 중대 논쟁은 강유위康有爲(1858~1927)가 '공교회孔敎會'[3]를 창립하기 전후에 발생하였고, 세 번째 논쟁은 '문화대혁명文化大革命(1966~1976)' 이후나 70년대 말에 발생하였는데, '유교가 종교'라는 논점이 제기되어 나왔다. 80년대 초에 초판初版된 『종교사전』속의 '유교'조항에는 이러한 논점의 존재를 객관적으로 소개하였다. 그 때부터 오늘에 이르기까지 10여년이 지났지만, 여전히 두 가지 서로 다른 의견이 존재하였다.

곽선생의 글에서 제기한 주요 문제는 '공자가 신을 믿었는지'와 '유학자들이 공자를 신으로 간주하였는지'이다.

오랫동안 학계에는 공자의 귀신에 대한 태도를 토론하였는데, 주로 『논어』에 근거하였음을 지적해야 한다. 그렇지만 공자는 "기술하되 창작하지 않았다(述而不作)"고 자처하고 『시경』·『서경』·『예기』·『악기』로 사람을 가르쳤는데, 여기에는 사람들이 깊이 생각할만한 문제가 있다. 즉 육경六經에 실려 있는 그러한 천명·귀신신앙에 대해 공자는 어떤 태도를 견지하였는가? 다시 조금 더 깊이 들어가서, 한대 동중서의 유술만을 존숭한 이후부터 유교경전이 바로 유학자들의 '글을 알아서 이치에 통달하고 사람이 되는' 기본교재였다면, 모든 유학자들은 또한 유교경전 속의 그러한 천명·귀신의 문장을 어떻게 다루었는가? 깊이 생각해보면, 유가경전 속의 그러한 상제·귀신신앙이 공자를 포함한 모든 유학자들의 사상과 행위의 기초임을 발견할 수 있지만, 우

---

3 공자의 가르침으로 세계질서를 회복할 수 있다는 신념에서 1898년 청나라의 강유위(康有爲)는 무술변법(戊戌變法)을 주도하면서 유교를 국교화하려 하였고, 기독교의 교회조직을 본받아 1907년 공교회(孔敎會)를 조직하였다. 이른바 '공교 운동'이다. (역자 주)

리의 전통문화에 대한 다년간의 연구는 공교롭게도 이러한 기초를 소홀히 하였다.

예를 들어 『논어』에서 말하면, "귀신을 공경하되 멀리하였다"[4]는 등 몇 가지 말은 적지 않는 사람들이 공자가 귀신을 믿지 않는 기본근거라고 주장한다. 그렇다면 무엇 때문에 "귀신을 공경하되 멀리하였다"라고 하였는가? 주희는 이정二程의 말을 인용하여 다음과 같이 말하였다.

사람이 귀신을 지나치게 믿는 것은 미혹된 것이지만, 믿지 않는 자는 또한 공경할 수 없으니, 공경할 수 있고 멀리 할 수 있으면 지혜롭다고 이를 수 있다.[5]

사람을 섬긴다(事人), 귀신을 섬긴다(事鬼), 삶을 안다(知生), 죽음을 안다(知死) 아래에다 주희는 다음과 같이 주석하였다.

정성과 공경이 족히 사람을 섬길 수 있는 자가 아니면 반드시 귀신을 섬기지 못할 것이다.……저승(幽)과 이승(明), 삶(始)과 죽음(終)에는 처음부터 두 가지 이치가 없다.[6]

정자와 주자의 주석은 공자의 귀신에 대한 태도를 나타냈을 뿐만 아니라, 그들과 송·원·명·청 모든 유학자들의 귀신에 대한 태도를 말하였다.

공자께서는 "군자는 응당 천명을 두려워해야 한다"[7]라고 하고, 천

---

4 『論語』「雍也」, "敬鬼神而遠之."
5 『論語集注』「雍也」, "程子曰人多信鬼神, 惑也, 而不信者, 又不能敬, 能敬能遠, 可謂知矣."
6 『論語集注』「先進」, "非誠敬足以事人, 則必不能事神.……幽明始終, 初無二理."

명을 알지 못하고 천명을 두려워하지 않는 것을 소인으로 간주하였
다. 그러나 오늘날의 연구자들은 항상 공자가 천명·귀신을 믿지 않았
다고 말하기를 좋아하고, 또한 이와 같아야 비로소 공자를 기리는 것
이라고 생각한다. 옛 사람의 옳고 그름이 오늘날 사람과 어떻게 다른
지를 설명할 수 있는 지난 일이 있다. 왕안석王安石은 죽은 후에 일찍
이 공묘孔廟에 '배향'되고 그 지위는 안회顔回·증삼曾參과 같이 배열되
었는데, 이것은 한·당 이후의 유학자 누구도 누리지 못한 특별한 영
광이었다. 그러나 그 뒤에 가장 먼저 '종사從祀'[8]에서 밀려나고, 이어서
공묘에서 축출되었다. 그 기본 이유는 바로 그가 말했던 "하늘의 이변
은 두려할 것이 없다"[9]는 말에 따른 것이다. 물론, 이 말이 왕에 대한
존숭이든 아니면 왕에 대한 모독이든 간에, 하늘을 두려워하지 않는
것을 막대한 죄로 간주한 것은 유학자들의 진실한 생각이었다.

　유학자들이 공자를 어떻게 대우했는지는 응당 정사正史, 특히 정사
속의 「예지禮志」[10]에서 찾아야 한다. 공자를 국가의 정식 제전에 배열
해 넣은 것은 동한東漢에서 시작되었다. 『문묘사전고文廟祀典考』[11]에는
『궐리지闕里志(공자의 출생지인 궐리의 사실을 기록한 책)』에 근거하여 다음과
같은 글이 실려 있다.

---

7 『論語』「季氏」, "畏天命."

8 '종사'는 덧붙여 제사지내는 것을 말한다. 즉 공자묘에 후세의 유학자를 배향하는
　따위이다.(역자 주)

9 『宋史』卷327, 「王安石列傳」, "天變不足畏."

10 사서(史書) 중에 예의제도와 관계있는 것을 기록한 편장(篇章)을 가리킨다. 예를
　들어 『晉書』「禮志」나 『宋書』「禮志」 등이다.(역자 주)

11 방종로(龐鍾璐, 1822~1876)가 청나라 광서(光緒) 무인년(戊寅年: 1878)에 편찬한 것으
　로 총 50권 8책이다.(역자 주)

후한 영제靈帝 건영建寧 2년(169년)에, 공자에 제사지내어 사직社稷을 편안히 할 것을 명하였다.12

다시 말하면, 공자가 사직신社稷神과 같은 규격의 제사를 받았다면, 이것은 공자를 신으로 간주한 것이 아니겠는가? 이 후부터 국가에서 공자에 지내는 제사는 더 이상 끊어지지 않았고, 그 규격도 부단히 상승하여 청말에 이르러서는 결국 대사大祀13로 승격되어 천지와 동급이었다.

그렇다. 공자는 사람이고, 제사를 지내는 사람들도 공자가 사람이라는 것을 안다. 그러나 마찬가지로 분명한 것은 노자와 석가도 모두 사람이다. 만약 예수가 확실히 그런 사람으로 있었다면 예수도 사람이다. 그렇지만 종교가 탄생한 이후부터 신으로 간주된 것으로는, 천지산천天地山川과 충어조수蟲魚鳥獸(곤충·물고기·새·짐승)가 있을 뿐만 아니라 또한 가장 중요한 것은 여전히 사람이다. 예를 들어 사직신의 경우, 사社는 본래 "공공씨共工氏의 아들 구룡句龍(后土)"이고, 직신稷神은 주나라 사람의 시조인 기棄(后稷)이다. 고대에 유명한 사람을 신으로 제사지낸 것은 유교의 기본원칙 중의 하나였고, 다른 종교 속에도 항상 보이는 현상이었다.

상주商周시대에는 전 사회에서 함께 신앙하던 종교가 존재하였는데, 사람들이 이 점을 인정하는 것은 어렵지 않다. 그렇다면 한대漢代 이후에는 이 종교가 어디로 갔는가? 없어졌다고 말한다면, 또한 어떻게 없어졌는가? 중국에는 5천 년간 일찍이 중단된 적이 없던 문화가 있었

---

12 龐鍾璐, 『文廟祀典考』(『淸史稿』「政書類」에 들어있다), "靈帝建寧二年, 詔祀孔子, 依社稷."

13 국가제사는 중요성에 따라 대사(大祀)·중사(中祀)·소사(小祀) 세 종류로 나누었다.(역자 주)

고, 이것이 전 사회에서 함께 신앙하던 종교가 되었는데, 어떻게 아무 소리 없이 없어질 수 있겠는가? 장엄하고 엄숙한 천단天壇은 북경北京의 천단공원 안에 조용히 머물러 있고, 그와 세트를 이루는 것으로는 지단地壇·일월단日月壇·선농단先農壇·사직단社稷壇 및 많은 신단神壇과 신묘神廟인데, 우리를 기다리는 것은 이러한 신단이 갖는 중국 전통문화 속에서의 지위와 의미를 드러내 보이는 것이다.

최근 몇 년간, 이미 일부 학자들은 중국 고대에 불교와 도교가 있는 외에도, 봉건국가를 정통신앙으로 하는 종교가 존재한다는 것에 주목하기 시작하였는데, 이러한 종교의 지위와 의미는 불교와 도교보다 훨씬 더 높다. 문제는 왜 이러한 종교를 유교라고 부르는지에 있다.

한 무제의 천인삼책天人三策[14]에서, 그 중심문제는 어떻게 해야 하늘의 보호를 받을 수 있는가이다. 동중서의 대답은, 다만 삼강오상三綱五常의 도를 행해야 비로소 하늘의 보호를 받을 수 있다. 한 무제는 이에 유교만을 존숭할 것을 결정하였는데, 이 때의 상제는 유가정신이 충만한 상제였다. 이 후부터 유학자들은 천인天人관계뿐만 아니라 신인神人관계를 핵심으로 일련의 철학과 윤리정치의 학설을 발전시키고, 또한 유교경전에 근거하여 천지天地와 종묘宗廟에 대한 제사제도를 개정하여 이러한 전통종교를 '하드웨어'에서 '소프트웨어'에 이르기까지 모두 유가의 학설 위에서 기초를 다지고, 더 나아가 이러한 종교정신을 사회생활과 사회의식의 각 방면에 침투시켰다. 짧은 글에서는 이러한 과정을 상세히 기술하기 어렵다. 필자는 지금 『중국유교사』[15]를 저술하고

---

14 한 무제는 즉위하자마자 각 지방에 명을 내려 훌륭하고 자질있는 학자들을 불러 모으고, 그들에게 책문(策問: 임금이 정치문제 등을 제시하여 의견을 묻는 것)을 내렸다. 참여한 학자들은 최선을 다해 자기 의견을 제시하였고, 그 중에서 가장 눈길을 끈 것은 동중서의 대책이었다. 무제는 그의 질서정연한 정치관에 감동하여 세 차례나 책문(策問)을 했고, 동중서의 세 차례의 뛰어난 답변을 후세 사람들은 '천인삼책(天人三策)'이라 불렀다. (역자 주)

있는데, 또한 이 책이 사람들의 중국 고대의 종교정황을 이해하는데 다소 도움되기를 희망한다.

　유교의 존재를 드러내는 것은 단지 객관적으로 이미 존재하는 역사적 사실을 확인하는 것이다. 역사의 본모습을 분명히 해야 비로소 전통의 문화자원을 정확하게 이용할 수 있다. 우리가 유교의 작용을 지적해도 어떤 전통문화의 우수한 성과를 결코 부정할 수 없는데, 이것은 마치 옛날 사람들이 모두 제왕의 통치 하에서 생활하였으나 그들의 사상과 인격의 찬란한 빛을 가릴 수 없다고 지적하는 것과 같다. 우리는 다만 여기에서 이 점, 즉 오늘날 시비是非·선악善惡의 표준으로 옛사람들을 재단하는 것을 피해야 한다.

---

15 李申, 『中國儒教史』(上·下卷)는 上海人民出版社에서 1999년 12월과 2000년 2월에 상하 두 권으로 각각 나누어 출판되었다.(역자 주)

유교,
유학과 유학자[1]

본 논문에서는 유교가 존재하였을 뿐만 아니라 또한 상응하는 시설施設이 있었다고 생각한다. 유교는 유학과 전통의 종교신앙이 서로 결합한 산물이고, 한漢 무제武帝의 '유술만을 존숭한다'는 것은 유교의 탄생을 상징한다. 유학은 경전을 해석하는 학문으로 유교경전에 대한 직접적인 주석 혹은 간접적인 해석이니, 유학은 유교의 영혼이다. 유학자의 목적은 정교政教를 시행하고, 죽은 뒤에 공묘孔廟에 들어가 공자와 함께 제사를 받는 것을 최고의 영광으로 여겼다.

1979년 '유교설'이 다시 제기된 이후부터 학술계에는 일찍이 중대한 논쟁을 불러일으켰다. 지금까지 전통문화연구영역에서 학자들의 절대다수는 여전히 유교설을 받아들이기가 어려웠다. 그러나 종교연구영역에서는 유교설이 이미 점점 많은 지지 또는 반지지를 얻고 있었다. 그 중 대표적인 학자 혹은 저술로는, 하광호何光滬『다원화의 상제

---

1 원래『중국사회과학원 연구생원학보(中國社會科學院硏究生院學報)』, 1997년, 제1기에 실렸던 글이다.

관』2과 뇌영해賴永海의 『불학과 유학』3이 있는데, 그들은 모두 유교의
존재를 명확히 지적하였다. 뇌영해는 그의 저술에서 유교를 연구하지
않는 것은 실제로 유가의 '허리를 잘라 두 동강이 내는 것(攔腰砍斷)'이
라고 지적하였다. 그 다음으로, 모종감牟鍾鑒의 「중국의 종법성 전통종
교 탐구」4라는 논문이 있다. 이 논문에서는 중국 고대에 불교와 도교
외에 '정종대교正宗大敎'가 존재하였다고 보고, 이러한 '정종대교'의 신
령체계와 의례제도를 대략적으로 서술하였다. 이 글에서는 중국 전통
문화를 연구하는 학자들의 안목이 불교와 도교에만 있다고 비판하고,
이러한 '정종대교'를 연구하지 않는 것은 바로 '주도적 단서의 상실'이
요 '근본적 잘못'이라고 보았다. 그 논문에서 비록 유교설을 인정하지
않았지만, 그 논문의 '정종대교'에 대한 서술은 바로 유교의 중요한 내
용이다.

상술한 세 학자는 종교학계에서 모두 상당한 조예造詣가 있는 분들
이다. 그들의 의견은 특히 중시할만하다.

이 밖에도, 많은 학자와 논문·저술에는 이러한 방식으로 중국 고대
에는 불교와 도교 외에도 하나의 큰 종교와 준準종교가 존재하였다는
것을 인정하고 있다. 지면의 제한으로 더 이상 열거하지는 않겠다.

유교설이 막 제기되었을 때, 반대하는 의견은 '유가가 귀신을 믿지
않았기' 때문에 종교가 아니라는데 모아졌다. 연구의 심화로, 유가가
귀신을 믿었다는 사실이 이미 적지 않는 학자들에게 이해되었고, 최
근의 반대의견은 또한 유학은 학술이지 종교가 아니라는데 모아졌다.
본 논문의 목적은 유교와 유학, 유학자에 대해 자세히 언급하려는 것
이다.

---

2 何光滬, 『多元化的上帝觀』, 貴州人民出版社, 1991.(역자 주)
3 賴永海, 『佛學與儒學』, 浙江人民出版社, 1993.(역자 주)
4 牟鍾鑒, 「中國宗法性傳統宗敎試探」(『世界宗敎硏究』, 1990年, 第1期)에 실려 있다.

1. 유교의 존재와 그 주요 시설

중국 북경성北京城 안에는 지금도 명청시대에 걸쳐 건설된 일부 종교시설, 즉 천단天壇·일단日壇·월단月壇·사직단社稷壇 등이 온전히 보존되어 있다. 『명사明史』와 『청사고淸史稿』의 「예지禮志」를 펼쳐보면, 이러한 종교시설이 모두 일정한 신령체계에 대응하는 것을 볼 수 있는데, 이러한 신령에는 주로 세 유형이 있다.

(1) 호천상제昊天上帝를 대표로 하는 신령체계
(2) 조상신령체계
(3) 공자를 대표로 하는 신령체계

이러한 세 가지 신령체계는 다만 우리가 서술하려는 수요에 부응하여 나온 구분이니, 실제로 모든 신령은 호천상제의 신하와 백성이고 또한 자기의 등급과 직능에 따라 상응하는 제사를 누릴 수 있었다.

위로 소급해가면, 이러한 신령제사의 체계는 역대 정사正史인 「예지禮志」 혹은 「제사지祭祀志」에 보인다. 다시 위로 소급해가면, 또한 주周·상商과 먼 고대로까지 소급해갈 수 있는데, 그것은 오랜 옛날부터 한 계통으로 이어져 내려오던 것이요, 또한 역대 국가에서 정통으로 받들던 종교신앙이다.

이 종교의 최고신은 천 혹은 상제로, 둘은 이름이 다르지만 실상은 같다. 상제의 명칭은 많은 변화를 겪었다. 조사 자료에 따르면, 상대商代에는 제帝 혹은 상제上帝라 불렀고, 주대周代에는 천天이라 불렀으며, 진秦 왕조에서는 상제에 다섯 분이 있었다고 여겼고, 한 무제에 이르러서는 최고신이 태일太一이라고 여겼다. 왕망王莽은 유교경전에 근거하여 상제를 황천상제皇天上帝라 불렀고, 유수劉秀(後漢의 光武帝)에 의해 계속 사용되었다. 삼국의 위진남북조 때는 각 정권마다 상제에게 다른 이름이 지어졌으니, 즉 조위曹魏는 황황제천皇皇帝天이라 불렸고, 손오孫吳는 황황후제皇皇后帝라 불렸으며, 양무梁武는 천황대제天皇大帝라고 불렸다. 그 근거는 모두 유교경전에 있었다. 맨 마지막에는 호천상제昊天上帝로 이름을 정하였다. 이 이름은 진대晉代에서 시작되어 수隋에서 정해졌는데, 당唐·송宋·명明·청淸에 그대로 답습되었으나 중간에 약간의 곡절이 있기도 하였다. 호천상제의 근거는 『주례周禮』「춘관종백春官宗伯」에 있다.

> 대종백大宗伯은:……인사禋祀[5]로써 호천상제昊天上帝에 제사지냈다.[6]

상제의 관념에 관해서는 중국 고대에도 기독교 세계와 비슷한 역경을 겪었다. 처음에는 상제와 사람이 성품이 같았을 뿐만 아니라 형상도 같았다. 그 후에, 상제는 사람의 형상을 가지고 있지 않았지만 사람의 '성품'을 가지고 있어서 '선한 자에게는 상을 주고 악한 자에게 벌을 줄 수 있는' 신령이 되었다.

상商·주周시대의 상제관념은 어떠하였나? 연구에 도움을 줄 수 있는 자료는 매우 적다. 다만 진秦·한漢 때의 오제五帝는 의미가 매우 명확하니, 그들은 본래 인간의 군주였으나 후에 상제가 되었다. 한대漢代 상제관념에는 중대한 변화가 발생하였다. 상제가 별星로 말해지기도 하였고 신령스러움(靈)으로 해석되기도 하였다. 그 후에 상제는 점차 '원기광대元氣廣大'로 해석되었다.

'원기광대'의 뜻은 『모시전毛詩傳』「서리黍離」에 나온다.

---

5 고대에 연기를 올려 하늘에 지내는 제사의 일종이다.(역자 주)
6 『周禮』「春官宗伯·大宗伯」, "大宗伯,……以禋祀祀昊天上帝."

존귀하여 군주로 삼을 수 있으면 황천皇天이라 불렸고, 원기가 광대하면 호천昊天이라 불렸다.7

상제가 '호천상제'로 정해진 후에, 『모시전』의 해석이 정통의 해석이 되었다.

『개보통례開寶通禮』8에 따라, 원기元氣가 광대하면 호천昊天이라 불렸다. ……사람이 존숭하는 것으로는 제帝보다 나은 것이 없고 하늘에 의지하기 때문에 상제라고 불렸다.9

유학자들의 호천상제에 대한 해석은 긴 시간 속에서 유교의 정통 상제관이 되었다. 유교의 상제는 신과 인간이 같은 형상에서 다른 형상으로 전환되었다. 국가제사에서도 상제는 위패만 있고 형상이 없었다. 그 후에 정이程頤는 상제에 대해 한걸음 더 나아가 설명하였다.

하늘은 이치(理)이고, 신은 만물을 신묘하게 하는 것을 말한 것이며, 상제(帝)는 사물을 주재하는 것으로 이름 붙인 것이다.10

---

7 『毛詩』「黍離」, "尊而君之, 則稱皇天, 元氣廣大, 則稱昊天."
8 중국 송나라 때의 예제(禮制)를 규정한 책. 총 200권. 송 태조(太祖) 개보(開寶, 968~976) 연간에 유온수(劉溫叟)·이방(李昉) 등이 황제의 명을 받아 당나라 『개원례(開元禮)』를 참작하여 『개보통례(開寶通禮)』를 편찬하였다. '개보'는 송 태조의 연호이다. (역자 주)
9 『宋史』卷99, 「禮志」, "按開寶通禮, 元氣廣大則稱昊天,……人之所尊, 莫過于帝, 托之于天. 故稱上帝."
10 『宋史』卷99, 「禮志」, "天者, 理也. 神者, 妙萬物而爲言者也. 帝者, 以主宰事而名."

정이에 의하면, 천天·리理·상제, 또는 귀신·건乾은 모두 실상은 같으나 이름이 다른 개념이요, 혹은 같은 대상을 다른 관점에서 묘사한 것이다. 정이의 상제관은 주희의 지지를 얻었고, 이후의 유학자들에 의해 인정되었다.

제사의 실천에서도 천과 상제에 구별이 있어서 역대로 해석이 일치하지 않았다. 주희는 다음과 같이 말하였다.

> 제단을 세워 제사를 지내기 때문에 '천'이라 이르고, 집 아래(방)에서 제사를 지내고 신기神祇에 제사를 지내기 때문에 '상제'라고 이른다.11

주희의 해석은 후에 제사 실천에 대한 정통 해석이 되었다.

상제의 형상이 변하고 사람들의 상제에 대한 관념이 부단히 발전하였지만, 상제의 '착한 이에게 복을 주고 악한 이에게 벌을 주는' 작용은 변하지 않았다.

> 체棣가 묻기를, "착한 이에게 복을 주고 악한 이에게 재앙을 내리는 것은 어떻습니까?" 대답하기를, "이것은 자연의 이치이다. 착하면 복이 생기고 악하면 재앙이 생긴다."12
>
> 하늘의 보응報應은 모두 그림자나 메아리와 같다.13

상제에 대한 제사도 물론 필요한 것이다.

상제 아래에는 인간의 관료체계가 많은 것처럼, 존비尊卑의 신령체

---

11 『朱子語類』卷82, "爲壇而祭, 故謂之天, 祭於屋下而以神祇祭之, 故謂之帝."
12 『二程遺書』卷22(上), 「伊川語錄」, "棣問福善禍淫如何. 曰此自然之理. 善則有福, 淫則有禍."
13 『二程遺書』卷15, 「入關語錄」, "天地報應, 皆如影響."

계로 등급이 나누어져 있다.

　군주는 천자天子, 즉 상제의 아들이다. '천자'라는 말은 다만 하나의 호칭에 불과하지만, 매우 실제적인 종교의미를 가지고 있고 상제의 혈통의미를 갖는 자손이다. 사마천司馬遷이 『사기史記』를 지을 때는 다섯 분의 상제 중에 황제黃帝가 가장 존귀하였다. 때문에 하夏·상商·주周·진秦의 계통은 모두 황제로 소급해가야 했다. 유방劉邦은 필부匹夫로 천자가 되었기 때문에 계통을 추적하기가 어려워서 유학자들이 대단히 고심하였다. 마지막으로 동한東漢의 가규賈逵(30~101)는 『좌전左傳』에서 유씨劉氏가 요堯의 후손이라는 사실을 찾아냈다. 『좌전』은 이 때문에 특별히 중시되었고, 가규도 이 때문에 승진과 은상恩賞을 받았다. 왕망王莽의 출현이나 조위曹魏(삼국시대 曹氏의 위나라)의 찬탈 때도 모두 몹시 고심하다가 스스로 요·순의 후손이라고 말하였다. 왜냐하면 이로부터 위로 황제로 소급해가서 자신들이 진정한 상제의 아들로 황제인 자격이 있음을 나타낼 수 있었기 때문이다.

　한漢·위魏 이후에는 혈통의 추적이 점점 어려워졌는데, 이에 감생제感生帝가 출현하였다. 감생제의 설은 유학자 정현鄭玄(127~200)이 주석한 『예기禮記』「대전大傳」에 나온다.

　　왕의 조상은 모두 태미太微[14] 오제五帝의 정기에 감응하여 태어났다.[15]

　북조北朝 말년에는 처음으로 감생제에 제사를 지냈다. 북제北齊·북주北周는 청제青帝 영위앙靈威仰(太皞)에 제사지냈고, 수隋는 적제赤帝 적표노赤熛怒(炎帝)에 제사지냈으며, 당唐·송宋 때도 세습되었다.[16] '천자'는

---

14 '태미'는 북두칠성 근처의 별자리로 천제의 남궁(南宮)을 말한다.(역자 주)
15 『禮記正義』「大傳」, 鄭玄注, "王者之先祖, 皆感大微五帝之精以生."

실제적 의미를 갖는 상제의 아들에서 추상적 의미의 상제의 아들이 되었다.

물론, 천자 혹은 상제의 아들은 상제의 아들이고 상제의 종자宗子라는 것을 이해하지 못한다. 장재는 「서명西銘」에서 다음과 같이 말하였다.

> 건乾(하늘)을 아버지라 부르고 곤坤(땅)을 어머니라 부른다.……대군大君(천자)은 내 부모(건곤·천지)의 종자宗子(맏아들)이고, 대신大臣은 종자의 가상家相17이다.18

『좌전』에 의하면, "신은 같은 부류가 아니면 흠향하지 않고, 백성은 같은 종족이 아니면 제사지내지 않는다"19라고 하였으니, 다만 종자宗子가 있어야 조상에게 제사지낼 수 있고, 또한 군주가 있어야 하늘에 제사지낼 수 있다. 군주가 하늘에 제사지내는 것은 바로 종법제도 하에서 조상에 제사지내는 것의 연장이다.

조상에 대한 제사는 어른이면 모두 반드시 이행해야 하는 의무이다. 산천山川·사직社稷과 같은 '공신公神'에 이르러서는 국가의 관리에 의해 제사가 진행되었다. 유교경전에 의하면, 천자는 하늘과 천하의 명산대천名山大川에 제사지냈고, 제후들은 사직社稷과 자기 영역 내의 명산대천에 제사지냈고, 대부들은 오사五祀20 등에 제사지냈다. 진 왕조가 군현제郡縣制를 실행한 후에는 지방의 주요 관원들이 제후의 직능을 대

---

16 육제(六帝)를 하늘에 6성좌(星座)에 배치하여 북진 요백보(北辰耀魄寶:上帝)·청제 영위앙(靑帝靈威仰)·적제 적표노(赤帝赤熛怒)·황제 함추유(黃帝含樞紐)·백제 백초거(白帝白招拒)·흑제 즙광기(黑帝汁光紀) 등으로 구분하였다.(역자 주)

17 제후·경대부 등의 집안일을 돌보는 사람을 가리킨다.(역자 주)

18 『張載集』「西銘」, "乾稱父, 坤稱母.……大君者, 吾父母宗子, 其大臣, 宗子之家相也."

19 『左傳』「僖公 10年」, "神不歆非類, 民不祀非族."

행하였다. 그들은 자기 영역 내의 산천과 그 지방의 사직에 제사지냈고, 공자에 제사지냈으며, 또한 기우제祈雨祭를 지냈다. 송대宋代 이후의 문집 속에는 기우祈雨의 글이 많이 있는데, 그들이 지방의 주요 관원으로 지낼 적의 기록이다. 육구연陸九淵(1139~1192)도 이와 같았고 엽적葉適(1150~1223)도 이와 같았으니, 그들의 철학적 주장은 달랐지만 이미 지방의 주요 관원이 되었고 또한 제사직능을 담당해야 하였다.

종교조직과 국가조직이 일체一體인 것은 유교와 기독교 국가가 다른 점이지만, 이슬람교와는 유사하다. 국가체계 밖에 별도의 교회체계가 있고 국가 관리에 제사직능이 없는 것은, 기독교 세계의 특징이지만 모든 종교의 공통된 사례는 아니다.

유교 국가에는 종교제사를 전문적으로 관리하는 부서가 있었다. 『주례』에는 춘관春官이 있었고, 진·한 때는 태상경太常卿 혹은 봉상경奉常卿이었고, 후대에는 예부禮部가 있었다. 육부六部 중에서 '예부'는 최고의 지위에 있었다.

국가조직은 동시에 종교조직이었으니, 종교는 국가조직을 자신들의 물질적 운반체로 간주하였다. 이러한 조직체계의 최고 정상에 있었던 것이 황제皇帝이다. 중국의 황제는 국가의 원수元首일뿐만 아니라, 동시에 최고의 사제이고, 성인이며, 상제의 대변인이었다. 황제의 말은 바로 성지聖旨였으니, 다만 순종할 수 있을 뿐이고 반대할 수 없었다.

오늘에 이르러, 사람들은 중국 백성들이 상제를 숭배하지 않는 것을 보고 중국 고대에는 종교가 없었다고 여기거나, 혹자는 우상숭배와 다신교가 있었을 뿐이라고 말하였다. 이것은 실제로 분명하지 못한 말이다. 유교의 규정에 따라 그들로 하여금 상제에게 제사지내지

---

20 오사(五祀)는 계절의 신에게 제사를 지내는 것인데, 2월(봄)에는 방문(戶)에, 5월(여름)에는 부뚜막(竈)에, 6월(늦여름)에는 중류(中霤: 집안의 한가운데 있는 방)에, 8월(가을)에는 대문(門)에, 11월(겨울)에는 우물(井)에다 제사를 지냈다.(역자 주)

못하게 하였다. 청대 말기에 강유위康有爲(1858~1927)는 정치를 변혁하는 동시에, 기독교의 귀감을 본받아 유교를 개조하고자, 황제에게 사람들이 모두 하늘에 제사지내고 공자에 제사지낼 수 있도록 허락해줄 것을 요구하였다. 그러나 광서光緒(청 德宗의 연호) 황제는 정치변혁에는 동의하였으나, 종교변혁은 허락하지 않았다. 황제의 개방에는 한계가 있었다.

2. 유학은 유교의 영혼이다

유교는 유학과 전통의 종교신앙이 서로 결합한 산물이고, 혹자는 전통의 종교신앙이 유학을 자기의 사상적 기초로 삼았다고 말하였다. 한 무제의 유술만을 존숭하는 것은 유교의 탄생을 상징한다. 동중서董仲舒는 말하기를,

왕도의 삼강三綱(군신·부자·부부)은 하늘에서 찾을 수 있다.21

다시 말하면, 공자가 가장 중요하게 여긴 군신·부자의 도는 사회생활 속에서 발생되어 나온 정치·윤리원칙이 아니라 하늘의 뜻에서 나온 것이다. 이 때문에 사람들이 이러한 원칙을 준수하면 하늘의 보호를 받을 수 있다.

---

21 『春秋繁露』「基義」, "王道之三綱, 可求于天."

무릇 인仁·의誼·예禮·지智·신信 오상五常의 도는 왕이 마땅히 닦고 삼가야
하는 것이다. 다섯 가지를 닦고 삼가기 때문에 하늘의 가호를 받고 귀신
의 신령함을 누린다.[22]

이것은 우리가 오늘날 말하는 보통의 도덕이 아니라, 일종의 종교적
도덕이다. 왕충王充(27~97?)은 천인감응天人感應에 반대하였지만, 상제의
존재를 부인하지 않았고 동중서의 유학자들의 도덕에 대한 이해에도
반대하지 않았다. 『논형論衡』「변숭편辨崇篇」에서 그는 다음과 같이 말
하였다.

하늘은 온갖 신(百神)들의 주인이다. 도덕과 인의는 하늘의 도이고, 전율
과 공포는 하늘의 마음이다. 도를 폐기하고 덕을 없애는 것은 하늘의 도
를 해치는 것이고, 음험하고 방자한 것은 하늘의 뜻을 어기는 것이다
.……공자께서 말씀하시기를, "삶과 죽음은 명에 달려있고 부귀富貴는 하
늘에 달려있다"라고 하였다.[23]

왕충은 줄곧 무신론자로 간주되었으나, 실제로 그는 사람이 죽어서
귀신이 되는 것에 반대하거나 유교 속의 모종의 구체적 견해에 반대하
였을 뿐인데, 이것은 모든 종교 내부에 존재하는 이론적 투쟁이다. 그
기본 입장을 연구하면, 왕충도 마찬가지로 유교 학자이다.

앞 절에서 우리는 이미 동중서 이후 전통종교의 신앙체계가 한 걸음
한 걸음씩 유교경전의 지표에 따라 엄격하게 배치되기 시작하였음을

---

22 『漢書』「董仲舒傳」, "夫仁誼禮智信五常之道, 王者所當脩飭也. 五者脩飭, 故受天之祐,
而享鬼神之靈."

23 『論衡』「辨崇篇」, "天, 百神之主也. 道德仁義, 天之道也. 戰栗恐懼, 天之心也. 廢道滅
德, 賊天之道. 險隘恣睢, 悖天之意.……孔子曰, 死生有命, 富貴在天."

보았다. 태일사太—祠24가 감천궁甘泉宮25에서 수도로 옮겨졌고, 또한
점차 유교에서 가장 중요한 남교南郊와 북교北郊제도로 확정되었다. 유
교경전에 따라 상제의 수와 명칭·등급을 확정하였는데, 유학자들은
상제관에 대해 장기간 토론을 벌렸다. 유교경전에 따르면, 유학자들은
제사의 신령神靈과 제사의례를 확정하였고, 또한 시대의 발전에 따라
부단히 수정하였다. 유교경전에서 말한 유교 교의敎義를 설명하기 위
해, 역대 유학자들은 유교경전에 부단한 주석작업을 진행하였고, 주석
만으로 생각을 충분히 표현할 수 없으면 별도로 전문 저서를 지었다.
이러한 주석과 저서 속에서 유학자들은 자연계와 사회생활의 각 방면
을 광범위하게 탐구하였고, 철학·과학 및 정치·경제와 문학·예술의
각종 이론을 발전시켜 방대한 유학체계를 세웠다.

　이 때문에 유학이란 바로 경전을 해석하는 학문이다. 직접적 주석이
아니라 간접적인 설명이다. 그러나 직접적 주석이든 간접적 설명이든,
그 핵심은 모두 유교경전이다.

　유학연구에서 가장 소홀히 하기 쉬운 문제는 유학과 유교경전의 관
계이다. 실제로, 공자를 시작으로 유교경전은 유학자들의 필독서였다.
유교경전 속의 사상은 유학자들의 사상적 기초와 출발점이었다. 시대
마다 유학자들의 유교경전에 대한 이해가 달랐기 때문에 유학으로 하
여금 다른 모습을 띠게 하였지만, 각 시대의 유학자들은 모두 유교경

---

24 한 무제시기에 태일신(太一神)은 국가제전 최고의 주신(主神)으로 부상하면서, 태
　일신에 대한 태일단이 크게 두 곳에 건립되었다. ①장안의 태일단과 ②감천의 태
　일단(일명 泰畤壇)인데, 전자는 산동 박현(亳縣) 출신 방사(方士) 유기(謬忌)의 방안
　에 따라 BC 133년 장안성의 동남교(東南郊)에 세워진 것이며, 후자는 그 20년 뒤
　인 BC 112년 제나라 방사 출신인 소옹(少翁)과 공손경(公孫卿)의 건의에 따라 사관
　(祠官) 관서(寬舒) 등이 세운 감천궁의 태일사(太一祠)이다. 이 중 국가제전으로서
　기존의 옹치(雍畤)를 대체한 제천의 제사는 후자인 감천 태치단이다.(역자 주)

25 중국 BC 200년(진시황제 27년) 수도 함양(咸陽: 陝西省)의 북서쪽에 있는 감천산(甘泉
　山)에 세운 궁전이다.(역자 주)

전 속의 상제와 천명신앙을 부인하지 않았다. 오랫동안 학술계에는 유학자들이 귀신을 믿지 않았다고 여겼는데, 중요한 원인 중의 하나가 바로 유학과 유교경전의 관계를 소홀히 하였기 때문이다.

사람들은 유학과 종교의 관계를 부인하였고 유학의 종교적 성질을 부인하였는데, 그 사상과 인식방면의 원인은 주로 유학이 '입세入世'적이고 '수신修身·제가齊家·치국治國·평천하平天下'를 말하는 것이기 때문에 종교가 아니라고 보았다.

우리가 여기에서 "유학이 종교인가 아닌가?"[26]라는 표현법을 취하지 않는 것은, 바로 "불학佛學이 불교인가 아닌가?"라는 표현법을 취하지 않는 것과 같다. 우리가 유학을 유교로 말해야 한다는 것이 아니라, 실사구시實事求是의 태도로 유교의 존재를 긍정하고, 아울러 유학의 이러한 종교 속에서의 지위와 작용을 설명해야 한다.

중국 고대에는 불교와 도교 외에 또 하나의 큰 종교가 존재하였다는 것을 긍정하는 것은, 지금 이미 '유교설'을 제기한 것이 한 개인의 의견뿐만이 아닌 것과 같다. 예를 들어 앞에서 인용한 모종감牟鐘鑒선생의 문장에서는, 중국 고대에는 불교와 도교 외에 '정종대교正宗大敎'가 확실히 존재하고 있었음을 최대한 논증하였는데, 이것이 그 논문의 이론적 공헌이다. 그 논문의 단점은 이러한 '정종대교'가 자기의 경전을 가지고 있다는 사실을 소홀히 하였고, 그렇지만 그 논문의 이러한 '정종대교'에 대한 묘사는 거의 모두 유교경전과 유교전적에서 자료를 취하였다.

유교경전과 '정종대교'의 관계를 소홀히 한 것은 유학을 '정종대교' 밖으로 배제시키는 것으로, 그 기본적 이유는 유학이 수신·제가·치국·평천하의 '입세'적 학문을 말하기 때문이라는 것이다.

---

26 이것은 하광호(何光滬)의 말이다. "儒學是不是宗敎?"

'출세' 혹은 '입세'로 '종교'와 '비종교'를 구분하는 것은 잘못된 관념이다. 과거에서 현재에 이르기까지, 어떤 종교도 자기들이 나라를 다스릴 수 없고 '출세'할 수 있을 뿐이라고 선포한 것을 아직 보지 못하였다. 일부 종교가 '출세'하지 않을 수 없던 것은 전적으로 정세가 절박한 것이지, 자발적인 바람에서 나온 것이 아니다. 이러한 '출세'의 종교 옆에는 언제나 동시에 '입세'의 종교가 존재하였으니, 그 종교의 법률은 동시에 국가의 법률이었고, 그 국가 원수元首는 동시에 종교의 지도자였다. 이러한 국가 속에서는 근대에 비로소 시작된 정교분리政敎分離의 과정이 지금에 이르기까지 여전히 걸음걸이가 어렵다.

유교는 '입세'적 종교이고, 중국 봉건사회가 멸망할 때까지 그것은 시종 '출세'의 지위로 떨어지지 않았다. 때문에 유학은 상제와 귀신의 관념을 탐구하였을 뿐만 아니라 신과 사람의 관계를 탐구하였으며, 또한 수신·제가·치국·평천하의 학문을 힘써 연구하였다. 모든 종교학설과 마찬가지로, 유학도 수신·제가·치국·평천하의 학문을 연구하는 것이 사회 자체의 수요라고 여기지 않고, 상제의 의지를 부여받은 것이라고 간주하였다. 『고문상서古文尙書』「태서泰誓」에는 다음과 같은 글이 실려 있다.

> 하늘이 아래의 백성을 도와 군주를 세우고 스승을 세운 것은, 오직 능히 상제를 도와서 사방의 백성들을 사랑하여 편안하게 살도록 하기 위한 것이다.[27]

『맹자』「양혜왕(하)」에도 비슷한 글이 있다.

---

[27] 『古文尙書』「泰誓」, "天佑下民, 作之君, 作之師, 惟其克相上帝, 寵綏四方."

하늘이 아래로 백성을 내리시어 군주를 세우고 스승을 세운 것은, 오직 그 상제를 도와서 사방의 백성들을 사랑하기 위한 것이다.[28]

이것은 '군주'와 '스승'이 상제에 의해 임명된 것이라는 말이다. 그들의 임무는 상제를 도와서 상제의 신하와 백성을 잘 관리하고 교화하는 일이다. 이 때문에 유학이 "인사를 다할 것(盡人事)"을 강조한 것은 바로 천명을 받들기 위한 것이다.

유명한 종교학자 제임스 프레이저James George Frazer(1854~1941)가 말하기를,

종교의 실천은 항상 의식을 거행하지 않으면 안된다는 것이 아니다. 다시 말하면, 그것은 반드시 제물祭物을 바치고 기도의 말을 외우거나 다른 외적 형식을 취해야 한다는 것이 아니라는 것이다. 이러한 형식의 목적은 단지 신의 환심을 사기 위한 것일 뿐이다. 만약 이러한 신이 피를 띤 제물祭物과 찬송·향불보다 인애仁愛·자비慈悲·정결貞潔을 더 좋아한다면, 그의 신도들이 신을 기쁘게 하는 최고 방법은 그의 발아래에 엎드려 절하거나 그에 대한 찬사를 암송하고 혹은 귀중한 예물을 그의 묘당廟堂에 가득히 진열해놓는 것이 아니라, 청렴淸廉·관대寬大·인자仁慈로서 일반 중생을 대하는 것이다.……헤브루Hebrew 예언자들이 하느님에 대한 훌륭하고 신성한 숭고의 신념에서 벗어나 사람들을 부지런히 가르치고 인도한 것은, 바로 종교의 이러한 윤리학적 방면이다.[29]

---

28 『孟子』「梁惠王(下)」, "天降下民, 作之君, 作之師, 惟曰其助上帝, 寵之四方."

29 James George Frazer, 『황금가지(The Golden Bough: 1890~1915)』, 중국어판, p.78.

제임스 프레이저는 『신·구약』속의 그러한 '입세'적 규범조항을 열거하고, 이러한 것들이 바로 종교의 규범조례라고 말하였다.

중국 전통종교는 주대周代로 발전하면서 이미 '덕德'만이 상제의 환심을 살 수 있는 가장 중요한 조건이라고 의식하였다. 공자가 창시한 유학은 전통종교 속의 이러한 새로운 요소를 집중적으로 발전시켜 유학이 인사人事를 중시하는 기본 특징을 다졌다. 그러나 중용中庸의 도를 숭상하던 공자는 결코 지나친 행동을 하지 않았기 때문에, "체禘30 제사의 예를 아는 자는 천하를 다스리는 것이 손바닥을 보는 것처럼 쉬울 것이다"31라고 여겼을 뿐만 아니라, 심지어 고삭희용告朔餼羊32조차도 차마 폐기하지 못하였다. 때문에 줄곧 봉건사회의 말기까지 이르렀다. 풍성한 제물祭物, 성대한 의식, 찬가와 향불은 여전히 유교의 필요한 구성부분이었다. 유교가 발전하던 초기에는, 유학자들이 더욱 외부형식과 덕행德行으로 상제의 환심을 살 것을 기대하였고, 또한 외부형식 속에서, 예를 들어 재이災異와 상서祥瑞는 상제가 자기들(유학자)에 대한 태도에서 찾을 것을 기대하였다. 이것은 한대漢代 유학의 기본 특징이다. 그들이 '덕'을 중시하였지만, 중시한 것은 주로 외적인 덕이었다.

지나치게 중시한 외적인 형식은 한대 유학자들 가운데 사람들로 하여금 용인하기 어렵게 하는 허위와 탐욕의 출현을 초래하였다. 후대의 유학자들은 내심의 깊은 곳에서 자기의 덕행德行을 기를 것을 요구함

---

30 체(禘)는 제왕이 시조(始祖)를 하늘에 배향(配享)하는 큰 제사이다.(역자 주)

31 『論語』「八佾」, 참조.

32 옛날 천자가 매년 계동(季冬)에 다음해 열 두 달의 책력을 제후에게 나누어 주었는데, 제후는 이것을 받아가지고 가서 선조의 종묘에 간직해두고 매달 초하루에 양의 희생을 바치고 종묘에 고한 후 그 달의 책력을 꺼내어 나라 안에 펴던 일이다. 노나라 문공(文公)에 이르러 이런 일은 없어지고 다만 양을 바치는 습관만 남았다.(역자 주)

으로써, 사람의 자연본성이나 이러한 보이지 않는 존재가 비로소 외적인 덕행의 근본이라고 여겼는데, 이로부터 철학의 유무有無·본말本末의 이론이 야기되었다. 이것이 위진남북조시대 유학의 특징이다.

'외적인 것'에서 '내적인 것'으로의 전환은, 유학자들로 하여금 "천도가 사람을 따른다(天道從人)"는 도리를 점점 깊이 인식하게 하였다. 인사人事가 곧 하늘의 뜻이라고 생각하였다.

> 인사人事는 하늘의 뜻이다.[33]

"사람의 마음에 순응하는 것"이 바로 "하늘을 섬기는 것"이니, 다만 인사를 잘 처리해야 비로소 상제의 환심을 살 수 있다.

> 사람의 마음이 아래에서 기뻐함이 없으면 천의天意가 위에서 분노한 것이요, 사람의 도리가 아래에서 거스름이 없으면 천도天道가 위에서 순응한 것이다.[34]

'인사'는 사람이 하는 것이기 때문에 수신修身은 치국治國의 근본이고, 사람이 하는 것은 내심內心에서 생기기 때문에 마음을 닦는 것(修心)은 또한 몸을 닦는(修身) 근본이다. 여기에서 송대와 그 이후 이기理氣·심성心性의 학문이 야기되었다. 송대와 그 이후의 유학에 많고 적은 파별이 있었던지 간에, 이기·심성을 토론하여 수신·제가·치국·평천하에 귀결시키려던 것은 그들의 공통된 특징이었다.

사람들은 "물을 기르고 땔나무를 나르는 것이 신묘한 도가 아님이

---

33 歐陽修, 『新五代史』 卷59, 「司天考(第二)」, "人事者, 天意也."

34 위의 책, "未有人心悅于下, 而天意怒于上者. 未有人理逆于下, 而天道順于上者."

없다"35는 선학禪學을 보고, 이것이 불교의 하나의 종파라는 것을 잊지 않았다. 그러나 송대의 이러한 유학을 보고는 항상 이것이 철학일 뿐이요 세속의 학문일 뿐이라고 여기고, 이러한 유학을 종교와 분명히 구분지음으로써 이러한 유학이 바로 천의天意의 표현임을 잊어버렸다. 왜냐하면 이 때의 상제가 참으로 좋아한 것은 사람의 덕행德行이었기 때문이다.

이러한 유학의 대표 인물은 주희朱熹이다. 주희의 대표작이 『사서집주四書集注』이고, 『사서집주』의 첫 편이 『대학장구大學章句』이다. 주희는 『대학장구』서문에서 다음과 같이 말하였다.

> 하늘이 백성을 내려 주시면서부터 이미 그들(백성)에게 인·의·예·지의 성性을 부여하지 않음이 없었다. 그러나 그 기질氣質의 품수가 혹 가지런하지 못한 것은, 모두 그 성이 있다는 것을 알아서 온전히 하지 못하였기 때문이다. 총명聰明·예지叡智하여 그 성을 다할 수 있는 자가 그 사이에서 나오는 자가 하나라도 있으면, 하늘은 반드시 그들에게 억조億兆의 군주나 스승이 될 것을 명하여, 그들로(군주와 스승) 하여금 다스리고 가르치게 하여 그들의 성을 회복하게 하였다.36

인·의·예·지의 성은 하늘이 '부여한' 것이고, 군주와 스승은 하늘이 '명한' 것이며, 다스리고 가르치는 것은 하늘이 '시킨' 것이니, 이것이 우리가 굳이 주희를 대표로 하는 유학을 유교라고 말해야 하는 것이란 말인가!

---

35 惠能, 『壇經』 「般若品第二」, "運水搬柴, 無非妙道."

36 『大學章句』序, "蓋自天降生民, 則旣莫不與之以仁義禮智之性矣. 然其氣質之稟或不能齊, 是以不能皆有以知其性之所有而全之也. 一有聰明叡智能盡其性者出於其間, 則天必命之以爲億兆之君師, 使之治而敎之, 以復其性."

5·4 운동(1919) 전후에, 진독수陳獨秀(1879~1942) 등을 대표로 하는 신파학자들은 '유교비종교설'을 제창하기 시작하였다. 그들은 유교가 '교화의 교(敎化之敎)'일 뿐이고 종교의 교(宗敎之敎)'가 아니라고 말하였다. 실제로 '교화의 교'와 '종교의 교'는 결코 모순되지 않으니, 일체의 교단종교敎團宗敎[37]는 모두 대중을 교육하는데 쓰이는 것이다. 유교는 '교화의 교'이고 불교와 도교도 '교화의 교'이며, 다른 교단종교도 '교화의 교'이니, 교화 이외의 종교를 본 적이 없다. 유교가 천명과 귀신의 도움을 빌리지 않는다고 말하는 것에 이르러서는 사실과 부합하지 않는다.

우리는 진독수의 '유교는 종교가 아니다'는 관점에 동의할 수 없지만, 당시 그들의 처지는 충분히 이해할 수 있다. 수도 안에서는 원세개袁世凱(1859~1916) 등의 복벽復辟[38]활동이 날로 창궐하였고, 수도 밖에서는 강유위康有爲(1858~1927) 등이 공교를 국교國敎로 정할 것을 요구하였다. 유교가 종교임을 인정하려면 반드시 공교孔敎[39]에 신앙의 자유를 주어야 한다. 공교에 신앙의 자유를 주면, 공교는 다른 사람에게 신앙의 자유를 줄 수 없는데, 특히 과학과 민주에 자유를 줄 수 없다. 유교 탄생의 전제는 '백가(제자백가)를 축출하는 것'이고, 유교 교의敎義에서 가장 중요한 것은 군신君臣·부자父子이다. 유교의 신앙자유를 허락하

---

37 불교나 기독교인처럼 교조(敎祖)에 의한 교리(敎理)가 책자로 되고 이것을 중심으로 교리를 배우고 교조를 신봉하는 것을 '교단종교'라고 한다면, 민간인이 스스로 믿는 신앙을 '자연종교'라 할 수 있는데, 이 자연적 종교현상을 토속신앙이라 할 수 있다. 이 토속신앙의 대상은 매년 해가 바뀔 때마다 주기적으로 반복되는 가신신앙(家神信仰)·동신신앙(洞神信仰)·점복신앙(占卜信仰)·무속신앙(巫俗信仰)·풍수신앙(風水信仰)·동물신앙(動物信仰)·예조(豫兆)·민간의료(民間醫療) 등 민간인의 생활을 통해 전승되고 있는 신앙들이다.(역자 주)

38 청나라 마지막 황제 부의(溥儀: 선통황제)에 대한 복귀운동이다.(역자 주)

39 유교(儒敎)는 중국 춘추시대 말에 공자가 체계화한 사상인 유학(儒學)을 종교적 관점에서 이르는 말이다. 유교는 시조 공자의 이름을 따서 공교(孔敎)라고도 한다. (역자 주)

면, 반드시 '군주'의 존재를 허락해야 한다. 이것은 진독수를 대표로 하는 신파 인물들이 절대로 통과시킬 수 없었던 것이다.

오늘에 이르러, 우리가 마음을 차분히 가라앉히고 실사구시實事求是할 수 있으면, 유교에 대한 과학적 연구나 비판적 계승을 진행할 수 있다. 그러나 전제는 유교의 본모습을 분명히 하는 것이다. 그렇지 않으면, 비판을 받은 것도 반드시 찌꺼기일 수 없고, 계승하려는 것도 반드시 정수精髓일 수 없는 것이다.

3. 유교와 유학자

주희의 『대학장구』 서문에 따르면, 공자는 "군주와 스승의 지위를 얻어 정사와 가르침을 행할 수 없었던"[40] 성인이니, 이 때문에 공자도 하늘이 명한 스승이요, 유교 속에서 '지성선사至聖先師'로 불려졌다. "신은 같은 부류가 아니면 흠향하지 않는다"[41]는 원칙에 따라, 공자는 다만 유학자들의 제사를 받았다.

공자 이전의 성인에 근거하면, 복희伏羲·신농神農·황제黃帝·요堯·순舜·우禹·탕湯·문文·무武는 모두 군주와 스승을 한 몸에 겸비한 자이다. 공자를 시작으로 유학자들은 대체로 '스승'의 지위에 만족하였고, 왕망王莽·유수劉秀와 같이 유학자 출신이면서 군주의 지위를 얻은 자는 극히 보기 드물었다.

"하늘이 백성을 내려 보내어(天降下民)" 된 스승은 매우 깊고 넓은 학식이 있어야 할뿐만 아니라, 또한 고상하고 인후仁厚한 덕행德行을 겸비

---

40 『大學章句』序, "不得君師之位, 以行其政敎."
41 『左傳』 「僖公 10年」, "神不歆非類."

해야 하였다. 이러한 덕과 재주를 겸비할 것에 대한 요구는, 오늘에 이르기까지 여전히 현대사회에서 본받아야 하는 것이다.

주희의 말에 따르면, 공자가 행한 것에는 '가르침(敎)'뿐만이 아니라 또한 '정사(政)'가 있다. '가르침'을 행해야 무리를 모아 강학을 할 수 있고, 심지어 세속에 물들지 않고 자신의 순결을 지키는 것도 가능하다. '정사'를 행하려면 반드시 벼슬길에 올라 군주의 임용을 얻어야 한다. '유술만을 존숭한' 이후에 이론상에서 말하면, 국가 관리는 유학자들에 의해서만 충당될 수 있었고, 유학자들이 그들의 정사와 가르침을 행하려면 다만 벼슬길에 올라야 한다. 벼슬길에 오른 후에 정사를 행할 수 있을 뿐만 아니라 더 좋은 '가르침'을 행할 수도 있었다. 이른바 "문예와 무예를 배우는 것은 제왕가에게 팔리기 위한 것, 즉 황제에게 중용되기 위한 것이다(學成文武藝, 貨與帝王家)"는 말은 유학자들의 장래 출로出路에 대한 일종의 속설에 불과하다.

오늘날의 "벼슬길에 오를 것만을 생각한다"거나 "출세하려고 한다"는 등의 비열한 개념으로 유학자들의 출사出仕를 이해해서는 절대로 안된다. 다만 봉록俸祿을 꾀하거나 심지어 뇌물을 얻기 위해서 벼슬하는 유학자들도 적지 않았지만, 이것은 모든 종교 속에 존재하는 부패현상과 마찬가지로, 교의敎義로 책임을 질 수 있는 것이 아니라 주로 당사자 자신의 책임이다. 유교 교의에 따르면, 벼슬하는 것은 바로 유학자가 그들의 정사와 가르침을 행하는 거의 유일한 방식이었고, 심지어 유학자들이 반드시 이행해야 하는 일종의 의무였다. 비록 은거하고 벼슬하지 않는 것이 때로 표창表彰을 받기도 하였지만, 그것은 항상 모종의 실제적 수요를 위해 원칙상 허락되지 않는 것이었다. "태평성대에는 숨어사는 은자가 없기" 때문에 벼슬하지 않고 은거하는 것은 항상 조정의 악행을 드러내는 것으로 간주되어, 어떤 군주는 법령法令을 반포하여 은거하고 벼슬하지 않는 자를 처벌하기도 하였다.

유학자는 지식의 운반체이니, 이 때문에 고대의 지식인이라고 말할 수 있다. 그러나 그들은 현대의 전문 지식분야의 일원으로 치민治民을 책임지지 않는 지식인과는 결코 같지 않다. 오늘날 전문분야의 지식인들이 고대의 유학자를 같은 길을 걷는 사람이라 하여 자기들의 운명을 그들과 서로 비교하는 것은 결코 합당하지 않다. 유학자의 목적은 '정사와 가르침을 행하는 것'이지 전문분야의 지식이 아니다. 공자를 시작으로 맹자孟子·동중서董仲舒·왕필王弼·한유韓愈·이정二程·주희朱熹·육구연陸九淵·왕양명王陽明·왕부지王夫之를 거쳐서 강유위康有爲에 이르기까지 어느 한 사람도 국가의 관리가 되지 않은 자가 없었지만, 혹자는 은거하고 벼슬길을 찾지 않았다. 벼슬할 수 없는 상황은 강요에 못 이긴 것이었다.

이미 벼슬길에 올랐으면 반드시 국가 관리의 직능을 이행해야 하였으니, 민중을 관리하고 교화하였을 뿐만 아니라 또한 일정한 종교제사의 임무를 담당하였다. 물론 벼슬하지 않더라도 유학자들은 공자에 제사지내고 조상에 제사지내야 하였고, 다만 천지天地·일월日月·산천山川과 같은 공신公神에 제사지내는 데는 참여하지 못하였다.

모종감牟鐘鑒의 논문에서는 '정종대교正宗大敎'를 관리체계에 귀속시키고 유학을 유학자에 귀속시켜 '정종대교'와 유학, 관리체계와 유학자가 서로 상관이 없는 각자 독립된 체계인 것 같지만, 이것은 역사적 사실에 부합하지 않는 것이다.

유교 국가는 인재를 배양하고 예비하기 위해 점차 방대한 교육체계를 건립하였다. 처음에는 오경박사五經博士를 두었고, 후에는 박사를 위해 제자弟子를 두었으며, 그 후에는 태학太學을 세웠고, 태학 후에는 또한 국자학國子學·사문학四門學이 있었다. 송명시대에 이르러서는 마침내 중앙에서 지방에 이르는 각급 공립학교가 서로 연결되었고, 또한 사립학교에 의해 보충되는 교육체계가 형성되었다. 학교의 교원과 관

리자는 유학자에 의해 충당되었고 학관學官으로 불렸다. 학관도 국가
관리의 구성부분이었다.

『주례』에 따르면, 학교는 춘관대종백春官大宗伯에 속하였고, 후에는
봉상경奉常卿 또는 태상경太常卿에 속하였지만, 수대隋代에 한 차례 변화
가 있었고 당唐·송宋 이후에는 예부禮部에 예속되었다. 춘관春官에서 예
부禮部에 이르기까지, 명칭은 달랐지만 직능에는 차이가 없었다. 이것
은 서양에서 학교를 교회에 예속시킨 것과 같은 사상이다.

학관은 학생을 가르치고 공자에 제사하는 정상의 임무를 행하는 외
에도, 국가제사 중에서 찬상贊相(贊禮)42과 같은 임무를 담당하였다. 왜
냐하면 학생은 국가의 예비관원이었기 때문이다. 물론 학생에서 관원
이 되기까지는 또한 어려운 길이 있다. 학생이 많을 때는 졸업한 학생
이 많기 때문에 벼슬하기가 어렵고, 학생이 적을 때는 졸업과 동시에
정사政事를 펼 수 있었으니, 오늘날 실정과 비슷하다. 이러한 큰 차이
는 주로 당시의 인재를 결정하는 공급과 수요의 모순 때문이다. 그러
나 일반적 상황은 학업성적이 우수한 자는 행정관원이 되었고, 학업성
적이 조금 차이가 나는 자는 학관學官이 되었다. 학업성적이 좋지 않는
자가 관직을 얻는 경우도 자주 있었지만, 주로 당사자의 부정행위이지
유학자들의 국가에 대한 본뜻은 아니다.

유교국가가 관리를 선발하는 원칙은 덕과 재주를 두루 갖추는데 있
다. 이를 위해 많은 방법을 응용하였고 많은 표준을 제정하였다. 한대
漢代의 추천에 의한 관리 임용방식인 찰거察擧와 경9품중정九品中正에서
후대 과거고시에 이르렀고, 효제역전孝弟力田43에서 후대의 시부詩賦·
책론策論과 경의經義를 시험보는데 이르렀다. 효제孝弟 자체가 주로 일

---

42 관혼상제 때 의식의 절차를 낭독하고 진행을 맡아보는 사람이다.(역자 주)
43 한(漢)나라 때는 현량방정(賢良方正)의 과(科), 직언극간(直言極諫)의 과, 효제역전
(孝弟力田)의 과, 무재이등(茂才異等)의 과가 있었다.(역자 주)

종의 도덕표준이라면, 과거고시는 주로 재능을 시험하는 것이었다. 벼슬길에 오르는 자의 도덕은 주로 학교의 교육에 의지하였다. 송대 정이程頤를 시작으로 유학자의 '학문'을 주로 '배워서 성인이 되는 것'으로 규정하였으며, 그 최고 목표는 배워서 성인이 되는 것이지 지식을 배우는 것이 아니다. 이 또한 오늘날 '학문(學)'과 완전히 다른 개념이다.

배워서 성인이 되는 표준은 모든 인욕人欲을 제거하면 마음속에는 천리天理만 있어, 어떤 생각이 일어나든 모두 인의중정仁義中正의 도에 합할 수 있고, 어떤 일을 처리하든 모두 유교의 정치윤리원칙에 부합할 수 있다. 이러한 경지에 도달하는 중요한 방법은 경건한 태도로 정좌하여 자기를 반성하는 것이다. 정이에서 주희에 이르기까지, 이러한 수양원칙을 한 글자로 개괄하여 '경敬'이라 불렀다.

'경'은 본래 유학자들의 제사원칙이었다.

공경을 다한 후에 신명神明을 섬길 수 있으니, 이것이 제사의 도리이다.44

정자와 주자에 이르러서는 '경'을 일반의 수양원칙으로 확대하였다. 심성心性을 수양할 때에 '경'은 무엇인가? 정이는 다음과 같이 보았다.

"충忠과 신信은 덕으로 나아가게 하는 것이요(忠信所以進德)" "종일토록 힘쓰고 힘쓰니(終日乾乾)"45 군자는 종일토록 하늘과 마주대하고 있다.……그러므로 신이 "그 위에 있는 듯하고, 그 좌우에 있는 듯하다"고 하였다. 크고 작은 일에서도 다만 "진실로 가릴 수 없음이 이와 같다"라고 하였다. 처음부터 끝까지 이와 같은데 불과하다.46

---

44 『禮記』「祭統」, "敬盡, 然後可以事神明. 此祭之道也."
45 『周易』「乾卦」, "忠信所以進德.……終日乾乾."

정자의 주장은 주희에 이르러 수양의 과정과 규범조례로 바뀌었다. 그의「경재잠敬齋箴」에서 말하기를,

> 의관衣冠을 바르게 하고, 시선을 존엄하게 하며, 마음을 가라앉히고 앉아서 상제와 마주대하는 듯이 하라.[47]

「경재잠」은 주희 이후의 유학자들이 정통으로 받들던 수양규범이었다.

한 개인이 시시각각으로 상제가 나의 신변에 있고, 나를 감시하고 있으며, 나의 모든 것을 알고 있다고 느낌으로써 어디서나 조심하고 백배로 신중하였으니, 유학자들의 상제에 대한 이러한 경건함은 어느 종교에 비해 조금의 손색이 있는가?

『예기』「문왕세자文王世子」에는 다음과 같은 글이 있다.

> 무릇 처음 입학한 자는 반드시 선성선사先聖先師에게 석전釋奠[48]을 지내야 한다.[49]

고대 전통을 계승한 유교는 점차 '선성선사'에게 제사지내는 제도를 완전하게 발전시켰다. 처음에는 학교 안에 선성선사의 사당을 세웠으나, 후에는 밖에도 사당을 세워 제사하였다. 초기에는 선성선사의 사당이 북경성北京城과 곡부曲阜 등 소수 지방에만 있었으나, 후에는 전국

---

46 『程氏遺書』卷1, "忠信所以進德, 終日乾乾, 君子當終日對越在天也.……故說, 神如在其上, 如在其左右, 大小之事而只曰誠之不可掩如此夫. 徹上徹下, 不過如此."
47 『朱熹集』卷85, "敬齋箴", "正其衣冠, 尊其瞻視, 潛心以居, 對越上帝."
48 '석전'이란 학교에서 선성(先聖)·선사(先師)에게 제사지내는 의식이다.(역자 주)
49 『禮記』「文王世子」, "凡始立學者, 必釋奠于先聖先師."

의 각 주州·부府·현縣에도 모두 선성선사의 사당을 세워야 했다. 매년 봄과 가을, 또는 매달 삭망朔望(음력 초하루와 보름) 때는 지방의 주요 관원이나 학관學官이 관리를 인솔하고 학생들이 제사하였다. 수도에서는 태자太子 혹은 재상宰相이 관계되는 관원과 학생을 이끌고 제사하였다. 어떤 때는 천자도 친히 왕림하여 제사하였다. 신해혁명辛亥革命(1911) 후에는 각지의 공묘孔廟가 잇따라 폐지되거나 혹은 다른 용도로 바뀌었는데, 지금까지 보존된 것이 극히 적다.

선성선사가 처음에는 주공周公과 공자孔子로 임무가 나누어졌다.50 당대唐代를 시작으로 전적으로 공자를 가리켰으며 지성선사至聖先師라고 불렀다. 유학자들은 생전에 상제의 뜻을 부여받아 그 정사와 가르침을 행하는 것을 목적으로 삼았으나, 죽은 후에는 공묘孔廟에 들어가서 공자와 나란히 제사를 받는 것을 최고의 영광으로 여겼다. 이것은 기독교가 성직자를 교당教堂 안에 매장하는 것과 같은 뜻이다. 안회顔回(BC 521~BC 491)를 시작으로 역대로 많은 뛰어난 유학자들이 모두 이러한 영광을 누렸는데, 그 중에는 왕필王弼·왕안석王安石과 같은 유학자도 포함되어 있었다. 그들의 공헌과 공자와의 친근 정도에 따라 제사를 수행하는 자가 배향配享과 종사從祀의 다른 등급으로 나누었으니, 아성亞聖·선철先哲·선현先賢·선유先儒 등으로 불렀다. 맹자 이후의 유학자로는 왕안석이 얻은 영예가 가장 높았는데, '왕'으로 봉해졌고 맹자와 나란히 공묘에 배향되었다. 그 다음은 주희로, 일찍이 선철先哲의 지위에 올랐다. 마지막으로 공묘에 들어간 유학자는 왕부지王夫之·고

---

50 선사(先師)란 앞서간 전대(前代)의 훌륭했던 스승을 일컫는 말이고, 선성(先聖)이란 요(堯)·순(舜)·우(禹)·탕(湯)·문왕(文王)·무왕(武王)·주공(周公)을 일컫는 것이 중국 고대의 관례였다. 중국 고대에는 주대(周代)의 문물제도를 정비했다고 하는 주공(周公)이 선성(先聖)의 자리를 차지하고 공자는 선사(先師)로서 배향(配享)되었다. 그 후 당(唐)의 태종이 유교정치를 표방하면서 공자가 선성의 자리에 모셔지고, 안회(顔回)가 선사로 배향되었다.(역자 주)

염무顧炎武·황종희黃宗羲였고, 맨 마지막으로 공묘에 들어가기를 꿈꾼
자로는 아마도 강유위康有爲였을 것이다.

송대를 시작으로 공묘 외에도, 유학자들은 자기들의 바람에 따라 사
사로이 많은 선현사先賢祀를 세웠다. 제사를 지낸 인물이 혹 두 사람,
혹 세 사람, 혹 네 사람, 혹은 다섯 사람으로 같지 않았지만, 주로 주돈
이周敦頤·장재張載·이정二程·주희朱熹 등이었다. 송 이후의 문집 속에는
이러한 글이 부단히 보인다. 추측에 의하면, 유학이 가장 왕성하던 명
대에는 선현사의 수가 불교의 나한당羅漢堂51 수보다 많으면 많았지 적
지 않았다.

유학자들은 생전에 항상 상제에 대한 경외감을 가지고 있었고, 죽은
후에는 그 대표 인물들이 신령神靈으로 간주되어 제사를 드렸던 것이
다. 이러한 상황에 직면하여 사람들은 유가문화의 성질을 정확히 평가
할 수 있어야 한다.

---

51 중국 성도(成都) 북쪽으로 약 20km 정도 떨어져 있는 보광사(寶光寺)에는 500여 개
의 소상(塑像)이 있는 나한당(羅漢堂)이 유명하다. 나한당에는 나무로 만들고 금박
을 입힌 500나한상 등이 봉안되어 있다. 나한(羅漢)이라는 의미는 원래 아라한(阿
羅漢)의 준말이라고 한다. 일체의 번뇌를 끊고 열반에 든 최고경지의 수행승을 말
한다. (역자 주)

『중국유교사』 자서[1]

중국 고대에는 유·불·도 삼교가 함께 언급되었지만, 어떤 사람도 본질적인 차이가 무엇인지 알지 못하여 논쟁에 시비是非가 있었다. 이와 상응하여, 공자·노자·부처가 모두 성인이지만, 사람들은 공자·부처·노자가 본질적인 차이가 무엇인지를 알지 못하여 논쟁에 이기고 지는 일이 있었다. 마테오리치Matteo Ricci(1552~1610)가 중국에 와서 유학자의 옷을 입고 선교하다가 결국 '유교비종교설'을 제창하였다. 마테오리치가 죽자, 후임자는 즉시 유교를 종교라고 여겼는데, 이로부터 중국 기독교 내에 수백 년간 계속된 이른바 '의례儀禮의 논쟁'[2]을 야기하였다. 청 왕조 말기의 변법자강운동變法自疆運動(1898)에서 강유위康有爲는 기독교 형식을 모방하여 유교를 개혁할 것을 도모하였다. 청조 멸망 후 복벽復辟[3]과 반복벽反復辟의 투쟁 속에서 진독수陳獨秀 등은 '유교

---

1 원래『중국철학사(中國哲學史)』, 1997년, 제4기에 실렸던 글이다.
2 앞의 논문「유교에 관한 몇 가지 문제」, 주52, p.236 참조.
3 복벽(復辟): 1917년 장훈(張勳) 등이 일으킨 청 왕조 마지막 황제인 부의(溥儀: 선통황제)에 대한 복귀운동이다.(역자 주)

비종교설'을 제창하였고, 신파新派학자들에게 받아들여져 마침내 중국 고대 문화성질에 관한 정론定論이 되었다. 그 때부터 현재에 이르기까지, 일체의 중국 고대문화에 관한 저술은 거의 모두 이러한 기초 위에서 이론을 세운 것이고, 또한 이로부터 중국문화에 관한 것이나 중서中西문화의 차이에 관한 각종 논설이 야기되었다.

1978년 말에, 임계유선생은 '유교종교설'을 거듭 제기하였다. 비록 이것이 아득히 멀고 오래된 전통의 구설舊說을 회복하는데 불과하였지만, 근대 전통과 비교해보면 이것은 새로운 시각에서 중국 고대문화의 각종 문제를 인식하였다. 당시에는 반대하는 자가 많았고, 지지하는 자는 거의 한 사람도 없었다. 그 때부터 지금에 이르기까지 근 20년이 지났으나, 종교학 연구와 전통문화에 대한 인식의 심화에 따라 '유교종교설'을 받아들이거나 혹은 반쯤 받아들이는 사람이 점차 많아졌다. 필자 본인도 근 몇 년 사이에 '유교종교설'을 받아들인 사람 중에 하나이다. 『중국유교사中國儒敎史』4는 필자의 유교에 대해서나 또는 전체 중국 전통문화에 대해 총체적으로 기술한 것으로 일종의 조략粗略한 묘사이다.

근 20년 동안, 필자는 임계유선생을 따라 『중국철학발전사中國哲學發展史』5를 저술하였고, 또한 석택종席澤宗(1927~2008) 학술원의 초대로 『중국과학사상사中國科學思想史』 저술에도 참여하였는데, 한편으로는 중국 고대철학과 과학의 전모全貌를 개괄적으로 살필 수 있었고, 다른 한편으로는 그 속의 일부 구체적 문제를 깊이 연구할 수 있었다. 저술의 수요에 따라 또한 도교를 연구하였고, 아울러 수박 겉핥기식으로 불교의 일부 문제에도 접촉하였다. 총체적 감각은 중국 고대문화의 각

---

4 李申, 『中國儒敎史』(上·下卷), 上海人民出版社, 1999년과 2000년에 상·하권으로 나누어 출판되었다.(역자 주)
5 任繼愈 主編, 『中國哲學發展史-隋唐』, 人民出版社, 1998.

방면이 서로 연관되는 전체라는 것이다. 이러한 전체에는 계통이 있고 종지가 있는데, 유교는 바로 이러한 전체 중국 고대문화의 계통과 종지이다. 유교는 모든 방면을 총괄할 뿐만 아니라, 또한 그 정신을 각 방면으로 관철시켜 중국 고대문화의 큰 배경을 구성하였으니, 다른 일체의 문화건립은 모두 유교정신을 출발점으로 하였고 또한 유교정신을 귀결점으로 하였다. 유교는 큰 나무의 줄기와 같고, 다른 방면은 가지·잎·꽃·열매와 같다. 유교의 줄기는 한편으로 자신을 성장시키고, 다른 한편으로는 영양분을 가지·잎·꽃·열매에게 보내준다. 자연히 가지·잎·꽃·열매에서도 영양분을 받아들인다. 이 때문에 임계유선생의 말처럼, 유교문제를 분명히 하지 않으면 다른 문제를 분명히 말할 수 없다. 다만 유교문제를 분명히 해야 우리가 가지·잎·꽃·열매를 연구할 때에 그 속에 관철하는 정신을 더 분명히 밝힐 수 있고, 또한 그것의 중국 고대문화라는 큰 나무 위에서의 지위를 정확히 확인할 수 있기 때문에 그것들을 더 깊이 이해할 수 있다. 물론, 우리가 여기에서 말하는 것은 바로 옛 사람들의 본래 의식意識이니, 옛 사람들의 본래 의식을 정확히 재현하는 것이 전통문화에 대한 연구 가운데 가장 먼저 해결해야 할 문제이며, 또한 이 책이 도달하려는 목적이다. 결과가 어떠한지에 관해서는 필자가 감히 알 수 있는 것이 아니니, 독자의 비평을 바란다.

전통문화는 현실문화의 모체母體이니, 그것의 모든 장점과 단점은 어떤 방식으로든 우리에게 영향을 미친다. 전통문화를 연구하는 학자로서 이러한 유산遺産을 정리하고 계승하는 것에 대해 특별히 중요한 책임을 갖는다. 만약 이러한 유산을 계승하려면, 무엇보다도 이러한 유산을 분명히 정리하고, 이러한 유산의 본모습을 분명히 알아야 한다. 본모습이 분명하지 않으면 일체의 계승은 모두 정확히 하기가 쉽지 않다. 이 『중국유교사』는 전통문화의 본모습을 분명히 하는 노력의 하나이다. 그러나 이 책의 사명은 본모습을 분명히 하는 데만 그칠 뿐이다. 사람들이 전통문화를 어떻게 다루고, 현실 속에서 그것을 어떻게 응용하는지에 관해서는 당사자의 일이다.

과거의 전통문화에 대한 연구가 '유교는 종교가 아니다'라는 것으로 이론을 세웠으나, 이 책에서는 '유교가 종교이다'라는 것으로 이론을 세웠기 때문에, 거의 모든 중대한 문제에서 전통견해의 차이와 충돌할 수 있음을 미루어 알 수 있다. 전통견해에 따르면 유가가 인사人事를 중시하였지만, 이 책에서는 유가가 인사를 중시한 것이 바로 상제의 의무를 이행하고 도와주려는 것임을 설명하였다. 전통견해에 따르면 유가가 윤리도덕을 말하였지만, 이 책에서는 유학자들이 말한 인의예지仁義禮智와 삼강오상三綱五常이 바로 천, 즉 상제의 의지임을 설명하였다. 전통에서는 유가가 귀신신앙에 반대하였다고 보았지만, 이 책에서는 유학자들이 예제禮制 이외의 음사淫祀에 반대하거나 '신과 사람의 형상이 같다'는데 반대할 수 있었지만, 귀신의 존재에는 반대하지 않았고, 특히 상제의 존재와 그들의 세계에 대한 주재 및 사람에 대한 '선한 자에게 상을 주고 악한 자에게 벌을 내리는' 것에 반대하지 않았음을 설명하였다. 전통의 결론에 따르면 천인감응天人感應의 학설이 한대 경학經學의 외도였으나, 이 책에서는 천인감응의 학설이 바로 한대 경학을 주도하였다고 설명하였다. 전통에서는 위진 현학이 천도天道·자연自然을 말하고 상제를 부정하였다고 여겼지만, 이 책에서는 천도와 자연이 결코 상제의 존재를 부인하지 않았고, 더구나 상제에 대한 신앙을 없애지도 못하였음을 설명하였다. 그들이 생각한 상제는 청정무위淸靜無爲한 상제였고 일일이 간섭하는 상제가 아니었으니, 이것은 그들이 인간세상의 군주가 청정무위한 군주이고 욕심이 많은 군주가 아니기를 희망한 것과 같았다. 이 때문에 학계에서 장기간 토론된 천인天人관계가 우리의 현대적 안목에서 보면 실제로 무슨 무슨 관계일 수도 있겠지

만, 옛 사람들의 마음속에서는 본래 '신'과 '사람'의 관계였으니, 물질적
이고 원기광대元氣廣大한 '푸르고 푸른 하늘(蒼蒼之天)'은 바로 유학자들에
게 "존귀하여 군주로 삼을 수 있는(尊而君之)" 상제上帝·황천皇天이었다.
공자에 이르러 사람들이 그(공자)에게 제사지낸 것은, 마치 천지일월天地
日月·산천사직山川社稷에 제사지낸 것과 같았으니, 공자를 신으로 간주
하였고 노군老君(노자를 신격화한 존칭)·석가모니와 같은 신이었다. 이른
바 성인聖人은 사람과 신의 중개인이요 천의天意의 전달자였다.

이러한 여러 가지는 근 백년간 사람들에게 형성된 관념의 차이가 매
우 크다. 유교연구는 이제 막 걷기 시작하여 비록 필자가 '유교설'이 이
미 어느 하루의 일이 아니라는 것을 받아들일지라도, 위에서 기술한 결
론은 필자의 1~2년 전의 인식과도 아주 거리가 멀었다. 그러나 역사적
자료와 논리적 추론은 사람들로 하여금 위에서 기술한 결론을 얻어내
게 할 수 있다. 필자는 위에서 기술한 결론이 '유교비종교설'에 익숙한
사람들에게 어떻게 반응할지 예측할 수 없지만, 다만 '깊은 연못에 임
하는 것처럼, 얇은 얼음을 밟는 것처럼' 가능한 자료를 표준에 정확히
하고 결론을 옳게 내릴 수 있도록 할뿐이다. 또한 위대한 지도자 마르
크스의 명언인 "여기가 지옥의 입구이니, 여기서는 일체의 망설임을 근
절해야 한다"[6]는 말로써 스스로 격려할 뿐이다. 필자가 바라는 것은,
'유교비종교설'에 익숙한 사람들이 이 책의 자료와 결론을 냉정히 심사
하는 것이요, 또한 용기를 가지고 진실에 직면하되 이러한 진실이 자기
의 상상과 얼마나 멀리 떨어져 있는지는 문제삼지 않는다는 것이다.

한 민족은 한 개인과 마찬가지로, 용감하게 진실에 직면할 수 있어
야 비로소 희망과 앞길이 있을 수 있다. 이 때문에 서문을 쓴다.

---

6 마르크스, 『政治經濟學批判』序言, "在科學的入口處, 正像在地獄的入口處一樣, 必須提
出這樣的要求: 這里必須根絕一切猶豫; 這里任何怯懦都無濟于事." 참고.(역자 주)

주희의
유교 신강령新綱領[1]

주희의 유교 신강령新綱領을 설명하기 위해서는 유교의 형성과 발전을 간단히 소급하고, 유교의 구강령舊綱領을 소개하는 것이 필요하다.

1. 유교의 형성

중국의 전통종교는 춘추·전국시대로 발전하여 백가쟁명百家爭鳴의 국면을 출현하였다. 쟁명하던 각 학파들은 모두 자기의 방식으로 천도天道와 인사人事에 대한 견해를 설명하였다. 그 시대에는 옛 질서가 파괴되었으며 전통의 관념도 무너졌다. 학자들은 자유롭게 논쟁할 수 있었고, 제후들도 각자 그 일을 실행할 수 있었다. 사회는 진보하고 있었으나 또한 혼란스러웠다. 진 왕조의 통일은 도로와 문자의 통일뿐만 아니라, 종교도 하나로 통일하였다. 진나라는 백제白帝·청제靑帝·황제

---

1 원래 1997년 8월에 〈한국·중국·일본 유·불·도 삼교문제 토론회〉에서 발표되었던 글이다.

黃帝·염제炎帝를 지상신至上神으로 삼았고, 다른 제후국들의 신령은 종속지위로 떨어졌다. 진 왕조의 군신들은 당시에 유전되던 상고上古시대 제왕들이 태산泰山에 봉선封禪²하던 전설을 믿었고, 또한 친히 실행하였다. 전통종교에 화려하고 신비한 이채로움을 보태었다. 진 왕조는 정치상에서 관리를 스승으로 삼았고(以吏爲師), 종교상에서 그들은 추연鄒衍의 오덕종시설五德終始說³을 받아들였다.

맹자와 오늘날 부르는 『황로백서黃老帛書』⁴의 글에서 보면, 당시의 학자들은 상제께서 자신이 내려보낸 민중에게 군주를 세워주었을 뿐만 아니라 그들을 위해 스승을 세워주었다고 생각하였다. 맹자도 『상서尙書』⁵의 말을 인용하여 자신이 스승이 된 사상이 거짓이 아님을 실증하였다. 『상서』속에 이러한 글이 확실히 있는지, 아니면 『고문상서古文尙書』⁶가 후대의 위조인지 간에, 군주가 있어야 하고 또한 스승이 있어야 한다는 사상은 이 시기 학자들이 보편적으로 믿던 사상이었고

---

2 '봉선'은 옛날 제왕이 태산(泰山)에 가서 천지에 지내던 제사이다.(역자 주)

3 추연(鄒衍, ?~BC 240) 혹은 騶衍이라고도 쓴다. 기원전 3세기경의 전국시대의 제나라 사람이다. 그의 '오덕종시설'은 각 왕조에 부여된 오행의 덕의 운행논리(運行論理)에 따라 필연적으로 흥폐(興廢)가 교체된다고 하는 일종의 신비적 역사이론이다. 예를 들어 진(秦)을 수덕(水德)의 왕조라 하고, 그 이전의 네 왕조, 즉 황제(黃帝) = 토덕(土德), 하(夏) = 목덕(木德), 은(殷) = 금덕(金德), 주(周) = 화덕(火德)에 배치하고 오행상극의 이론에 따라 각 왕조는 다음에 나타날 왕조에 의해 타도된다는 것이다. 따라서 물은 오행상극의 최후의 것으로서, 왕조 순환은 수덕(水德)을 가진 진(秦)에 그친다고 하여 진 왕조의 정통성과 절대성을 강조하였다.(역자 주)

4 작자 미상의 책으로 『황제사경(黃帝四經)』이라고도 한다. 노장사상을 계승·발전시킨 이 책은 1973년 호남성(湖南省) 장사시(長沙市) 마왕퇴(馬王堆) 한묘(漢墓) 3호분에서 발굴되었다.(역자 주)

5 『상서』(혹은 『서경(書經)』이라고도 한다)는 중국 유가 5경(五經) 가운데 하나로 중국에서 가장 오래된 역사서이다. 중국 고대의 정사(政事)에 관한 문서를 공자가 편찬하였다고 전한다. 한대(漢代) 이전에는 공문서라는 의미로 서(書)라고 했지만, 유교를 숭상하던 한대에는 소중한 경전이라는 뜻 혹은 상(尙)을 상(上)으로 바꾸어 옛 공문서라는 뜻을 지닌 '상서(尙書)'라 불렸고, 송대에는 유교경전에 포함시켜 중요성을 강조하여 '서경'이라고 불렸다.(역자 주)

또한 후대의 유교에 깊은 영향을 주었다. 군주와 스승은 한 사람이 겸임할 수도 있었지만 군주와 스승 두 직책은 없어서는 안 되었으니, 만약 없었다면 천하에 큰 혼란을 초래하였을 것이다. 한대 학자들은 진왕조가 멸망한 교훈을 총괄하여 그들이 인의仁義를 실행하지 않았기 때문이고, 인의를 실행하지 않은 것은 바로 스승의 도를 버렸기 때문이라고 생각하였다.

전쟁하느라 바쁠 때도 학자들은 유방劉邦(BC 202~BC 195 재위)에게 『시경』·『서경』을 일러주었지만, 진나라를 계승하여 일어난 한 왕조가 선택한 스승은 무엇보다도 먼저 유가의 성인 공자가 아니라 노자老子였다. "한나라가 진나라의 제도를 계승하였다"는 것은 정치상에서 뿐만 아니라 종교상에서도 마찬가지였다. 종교상에서 유방은 진나라의 사제四帝(백제·청제·황제·염제) 옆에다 흑제黑帝를 보태고, 다른 것은 거의 그대로 받아들였다. 오제五帝 가운데 황제黃帝가 중앙에 머물렀고 지위가 가장 높았다. 하늘이 스승을 세운 것은 하늘의 뜻을 받들어야 한다는 것이다. 때문에 노자의 학설은 그 학파의 말일 뿐만 아니라 하늘의 뜻이었다. 황제는 상제의 우두머리였기 때문에 황노黃老가 함께 불렸다. 이러한 종교상의 원인 외에는, '황노'가 어째서 함께 불렸는지 설명할 수 있는 다른 이유가 없다. 왜냐하면 황제는 당시 사람들의 마음속에서 '인의'를 행하는 형상形象이었고, 심지어 인의사상을 행하는 창시자였기 때문이다. 그러나 노자학설의 주요 논적論敵은 바로 '인의'

---

6 고문(古文)은 한나라 경제(景帝) 때 노나라의 공왕(恭王)이 공자의 옛 집을 허물다 벽에서 발견한 춘추시대의 문자체로 쓰인 고본(古本)이고, 금문(今文)은 구전되던 것을 한나라 문제(文帝) 때 복생(伏生)이 당시 통용되던 예서로 정리한 것이다. 고문상서는 동한(東漢) 광무제(光武帝) 때 무성(武成)편이, 서진 말기에 나머지 15편이 모두 없어졌으며, 현재는 위고문상서(僞古文尙書)만이 전해지고 있다. 공안국(孔安國)의 '위고문상서'는 동진(東晉) 원제(元帝) 때 조정에 바쳐진 후 청나라 때까지 천여 년 동안 진짜로 받아들여졌다. 현재 전해지는 고문상서는 공안국의 '위고문상서'이다. (역자 주)

를 행하는 자이다. 학술 경향에서 그들은 완전히 대립하였다.

황노의 정치는 생산을 회복하고 발전시켜 사회가 수백 년간 얻기 어려웠던 안정과 풍족을 이룰 수 있었다. 이러한 유유자적悠悠自適하는 상태가 작은 범위의 사회생활에는 적합할 수 있어도, 인구가 많고 지역이 넓은 통일제국을 통치하는 데는 적당하지 않다. 안정·풍족과 동반한 것은 질서의 혼란, 특히 상하上下 등급질서의 혼란이었으니, 이것이 당시에 말한 '사유四維, 즉 예禮·의義·염廉·치恥가 베풀어지지 않는다'는 것이다. 역대 학자들에게 칭송되던 천재 가의賈誼(BC 200~BC 168)는 '인의'를 실행할 것을 크게 요구하였다. 그러나 인의를 실행하는 기본 내용은 그러한 얕은 이해, 이른바 '한 점의 사랑을 주는 것'이 아니라 '사유四維를 베풀어' 상하의 등급질서를 정돈하려는 것이다. 인의를 행하려면 유술儒術(유교)을 존숭하고 재차 국가를 위한 지도자를 찾아야 한다.

가의의 호소는 효과가 없었고, 그 본인은 도리어 배척과 타격을 받았다. 그러나 칠국의 난(七國之亂)[7]은 사람들에게 매우 큰 교훈을 주었다. 인의를 행하고 유술儒術에 임하려는 사상이 암암리에 계속 발전하였다. 한 무제가 정권을 잡자, 그의 재상宰相과 태위太尉는 그에게 유술을 실행할 것을 부추겼지만, 건재한 두태후竇太后(漢 景帝의 어머니)의 가혹한 탄압을 받았다. 두태후가 죽자, 한 무제는 바로 유술만을 존숭하는 정책을 확정하였다. 고대 정교일체政敎一體의 국가에 대해서 말하면, 유술을 행하는 것은 바로 유가의 학설을 전통종교의 각종 문제에 대한

---

7 칠국(七國) 혹은 '오초(吳楚) 칠국의 난'이라고 한다. 전한(前漢)의 6대 황제인 경제(景帝: 한 무제의 아버지) 때인 기원전 154년에 오왕(吳王) 유비(劉濞)가 주도한 반란이다. 칠국이란 오왕 외에, 초왕(楚王) 유무(劉戊), 교서왕(膠西王) 유앙(劉卬), 교동왕(膠東王) 유웅거(劉熊渠), 치천왕(淄川王) 유현(劉賢), 제남왕(濟南王) 유벽광(劉辟光), 조왕(趙王) 유수(劉遂) 등을 말한다. 경제가 즉위하자 법가인 조착(鼂錯)을 기용하여 제후들의 봉지를 줄이려고 하자 칠왕이 명에 따르지 않고 반란을 일으켰다. (역자 주)

정식 해설로 간주하는 것이다. 신령神靈의 명칭과 성질이 유교경전에 근거하여 설명되었고, 신령에 대한 제사가 유교경전에 근거하여 준비되었으며, 신령의 의지와 사람들이 어떻게 신령을 섬겨야 하는지에 대해서도 유교경전에 근거하여 해설해야 하였다. 유교경전에 대한 해석권이 유학자 수중에 있었다. 유교경전에 대한 해설은 경문經文에 의존하는 주석과 경문을 벗어나는 해설을 포괄하여 유학의 기본 내용을 구성하였다. 유교는 바로 유가학설과 전통종교의 결합이니, 혹자는 유학자들이 유교경전에 근거하여 안배하고 정돈된 중국의 전통종교라고 더 확실하게 말하였다.

이 때문에 한 무제가 유술만을 존숭할 것을 확정한 것은 유교가 정식으로 탄생하였음을 상징한다. 동중서가 한 무제의 「천인삼책天人三策」에 대답한 것이 유교의 첫 번째 강령이다.

2. 유교의 발전

「천인삼책」의 기본 내용은 결국 어떻게 해야 상제의 보호를 받을 수 있느냐는 것이다. 한 무제는 책문策問에서, 무엇보다도 먼저 오제五帝·삼왕三王 이후 "큰 도가 쇠퇴하였다"는 역사를 소급한 뒤, 스승이 상고시대의 다스림을 본받아 천명을 지키는데 작용이 있었는지 여부를 물었다.

500년간 나라를 다스린(守文)8 군주와 때를 만난 선비가 선왕先王의 법으로 그 세상을 받들어 보좌한 것이 매우 많았지만, 오히려 〈그 시대로〉 돌아

---

8 수문(守文)은 선대(先代)의 성법(成法)을 계승하여 나라를 다스리고 백성을 편안하게 하는 일이다.(역자 주)

가지 못하고 날로 쓰러지고 멸망하여 후대 왕에 이른 후에 그치게 되었
다. 어찌 〈선왕의 법을〉 지켰으나 혹 어긋나고 잘못되어 그 법통을 잃은
것이겠는가? 참으로 하늘이 명을 내려 다시 돌아갈 수 없게 하였다면, 반
드시 크게 쇠퇴한데 이른 후에 그쳤겠는가? 부지런히 일하고 부지런히 학
문을 닦아 힘써 상고上古를 본받는 자라면 또한 장차 도움을 줄 것이 없겠
는가?9

이어서 더 실질적인 문제에 들어갔으니, 어떻게 해야 천명을 지킬
수 있겠는가?

하·은·주 삼대三代가 명을 받았다면, 그 징표는 어디에 있는가? 재이(災異)
의 이변은 무엇 때문에 발생하는가? 성명性命의 실정은 요절하기도 하고
장수하기도 하며, 어질기도 하고 비루하기도 하여, 그 명칭을 익히 들었
어도 그 이치를 밝히지 못하는 것이다. 저들이 풍류風流를 원해도 명령을
지키고 형벌이 가벼워도 간악함을 고친다면, 백성들이 화락和樂하고 정사
政事가 밝아질 것이니, 무엇을 닦고 무엇을 삼가야 만물을 기름지게 하는
감로甘露가 내리고 온갖 곡식이 여물며, 덕이 사해四海를 윤택하게 하고 윤
택함이 초목에까지 이르며, 삼광三光(해·달·별)이 온전하고 한서寒暑가 고르
며, 하늘의 도움을 받고 귀신의 신령함을 누리며, 덕의 은택이 넘쳐 사방
으로 베풀어져서 모든 백성에게 미치겠는가?10

---

9 『漢書』卷56, 「董仲舒傳」, "夫五百年之間, 守文之君, 當途之士, 欲則先王之法以戴翼其
世者甚衆, 然猶不能反, 日以仆滅, 至后王而後止. 豈其所持操或悖謬而失其統與. 固天降
命不可復反, 必推之於大衰而後息與. 鳴呼. 凡所爲屑屑, 夙興夜寐, 務法上古者, 又將無
補與."

10 위의 책, "三代受命, 其符安在. 災異之變, 何緣而起. 性命之情, 或夭或壽, 或仁或鄙,
習聞其號, 未燭厥理. 伊欲風流而令行, 刑輕而奸改, 百姓和樂, 政事宣昭, 何修何飾而
膏露降百穀登, 德潤四海, 澤臻草木, 三光全, 寒暑平, 受天之祐, 享鬼神之靈, 德澤洋溢,
施乎方外, 延及群生."

이 문제는 바로 사마천司馬遷이 『사기』를 지어 궁구하려던 '하늘과 사람간의 관계(天人之際)'로, 이것은 당시 학자들이 보편적으로 관심을 갖던 문제였고, 당시 종교-정치생활 속에서 가장 중요한 문제였다. 동중서가 한대 유학의 종장宗匠이 될 수 있었던 것은, 그가 이 시대의 과제를 가장 잘 해결하였기 때문이다. 동중서는 제1책에서 다음과 같이 말하였다.

폐하께서 덕음德音(좋은 말)을 내리시어 아랫사람을 밝게 가르치고 천명과 정성情性을 얻은 것은 모두 어리석은 신이 미칠 수 있는 바가 아닙니다.[11]

이것은 한 무제 책문策問의 종지에 대한 동중서의 이해로, 이러한 이해가 가장 정확한 이해이다. 그것은 한 무제의 인정을 받았고, 동중서의 대답이 가장 훌륭한 대답으로 간주되었다. 이러한 이해는 한 무제 책문의 종지가 천명天命과 정성情性의 문제이고, 무엇보다도 천명의 문제임을 나타낸 것이다. 후에 동중서의 말에 근거해보면, '정성'의 문제도 바로 '천명'의 문제였다. 때문에 한 무제의 문제는 결국 천명의 문제였으니, 주로 한 국가의 천명문제, 즉 정권이 어떠해야 비로소 상제의 보호를 받을 수 있는가의 문제였다. 동중서의 대답은 다음과 같았다.

신이 삼가 『춘추』에 근거하여 전세前世에 이미 행해진 일을 보고 하늘과 사람이 서로 관여할 때를 보면 매우 두려울 수 있다. 국가가 장차 도를 잃어 쇠퇴하려 하면, 하늘이 먼저 재해災害를 내어 꾸짖고, 스스로 반성할 줄 모르면 또 괴이한 이변異變을 내어 놀라고 두렵게 하며, 그래도 바뀔 줄 모르면 몸을 손상시키고 나라를 망하는데 이르게 한다. 이로써 하늘의 마음

---

11 위의 책, "陛下發德音, 下明詔, 求天命與情性, 皆非愚臣之所能及也."

이 백성의 군주를 사랑하여 그 혼란을 그치게 하려는 것을 보여준다. 크게 도를 잃은 세상이 아니면, 하늘이 도와주고 지켜주어 온전히 보존하고 안정시키고자 할 것이니, 일은 힘써 노력하는데 있을 따름이다.[12]

이것은 한 무제의 첫 번째 문제에 대한 대답이다. 즉 하늘은 인애仁愛하기 때문에 자기의 명령을 쉽게 바꾸지 않으며, 사람의 노력도 효과가 있기 때문에 일은 힘써 노력하는데 있다. 힘써 노력하는 것은 "도를 행하는데 힘써 노력하는 것"이다. 문제는 어떠한 도를 행하는지, 즉 '도는 무엇인가'이다. 동중서의 대답은 다음과 같다.

도道는 다스리는데 적합한 길이기 때문에 인의仁義·예악禮樂에는 모두 그것이 갖추어져 있다. 그러므로 성왕이 이미 죽었어도 자손이 수백 년간 평안할 수 있는데, 이 모두가 예악교화의 공로이다.[13]

도는 인의·예악의 도이다. 이 도는 유학자의 도이다. 이 도를 행하면 상제의 가호를 받을 수 있고, 자기가 부여받은 천명을 지킬 수 있다. 비록 성왕聖王이 이미 죽었어도 그의 자손들은 오랫동안 평안을 누릴 수 있다. 이러한 의미에서 말하면, 일의 성공과 실패에 대한 관건은 자기한테 달려있다. "그러므로 치란治亂과 흥망興亡이 자기에게 달려있으니, 하늘이 명을 내려 다시 돌아갈 수 없게 한 것이 아니다."[14] 책문

---

12 위의 책, "臣謹按春秋之中, 視前世已行之事, 以觀天人相與之際, 甚可畏也. 國家將有失道之敗, 而天乃先出災害以遣告之, 不知自省, 又出怪異以警懼之, 尙不知變, 而傷敗乃至. 以此見天心之仁愛人君而欲止其亂也. 自非大亡道之世者, 天盡欲扶持而全安之, 事在强勉而已矣."

13 위의 책, "道者, 所由適於治之路也, 仁義禮樂皆其具也. 故聖王已沒, 而子孫長久安寧數百歲, 此皆禮樂敎化之功也."

14 위의 책, "治亂廢興在於己, 非天降命不可得反."

마지막에서 동중서는 다음과 같이 총괄하였다.

『시경』에 이르기를, "백성에게 마땅하고 관리에게 마땅하면 하늘에서 녹을 받는다"라고 하였다. 정치를 하여 백성에게 마땅한 자는 참으로 하늘에서 녹을 받아야 한다. 무릇 인·의·예·지·신 오상五常의 도는 왕이 마땅히 닦고 삼가야 하는 것이며, 다섯 가지를 닦고 삼가기 때문에 하늘의 도움을 받아서 귀신의 신령함을 누리며, 덕이 사방으로 베풀어져 모든 백성에게 미친다.[15]

동중서의 책문에 대한 종지를 총괄한 것은 이 말, 즉 유학자의 도를 행하면 하늘의 보호를 받을 수 있다. 반대로 하늘이 보호하는 것은 유학자의 도를 행하는 사람뿐이라는 것이다. 이로부터 전통 종교 교의敎義가 유가학설의 기초 위에 다져지기 시작하였다. 전통의 종교는 바로 유교가 되었다.

동중서의 「천인삼책」은 유교의 첫 번째 강령이다. 이 강령에 의하면, 유학자들은 자연계의 이상異常변화를 부지런히 관측하였는데, 왜냐하면 그것은 정치의 잘잘못에 대한 상제의 반응이었기 때문이다. 유학자들은 어떻게 예악禮樂을 제정할지를 진지하게 연구하였는데, 왜냐하면 그것이 교화를 시행하고 '인의의 도'를 행하는 근거였기 때문이다. 이 후부터 유학자들은 유교경전에 근거하여, 상제의 명칭을 확정하고 제사의 의례를 부단히 수정하고 개조하여 상제의 가호를 구하였다. 비록 한 무제의 책문에서 이미 성정性情문제의 답안을 찾고 있었지만, 동중서는 책문에서 이미 사람의 마음, 특히 군주 마음의 중요성을

---

15 위의 책, "詩云, 宜民宜人, 受祿於天. 爲政而宜於民者, 固當受祿於天. 夫仁義禮知信五常之道, 王者所當修飭也. 五者修飭, 故受天之佑, 而享鬼神之靈. 德施於方外, 延及群生也."

지적하였다.

> 그러므로 군주된 자는 마음을 바르게 하여 조정을 바르게 하고, 조정을
> 바르게 하여 백관百官을 바르게 한다.16

그러면 최종적으로 천하가 태평하고 음양이 조화를 이루며 상서로
운 조짐이 모두 이른다. 그러나 위로 천년 동안 유학자들이 중시하던
마음은 사람의 외부행위에 두는데 그쳤으니, '심성'문제에 대한 연구
는 시종 깊이 들어가기가 어려웠다. 이러한 상황은 줄곧 당唐 중기까
지 계속되었다.

당 후기를 시작으로 위로 천년의 역사적 경험, 당시 현실 속의 교훈,
불교와 도교의 이론상의 영향과 발전은 유학자들로 하여금 점차 그들
이 중시하던 마음을 심성문제로 전환시켰다. 그 상징이 바로 『대학』·
『중용』과 『맹자』에 대한 관심이다. 유학자들의 수백 년의 노력을 거
쳐 주희에 이르러서는 유교의 심성문제가 매우 깊이 탐구되어 마침내
동중서 이후의 새로운 강령이 생겨났으니, 이것이 바로 주희의 『대학
장구』서문이다.

---

16 위의 책, "故爲人君者, 正心以正朝廷, 正朝廷以正百官."

3. 주희의 유교 신강령(상)

주희는 『대학장구』 서문의 첫머리에서 『대학』이란 "옛날 대학에서
사람을 가르치던 법이다"[17]라고 지적한 후에, 이어서 다음과 같이 말
하였다.

> 대저 하늘이 백성을 내보내면서부터 이미 인·의·예·지의 성性을 부여하
> 지 않음이 없었다. 그러나 그 기질氣質을 부여받은 것이 혹 같지 못하였으
> 니, 이 때문에 모두 그 성이 있음을 알아서 온전히 하지 못하였다. 한 사
> 람이라도 총명聰明·예지叡智하여 그 성을 다할 수 있는 자가 그 사이에서
> 나오면, 하늘은 반드시 그들에게 억조 만백성의 군주와 스승이 될 것을
> 명하여 그들(군주와 스승)로 하여금 다스리고 가르치게 하여 백성들의 성을
> 회복하게 하였다. 이는 복희·신농·황제·요·순이 하늘의 뜻을 이어 법
> 칙을 세우고, 사도司徒의 직책과 전악典樂의 관직이 설치된 까닭이다.[18]

이 말의 전신(前身)이 『맹자』 「양혜왕(하)」에서 인용한 『상서』 속의
글이다.

> 『서경』에 이르기를, "하늘이 아래에 백성을 내보내시어 군주를 세우고
> 스승을 세우신 것은, 오직 그들(군주와 스승)이 상제를 도와 사방의 백성들
> 을 사랑하게 하기 위한 것이다"라고 하였다.[19]

---

17 『大學章句』序, "大學之書, 古之太學所以敎人之法也."
18 『大學章句』序, "蓋自天降生民, 則旣莫不與之以仁義禮智之性矣. 然其氣質之稟或不能
齊, 是以不能皆有以知其性之所有而全之也. 一有聰明睿智能盡其性者出於其間, 則天
必命之以爲億兆之君師, 使之治而敎之, 以復其性. 此伏羲神農黃帝堯舜, 所以繼天立極,
而司徒之職 典樂之官所由設也."
19 『孟子』 「梁惠王(下)」, "天降下民, 作之君, 作之師, 惟曰其助上帝, 寵之四方."

후에 나온『고문상서古文尚書』는 글이 이것과 조금 차이가 있다.

> 하늘이 아래에 백성을 도우시어 군주를 세우고 스승을 세우신 것은, 오직
> 능히 상제를 도와 사방의 백성들을 사랑하고 편안히 살 수 있도록 하기
> 위한 것이다.[20]

이 단락의 말은 유교 천인관계의 기본 강령으로, 주희의 유교 신강
령은 이 강령에 대한 발전이다.

유교의 기본 강령에 의하면, 백성은 하늘이 내린 것이고, 적어도 하
늘이 보호하는 대상이다. 하늘이 백성을 위해 하는 일은, 그들을 위해
군주와 스승을 선택하여 세워주어 그들(군주와 스승)로 하여금 상제를
도와 백성을 잘 다스리고 상제의 은혜를 사방에 전하는 것이다. 자연
히 군주와 스승의 임무는 어떻게 해야 백성을 잘 다스릴 수 있고, 어떻
게 해야 상제의 은혜를 백성에게 전할 수 있는지를 연구하는 것이다.
2천년 동안, 유학자들이 나라를 다스리는 도, 즉 인사人事문제를 부지
런히 연구한 것은 바로 상제가 그들에게 준 임무를 수행한 것이다. 동
중서의 강령에서 말한 것은 군주 혹은 스승이 어떻게 상제를 도와 백
성을 잘 다스릴 수 있는가이다. 동중서의 대답은 인의·예악의 도를
행하고 오상의 도를 행하는 것이다. 동중서는 "왕은 하늘의 뜻을 받들
어 일을 처리한다"[21]라고 보았다. 이 때문에 '인의예악의 도'와 '삼강오
상의 도'는 바로 하늘의 뜻이다. 이 하늘은 세상 사람들에게 인의예악
仁義禮樂을 행하고 삼강오상三綱五常을 지킬 것을 요구하였다. 왜냐하면
"왕도王道인 삼강三綱은 하늘에서 구할 수 있기 때문이다."[22]

20『古文尚書』「泰誓(上)」, "天佑下民, 作之君, 作之師, 惟其克相上帝, 寵綏四方."
21『漢書』卷56,「董仲舒傳」, "王者承天意以從事."
22『春秋繁露』「基義」, "王道之三綱, 可求於天."

동중서의 견해에 따르면, 인의예악과 삼강오상이 하늘의 뜻이지만 사람에 대해서는 외재하는 것이었다. 만약 사람의 본성 속에 인의예악을 지킬 근거가 없다면, 사람들로 하여금 이러한 규범을 지키게 하는 것이 어렵고 이루기가 쉽지 않는 일일 수 있다. 마치 새의 본성이 헤엄칠 수 없는데, 그들로 하여금 헤엄치게 하는 것은 어려울 뿐만 아니라 심지어는 근본적으로 불가능한 일인 것과 같다. 노장老莊은 유교의 이러한 '인의의 도'를 비난하고, 인의가 소의 고삐나 말의 굴레처럼 사람의 본성을 해친다고 보았다. 그러나 주희는 하늘이 백성을 내시고 그들에게 부여한 것이 생명뿐만이 아니라 인의예지의 본성을 주었다고 지적하였다. 이처럼 사람들이 '인의의 도'를 지키는 것은 외부강압의 제약에 따른 것이 아니라 자기에게 내재하는 본성이라는 것이다. 물고기가 물에서 헤엄치고 새가 하늘에서 나는 것처럼, 자연히 그러한(自然而然) 것과 같은 반응이다. 반대로, 이러한 규범을 지키지 않으면 오히려 자기가 자기의 본성을 해치게 된다.

주희의 설명에 따르면, '인의의 도'는 외부의 규범뿐만 아니라 사람의 내재적 본성이다. 외재하는 규범과 내재하는 본성은 더 이상 서로 충돌하지 않을 뿐만 아니라 서로 보충해 주어 높은 수준의 통일을 이룬다.

하늘이 사람에게 내재하는 인의예지의 성을 어떻게 부여하였는지를 설명하기 위해, 송대宋代를 시작으로 유학자들은 이기理氣와 그 관계문제를 광범위하게 탐구하였다. 천리天理에서 출발하여 정주는 '성즉리性即理'의 결론을 얻어내어 이 시기 인성론의 기본 명제를 완성하였다.

'성즉리'는 성이 본래 선하다(性本善)는 것이다. 사람마다 모두 본래 선한 성이 있지만, 실제로 사람마다 모두 선하고 일마다 모두 선한 것은 아니다. 원인은 어디에 있는가? 장재張載(1020~1077)를 시작으로 '기질지성氣質之性'설을 끌어들였고, 주희는 이 의견을 받아들였다. 이것이 바로 『대학장구』서문에서 말한 "그 기질을 부여받은 것이 혹 똑같지 못하였기"[23] 때문에 자기 본성 내에 가지고 있는 것을 모두 알아서 온전히 보전하지 못하였던 것이다.

'기질지성'설을 끌어들인 것은 '성즉리'의 명제와 마찬가지로, 정주유학의 이론상의 가장 중요한 공헌이다. 그것은 당시에 인성이 본래 선하다면 어떻게 나쁜 사람과 나쁜 행실이 있을 수 있는지의 문제를 비교적 잘 설명하였다. 본래 선한 천지지성天地之性과 기질지성과의 대립과 상응은 인심과 도심의 대립이었으며, 또한 이로부터 송명이학의 심성학설로 발전하였다.

사람들이 자기의 본성에 따라 행동하는 것을 도와주기 위해, 즉 주희의 말에 따르면 사람들이 자기 본래의 선한 본성을 회복하는 것을 도와주기 위해, 상제는 세상 사람들을 위해 군주와 스승을 선택하여 세워주었다는 것이다. 본래의 선한 본성은 인의예지신이고, 본래의 선한 본성을 회복하는 것은 사람들이 인의예지신에 따라 일을 행하도록 가르치고 지도하는 것이다. 이처럼 주희가 군주와 스승에게 규정한 임무는 동중서와 차이가 없지만, 이러한 임무를 수행하는 의미는 완전히 달랐다. 그들은 더 이상 상제의 의지를 관철시키지 않았고, 동시에 사람들이 자기의 본성을 회복하는 것을 도와주었다. 상제의 의지와 사람의 내재적 원망願望이 하나로 통일되었다.

본성이 곧 천리이니, 자기의 본성을 회복하는 것이 곧 마음속의 천리를 보존하는 것이다. 천리를 보존하려면 반드시 천리를 방해하는 것을 제거해야 하는데, 이것이 바로 인욕人欲이다. 이 때문에 본성을 회복하는 과정은 '천리를 보존하고 인욕을 제거하는(存天理 去人欲)' 과정이고, 또한 '자기를 극복하여 예로 돌아가는(克己復禮)' 과정이다. 주희의 말에 따르면, '예'는 이치이고 이치의 절문節文이다. 예로 돌아가는

---

23 『大學章句』序, "其氣質之稟或不能齊."

것은 '이치'로 돌아가는 것이고 본성을 회복하는 것이다.

'자기를 극복하여 예로 돌아가는' 속에서 '천리를 보존하고 인욕을 제거하는' 방법은 주로 정이가 제창한 주경主敬원칙이다. 정이의 설에 따르면, "군자는 종일토록 하늘과 마주대하고 있었으니"[24] 당시에는 "신이 위에 있는 것 같고 좌우에 있는 것 같다"[25]라고 느꼈다. 주희의 「경재잠敬齋箴」에는 "의관을 바르게 하고, 시선을 존엄하게 하며, 마음을 가라앉히고 앉아서 상제와 마주대하는 듯이 하라"[26]라고 말하였다.

주희의 『대학장구』서문에서는, 사람들이 자기 본래의 선한 본성을 지키지 못하는 원인 중의 하나가 "모두 그 본성이 있음을 알지 못하기 때문이다"[27]라고 지적하였다. 알지 못하기 때문에 온전히 할 수 없는 것이다. 온전히 하기 위해서는 먼저 알아야 한다. 이는 주희가 군자의 학문함에 있어 특별히 격물格物과 치지致知를 강조하였던 목적이 소재하던 곳이다. 주희의 격물은 원칙상 모든 사물에 이르는 것이기 때문에, 어떤 사람은 그것을 근대 과학의 인식활동과 같다고 보았다. 그러나 주희 격물의 목적은 자기 본성 속의 고유固有한 것을 인식하는 것이다. 이 점은 근대 과학 속의 인식활동과 근본적으로 다르다.

사물을 궁구하여 지식을 이루고, 경敬을 주로 하여 본성을 회복하는 것은 송명시대 유학자들의 기본 업무였다.

---

24 『程氏遺書』卷1,「端伯傳師說」, "君子當終日對越在天."
25 위의 책, "神如在其上, 如在其左右."
26 『朱熹集』卷85,「敬齋箴」, "正其衣冠, 尊其瞻視, 潛心以居, 對越上帝."
27 『大學章句』序, "不能皆有以知其性之所有."

4. 주희의 유교 신강령(하)

주희의 말에 따르면, 복희·신농·황제·요·순에게도 사도司徒의 직책과 전악典樂의 관직이 있었던 것은 상제가 임명한 군주와 스승이라는 것이다. 물론 후대의 우禹·탕湯·문文·무武를 포괄한다. 그들은 모두 상제의 명을 받아 인간세계의 백성을 관리하던 상제의 사자使者였다. 사람과 신의 관계에 대한 이러한 인식은 유교와 기타 종교에 차이가 없었다. 이러한 사람은 국가의 원수였고 또한 종교의 지도자였다. 후대의 유교국가에서 그 군주가 천명의 실질을 실행했던지 천명의 이름만을 받아들였던지 간에, 국가의 군주는 모두 성인으로 불렸으며, 그들의 지시는 성지聖旨였고, 그들의 의지는 바로 하늘의 뜻이었다.

공자도 하늘이 명한 성인이었다.

> 주나라가 쇠퇴함에 이르러 성현聖賢의 군주가 나오지 못하고 학교의 행정이 닦여지지 못하여 교화가 쇠퇴하고 풍속이 나빠졌다. 이때는 공자와 같은 성인이 있어도 군주와 스승의 지위를 얻어 그 정사와 가르침을 시행할 수 없었다. 이에 홀로 선왕의 법을 취하여 외우고 전해주어 후세를 가르쳤다.28

적어도 맹자를 시작으로 유학자들은 항상 공자의 그러한 덕행이 요·순보다 훨씬 뛰어났다고 토론하였다. 그렇다면 어째서 천자가 되지 못하였는가? 맹자의 대답은 천자를 하늘에 추천할 수 없었기 때문이라는 것이다. 한대에 이르러 마침내 공자를 소왕素王29으로 존숭하였다. 주희의 생각은 근본적으로 달랐다. 주희가 보기에, 공자는 비록 군주

---

28 위의 책, "及周之衰, 賢聖之君不作, 學校之政不修, 敎化陵夷, 風俗頹敗, 時則有若孔子之聖, 而不得君師之位以行其政敎, 於是獨取先王之法, 誦而傳之以詔後世."

와 스승의 지위는 없었지만 군주와 스승의 일을 실행한 성인이었다.

군주와 스승의 일, 즉 공자의 일은 스승의 일이었을 뿐만 아니라 또한 군주의 일이었으며, 무엇보다도 군주의 일이었다. 공자의 학문은 백성을 교화하였을 뿐만 아니라 먼저 백성을 관리하였다. 이 점은 항상 유학 연구자들에게 고의든 고의가 아니든 간에 경시되었다. 『대학』이라는 책이 그 기본 내용이었다. 상고시대의 군주는 상제의 지시를 자기가 몸소 실천하는 속에 터득하였다. 주희는 상고시대 학교 교육상황이 완비되었음을 서술한 후에, 다음과 같이 말하였다.

> 학교의 설치는 그 광범함이 이와 같고, 가르치는 방법은 그 차례와 절목節目의 상세함이 또한 이와 같지만, 그 가르침으로 삼은 것은 모두 군주가 몸소 실행하여 마음에서 체득하는 따위에 근본하고, 백성들이 날마다 쓰는 이륜彝倫(사람이 마땅히 지켜야 할 도리) 밖에서 구하지 않았다. 이 때문에 당시 사람들이 배우지 않은 이가 없었고, 배운 자들은 본분(性分)의 고유한 바와 직분職分의 당연한 바를 알아서 각자가 힘써 그 힘을 다하지 않음이 없었다. 이는 옛날 융성했던 시대에 정치가 위에서 잘 다스려지고 풍속이 아래에서 아름다웠던 까닭이니, 후세에 능히 미칠 수 있는 바가 아니다.[30]

"가르침으로 삼은 것은 군주가 몸소 실행하여 마음에서 체득하는 것에 근본한다는 것이다." 군주는 상제의 명을 받아 백성을 다스리고 가

---

29 제왕의 지위는 아니지만 제왕 못지 않은 영향을 후세에 남긴 성현을 가리키는 말로, 유가에서는 공자를 도가에서는 노자를 소왕이라 부른다.(역자 주)

30 『大學章句』序, "夫以學校之設, 其廣如此, 敎之之術, 其次第節目之詳又如此, 而其所以爲敎, 則又皆本之人君躬行心得之餘, 不待求之民生日用彝倫之外, 是以當世之人無不學. 其學焉者, 無不有以知其性分之所固有, 職分之所當爲, 而各俛焉以盡其力. 此古昔盛時所以治隆於上, 俗美於下, 而非後世之所能及也."

르쳐서, 백성들로 하여금 타고난 선한 본성을 회복하게 한다. 어떻게 다스리고 가르치는지에 대해서는 자기가 몸소 실천해야 한다. 그들은 자기가 몸소 실천하는 속의 경험을 세상 사람들에게 전수하였는데, 이것이 고대 대학교육의 기본 내용이다. 이러한 내용이 유전되어 오다가 공자에 의해 정리되어 책이 된 것이 유교경전이다. 여기에서 말한 것이 경서내용의 내원來源이고, 또한 경서내용의 성질이다. 유교경전은 군주와 스승이 백성을 다스리고 가르치던 경험의 총괄이다. 이러한 경험은 상고시대 군주와 스승이 상제의 지시를 몸소 행한 경험이다.

상고시대의 군주와 스승은 자기가 몸소 실천하던 경험을 사람들에게 가르쳐주어 사람들이 모두 자기 본성의 고유한 것을 알 수 있게 함으로써, 편안한 마음으로 자기의 직분을 다하여 "정치가 위에서 잘 다스려지고 풍속이 아래에서 아름답게 하였으니" 이것은 후세에 따라가기를 바랄 수 없는 것이다. 비록 이를 수 없을지라도 마음은 그것을 동경하였다. 후세 유학자들은 이러한 태평성세를 추구하기 위해 자기의 노력을 다하였다.

유교경전은 상고시대 군주가 상제의 지시를 몸소 실천한 경험의 총괄이고, 무엇보다도 후세 군주를 위해 정치와 교육의 경험을 제공한 책이다. 유학자들의 학문도 군주를 위해 둔 학문이다. 동중서가 한 무제에게 인의예악仁義禮樂의 가르침과 삼강오상三綱五常의 도를 행할 것을 요구한 것이 이와 같고, 주희가 "군주와 스승의 임무가 백성을 다스리고 가르쳐서 백성들로 하여금 하늘이 부여한 선한 본성을 회복하게 한 것"이라고 말한 것도 이와 같다. 본성을 회복하는 것은 무엇보다도 군주가 본성을 회복해야 한다는 것이고, 천리를 보존하고 인욕을 제거하는 것은 무엇보다도 군주가 천리를 보존하고 인욕을 제거해야 한다는 것이다. 왜냐하면 군주의 마음이 발라야 조정朝廷·백관百官의 마음을 바르게 할 수 있고, 나아가 천하 백성들의 마음을 바르게 할 수 있기 때문이다. 동중서가 벌써 이 점을 인식하였지만, 주희에 이르러서야 참으로 이 점을 실행할 수 있었다. 주희의 학문은 사람을 정심正心·성의誠意의 학문으로 귀결시켰고, 주희 자신은 이러한 귀결에 대해 대단히 옳다고 생각하였다. 주희는 매번 황제를 알현할 때마다 정심·성의의 학문을 강론하려 하였고, 유학자들도 "군주 마음의 잘못을 바로잡는 것"을 자신들이 군주를 섬기는 기본 업무로 간주하였다. 황제 아래에는 문무백관文武百官이 있었고, 그들 중 대부분이 유학자들 자신이었다. 이것이 바로 유학의 대상 순서이다.

당말唐末을 시작으로 『대학』 등의 책을 존숭하였고, 주희가 『사서집주四書集注』를 저술하는데 이르기까지 몇 백 년의 노력을 거치면서 『사서』는 점차 유교경전 가운데 가장 중요한 경전이 되었다. 『사서』중에서 『대학』이 가장 중요한 것이고, 주희가 가장 많은 공을 들인 책이다. 『대학장구大學章句』서문에서 주희는 유교경전의 가장 기본적 문제에 대한 견해를 집중적으로 논술하였는데, 이것이 그의 학문 강령이다. 주자학이 후에 유학, 즉 유교라는 학문의 정통이 되었기 때문에 『대학장구』서문도 이 후 전체 유교의 신강령이 되었다.

유교연구사의
자료보충[1]

18

　다행히도 앞서 묘윤전苗潤田교수의 「유학: 종교와 비종교의 논쟁-학
술사적 검토」[2]라는 논문을 보았는데, 이 논문은 19~20세기 사이의 유
교가 종교인지 종교가 아닌지에 관한 논쟁을 기술하여 학술계에 유교
문제 논쟁의 유래를 인식하는데 많은 도움을 주었고, 나아가 유교가
종교인지 아닌지를 인식하고 더 나아가 전통문화의 성질을 인식하는
데 대해서도, 모두 많은 도움을 주었다. 때마침 필자의 『중국유교사中
國儒敎史』[3] 저술이 막 완성되어 이 시기의 역사에 대해서도 대충 훑어볼
수 있었다. 그러나 『중국유교사』는 지면이 방대하고 다룬 시간이 길
었기 때문에 여러 곳에서 문장의 서술을 조략粗略하게 처리하였다. 묘
윤전의 논문에는 중화민국(1911) 초기 적욱狄郁의 「공교평의孔敎評議」 등
의 논문에서 인용한 글을 실고 있는데, 이전에 보지 못한 글로 많은 도

---

1 원래 『중국철학사(中國哲學史)』, 1999년, 제1기에 실렸던 글이다.
2 苗潤田・陳燕, 「儒學: 宗敎與非宗敎之爭- 一个學術史的檢討」『中國哲學史』, 1999年,
　第1期에 실려 있다.(역자 주)
3 李申, 『中國儒敎史』, 上海人民出版社, 2000.(역자 주)

움을 받았다. 그러나 사람에게는 저마다 장·단점이 있다. 『중국유교
사』의 서술이 비록 조략하지만, 묘윤전의 논문에서 아직 언급하지 못
한 것이나 혹은 묘윤전이 이미 알았지만 미처 기재하지 못한 것이 있
는 것 같기 때문에 「유교연구사의 자료보충」4을 지어 묘윤전의 견해
에 한두 가지를 보탠다.

1. 유학자들은 유교를 종교가 아니라고 여기지 않았다

묘윤전의 논문에서는 "유학종교론의 관점을 가장 일찍 제기한 것이
강유위康有爲이다"5라고 하였는데, 타당하지 않은 것 같다. 강유위의
이 말은 1886년에 나왔으니 청 왕조 멸망(1911)과는 25년의 거리가 있
고, 강유위는 청 왕조 신하로 『청사고淸史稿』6에도 특별히 전해지고 있
으니, 강유위의 견해를 근대 학문하는 방법을 받아들여 중국 전통학술
을 연구하는 자와 비교하는 것은 마땅하지 않은 것 같다. 때문에 강유
위는 더 많은 곳에서 연구되어야 하는 자이다. 이것이 그 첫 번째 이유
이다.

둘째, 필자가 보충한 것은 강유위의 견해가 실제로 독창적인 것이

---

4 원제는 「儒學硏究史料補」로, 『中國哲學史』, 1999, 第1期에 실려 있다.(역자 주)

5 苗潤田·陳燕, 「儒學: 宗敎與非宗敎之爭- 一个學術史的檢討」『中國哲學史』, 1999年,
第1期, 참조.

6 신해혁명(辛亥革命)으로 세워진 중화민국 정부가 청사관(淸史館)을 설치하여 1927년
에 완성한 청 왕조의 기전체(紀傳體) 사서(史書)로, 『신원사(新元史)』와 함께 중국 역
대 왕조의 정사(正史)인 '24사(史)'에 더해 '25사'나 '26사'의 하나로 여겨지기도 한다.
청 태조(太祖) 누르하치가 후금(後金)을 건국한 1616년부터 신해혁명이 일어난 1911
년까지의 296년의 역사가 기록되어 있으며, 본기(本紀) 25권, 지(志) 142권, 표(表) 53
권, 열전(列傳) 316권 등 모두 536권으로 되어 있다. 정사인 청사(淸史)로 아직 완성
되지 못한 미정고(未定稿)라는 의미에서 청사고(淸史稿)라고 불린다.(역자 주)

아니라는 것이다. '유교儒敎'라는 말이 함께 쓰인 것은, 가장 일찍이 『사기』에 보인다. "노나라 사람은 모두 유술로써 가르쳤다."[7] 후세에 점차 유·불·도 삼교三敎가 함께 제기되었으나 무엇이 부당한지를 느끼는 사람이 없었으니, 논쟁은 다만 옳은지 그른지에 있었고 종교와 비非종교에 있지 않았다. 공자·석가·노자가 모두 성인인 것에 비록 부단히 이의異議를 제기하는 사람이 있었지만, 논쟁은 다만 〈성인의 수준이〉 높은지 낮은지에만 있었고 사람과 신의 구별에 있었던 것이 아니었다. 강유위의 말은 당시 유학자들의 일반적 관념에 불과하였기 때문에, 그가 유교를 종교라고 말하였으나 이의를 제기하는 사람이 없었다. 당시 유학자들의 유교에 대한 견해는 대체로 두 가지 사례를 들어 설명할 수 있다.

10여년 후 강유위가 변법戊戌變法(1898)을 실행하던 전날 밤에, 봉강대리封疆大吏 장지동張之洞(1837~1909)은 『권학편勸學篇(1898)』 내외 24편을 발표하였다. "그 내편內篇은 근본에 힘써서 사람의 마음을 바르게 하는 것이요, 외편外篇은 〈서양의 문물과 기술에〉 정통하는데 힘을 쏟아 기풍氣風을 여는 것이다."[8] 내편의 제1장이 「동심同心」인데, 그 속에서 가장 먼저 밝힌 것이 보국保國·보교保敎·보종保種의 목적이다.

> 내편은 모두 9장이다. 제1장에서는 「동심同心」을 말하였으니, 보국保國· 보교保敎·보종保種을 밝히는 것을 첫 번째 뜻으로 삼았다.[9]

또한 이 「동심」에서는 '보국'과 '보교'의 상호 의존관계를 분명히 논술하였다.

---

7 『史記』「游俠列傳」, "魯人皆以儒敎."
8 張之洞, 『勸學篇』序(上海書店出版社, 2002), "內篇務本以正人心, 外篇務通以開風氣."
9 위의 책, "內篇九. 曰同心, 明保國保敎保種爲第一義."

내가 듣기로, 오늘날 세상의 변화를 구제하고자 하는 자에게는 그 설이
세 가지 있으니, 첫째 국가를 보위하는 것이요(保國), 둘째 성인의 가르침
을 보위하는 것이요(保敎), 셋째 중화민족을 보위하는 것이다(保種). 무릇
세 가지 일은 일관할 뿐이다.10

'보종'하려면 먼저 '보교'해야 하고, '보교'하려면 먼저 '보국'해야 한다
.……국가에 위엄이 없으면 종교를 따르지 않고, 국가가 강성하지 못하
면 종족(민족)을 존중하지 않는다. 회교(回敎)는 이치가 없는 것이지만 터키
Turkey가 용감하게 싸워서 회교가 생존하였고, 불교는 이치에 가까운 것이
지만 인도印度가 우둔하고 어리석어 불교가 망하였다.11

이어서 장지동은 고대 희랍종교와 페르시아 경교景敎12 및 천주교
등의 흥망성쇠와 국가운명의 관계를 서술하고, 그가 말한 성교聖敎(유
교)의 전망에 대해 깊은 우려를 표시하였다.

만약 참으로 서양인이 박을 쪼개는(중국의 영토를 분할하는) 망설妄說과 같다
면, 성인의 도가 비록 높고 훌륭할지라도 어찌 그것을 쓰겠는가? 오경五經

---

10 『勸學篇』「內篇·同心」, "吾聞欲救今日之世變者, 其說有三, 一曰保國家, 一曰保聖教,
一曰保華種. 夫三事一貫而已矣."

11 위의 책, "保種必先保教, 保教必先保國.……國不威則教不循, 國不盛則種不尊. 回教,
無理者也. 土耳其猛鷙敢戰而回教存, 佛教, 近理者也, 印度愚蠢而佛教亡."

12 콘스탄티노플의 주교(主敎)인 네스토리우스(Nestorius)는 431년 에페수스 공의회
(公議會)에서 이단(異端)으로 단죄되자, 시리아를 거쳐 페르시아로 들어가 포교하
였다. 그것이 페르시아 경교(景敎)라는 이름으로 중국에 들어오자, 당시의 황제
태종(太宗)의 배려로 첫 교당이 세워졌다. 그 교당(사원)을 파사사(波斯寺)라고 하
였으나, 후에 종교의 근원지가 페르시아가 아님이 밝혀지자 페르시아 경교를 대
진경교(大秦景敎)라 하고 그 사원을 대진사(大秦寺)라고 불렀다. '대진'이란 후한(後
漢) 때 서방의 대국을 가리키던 국명이었으나, 그 나라가 어디인지 명확하지 않
다. 781년 당나라의 수도 장안(長安)에 대진경교유행중국비(大秦景敎流行中國碑)가
세워질 정도로 보호받았으나, 무종(武宗) 때 탄압을 받으면서 교도들은 서역(西域)
으로 피신하여 회교도가 되기도 하고 일부는 도교에 흡수되었다.(역자 주)

과 사자四子(四書)는 버리기를 쓰레기같이 하며, 유관儒冠과 유복儒服은 벼슬
길에 오르기를 바랄 수 없다.……성교聖敎는 인도의 브라만Brahman이 깊은
산 속으로 도망가 숨어 낡은 것을 안고 놓지 않는 것과 같으며, 중국인은
남양南洋의 흑곤륜黑昆侖13이 평생 남의 노예로 사는 것과 같다.14

장지동이 말한 성교聖敎는 바로 유교이다. 이러한 '성교'는, 장지동이
보기에 회교·불교·천주교와 고대 희랍종교·페르시아 경교景敎·인도
브라만교와 같은 종교였다. 이러한 종교는 반드시 지켜야 한다. 그러
나 오경과 사서를 읽고 유관儒冠과 유복儒服을 입는 '성교'를 지키려면,
무엇보다도 먼저 유교를 믿고 따르는 국가를 지켜내야 하고, 이러한 유
교를 믿고 따르는 국가가 지켜져야 유교도 비로소 존재할 수 있으니,
이것이 장지동의 '보교'와 '보국'에 대한 기본 주장이다. 장지동은 "공자
학을 존숭하는 것만으로 '보교'의 방책을 삼는 주장에 반대하였고, 또한
대중을 모으고 대중을 선동하는 것만으로 '보종'의 방책을 삼는 주장에
도 반대하였다."15 그는 사람들이 국가·종교·민족이 함께 살고 함께
망하는 상호 의존관계를 인식할 수 있기를 희망하였다. 장지동의 주장
속에서, 공자학을 유교의 대표로 보고 있음을 알 수 있다. 앞의 인용문
에서 "내가 듣기로"라고 운운한 것은 '보교'를 제창한 자가 장지동 한
사람만이 아니었음을 알 수 있다. 다시 말하면, 유교를 종교로 여긴 자
가 장지동 한 사람만이 아니라, 당시 유학자들의 보편적 의견이었다.
그들은 유교가 기독교·회교 등과 같은 종교임을 분명히 하였다.

---

13 남양(南洋)의 흑인들을 일괄해 곤륜(昆侖)이라 부르기도 하였으며, 중국에서는 삼
　국시대 이래 남해의 흑인 노예를 '곤륜노(崑崙奴)'라고 하였다.(역자 주)
14 『勸學篇』「內篇·同心」, "假使果如西人瓜分之妄說, 聖道雖高雖美, 彼安用之. 五經四子,
　棄之若土苴, 儒冠儒服, 無望於仕進,……聖敎將如印度之婆羅門, 窜伏深山, 抱殘守缺,
　華民將如南洋之黑昆侖, 畢生人奴."
15 위의 책, "或僅以尊崇孔學爲保敎計, 或僅以合群動衆爲保種計."

8개국 연합군16이 북경에 들어와서 청 왕조 조정이 멸망하고 신축조약辛丑條約17이 체결되자, 그들은 북경으로 돌아와서 가장 먼저 대규모의 천지·사직·조상에게 제사지내는 의식을 거행하고, 이어서 정상적인 제사활동을 회복시켰다. 내우외환內憂外患은 이 조정으로 하여금 그들에 의해 진압되었던 변법變法을 실행하지 않을 수 없게 하였다.18 서태후와 광서제가 궁궐로 돌아오기(兩宮回鑾)19 전에, 장지동과 유곤일劉坤一(1830~1902)이 연합하여 변법삼소變法三疏를 올렸다.

중국이 오래도록 약하고 부진한 까닭을 논하였으니, 변통해야 하는 것이 12개의 일이고 서양문물을 받아들여야 하는 것이 11개의 일이다.20

조정은 장지동과 유곤일의 건의를 받아들였고, 그 안에 "학교를 세우고 과거를 중지할 것"21을 포함하였다. 또한 "학교를 진흥시키고 인

---

16 청(淸) 광서(光緒) 26년(1900) 의화단(義和團) 사건으로 인하여 북경 등지를 공략하기 위해 조직된 영국·미국·독일·프랑스·러시아·일본·이탈리아·오스트리아 등 8개국 연합군을 말한다.(역자 주)

17 중국이 1901년 9월 7일에 의화단(義和團) 사건 처리를 위하여 열강과 체결한 조약을 말한다. '베이징(北京) 의정서'라고도 한다.(역자 주)

18 1898년 광서제가 강유위를 중심으로 한 유신파의 지지를 받아 무술변법(戊戌變法)을 시행하였으나, 서태후를 중심으로 하는 보수파에 의해 변법이 100일로 종식되고 광서제가 유폐되는 무술정변(戊戌政變)이 일어났다. 그러나 1900년에 일어난 의화단(義和團)운동으로 8개국 연합군이 북경을 장악함에 따라 서태후는 북경을 떠나 서안(西安)에서 치욕스러운 강화조건(辛丑條約)을 체결하였다. 때문에 1902년 북경으로 돌아온 후에는 진보개혁에 반대하던 서태후도 입헌준비·실업(實業)·교육의 진흥 등 변법을 실시하지 않을 수 없었다.(역자 주)

19 8국 연합군이 북경을 점령하자, 서태후와 광서황제는 자금성을 떠나 서안(西安)으로 피신하였다가 1901년 굴욕적인 '신축조약(辛丑條約: 베이징(北京) 의정서라고도 함)'을 체결하고, 1902년 1월 서태후는 광서황제를 데리고 북경으로 돌아온 것을 '양궁회란(兩宮回鑾)'이란 한다.(역자 주)

20 『淸史稿』「張之洞傳」, "其論中國積弱不振之故, 宜變通者十二事, 宜采西法者十一事."

21 『淸史稿』「張之洞傳」, "設學堂, 停科擧."

재를 육성하는 것이 실제로 지금의 급선무"[22]로 여기고, 장백희張百熙 (1847~1907)를 관학대신管學大臣(총장)에 임명하였다. 장백희는 외국학교 의 방식에 따라 소학小學·중학中學·대학大學 세 등급의 학교제도를 세 울 것을 건의하였고, 또한 〈흠정학당장정欽定學堂章程〉[23]을 주관하고 입 안하였다. 이 장정章程은 중국 근대교육이 처음으로 완전한 체계를 이 루게 하였다.

이 장정은 서양학술을 받아들이는 동시에 중국의 경학經學을 유지하 였다. 그러나 교육을 보위하는 관점에서 보면, 이 장정은 중학中學(서학 에 상반된 개념)을 체體로 삼는 지위를 부각시키지 못하였다. 1903년에 장지동의 주관에 따라 장정에 대한 개정을 진행하였다. 개정 뒤의 장 정이 〈중정학당장정重訂學堂章程〉이었고, 그 수정원칙은 중학을 '체體'로 하는 것을 충분히 나타내려는 것이다. 장백희·영경榮慶(1859~1917)과 장지동은 공동으로 서명한 상소문에서 다음과 같이 말하였다.

어떤 학교든, 모두 충효忠孝를 근본으로 삼고 중국 경사經史의 학문을 기초 로 하여 학생들의 마음(心術)을 한결같이 순수하고 올바른 데로 돌아가게 한다. 그런 후에, 서학으로 그 지식을 닦고 그 예능을 연마하여, 후일에 쓸 모있는 사람이 되기를 기대하고 각자 실용實用에 부합하도록 힘쓴다.[24]

충효忠孝를 근본으로 하고 중국의 경사經史를 기초로 하는 지도사상 이 교육과정에 체현된 것은 경학이라는 전문과목을 다른 과목 위에

---

22 『淸史稿』「選擧志」, "興學育才, 實爲當今急務."

23 〈흠정학당장정(欽定學堂章程)〉은 장백희(張百熙) 등이 일본의 제도를 모방하여 1902년에 반포한 중국 최초의 교육제도이다. 반포한 해가 임인년(壬寅年)이기 때 문에 '임인학제(壬寅學制)'라고도 한다.(역자 주)

24 『淸史稿』「選擧志」, "無論何等學堂, 均以忠孝爲本, 以中國經史之學爲基, 俾學生心術 壹歸於純正. 而後以西學治其智識, 練其藝能, 務期他日成材, 各適實用."

두려는 것이다. 그렇다면 경학교육의 의미는 어디에 있는가? 학당장
정學堂章程과 병행하였던 〈학무강요學務綱要〉25에서는 다음과 같이 말하
였다.

> 외국 학교에는 종교학과가 있다. 중국의 경서經書가 곧 중국의 종교이다.
> 학교에서 경전을 읽지 않으면, 요·순·우·탕·문·무·주공·공자의 도,
> 이른바 삼강오상三綱五常이 모두 폐기되어 중국은 반드시 존립될 수 없
> 다.……그러므로 학생이 장래에 어떤 직업을 잡든지, 즉 소학小學을 나
> 와 직업을 바꾼 자라도 반드시 경서의 중요한 말을 외우고 성교聖敎의 중
> 요한 뜻을 들어서 그 심성心性을 안정시키고 그 본원本源을 바르게 해야
> 한다.26

"중국의 경서가 곧 중국의 종교라는 것"은 오늘날의 관점에서 보면,
이러한 표현은 어쩌면 매우 적절하지 않는 것 같지만 뜻은 매우 분명
하다. 〈학무강요學務綱要〉의 제정자들이 보기에, 유교는 기독교 등과
같은 부류이고 다른 부류가 아니며, 유교의 경서도 기독교의 경서와
같은 부류이고 다른 부류가 아니다. 이 때문에 학교에서 경서를 읽는
것은 바로 외국학교 안에서의 종교교육이다. 누구든지 혹은 장래에 어
떤 일에 종사하든지 간에, 모두 유교의 종교교육을 받아 유학자가 되
어야 한다.

---

25 〈학무강요(學務綱要)〉는 1903년에 장백희(張百熙)·영경(榮慶)·장지동(張之洞) 등이
   칙명(勅命)을 받아 지은 교학(敎學)문헌으로, 총 56조목이다. 간행된 해가 계묘년
   이기 때문에 '계묘학제(癸卯學制)'라고도 한다. (역자 주)
26 『淸史稿』「選擧志」, "外國學堂有宗敎一門. 中國之經書卽是中國之宗敎. 若學堂不讀
   經, 則是堯舜禹湯文武周公孔子之道, 所謂三綱五常, 盡行廢絶, 中國必不能立國矣.
   ……故無論學生將來所執何業,……由小學改業者, 亦必須曾誦經書之言, 略聞聖敎之
   要義, 以定其心性, 正其本源."

이것은 청대 유학자들의 보편적인 자아의식이었고, 여기에는 유교가 종교임을 누가 먼저 제기하였는지의 문제는 존재하지 않는다. 우리가 분명히 하려는 것은, 유교가 종교임을 가장 먼저 부정한 자는 누구인지이다. 그러나 이 문제를 논술하기에 앞서, 우리는 먼저 엄복嚴復(1854~1921)을 살펴보아야 한다.

2. 엄복의 교敎와 학學

엄복은 1854년에 태어났으며, 가정환경이 곤궁하여 과거를 통한 벼슬길로 나아가지 못하고 시험을 쳐서 복주福州[27]의 선정학당船政學堂[28]에 들어갔다. 졸업 후에 영국에 가서 3년간 유학하였다. 그가 받은 교육은 서학西學(서양학)에 정통하였고 중학中學(중국학)에 취약했다고 말할 수 있다. 귀국 후에, 엄복은 이홍장李鴻章의 중용重用을 받아들이지 않아 동학인 유보섬劉步蟾·임영승林永升·방백겸方伯謙 등과 같이 해군에서 함장을 맡지 못하고, 천진天津(河北 직할시)의 북양수사학당北洋水師學堂(해군사관학교)에서 20년간 교직을 맡았다. 그는 일생동안 많은 서학 저술을 번역하였고, 당시 서학에 가장 정통한 인물이었다. 중국이 갑오甲午전쟁[29]에서 패배한 이후, 그는 「논세변지극論世變之亟」·「원강原强」·「벽한辟韓」·「구망결론救亡決論」[30] 등을 지어 중국이 부강할 수 있는 길

---

27 '복주(福州)'는 중국 복건성(福建省)의 수도이다.(역자 주)

28 '선정학당'은 중국 최초의 근대 해군학교로, 1866년에 선정대신(船政大臣) 심보정(沈葆禎)의 주관 하에서 복건성(福建省) 복주(福州) 마미항(馬尾港)에 건립되었다. 건립 당시에는 '구시당예국(求是堂藝局)'이라 불렸다.(역자 주)

29 청일전쟁(1894~1895)을 말한다.(역자 주)

30 여기에서 엄복의 저술과 그 선후 순서를 기술한 것은 王栻主 編, 『嚴復集』, 中華書局, 1986年에 근거하였다.

을 모색하였다. 그의 「구망결론」에서 아마도 중국에서 가장 먼저 '교_敎'와 '학_學'의 차이를 구별하였을 것이다. 엄복은 '교_敎'와 '학_學'을 구별하고 다음과 같이 정의하였다.

> 교_敎(종교)라는 것은 천신_{天神}을 섬기기 때문에 백성을 알 수 없는데 이르게 하는 것이다.……학_學(학술)이라는 것은 백성의 뜻에 힘쓰기 때문에 백성을 밝게 하여 알 수 있게 하는 것이다. 31

'교'는 백성을 알 수 없는데 이르게 하기 때문에 옳고 그름을 논쟁할 수 없으니 믿으면 된다. '학'에는 옳고 그름이 있어 외물_{外物}과 서로 부합하는지 여부를 보아야 하고 조금의 소홀함도 있을 수 없다. 이러한 표준으로 판단하면, 중국에 있는 모든 것은 '학'의 자격이 충분하지 않다. "무릇 중국에 있는 것은 모두 '학'으로 이름 붙일 수 없다."32 때문에 그는 부지런히 서학을 배워서 중국을 구제할 것을 주장하였다. 엄복의 말에 따르면, 중국에는 이미 백성의 뜻에 힘쓰는 '학'은 없고, 다만 천신_{天神}을 섬기는 '교'만 있을 뿐이다.

1898년 6월 무술변법_{戊戌變法}33이 고조되는 가운데, 엄복은 보교_{保敎} 문제를 위해 「유여삼보_{有如三保}」·「보교여의_{保敎餘義}」 등의 글을 발표하였다. 「유여삼보」에서 그는 일종의 공교_{孔敎}로 우쭐대는 사람들이 의기양양하게 기독교·이슬람교와 성인의 수준이 높은지 낮은지를 논쟁하지만, 어떻게 '보교'해야 하는지를 알지 못한다고 비판하였다. 엄복

---

31 『嚴復集』 「救亡決論」(中華書局, 1986), "敎者, 所以事天神, 致民以不可知者也.……學者, 所以務民義, 明民以所可知者也."
32 위의 책, "則凡中國之所有, 擧不得以學名."
33 청나라 말기 1898년 강유위(康有爲)·양계초(梁啓超) 등이 중심이 되어 진행한 개혁운동을 말한다. 변법자강운동(變法自彊運動)이라고도 한다.(역자 주)

이 보기에, '보교'는 무엇보다도 보교자가 '교'의 요구에 따라 실행해야 하는 것이다. 예를 들어 살인하지 않고, 도둑질하지 않으며, 간음하지 않고, 탐욕하지 않으며, 또한 사사로운 뜻(意)이 없어야 하고, 기필하는 마음(必)이 없어야 하며, 집착하는 마음(固)이 없어야 하고, 이기심(我)이 없어야 한다는 등이다. 그러나 보교자들은 어떤 하나도 실행하지 못하였다. 이에 엄복은 "공교에 누를 끼치고 공교를 폐기하는 것은 바로 우리들이다"[34]라고 단정하였다. 또한 그는 「보교여의保敎餘義」에서 인류가 종교를 믿지 않을 수 없다는 것을 지적하였다. "금수禽獸가 아닌, 즉 미개한 삼묘三苗(오랑캐)[35]의 백성들로부터 그 형상이 이미 완전한 사람에 이르기까지 종교를 믿지 않음이 없었다."[36] 구별은 다만 〈믿는 정도의〉 깊고 얕은 차이에 있을 뿐이다.

중국이 공자 이전의 오래된 옛 '교'에서는 고찰하기가 어렵다. "진秦 이후부터라야 비로소 역사를 믿을 수 있다. 역사에 근거하여 살펴보면, 역대로 모두 공교를 받들어 국교로 삼았음을 알 수 있다."[37] 다만 공교의 모습에는 역대로 차이가 있다.

> 서한西漢의 공교는 주나라 말기의 공교와 달랐고, 동한東漢 후의 공교는 서한西漢의 공교와 달랐으며, 송宋 이후의 공교는 송 이전의 공교와 달랐다. 각 왕조의 공교도 사람마다 의견이 달랐으나, 개요는 모두 앞의 몇 가지에서 벗어나지 않는다.[38]

---

34 『嚴復集』「有如三保」, "累孔敎, 廢孔敎, 正是我輩."
35 '삼묘(三苗)'는 요순시대에 있던 남방의 오랑캐로 사흉(四凶), 즉 공공(共工)·환두(驩兜)·삼묘(三苗)·곤(鯀)의 하나이다.(역자 주)
36 『嚴復集』「保敎餘義」, "自非禽獸, 卽土番苗民, 其形像旣完全爲人, 則莫不奉敎."
37 위의 책, "自秦以後, 乃有信史. 據史以觀, 則知歷代同奉孔敎以爲國敎."
38 위의 책, "西漢之孔敎, 異於周季之孔敎, 東漢後之孔敎, 異於西漢之孔敎, 宋後之孔敎, 異於宋前之孔敎. 國朝之孔敎, 則又各人異議, 而大要皆不出於前數家."

공교가 중국을 통치한 것이 이처럼 오래되어 변법하는 속에 반대자의 논쟁을 초래하였으니 "모두 신법新法이 공교에 장애가 된다고 피하였다."39 사람들의 보교保敎에 대한 열정이 보국保國보다 훨씬 우월하였다. 여순旅順40·위해威海41·교주膠州(山東省)영토는 남에게 분할해 줄 수 있고, 철로·광산은 남에게 건설과 개발을 맡길 수 있으며, 관세·금전은 남에게 배상해 줄 수 있어도 사람들은 자기와 이해관계가 대수롭지 않다고 느낀다. 그러나 서양 무기가 즉묵卽墨42지방의 공묘孔廟를 훼손하자 "마침내 사람들이 크게 분개하였는데"43 비단 사대부들만 그러하였던 것이 아니다. "선비들이 참으로 그러했고, 상인과 길손의 무리들도 상당히 분분하였다."44 엄복은 유럽 사람들의 말을 인용하여 다음과 같이 말하였다.

이것은 인도 사람이 망국亡國의 노예가 된 것을 부끄럽게 여기지 않다가, 갑자기 그들에게 지급한 화약원료 속에 돼지기름이 들어갔다는 말을 듣고 그들의 교파가 무너졌다고 여기고, 이어서 반란을 일으키는 것과 같다.45

이 사건에서 엄복은 "이 때문에 중국이 종교를 깊이 믿었음을 볼 수 있다"46라는 결론을 얻었다. 그러나 엄복은 또한 공교가 상층계급에

---

39 위의 책, "均以新法之有碍孔敎爲辭."
40 '여순'은 요동반도(遼東半島) 최남단에 위치한다.(역자 주)
41 '위해'는 산동반도(山東半島) 최동단에 위치한다.(역자 주)
42 옛 제(齊)나라 땅이다. 오늘날 산동성(山東省) 평도(平度)의 동남쪽에 위치한다.(역자 주)
43 『嚴復集』「保敎餘義」, "乃人嘩憤."
44 위의 책, "士夫固然, 商賈行旅之徒, 亦頗洶洶."
45 위의 책, "歐人視之, 相與駭笑, 以爲此與印度當日屈伏于英, 曾不爲恥, 忽聞營中所給火藥中有豕, 以爲此卽破其敎門."
46 위의 책, "因此可以見支那信敎之深."

서만 유행하였고 하층의 군중들은 다신多神을 신봉하였을 뿐이고, 심지어 국가의 역서曆書에서조차도 길신吉神·흉신凶神을 명기하였다고 비판하였다. 엄복이 보기에, 이러한 것들은 모두 공교의 정신에 부합하지 않았다.

> 공교의 뛰어난 점은 귀신을 두지 않고 격치格致(자연과학)를 말하지 않으며, 오로지 인사人事를 밝혀서 쉽게 실행하는데 있다. 『역』에는 필로소피 Philosophy(철학)의 학문이 있고, 『춘추』에는 대동大同의 학문이 있다. 진실로 그 실마리를 얻어 조금도 견강부회하지 않으니, 이것이 공교를 파괴할 수 없는 까닭이다.[47]

다시 말하면, 무술변법戊戌變法(1898) 때에 엄복 마음속의 공교는 기독교·이슬람교와 같은 성질의 종교였다.

『엄복집嚴復集』의 주석에 근거하면, 『지나교안론支那教案論』[48] 원서原書는 1892년에 출판되었고, 엄복은 갑오전쟁甲午戰爭(1894) 전후에 번역하여 1899년 후에 출판하였는데 구체적 연월年月은 상세하지 않다. 그 속에는 안어按語[49] 몇 조목을 추가하였는데, 그 중에 제4조에서 말한 〈중국종교〉에서는 유술儒術과 중국의 '진교眞教'를 명확히 구분하였다.

---

47 위의 책, "孔教之高處, 在於不設鬼神, 不談格致, 專明人事, 平實易行. 而大易則有費拉索非之學, 春秋則有大同之學. 苟得其緒, 並非附會, 此孔教之所以不可破壞也." 참조. (역자 주)

48 이 책의 원명(原名)은 영국의 Alexander Michie 著, 『Missionaries in China』이다. 원서는 1892년에 출판되었고, 번역은 갑오전쟁(1894~1895) 전후에 완성되어 1899년 이후에 출판되었으며 구체적 연월(年月)은 상세하지 않다. 이 책은 발단(發端)·정치(政治)·교사(教事)·조집(調輯) 4편으로 나누어져 있고, 안어(案語) 9조목이 들어있다.(역자 주)

49 작가·편자의 주해·설명·고증 따위의 말이다.(역자 주)

모르는 사람들은 항상 중국에 진교眞敎가 있다는 것을 의심하여 도교라고
하지만 도교가 아니고 불교라고 하지만 불교가 아니니, 유교인가? 그러나
공자는 신을 말하지 않았고, 자로子路의 귀신을 섬기는 질문에 대답하지
않았으니, 예수가 교주로 자처하고 마호메트Mahomet가 천사로 자처하여 각
종 '눈부시게 빛나고 성스러우며 기이한' 것과는 같지 않다. 모름지기 지
금 쓰이는 '교敎'자가 참으로 본뜻과 크게 다르다는 것을 알아야 한다. '교'
라고 이름 붙인 것에는 반드시 하늘을 섬기고 신을 섬기며 일체의 생전生
前과 사후死後의 심원하고 묘연하여 알기 어려운 일이 있어야 하고, 글자
본뜻이 말하는 '문文·행行·충忠·신信'50을 전수하고 익히는 것과 같은 것
이 아니다. 그러므로 중국의 유술儒術(유교)은 도교·불교·회교回敎(이슬람
교)·경교景敎(네스토리우스파 그리스도교)와 함께 종교라고 부를 수 없음이 매
우 분명하다.51

그렇다면 중국에는 종교가 없는가? 그렇지 않다. 엄복은 효孝가 중
국의 진교眞敎이고, 진교의 대표작이 바로 장재張載의 「서명西銘」이라고
생각하였다.

그렇다면 중국에는 참으로 종교가 없는가? 대답하기를, 있다. 효孝가 바로
중국의 진교眞敎이다. 온갖 행실이 모두 이것에 근본한다. 멀게는 임금을
섬기면 충성(忠)이 되고, 가깝게는 어른을 섬기면 공경(悌)이 된다. "같은
부류의 것을 채우고 뜻을 지극히 하여(充類至義)"52 상제께 제사지내고 하

---

50 『論語』「述而」, "子以四敎, 文行忠信."

51 嚴復 譯, 『支那敎案論』「按語四」, "外人常疑中國眞敎之所在, 以爲道非道, 以爲釋非釋,
以爲儒敎乎. 則孔子不語神, 不答子路事鬼之問, 不若耶蘇自稱敎主, 謨罕驀德自稱天使
之種種炫耀靈怪也. 須知目下所用敎字, 固與本意大異. 名爲敎者, 必有事天事神及一切
生前死後幽杳難知之事, 非如其字本義所謂, 文行忠信授受傳習已也. 故中國儒術, 其必
不得與道釋回景並稱爲敎甚明."

늘과 짝하는데 이른다. "일의 시작을 깊이 궁구하고 일의 마지막을 잘 살펴서(原始要終)"53, "죽어서는 편안하고 살아서는 순리를 따르는데(沒寧存順)"54 이른다. 「서명」 한편을 읽고서 중국의 진교를 알았으니, '효'라는 말을 버리면 참으로 귀속할 곳이 없다.55

우리가 오늘날 유물주의자로 간주하던 장재가, 엄복의 안중에는 진교가 있는 곳이었다. 그렇지만 '효'는 유술의 핵심 요지가 아닌가? 표준으로 판단하면, 유술은 '학學'인가 아닌가? 엄복은 이 문제를 깊이 토론하지 못하였다.

상술한 자료에 의하면, 19세기 말에 엄복은 이미 유교가 종교가 아님을 주장하기 시작하였다. 그러나 그의 주장은 철저하지 못하였고, 이 후에 바로 주장을 바꾸었다. 대략 1900년 후에 번역하여 1909년에 탈고한 『법의法意(법의 정신)』56 7권에는 안어按語가 여러 조목 들어있다. 그 속에서 그는 유교가 종교임을 주장하였고, 또한 중국 고대에는 '학'과 '교'를 구분하지 않았다고 지적하였다.

---

52 『孟子』「萬章(下)」, "充類至義."

53 『周易』「繫辭(下)」, "原始要終."

54 『張載集』「西銘」의 말미에 "存吾順事 沒吾寧也."라는 말이 나온다. (역자 주)

55 嚴復 譯, 『支那教案論』「按語四」"然則中國固無教乎. 曰有. 孝則中國之眞教也. 百行皆原于此. 遠之以事君則爲忠, 邇之以事長則爲悌. 充類至義, 至於享帝配天, 原始要終, 至於沒寧存順. 蓋讀西銘一篇, 而知中國眞敎, 舍孝之一言, 固無所屬矣."

56 이 책의 원명(原名)은 프랑스 계몽주의 사상가 몽테스키외(Baron de La Brède et de Montesquieu, 1689~1755)著, 『법의 정신(Esprit des Lois, 1748)』이다. 엄복은 1909년에 프랑스 계몽사상가인 몽테스키외의 『법의 정신』을 번역하여 상해(上海) 상무인서관(商務印書館)에서 출판하였다. 이 책에는 엄복이 주석한 167조목의 안어(案語)가 들어있다.

중국의 조趙와 송宋 이전의 유학자들이 말한 것은 참으로 이목耳目과 실천踐
履에 가까운 것에서 벗어나지 않았다. 형이상의 것은 항상 도가와 불가의
책에서 구하였다. 송宋의 제유諸儒들로부터 둘(도가와 불가)에 정통하는 잘못
이 시작되어 '아래에서 배우고 위로 통하는(下學上達)' 실정에 크게 밝아 성
性과 천도天道를 말하였고, 만약 〈위의威儀와 문사文辭 같은〉 들을 수 있는
문장이 눈에 띄면 또한 도가와 불가의 부당함을 심하게 배척하였다. 육구
연陸九淵과 왕수인王守仁 두 사람으로부터 양지良知를 주장하였다. 영가永嘉학
파57의 〈의리지학義理之學과 달리 공리功利를 중시한〉 '경제지학經制之學'이
사물을 따르고 도를 파기하여 더욱 유교의 치우친 유파가 되어 숭상되지
못하였다. 다만 지금 서학의 안목에서 보면 종교이지만, 이 후에는 이와
같은 분쟁이 있었다. 학계에서도 결코 이것이 있음을 마땅하게 여기지 않
았다. 그렇다면 중국 정가政家에는 예禮와 법法 둘을 분별할 줄 몰랐을 뿐만
아니라, 또한 종교와 학술을 들어다 뒤섞어 놓았다.58

  1900년 탈고한 번역서인『원부原富(국부론)』59에도 안어按語 여러 조
목이 들어있는데, 그 중 101조에는 "중국에는 '교'와 '학'의 일이 하나

---

57 중국 남송(南宋) 때 영가(永嘉: 浙江省 溫州)지방을 중심으로 일어난 학파. 이학(理學)
   을 반대하고 실용과 경제의 학문을 주장하였기 때문에 '영가공리파(永嘉功利派)'라
   고도 한다. 대표적인 인물로 설계선(薛季宣)·진부량(陳傅良)·엽적(葉適) 등이 있
   다.(역자 주)

58 『法意』「案語」, 第99條, "中國趙宋以前之儒者, 其所講者, 固不外耳目踐履之近者也.
   其形上者, 往往求之老佛之書. 自宋之諸儒, 始通二者之郵, 大明乎下學上達之情, 而以
   謂性與天道, 卽見於可得聞之文章, 則又痛辟乎二氏之無當. 自陸王二子, 主張良知. 而
   永嘉經制之學, 乃逐物破道, 愈爲儒教偏宗, 非其所尙者矣. 顧自今以西學眼藏觀之, 則
   唯宗教, 而後有如是之紛爭. 至於學界, 斷斷不宜有此. 然則中國政家不獨於禮法二者不
   知辨也, 且擧宗教學術而混之矣."

59 이 책의 원명은 스코틀랜드 출신의 경제학자 아담 스미스(Adam Smith, 1723~1790)
   의『국부론(An Inquiry into Nature and Causes of the Wealth of Nations, 1776)』이다.
   (역자 주)

로 합쳐있으나 서양의 국가에는 '교'와 '학'의 일이 둘로 구분되어 있다"[60]라고 지적하였다. 왕중강王中江(1957~)[61]이 엄복의 정교분합론政敎分合論을 논평할 때에 "'교'와 '학'을 섞어놓고 구분하지 않는 것은 유럽 중세기에도 유사한 정황이 있었다. 다만 문예부흥과 종교개혁 후에 비로소 이러한 국면이 점차 바뀌었다"[62]라고 말하였다.

다시 말하면, '학'과 '교'를 구분하지 않는 정황은 바로 고대사회의 보편적 현상이었다. '학'이 '교' 속에서 분화되어 나온 것은 근대에 비로소 있게 된 정황이다. 중국에는 아직 이러한 분화가 완성되지 못하였다. 엄복은 서양 근대의 정황을 가지고 중국 고대를 판단하였다. 이른바 '학'과 '교'를 구분하지 않는 것은, 실제로 '교'가 일체를 통치하고 '학'은 '교'의 부속에 불과하였기 때문이다.

『법의』「안어」에서 엄복은 "중국의 국민들 중에 상층 사람들은 천명을 즐기고 운명을 감내하지만, 하층 사람들은 귀신에 아첨하고 기도한다. 이러한 성질은 실제로 종교와 가장 부합한다"[63]라고 지적하였다. 『법의』에서 몽테스키외Montesquieu(1689~1755)는 공자가 사람에게 영혼이 있음을 믿지 않았다고 비평하였다. 이에 대해 엄복은 다음과 같이 반박하였다.

또한 공교가 언제 죽은 후에 사물이 없어진다고 한 적이 있었는가? 공자가 지은 『역』에는 "정기精氣가 모여 사물이 되고, 떠도는 유혼游魂은 변하는 것이다"[64]라고 말하였다. 『예기』에는 〈혼령에게 돌아오라고 부르는〉

---

60 『原富』「案語」, 第101條, "中國敎與學之事合而爲一, 而西國敎與學之事判而爲二."
61 중국 청화(淸華)대학 인문사회과학원 교수. (역자 주)
62 王中江, 『嚴復與福澤諭吉』, 河南大學出版社, 1991, p.122, "敎與學混而不分, 在歐洲中世紀也有類似的情形. 只是文藝復興宗敎改革之後, 才慢慢改變了這種局面."
63 『法意』「按語」, 第135條, "吾國之民, 上者樂天任數, 下者諂鬼禱祈. 此其性質, 實與宗敎最合."

고복皐復이 있고65, 『시경』에는 〈문왕의 혼령이〉 오르내리심을 말하였고66, 계찰季札67의 묘에서도 "체백體魄(시신)은 땅으로 돌아가고, 혼기魂氣(혼령)는 떠나가지 않을 수 없다"라고 하였으니, 일찍이 중니(공자)께서 그 말을 망설妄說로 여겼음을 듣지 못하였다. 만약 영혼이 없다면, 사당에 제사지내고 망자(尸)한테 제사지내며 '쑥을 피우고 슬퍼하는' 것과 일체의 예악은 무엇 때문에 하는 것이겠는가?68

여기에서 엄복은 유교가 종교임을 단호하게 주장하였다. 엄복이 당시에 유술儒術과 종교를 구분한 것은 일시적 착오였다. 이러한 착오는 일시적 정세의 영향을 받았을 수도 있고, 그의 인식에 아직 분명하지 못한 곳이 있었을 수도 있다. 그러나 총체적으로 보면, 엄복의 사상은 매우 분명한데, 그는 유교를 종교로 보았다. 민국民國 초기에, 그는 공교회孔敎會가 공교를 국교로 정할 것을 요구하는 활동에 참여하였다.

---

64 『周易』「繫辭(上)」, "精氣爲物, 游魂爲變."

65 『禮記』「禮運」, "皐某復." 참조.(역자 주)

66 주 문왕이 죽은 뒤, 그 영혼이 오르락내리락하며 상제의 좌우에 있다는 말이 『시경』「대아·문왕」에 나온다. "文王陟降 在帝左右."참조.(역자 주)

67 춘추시대 오(吳)나라 왕 수몽(壽夢)의 막내아들 계자(季子)이며, 계찰괘검(季札掛劍)의 고사로 유명하다.(역자 주)

68 『法意』「案語」, 第145條, "且功敎亦何嘗以身後爲無物乎. 孔子之贊易也, 曰精氣爲物, 游魂爲變, 禮有皐復, 詩曰陟降, 季札之葬子也, 曰體魄則歸於地, 魂氣則無不之, 未聞仲尼以其言爲妄誕也. 且使無靈魂矣, 則廟享尸祭, 所焄蒿凄愴, 與一切之禮樂, 胡爲者乎."

3. '유교종교설'에서 '유교비종교설'에 이르기까지

가장 일찍이 유교가 종교임을 부인한 것은, 명말明末에 중국에 온 마테오리치Matteo Ricci(1552~1610)이다. 이것은 천주교 내의 일에 불과하지만, 청 왕조 초기에 청 정부와 바티칸Vatican이 절교함에 따라, 마테오리치의 주장은 유교 속에서도 점차 잊혀졌다. 근대에 와서 서양사상을 받아들여 중국학술을 연구하는 학자들 중에 가장 먼저 '유교종교설'은 설을 명확히 제기한 것은 양계초梁啓超이다. 이것은 바로 양계초가 1902년에 발표한 「보교비소이존공론保敎非所以尊孔論」이다. 그러나 묘윤전苗潤田의 논문에서 언급하지 않은 것은, 양계초도 원래 유교를 종교로 보았다는 것이다. 1896년 무술변법戊戌變法 전날 밤에, 양계초는 「서학도서목록표 후서(西學書目表後序)」69에서 다음과 같이 말하였다.

나는 학자에게 경학經學으로 말할 것을 청한다. 첫째, 공자가 교주임을 알아야 하고, 둘째 육경六經이 모두 공자가 지은 것임을 알아야 하며, 셋째 공자 이전에 구교舊敎가 있었음을 알아야 한다.(예를 들어 불교 이전에 바라문婆羅門(브라만교)이 있었던 것과 같다.)……다섯 째 70제자 후학들이 모두 교敎를 전하는데 종사하였음을 알아야 하고, 여섯 째 진秦·한漢 이후에는 모두 순경荀卿(순자)의 학술이 유행하여 공교의 방계傍系가 되었음을 알아야 한다.……열 번째 위경僞經이 이미 나온 이상70, 유학자들이 공자를 교주로 대하지 않기 시작하였음을 알아야 한다.71

---

69 1896년 7월에 양계초는 『시무보(時務報)』에서 「西學書目表序例」와 「西學書目表後序」를 발표하였다. 「西學書目表後序」는 양계초의 문집인 『飮冰室合集』卷1(中華書局, 1989年 影印版)에 들어있다.(역자 주)

70 강유위는 1891년에 펴낸 『신학위경고(新學僞經考)』에서 유교경전 모두 전한(前漢) 말기의 유흠(劉歆)이 위조한 위경(僞經)에 불과하다고 주장하였다.(역자 주)

제자諸子(여러 학파)에게 말할 것을 청한다. 첫째, 주周·진秦 제자에게 두 파, 즉 공교와 비공교가 있었음을 알아야 한다. 둘째 비공교의 제자들이 모두 제도를 바꾸어 '교'를 창시하고자 하였음을 알아야 한다.……여섯 째 여러 학파의 제자弟子들이 각자 그 '교'를 전한 것이 공교와 같았음을 알아야 한다. 일곱 째 공교가 홀로 유행하였기 때문에 한 무제가 육예六藝를 표창하고 백가百家를 축출하였음을 알아야 한다.72

사학史學을 말할 것을 청한다. 첫째, 태사공太史公73이 공교의 적통임을 알아야 한다.74

양계초가 여기에서 나타낸 유교관은 완전히 강유위『춘추』학의 유교관이다.

1902년 2월 22일에 양계초는 「보교비소이존공론保教非所以尊孔論」을 저술하고, 그 속에서 종교는 "오로지 미신과 신앙을 가리켜서 말한 것"75이라고 하였다. 종교의 특징은 "그 권력범위가 육신계 밖에 있어 영혼을 근거로 삼고, 예배를 의식으로 하며, 속세를 벗어나는 것을 목적으로 하고, 열반천국을 궁극으로 삼고, 내세화복을 법문法門으로 삼는다."76 유교가 종교임을 명확히 부인하였다. 양계초는 무엇

---

71 『飲冰室合集』「西學書目表後序」, "吾請語學者以經學. 一當知孔子之爲教主. 二當知六經皆孔子所作. 三當知孔子以前有舊教(如佛以前之婆羅門).……五當知七十子後學, 皆以傳教爲事. 六當知秦漢以後, 皆行荀卿之學, 爲孔教之擘派.……十當知僞經既出, 儒者始不以教主待孔子."

72 『飲冰室合集』「西學書目表後序」, "請言諸子. 一當知周秦諸子有二派, 曰孔教, 曰非孔教. 二當知非孔教之諸子, 皆欲改制創教.……六當知諸子弟子, 各傳其教, 與孔教同. 七當知孔教之獨行, 由於漢武之表章六藝, 罷黜百家."

73 태사공(太史公)은 한나라 사마천(司馬遷)의 아버지 사마담(司馬談)이 태사령(太史令)의 직에 있었으므로 사마담을 가리켜서 말하는데, 또한 사마천을 가리켜서 말하기도 한다.(역자 주)

74 『飲冰室合集』「西學書目表後序」, "請言史學. 一當知太史公爲空教嫡派."

75 『飲冰室合集』「保教非所以尊孔論」, "專指迷信信仰而言."

때문에 이러한 변화가 생겼는가? 필자는 연구할만한 문제라고 생각한다.

묘윤전의 논문에서 말한 것처럼, 채원배蔡元培(1868~1940)도 '유교비종교설'을 주장한 자이지만, 묘윤전의 논문에서 언급하지 못한 것은 채원배도 원래 유교가 종교임을 주장하였다는 점이다.

1907년에서 1911년에 이르기까지 채원배는 독일에서 유학하면서 『중국윤리학사(1910)』라는 책을 저술하였는데, 그 책의 「제2기 한당계승시대」에서 한 무제를 시작으로 유가는 종교의 형식을 가지고 있고 유가의 말에도 종교의 성질을 가지고 있다고 하였다.

> 유가의 말은 순수한 철학가이고 정치가이다. 한 무제가 표창하면서부터 그 후에는 조정의 직할지인 군郡과 제후를 봉한 나라에 공자의 사당을 세우고 해마다 사계절에 제사를 지냈다. 학설이 공자에 위배된 것이 있어도 성인이 아니면 처벌할 방법이 없었다. 이에 유가는 종교의 형식을 가지게 되었다. 한유들이 재이災異의 설과 부참苻讖(미래에 일어날 일을 예언한 책)의 글을 경서經書의 뜻에 섞어 넣었다. 이에 유가의 말에는 또한 종교의 성질을 함유하게 되었다. 후세 유교의 명칭이 이로부터 생겨나게 되었다.77

채원배는 이것이 '유교의 시초'라고 생각하였다. 이어서 그는 '도교의 시초'와 '불교의 전래'를 논술하고, 마지막으로 "유·불·도 삼교가 병존하였으나 유교는 끝내 윤리학을 정통으로 삼았다"78라고 지적하였다.

---

76 위의 책, "其權力範圍乃在軀殼界之外, 以靈魂爲根據, 以禮拜爲儀式, 以脫離塵世爲目的, 以涅槃天國爲究竟, 以來世禍福爲法門."

77 蔡元培, 『中國倫理學史』「第2期 漢唐繼承時代」(上海 商務印書館, 1910), "儒家言, 純然哲學家政治家也. 自漢武帝表章之, 其後郡國立孔子廟, 歲時致祭. 學說有背孔子者, 得以非聖無法罪之. 於是儒家具有宗敎之形式. 漢儒以災異之說, 符讖之文, 糅入經義. 於是儒家言亦含有宗敎之性質. 是爲後世儒敎之名所自起."

그 책의 「제3기 송명이학시대」에는 〈유교의 형성〉이라는 조목이 있는데, 그 조목에서는 송명이학의 유교에 대한 공헌을 논술하였다.

한 무제 이후부터 유교가 비록 국교의 의식과 성질을 가지고 있었으나, 사회심리와는 아직 밀접한 관계가 없었다.……보통 사람들의 행위습속이 유교에 크게 위배되지 않을 수 있었던 것은, 역사의 유전(遺傳)과 법령法令의 제약 때문이다. 송宋에 이르러 이학자들이 배출되어 강학하고 전수하여 중국에 널리 퍼졌다.……비록 열 집이 사는 고을이나 세 집이 사는 작은 마을에도, 그 자제들이 진실로 독서에 종사하는 자가 있으면, 『사서』로 교본을 삼지 않음이 없었다. 그들 사이에 서로 전해지는 말을 깊이 알지 못하거나 비록 글자를 알지 못하는 자라도, 모두 여러 번 들어 귀에 익어서 자세히 말할 수 있었다. 비록 사이에 가혹한 일이 있어 보통 사람이 감내할 수 있는 것이 아니지만, 청의淸議(청렴한 논의)가 이미 이루어지면 지극히 완고하고 강경한 자가 아니면 감히 어길 수 없었으니, 혹은 속으로 어기더라도 겉으로는 따랐고, 혹은 그것으로 자신을 단속할 수 없어도 그것으로 남을 제재할 수는 있었으니, 이로부터 보편화된 종교로 확립되기 시작하였다. 이것이 송명이학의 공로이다.[79]

채원배가 보기에, 송명이학의 공로는 유교를 보편화된 종교로 변화시켜 유교의 교의와 교리를 민중의 사상과 언행 속으로 깊이 침투시킨 데 있었다. 그러나 이러한 결과는 사상을 제한시켰으니, 그 책의 〈사상의 제한〉이라는 조목에서는 다음과 같이 말하였다.

---

78 위의 책, "儒敎之托始, 道敎之托始, 佛敎之流入,……三敎竝存而儒敎終爲倫理學正宗."
79 『中國倫理學史』「第3期 宋明理學時代」, 〈儒敎之凝成〉, 참고.

송유들의 이학理學이 비록 불가와 도가를 모두 받아들이지 않음이 없었으나 끝내 유교의 공로에 모아질 수 있었던 것은, 참으로 공자에 대한 교주의 의식을 믿고 따를 수 있었기 때문이다. 저들 공문孔門의 제자에서 맹자에 이르기까지 모두 완곡한 비판이 없지 않았으나, 공자의 말에 대해서는 감히 조금도 위배하지 않았을 뿐만 아니라, 또한 감히 조금도 이의를 가하지 못하였으니, 예를 들어 유자有子가 말한 "부자(공자)께서 까닭이 있어 그렇게 말씀하셨을 것이다"[80]라는 것과 같은 것이다. 또한 옳고 그름을 구별하는 것은 한결같이 공자의 말을 준칙으로 삼았다. 그러므로 그들이 서로 배척한 것도 애당초 명학名學(名家)의 사례를 가지고 서로 제재하지 못하고 "이와 같은 것은 통할 수 없고, 이와 같은 것은 자체 내에 서로 모순된다"라고 하였다. 오직 종교의 규율로써 서로 제재하여 "이와 같은 것은 공자의 설과 서로 위배되고, 이와 같은 것은 선禪에 가깝다"라고 하였다. 진심으로 믿는 것이 이와 같았기 때문에 그 사상에는 모두 한계가 있었다.[81]

공자 자신은 사상가이고 혹자는 철학자라 말하기도 하지만, 종교가는 아니다. 양계초는 수년 전에 이러한 견해를 표시하였다. 채원배는 공자와 유교의 관계 속에서 양계초의 이러한 견해에 전적으로 동의하였다. 그러나 그도 한 무제의 '유술만을 존숭할 것'을 시작으로 유가 혹은 공자의 학설이 유교가 되었다고 분명히 인식하였다. 송명시대에 이르러 유학자들이 공자를 진심으로 믿었기 때문에, 한편으로는 유교를 모든 민중에게 보급시켰고 다른 한편으로는 사상을 제약하였다. 이것이 채원배 유학관의 요지이다.

---

80 『禮記』「檀弓(上)」, "有子曰然. 然則夫子有爲言之也."(역자 주)
81 『中國倫理學史』「第3期 宋明理學時代」, 〈思想之限制〉, 참고.

1912년에 채원배는 중화민국의 최초 교육부장에 임명되어 새로운 교육법령을 반포하였다. 채원배는 교육에 다섯 가지가 있다고 보았으니, 즉 군국민교육軍國民教育·실리교육實利教育·공민도덕교육公民道德教育·세계관교육世界觀教育·미감교육美感教育이다. 채원배는 당시의 정황에서 말하면, 다섯 가지 교육이 모두 필요하다고 보았고, 교육을 이 순서에 따라 부단히 향상시킬 수 있기를 희망하였다. 동시에 교육은 각국이 모두 공동으로 실행하는 사상자유과 언론자유의 원칙을 실행해야 한다고 지적하였다. "사상자유와 언론자유의 통례에 따르면, 한 유파의 철학과 한 종파의 교의로 그 마음을 속박하지는 않는다."[82] 이러한 원칙에 근거하여, 그는 새로운 국가의 교육원칙에는 임금에 충성할 것을 말할 수 없고 공자를 존숭할 것을 말할 수 없다고 생각하였다.

> 만청滿淸(滿洲人이 세운 청 왕조)시대에 이른바 '흠정교육종지欽定教育宗旨'라는 것이 있었으니, 즉 충군忠君·존공尊孔·상공尙公(公民道德)·상무尙武(軍國民主義)·상실尙實(實利主義)이다. '충군'은 공화共和정치제제와 맞지 않고, '존공'은 종교를 믿는 자유에 위배되니(공자의 학술은 후세에 말하는 유교·공교와 분별해서 논해야 한다. 이후로, 교육계가 어떻게 공자를 처리하고 어떻게 공교를 처리하는지는 특별히 토론해야 하겠지만, 여기서는 더 이상 언급하지 않는다.) 논하지 않아도 된다.[83]

이 때 채원배는 유교가 종교임을 인정하였는데, 여기에서 말한 '존공尊孔'은 바로 공교를 존숭하는 것이다. 그러나 그는 '존공'을 교육의

---

82 蔡元培, 「對于教育方針之意見」『東方雜誌』, 第8卷 第10號, 1912年 4月, "循思想自由言論自由之公例, 不以一流波之哲學, 一宗門之教義梏其心."

83 위의 책, "滿淸時代, 有所謂欽定教育宗旨者, 曰忠君, 曰尊孔, 曰尙公, 曰尙武, 曰尙實. 忠君與共和政體不合, 尊孔與信教自由相違(孔子之學術, 與後世所謂儒教, 孔教當分別論之. 嗣后教育界何以處孔子, 及何以處孔教, 當特別討論之, 玆不贅), 可以不論."

종지에 끼워 넣을 수 없다고 여겼는데, 왜냐하면 그러한 것은 신앙자유의 원칙에 위배되기 때문이다.

1916년 국회를 다시 열어 공교회孔敎會가 공교를 국교로 정할 것을 요구하였을 때, 채원배는 북경北京으로 가서 북경대학 총장에 부임하려 하였다. 12월 26일에 신교자유회信敎自由會가 소집한 회의에서 연설하였는데 "종교는 종교이고, 공자는 공자이며, 국가는 국가이다"[84]는 것을 집중적으로 논술하였다. "공자와 종교 둘은 서로 관계가 없으며, '공교' 두 글자는 성립될 수 없고, '국교' 두 글자도 성립될 수 없다."[85] 채원배는 공자의 학설이 종교가 아니고, 공자의 학설로 종교를 세울 수 없음을 적극 변호하였다.

> 뜻밖에도 중국이 이 시대에 오히려 공자의 설을 취하여 종교를 세우려고 한다. 무릇 공자의 설은 교육이고 정치이고 도덕일 뿐이다. 그것이 폐기되지 않고 옛날부터 종교의 예제禮制에 가까웠던 것은, 다만 풍습을 따르는 작용이지 본뜻이 아니다. 계로季路가 귀신을 섬기는 일을 묻자 공자께서 대답하기를, "사람을 섬기지 못하는데 어찌 귀신을 섬길 수 있겠는가?"라고 하였다. 죽음에 대해서 묻자 공자께서 대답하기를, "삶도 알지 못하는데 어찌 죽음을 알겠는가?"라고 하였다. 이것은 공자 자신이 종교에 대해 이미 스스로 경계를 분명히 그은 것과 같은 것이다. 또한 종교가 되려면 반드시 그 교주가 천사로 자처하거나 의식儀式을 만들어 세워야 하고, 또한 이교異敎를 공격하는 것을 유일한 의무로 삼아야 한다. 공자에게 어찌 이러한 것이 있겠는가?[86]

---

84 「在信敎自由會之演說」『新靑年』, 第2卷, 第5號, 1917年 1月, "宗敎是宗敎, 孔子是孔子, 國家是國家."

85 위의 책, "孔子宗敎, 兩不相關, 孔敎二字 不能成立, 國敎二字, 也不能成立."

86 위의 책, "不意我國當此時代, 轉欲取孔子之說以建設宗敎. 夫孔子之說, 敎育耳, 政治

중화민국이 막 창립했을 때, 채원배가 공교를 국교로 정할 수 없음을 주장한 것은 신앙자유를 보장하기 위해서이다. 그렇지만 공교가 종교임을 인정한다면 공교에 신앙자유를 주어야 하고, 공교에 신앙자유를 주면 그들은 공교를 국교로 정하는 따위를 요구하지 않을 수 없으며, 심지어 더 진일보한 요구가 있을 수 있다. 이 때 채원배는 유교가 종교임을 근본적으로 부인하였다.

1917년 4월 8일에 채원배는 북경 '신주학회神州學會'에서 연설하고, 심미교육審美敎育으로 종교를 대신할 것을 주장하였다. 그 목적은 공교에 반대하려는 것이었다. 이 후 몇 년간, 채원배는 이러한 주제로 돌아가서 한층 더 '공교'개념이 성립될 수 없음을 논술하고, 종교가 없어지고 심미교육으로 종교를 대신할 것을 주장하였다.

채원배의 유교가 종교임을 주장하는 것에서 유교가 종교가 아님을 주장하는데 이르기까지는 당시 정치형세의 영향을 분명히 볼 수 있다.

양계초와 채원배 두 사람이 유교 혹은 공교가 종교임을 인정하던 것에서 종교임을 부인하는데 이르렀다면, 진독수陳獨秀는 줄곧 유교가 종교임을 인정하지 않았다. 진독수의 관련된 논술은 묘윤전의 논문에서 이미 대부분 인용하였다. 여기에서 보충하려는 것은, 진독수의 '유교비종교설'을 발표한 것이 원세개袁世凱는 이미 죽었으나 복벽復辟[87] 군주제의 위기는 아직 지나가지 않았을 때라는 것이다. 때문에 진독수는 유교가 종교임을 부인한 이유가 "공교와 군주제는 떨어질 수 없는 인연이 있기 때문이다"[88]라고 명확히 말하였다.

耳, 道德耳. 其所以不廢古來近乎宗敎之禮制者, 特其從俗之作用, 非本意也. 季路問事鬼神, 曰未能事人, 焉能事鬼. 問死曰, 未知生, 焉知死. 是孔子本身對於宗敎, 已不甚自割界限. 且宗敎之成也, 必由其敎主自稱天使, 創立儀式, 又以攻擊異敎爲唯一義務. 孔子寧有是耶."

87 원세개(袁世凱)에 의해 추진된 황제체제 부활운동을 말한다. (역자 주)
88 陳獨秀, 「駁康有爲致總統總理書」『新青年』, 第2卷, 第2號, 1916年 10月, "孔敎與帝

1917년 8월 1일 장훈張勛(1854~1923)의 복벽활동이 실패한 후에, 진독
수는「복벽과 존공尊孔」이라는 논문을 발표하였다.

> 공자를 존숭하면 반드시 임금을 세워야 하고, 임금을 세우면 반드시 복벽
> 復辟(임금을 다시 세움)해야 하니, 이것은 이치의 자연한 것으로 의심할 수 없
> 는 것이다.[89]

장훈과 강유위의 복벽활동은 진독수의 공교와 공자의 도에 대한 부
정적 근거를 한층 더 강화하였다.

필자는 유교가 종교가 아님을 주장하는 자들의 사상발전맥락을 분
명히 하고, 유교가 종교가 아님을 주장할 때의 상황을 분명히 하면, 유
교가 종교인지 종교가 아닌지의 문제를 토론하는데 도움이 될 수 있을
것이라고 생각한다.

양계초·채원배·진독수 뒤에, 필자는 원세개袁世凱(1859~1916)를 말하
고자 한다. 원세개가 비록 황제가 되려고 하늘에 제사지내고 공자에
제사지내는 일을 크게 벌였지만, 유교가 종교가 아님을 주장한 인물이
라는 것을 공개적으로 발표하였다.

1913년 6월에 원세개는 공성孔聖(공자가 성인임을 일컫는 말)을 존숭할
것을 널리 반포하였고, 9월 3일에 교육부의 비준을 거쳐 공교회가 국
자감國子監에서 공자에 제사지내는 의식을 거행하였다. 1914년 1월 29
일에 국회의 정치회의를 대신하여 하늘에 제사지내고 공자에 제사지
내는 안건을 통과시켰다. 9월 25일에 원세개는「대총통제성고령大總統
祭聖告令(대총통께서 성인에게 제사지낼 것을 고하는 령)」을 선포하고 "공자의

制, 有不可離散之因緣."

89 陳獨秀,「復辟和尊孔」『新青年』, 第三卷, 第六號, 1917年 8月, "尊孔勢必立君, 立君
勢必復辟, 這是理之自然, 無可怪者."

도는 옛날부터 항상 새로워 하늘과 함께 다함이 없으니"[90], 공자에 제
사지내는 것은 세상의 도나 사람의 마음과 관련되어 폐기할 수 없는
것이라고 하였다. 그는 스스로 백관百官들을 인솔하여 "공자에게 제사
지내는 의식을 거행하고……각 지방의 공묘孔廟에는 각각 그 지방의
장관이 제사를 주관하게 함으로써 백성들에게 국가가 도덕을 중시하
는 것을 알도록 하였다."[91] 9월 28일에 원세개는 친히 공묘에 가서 공
성孔聖(공자)에게 제사지냈다. 그러나 원세개는 공자에게 제사지내는
것이 종교가 아니라 지성至聖을 존숭하는 한없이 존경하는 진심에서
나온 것이니, 결코 종교를 제창하는 것에 비할 수 있는 것이 아니라고
분명히 선포하였다.[92] 원세개가 공자에 제사지냈으나 공자에 제사지
내는 것이 종교임을 부인한 것은, 정치상에서 그가 강유위보다 훨씬
뛰어났기 때문이다. 또한 그가 공자에 제사지내는 것이 종교임을 부인
한 것은 당시에 '유교비종교설'이 출현하기 시작하였기 때문이다. '유
교비종교설'은 공교회의 제유들을 크게 분개시켰다.

　〈광동성廣東省 용천龍川에〉 막 공화국이 성립되면서부터 국가체제가 새롭
　게 바뀌고 개혁조류가 근본에까지 침투하였다. 10년간이나 이미 '공자는
　종교가 아니다'는 잘못된 설이 발생하였으나, 최근에 다시 공교가 전제(專
　制)정치에 편중되어 민권民權을 숭상하지 않는다고 의심하여 공교를 폐기
　하려는 설이 크게 일어나고 있다.[93]

---

90 袁世凱, 『大總統祭聖告令』, 1914年 9月 25日, "孔子之道, 亘古常新, 與天無極."
91 위의 책, "擧行祀孔典禮,……各地方孔廟, 由各該長官主祭, 用以表示人民, 俾知國家以
　　道德爲重."
92 위의 책, "祭孔不是宗敎, 尊崇至聖, 出于億兆景仰之誠, 絶非提倡宗敎可比."
93 「倡設孔敎會龍川支會公函」『孔敎會雜誌』, 第1卷 第5號, 1913年 6月, p.3, "廣東龍川
　　自頃共和成立, 國體更新, 改革潮流, 寖及根本. 十年來已發生孔子非宗敎之謬說, 近復
　　疑孔敎偏重專制, 不尙民權, 大起廢孔敎之說."

공교회 제유들은 대부분 청 왕조 유신遺臣이었으니, 그들은 '유교비
종교설'이 공화국이 성립한 10년간에 발생하였고, 위로 소급해가면 양
계초가 「보교비소이존공론保敎非所以尊孔論」(1902)를 발표했을 때라고 보
았다. 그러나 이러한 유학자들이 보기에, 이 전에는 '유교비종교설'이
없었다. 다시 말하면, 양계초가 '유교비종교설'을 발표하기 전에는 사
람들이 유교가 종교임을 부인하지 않았다는 것이다.

4. 유교가 종교임을 다시 제기한다

묘윤전의 논문에는 "5·4 시기 공교에 대한 비판을 거친 후에, 유학
의 종교화운동은 이미 억압을 받아 완전히 파산되었고 말할 수 있고,
유학종교론도 견지하는 사람이 매우 적었다"[94]라고 하였다. 공교회의
활동이 '유학의 종교화운동'이라 부를 수 있는지의 여부는 별도로 취
급해야 하겠지만, 공교회의 활동이 억압받아 완전히 파산되었다고 말
할 수 있는 것은 대체로 사실에 부합한다. 유학종교론은 견지하는 사
람이 매우 적었을 뿐만 아니라, 심지어 견지하는 사람이 전혀 없었다
고도 말할 수 있다. 묘윤전의 논문에서 신유가의 여러 학자들을 거론
한 것은 또한 그들의 사고방향을 분명히 나타내었을 뿐이었고 아직 유
학종교론의 관점을 명확히 제기하지는 못하였다.

중국대륙에서 임계유任繼愈(1916~2009)선생은 70년대 말에 '유교종교
설'을 다시 제기하였다. 전체 중국의 역사에서 보면, 유교종교설은 2천
여 년간 부인하는 사람이 없던 옛 설을 회복한 것에 불과하기 때문에
결코 일종의 새로운 설은 아니지만, 중국 20세기 학술사에서 보면, 유

---

94 苗潤田·陳燕, 「儒學: 宗敎與非宗敎之爭 - 一个學術史的檢討」『中國哲學史』, 1999年,
第1期, 참조.(역자 주)

교종교설은 바로 중국 전통문화의 모습을 새롭게 인식하고 근본적 성질을 띠는 새로운 설이다.

묘윤전의 논문에서는 "임선생이 종교 연구자의 사유구조와 비판적 안목으로 종교의 일반 형식에 따라 유교(이학)를 순수한 의미상의 종교로 묘사하였다"[95]라고 하였다. 또한 유교종교설도 "부분적으로 종교학 연구자를 위한 것"[96]이라고 하였다. 유교가 본래 종교인지 아니면 사람이 묘사한 결과인지에 대해서는 여기에서 논쟁할 문제가 아니다. 여기에서 보충하려는 것은, 다만 임계유선생이 중국철학의 연구자이고, 지금까지 일찍이 글을 지어 유교가 종교임을 명확히 인식한 몇 안되는 사람 중의 하나이며, 무엇보다도 중국철학 전공의 학생으로 '종교학 연구자'가 된 것은 그 후의 일이다. 또한 본래 전통문화를 연구하였고, 지금까지 중국 전통문화를 연구하는 것을 직업으로 삼았던 자이다.

묘윤전의 논문에서는 "그(임선생)의 이러한 사상은 후학의 인정과 발전을 얻어 오늘날 이미 학술계에서 점차 '유학종교론파'를 형성하였다"[97]라고 하였다. 그리고 자주自注(묘윤전의 주)에서 묘윤전은 겸손한 말로 "이것은 다만 필자 개인의 견해와 호칭이니 반드시 타당한 것만은 아니다"[98]라고 하였다. 20년 전에는 임선생 한 사람만의 주장이었고 다른 어떤 사람의 호응도 없었으나, 오늘에 이르러서는 '유교종교론파'로 불려질 수 있으며, 필자도 '유교종교설'에 찬성하는 일원이 되었고, '유교 종교론파'의 일원이 된 것을 매우 기쁘게 생각한다. 학술계가 장래에 묘윤전의 이러한 호칭을 어떻게 다룰지 간에, 필자 본인

---

95 위의 책, 참조.
96 위의 책, 참조.
97 위의 책, 참조.
98 위의 책, 참조.

은 그 속의 일원으로서 이러한 호칭에 찬성한다. 여기에서 보충하려는 것은, 다만 임계유의 후학들 중에 모두가 '유교종교론파'는 아니라는 것이다. 찬성하는 자도 있고, 반대하는 자도 있으며, 공개적으로 글을 지어 비판하는 자도 있다. 또한 '유교종교론파' 중에는 지금에서 보면 확실히 대부분 임계유의 후학이지만, 임계유의 후학이 아닌 자도 있다. 이것이 바로 현·당대 학술의 특징이다. 학생은 반드시 그 스승의 설을 묵수해야할 필요가 없고, 그 설에 찬성하는 자라도 이 때문에 그의 학생인 것도 아니다. 이 점에 대해, 필자는 지금이나 이후의 학계에 분명히 하여 불필요한 오해가 발생하지 않도록 해야 한다고 생각한다.

보충한 것은 이상과 같다. 필자는 상술한 보충도 서술이 조략相略하다는 것을 잘 알고 있다. 필자는 식견이 있는 자의 비판과 질정을 받을 수 있기를 바라며, 아울러 여기에 뜻을 둔 자들이 〈유교문제 연구사〉와 같은 전문서적을 저술해 낼 수 있기를 희망한다.

20년간의 유교연구[1]

유가가 중국 전통문화의 주체라면, 결국 일종의 종교인가? 이것은 중국 전통문화의 근본문제를 어떻게 인식하는지를 언급한 것이요, 중국의 정세를 정확히 인식하는 근본문제 중의 하나이지만, 이것은 또한 장기간 논쟁이 그치지 않던 문제이다. 유교가 종교인지 종교가 아닌지 문제에 대한 논쟁은 한편으로 중국의 정세, 특히 문화정세와 종교정세의 복합성을 인식하는 것을 의미한다. 본문에서 소개한 것은 최근 20년간 유교가 종교인지 종교가 아닌지의 문제와 관련된 논쟁의 정황인데, 그것은 우리에게 전통문화에 대한 인식을 심화시키고, 나아가 민간신앙과 관련된 연구와 종교의 심층적 문제에 대한 사고를 계발하는데 도움을 줄 것이다.

유교종교설을 주장하는 학자들은 유교가 중국 고대 정교일체政敎一體 때에 시종 주도적 지위를 차지하던 종교라고 생각한다. 유교는 한 무제의 '유술만을 존숭한다'는 것에서 탄생하여 남송南宋 정주이학이

융성하던 시대에 완성되었다. 1911년 신해혁명辛亥革命 후에 수립된 공화국이 국가원수의 제천祭天의식을 취소하면서 유교는 물질적 기반을 상실하였다. 그러나 이러한 연구는 중국 전통문화의 성질을 정확히 인식하는데 대신할 수 없는 중요한 의미를 갖는다.

1. 유교종교설의 제기

근대 이후, 민족위기가 심화됨에 따라 강유위康有爲 등 개량파 사상가들은 정치개혁을 고취하는 동시에 유교의 개혁계획을 제기하였다. 그 주요점은 기독교의 형식을 모방하여 광범위하게 공묘孔廟를 세우고 누구나 공자에게 제사지낼 것을 허가하였다. 신해혁명辛亥革命의 성공은 군주제를 폐지하였을 뿐만 아니라, 또한 군주제와 연관된 일체의 하늘에 제사지내고 공자에 제사내는 활동을 폐지하여 유교는 그 물질적 기반을 잃어버렸다. 이러한 정황에서, 강유위 등은 공교회孔敎會를 조직하였다. 공교孔敎는 바로 유교였다. 공교와 유교의 구분은, 다만 군주제가 존재하지 않아서 황제의 시조始祖는 더 이상 하늘과 짝을 이루어 제사를 받을 수 없어서 공자로 하여금 하늘과 짝을 이루어 제사를 받을 것을 주장하였다. 공교회는 당시 중화민국 정부에 공교를 국교로 정할 것을 요구하였다. 원세개袁世凱의 복벽復辟 군주제의 활동속에서 공교회의 요구는 선동작용을 하였다.

군신부자君臣父子와 삼강오상三綱五常은 유교, 즉 공교 정치윤리의 기본원칙이다. 공교를 국교로 삼으면 군주가 있어야 하고 또한 군주제를 회복해야 하는데, 이것은 당시의 진보인사들이 절대로 허락할 수 없는 것이었다. 진독수陳獨秀(1880~1942)를 대표로 하는 진보인사들은, 전통적으로 말하는 유교는 '교화의 교'일뿐이고 '종교의 교'가 아니라고 지적하였다. 그들은 공교를 종교로 인정하지 않았기 때문에 공교회에 신앙자유를 주지 않았다. 1937년에 이르러, 결국 당시 국민정부의 하명下命에 따라 공교회를 취소하고 공학회孔學會로 이름을 바꾸지 않을 수 없었다.

진독수 등을 대표로 하는 신파인물들은 중국 신문화의 시점으로, 그들의 논단은 한 세대 또 한 세대의 중국학자들에게 영향을 미쳤고, 또한 중국학자를 거쳐 국외로까지 영향을 미쳤다. 그 때를 시작으로, 중국 고대에는 세계의 다른 국가와 달리 종교를 지도사상으로 삼지 않는 이른바 '비종교국非宗敎國(신독수 말이다)'이라는 논단이 정론이 되었다. 중국학자들은 항상 이것으로 자긍심을 느꼈고, 또한 이(비종교국)를 기초로 하여 중국문화와 다른 문화, 특히 서양문화와의 차이를 논술하여 신新문화건설 속의 다양한 문제를 논의하였다.

근대사회 탄생 초기 서양교회의 신파新派과학자들에 대한 박해 때문에, 종교는 수백 년간 진보인사들로부터 원수로 간주되었다. 이러한 국면을 조성한 것은 무엇보다도 서양교회의 책임이라고 말해야 할 것이다. 서양의 신新사상을 받아들이고 과학을 모든 옳고 그름의 표준으로 간주하던 중국 신파학자들은 종교에 대해서도 우호적인 감정이 없었다. 신新중국 건립 이후, 이러한 사상적 영향을 받아 상당히 긴 시간 동안 종교는 연구하는 사람이 매우 적었다. 1949년에서 1965년에 이르기까지 십 수 년의 시간 동안, 임계유任繼愈선생 등 소수 학자만이 몇 편의 종교연구논문을 썼을 뿐이다.

문화대혁명文化大革命(1966~76) 후에, 사람들의 문화대혁명에 대한 반성에 따라 전체 중국 전통문화에 대한 반성이 일어났다. 중국문화의 본래모습을 정확히 인식하는 것은 무엇보다도 중국 전통문화를 연구하는 학자들의 강렬한 원망이 되었다. 임계유선생은 이러한 학자들 중의 대표인물이다.

임계유선생은 서양철학을 깊이 연구하였고, 이후에는 긴 시간 중국 철학을 연구하였다. 그의 중국 불교연구에 대한 성과에 의해 세계종교 연구소를 세우도록 추대되었는데, 이것은 임선생으로 하여금 종교문 제를 광범위하고 깊게 연구할 수 있는 계기가 되었다. 종교연구가 심 화됨에 따라 종교와 철학에 대해서도 모두 깊은 조예가 있던 임계유선 생은, 중국 고대가 결코 '비종교국非宗敎國'이 아니라는 것을 발견하였 다. 유교는 바로 중국 고대의 국교國敎였다.

1978년 말에 〈중국 무신론학회 창립대회〉에서 임계유선생은 강연 하였는데, 가장 먼저 유교가 종교라는 논단을 제기하였다. 1979년에 태원太原2에서 개최한 '문화대혁명' 이후 〈중국철학사 제1차 전국회 의〉에서 임선생은 같은 연설을 발표하였다. 같은 해에 임선생은 일본 을 방문하여 '유가와 유교'라는 제목의 학술보고서를 작성하였다. 이 보고서는 1980년에 수정을 거쳐 「유교의 형성」3라는 제목으로 『중국 사회과학』, 1980년 제1기에 발표되었다. 그 논문에서는 공자를 대표 로 하는 유학이 본래 상商·주周시대의 천명신학과 조상숭배사상을 계 승한 것이고, 역사발전 속에서 또한 두 차례의 큰 개조를 거쳤다고 지 적하였다. 첫 번째 개조는 한대漢代에 있었고 두 번째는 송대宋代에 있 었다. 개조를 거치면서 공자는 종교 교주로 간주되었고, 유가학설은 유교로 개조되었다. 유교는 '천·지·군·친·사'를 숭배대상으로 하였 고, 육경六經을 경전으로 삼았다. 유교에는 자신들의 종교의례, 즉 하 늘에 제사지내고 공자에 제사지내는 의식이 있었고, 자신들의 전법체 계, 즉 유가의 도통론道通論이 있었다. 유교는 출세를 말하지 않았지만 정신적인 천국天國을 추구하였고, 일반 종교의 외형적 특징이 부족하

---

2 중국 산서성(山西省)의 수도이다.(역자 주)
3 원제는 「論儒教的形成」이다.(역자 주)

였지만 종교의 모든 본질적 속성을 가지고 있었다. 이 때문에 중국 고대에는 종교 신권의 통치가 없었던 것이 아닌데, 왜냐하면 유교 자체가 바로 종교였기 때문이다. 그 논문에서는, 또한 더 넓은 관점에서 자본주의 이전에는 인류가 여전히 종교사상의 전반적 통치를 벗어나지 못하였는데, 중국 고대에도 예외는 아니었다고 지적하였다. 1980년에 『중국철학』 제3집에서 임계유선생은 「유가와 유교」라는 논문을 발표하였는데, 그 논문에서는 한걸음 더 나아가 "송명이학의 건립은 중국 유교의 완성을 상징하며, 유교의 종교조직은 바로 중앙의 국학國學과 지방의 주학州學·부학府學·현학縣學이고, 학관學官은 유교의 전직 성직자였다"[4]라고 지적하였다. 유교는 종교를 사회화하여 종교생활을 개개인의 가정으로 침투시켰다. 주희朱熹(1130~1200)는 유교사상의 집대성자로, 거대한 유교 사상체계를 건립하였다. 이 후에 임선생은 또한 『중국사회과학』 1982년 제2기와 제5기에 「유교의 재평가」·「주희와 종교」라는 두 논문을 연이어 발표하고, 한걸음 더 나아가 세계사의 넓은 시야에서 중국에서 유교의 탄생은 바로 '역사적 필연'이라고 지적하였다. 동중서의 '유술만을 존숭한다'는 다만 유교의 모형일 뿐이고 송명이학이 비로소 유교의 완성으로 보고, 주희학설의 종교성 특징을 더 깊이 분석하였다.

이러한 글은 근세 사람들에 대해 말하면, 아주 새로운 시야에서 중국의 전통문화를 관조하여 학술계와 사회에 모두 극대한 반향反響을 불러일으켰다. 그러나 '유교비종교설'이 장기간 영향을 미쳤기 때문에, 사람들이 유교종교설을 빨리 받아들이기가 어려웠다. 이 후 10여년간 학술계, 특히 중국철학사 연구분야에는 많은 학자들이 자신의 논문 혹은 저술에서 유교종교설에 대한 비판적 견해를 나타냈고, 지

---

4 任繼愈, 「儒家與儒教」 『中國哲學』, 第3輯, 1980 참고.

지하는 학자들은 거의 한 사람도 없었다. 반대 의견자들은, 유가가 귀신을 믿지 않기 때문에 종교라고 말할 수 없고, 유가는 입세적이고 피안세계를 말하지 않기 때문에 종교라고 말할 수 없으며, 유교에는 자신들의 종교조직이 없고 종교의례도 없기 때문에 종교라고 말할 수 없다고 지적하였다. 또한 어떤 글에서는, 유가학설이 역사상에서 종교의 작용을 하였지만 그것 자체는 종교가 아니고 최대한 일종의 준^準종교라는 말할 수 있으며, 또한 유가학설이 종교의 작용을 하였기 때문에 종교로 하여금 중국 고대에 통치사상이 될 수 없게 하였다고 지적하였다.

2. 유교종교설에 대한 논쟁

1990년에 모종감牟鐘鑒은 『세계종교연구』 제1기에서 「중국의 종법성 전통종교 탐구」[5]라는 논문을 발표하였다. 이 논문에서 그는, 중국 고대에는 불교와 도교 외에도 '정종대교正宗大敎'가 존재한다고 지적하였다. 이 대교大敎의 중국 전통문화에 대한 의미는 불교와 도교보다 훨씬 더 중요하다. 이 논문에는 '대교'의 신령체계를 상세히 묘사하였지만 '대교'가 유교라는 것을 인정하지 않았고, 그것이 국가 관리체계의 종교로 유가와는 관계가 없다고 보았다.

유교종교설의 첫 번째 지지자는 하광호何光滬이다. 그는 1988년에 「중국 역사상의 정교합일」[6]을 발표하고 유교가 종교임을 명확히 논증하였다. 이 후에, 그의 박사논문에서도 유교종교설에 단호히 찬성하

---

5 牟鐘鑒, 「中國 宗法性 傳統宗敎 試探」 『世界宗敎硏究』, 第1期 1990 참고.
6 원제는 「論中國歷史上的政敎合一」이다. (역자 주)

였다. 1991년에 하광호는 논문을 정리하여 『다원화의 상제관』이라는 책을 귀주인민출판사에서 출판하였다.[7] 그 책의 서론에서, 그는 중국 고대에 천단天壇에서 제사지내는 호천상제昊天上帝를 지상신으로 삼는 종교체계가 바로 유교라고 지적하였다. 유교에서 존숭하는 천·지·군·친·사의 '천'은 바로 "하늘이 백성을 돕는다"[8]거나 "하늘이 죄 있는 자를 벌한다"[9]는 '천'이며, 만물의 주재자이고, 인격이 있고 의지가 있는 신이다. 동시에 서문에는 학술계의 인격신에 대한 이해가 좁고 작다고 비판하였다. 1993년에 뇌영해賴永海는 『불학과 유학』[10]이라는 책에서 중국 고대문화는 세계상의 다른 많은 문화와 마찬가지로 "상당한 정도에서 일종의 종교문화"라고 지적하였다. 공자와 중국 고대사상은 모두 지상신至上神인 '천'을 내버리지 못하였다. 유가의 윤리와 심성문제는 그 근원이 '천'에 있고 천도天道가 변화한 산물이다. 연구자들이 유가의 인사人事와 정치에 대한 말에만 주목하고 유가의 '천'과 관련되는 말을 내버린 것은 유가의 허리를 자르는 격이다. 이것은 종교학계에서 유교종교설을 가장 일찍이 지지한 공개적인 말이다.

1994년에 임계유를 주편主編으로 하고, 대부분 세계종교연구소 학자들을 편집위원으로 하여 『종교대사전宗敎大辭典』을 편찬하기 시작하였는데, 열띤 토론을 거쳐 유교를 사전에 넣기로 결정하였다. 유교의 조목은 약 350조이고 글자 수는 약 5만자에 이르렀다. 그 사전은 1999년에 상해사서출판사上海辭書出版社에서 출판되었다.[11]

1994년에 중국 광파전시출판사廣播電視出版社에서 이신李申 주편主編의

7 何光滬, 『多元化的上帝觀』, 貴州人民出版社, 1991 참고.(역자 주)

8 『尙書』「周書」, "天佑下民."

9 『尙書』「皐陶謨」, "天討有罪."

10 賴永海, 『佛學與儒學』, 杭州, 浙江人民出版社, 1993 참조.(역자 주)

11 『宗敎大辭典』(上海辭書出版社)은 이미 1998년 8월에 출판되었다.(편집자 주)

『중국고대종교백강中國古代宗敎百講』을 출판하였는데, 이 책에는 유교·불교·도교·원시종교·라마교(티베트 불교)·이슬람교를 포괄하였고, 그 중 유교가 약 1/4의 지면을 차지하였다. 1995년에 이신은 『세계종교연구』 제2기에서 「유교에 관한 몇 가지 문제」를 발표하였는데[12], 그 논문은 10여 년간 학계의 '유교종교설'의 비평에 대한 그의 답변이었다. 이 논문에서 이신은 공자가 천명과 귀신을 진심으로 믿었고, 유학자들도 모두 호천상제昊天上帝를 자기 신앙의 지상신으로 간주하였다고 지적하였다. 유학자들이 정치와 윤리의 제반 문제를 연구한 것은 상제께서 민중에게 부여한 다스리고 교화하는 책임을 수행한데 있었다. 중국 고대의 국가조직은 유교의 종교조직이었으며, 유가가 특히 중시한 예禮는 유교의 의례儀禮였다. 유교는 외재적 형식에서 내재적 본질에 이르기까지 모두 완전히 부합하는 종교였다.

　　1983년에서 1994년까지 인민출판사는 임계유 주편의 『중국철학발전사』 선진先秦·양한兩漢·위진남북조魏晉南北朝과 수당隋唐편 총4권을 연이어 출판하였다. '선진편'의 서문에는 유교가 중국 고대에 통치지위를 차지했던 의식형태이고, 공자에 의해 창립된 유가학설이 유교의 사상적 기초를 형성하였다고 분명히 지적하였다. 유교는 "유가의 봉건윤리를 중심으로 불교와 도교의 일부 종교수행방법을 흡수하고, 번쇄한 사변논리로 논증하여 엄밀한 체계와 거대한 규모의 종교 신학구조를 형성하였다. 그것은 종교이고 철학이며 정치준칙이고 도덕규범으로, 이 넷이 하나로 융합되었다."[13] 이 서문은 『중국철학발전사』가 이미 유교종교설의 지도사상 하에서 자각적으로 저술이 진행되었음을 나타낸 것이다. 이 책의 유교가 종교라는 지도사상에 대한 관철은 이

---

12 李申, 「關于儒敎的幾個問題」 『世界宗敎硏究』, 第2期, 1995 참고. (역자 주)
13 任繼愈 主編, 『中國哲學發展史: 先秦卷』, 人民出版社, 1983 참조. (역자 주)

후에 연이어 출판된 송원宋元·명청明淸과 근대近代편에서 한층 더 자각
적일 수 있었다.

3. 유교종교설의 전파와 발전

20세기 80년대와 90년대 사이에는 중국 고대문화연구분야에도 유
교종교설을 인정 혹은 반인정하는 사람이 있기 시작하였다. 그들은 유
교가 준準종교 혹은 반半종교라고 말하였고, 어떤 사람은 유교종교설
을 명확히 인정하였다. 이러한 글은 대부분 다른 문제를 논술할 때에
부수적으로 유교문제를 언급하였고, 유교종교설을 분명히 지지하는
말은 여전히 많이 보이지 않았다. 1996년에 사겸謝謙은 『전통문화와
현대화』라는 잡지, 1996년 제5기에서 「유교: 중국 역대왕조의 국가종
교」라는 논문을 발표하고14, 유교는 중국 역대왕조의 국가종교로 "공
자와 그 유가는 선교사이고, 유가의 유교에 대한 것은 서양신학이 기
독교에 대한 것과 매우 유사하다"15라고 지적하였다. 이것은 전통문화
분야에서 유교종교설을 명확히 지지한 첫 번째 논문이다.

1996년에 세계종교연구소 유교연구실이 〈유교문제 토론회〉를 개
최하였다. 이 토론회에서 유교종교설에 명확한 지지를 표시한 자로는
세계종교연구소의 중요한 학자인 탁신평卓新平·이홍화李興華·임연려任
延黎·방광창方廣錩·김정약金正躍 등이 있다. 같은 해 9월에 북경대학 종
교학과에 의해 개최된 〈국제학술 토론회〉에서 이신은 「중국에는 유
교가 있다」16는 논문을 발표하여 토론회에서 열띤 논쟁을 불러일으켰

---

14 謝謙, 「儒教: 中國歷代王朝的國家宗教」『傳統文化與現代化』, 第5期, 1996 참조.
15 위의 책, 참조
16 원제는 「中國有一個儒教」이다. (역자 주)

다. 회의를 총결할 때에, 유교종교설은 북경대학 학자인 유소봉劉小峰
의 지지를 얻었다.

1996년 6월 12일『문휘보文彙報』에 곽예적郭豫適은 「유교는 종교인
가?」라는 글을 발표하였는데17, 그 논문에서 그는 공자가 신을 믿지
않았고 유학자들도 공자를 신으로 간주하지 않았기 때문에 유교는 종
교가 아니라고 지적하였다. 그 해 9월 18일에 이신은『문휘보』에「유
교는 종교이다」라는 글을 발표하여18, 유교경전 속의 천명과 귀신신
앙은 공자사상의 출발점이고 모든 유학자 사상의 출발점이라고 지적
하였다. 공자는 한대漢代를 시작으로 국가에 의해 제전祭典에 넣어졌고
사직신社稷神과 동급이었다. 이 논문에는 또한 유교의 존재를 게시하는
것이 이미 존재하는 객관적 사실을 확인하려는 것이니, 다만 역사의
본모습을 분명히 해야 비로소 전통문화의 자원을 정확히 이용할 수 있
다고 지적하였다.

1997년『중국사회과학연구생원학보中國社會科學硏究生院學報』 제1기에
서 이신은 「유교, 유학과 유학자」라는 논문을 발표하였는데19, 그 논
문에서 그는 유학의 신령체계와 조직구조를 소개하고 다음과 같이 지
적하였다. 유학은 유교의 영혼이며, 유학자들의 임무는 생전에는 상제
의 민중을 다스리고 교화하는 임무를 수행하였고, 사후에는 공묘孔廟
에 들어가 제사를 받는 것을 최고의 영광으로 여겼다. 국가관리는 주
로 유학자에 의해 충당되었으니, 유교 국가관리는 일종의 정치직무일
뿐만 아니라 일종의 종교직무였다. 그들은 제사의례를 책임지고 제정
하였고, 유교의 교의와 교리를 해석하였으며, 또한 자기 직위에 상당
하는 제사직능을 이행하였다. 유술만을 존숭한다는 국가의 종교는 유

---

17 郭豫適, 「儒敎是宗敎嗎?」『文彙報』, 1996年 6月 12日, 참고.
18 李申, 「儒敎是宗敎」『文彙報』, 1996年 9月 18日, 참고.
19 李申, 「儒敎, 儒學和儒者」『中國社會科學硏究生院學報』, 第1期, 1997.

학자와 관계없이는 불가능한 것이었고 역사적 사실에도 부합하지 않았다. 이 논문은 그 해『신화문적新華文摘』제6기에 옮겨 실렸는데, 어느 정도 사회적 영향을 미쳤다. 1997년 8월에 함양시咸陽市[20]에서 개최한 〈한국·중국·일본의 유·불·도 삼교관계 토론회〉에서 유교가 종교인지 아닌지에 관한 문제가 극대한 관심을 불러일으켰다. 8월 13일자『중국문화보』에서는 금번 회의의 보도에 대해 가장 먼저 언급한 것이 유교문제에 관한 논쟁이었다. 이신은 토론회에서「주희의 유교 신강령」이라는 주제의 논문을 발표하였다.[21] 이 논문에서 이신은, 주희의 가장 중요한 저작이『사서집주四書集注』이고, 금본今本『사서집주』의 첫 번째 책이『대학장구大學章句』라고 지적하였다. 주희가 쓴『대학장구』서문은 유교가 송대宋代의 신강령新綱領으로 발전하였다. 그 서문에서는 "하늘이 인간계에 민중을 내보내시고 동시에 그들에게 인의仁義의 본성을 부여하였으나, 부여받은 기질氣質의 차이 때문에 민중들은 모두 자기 본성의 내용을 알아서 보전하지 못하였다. 일단 총명한 지혜와 뛰어난 인사人士가 있으면, 하늘은 반드시 그들에게 군주가 되고 스승이 될 것을 명하여 민중들을 관리하고 교화하도록 하였다. 복희·황제·요·순이 이러한 사람이었고, 문왕·무왕·주공·공자도 이러한 사람이었다."[22] 다시 말하면, 그들은 모두 천(상제)의 임명을 받아 민중들을 관리하고 교화하던 군주와 스승이었다. 교화의 목적은 민중들로 하여금 하늘이 부여한 선량한 본성을 회복하게 하는 것이다. 즉 유학이 치국治國과 교화敎化를 연구하는 것은 모두 상제께서 부여한 사명을 수행하고 있다는 말이다. 바로 이러한 의미에서, 우리는 유교를 종교라고 말할 수 있다. 이 논문은 토론회의 논문집에 수록되어 있고 머지

---

20 중국 섬서성(陝西省)에 있는 세 번째로 큰 도시이다.(역자 주)
21 李申,「朱熹的儒敎新綱領」〈中日韓儒佛道三敎問題討論會〉, 1997年 8月 참조.
22『大學章句』序, 참조.

않아 출판될 것이다.

1998년에 『문사철文史哲』 제3기의 칼럼에서 유교문제를 토론하였는데, 참가한 자로는 장대년張岱年 · 계선임季羨林 · 채상사蔡尙思 등의 구세대 학자들과 곽제용郭齊勇 · 장립문張立文 · 이신李申 등의 신세대 학자들이 있었다. 장대년선생은 유교종교설을 더 이상 반대하지 않고 공자의 학설에는 "종교적 기능이 있다"고 보았으며, 또한 학술계가 유교 종교설에 대해 관대한 태도를 견지할 것을 희망하였다. 계선임선생은 공자의 학설이 종교가 아니지만, 후대에 도처에 성묘를 세우고 제사를 거행하면서 유가는 이미 완전히 종교가 되었다고 설명하였다. 또한 유학에서 유교로의 전환은 불학佛學에서 불교로 발전한 것과 매우 비슷하다고 말하였다. 장립문교수는 기독교의 형식을 초월하여 모든 표준을 판단하면 유교는 종교라고 하였다. 그는 또한 유교종교설을 인정하는 사람에게 영향을 미치는 네 가지 요소를 분석하고, 주로 서양의 종교를 표준으로 삼아 중국을 판단하는 것은 종교문제에 대한 연구 결핍에 따른 결과라고 지적하였다. 이신의 「교화의 교'가 바로 '종교의 교'이다」라는 논문[23]은 역사적 자료에 근거하여 진독수陳獨秀 이후 중국 학술계에 장기간 유행했던 관점, 즉 유교는 '교화의 교'이고 '종교의 교'가 아니라는 관점을 비평하였다. 이신의 논문에서 '교화敎化'라는 말은 가장 먼저 동중서董仲舒에 의해 제기된 것으로, 그것의 기본 의미는 종교의 교육을 가리킨다고 지적하였다. 후대의 유학자들, 예를 들어 주희 등과 같은 사람은 유교 교육의 성질을 바꾸지 못하였을 뿐만 아니라 또한 동중서의 원칙을 더 발전시켰다. 유교의 '교'는 바로 종교의 '교'이다.

『문사철』의 이러한 글은 학술계로부터 중요시되어 그 해 『신화문

---

[23] 李申, 「敎化之敎就是宗敎之敎」『文史哲』, 1998年, 第3期 참조.

적(新華文摘)』에 이 6편의 글이 옮겨 실렸고, 『광명일보光明日報』에도 비교적 길게 보도하였다. 이신의 「교화의 교'가 바로 '종교의 교'이다」는 논문은 북경대학 학생들에 의해 창설된 『학원學園』에도 글 전체가 옮겨 실렸다. 『문사철』의 이러한 글은 중국 학술계에서 이미 유교종교설을 비교적 많이 받아들이고 있음을 나타내었다.

1999년 말에 『중국철학사』 잡지에 묘윤전교수의 「유학: 종교와 비종교의 논쟁-학술사적 검토」라는 논문이 실렸는데[24], 이 논문에는 학술사적 관점에서 강유위가 가장 먼저 유교종교설을 제기하였다고 지적하였다. 그러나 이 관점은 무엇보다도 먼저 강유위의 제자인 양계초의 반대에 부딪쳤고, 나아가 채원배蔡元培·진독수陳獨秀 등이 반대하였기 때문에 잘못된 견해라고 보았다. 이신은 「유교연구사 자료보충」[25]을 지어 묘윤전의 글을 보충하였다. 유교는 오래된 개념으로 강유위가 가장 먼저 제기한 것이 아니다. 전체 고대에는 유학자들이 그들의 종교(유교)와 불교·도교가 동류同類가 아니라고 보지 않았다. 청대 말기에 유교를 종교로 본 것은 강유위 한 사람이 아니라 유학자들의 보편적 견해였고, 유학자들의 전통적 견해였다. 장지동張之洞은 그의 유명한 『권학편勸學篇』에서 유교는 기독교·브라만교 등과 같은 종교이고 유학자와 브라만은 같은 종류의 사람이라고 보았다. 중국의 최초 대학인 경사대학당京師大學堂(지금의 북경대학) 창건(1898) 이후에, 교육부가 제정한 〈교무강요敎務綱要〉에는 각급 학교에 '공자를 존숭하고 경서를 읽을 것'을 규정하였으며, 또한 경서를 읽는 것은 종교교육으로, 기독교에서 성경을 읽는 것과 같은 종교교육이라고 분명히 지적하였다. 따라서 역대 유학자들, 즉 청대 유학자를 포괄하여 유교의 종교적

---

24 苗潤田·陳燕, 「儒學: 宗敎與非宗敎之爭-一個學術史的檢討」『中國哲學史』, 1999年, 第1期.

25 李申, 「儒敎硏究史料補」『中國哲學史』, 1999年, 第1期.

성질에 대해 지금까지 매우 분명히 부인하지 못하였다. 그들의 도교와 불교에 대한 비판도 종교간의 상호 비판이었다. 양계초는 처음에 그 스승의 견해에 전적으로 동의하여 유교를 종교로 보았으나, 20세기 초의 다양한 원인으로 인하여 최초로 유교종교설을 비평하는 기치를 들었다. 채원배蔡元培가 독일 유학 시절에 지은 『중국윤리학사』에는 유교가 종교임을 분명히 인식하였다. 그러나 후에 교육부장관이 됨에 따라 새로운 공화국이 유교에 신앙자유를 줄 수 없었기 때문에 비로소 유교가 종교임을 부인하였다. 진독수陳獨秀가 유교가 종교임을 부인한 것도 원세개袁世凱가 복벽復辟 군주제를 도모하는 정황 하에서 발생하였다. 그 때 만약 유교가 종교임을 인정한다면 반드시 유교에 신앙자유를 주어야 하고, 유교에 신앙자유를 주면 군신君臣 · 부자父子와 같은 것을 말해야 하니, 이것은 진독수 등 신파사상가들이 절대로 취할 수 없었던 것이다. 이 때문에 유교가 종교임을 부인한 것에는 분명한 시대적 특징이 있다. 지금은 마음을 가라앉혀서 중국문화의 본래모습을 정확히 인식할 때이다. 묘윤전의 논문과 이신의 논문이 함께 1999년 『중국철학사』 제1기에 발표되었다.

유교종교설은 최근 20년간의 발표상황에서 보면, 비록 이 글을 쓸 때만해도 유교종교설을 분명히 지지하는 학자들이 전체 학술계에서 손가락을 꼽을 수 있을 정도였으나, 유교종교설이 갈수록 많은 학자들에 의해 받아들여지고 이해되고 지지되는 것이 총체적인 추세이다.

20세기 80년대에서 90년대 초에 이르기까지, 임계유선생은 연이어 논문을 발표하였다. 서로 다른 관점에서 유교종교설을 논술하였는데, 이러한 논문에는 「중국의 민족형식을 가진 종교-유교」[26], 「백록동서원의 학규」[27], 「정문입설程門立雪에서 본 유교」[28], 「주희의 종교정

---

26 任繼愈, 「具有中國民族形式的宗敎-儒敎」 『文史知識』, 1988年 第6期.

감」29 등이 있다. 하광호도 유교와 연관된 논문을 출판하였다.

1996년에 『중국유교사』는 국가사회과학기금이 지원하는 주요 연구계획에 선정되었다. 1998년에 『중국유교사』가 완성되었다. 이 책은 상·하 2권으로 나누어져 있고, 대략 150만자에 200장의 사진이 들어있으며, 상세하고 확실한 자료를 근거로 하여 중국 유교의 기본모습과 그 발전맥락을 묘사하였다. 1999년에 상해인민출판사에서 출판되었다.30

---

27 任繼愈,「論白鹿洞書院學規」『任繼愈學術論著自選集』, 北京師範學院出版社, 1991.

28 任繼愈,「從程門立雪看儒敎」『群言』, 1993年, 第2期.

29 任繼愈,「朱熹的宗敎感情」『群言』, 1993年 第8期.

30 李申,『中國儒敎史』상·하권은 이미 1999년 12월과 2000년 2월에 각각 나누어 출판되었다.(중국 종교문화출판사의 편집자 주)

제3부

하광호何光滬 · 뇌영해賴永海 · 사겸謝謙의

유교종교론

유교는 종교인가

1

중국 역사상의

정교합일政教合一1

하광호何光滬2

1. 정교합일과 그 세 가지 형식

'정교합일政教合一'은 정권과 종교가 합일된 정치제도 혹은 사회현상
이다. 상고시대 많은 국가에서 통치지위를 차지한 종교의 교규教規는,
법률과 유사한 작용을 하여 종교의 사제 혹은 승려들은 정치에 대해
매우 큰 지배작용을 하였고, 인민사상을 매우 엄격히 규제하였으며,
일부 국가의 지도자는 동시에 종교의 지도자를 겸임하였는데, 이러한
상황은 동방의 노예제 전제국가에서 특히 유행하였다. 중고中古시대에
동·서방 각국은 모두 국교國教의 이름이 있든 국교의 이름이 없든 실
제로 국교를 통치사상으로 하였으니, 정교합일의 현상은 여전히 보편

---

1 원래 『문화: 중국과 세계』, 제4집(삼연서점, 1988)에 실렸던 글인데, 원래 범애(范艾)
  로 서명하였으나 이 책에 옮겨 실을 때 저자가 수정하였다.
2 하광호(何光滬, 1950~): 중국 인민(人民)대학교 철학과 교수. 대표 저서로는 『다원화
  의 상제관』·『유심무제(有心無題)』·『신성(神聖)의 뿌리』·『하광호자선집』 등이 있
  다.(역자 주)

적으로 존재하였고, 당시의 국가는 일반적으로 모두 정교합일의 역사 발전 단계에 있었다고 말할 수 있다. 근대 자산계급 혁명이 정교분리政敎分離의 주장을 제기한 후에 정교합일 현상이 날로 감소하였지만, 일부 국가와 지역에서는 여전히 정도는 달랐지만 존재하였다. 예를 들어 일본은 명치유신明治維新 후에 '신황일체神皇一體'·'제정일치祭政一致'를 제기하여 제2차 세계대전이 끝날 때까지 신도교神道敎3가 줄곧 국교를 대신하였다. 당시 세계의 일부 국가에서는 여전히 정교합일 제도를 실행하고 있었다.

여기에서 말한 정교합일은 좁은 의미의 정교政敎관계, 즉 종교와 통치계급의 정치적 결합이다.(서양인이 말하는 교회와 국가간의 관계Relations between Church and State가 항상 '정교관계'로 번역되지만, 실제로 가리키는 것은 '교회와 국가의 관계', 즉 체제화된 종교단체와 통치기구인 국가간의 관계이다) 넓은 의미의 '정교관계'는 일반적 종교(체제화와 비체제화 및 정통과 이단의 종교를 포괄한다)와 일반적 정치(통치계급과 피통치계급 및 조정과 재야의 정치를 포괄한다)간의 관계를 가리킨다. 이러한 결합의 긴밀한 정도는 각 시기와 각 국가마다 서로 달랐다. 결합의 긴밀한 정도가 비교적 큰 것은 '신권정치神權政治', 즉 종교와 정치, 교회와 국가, 신권과 정권의 완전한 결합이라 부를 수 있다. 결합의 긴밀한 정도가 비교적 적은 것은 '국교통치國敎統治', 즉 통치지위에 오른 종교의 사상영역 내에서의 규제라고 부를 수 있다. 물론, 이 두 유형간에는 결코 명확한 한계가 없고, 대다수 정교합일 제도는 언제나 가장 엄격한 신권정치(예를 들어 이슬람혁명 후 이란에서 실행한

---

3 신도(神道: Shinto)란 일본의 민족신앙으로, 일본에서 발생하여 유교와 불교 등 외래 종교나 사상과 대립하거나 또는 그 영향을 받으면서 발전하여 일본인들의 정신생활의 기반이 되어온 민족신앙을 말하며, 나아가서 그 민족신앙을 근저로 한 도덕·윤리·풍속까지를 포함하기도 한다.(역자 주)

것)와 가장 느슨한 국교통치(예를 들어 '라테란Lateran 조약'4 폐기 전에 이탈리아에서 실행한 것) 사이에 끼여 있는데, 우리는 그것을 '온화한 정교합일'이라고 부를 수 있다. 이러한 정황은 비교적 보편적이기 때문에 종교와 통치계급 정치가 서로 결합하는 일반적 상황을 대표할 수 있고, 우리가 글을 쓰는 편의를 위해 간단히 '정교합일'이라고도 부를 수 있다. 이에 종교와 통치계급 정치가 서로 결합하는 긴밀한 정도에 따라, 우리는 정교합일 현상의 세 가지 유형-'신권정치'·'국교통치'·'(온화한) 정교합일'을 이룰 수 있다.

아래에서 우리는 이 세 가지 정교합일의 형식이 중국의 역사 속에 존재하였는지, 만약 존재하였다면 어떤 종교이고 어떤 방식으로 이러한 정교합일 형식 속에서 작용하였는지를 살펴보았다.

2. 중국 역사상에는 '신권정치'가 있었는가

'신권정치神權政治'는 신권과 정권이 하나로 합쳐진 것으로, 국가기관과 종교기구가 긴밀히 결합하여 신神 혹은 종교의 명의를 빌어 통치하던 정치체제이다. 신권정치는 일정 시기 혹은 일정 국가의 정치제도의 한 측면만을 구성하니, 그것은 군주제와 결합할 수도 있고(고대 동방의 각 국가의 경우이다), 공화제와 결합할 수도 있다(존 칼빈John Calvin 지도하의 제네바Genevra의 경우이다). 상고上古시대에는 종교의식이 매우 보편적이고 유력하였고 원시 공동체 사회 속에서 종교와 정치가 혼연히 일체하는 경향이 매우 강하였기 때문에, 각국의 정치제도는 모두 많든 적든 간에 신권정치의 성분을 포함하고 있었다. 이러한 제도 하

---

4 '1929년의 라테란 협정'이라고도 한다. 이탈리아와 바티칸 사이의 조약이다.(역자 주)

에서 종교는 통치질서를 유지하는 중요한 지주였고, 중대한 정치업무는 항상 종교형식으로 결정되었으며, 정치활동의 득실得失·성패成敗는 항상 신의 뜻에 돌려졌고, 최고 통치자는 신의 화신化身 혹은 대리인으로 간주되었으며, 상층 통치집단은 수많은 종교의 상층 인물을 포함하였으니, 종교상의 고려는 정치결정에 중요한 영향을 주었다. 이러한 상황은 정도를 달리하여 고대의 이집트·바빌로니아·페르시아·유대·인도와 중국에서 존재하였다.

중국 역사상에서 신권정치는 주로 상고시대에 존재하였는데, 혹자는 하夏·상商에서 서주西周에까지 이르렀다고 말하였다.

이른바 "하나라가 천명天命에 복종하였다"[5], 하나라 우임금이 "귀신을 지극히 섬겼다"[6]라는 것은 하대에 이미 천명·귀신을 빌어서 통치하던 상황이 있었음을 설명한 것이다. 은상시대의 통치자에 이르러서는 스스로 천명으로 자처하고 왕노릇하였을 뿐만 아니라, 또한 매사를 복서卜筮에게 물었고 종묘 안의 큰 방은 정사政事의 장소가 되었으며, 정령政令은 모두 신의 뜻을 빌어서 나왔으니, 신권정치는 이 때 절정에 달하였다. 주대周代에 시작된 '이덕배천以德配天(덕으로써 천과 짝을 이루는)'은 인륜방면의 내용이 정치 속에 일어난 작용에 가중되기 시작하였음을 나타내지만, 주왕周王은 여전히 '천자'로 자처하였다. 평왕平王(BC 771~BC 720 재위)이 동천東遷한 후에, 주周 천자의 지위가 떨어지면서 극단적 신권정치도 '예악禮樂의 붕괴'에 따라 붕괴되기 시작하였다. 그렇지만 비교적 온화한 정교합일 제도는 중국에서 결코 역사무대 밖으로 사라지지 않고 일종의 새로운 특수한 형식으로 2천년 동안 지속되었다. 이것이 바로 특수한 유교와 특수한 중국 전제정치의 결합이다. 중고中古

---

5 『尙書』「召誥」, "有夏服天命."
6 『論語』「泰伯」, "致孝乎鬼神."

시기의 정교합일 형식에 관해서는 제4장에서 다시 상세히 논술하였다. 여기서는 먼저 상고시기의 신권정치를 말하였다.

상고시기 중국의 신권정치는 분명한 이론형태를 가지고 있었으니, 즉 인간의 통치질서와 정치제도를 일률적으로 자연을 초월하고 인간을 초월하는 '천의天意' 혹은 '천명天命'의 결과로 말하였다. 가장 대표적인 표현은 『상서尙書』「고도모皐陶謨」의 말이다.

> 모든 관직을 폐기하지 마소서. 하늘의 일꾼이 그것을 대신할 것입니다. 하늘의 질서(君臣·父子·夫婦·兄弟·朋友의 윤리질서)에 법칙이 있어 우리 오전五典(인·의·예·지·신)을 바로잡아 다섯 가지를 후하게 하시고, 하늘의 질서(尊卑·貴賤·等級·隆殺의 품계질서)에 예가 있어 우리 오례五禮(천자·제후·경대부·사·서민)를 따라 다섯 가지를 떳떳하게 하소서.······하늘이 덕 있는 자에게 명하시거든 오복五服으로 다섯 가지 등급을 밝히고, 하늘이 죄 있는 자를 징계하거든 오형五刑[7]으로 다섯 가지 등급을 나누어 쓰소서.[8]

실제상황에서 종교와 군사는 국정國政의 양대 영역이니, 이른바 "국가의 대사人事는 제사와 정벌에 있었다."[9] 그러나 제사와 정벌 및 다른 중대한 일은 항상 먼저 전담자에 의해 길흉吉凶을 점친 연후에 비로소 실행여부를 결정할 수 있었다. 점친 사항은 대부분 정무政務와 관계가 있었으니 정교政敎의 결합범위가 광대하였음을 알 수 있다. '정교' 결합 정도의 깊이에 대해서는 아래의 기록에서 그 일단을 엿볼 수 있다.

---

7 오형(五刑): 중국에서 행하던 다섯 가지 형벌로 묵형(墨刑: 밀굴에 문신을 새김), 의형(劓刑: 코를 벰), 월형(刖刑: 발뒤꿈치를 벰), 궁형(宮刑: 성기를 거세함), 대벽(大辟: 사형)을 이른다.(역자 주)

8 『尙書』「皐陶謨」, "無曠庶官, 天工人其代之. 天敍有典, 勅我五典五惇哉. 天秩有禮, 自我五禮五庸哉.······天命有德, 五服五章哉. 天討有罪, 五刑五用哉."

9 『左傳』「成公 13年」, "國之大事, 在祀與戎."

당신에게 큰 의문이 있으면 당신 마음에 물어보고 경사卿士에 물어보고 백성에게 물어보고 거북점과 시초점(卜筮)에 물어보십시오. 그리하여 당신이 따르고 거북점이 따르고 시초점이 따르고 경사가 따르고 백성이 따르면, 이것을 대동大同이라 합니다.……당신이 따르고 거북점이 따르고 시초점이 따르면, 경사가 거역하고 백성이 거역해도 길할 것입니다. 경사가 따르고 거북점이 따르고 시초점이 따르면, 당신이 거역하고 백성이 거역해도 길할 것입니다. 당신이 따르고 거북점이 따르고 시초점이 따라도 경사가 거스르고 백성이 거스르면, 안에서 하는 일은 길하고 밖에서 하는 일은 흉할 것입니다.10

이것은 정책을 결정하는 과정에서 군주와 재상 및 백성의 의견이 모두 복서卜筮와 같은 초급의 종교활동에 의해 부결되었음을 말한 것이다. 이것이 바로 순수한 신권정치가 아니겠는가?

제사와 점복占卜이 정치에 대해 이미 이처럼 중요하였으니 그 일을 주관하는 '무당(巫)'과 '사관(史)', 즉 '종교 인사들'은 바로 군주를 보좌하는 재상—'정계의 중요한 인물'이었다. 은상시대의 '무함巫咸'·'무현巫賢'이 바로 이런 부류의 인물이었다. 각종 '사관'들은 국정의 대책을 결정하기 전에 길흉을 점치고 또한 점친 결과를 보존하는 일을 담당하였다. 중대한 지난 일을 잘 알기 때문에 군주가 큰일을 당하면 반드시 그들에게 자문하였다.

---

10 『尚書』「洪範」, "汝則有大疑, 謀及乃心, 謀及卿士, 謀及庶人, 謀及卜筮. 汝則從, 龜從, 筮從, 卿士從, 庶民從, 是之謂大同.……汝則從, 龜從, 筮從, 卿士逆, 庶民逆吉. 卿士從, 龜從, 筮從, 汝則逆, 庶民逆吉. 庶民從, 龜從, 筮從, 汝則逆, 卿士逆吉. 汝則從, 龜從, 筮逆, 卿士逆, 庶民逆, 作內吉, 作外凶."

천도天道는 선한 자에게 복福을 주고 악한 자에게 화禍를 주는데, '화'와 '복'이 이를 때는 반드시 기미를 보인다. 군자는 은미한(微) 것을 보고 드러날(著) 것을 알기 때문에 그 말에는 분명한 징조가 있다. 그 뒤로는 멀기도 하고 가깝기도 하여 그 응하는 것이 또한 메아리와 같았다. 사관이 된 자는 일보다는 점(策)을 기록하였고, 군주를 모실 때는 외우고 있다가 물으면 바로 알려주었다. 선하여 복을 따르는 자는 권면할 수 있고 악하여 화를 따르는 자는 경계할 수 있는데, 이것이 사관의 직책이다.[11]

국정에서 사관의 역할이 이처럼 중요하였기 때문에 왕국유王國維(1877~1927)는 고증을 거친 후에 "옛날의 관직 명칭은 대부분 사관에서 나왔다"[12]라고 단언하였다.

왕중汪中(1744~1794)은 일찍이 다음과 같이 기술하였다.

천도天道·귀신鬼神·재상災祥·복서卜筮나 꿈을 책에 구비하여 기록하는 것은 무엇입니까? 대답하기를, "이것은 사관의 직책입니다.……초나라 공자公子 기질(棄疾: 熊棄疾로 후에 초나라 平王에 즉위(528~516))이 진陳나라를 멸망시켰으나, 사조史趙는 세성歲星(木星)이 석목의 나루(析木之津)[13]에 있기 때문에 진나라가 장차 다시 일어날 것이라고 하였다. 오나라가 처음 월나라에 군대를 출병하였을 때, 사묵史墨은 월나라가 세성歲星이 비치는 때를 만났으니, 오나라가 공격하면 반드시 흉할 것이라고 하였다.……진陳나라 경중敬仲(完)이 태어났을 때 주나라 태사大史가 『주역』을 가지고 와서 진나라

---

11 汪中, 『述學』「左氏春秋釋疑」, "天道福善而禍淫, 禍福之至, 必有其幾. 君子見微知著, 明徵其辭. 其後或遠或近, 其應也如響. 作史者比事而書之策, 侍於其君則誦之, 有問焉則以告之. 其善而適福, 足以勸焉. 淫而適禍, 足以戒焉, 此史之職也."

12 王國維, 『觀堂集林』「釋史」, "古之官名多從史出."

13 동방(東方) 목(木)의 자리인 기성(箕星)과 북방(北方) 수(水)의 자리인 두성(斗星) 사이에 자리 잡은 은하수에 있다는 나루터를 말한다.(역자 주)

제후(왕)를 뵈었는데, 진나라 제후가 그에게 〈경중의 장래를〉 점치게 하였다. 〈진晉나라 대부인〉 한기韓起(韓宣子)는 〈노나라에 사신으로 갔을 때〉 태사大史에서 책尙書을 보다가 역상易象(易卦의 象數)을 보았고, 〈위나라 재상인〉 공성자孔成子(孔烝鉏)는 임금으로 세울 자(위나라 靈公인 元을 말한다)를 점쳐서 사조史朝에게 보여주었다."14

사관은 천도·귀신·재상災祥·꿈 등을 해석하는 일을 담당하였으니, 결국 국가의 멸망이나 군대를 일으키고 임금을 세우는 등 중대한 정무와 관계가 있다. 이것은 정교政敎가 깊이 결합되어 있음을 나타낸 것이다. 사마천司馬遷(BC 145~BC 87)도 일찍이 다음과 같이 말하였다.

예로부터 성왕聖王이 장차 나라를 세우고 천명을 받아 왕업을 일으키려 할 적에, 언제 복서卜筮를 소중히 여겨 선정善政을 돕지 않은 적이 있었는가? 당우唐虞(堯舜) 이전의 일은 〈기록이 부족한 탓으로 복서를〉 기록할 수 없었을 뿐이고, 삼대三代(夏·殷·周)가 일어난 뒤로는 각각 〈복서에 나타난〉 상서祥瑞에 의지하였다.……왕이 여러 의심스러운 일을 결정하는데 복서를 참조하고 시초점과 거북점으로 판단하던 것은 바뀌지 않은 방법이었다. 오랑캐인 저강氐羌족15에게는 비록 군신君臣의 질서가 없었지만 의심스러운 일을 판단해주는 복서가 있었으니, 쇠와 돌로 점치기도 하고 풀과 나무로 점치기도 하였다. 나라마다 풍속은 달랐지만, 모두 〈복서에 따

---

14 汪中, 『述學』「左氏春秋釋疑」, "天道鬼神災祥卜筮夢之備書于策者何也. 曰此史之職也.……楚公子棄疾滅陳, 史趙以爲歲在析木之津, 猶將復由. 吳始用師于越, 史墨以爲越得歲而吳伐之, 必受其凶.……陳敬仲之生, 周大史有以周易見陳侯者, 陳侯使筮之. 韓起觀書于大史, 見易象, 孔成子筮立君以示史朝."

15 저강(氐羌)족은 스키타이 부족으로 기마·유목민족으로, 기동력이 뛰어나 진시황의 천하통일에 크게 기여하였다. 스키타이 부족의 근원지는 카스피해 흑해 북쪽이다.(역자 주)

라〉 전쟁을 일으키고 공격을 하고 군대를 이끌어 승리를 얻었으니, 각자 그들의 신을 믿어 장래의 일을 알았다.16

이 또한 '정교'가 폭넓게 결합되어 있음을 나타낸 것이다.

신령신앙은 주로 제사활동으로 나타났다. 중국의 상고시대에는 제사가 바로 '국가의 대사大事'였기 때문에 항상 군주가 친히 주관하였다. 즉. 맹자가 말한 "순임금으로 하여금 제사를 주관하게 하였는데, 온갖 신들이 흠향하였다는 것이다."17 제사를 폐기하면 심지어 사람들에게 정벌의 구실을 제공할 수도 있었다. 예를 들어 갈백葛伯이 제사 지내지 않자 은나라 탕왕이 그를 정벌하였고, 은나라 주紂왕이 귀신한테 태만하자 백성의 원망과 제후의 배반이 있었다는 등은 모두 분명한 사례이다.

제사의 대상은 가장 먼저 조상으로 미루어갈 수 있다. 조상숭배는 중국에서 근대까지 계속되어 중국 전통종교에서 핵심적 지위를 차지하였는데, 이것은 중국의 소농경제와 종법관계가 장기간 지속되고 또한 통치지위를 차지한 부산물이다. 상고시대에 조상에 제사지내는 것에는 분명한 정치적 목적이 있었으니, 『국어國語』「노어魯語」에는 다음과 같이 말하였다.

무릇 성왕聖王이 제사를 규정함에 있어서는, 백성들에게 은덕을 베풀면 제사지냈고, 나라를 위해 열심히 일하다가 죽으면 제사지냈고, 국가를 안정시키는데 공로가 있으면 제사지냈고, 큰 재해災害를 막을 수 있으면 제사

---

16 『史記』「龜策列傳」, "自古聖王, 將建國受命, 興動事業, 何嘗不寶卜筮以助善. 唐虞以上, 不可記己. 自三代之興, 各據禎祥.……王者決定諸疑, 參以卜筮, 斷以蓍龜, 不易之道也. 蠻夷氐羌, 雖無君臣之序, 亦有決疑之卜, 或以金石, 或以草木. 國不同俗, 然皆可以戰伐攻擊, 推兵求勝, 各信其神, 以知來事."

17 『孟子』「萬章(上)」, "使之主祭, 而百神享之."

지냈고, 큰 우환을 막을 수 있으면 제사지냈다. 이 같은 경우가 아니면 제사를 받지 못하였다.18

이 때문에 조상에게 제사지내는 것이 군주의 가장 중요한 직책이 되었고, 제사제도도 사회 등급제도의 중요한 부분과 분명한 지표가 되었다. 『예기禮記』「대전大傳」에 말하기를,

예법에 왕이 아니면 체禘19제사를 지내지 못한다. 왕이라야 그 시조에 '체' 제사를 지내고 그 시조를 배향할 수 있다. 제후諸侯는 그 태조太祖에까지 미치고, 대부大夫와 사士는 큰 제사를 지낼 일이 있으면 〈규모를〉 임금보다 작게 하되 합제合祭는 고조高祖에까지 미친다.20

일반 서민들의 제사는 그 조상에게만 제사지낼 수 있었고 '추원존선追遠尊先(먼 조상을 추모하고 선조를 존숭하는 것)'을 허락하지 않았다. 주대周代에 이르러서는 정치등급을 유지하는 묘제廟制가 한층 더 정립되었다. "천자는 7묘이고, 제후는 5묘이며, 대부는 3묘이고, 선비는 1묘이며, 일반 서민들은 방에서 제사지냈으니"21 종교제도는 정치제도의 구성 부분이 되었다.

국가의 대사大事인 제례에는 다른 대상, 즉 각종 자연신령이 있었다. 『상서尙書』「요전堯典」에는 "상제에 유類제사를 지내고, 육종六宗에 인禋제사를 지내고, 산천에 망望제사를 지내고, 여러 신들에게 두루 제사지

---

18 『國語』「魯語」, "夫聖王之制祀也, 法施于民則祀之, 以死勤民則祀之, 以勞定國則祀之, 能御大災則祀之, 能捍大患則祀之. 非是族也, 不在祀典."

19 제왕이 시조(始祖)를 하늘에 배향하는 큰 제사이다.(역자 주)

20 『禮記』「大傳」, "禮, 不王不禘. 王者禘其祖所自出, 以其祖配之. 諸侯及其大祖. 大夫 士有大事, 省于其君, 干祫及其高祖."

21 『禮記』「王制」, "天子七廟, 諸侯五廟, 大夫三廟, 士一廟, 庶人祭於寢."

냈다"22라는 기록이 있다. 『예기』「제법祭法」에는 "천하를 소유한 자가 온갖 신(百神)에게 제사지냈으니, 제후가 그 영지領地를 얻으면 제사지냈고, 영지를 잃으면 제사지내지 않았다"23라고 하였다. 자연신령의 제사도 통치계급의 정치와 긴밀히 연관되었음을 나타낸 것이다. 또한 이러한 자연숭배에 속하는 종교활동은 모두 군주에 의해 친히 주관되었다.

'제사와 전쟁' 이외에 가장 중요한 '대사大事'는 생산활동이다. 수렵경제시대에 사냥은 큰 의식이었다. 농경시대에 진입해서는 씨족의 지도자가 경작을 지도하였지만, 부족연합과 계급이 출현한 후에는 경작에 대한 직접 지도가 점차 상징적인 지도로 바뀌어 일종의 성대한 종교의식의 전례典禮로 나타났다. 즉 천자가 친히 경작하는 의식은 줄곧 봉건시대까지 계속되었다. 『국어』「주어周語」에는 다음과 같이 묘사하였다.

옛날에 태사太史는 계절의 변화에 따라 땅의 상황을 관찰하였다.……태사가 후직后稷(주나라의 시조)에게 "지금부터 입춘(立春)까지는 양의 기운이 모두 올라와 땅의 기운이 윤택해지는데, 만약 땅의 기운이 움직이지 않으면 곧 재난을 만나 밭을 갈고 씨앗을 뿌릴 수 없게 됩니다"라고 말하였다. ……후직은 백성에게 마음을 합쳐 밭을 잘 경작할 것을 훈계하고는 "춘분이 되어 낮과 밤이 같아지고 천둥이 치면 겨울잠을 자던 동물들이 활동을 시작하니, 이 때가 되었는데 토지가 전부 경작되지 않으면 사구司寇24에 의해 벌을 받게 된다"라고 하였다. 그 다음에 여러 사람에게 일을 시작하자고 하였다. 농사農師가 첫 번째로 순시하고, 농정農正이 두 번째, 후직后稷이 세 번째, 사령司空이 네 번째, 사도司徒가 다섯 번째, 태보太保25가 여섯

22 『尙書』「堯典」, "類于上帝, 禋于六宗, 望于山川, 遍于群神."
23 『禮記』「祭法」, "有天下者祭百神, 諸侯在其地則祭之, 亡其地則不祭."
24 사구(司寇): 재판과 형벌을 관장하던 관리이다.(역자 주)

번째, 태사太師가 일곱 번째, 태사太史가 여덟 번째, 종백宗伯이 아홉 번째, 마지막에 천자께서 공·경·대부를 이끌고 순시하였다. 김을 매고 수확을 할 때도 이와 같았다.……봄·여름·가을에는 농사에 힘쓰고 겨울에는 무술을 연마하는데, 이러한 후에 출병(전쟁)해야 위세가 있고, 평시 나라를 다스릴 때도 재용財用이 풍부하게 된다. 이와 같아야 신령의 환심과 백성의 지지를 얻을 수 있다.26

이로써 보면, 상고시대의 종교·경제·정치는 참으로 '삼위일체三位一體'였다고 말할 수 있다.

상술한 조상에 대한 제사와 묘제廟制의 종교상의 등급제도는 서주西周에서 시작되어 종법제도와 서로 결합하였다. 대종大宗은 "백대가 되어도 위패를 옮기지 않고 영원히 지내는 제사이고, 소종小宗은 5대가 되면 위패를 옮겨 더 이상 제사지내지 않으며"27, 종자宗子(長子)에게는 제사를 주관하는 특권이 있고, 지차(혹은 서자)에게는 제사를 주관하는 것을 허락하지 않은 것들은28 모두 이러한 결합의 확실한 증거이다. 종법제의 '존조尊祖'·'경종敬宗'과 '친친親親'·'존존尊尊' 등의 원칙은 사람들이 반드시 지켜야 하는 행위규범이 되어 이른바 '예'의 핵심 내용을 구성하였다. 그러나 중국 고대 법률사상의 주요한 특징은 종법사상이 주도적 지위를 차지하였다는 것이다.29 법제法制의 주요한 특징은 '예'

---

25 태보(太保): 왕을 보좌하며 여러 관리들을 감시하는 관리이다.(역자 주)
26 『國語』「周語」, "古者太史順時覛土,……太史告稷曰, 自今至於初吉, 陽氣俱蒸, 土膏其動, 弗震弗渝, 脈其滿眚, 穀乃不殖.……稷則遍戒百姓, 紀農協功, 曰陰陽分布, 震雷出滯, 土不備墾, 辟在司寇. 乃命其旅曰, 徇. 農師一之, 農正再之, 後稷三之, 司空四之, 司徒五之, 太保六之, 太師七之, 太史八之, 宗伯九之, 王則大徇. 耨獲亦如之.……三時務農, 而一時講武. 故征則有威, 守則有財. 若是乃能媚於神, 而和於民矣."
27 『禮記』「大傳」, "有百世不遷之宗, 有五世則遷之宗."
28 『禮記』「王制」, "支子不祭."
29 『孝敬』「五刑章」, "五刑之屬三千, 而罪莫大于不孝."

를 법률의 기초와 표준으로 삼았다는 것이다. 한자 중에 '법法'자는 본래 '灋'와 '灋'로 이루어져 있다. 『이아爾雅』「석고釋詁」에는 "법法은 상常이다"30라고 해석하였다. '灋'의 본뜻은 항상 행하는 규범 혹은 표준, 즉 행위규범을 가리킨다. 『설문說文』「치부廌部」의 해석에 근거하면 다음과 같다.

> 법灋은 형벌이다. 공평하기가 물과 같아야 하기 때문에 물(氵)에서 나온 글자이다. 해태廌廌31가 정직하지 않은 자를 뿔로 받아 쫓아내기 때문에 '거去'자를 따른다.32

'치廌'는 바로 해치解廌인데, 해치獬豸라고도 한다. 옛 사람들은 해치가 죄가 있는지를 본능적으로 안다고 믿었다.33 『설문』에는 "해치는 짐승이다. 야생 소와 닮았는데 뿔이 하나이다. 옛날에 소송을 판결할 때에 그로 하여금 뿔로 정직하지 않은 자를 받게 하였다"34라고 해석하였다. 이른바 '정직하지 않다'는 것은 당시의 행위규범에 대한 위반을 말한다. 이러한 정황은 모두 상고시대의 종교·윤리·법률제도를 '삼위일체'라 말할 수 있음을 나타낸 것이다.

이 밖에도 상고시대의 계절과 기후에 근거하면, 모두 '제帝' 혹은 '신神'의 주재가 있었고 절기를 위배하면 벌을 받는 미신이 있었다. 천자天

---

30 『爾雅』「釋詁」, "法, 常也."
31 해태는 시비(是非)·선악(善惡)을 판단하는 신수(神獸)이다.(역자 주)
32 『說文』「廌部」, "법, 刑也. 平之如水, 從水. 廌所以觸不直者, 去之, 從去."
33 해치(觟䚦)는 뿔이 하나 달린 양으로 죄가 있는지를 본능적으로 알았다. 고도(皐陶: 순임금 때 법관)가 사건을 처리하는데 누가 죄가 있는지 의심스러울 때는 양으로 하여금 그 사람을 받게 하였는데, 죄가 있는 사람이면 뿔로 받고, 죄가 없는 사람이면 뿔로 받지 않았다.(『論衡』「是應篇」, "觟䚦(解廌)者, 一角之羊也, 性知有罪. 皐陶治獄, 其罪疑者, 令羊觸之, 有罪則觸, 無罪則不觸."참조.)
34 『說文』, "解廌, 獸也. 似山牛, 一角. 古者決訟, 令觸不直."

子·공경公卿·대부大夫가 동쪽 교외에서 봄맞이 의식을 행하였고, 남쪽 교외에서 여름 맞이 의식을 행하였고, 서쪽 교외에서 가을맞이 의식을 행하였고, 북쪽 교외에서 겨울맞이 의식을 행하였으며,35 "천지의 법도를 따르고 춘·하·추·동 사계절에 순응하고, 백성과 신령이 화목하고 사물의 법칙을 본받는"36 견해가 있었다. 전쟁 중에는 항상 점복占卜과 같은 종교의식으로 대중을 동원하였고 신의 뜻을 빌어서 사기를 고무시켰으니, 점복과 명사命辭37에서 『역경』에 이르기까지 모두 전쟁의 일을 점친 기록이 적지 않았다. 하계夏啓(禹王의 아들)가 유호씨有扈氏를 정벌하고, 은나라 탕湯왕이 하나라 걸桀왕을 정벌하면서부터 주나라 무왕이 은나라 주紂왕을 정벌하는데 이르기까지, 모두 신이 집행한 징벌로 자처하였다.38 이러한 것들은 모두 신권정치의 분명한 표현이니, 여기에는 많은 말이 필요하지 않다.

총괄하면, 본 장의 서두에서 열거한 신권정치의 각종 특징이나 하·상·주시대의 중국 종교(조상숭배와 자연숭배를 포괄한다)와 통치계급의 정치이론·정치실천을 참조해보면, 신권정치가 모두 갖추어져 있지 않음이 없다. 이러한 신권정치는 통치계급과 각종 정치활동을 신격화하고 당시의 정치법률·사회질서를 신격화하였으니, 물론 당시의 정치를 견고히 하고 통치질서를 유지하여 신흥국가를 통일하는데도 중대한 작용을 하였다.

---

35 『禮記』「月令」, 참조.

36 『國語』「周語(下)」, "度於天地而順於時動, 和於民神而儀於物則."

37 명사(命辭)는 점을 쳐서 물어본 내용을 기록한 것인데, 정사(貞辭) 혹은 문사(問辭)라고도 부른다.(역자 주)

38 이른바 "하늘의 죄를 받들어 행하였다"(『尙書』「甘誓」, "恭行天之罪."), "하늘의 죄를 다하였다"(『尙書』「湯誓」, "致天之罪."), "하늘의 벌을 함께 행하였다"(『史記』「周本記」, "共行天罰.")는 것이다.

3. 중국 역사상에는 '국교통치國敎統治'가 있었는가

국교國敎는 통치계급 혹은 집권당국에 의해 국가의 전 국민이 신앙하는 종교로 정해진 것으로, 그것은 일정 사회 속에서 통치지위를 차지한 관방官方(국가체제)의 의식형태이고 통치질서를 유지하는 가장 중요한 정신적 지주이다. 원시사회에서 씨족 혹은 부락종교는 일찍이 씨족 혹은 부락의 전 국민성 의식형태였다. 노예제 통일국가가 출현한 후에, 통치계급은 항상 어떤 한 부락의 신기神祇를 전국에서 공동으로 믿는 신으로 간주하였는데, 혹자는 정복자의 종교로 피정복자의 종교를 대신하기도 하였고, 혹자는 모종의 신新종교를 창립하고 혹은 받아들여 전 국민이 신봉하는 관방종교官方宗敎(국가체제에 부합하는 종교)로 정하여 의식형태의 통일을 이루고자 하였다. 국교체제 하에서 국교의 사제司祭 혹은 승려들은 항상 매우 높은 지위와 특권을 누렸고, 국가의 사회정치생활, 특히 정신생활에 중대한 영향을 발휘하였으며, 또한 다른 종교 혹은 다른 의식형태를 배척하여 의식형태에 단일화의 상황을 조성하였다. 국교가 중고시대에는 매우 보편적 현상이었다. 자산계급혁명 후에, 종교의 관용과 신앙의 자유가 점차 현대정치와 사상원칙에 받아들여졌기 때문에 의식형태의 다원화가 대세大勢를 이루었다. 비록 일부 국가에서는 여전히 국교를 보유하였지만, 그 강제력은 이미 크게 약화되어 다른 종교와 의식형태를 더 이상 완전히 배척하지 못하였다.

우리가 말한 '국교통치'는 이러한 모종의 종교를 이용하여 인민대중의 사상의식을 통제하는 것을 가리키는데, 기존 사회제도가 변호하는 현상이 되었다. 이러한 작용을 하는 종교로는 '국교'로 선포된 것도 있고 선포되지 못한 것도 있으며, '국교'의 명칭을 가진 것도 있고 그러한 명칭이 없는 것도 있으며, 체제가 완비된 제도인 것도 있고 이러한 제도가 없는 것도 있지만, 그것들은 모두 같은 직능을 부여받았으니 실제로 모두 유형有形 혹은 무형無形, 유명有名 혹은 무명無名의 '국교'이다.

어떤 사람은 중국에는 통치지위를 차지한 종교가 없으니, 당연히 '국교'도 없다고 말할 수 있다고 여겼다. 그러나 역사적 사실은 중국에 예로부터 실질상의 국교가 확실히 존재하였음을 증명하였고, 혹자는 중국 고대의 일부 종교에는 확실히 상술한 국교의 특징과 직능이 있다고 말하였다.

은상시대 이래의 조상숭배와 상제숭배, 한대漢代 이후의 유교는 실질적으로 중국 고대의 국교이다. 앞에서 인용한 적지 않은 자료는 이미 은주시대의 조상숭배와 천제天帝숭배의 제도가 모두 통치계급에 의해 규정된 종교제도임을 증명하였다. 이러한 종교제도는 종법제도와 결합하여 전 국민에 널리 시행되었고 통치질서를 유지하는 중요한 작용을 하였는데, 이 점에 관해서는 아래의 예문에서 분명히 기술하였다.

> 이에 나라는 가을제사嘗와 겨울제사烝를 지냅니다. 경대부도 제사를 지내기 시작합니다. 백성들도 각 가정에서 길일吉日을 가려 희생을 바치고, 경건히 서직黍稷과 곡식을 바치고, 청결히 청소하고, 삼가 제복祭服을 입고, 정결한 제주祭酒를 마련하고, 같은 성씨의 자제들을 대동하여 시간에 맞춰 제사를 드립니다. 경건히 제사의 종축宗祝을 쫓아 입으로 복을 구하는 축문을 읊고, 선조의 흠향을 청하고, 집 가득한 사람들이 모두 매우 공경한 자세로 제사를 지내는데, 마치 그들(조상)이 임한 것 같이 합니다. 이때 마을의 친구와 혼인한 자들이 한 곳에 모이고, 형제 친척이 더욱 친해집니다. 이같이 하여 각종 갈등과 소원했던 마음을 풀고, 구설시비를 없애며, 서로 우애하며 친근해집니다. 상하가 안녕하니 동족간의 우애가 돈독해집니다. 군주는 제사로써 백성에게 경건함을 가르치고, 백성은 제사로써 부모와 어른을 섬기는 것을 나타냅니다. 천자가 천지에 제사지낼 때는 반드시 친히 소를 잡고, 왕후는 반드시 친히 〈제사에 쓰는〉 미곡을 빻습니

다. 제후가 종묘에 제사지낼 때에는 반드시 친히 활로 소를 쏘고 양을 베
며 돼지를 잡고, 부인들은 반드시 친히 미곡을 빻습니다.[39]

이 얼마나 인간의 목적을 위해 상하上下·좌우左右가 경건히 제사를
받드는 종교장면인가! 이것은 위로 군왕에서 아래로 백성에 이르는 전
국민의 종교활동으로 줄곧 근대 중국에 이르기까지 계속되었는데, 인
민을 '교화'하고 '윗사람 섬김'을 공경스럽게 하여 종법제도를 기초로
하는 정치통치를 유지하는데 매우 큰 작용을 하였다.(어떤 사람은 중
국인에게 종교기질이 없다고 보지만, 이러한 견해는 완전히 사실에 부
합하지 않는다.)

상족商族(殷)이 다른 부족을 정복하고 통치한 후에, 정치상의 일원화
는 반드시 의식형태상의 일원화를 요구하였는데, 그 지표가 바로 '상
제上帝'를 신봉하는 국교의 출현이었다.

이러한 상제는 상족商族의 민족 신은 아니지만 상족과 특수한 관계가 있었
고, 상제의 신성한 작용범위가 전국의 상하 백성에게 두루 미쳤으나 은상
왕조와 귀족의 보호신이었다.[40]

이른바 상왕商王의 조상이 '상제를 모시는(賓于帝)'[41] 견해는 여러 차
례 은허殷墟의 갑골문에 출현하였다.

---

39 『國語』「楚語(下)」, "國于是乎烝嘗, 家于是乎嘗祀, 百姓夫婦擇其令辰, 奉其犧牲, 敬其
粢盛, 潔其糞除, 愼其采服, 禋其酒醴, 帥其子姓從其時享, 虔其宗祝, 道其順辭, 以昭祀
其先祖, 肅肅濟濟, 如或臨之. 于是乎合其州鄉朋友婚姻, 比爾兄弟親戚. 于是乎弭其百
苛, 殄其讒慝, 合其嘉好, 結其親昵, 億其上下, 以申固其姓. 上所以敎民虔也, 下所以昭
事上也. 天子禘郊之事, 必自射其牲, 王后必自舂其粢, 諸侯宗廟之事, 必自射牛刲羊擊
豕, 夫人必自舂其盛."(신동준 역주, 『좌구명의 국어』, 인간사랑, 2005 참조)

40 朱天順, 『中國古代宗教初探』, 中華書局, 1982, p.258.

41 郭沫若 主編, 『甲骨文合集』, 1402正, "賓于帝."

황천皇天이 상나라를 돌아보고 도우시어 사왕嗣王(신임 왕)으로 하여금 능히 그 덕을 이루게 하였으니, 이는 실제로 만세에 무궁한 아름다움이다.42

하늘이 우리 상나라를 사사로이 도와준 것이 아니라, 하늘이 한결같은 덕으로 도와준 것이다.43

하늘은 아래 백성의 뜻을 살피고 그 뜻을 관장하였다.44

백성이 덕을 따르지 않고 죄를 받아들이지 않자, 하늘이 명을 내려 그 덕을 바로잡게 하였다.45

이러한 견해는 상제숭배가 은상시대 통치질서를 유지한 국교의 실질이었음을 분명히 나타내었다.

주나라가 상나라를 멸망시킨 후에 상제의 명칭이 많아졌고 ('상제上帝' · '천天' · '황천皇天' · '상천上天' · '민천旻天' · '호천昊天' · '창천蒼天' · '천제天帝' 등) 정치기능도 확대되었다. 선왕은 상제에 복종하였을 뿐만 아니라 또한 그 자신이 바로 '천자'였고46 사회규범과 제도도 '하늘의 뜻'에서 나왔으니47, 인민들은 반드시 "천도를 따르고"48 "천명을 삼가야 하였으며"49 물론 위배하거나 거역할 수 없었다. 주나라의 통치자들도 '이덕배천以德配天(덕으로 하늘과 짝을 이루게 함)'하여 '천'에 더 많은 인격

---

42 『尙書』「太甲(中)」, "皇天眷佑有商, 俾嗣王克終厥德, 實萬世無疆之休."

43 『尙書』「咸有一德」, "非天私我有商, 惟天佑于一德."

44 『尙書』「高宗肜日」, "惟天監下義, 典厥義."

45 『尙書』「高宗肜日」, "民有不若德, 不聽罪, 天旣孚命, 正厥德."

46 "때로 제후국을 순행하시니 하늘이 자식처럼 사랑하시어 실제로 주나라가 순조롭도록 도우셨다."(『詩經』「時邁」, "時邁其邦, 昊天其子之, 實右序有周.")

47 "무릇 예의 대체(大體)는 천지를 본받고 사시를 본받고 음양을 법칙으로 하고 인정을 따르기 때문에 예라고 이른다."(『禮記』「喪服四制」, "凡禮之大體, 體天地, 法四時, 則陰陽, 順人情, 故謂之禮.")

48 『尙書』「商書·說命(中)」, "奉若天道."

49 『尙書』「商書·盤庚(上)」, "恪謹天命."

신의 속성을 부여하여 천제天帝숭배가 백성을 '교화'하는 국교의 작용을 더 홀륭히 발전시켰다. 아래 단락은 주대의 천제숭배가 통치질서를 신성화한 작용을 전형적으로 설명하고 있다.

하늘이 백성을 돕고자 군주를 세우고 스승을 세웠다. 오직 그들(군주와 스승)이 상제를 잘 도와서 사방을 안정시켰으니, 죄 있는 자를 토벌하고 죄 없는 자를 용서함에 내 어찌 감히 그 뜻을 뛰어넘을 수 있겠는가?[50]

은·주 이래로 축祝·무巫·유儒·사史의 부류는 '국교의 전직 성직자'로 높은 지위에 있으면서 국가의 사회정치와 정신생활에 중요한 영향을 미쳤는데, 이것은 앞 장에서 이미 자세히 설명하였으니 여기서는 더 이상 중복하지 않는다.

춘추전국 이후에는 제후들이 분산할거分散割據하여 '예악이 붕괴되었으나', 조상에 제사지내고 하늘에 제사지내는 실질적인 국교는 결코 폐지되지 않았다. 교제郊祭·묘제廟祭와 봉선封禪과 같은 제사의식은 여전히 진행되었다. 진양공秦襄公은 일찍이 서치西畤(서쪽의 제터)를 만들었고, 진문공秦文公은 부치鄜畤(문공이 白帝에 제사지낸 곳)를 만들었으며, 진시황과 한 무제도 모두 친히 봉선封禪을 행하였고, 한 고조(유방)는 북치北畤를 세웠으며, 효문제孝文帝의 옹치雍畤(오제에게 제사 지내는 곳)에 교제를 지내거나 무제武帝의 옹치雍畤에 행차하고 감천甘泉에 행차하고 태일太一에 교제를 지내는 것이 모두 그 증거이다. 그러나 제후들의 제천祭天은 주나라 천자 지위가 떨어졌다는 종교상의 반영이고, 오제五帝의 출현은 음양오행관이 상제신앙에 침투하였다는 표현일 뿐이다. 이 시기의 유가사상가 순자는 다음과 같이 말하였다.

---

50 『尚書』「周書·泰誓(上)」, "天佑下民, 作之君, 作之師. 惟其克相上帝, 寵綏四方, 有罪無罪, 予曷敢有越厥志."

일식과 월식이 있으면 도움을 구하였고, 날씨가 가물면 기우제(祈雨祭)를 지냈으며, 복서에게 물은 연후에 대사大事를 결정하였다. 그것으로써 〈바라는 것을〉 얻을 수 있다고 여겨서가 아니라, 형식적 의식을 통해 위안을 얻는 것이다.51

또한 복서와 제사에 대해 다음과 같이 말하였다.

군자는 의식(文)이라 여겼고 백성들은 귀신이라 여겼다.52
그것이 군자에게 있어서는 사람의 도리라고 생각하였고, 백성에게 있어서는 귀신을 섬기는 일로 생각하였다.53

이것은 은·주 이래로 통치계급이 종교를 이용한 실질을 한마디로 설파한 것이다. 국교는 통치계급이 정치적 성질을 부여하여 자신들이 일하기 편리하도록 한 종교에 불과하다.

유가학파가 창립될 초기에는 다만 제자백가 중의 하나였지 결코 종교가 아니었다. 그러나 그것은 종교방면에서 결코 천명을 부인하지 않았고, 정치윤리방면에서는 효제孝弟·인의仁義를 고취하여 주례周禮와 종법제를 유지하였고(우리는 종법제가 조상숭배의 이러한 종교형식과 밀접한 관계가 있다는 것을 안다), 또한 두 방면을 결합시켜서 '극기복례克己復禮' 혹은 '지천명知天命'에 뜻을 둔 군자들로 하여금 천하를 다스리게 할 것을 주장하였다. 이러한 종교방면의 태도는 그 이후 종교화를 위한 내재적 근거를 제공하였고, 정치주장도 그 이후 국교화를 위한 조건을 마련하였다. 공자 본인의 천명·귀신에 대한 태도는

---

51 『荀子』「天論」, "日月蝕而救之, 天旱而雩, 卜筮然後決大事. 非以爲得求也, 以文之也."
52 『荀子』「天論」, "君子以爲文, 百姓以爲神."
53 『荀子』「禮論」, "其在君子以爲人道也, 其在百姓以爲鬼事也."

모순적이다. 공자는 "삶과 죽음은 명에 달려있고 부귀는 하늘에 달려 있다"[54], "하늘에 죄를 얻으면 빌 곳이 없다"[55], "명을 알지 못하면 군자가 될 수 없다"[56]는 말을 하면서, 동시에 "괴怪·력力·난亂·신神을 말하지 않았다"[57], "귀신을 공경하되 멀리하였다"[58]라고 제창하였다. 총괄하면, 공자는 형이상의 천명·귀신에 대한 본체론상의 유무有無를 깊이 탐구하지 않았으나, 그 존재의 가능성을 부인하지 않았고 또한 고대 예악제도인 '제사의 예'를 분명히 유지하였다.[59] 이 때문에 우파 방면에서 그를 계승한 맹자와 동중서 등은 '천명신앙'과 '천인합일'설을 구분하여 발전시켰다. 공자의 명의를 빌어서 통치계급을 위해 입언한 『예기』에서는 다음과 같이 말하였다.

> 공자께서 말하기를, 대저 예란 선왕이 천도天道를 계승하여 인정人情을 다스리는 것이다.……이 때문에 기록은 반드시 하늘에 근본하고 땅을 본받고 귀신을 열거하여 상사·제사·활쏘기·말타기·혼인·조회·초빙에 이르렀기 때문에 성인은 예로써 나타내었다. 그러므로 천하국가가 올바름을 얻을 수 있었다.[60]
>
> 대저 사람의 도리를 다스리는 것으로는 예보다 우선하는 것이 없고, 예에는 오경五經이 있으나 제사보다 중한 것이 없다.[61]

---

54 『論語』「顏淵」, "死生有命, 富貴在天."

55 『論語』「八佾」, "獲罪于天, 無所禱也."

56 『論語』「堯曰」, "不知命, 無以爲君子也."

57 『論語』「述而」, "不語怪力亂神."

58 『論語』「雍也」, "敬鬼神而遠之."

59 "맹의자가 효도에 대해 묻자, 공자께서 대답하기를, 살았을 때는 예로써 섬기며 돌아가시면 예로써 장사지내고 예로써 제사지낸다."(『論語』「爲政」, "孟懿子問孝, 子曰,……生事之以禮, 死葬之以禮, 祭之以禮.")

60 『禮記』「禮運」, "孔子曰, 夫禮, 先王以承天之道, 以治人之情.……是故夫記, 必本于天, 殽于地, 列于鬼神, 達于喪祭射御昏朝聘, 故聖人以禮示之. 故天下國家可得而正也."

제사를 통하여 사람들은 "위로는 귀신을 따르고 밖으로는 군주를 따르며 안으로는 부모에 효도하였기 때문에 제사의 의식이 성대하였고 나라를 다스리는 근본이었다."[62] 이것이 바로 고대 종교와 유가학설을 결합시켜 직접 통치계급의 정치를 위해 복무하였던 것이다. 여기서는 전통종교·유학·정치 셋이 '합일'한 신新국교의 싹이 이미 분명하였음을 볼 수 있다. 좌파방면에서 공자를 계승한 순자도 "예는 위로 하늘을 섬기고 아래로 땅을 섬기며 조상을 숭상하고 군주와 스승을 존숭하였는데, 이것이 예의 세 가지 근본이다"[63]라고 말하였다. 총괄하면, 후세의 유학은 이미 중국 고대 전통종교의 하늘에 제사지내고 조상에 제사지내는 내용을 계승하였고 또한 종법제도를 기초로 하는 예제禮制를 선양하였으며, 게다가 유학의 특징인 인의仁義·효제孝弟의 윤리학설을 첨가하였기 때문에, 위로 신권神權을 빌리고 아래로 부권父權에 의지하여 '속으로는 집권전제이고 겉으로는 인의도덕'이라는 통치자의 수요에 부합하였다. 후세의 유학은 한 무제 이후 전제국가의 실질적인 국교로 변천하였으니, 실제로 조리가 정연한 일이었다.

한대 통치자들은 천명·귀신의 화복禍福을 깊이 믿었는데, 무제 이후부터 개원改元이 75차례에 이른 것은 이에 대한 일대 표현이다. 한초漢初 한 시기의 선택을 거친 후에 통치계급은 결국 음양오행설과 전통종교(하늘을 공경하고 조상에 제사지내는)를 융합하여 유학을 종교화할 것을 결정하였으니, 제자백가를 배척하고 유학을 일존一尊에 정하고서 중국사상을 2천년 동안이나 통치한 국교지위를 확립하였다. 이로부터 태학太學에 오경박사를 설립하고 교육은 전적으로 유교경전을 내용으

---

61 『禮記』「祭統」, "凡治人道, 莫急于禮, 禮有五經, 莫重于祭."
62 『禮記』「祭統」, "上則順于鬼神, 外則順于君長, 內則以孝于親……禘嘗之義大矣, 治國之本也."
63 『荀子』「禮論」, "禮, 上事天, 下事地, 尊先祖而隆君師, 是禮之三本也."

로 하였다.

어려서부터 하나의 기예技藝(유교경전)를 지켰으나 백발의 노령이 된 후에
나 말할 수 있었으며, 자기가 익히는 것에 안주하여 망가지는 것을 보지
못하였으니, 결국 스스로를 해친 것이다.[64]
양가집 자제들의 육예六藝(시경·서경·예기·악기·역경·춘추) '이아爾雅'에 대해
서는 서양 스콜라 학자들의 희랍 라틴교조에 대한 것과 같았다.[65]
금마문金馬門[66]·석량각石梁閣[67]·백호관白虎觀·홍도문鴻都門[68]에는 각진 옷
깃을 입고 자로 잰 듯한 걸음걸이를 익히는 자들이 그 속에 꾸물거리고
있었으니, 이것에는 인성人性을 생매장한 중고시대 수도원의 존엄함이 그
대로 있었다.[69]

중앙에서부터 지방에 이르는 교육을 규제하는 외에도, 당시 유교의
국교화는 다음과 같이 나타났다. 첫째, 정치시행에서는 항상 "경서의
뜻으로 일을 판단하였으니(經義斷事)" 앞에서 기술한 개원改元과 같은 큰

---

64 『漢書』「藝文志」, "幼童而守一藝, 白首而後能言, 安其所習, 毁所不見, 終以自蔽."

65 侯外廬, 『中國封建社會史論』, 人民出版社, 1979, p.104. 후외려는 이 책에서 여러
차례 무제(武帝)를 시작으로 확립된 정통사상을 '국교'라 불렀다.

66 금마문(金馬門)은 한 무제가 대완(大宛: 나라이름)의 말을 얻고 그 기념으로 동상을
만들어 노반문(魯班門) 밖에 세우고 그 문을 '금마문'이라 불렀다고 한다. 문 옆에
구리로 만든 말(銅馬)이 있어 붙여진 명칭이다. 한대에 인재를 뽑아 등용할 때, 모
두 공거(公車)라는 관서(官署)에서 황제의 조서(詔書)를 기다리도록 정해져 있었는
데, 그 중에 재능이 특출하게 우수한 인재는 예외로 금마문(金馬門)에서 조서(詔書)
를 대기하였다고 한다.(역자 주)

67 석량각(石梁閣)은 서한(西漢) 정부의 문서와 도서를 수장하던 곳이다.(역자 주)

68 홍도문(鴻都門)은 한나라 때의 문 이름인데, 영제(靈帝) 때에 그 안에 학궁을 설치
하고 제생(諸生)을 모집하였으며 홍도문학사(鴻都門學士)를 두어 학문을 숭상하였
다고 한다.(역자 주)

69 侯外廬, 『中國封建社會史論』, 人民出版社, 1979, p.104.

일이 바로 그 하나의 예이다. 심지어 사법의 일에서도 "경전을 인용하여 소송을 판결하는(引經斷獄)" 현상이 있었다. 둘째, 관리를 임용할 때도 유교경전을 표준으로 삼았으니 "조상 대대로 전해지는 비밀문서가 한漢 왕가를 위해 썼다"70, 심지어 "〈경전을 가르치는〉 대사人師의 무리가 천여 명에 이르렀으니 대체로 이록利祿을 위한 길이 이와 같았다."71 셋째, 천자가 친히 교의敎義의 제정에 참여하였다. 예를 들면 선제宣帝(前漢 9대 황제) 감로甘露 3년(BC 51년)에는 제유들을 석거각石渠閣72에 불러 모아서 오경五經의 같고 다름을 강의할 것을 명하고 황제가 친히 결정권을 행사하였으며, 장제章帝(後漢 3대 황제) 건초建初 4년(79년)에는 제유들을 백호관白虎觀에 모아서 오경의 같고 다름을 강의할 것을 명하고 황제가 친히 결정권을 행사하였고 그 결과 종교법전인 『백호통의白虎通義』가 만들어졌으며, 영제靈帝(後漢 12대 황제) 때는 '오경'의 글을 정정하여 돌에 새겨서 태학太學 문밖에 두고 옳은 것을 취하고 다른 것과 섞이지 않게 하였다. 당시 세계적으로 한 제국과 쌍벽을 이루던 로마제국은 기독교를 국교로 한 콘스탄티누스Constantinus(272~337: 로마 황제) 대제가 역사상 제1차 주교대회主敎大會—니케아Nicaea 회의73를 소집하고 친히 와서 치사致詞하고 자기의 정치권력으로 교의敎義를 통일하여

---

70 『後漢書』「蘇楊列傳」, "祖傳秘記, 爲漢家用."
71 「前漢書」「儒林傳」, "大師衆至千餘人, 蓋祿利之路然也."
72 이것이 저 유명한 석거각(石渠閣) 회의를 말한다. 이는 염철(鹽鐵)논쟁, 백호관 회의와 함께 한대를 대표하는 3대 학술세미나로 꼽힌다. 석거각은 당시 전한(前漢) 왕조 도읍 장안(長安)에 있던 도서관 이름이다. 제유들에게 조칙을 내려 오경의 같고 다름을 강술하게 하고, 태자태부(太子太傅)에 있던 소망지(蕭望之: 蕭太傅) 등이 이 일을 맡아 거기에서 논의된 바를 평주하면, 천자인 선제(宣帝)가 몸소 그에 대하여 결정하였다는 것이다.(역자 주)
73 니케아 공의회(Concilium Nicaenum Primum)는 325년 로마 제국 황제 콘스탄티누스 1세에 의하여 콘스탄티노폴리스(현재 터키의 이스탄불) 근교의 고대 그리스의 작은 식민도시 니케아(Nicaea)에서 열린 공의회이다.(역자 주)

유명한 '니케아 교리The Nicene Creed'를 제정하였다. 이후에 황제의 명의로『신약성경新約聖經』정본定本을 반포하고, 직공職工에게 50부를 제작·준비할 것을 명하고 각지의 교회에 배포하여 줄곧 존재하던 논쟁을 종식시켰다. 이러한 양대 제국의 통치계급은 모두 상당히 긴 시간의 준비과정을 거쳐 대체로 서로 같은 시기에 각 국가의 사상방면에서 국교통치를 확립하였다.74

이로부터 유교경전은 줄곧 통치계급의 최고 교조敎條가 되었다. 양한시기의 경학經學과 참위학讖緯學에서 위진시기 노장老莊으로 유교경전을 해석하던 현학玄學에 이르기까지, 당대에 불교를 배척하던 '도통道統'설에서 송명시기 불교와 도교를 융합하던 이학理學과 심학心學에 이르기까지, 유학의 종교적 특징은 매 단계마다 모두 발전하였고 그 이론도 한층 더 체계적이고 완전해져서 공자는 한층 더 성인과 교주로 추앙되었다. 심지어 서양 자산계급사상의 영향을 받아 변법운동을 불러일으켰던 강유위康有爲(1858~1927)도 "공자가 종교를 창립하였다(孔子創敎)"라고 보고 그 '종교'의 경전 속에서 유신維新의 이론적 근거를 찾았다.

앞에서 기술한 국교의 특징이나 기능과 대조해보면, 유교가 모두 국교로 불리는데 부끄러울 것이 없다. 유교는 집권당국의 지지로 통치지위를 차지하여 전체 중국사회의 사상을 규제하였으니, 위로 군왕에서 아래로 일반 백성에 이르기까지 모두 강상명교綱常名敎의 정신에 깊이 젖어들었다. '천天·지地·군君·친親·사師'의 위패는 산간벽지로 깊이 파고들었고, 인의충효仁義忠孝의 주제는 소설·민요에 침투되었

---

74 재미있는 것은, 중국과 서양의 종교가 이 시기에 모두 한 차례 거대한 혁명을 겪었다. 즉 희랍철학을 흡수한 기독교는 로마의 다신숭배와 동방의 신비종교와 가까웠고, 선진철학을 흡수한 유교는 이전의 조상숭배와 자연숭배에 가까웠으니, 확실히 일종의 종교혁명이다.

다. 유교의 관방官方지위는 과거제도에 의해 한층 더 강화되었고(당나라가 『오경정의五經正義』로 선비를 선발하는 표준을 삼으면서 원나라가 송유들의 경전주석으로 선비를 뽑는 표준을 삼는데 이르기까지, 명청시대 팔고문八股文[75]도 『사서』·『오경』에서 출제하여 송유들의 경전주석을 근거로 하였다), 한걸음 더 나아가 교육사업의 주도사상이 되었다. 통치질서를 유지하는 방면에서도 유교는 '예'의 설교를 통하고 '법法'의 진압이 도저히 따를 수 없는 작용을 하였으니, 왜냐하면 이러한 '예'는 "교화 속에서 길러진 개인의 경외감이 사람들로 하여금 마음에 새겨두고 잊지 않게 하였기 때문이다."[76] 그것은 중국 전통문화의 주체와 영혼을 구성하고 중국인의 민족 동질감을 강화하였으며, 동시에 정도는 다르지만 다른 방식으로 각종 외래의 종교와 의식형태를 배척하여(불교는 그것에 의해 개조되지 않을 수 없었고, 심지어 기독교 선교사들도 유교로 옮겨가지 않을 수 없었다.)[77] 사상영역 내의 통일과 전제를 유지하였다. 동중서董仲舒가 '유생만이 벼슬할 수 있다'고 제기하면서부터 '홍도문학鴻都門學[78]의 선비에게 제후를 봉하거나 작위를 하사하는데[79] 이르거나, 수隋 문제文帝가 과거를 창설하는데 이르기까지, 이후에 공명功名이 있는 유생들이 특권을 누렸을 뿐만 아니라[80] 또한 국가의 사회정치와 정신생활에 중대한 영향을 발휘하였으니, 그야말로 고대 중국 통치계급의 주체를 구성한 것은 경제상에서

---

75 팔고문(八股文)은 중국 명·청시대 과거시험에 쓰인 여덟 개의 짝으로 이루어진 한시(漢詩) 문체를 말한다.(역자 주)

76 費孝通, 『鄕土中國』, 三聯書店, 1948, pp.51~57.

77 이로부터 중국에 이른바 '의례의 논쟁'이 있게 되었다.

78 동한(東漢) 영제(靈帝) 광화(光和) 원년(178년)에 낙양(洛陽) 홍도문(鴻都門)에 세워진 학교이다.(역자 주)

79 馬端臨, 『文獻通考』卷40, 「學校考一」, (侯外廬, 『中國封建社會史論』에서 재인용), "鴻都門學之士, 至有封侯賜爵者."

보면 지주地主였으나 의식형태상에서 보면 유생儒生이었다고 말할 수 있다.

국교는 세계 역사상에서 매우 보편적인 현상이었고, 또한 역사시대 이전으로 소급해갈수록 더 보편적이었다. 동일한 시기에서 보면, 국교는 비교적 폐쇄적이고 보수적 사회에서 비교적 흔히 보인다. 물론 어떤 종교의 발생과 유행이 결코 통치자의 칙령으로 조성될 수 있는 것은 아니지만, 통치자의 정치적 조치는 그것이 국교가 될 수 있는지 여부를 결정할 수 있으니, 통치자는 그것이 자기의 통치에 유리한지 여부를 보아야 한다. 세계적으로 거의 모든 중요한 종교(세계 3대종교와 인도교·유대교·신도교 등)는 모두 국교가 된 경력이 있는데, 유교도 예외는 아니다. 왜냐하면 유교는 봉건시대에 이미 소농생산의 경제기초에 적합하였을 뿐만 아니라, 또한 종법제의 사회환경에 적합하였기 때문에 중국 봉건 통치질서를 견고히 하는데 유리하였기 때문이다.

4. 중국 역사상에는 '정교합일'이 있었는가

'정교합일' 및 '신권정치'와 '국교통치' 사이에 끼인 '온화한 정교합일'의 정의 및 특징에 관하여, 우리는 제1장에서 이미 언급하였으니 여기서는 더 이상 중복하지 않는다. 그러나 여기에서 말한 '정교합일'이 가리키는 것은 제1장에서 말한 정교합일의 '세 가지 형식' 중의 하나인

---

80 예를 들면 수재(秀才) 이상은 부역을 면제하였고, 생원(生員)이 납세할 능력이 없으면 면제해줄 것을 상주할 수 있었으며, 향시(鄕試)에 합격한 거인(擧人) 이상은 죄를 범해도 처벌하지 않고 직책만 빼앗아 일반백성이 되게 하였다. 서양의 기독교 선교사들도 중세기에 특권이 있었다.

'온화한 정교합일의 형식'이니, 이것은 응당 기억해야 한다.

만약 앞에서 말한 '국교통치'가 주로 종교가 사상의 상부구조가 되는 기능을 나타냈다면, 이 장에서 말하는 '정교합일'은 주로 종교가 정치의 상부구조가 되는 기능을 나타냈다. 중고시기에는 동양이든 서양이든 간에 봉건 통치자들은 모두 항상 군권신수君權神授를 선양하여 신권神權으로 정권을 견고히 하여 정교합일이 보편적 현상이었다. 일체의 구별은 다만 합일의 정도와 방식의 차이에 있었으니, 이러한 차이는 각국의 사회정치상황의 차이 및 종교와 의식형태상황의 차이에서 조성된 것이다.

우리는 제2장에서 하·상·주 3대의 신권정치가 붕괴한 이후에, 비교적 '온화한 정교합일'제도가 중국에서는 결코 역사무대 밖으로 내려가지 못하고 일종의 새롭고 특수한 형식으로 2천년 동안이나 지속되었다고 언급하였다. 이것이 특수한 유교와 특수한 중국 전제정치의 결합이다.

중국 봉건국가의 정치적 특징은 군주전제이고, 경제적 특징은 자급자족의 소농경제이며, 사회적 특징은 가족을 단위로 하는 종법제이니, 유교의 농사를 중시하는 관념81과 강상윤리82는 바로 이러한 3대 특

---

81 이른바 '사농(士農)'이 '공상(工商)'보다 높았다. 이러한 사회직업상의 등급관념은 힌두교의 카스트(Casta)관념과 서로 비슷한 점이 없지 않지만, 그것은 '카스트'관념처럼 세습을 엄격히 강조하지 못하였다.

82 "삼강은 무엇을 말하는가? 군신(君臣)·부자(父子)·부부(夫婦)를 말한다. 육기(六紀)는 제부(諸父)·형제(兄弟)·족인(族人)·제구(諸舅)·사장(師長)·붕우(朋友)를 말한다. 그러므로 「함문가(含文嘉)」에는 '군주는 신하의 벼리가 되고, 부모는 자식의 벼리가 되며, 남편은 아내의 벼리가 된다'라고 말하였다. 또 '여러 부모형제를 공경하고, 인륜상의 6가지 기강(六紀)의 도를 행하며, 여러 외숙간에 의리가 있고, 종족간에 차례가 있고, 형제간에 사랑이 있고, 스승과 어른을 존경하고, 붕우간에 우정이 있다'라고 말하였다."(『白虎通』「三綱六紀篇」, "三綱者何謂也. 謂君臣父子夫婦也. 六紀者, 謂諸父兄弟族人諸舅師長朋友也. 故含文嘉曰, 君爲臣綱, 父爲子綱, 夫爲妻綱. 又曰, 敬諸父兄, 六紀道行, 諸舅有義, 族人有序, 昆弟有親, 師長有尊, 朋友有舊.")

징과 서로 부응한다. 때문에 그것과 봉건국가의 결합은 논리상 필연적
이요, 역사상에 기초를 둔 것이다.

정교합일 현상은 아래 5가지 방면에서 전면적으로 고찰할 수 있으
니, 즉 정치지도사상·통치집단구성·교육제도·법률제도·기층基層통
치이다. 비록 유교가 기독교와 같은 교회조직이 없고(실제로 다른 종
교도 기독교와 같은 그러한 교회조직이 없지만, 그들을 종교가 아니라
고 말할 수는 없다) 중국의 봉건국가와 유럽의 봉건국가에도 많은 다
른 점이 있지만, 유교와 중국 봉건국가의 결합이 곧 중국식의 정교합
일이니, 상술한 다섯 가지 방면에는 모두 독특함이 있고 표현이 분명
하다.

정치지도사상방면에서 중국 역대 봉건통치자들은 모두 유교를 정통
사상으로 간주하고 제왕에서 대소 신료들에 이르기까지 어려서부터
유교경전을 송독하고 강상명교綱常名教에 익숙하여 치국治國을 근본으
로 삼지 않음이 없었다. 왜냐하면 유교가 봉건정치를 신격화하는 것이
그들의 통치에 유리하였기 때문이다. 동중서는 "왕은 하늘의 뜻을 계
승하여 일을 처리하였다"[83], "명을 받은 군주에게는 하늘의 뜻이 부여
되었다"[84]라고 하였다. 주희는 말하기를,

> 법은 천하의 이치이다.[85]
>
> 우주 간에는 하나의 이치가 있을 뿐이다.……그것(하나의 이치)을 확대해가
> 면 삼강三綱이 되고 그것을 기강으로 삼으면 오상五常이 되니, 모두 이 이치
> 가 유행한 것으로 가는 곳마다 있지 않음이 없다.[86]

---

83 『漢書』「禮樂志」, "王者承天意以從事." 저자의 인용문인 『春秋繁露』「堯舜湯武」에
는 그런 내용이 없다.

84 『春秋繁露』卷10, 「深察名號」, "受命之君, 天意之所予也."

85 『朱子大全』「學校貢擧私議」, "法者, 天下之理."

그들은 봉건정권·봉건법률과 봉건의 정치윤리규범을 모두 '천의天意' 혹은 '천리天理'의 결과로 간주하였으니, 유사한 군권신수의 견해가 유교이론 속에는 이루 다 열거할 수 없다. 때문에 유교가 제창한 '예'는 통치자의 안중에 도덕적 의미를 가질 뿐만 아니라 종교적 색채를 가졌으며, 또한 종교적 효능을 가질 뿐만 아니라 정치적 공용을 가졌던 것이다.

> 오사五祀의 제사를 행하는데 예로써 하면 천하의 법칙이 올바름을 얻는다. 그러므로 교제郊祭로부터 사직社稷·조묘祖廟·산천山川·오사五祀에 이르기까지 〈제사를 행하는 것은〉 의義로써 법도를 지키고 예禮로써 모범을 보이는 것이다.87

이러한 '예'는 단순히 '예교禮敎'가 아니라 '예치禮治'이고 정교합일의 '예'이다. '예치'는 중국 봉건사회의 정치상에 나타난 일대 독창성으로, 볼테르Voltaire(1694~1788) 등 계몽사상자들이 일찍이 매료되었다. 그것이 유럽 형식과 다른 일종의 정교합일에 불과하다는 것을 결코 알지 못하였기 때문에 유럽 각국은 '기독교 국가'로 자처하면서 '이교異敎 국가'와 구분하였고, 중국은 '예의의 나라'로 자처하면서 '중화의 교화가 미치지 않는 나라'와 구분하였다.

통치집단의 구성방면에서는 앞에서 이미 언급하였듯이, 의식형태의 관점에서 보면 중국 봉건사회의 통치계급은 유생들로 구성되었다. 일찍이 한 무제가 동중서의 대책對策(天人三策)을 받아들여 벼슬길과 유학을 결합시킨 후에 이러한 구조체제가 대체로 결정되었다. 한대의 유교는 경학經學형식으로 출현하였으니, 정부가 태학太學에서 경전을

---

86 『朱熹集』卷70, 「讀大記」, "宇宙之間, 一理而已.……其張之爲三綱, 其紀之爲五常, 蓋皆此理之流行, 無所適而不在."

87 『禮記』 「禮運」, "禮行於五祀而正法則焉. 故自郊社祖廟山川五祀, 義之脩而禮之藏也."

배우는 유생들 중에서 관리를 선발하였음은 말할 필요도 없고, 더욱이 경학에 의해 사법師法과 가법家法이 전수되었다. 이러한 사상계의 길드 시스템Guild system[88]은 '역대 경학'에서 '역대 공경公卿'으로, '사인士人'에서 '사족士族'으로, 붕당을 표방하고 향당鄕黨의 인물을 품평하던 것에서 한漢·위魏의 호족세력으로 발전하였으며, 또한 양진兩晉(西晉과 東晉)의 문벌세족門閥世族으로 발전하여 수·당 이전 통치계급의 주요 부분을 형성하였다. 수당시기 과거제도를 시행한 후에 중소지주들의 출사出仕는 통치집단을 경제등급에서 다양화하였지만, 의식형태에서는 더욱 단일화하였다. 통치집단 구성방면의 정교합일은 더욱 긴밀하고 안정되었으며 또한 제도화되었다. 중국 봉건사회의 이러한 특징에 다음의 두 구절의 말을 사용하는 것이 적당하니, 즉 "담소하는 사람은 모두 홍유鴻儒(큰 선비)이고, 왕래하는 사람 중에는 백정白丁(천민)이 없다"[89]라는 것이다.

종교와 교육의 결합은 역사상 정교합일 현상의 일대 표현이다. 중국 봉건시대에는 이러한 결합의 밀접함이나 안정성도 전 세계에 보기 드물었다. 이것은 주로 과거제도에서 힘을 얻었다. 진·한 이전에는 사학私學이 번창하고 '여러 학파들이 서로 활발히 논쟁하여(百家爭鳴)' 정치상의 다원과 사상상의 다원이 한층 더 뚜렷하였다. 한 무제가 동중서의 대책對策을 받아들여 "육예六藝(시·서·예·악·역·춘추)의 과목 중에 공자가 기술하지 않은 것은 모두 그 도道를 끊어 함께 거론하지 못하게 하였는데"[90] 이것이 바로 사상상의 통일로 정치의 통일을 견고히 한 것이다. 이로부터 태학太學·군국학郡國學·교校·상庠·서序 등 크고 작은 관학官學이든 민간에 널리 퍼져 있는 사학私學이든, 모두 유교경전을 주

---

88 侯外廬, 『中國古代社會史論』, 참조.

89 劉禹錫(772~842), 『陋室銘』, "談笑有鴻儒, 往來無白丁."

90 『漢書』「董仲舒傳」, "諸不在六藝之科孔子之术者, 皆絶其道, 勿使幷進."

요 교학教學내용으로 간주하였다. 이른바 금문今文·고문古文의 논쟁도 통치계급 내부의 조정과 재야 양대 집단의 쟁탈과 밀접히 연관되었다. 왕망王莽(8~23 재위)에서 왕안석王安石에 이르기까지는 고문경전을 이용하였고, 유수劉秀(25~57 재위)에서 강유위康有爲에 이르기까지는 금문경전을 이용하였는데, 모두 그러한 유교경전을 "하늘의 그물은 넓고 넓어 성긴 것 같지만 하나도 빠뜨리지 않는다"[91]는 것과 같이 설명하였다. 사족과 호족들이 문화를 독점하던 시기를 거친 후에 세워진 과거제도는 더 한층 유교의 교육에 대한 규제를 최고절정의 지위로 끌어올렸다. 과거는 벼슬하는데 반드시 거쳐야 하는 길이기 때문에, 과거의 과목은 봉건교육이라는 마차의 마부가 되어 영원히 "경전을 떠나고 도를 위반하지(離經叛道)" 못하게 하여 봉건 통치자가 마음대로 이용하는 절묘한 도구가 되었다. 당唐 태종太宗(李世民)은 일찍이 대량으로 선발된 유생들을 보고 기쁨을 참지 못하다가 엉겁결에 말하기를, "천하의 영웅들이 모두 내 수중 안에 들어왔구나!"[92]라고 하였다. 여기서의 '영웅'은 바로 봉건국가의 '대들보'이고, 수천의 많은 학생들에게 길을 안내하는 사람이다. 때문에 이 후 1천년 동안 관학도 훌륭했고 사학도 훌륭했으니, 대부분 경전을 배워서 벼슬길에 오르는 예비 장소였고 '사서오경'의 통일천하였다.

법률방면에서 중국 봉건시대 입법과 사법의 지도사상은 강상명교綱常名教를 핵심으로 하는 '예치禮治'[93]의 원칙이었다. 동중서의 "양陽에 맡기고 음陰에 맡기지 않으며, 덕을 좋아하고 형벌을 좋아하지 않는다"[94]

---

91 『魏書』卷19, 「任城陳蕭王傳」, "天網恢恢, 疏而不漏."
92 王定保(870~954), 『唐摭言』卷1, "天下英雄盡入我彀中矣."
93 '법으로 가르침을 삼고(以法爲敎) 관리로 스승을 삼던(以吏爲師)'(『韓非子』「五蠹」참조) 진 왕조가 오래가지 못하자, 후대 봉건 통치자들은 '교화로 근본을 삼고, 스승으로 관리를 삼을 것'을 표방하였다.
94 『春秋繁露』卷11, 「陰陽位」, "任陽不任陰, 好德不好刑."

라는 말에 근거하여 "덕을 주로 하고 형벌을 보좌할 것(德主刑輔)"을 제기하고, 가장 대표적인 봉건 법전인『당률唐律』의 "한결같이 예에 준거한다"95, "덕과 예를 정교의 근본으로 삼고 형벌을 정교의 작용으로 삼는다"96는데 이르기까지 그와 같지 않음이 없었다. 봉건의 법통法統이 끝날 때까지 청나라 마지막 황제인 선통宣統(1909~1911 재위)황제는 여전히 명을 내려 '삼강오상'이 "실제로 수천 년간 대대로 전해지던 국가의 정수精粹요 입법의 대본大本이다"97라고 공언하였다. 이와 같기 때문에 역대 봉건 법률은 모두 '치민治民'·'치리治吏'만을 목적으로 하였고 지금껏 '치군治君'의 법이 없었다. 법은 군주에서 나오고 소송은 군주에 의해 판결되었으니 황제의 특권은 법률을 능가하였다. 한 무제가 유교를 일존一尊에 정한 후에, 유교는 봉건 법률의 이론적 기초가 되었을 뿐만 아니라, 또한 법률의 운용과 사법과정 속으로 침투되었다. 수·당 이전에 "유교경전에 입각하여 사법을 판결하고(引經決獄)" "유교경전에 입각하여 법률을 주석하던(引經注律)" 풍조가 한때 성행하던 유교경전 뜻의 법전화法典化에 따라 경학자들도 겸하여 법학자가 되었으니, 마융馬融(79~166)·정현鄭玄(127~200)·두예杜預(222~284)가 모두 그러하다. 한유들이 선양한 음양·오행·사시의 설은 결국 "가을과 겨울에 사형을 집행할 것"을 제도화하였다. 특히 주의할 것은, 유교의 종법정신이 가족을 단위로 하는 중국 봉건사회의 습관법에 침투되어 다양한 가족법규가 사회적으로 매우 유행하였고, 송 왕조 이후에는 더욱 심하였다. 이러한 가족법규는 가족 구성원에 거대한 구속력을 가질 뿐만 아니라, 또한 국가의 승인을 얻어 국법國法을 보충하는 중요한 작용을 하였다. 청

---

95 『唐律疏儀』序, 商務印書館, 1929, "一準乎禮."

96 『唐律疏儀』「名例疏」, "德禮爲政敎之本, 刑罰爲政敎之用."

97 勞乃宣編,『新刑律修正案彙錄』, 京華印書局, 1910, "實爲數千年相傳之國粹, 立法之大本."

말淸末 신정新政98을 추진할 때에 중국과 서양에 관통한 법학자인 심가본沈家本(1840~1913)은 새로운 법률을 수정할 것을 주장하고 개인을 단위로 하는 현대원칙을 취하여 가족을 단위로 하는 봉건강상을 대신할 것을 준비하였다. 장지동張之洞(1837~1909) 등의 "예교禮敎를 파괴한다", "군신·부자·부부의 윤리에 위배된다", "남녀의 구별과 장유존비長幼尊卑의 질서에 위배된다"는 공격에도 여전히 "치국의 도는 인정仁政을 우선으로 한다"는 유교이론에 근거하여 반대하지 않을 수 없었으나 결국 물러나고 말았다. 총괄하면, 종법관념과 군신등급 및 "덕을 중시하고 형벌을 가볍게 여기는(重德輕刑)" 유교정신은 봉건의 입법을 2천년 동안이나 지도하여 중국 법률계의 중요한 특징을 구성하였다. 이러한 특징은 봉건통치를 유지하는데 유리하였지만, 상품경제와 그에 부응하는 '사법私法'의 발전에는 불리하였으며, 특히 봉건사회 후기에는 상품경제발전을 전제로 하는 자본주의 경제의 맹아와 발전을 더욱 심각하게 방해하였다.

봉건시대의 중국은 군주전제의 세계대국이었다. 거대한 중국사회는 생산에 따른 고도의 분업과 사회화에 근거하여 연합된 것이 아니다. 그렇다면 소농경제의 분산된 하부조직과 봉건정치의 집권적 상부조직, 향촌과 조정은 무엇에 근거하여 연합된 것인가? 사대부士大夫와 신사紳士(세도가) 때문이다. 사대부는 조정에서 벼슬하는 선비이고, 신사는 재야의 향촌에 머물던 선비이다. 선비(士)는 독서인이고 또한 유

---

98 청말신정(淸末新政)은 광서신정(光緒新政) 혹은 신축신정(辛丑新政)이라고도 불렀다. 서안(西安)으로 도망간 서태후는 청조(淸朝) 지배체제를 유지하고 보강하기 위해 장지동(張之洞)과 유곤일(劉坤一)의 의견을 대폭 수용하여 신정(新政)이라 불리는 개혁을 추진하였다. 신정의 주요 내용은 군사권의 중앙집권화를 중심으로 한 군사개혁, 과거제 폐지와 전국의 학제수립을 주요 내용으로 한 교육개혁, 자원확보를 위한 재정개혁, 서양의 자본주의적 산업기술 도입 등 광범위한 내용을 포함하였다.(역자 주)

생儒生이다. 사대부인 유생은 국가기구의 정식 관리직능을 집행하였고, 신사인 유생은 사회 하층구조의 비정식 관리직능을 집행하였다. 후자는 "조정의 영향력이 미치지 못하는 곳(天高皇帝遠)"에 있었고 관리官吏와 정령政令이 깊은 산간벽지에 들어가기가 어려웠기 때문에 관료기구를 확대하고 보충하여 통일된 예교禮敎로 일정한 사회규범을 제공하고 시행할 수 없었으니, 인구가 많고 국토면적이 광활한 봉건 중국이 이 같은 장구한 통일과 안정을 유지할 수 있었다는 것은 상상할 수 없는 일이다. 일반적으로 말하면, 이러한 신사는 '학자(鴻儒)'도 아니었고 '천민(白丁)'도 아니었다. 그들은 이따금 과거에 급제한 공명功名이 있었고, 혹자는 벼슬을 얻기 위해 돌아다니다 휴직 혹은 퇴임하여 고향에 머물렀으니, 몸은 지주를 겸하였고 혹자는 지주와의 관계가 긴밀하였다. 이에 정치와 경제 혹은 문화의 우위를 기반으로 하여 종족과 향리에서 일정한 특권과 명성을 누렸으니 '스승으로 관리를 삼는 것(以師爲吏)'과 같았다. 향리의 도덕교화, 사당의 제사, 분쟁의 해결, 민사民事의 중재 등은 모두 그들을 빼놓을 수 없었다. 그들은 또한 부세를 징집하는 중개인에 충당되었고, 학교·도로·수리水利 등 공공시설의 계획자 혹은 주관자였고, 지방잡지의 편찬자였고, 심지어 향촌 민간단체의 조직자 혹은 통솔자였다. 청나라 제4대 황제인 강희康熙(1661~1722 재위)황제는 일찍이 〈성유聖諭 16조〉를 반포하여 직성학궁直省學宮에 게시하였다.

효제孝弟를 돈독히 하여 인륜을 중시하며, 종족을 돈후히 하여 화목을 이루며, 향당과 조화하여 논쟁을 종식시키며, 농상農桑을 중시하여 의식을 풍족히 하며, 절약을 숭상하여 재용財用을 아끼며, 학교를 번창시켜 선비의 습관을 바르게 하며, 이단異端을 축출하여 정학正學을 숭상하며, 법률을 강학하여 어리석음을 경계하며, 예와 겸양을 밝혀서 풍속을 돈후히 하며,

본업本業에 힘써서 민지民志를 안정시키며, 자제를 가르쳐서 하지 말아야할 것을 금지시키며, 모함을 종식시켜서 선량함을 보전하며, 은닉과 도주를 경계하여 연루되지 않게 하며, 재정을 완벽히 하여 조세가 독촉되는 일을 줄이며, 민병제와 연계하여 도적을 소멸시키며, 원한을 해소하여 자기생명을 소중히 지킨다.[99]

이것은 참으로 유생들이 정원 외의 하층관리에 충당되어 유교가 봉건정치를 위해 일하고 둘이 완벽하게 결합한 전반적 모습이다.

우리가 유교를 기독교나 이슬람교와, 중국 봉건사회를 유럽 봉건사회와 아랍Arab의 할리파Khalifa(아랍 국가의 최고 지도자를 칭한다) 국가와 비교연구해보면, 비록 서로 다른 종교와 다른 사회에는 서로 다른 특징이 있고 그들의 정교합일 정황에도 많은 차이가 있지만, 상술한 다섯 가지 방면에서 유교의 정교합일 정황은 기독교, 특히 이슬람교의 정교합일 정황과 기본적으로 매우 비슷하다는 것을 발견할 수 있다. 지면의 제한으로 여기서는 더 이상 언급하지 않는다.

5. 몇 가지 증거

두 방면의 문제가 중국 역사상의 정교합일 문제와 관계가 있기 때문에 여기에서 언급하지 않을 수 없다. 그러나 이 두 방면의 문제는 언급면이 너무 방대하여 당연히 전문적인 논술이 필요하지만, 여기서는 간

---

99 『聖諭廣訓』에서 인용하였다. "敦孝弟以重人倫, 篤宗族以昭雍睦, 和鄕黨以息爭訟, 重農桑以足衣食, 尙節儉以惜財用, 隆學校以端士習, 黜異端以崇正學, 講法律以儆愚頑, 明禮讓以厚風俗, 務本業以定民志, 訓子弟以禁非爲, 息誣告以全良善, 戒匿逃以免株連, 完錢糧以省催科, 聯保甲以弭盜賊, 解仇忿以重身命."

략하게 몇 마디만을 말하고 동시에 중국 역사상 정교합일 현상의 증거로 삼고자 한다.

첫째 방면의 문제는 중국 역사상에서 유·불·도 삼교의 정치적 지위와 그 상호 관계이다. 둘째 방면의 문제는 중국 역사상 종교가 피통치계급 혹은 통치계급 재야집단의 정치활동과의 관계이다.

통치계급은 자신들의 정치적 일을 위해 종교를 이용하였다. 하나는 그 출세出世요소를 이용하였는데, 왜냐하면 '출세'는 사람들의 이 세상에 대한 관심을 변화시킴으로써 현존하는 사회질서를 견고히 하는데 유리하였기 때문이다. 이에 '출세' 자체가 일종의 입세入世가 되어 "정치에 물러나는 것으로써 정치에 참가하는 것"100이 되었다. 다른 하나는 그 '입세'적 요소를 이용하였는데, 왜냐하면 어떤 종교이든 모두 입세적 요소가 있고 정도의 차이는 다르지만, 이러한 요소는 모종의 사회정치적 주장을 나타낼 수 있기 때문이다. 동일한 종교의 사상관념·정감체험·행위수양, 특히 사회정치적 주장이 모두 민족·계급·계층·직업집단 및 개인의 차이에 따라 다르기 때문에 전제 통치자들이 그것을 이용하는 것은 정치적으로 자기에게 유리하기 때문이고, 만약 자기와 다른 경향이 있으면 공격 혹은 배척하였으니 국교에 대해서도 예외가 아니었다.

총괄하면, 중국 봉건의 '국교'는 확실히 유교였지만, 통치계급의 집권파들은 자기의 이익을 위해, 혹은 자신들이 지나치게 좋아하거나 혹은 일시적 정치수요에 의해 그 지상至上의 지위를 억압하였으며, 혹자는 자기와 다른 파벌 등이 발생하는 것을 공격하였다. 전자에 해당하는 것으로는 양梁 무제武帝(502~549 재위)의 숭불崇佛과 수隋 문제文帝(581~604 재위)가 유교를 배척한 경우이니, 유교의 국교지위도 한때 매우 위태

---

100 任繼愈, 『漢唐佛教思想論集』, 人民出版社, 1993, p.33.

하였다. 후자에 해당하는 것으로는 동한 '당고黨錮의 화'101, 북송 '신당
新黨과 구당舊黨의 논쟁'102, 남송 '의리파義理派와 시세파時勢派의 논
쟁'103, 명대 '동림당안東林黨案'104, 청대 금입맹사禁立盟社와 문자의 옥
(文字之獄)105 등인데, 정통 유교사상을 대표하던 유생 혹은 사대부들은
모두 일찍이 배척을 당하거나 진압되었다. 이러한 역사사건에는 모두
각자의 사회정치적 요인이 있지만, 가령 국교에 대해서도 전제 통치자
들은 그것을 자신들에게 완전히 굴복시켜 순종의 도구로 삼았으며, 만
약 경전의 교리를 이용하여 자기와 대적하는 자가 있으면 반드시 배척
하고 공격하여 '인정仁政'·'예치禮治'와 같은 조상 대대로 전해지는 성교
聖敎를 내버려두고 고려하지 않았던 것이다.

　　전체 역사발전에서 보면, 불교와 도교는 중국에서 유교와 같은 국

---

101 '당고의 화(黨錮之禍)'는 후한(後漢) 말기에 일어난 탄압사건으로 '당고의 옥(黨錮之
獄)' 또는 '당고의 금(黨錮之禁)'이라고도 불렀다. 166년 환관 일파는 환제(桓帝: 後漢
제11대 황제)를 충동질하여 환관의 세력에 대항하던 이응(李膺)과 진번(陳蕃) 등 2백
여 명을 붕당을 만들어 조정을 비방한다고 탄핵하였다. 황제는 이들을 당인(黨人)
이라 하여 종신 금고형을 내렸는데, 이것을 '제1차 당고의 화'라고 한다.(역자 주)

102 중국 북송(北宋) 때의 왕안석(王安石, 1021~1086)의 신법당(新法黨)과 사마광(司馬光,
1019~1086)의 구법당(舊法黨)의 대립논쟁이다.(역자 주)

103 금(金)의 침략에 따른, 남송의 조정에서 일어난 화전(和戰)양론의 대립논쟁이
다.(역자 주)

104 동림당(東林黨)은 중국 명나라 말기에 생긴 정치활동 학파이다. 동림학파(東林學
派)라고도 불린다. 고헌성(顧憲成)은 추원표(鄒元標)·조남성(趙南星) 등과 함께 장
거정(張居正)의 강압정치에 반대하다가 정계에서 추방당하였다. 이들은 1604년
향리인 강소성(江蘇省) 무석(無錫)에서 북송(北宋)의 유학자 양시(楊時)의 동림서원
(東林書院)을 재건하고 당대의 정치와 인물을 비판하는 재야세력을 이루었는데,
여기서 비롯되어 이들을 동림당이라 하였고, 반대세력을 반(反)동림당이라 하였
다.(역자 주)

105 글자나 문장을 가지고 사상을 통제하거나 정치적으로 견제하던 일을 '문자의 옥
(文字之獄)'이라 부르는데, 청나라 강희(康熙)·옹정(雍正)·건륭(乾隆) 연간(1662~1795)
에 일어난 필화(筆禍)사건이다. 대명세(戴明世)의 남산집안(南山集案), 왕경기(汪景祺)
의 서정수필안(西征隨筆案), 장정롱(莊廷鑨)의 명사고사건(明史稿事件, 1661~1663), 사
사정(査嗣庭)의 시제안사건(試題案事件, 1626) 등이 있다.(역자 주)

교의 지위가 없었고, 통치계급이 그들을 공격하고 배척하는 현상이 더욱 뚜렷하였다. 불교가 전래된 초기에, 통치계급은 불교가 "왕정王政의 금율禁律을 돕고 인仁·지智의 착한 성정에 유익하다"[106]라고 여겼기 때문에 "숭상하지 않음이 없었고 우리 국가에서도 항상 존숭하여 섬겼다."[107] 불교는 신선神仙·방술方術에 의지하여 뿌리를 내리고 위진현학과 영합하여 발전하였는데, 남북조 때에 이르러 몇 차례 유교를 대신하여 국교의 세력을 이루었고 수당시기에는 한 때 더욱 성행하였다. 이러한 발전은 불교방면의 영합과 통치계급의 지지가 서로 결합한 결과이다. 진晉의 승려 도안道安(312~385)은 일찍이 "국가의 군주에 의지하지 않으면 법사法事를 행하기 어렵다"[108]라고 하였다. 이 말은 그 뒤에 역사적 사실로 실증되었다.

> 중국 불교의 세력은 멀리 유럽 중고中古시기 기독교의 권력과 비교할 수 없다.[109]
> 불교는 중국에서 유일한 종교가 아니다. 이 때문에 불교의 영향에도 일정한 한도가 있다.[110]

중국 봉건사회를 종합해 보면, 세력이 유럽의 기독교와 유사하면서 통치지위를 차지한 종교는 유교이다. 가령 여러 차례 "몸을 바쳐 부처를 섬겼던(舍身事佛)" 유명한 양 무제도, 한편으로는 몸을 바쳐 부처를 섬기면서, 다른 한편으로는 공자를 위해 사당을 세우고 오경박

---

106 『魏書』「釋老志」, "助王政之禁律, 益仁智之善性."
107 『魏書』「釋老志」, "莫不崇尚, 亦我國家常所尊事也."
108 『高僧傳』卷5, 「道安傳」, "不依國主, 則法事難行."
109 任繼愈, 『漢唐佛敎思想論集』, p.29.
110 위의 책.

사五經博士를 두었으며 "나라를 세운 군주와 백성은 교教를 세우는 것을 우선으로 하고, 몸을 닦고 힘써 행하는 것은 경술經術에 말미암는다"[111]라는 조서를 발표하였다. 여기에서 말한 '교教'는 유교이고 '경經'은 유가경전이다. 양 무제가 불교를 '국교'로 세운 것은 "유가의 사회윤리적 관점과 불교의 미신사상을 긴밀히 결합시킨 것이다."[112] 이러한 중국의 가장 전형적인 불교도 군주도 "불교로써 유학의 정치적 지위를 배척하지 못하였다."[113] 중국의 사상환경과 정치환경 하에서 불교는 제한을 받았고[114], 심지어 타격을 받는 것이 불가피하였다. 이른바 '삼무일종三武一宗'[115]이 불교를 탄압한 것은, 무엇보다도 불교의 경제나 사회세력의 팽창과 관계가 있지만 삼교三教간의 투쟁과도 유관하다. 북위北魏 태무제太武帝와 당唐 무종武宗이 불교를 탄압한 것에는 중간에 도사道士의 부추김이 있었으며, 또한 "성인의 말이 아니다(非聖之言)"는 것과 "이방의 가르침(外方之教)"에 대한 배척의 뜻도 있었다. 북주北周의 무제武帝가 불교를 탄압한 것에는 "모든 음사淫祀를 금하고, 예전禮典에 기록되지 않는 것은 모두 없애라"[116]는 조서를 내렸고, 후주後周의 세종世宗이 불교를 탄압한 것으로는 "백성 중에 부모를 봉양하지 않고 승려가 되는 것을 금한다"[117]는 조서를 내렸으니, 두

---

111 『梁書』「列傳·儒林」, "建國君民, 立教爲首, 砥身厲行, 由乎經術."

112 任繼愈, 『漢唐佛教思想論集』, p.26.

113 范文瀾, 『中國通史簡編』, 第2編, 人民出版社, 1949, p.439.

114 그 시책으로는 관직을 나누어 설치하여 벼슬의 위람(僞濫: 속임과 남용)을 방지하였고, 절을 세우고 승려가 되는 것을 제한하였고, 시경도첩제(試經度牒制)를 규정하여 승려를 가려 뽑는 등의 조치가 있었다.

115 중국 불교사상 네 차례에 걸친 대규모의 불교탄압을 '삼무일종(三武一宗)'이라 한다. 즉 북위(北魏) 태무제(太武帝)·북주(北周) 무제(武帝)·당(唐) 무제(武帝)와 후주(後周)의 세종(世宗)에 행해진 불교탄압이다. (역자 주)

116 『北史』「周本紀(下)」, "禁諸淫祀, 禮典所不載者, 盡除之."

117 『五代史』「周本紀」, "禁民親無侍養而爲僧尼."

황제가 불교를 탄압한 것은 유교를 유지하고 예악禮樂을 선양하고 강상綱常을 수호하기 위한 것이었다. 역대 사대부들이 불교에 반대하던 논의도 대부분 같은 목적이었다. 탕용동湯用彤(1893~1964)선생은 다음과 같이 말하였다.

이씨李氏(李淵)의 당나라가 천하를 안정시키는데 이르러서, 제왕帝王과 명신名臣은 치세治世를 임무로 삼고 출세出世의 법을 경시하였다. 선비를 선발하는데 있어서는 오경五經의 예법을 반드시 닦아야 했고……과거제는 천하에 공자의 가르침이나 문학을 중시하고 불교의 명리名理를 경시하는 풍조를 조성하였으니, 배우는 자들은 마침내 성인의 글이 아니면 읽지 않는데 이르렀다.[118]

도교도 중국 역사상에서 비슷한 경우에 부딪쳤다. 원시도교는 일찍이 농민봉기에 동원되었기 때문에 봉건 통치자들의 억압을 받았다. 동진東晉 이후 강상명교綱常名敎와 서로 결합하여 발생한 귀족도교는 통치자의 지지를 받았다. 그러나 중국역사를 종합해 보면, 북위의 태무제太武帝·당 무종武宗·송 휘종徽宗·명 세종世宗 등 몇몇 황제의 통치 하에서 일반적으로 말하면, 도교는 모두 통치 의식형태의 지위에 오르지 못하였다. 도교와 불교가 상호 논쟁하여 각자 이기고 질 때가 있었지만, 둘은 항상 유교의 배척을 받아 좌절되었다. 범문란范文瀾(1891~1969)선생의 견해에 따르면, 유가·불가·도가의 관계는 대체로 유가가 불가에 대해서는 조화보다 배척이 많았고, 불가가 유가에 대해서는 배척보다 조화가 많았다. 불가와 도가가 상호 배척하였지만, 유가가 도가에 대해서는 배척하지도 않고 조화하지도 않았으며, 도가가 유가에 대해서

---

[118] 湯用彤, 『隋唐佛敎史稿』, 中華書局, 1982, p.39.

는 조화는 있었으나 배척은 없었다. 이러한 말은 사상방면에서 쓰지 않고 정치방면에서 쓰지만 상당히 일리가 있다. 이러한 관계도 유교가 중국 역사상에서 실제적인 '국교'지위를 누렸다는 유력한 증거이다.

앞에서 이미 언급한 것처럼, 넓은 의미의 정교政敎관계는 응당 비체제적 혹은 이단의 종교와 피통치계급 혹은 재야의 정치간의 관계를 포함해야 한다. 이 밖에도 비非국교의 종교와 정치의 관계 및 종교와 일부 역사발전의 전환점인 정치변혁운동의 관계를 포괄해야 한다. 이 방면의 관계도 매우 복잡하지만, 우리는 여기에서 또한 그것을 세 가지의 구체적 표현형식으로 귀납하였으니, 즉 인민봉기의 종교적 외투, 이단운동의 사회적 실질, 종교개혁의 정치적 내용이라는 세 가지 유형이다. 중국 역사상에서 이 세 가지 유형에는 모두 그 특수한 표현이 있는데, 그것들은 다른 측면에서 중국 봉건사회의 정교합일 현상을 증명하였다.

엥겔스Engels(1820~1895)는 다음과 같이 말하였다.

봉건시대에 있어서 모든 혁명의 사회정치이론은 대체로 동시에 신학의 이단異端이다. 당시의 사회제도에 저촉되기 위해서는 반드시 제도상에서 한 겹의 신성한 외투를 벗겨내야 한다.119

중국 봉건시대에도 예외는 아니었다. 사회정치제도 속에서 줄곧 정교합일의 성분을 포함하였으니(절대 다수의 정황 하에서 유교와 봉건정치의 합일이다), 이러한 제도의 신상에는 줄곧 '신성한 외투'를 걸치고 있었다. 때문에 이러한 제도에 반대하던 인민봉기는 '비판의 무기'로써 '무기의 비판'을 선도할 때나 '한 겹의 신성한 외투를 벗길 때'도

---

119 『마르크스 · 엥겔스선집』, 第7卷, p.401.

항상 신성한 장갑을 끼고 각종 종교 혹은 미신의 방식으로 선전하고 조직을 동원하는 수단으로 삼았으니, 이것은 진승陳勝봉기120 · 황건黄巾봉기121 · 손은孫恩봉기122 · 법경法慶봉기123 · 모을母乙봉기124 · 방랍方臘봉기125 · 종상鍾相봉기126 · 왕념경王念經봉기127 · 홍건紅巾봉기128에서 태평천국太平天國 봉기129에 이르기까지의 역사가 모두 누차 증명한 것이다.

이상으로 언급한 농민봉기는, 기본적으로 모두 비非국교의 종교를 이용하여 자기들을 위해 일하였으니, 이는 당연히 통치계급이 국교를 이용한 것과 서로 대항하는 성질을 갖는다.(예를 들어 홍수전洪秀全(1814~1

---

120 중국 진(秦)나라 말에 진승(陳勝, ?~BC 208)과 오광(吳廣, ?~BC 208)이 중심이 된 중국 최초의 농민봉기이다.(역자 주)

121 중국 후한(後漢) 말기 호족지주에 의한 토지겸병의 위기에 끊임없이 직면해 있던 농민이 황건적이 되어 일으킨 반란이다. 머리에 누런 수건을 썼기 때문에 '황건'이란 명칭이 붙었다.(역자 주)

122 동진(東晉) 말 399년에 손은(孫恩, ?~402)과 노순(盧循, ?~411)을 중심으로 일어난 도교계통의 농민봉기이다.(역자 주)

123 중국 북위(北魏) 말 515년에 발해(渤海: 山東省) 땅에서 사문(沙門) 법경(法慶)을 지도자로 해서 일어난 민중반란이다. 대승교(大乘教)봉기라고도 불린다.(역자 주)

124 마니교(摩尼教) 혹은 모니교(牟尼教) 봉기라고 불렀다. 오대(五代) 양조(梁朝) 920년에 마니교도인 모을(母乙)과 동을(董乙)을 중심으로 일어난 봉기이다.(역자 주)

125 북송 말년 휘종(徽宗) 때에 부패하고 암흑한 통치에 반항하여 방랍(方臘, ?~1121)과 송강(宋江)이 농민을 이끌고 봉기한 운동이다.(역자 주)

126 남송 초기에 의용군을 조직하여 금나라에 저항한 토호세력인 종상(鍾相, ?~1130)이 마니교의 영향을 받고 균산사상(均産思想)을 가진 토속(土俗)종교의 교주가 되었으나, 송나라의 의혹을 받자 1130년 '등귀천(等貴賤) 균빈부(均貧富)'의 구호 아래 호남(湖南)에서 봉기하였다.(역자 주)

127 남송(南宋) 건염(建炎) 4년(1130년)에 강서(江西)지역 농민을 중심으로 왕념경(王念經: 王宗石, ?~1130)의 지도 하에서 일어난 농민봉기이다.(역자 주)

128 1351년에 원나라 순제(順帝)가 황하 치수공사를 위해 대규모의 양민을 부역시키자 이를 계기로, 유복통(劉福通)과 한산동(韓山童)의 지휘 아래 백련교도들은 영주에서 대대적인 봉기를 일으켰다.(역자 주)

129 중국 청나라 말기인 1851년에서 1864년까지 홍수전(洪秀全)을 중심으로 일어난 농민봉기이다.(역자 주)

864)의 이러한 대항은 매우 자각적이다.) 중국 역사상에는 또한 적지 않은 농민봉기가 있었는데, 유교이론 중의 "하늘은 우리 백성이 보는 것으로 보고, 하늘은 우리 백성이 듣는 것으로 듣는다"[130], "백성을 귀하게 여기고 군주를 가볍게 여긴다(民貴君輕)" 등의 견해를 이용하여 "폭군을 제거하여 선량한 백성을 편안하게 한다(除暴安良)", "하늘을 대신하여 도를 행한다(替天行道)"는 기치를 내걸고 호소하였는데, 이러한 봉기는 정통 유생들과 봉건 통치자들에 의해 "경전에서 벗어나고 도에 위배된다(離經叛道)", "윗사람에게 대들어 난을 일으킨다(犯上作亂)"는 것으로 모함되어 봉기자들의 주장을 이단사설로 간주하였다. 이러한 현상은 중국 봉건사회 정교합일의 또 다른 증거이다. 일종의 종교의 정통이론이 통치자의 지지를 받았기 때문에 정통 교파 혹은 교내의 권위자들은 그 '교'가 유행하는 국가 내에서 세속당국과의 관계가 밀접하였고, 또한 정권의 힘을 빌려서 비정통의 사상 혹은 교파를 억압하였기 때문에 일종의 종교의 이단만이 피통치계급과 연계할 수 있었고, 농후한 사회정치적 성질을 띠고서 피통치계급 혹은 통치계급 재야파(혹은 반대파)의 운동이 될 수 있었다. 혜강嵇康(223~262) · 완적阮籍(210~263)의 유파가 주공과 공자를 경시하여 "성인이 아니면 본받을 수 없다(非聖無法)"고 배척을 받은 한 것은 한문서족寒門庶族[131] 지주와 문벌사족門閥士族 지주간의 사회모순 및 조씨曹氏(曹操)와 사마씨司馬氏간의 정치투쟁을 반영한 것이다. 강유위康有爲 · 양계초梁啓超 무리의 유신변법維新變法(戊戌變法)이 '성경聖經(유교경전)을 없애고', '법률을 어지럽히고', '강상을 무너뜨리고', '임금을 임금으로 여기지 않는다'고 지적을 받은 것은 자산계급과 봉건 지주계급간의 사회모순 및 개량파改良派와 완고파頑固

---

130 『書經』「泰誓(中)」, "天視自我民視, 天聽自我民聽."

131 사족(士族)은 대대로 벼슬을 하는 가문을 가리키는데, 이에 비해 명망도 없는 서민가문을 한문(寒門) 또는 서족(庶族) · 한족(寒族)이라고 하였다.(역자 주)

派간의 정치투쟁을 반영한 것이다. 그러나 중국 역사상의 다양한 민간 종교와 비밀종교는 항상 유·불·도 삼교에 대한 이단의 잡동사니였고 항상 농민봉기의 조직형태가 되었다. 총괄하면, 정교합일이 정통종교와 통치계급의 정치로 하여금 떼어놓을 수 없는 인연을 맺게 하였다면, 정통종교에 억압받던 이단과 통치계급에 억압받던 피통치계급의 정치에는 필연적으로 많고 적은 혹은 은밀하고 드러나는 관계가 발생할 수 있다. 이는 통치계급이 정치적 혹은 사상적으로 이중 규제를 가한 필연적 산물이다.

일반적 정교관계는 종교개혁이 갖는 사회정치적 내용을 언급하지 않을 수 없다. 이러한 문제를 제기하면, 우리에게 항상 생각나는 것은 16세기 유럽의 종교개혁 운동이다. 적지 않은 사람들은 기원전 15세기 말에서 14세기 초의 이집트 파라호Pharaoh(고대 이집트의 최고 통치자) 아멘호텝Amenhotep 4세(BC 1367~1334)의 종교개혁132 혹은 티베트 승려 총카파Tsong kha pa(1357~1419)133의 종교개혁을 말하지만, 중국 한족漢族 역사상의 종교개혁은 말하지 않아 이러한 일이 중국과는 전혀 관계가 없는 것 같다.

상부구조가 경제기초에 부응해야 하고 의식형태가 사회상황에 부합해야 하는 것은 종교도 예외가 아니었으니, 중국 한족의 종교도 물론 예외가 아니었다. 생산력의 발전이 사회의 상부구조와 모순되면, 상부구조가 포괄하는 종교에는 반드시 변혁이 발생한다. 종교와 정치가 긴

---

132 아멘호텝(Amenhotep) 4세(또는 아케나톤(Akhenaton))는 백성들이 숭배하는 고대의 수많은 신들을 태양신인 아톤-라(Aton Ra)로 통합하려 하였으며, 그의 이름조차도 아톤의 종이라는 뜻의 '아케나톤(Akhenaton)'이라는 이름으로 개명하였다. (역자 주)

133 총카파(宗喀巴, Tsong Kha pa, 1357~1419)는 티베트 정통파 불교의 개혁자로서 라마교 황모파(黃帽派)의 개조(開祖)이다. 법명(法名)은 로잔타크파이고, 저서로는 『보리도차제론(菩提道次第論)』과 『비밀도차제론(秘密道次第論)』이 있다. (역자 주)

밀히 결합된 상황, 즉 정교합일의 역사조건 하에서 종교의 변혁은 반드시 정치적 내용을 띠기도 하고 혹은 사회정치적 작용을 갖기도 한다. 앞에서 기술한 것처럼, 중국에 이미 자기의 전통종교가 있었다면 반드시 종교의 변혁이 있었고(당시에 '종교개혁'이란 명칭이 있었든지 간에)134, 이미 정교합일의 현상이 있었다면 그 종교변혁은 반드시 사회정치적 내용을 가지고 있었다는 것이다.

은상殷商시대에는 '상제(帝)'의 관념이 발생하였는데, 그것은 원래 각 부족의 각종 자연신과 사회신을 통제하여 민족의 한계를 초월하였고 또한 은나라 사람과 특수한 관계가 있었다. 이것은 은 민족과 피정복 각 부족의 통치와 피통치의 새로운 관계를 반영하였으며, 또한 이전(본래) 각 부족의 분산된 신령숭배가 새로운 통일왕국의 수요에 부합하지 않은 결과였다. 주나라가 상나라를 멸망시킨 후에, 상제의 호칭은 더 많이 증가하였을 뿐만 아니라, 또한 체계적 천명관이 출현하여 상제의 신성성이 크게 확대되었고 상제의 도덕과 정치상에서의 권능도 크게 강화되었다. 상왕商王과 상제는 결코 혈연관계가 없었고, 다만 죽은 후에야 비로소 곁에서 "상제를 모셨으며(賓于帝)"135 주왕周王은 '천자'로 간주되었다.

왕이 비록 나이가 어리지만 하늘의 원자이시다.136
호천昊天이 그를 자식과 같이 여겼다.137

---

134 실제로 아멘호텝 4세의 개혁과 총카파의 활동은 당시에 어떤 '종교개혁'의 명칭도 없었다. 가령 전형적인 '종교개혁'-16세기 유럽의 개혁운동은 유럽인 자신들도 '개혁(Reformation)'이라고 하였지 '종교개혁(Religious reformation)'이라고 부르지 않았다. 이에 근거하면, 중국 역사상 몇 차례의 큰 종교변혁 혹은 의식형태(그 핵심은 종교이다)의 변혁을 어찌 '종교개혁'이라고 부를 수 없겠는가?
135 郭沫若 主編, 『甲骨文合集』, 1402正, "賓于帝."
136 『書經』「召誥」, "有王雖小, 元子哉."

주공은 '덕으로 하늘과 짝을 이루게 하여(以德配天)' 천제天帝의 신성성을 사회도덕과 정치제도周禮와 더욱 긴밀히 결합시켰다. 주 왕조의 통치자들은 또한 일련의 종교제사방면의 '묘제廟制'를 제정하였다. 이러한 방법의 취지는 당시 종교로 하여금 왕조의 기강을 유지시키는데 있었고, 천하 만백성을 순종시키는 방면에서 더 훌륭한 작용을 하였다. 총괄하면, 은나라가 하나라를 대신한 것과 주나라가 상나라를 멸망시킨 후의 종교변혁은 정치상의 '탕무湯武혁명'138이 의식형태상에 반영된 것이다. 예를 들어 한 무제가 한초漢初에 통치지위를 차지한 황노학黃老學을 버리고 백가百家를 축출하고서 대량의 신학과 미신을 함유하고 천명天命의 색채가 농후한 '유술儒術'139만을 존숭하여 관방官方(국가체제)의 오경박사를 설립하고 사상통치를 시행한 것이 확실히 의식형태영역(종교는 이러한 영역 내에서 통치지위를 차지한다)의 중대한 변혁이라고 여긴다면, 이것은 적어도 종교개혁과 유사한 일종의 조치라고 할 수 있다. 이러한 개혁조치는 심각한 사회적 근원(황노 무위無爲의 설은 적극적인 통치에 불리하였고 학파분쟁에서 인민의 사상을 규제하는데 방해되었다), 분명한 정치적 작용(통치계급의 사상을 조정하고 군신君臣·상하上下·존비尊卑의 질서를 견고히 하여 통치집단을 위해 사상통일의 '인재人才'를 배양하여 봉건통치로 하여금 신성한 색채를 띠게 하였다), 심원한 역사적 영향(국가를 견고히 하고 통일하는데 유리하였으나, 학술사상의 발전에 불리하였다는 등등)을 가지고 있

---

137 『詩經』「時邁」, "昊天其子之."

138 상나라 탕(湯)왕이 하나라 걸왕(桀王)을 뒤엎고 상(商) 왕조를 건립한 것이나, 주나라 무왕이 상나라 주(紂)왕을 뒤엎고 주(周) 왕조를 건립한 것을 말하는데, 이는 모두 '천명을 따르고 인심에 호응한 것(順乎天而應乎人)'이다. (역자 주)

139 실제로, 한(漢) 무제(武帝)는 종교와 미신사상이 농후한 통치자였고, 일생동안 수많은 종교와 미신활동을 행하였다. 음양오행·천명신학과 서로 결합한 '유술(儒術)'을 지지하여 출연시킨 것은 이러한 활동의 최고 절정이라 말할 수 있다.

었으니, 이것은 조금도 의심할 수 없는 것이다. 왕망王莽은 고문경학을 관방지위로 끌어올렸고, 유수劉秀는 고문경학박사를 없애고 금문경학 박사를 다시 세웠다. 수 왕조가 과거제도를 창립하였고, 당 왕조가 『오경정의五經正義』를 반포하여 과거로 선비를 선발하였는데, 이러한 중대한 조치에 대해서도 종교개혁의 관점에서 분석할 수 있다. 이 외에도, 구겸지寇謙之(365~448)는 조정의 지지 하에서 "도교를 깨끗이 정리하여 삼장三張(張陵·張衡·張魯)의 위법僞法(五斗米道·男女合氣術 등)을 없앴으며"140, 불교 선종은 "부처를 꾸짖고 조사를 욕하고(呵佛罵祖)"141 "마음이 곧 부처(卽心是佛)"라고 주장하였다. 원대의 몽고 황실은 강력하게 라마교Lama(티베트 불교)를 추숭하였는데, 이러한 사건들은 종교개혁의 성질을 가지고 있지 않음이 없었고, 또한 각자 정도를 달리하여 깊고 얕은 사회적 근원, 크고 작은 정치적 작용, 좋고 나쁜 역사적 영향을 가지고 있었는데, 여기서는 더 이상 장황하게 늘어놓지 않겠다.

총괄하면, 이론에 근거하여 분석하든 사실에 근거하여 귀납하든, 혹은 정면인 정교합일의 세 가지 형식에서 관찰하든, 측면인 유·불·도 삼교의 정치관계에서 관찰하든, 심지어 반면인 종교와 피통치계급의 정치관계에서 관찰하든, 모두 "중국 역사상에서 정교합일은 확실히 존재하였고 중국 봉건사회의 대부분의 시간 안에 있었으니, 이러한 정교합일은 바로 유교와 봉건 전제정치의 결합이다"라는 결론을 얻을 수 있다.

---

140 寇謙之, 『老君音誦誡經』(『正統道藏』「戒律類」에 실려있다), "淸整道敎, 除去三張僞法."

141 가불매조(呵佛罵祖): 부처님을 꾸짖고 조사스님들을 욕한다는 뜻으로, 선사가 수행자를 깨우치기 위하여 불조의 권위를 부정하고 그 부정적인 방법을 통하여 자유자재의 경지를 터득하도록 하는 교화방편이다. (역자 주)

종교관념의 본질과
상제관[1]

하광호 何光滬

종교의 본질적 특징은 신神에 대한 신앙에 있다. 중국어로 '종宗'자는 원뜻이 조상신에 대한 존숭이다.

종宗[2]은 조묘祖廟(조상의 신주를 모신 사당)를 존숭한 것으로, '면宀'에서 나오고 '기示(祇와 같은 뜻임)'에서 나온 글자이다.[3]

기示는 하늘이 상象을 드리워 길흉吉凶을 보이는 것이 사람에게 보여주려는 것이니 '이二'에서 나온 것이다. 세 줄(小)로 드리워 있는 것은 해·달·별이다. 천문을 살핌으로써 시간의 변화를 드러내니 '기'는 신의 일이다.[4]

---

1 원래 『다원화(多元化)의 상제관』(貴州人民出版社, 1991)에 실렸던 글인데, 이 책은 1999년에 제2판이 출판되었다. 본 논문은 그 책 서론부분 제1절의 제1소절의 내용이다.

2 종(宗)은 신주(示)를 모신 집(宀)이라는 식의 회의자로 설명되기도 한다. (역자 주)

3 『說文』「宀部」, "宗, 尊祖廟也. 從宀從示." 『書經』「大禹謨」, "受命於神宗." 『書經』「洛誥」, "惇宗將禮, 稱秩元祀." 『詩經』「大雅·雲漢」, "上下奠瘞, 靡神不宗."

4 『說文』「上部」, "示, 天垂象見吉凶所以示人也. 從二. 三垂, 日月星也. 觀乎天文以察時變, 示神事也."

그러나 '이二'는 고문古文에서의 '상上'자이다. 중국어의 '교敎'자는 본래 "위에서 베풀고 아래에서 본받는다"[5]는 뜻이다.

성인이 신도神道로써 가르침을 베푸니 천하가 복종하였다.[6]

『설문해자』에는 '신神'자를 "하늘의 신이란 만물을 이끌어내는 자이다"[7]라고 해석하였다. 이로부터 '종'과 '교' 및 '신'의 관계를 알 수 있다.

후에 이 두 글자가 함께 쓰여 불법佛法을 신앙하고 널리 중생을 구제하는 불교학설과도 관계가 있었고[8], 또한 영어의 '신에 대한 신앙'을 다시 번역한 일본어의 '종교宗敎'와도 관계가 있었다. 영어의 Religion (종교)이라는 말은 라틴어의 Religare 혹은 Religio에서 나왔다. 전자는 '연결'을 의미하니 인간과 신의 연결을 가리킨다. 후자는 '경중敬重(존경)'을 의미하니, 사람의 신에 대한 존경을 가리킨다. 서양의 주요 언어의 권위있는 사전에 근거하면, '종교'라는 말의 정의는 모두 신과 관계가 있으니, 그것에 쓰인 신을 대신하는 말이 가리키는 것은 '초자연적 힘'이든 아니면 '인간보다 더 뛰어난 힘'이고, '신성한 존재'이든 아니면 '종극의 실재'이다. 이처럼 말이 서로 다른 것은 그들의 '신'에 대한 해석에 치중하는 차이가 있음을 보여주는데 것에 불과하다.

현대적 의미상의 종교학이 탄생한 이래로, 각 분야의 종교학자들은 종교의 본질에 대해 장기간 광범위한 탐구를 진행하여 복잡하고 다양한 종교본질의 규정 혹은 정의를 개괄할 것을 제기하였다. 총괄하면,

---

5 『說文』「攴部」, "上所施, 下所效."

6 『周易』「觀卦」, "聖人以神道設敎, 而天下服矣." 『禮記』「祭義」, "合鬼與神, 敎之至也."

7 『說文』「示部」, "天神, 引出萬物者也."

8 (宋) 道原, 『景德傳燈錄』「圭峰宗密禪師答史山人十問」, "滅度後委付迦葉, 展轉相承一人者, 此亦槪論當代爲宗敎主, 如土無二王, 非得度者唯爾數也."(『五燈會元』卷2에서 다시 인용하였다.)

겉으로 차이가 매우 심한 종교정의가 결국 모두 '신'에 대한 신앙을 종교의 본질적 핵심 혹은 근본으로 삼았다는 것이다. 대체로 말하면, 이러한 정의는 세 가지로 나눌 수 있다.

첫 번째 유형의 정의는, 신앙의 대상을 중심으로 하여 종교의 본질을 규정하는 경향으로 대체로 종교사학자와 종교인류학자에 의해 제기되었다. 그들 가운데 대표인물인 뮐러Friedrich Max Muller(1823~1900)는 종교를 모종의 "무한 존재물"에 대한 신앙으로 정의하였고, 타일러Edward Burnett Tylor(1832~1917)는 종교를 "정령精靈의 실체"에 대한 신앙으로 정의하였으며9, 프레이저James George Frazer(1854~1941)는 종교를 "자연과 인생의 여정을 제압하는 초인간적 힘"에 대한 영합迎合과 위안으로 정의하였고10, 슈미트Wilhelm Schmidt(1868~1954)는 종교를 "세속을 초월하고 인격을 가지고 있는 힘"에 대한 지각과 숭배로 정의하였다11. 이러한 '존재물' 혹은 '실체' 혹은 '힘'은 바로 종교학 혹은 철학에 쓰여 '신'이라는 용어로 표현되기 때문에, 이러한 정의는 실제로 모두 역사적 사실과 인류학적 사실에 근거하여 종교를 신에 대한 신앙과 숭배의 체계로 규정하였다. 마레트Robert Ranulph Marett(1866~1943)와 소데르블롬Nathan Söderblom(1866~1931)의 "신성한 사물"에 대한 신앙이나, 말리노프스키Bronislaw Malinowski(1884~1942)의 "비교적 뛰어난 힘"에 대한 구걸 등의 종교에 관한 견해12도 모두 종교를 '신'과 연결시켰는데, 다만 이러한 학자들은 자기

---

9 E. Shrape, 『比較宗敎學史(Comparative religion: A History)』, p.48, 上海人民出版社, 1988年. 한국어 번역본으로는 윤이흠·윤원철 옮김, 『종교학—그 연구의 역사』(한울아카데미, 1986)가 있다. (역자 주)

10 J. Frazer, 『황금가지(The Golden Bough: A Study in Magic and Religion)』, p.77, 中國民間文藝出版社, 1987년. 한국어 번역본으로는 이용대 옮김, 『황금가지』(한겨례신문사, 2003)와 박규태 역주, 『황금가지』(을유문화사, 2005)가 있다. (역자 주)

11 W. Schmidt, 『比較宗敎史』, 補仁書局, 1947, p.2.

12 앞에서 인용한 E. Shrape, 『비교종교학사(Comparative religion: A History)』와 呂大吉 主編, 『宗敎學通論』, 第1編, 第1章.

특유의 역사학과 인류학의 관점에서 출발하여 신에 대한 해석에도 각자 차이가 있었다.

두 번째 유형의 정의는, 신앙의 주체인 개인의 체험을 종교의 기초와 본질로 간주하는 경향으로 대체로 종교심리학자와 종교현상학자들에 의해 제기되었다. 그들 가운데 대표인물인 제임스William James(1842~1910)는 종교를 "개인이 고독할 때에 그가 신성하다고 여기는 어떤 대상과 관계를 유지하는데서 발생하는 감정과 행위와 경험"으로 정의하였다.13 오토Rudolph Otto(1848~1916)는 종교의 본질을 개인의 신성한 자에 대한 직각체험으로 간주하고 "신에 대해 경외敬畏하고 또한 동경하는 감정의 교차"라고 정의하였다. 프로이트Sigmund Freud(1856~1939)는 비록 종교를 무의식 속에 있는 죄의식의 산물로 간주하였지만, 이러한 산물은 또한 '아버지'를 통해 '하느님'으로 투사Projection되어 만들어진 것이다. 틸리히Paul Tilich(1886~1965)는 종교를 '종극終極'에 대한 관심이라고 정의하였다. 그가 보기에, 진정한 종극은 바로 '존재 자체', 즉 하느님이라고 보았다.14 블리케르Claas Jouco Bleeker(1898~1983)는 종교를 "독실히 믿는 사람의 진실된 표정으로 이해하였으니, 그들은 하느님에 관한 인식을 가지고 있다"라고 생각하였다.15 총괄하면, 이러한 견해는 비록 신앙주체의 종교체험을 강조하였지만, 모두 종교체험의 대상을 언급해야 하는 것을 피하지 못하였다. 이러한 대상은 그 성질과 기원에 다른 견해가 있을지라도, 또한 일상 언어 속의 '신'으로 총칭할 수

---

13 W. James, 『The Varieties of Religious Experience』, 上冊, p.30. 한국어 번역본으로는 김재영 옮김, 『종교적 경험의 다양성』(한길사, 2000)이 있다.(역자 주)

14 E. Shrape의 『Comparative religion』, S. Freud의 『토템과 禁忌(Totem und Tabu)』, P. Tilich의 『Systematic Theology』, Chicago, 1967. 한국어 번역본으로는 김현조 역, 『토템과 금기』(경진사, 1993)가 있고, 김경수 역, 『조직신학』(성광문화사, 1992)이 있다.(역자 주)

15 C. J. Bleeker, 『신성한 다리(The Sacred Bridge: Researches into the Nature and Structure of Religion)』, Leiden, 1963, p.9.

있다.

세 번째 유형의 정의는, 종교의 사회적 기능으로 종교의 본질을 규정하는 경향인데, 대체로 종교사회학자들에 의해 제기되었다. 그들 가운데 대표인물인 뒤르켕Emile Durkheim(1857~1917)은 종교를 "신성한 사물"과 서로 관계되는 신앙과 행위체계로 정의하였다.16 잉거John Milton Yinger (1916~)는 종교를 "사람들이 공동체 속의 근본문제에 근거하여 투쟁하는 신앙과 행동체계"17로 정의하였는데, 이는 사람으로 하여금 최고 행복을 얻게 하는 수단이었다. 키시모토 히데오岸本英夫(1903~1964)는 종교가 "인간생활의 최종 목적을 분명히 하여 사람들의 서로 믿는 문제가 최종적으로 해결될 수 있고, 또한 이를 중심으로 하는 문화현상"18이라고 보았다. 후반부의 두 견해(잉거와 히데오)는 종교의 본질이 '신'과 관계가 있음을 제기하지 못한 것 같다. 그러나 바로 이 때문에 그들은 종교를 다른 비슷한 기능을 갖는 문화현상과 구별하지 못하였으니, 즉 종교를 결정하는 것이 종교이지 다른 문화현상을 본질적으로 규정하는 것이 아니라는 것을 명확히 지적하지 못하였다. 이것은 이면에서 종교와 신명神明신앙이 분리될 수 없는 관계임을 설명하였다. 잉거는 그의 다른 저술에서 이미 이 문제를 언급하였고19, 키시모토 히데오는

---

16 E. Durkheim, 『The Elementary Forms of the Religious Life』, 1915, p.47. 한국어 번역본으로는 노치준·민혜숙 옮김, 『종교생활의 원초적 형태』(민영사, 1992)가 있다.(역자 주)

17 M. Yinger, 『The Scientific Study of Religion』(New york: Macmillan, 1970), p.7. 한국어 번역본으로는 한완상 옮김, 『종교사회학』(대한기독교서회, 1973년)이 있다.(역자 주)

18 岸本英夫, 『宗敎學』, 大明堂, 1961年, p.17.(呂大吉 主編, 『宗敎學通論』, 第1編, 第1章 참고.) 한국어 번역본으로는 박인재 옮김, 『종교학』(김영사, 1983)이 있다.(역자 주)

19 M. Yinger, 『종교, 사회와 개인(Religion, society and the individual)』, "종교적 기능의 관점에서 보면, 종교와 비종교는 연속하는 통일체이니, 그 속에는 근본적인 구별이 없기 때문에 정의상에서 명확하지 않아 점점 응용할 수 없게 되었다."(영문판, p.118.)

보충하여 "종교란 인생문제를 해결하는 문화현상으로, 그 특징은 항상 신성성 혹은 신의 관념을 수반하는데 있다"라고 말하였다. 마지막으로 피터 버거Peter Ludwig Berger(1929~)는 당시 대표적인 종교사회학자로, 인류를 위해 "신성한 질서"를 구축하는 활동으로 종교를 명확히 정의하였다.20 총괄하면, 종교의 사회적 기능을 종교의 본질과 동일시하는 종교사회학자들조차도 이러한 기능을 신에 대한 신앙과 연결하지 않을 수 없었다.

여기에서 우리는 마르크스주의의 종교정의를 말해야 한다. 마르크스주의 경전작가의 종교에 관한 논술 언급에서 엥겔스Friedrich Angels(1820~1895)의 아래 논단이 가장 전형적인 종교정의이다.

일체의 종교는 모두 사람들의 일상생활을 지배하는 외부의 힘이 사람들의 두뇌 속에 있는 환상을 반영한 것에 불과하니, 이러한 반영 속에는 인간의 힘이 초인간적 힘의 형식을 취한다.21

이러한 정의는 사회학적 방법의 정의유형에 귀속될 수 있지만, 그것의 착안점은 종교의 사회적 근원이지 그 사회적 기능이 아니기 때문에 (마르크스주의 경전작가는 다른 곳에서 이미 종교의 사회적 기능문제를 대량으로 논술하였다) 취한 것은 일종의 발생학적인 관점이었다. 동시에 사람의 주관의식이 외재하는 객관에 대한 반영과정과 반영방식에 착안하였기 때문에 그것은 일종의 인식론적 관점을 취하였다. 비록 이러한 정의는 내용이 매우 풍부하지만, 그 핵심은 여전히 종교와 '초인간적 힘'의 관계를 드러내는데 있었다. 이른바 '초인간적 힘'은 바

---

20 P. Berger, 『신성한 덮개(The Sacred Canopy: Elements of a Sociological Theory of Religion)』(Garden City: Doubleday, 1967), p.51.

21 『마르크스 · 엥겔스선집』, 第3卷, p.354.

로 다양한 신에 대한 총칭이다.

물론, 우리는 일부 서양 종교학자들의 상반된 견해를 소홀히 할 수 없다. 그들 중 혹자는 종교의 본질을 신에 대한 신앙으로 개괄하고 일부 종교사의 사실을 누락시킬 수 있다고 보았다(왜냐하면 그들은 유교와 불교가 신을 믿지 않는 종교라고 여겼기 때문이다). 혹자는 종교의 공통된 본질이 그 공통된 사회적 기능에 있기 때문에 일부 종교적 기능이 있는 '신이 없는 종교'가 존재한다고 보았다. 예들 들어 애국주의, 공산주의, 과학 혹은 민주에 대한 열정과 존숭, 미식축구에 대한 매혹과 열광이 모두 이러한 종교에 속하는데-'종교가 아닌 종교', '세속의 종교'라고 부르기도 한다.(일부 사람은 '급진적 신학' 혹은 '하느님의 죽음'과 같은 신학이론에 근거하여 일종의 '신이 없는 기독교' 혹은 '종교가 아닌 기독교'를 주장하였다.) 우리는 이러한 견해가 모두 성립될 수 없는 것이라고 생각하는데, 세계적으로 과거에도 없었고 현재에도 없고 미래에도 어떤 신이 없는 종교는 있을 수 없다. '신이 없는 종교' 혹은 '종교가 아닌 종교'와 같은 견해는 자체가 용어의 모순이고 논리적 혼란이다.

유교는 천天·지地·군君·친親·사師를 높이 받들었는데, 여기서의 '천'은 자연의 천(自然之天)이 아니라, "하늘이 아래의 백성을 도와 군주를 세우고 스승을 세운다"[22]는 천이요, '천서유전天敍有典(하늘이 정한 질서에 법칙이 있다)'·'천질유례天秩有禮(하늘이 정한 질서에 예가 있다)'·'천명유덕天命有德(하늘이 덕 있는 자에게 명한다)'·'천토유죄天討有罪(하늘이 죄 있는 자를 벌한다)'[23]의 천이요, "하늘이 아래에 있는 백성을 굽어보시니 천명이 이미 모였다"[24]는 천으로 만물의 주재자이고 의지가 있는 신이

---

22 『書經』「泰誓(上)」, "天祐下民, 作之君, 作之師."
23 『書經』「皐陶謨」, "天敍有典,……天秩有禮,……天命有德,……天討有罪."
24 『詩經』「大雅·大明」, "天監在下, 有命旣集."

다.25 원시불교의 사제설四諦說26이 선양한 열반경지는 일종의 초자연적 신비경지이며, 대승불교가 숭배한 삼세시방법력무변三世十方法力無邊27의 부처는 확실히 종교학에서 말한 '신'의 범주에 귀속되어야 하며, 소승불교의 아라한阿羅漢28에 '신족통神足通'29과 '천안통天眼通'30 등의

---

25 많은 사람들이 '유교'설에 반대하는 주된 이유 중의 하나가 '천'은 인격성을 가지고 있지 않기 때문에 신이 아니라는 것이다. 이것은 신에 대한 매우 편협되고 기독교를 표준으로 하는 정의(신은 반드시 인격성을 가지고 있어야 한다)를 전제로 한 것이다. 기독교에서 말하는 신의 '인격성'도 결코 그들이 이해하는 그런 인격성이 아니고 그 하느님에 대한 본질적 정의도 아니니, 이러한 견해 자체로 논하는 것은 성립될 수 없는 것이다. 공자의 "내가 잘못을 하였다면 하늘이 싫어할 것이다! 하늘이 싫어할 것이다!"(『論語』「雍也」, "予所否者, 天厭之, 天厭之"), "하늘이 나를 버리는구나! 하늘이 나를 버리는구나!"(『論語』「先進」, "天喪予, 天喪予"), "하늘이 이 문(文)을 버리지 않았는데 광(匡) 땅의 사람들이 어떻게 하겠는가?"(『論語』「子罕」, "天之未喪斯文也, 匡人其如予何") 등의 견해 속의 '천'은 인격이 없는 천을 가리킨다고 할 수 없다. 그렇지 않다면 "나는 기도한지가 오래되었다"(『論語』「述而」, "丘之禱久矣")는 설도 있을 수 없다. 결국, 조금의 인격성도 가지고 있지 않는 '천'에 대해서는 기도할 수가 없고 위패를 세울 필요도 없는데, 왜냐하면 이러한 '천'은 '사람'과 상통할 수 없고 물론 종교의 신도 아니기 때문이다. 그러나 유교의 '천'은 결코 사람과 상통할 수 없는 것이 아니다.

26 불교에서 말하는 네 가지 진리를 사성제(四聖諦) 또는 사제(四諦)라 한다. 제(諦)는 진리라는 뜻이다. 사제에는 고제(苦諦)·집제(集諦)·멸제(滅諦)·도제(道諦)가 있다.(역자 주)

27 삼세(三世)는 과거·현재·미래요, 시방(十方)은 동·서·남·북·동남·서남·서북·동북·상·하의 열 가지 방향이다. 시간과 공간을 관통하여 부처의 공덕이 끝이 없다는 말이다.(역자 주)

28 아라한(arahan): 소승불교에서 모든 번뇌를 끊고 사제(四諦)의 이치를 깨달아 열반의 경지에 이른 성자를 이른다.(역자 주)

29 신족통(神足通): 6신통(六神通)인 신족통(神足通 또는 如意通), 천안통(天眼通: 무엇이든 꿰뚫어볼 수 있는 능력), 천이통(天耳通: 모든 소리를 분별해 들을 수 있는 능력), 타심통(他心通: 타인의 마음을 들여다 볼 수 있는 능력), 숙명통(宿命通: 전세에 생존했던 상태를 알 수 있는 능력), 누진통(漏盡通: 번뇌를 끊고 다시는 미계(迷界)에 태어나지 않은 것을 깨닫는 각자(覺者)의 능력) 중의 하나로, 육신의 조절과 왕래가 자유로운 불가사의한 능력을 말한다.(역자 주)

30 천안통(天眼通): 6신통 중의 하나로, 멀고 가까운 것과 크고 작은 것에 걸림이 없이 무엇이나, 어디서나 밝게 보는 것을 말한다.(역자 주)

신통神通이 있는 것도 신과 어떤 본질적 차이가 있다고 말하기가 매우 어렵다. 애국주의와 공산주의 등의 견해가 종교라는데 대해서는 실제로 어떤 가치관과 인생태도를 종교와 동일시한 것이다. 이처럼 지나치게 광범위하고 모호한 종교관은 이미 종교를 다른 것과 구분하는 본질적 특징을 없애거나 종교와 다른 의식형태의 경계를 말살시켜 종교학연구의 대상을 사회학연구의 대상으로 확대시켰으니, 실제로 종교학을 없애는 것이나 다름없다는 것이다.[31]

이로부터 우리는 문제의 관건이 '신'에 대한 이러한 개념정의의 넓고 좁음에 있음을 볼 수 있다. 앞에서 기술한 종교정의에 관한 다양한 차이는 모두 이와 관계가 있다. 한편으로, 학자들의 '신'에 대한 이러한 개념의 정의는 물론 입장과 관점의 제한을 받고 치중하는 바가 있어 구석구석까지 모두 고려하기가 매우 어려우며 심지어 불가능하기도 하다. 그러나 일반적으로 논하면, 지나치게 넓고 좁은 정의는 더욱 배타적 정의를 띠어 포용성·흡수성·개방성을 결핍하기 때문에, 항상 다른 정의를 기초로 하는 이론과 '규격에 맞지 않아(不對口徑)' 불필요한 논쟁을 초래한다. 다른 한편으로, 신의 개념이 광범위한 것은 또한 종교개념이 광범위한 것과 혼동할 수 없다. 신의 개념이 광범위한 것은 바로 역사상 여러 종교의 신령관념의 다양성으로 사실적 근거를 삼고, 또한 각종 종교를 포용하는 사실로 목적을 삼는다.

그러나 광범위한 종교개념이 일단 '신'이라는 이러한 핵심에서 벗어나면, 종교를 다른 문화현상 혹은 의식형태와 구분하는 본질적 규정성을 상실하여 광범위한 종교개념은 '자체 소멸'의 수준에 이른다. 때문

---

31 이른바 '신이 없는 종교' 혹은 '종교가 아닌 종교'는 용어의 모순과 논리적 혼란일 뿐만 아니라 또한 종교사의 보편적 사실과도 부합하지 않는다. 여기에서 우리는 모든 '종교 신앙'의 정면(正面)사실을 불필요하게 열거할 수 없고, 다만 반면의 논쟁을 지지하는 주요한 사실을 분명히 할 필요가 있을 뿐이다.

에 우리는 한편으로 절대다수 종교학자들의 종교의 본질과 신의 관념에 대한 상관되는 견해에 찬성하고, 그것을 기초로 하는 매우 엄격한 '종교'에 대한 정의에 찬성한다. 다른 한편으로는 최대한 광범위한 '신'에 대한 정의를 취한다. 필자는 학술토론에서 '신'에 대한 이러한 개념 정의가 응당 '초인간적 힘'을 주도적인 것으로 삼아야 하고, 동시에 그와 상응하는 폭넓은 외연外延을 취해야 한다고 주장하였다. 다시 말하면, 우리가 이론상에서 말하는 '신'의 관념은 인류의 이러한 일종의 관념을 가리키니, 그것의 내용 혹은 대상은 초자연적·초존재·정령精靈·인격人格·사람보다 뛰어난·무한無限·절대絶對·신성神聖·신비神秘·종극(혹은 根本)적 성질을 가지고 있다고 볼 수 있고, 또한 자연에 내재적·일반적·물질적·비인격적·유한·상대·비신성·비신비·비종극(혹은 비근본)적 성질을 가지고 있다고 볼 수 있지만, 어째든 그 모두는 일종의 초인간적 힘으로 볼 수 있다.

우리가 이처럼 폭넓은 정의를 취하는 것은 '규격이 맞지 않음'에 따라 야기되는 '서면상의 논쟁(筆墨官司)'을 피할 수 있기 때문일.뿐만 아니라, 또한 이것이 종교학연구가 제시하는 수많은 종교사실과도 잘 부합하기 때문이다. 설령 마납瑪納과 오륜달奧倫達과 같은 무당의 힘이 비록 자연에 내재하고 비인격적이고 사악한 것으로 볼 수 있지만, 그들은 적어도 여전히 '초인간적'이다. 때문에 '초인간적 힘'을 '신'의 기본적 의미로 여기는 것은 상당히 큰 개방성과 포용성을 가지고 있어서 역사상 매우 많은 종교(예를 들어 원시종교·유교·불교 등)를 '종교' 범주 밖으로 배제시키는 것을 피할 수 있다. 이와 상응하여, 우리는 종교를 "초인간적 힘에 대한 신앙과 그에 부응하는 사상관념·정감체험·행위활동·조직제도의 체계"로 정의할 수 있다고 생각한다. 이것은 종교에 대한 최소한의 정의로, 일부 종교의 의식형태와 문화현상이 아닌 것(예를 들어 인생철학·예술허구·민족주의 등)을 '종교'범주 속에 억지로 집어넣는 것을 피할 수 있다. 이 두 가지의 관대함과 엄격함(寬嚴)의 적정정도에 서로 근접한 정의는 우리들로 하여금 책 속에서 신에 대한 각자 다른 정의를 기초로 하는 다양한 종교사상을 포용할 수 있게 하지만, 관대함과 엄격함이 타당하지 않고 서로 분리된 정의는 우리의 시야를 축소시키고 모호하게 한다.

또한 반드시 설명해야 하는 하나의 용어문제가 있다. 본 논문은 지금부터 반드시 두 말을 병렬할 필요가 없다는 전제 하에서, '상제上帝(하느님)'라는 쌍음어를 '신神'이라는 단음어로 대신하였다. 이것은 글을 쓰는데 편리하도록 하기 위해서일 뿐만 아니라 또한 다음과 같은 이유 때문이다. 먼저, 본 논문의 내용은 서양의 종교철학, 즉 기독교 배경 하의 종교철학이니, 기독교의 신에 대한 관념은 일종의 지상의 유일신론으로, 그 속의 신을 '상제'로 번역하면 비교적 이 뜻을 나타낼 수 있다. 그 다음으로, 중국 종교계에 비록 천주天主・상제・신과 주님 등 부르는 방법이 달랐지만, 학술계에서는 '상제'라는 말이 비교적 통용되었으니, 본 논문에서 이 명칭(상제)을 취한 것은 또한 종교와 교파의 입장을 초월하는 뜻을 가지고 있다. 이 밖에, 당시에 종교를 믿지 않던 중국 대중들은 일반적으로 모두 '상제'라는 말로 서양인 종교신앙의 대상을 지칭하였으니, 그것이 천주교天主教이든 신교新教이든 아니면 동정교東正教32이든, 또한 서양종교를 언급하지 않는 경우에도 항상 이 말을 사용하였다. 결국, 이 한자의 말(상제)은 결코 외래어가 아니고 또한 중국인 역사의 유구한 지상신관념을 나타내었다.33

총괄하면, 종교의 말뜻과 역사적 사실 및 종교에 관한 각종 이론은

---

32 동정교는 살만교(薩滿敎)・동파교(東巴敎) 등과 같은 수많은 민간종교의 하나이다.(역자 주)

33 예를 들면, "상제께서 장차 우리 선조의 덕행을 회복하셨다"(『書經』「盤庚(下)」, "上帝將復我高祖之德"), "위대한 상제는 백성의 군주이시다"(『詩經』「大雅・蕩」, "蕩蕩上帝, 下民之辟") 등이다.

모두 종교의 핵심이 바로 신 혹은 상제에 대한 신앙임을 나타냈으니, 이 때문에 종교를 연구대상으로 하는 종교학도 반드시 신에 대한 관념, 즉 여기에서 말한 상제관의 연구를 자기 연구의 핵심으로 삼는다. 만약 종교학의 목적이 종교현상의 본질 및 종교의 발생과 발전규율을 인식하는데 있다고 한다면, 그것은 종교현상의 본질을 인식하고 각종 종교의 관념·체험·행위·제도 등을 포괄하는 종교현상을 인식할 때에 그 신령 혹은 상제관의 본질을 인식하는 것을 이러한 인식의 핵심으로 한다. 그것이 종교의 발생과 발전을 인식하고, 위에서 서술한 각종 요소를 포괄하는 종교의 발생과 발전의 규율을 인식할 때도 그 신령관 혹은 상제관의 발생과 발전규율을 인식하는 것을 핵심으로 한다.

종교의 사상관념·정감체험·행위활동·조직제도 등 각종 요소는 그 핵심과 기초가 모두 신령관 혹은 상제에 대한 신앙이다. 종교의 기타 사회 상층구조와 의식형식에 대한 작용과 사회적 기능은 바로 상제관념을 통하여 발전한 것이다. 종교의 역사상 변화와 발전은, 겉에서 보면 항상 그 조직과 활동방식의 변화와 발전이고, 한층 깊은 곳에서 보면 그 교의(敎義)체계의 변화와 발전이며, 가장 깊은 곳에서는 신령관념 혹은 상제관념의 변화와 발전이다.

앞에서 기술한 세 방면에서 보면, 종교학의 구성부분으로써 이 세 방면을 연구하는 종교현상학宗敎現象學(宗敎心理學)·종교사회학宗敎社會學·종교사학宗敎史學은 모두 신령관 혹은 상제관에 대한 현상학(심리학)연구, 사회적 기능연구, 발전사연구에서 벗어날 수 없다. 끝으로, 종교의 근본문제는 바로 신 혹은 상제의 존재와 성질 및 그것의 세계와 인류와의 관계 등등의 문제이고, 기타 일체의 문제는 모두 이것을 기본으로 하고 핵심으로 하는 것이다. 이 때문에 종교학의 구성부분으로써 종교의 근본문제를 전문적으로 연구하는 종교철학은 한층 더 신령관 혹은 상제관의 연구를 핵심으로 하지 않을 수 없다. 종교철학에는 신령관과 상제관이 핵심이니, 핵심을 파악하면 그 밖의 것은 자연히 해결될 수 있다.[34]

---

[34] 만약 각각의 구체 종교를 연구하는 종교철학으로 예를 들면, 유교의 종교철학은 반드시 그 천도관(天道觀)을 핵심으로 하고, 도교의 종교철학은 반드시 그 삼청존신(三淸尊神)이 나타내는 '도(道)'의 관념을 핵심으로 하는 등이다.

중국문화의 뿌리와 꽃[1]

- 유학의 '반본(返本)'과 '개신(開新)'[2]

하광호何光滬

1. 서론: 뿌리와 꽃

　문화와 비문화(자연사물)의 구분은 바로 문화가 인류의 산물이라는 데 있기 때문에 그 기초는 인류 특유의 본성, 즉 인류가 자신의 자연적 속성을 초월하는 그러한 부분의 본성이고, 또한 '금수와 다른' 그러한─비록 '차이는 매우 적지만'─매우 실재적인 '사람의 본성'이다.[3] 예를 들면, 사람의 사회성이 나타내는 것은 사람이 살아가는 방식에 있어서 비자연성이며(짐승이 살아가는 방식이 본능성을 가진 직접적인

---

1 원래 『원도(原道)』 제2집, 단결출판사(團結出版社), 1995년에 실렸던 글이다.

2 반본(返本)과 개신(開新)은 유학의 현대화를 추구하는 과정에서 제기된 개념이다. 이 른바 '반본'은 전통유학의 근본으로 돌아간다는 의미이고, '개신'은 바로 현대가 필요로 하는 방향으로 새롭게 발전시키고 전개해나가는 것을 말한다. (역자 주)

3 동물성(動物性)은 자연속성에 의해 만들어진 것이니 자연현상이지 문화현상이 아니다. 이것에 (예를 들면) 과대성(夸大性)과 생식(生殖) 혹은 식(食)과 물질(物質)의 수요가 문화의 기원 속에서 작용한다는 저속한 범성론(泛性論) 혹은 저속한 유물론(唯物論)의 근본적 잘못이 있다.

것과는 같지 않다)4, 사람의 지知·정情·의意가 무한한 다양성을 나타
내는 것은 사람이 생존상태에서 성향이 비슷하지 않는 '비제일성非齊一
性'이며(자연사물이 규율성規律性과 제일성齊一性5을 갖는 것과는 같지
않다), 사람이 부호 혹은 상징체계를 통하여 활동하는 방식은 사람이
눈앞에 바로 이어진 자연사물을 초월하는 경향과 능력을 나타낸다.6
이러한 초월성은 인류가 자신의 상대성과 국한성을 의식하고, 자신의
불완전성과 미완성성을 의식하며, 자신의 외적 조건에 대한 의지와
내적 모순과의 분규를 의식하는 것을 더 잘 나타내는데, 이 때문에 자
아를 초월하는 경향이 있다. 때문에 사람은 영원히 하나의 과정이요,
일종의 추세이다. 사람의 이러한 초월성은 이러한. 경험에 기초하지
만, 또한 경험적 추세에 그치지 않고 자신이 자연을 벗어나는 추세로
나가고, 유한이 무한을 동경하는 추세로 나가며, 눈앞이 영원을 동경
하는 추세로 나가고, 상대가 절대를 동경하는 추세로 나가서, 사람들
로 하여금 이성적 도구와 사회적 협력을 통하여 정감과 의지를 인식
하는 여러 방면의 무한한 추구를 실현시킴으로써, 넓은 의미의 상징
체계(미술의 선에서 철학의 개념에 이르기까지, 언어의 사용에서 사
회적 활동에 이르기까지)를 표현방식으로 하는 문화를 조성한다. 만

---

4 미국의 사회학자 버거(Peter Berger, 1929~)는 인간의 '비특화성(非特化性)'에 대해 사
  회 문화발생의 작용에서 분석하였다.(그의 저서인 『신성한 덮개(The Sacred Cano
  py: Elements of a Sociological Theory of Religion(1967)』, 高師寧역 何光滬 교감,
  上海, 1990년에 보인다.) 한국어 번역본으로는 이양구 옮김, 『종교와 사회』(종로서
  적, 1981)이 있다.(역자 주)

5 제일성(齊一性): 한국 사람이나 미국 사람이나 오랜 친구를 만나면 기뻐하고 또 슬픈
  일이 생기면 슬퍼하는 것과 같이 사람의 성향이 비슷한 것을 말한다.(역자 주)

6 독일의 철학자 카시러(Ernst Cassirer, 1874~1945)는 인간이 '상징동물(혹은 부호동물로
  번역되기도 한다)'이 되는 특성을 설명하였다.(그의 저서인 『인론(人論: An Essay on
  Man, 1944)』, 甘陽 번역, 1985 및 『언어와 신화(Language and Myth, 1925)』, 三聯,
  1985년에 보인다.) 한국어 번역본으로는 최명관 옮김, 『인간이란 무엇인가(An Essay
  on Man)』(서광사, 1988)가 있다.(역자 주)

약 문화를 한 줄기의 강과 같다고 말한다면, 이러한 초월성은 바로 그 것(강)의 근원이다. 과정으로서의 인류와 추세로서의 인류가 이러한 초월적 동력에 의지하여 쉬지 않고 세차게 흐르는 문화라는 긴 강을 창조한다.

인류의 초월적 지향은 가까운 곳에도 있고 먼 곳에도 있으며, 낮은 곳에도 있고 높은 곳에도 있으며, 얕은 곳에도 있고 깊은 곳에도 있지 만, 가장 멀고 가장 높고 가장 깊은 곳은 자신의 근원과 돌아갈 곳을 살피는 것이니, 바로 종교학에서 말하는 '신성자神聖者' 혹은 '종극자終極 者'이며, 또한 다른 상징체계 속에서 다른 이름으로 불리는 신神 혹은 상제上帝이다.7 인류가 자신을 초월하고 자연을 초월하여 영원으로 향 하고 무한으로 향하는 경향은 '신' 혹은 '상제'에 대한 관념과 신앙을 집중적으로 반영하기 때문에 이러한 관념과 신앙의 체계가 곧 종교이 고, 또한 인류 초월성을 집중적으로 나타낸 것이다. 이것은 바로 문화 의 여러 형태(예를 들어 철학·과학·미술·시가·음악·무용·희극· 정치·윤리 등)가 그 발생시기에 모두 농후한 종교적 성질을 띠고 있 었고, 심지어 종교의 모체 속에서 잉태하였다는 것은 이상할 것이 없 다. 만약 문화를 한 그루의 나무와 같다고 한다면, 이러한 상제관 혹은 종교성은 바로 그것(나무)의 뿌리이다. 인류의 초월성으로 표현되는 상 제신앙, 인류가치와 정신 운반체가 되는 종교관념은, 이러한 정신을 배양하는 힘에 의지하여 서로 다른 문화라는 나무의 공통된 토대를 구 성한다.

문화의 성장은 분화 속에서 발전해가는 하나의 과정이다. 철학·예

---

7 여기에서 필자는 현대철학이 응당 아리스토텔레스의 '목적인(目的因)'학설이 포함하 는 진리를 재차 발견해나가는데 노력해야 한다고 생각한다. 만약 플라톤 철학의 '생 명충동(生命衝動)'개념이 고대의 '동력인(動力因)'학설과 모종의 관계가 있다고 말한다 면, 현대철학의 '의향성(意向性)'에서 '초월성(超越性)'에 이르는 개념은 고대의 '목적 인'학설과 일부 사상적 관계가 있지 않을까?

술·과학·정치 등 종교에서 이탈해가는 과정도 문화가 신속히 발전해가는 과정이다. 그러나 이것은 나무가 갈라지고 가지와 잎이 뻗어나가는 것과 같다. 한편으로는 이렇게 갈라지고 뻗어나가 무성하고 꽃이 만발한 나무가 각별히 사람들의 주목을 끌기도 하지만, 다른 한편으로는 이러한 꽃과 그 뿌리의 관계가 오히려 항상 사람들에게 소홀해진다. 본문의 핵심을 이러한 비유를 빌어서 말하면, 중국문화라는 나무의 꽃-유학과 중국문화라는 나무의 오래된 뿌리-'천제天帝'관념의 관계에서 현대유학의 '반본返本'이 취해야 할 노선을 말하려는 것이다.

2. 유학과 '천제'관

일반 학자들은 모두 '천도天道'가 유학의 주요 관념이라는 것을 인정한다. 그러나 유학과 고대의 '천제天帝'가 관계가 있음을 주장하는 자는 드물다. 내가 보기에, '천제'는 유교의 관념이지만, '유儒'의 관념일 뿐만 아니라 중국 고인들의 초월성에 대한 집중된 표현이고, 중국인 '집단 무의식'[8]의 가장 기본적인 '원형原型'이라고 말할 수 있다.[9]

---

8 스위스의 심리학자 융(Carl Gustav Jung, 1875~1961)의 이론이다. 융은 마음, 즉 인격을 의식(意識)과 무의식(無意識)으로 나누고, 무의식은 다시 개인적 무의식과 집단적 무의식으로 나누었다. 개인 무의식이 '어떤 개인이 어릴 때부터 쌓아온 의식적 경험이 무의식 속에 억압됨으로써 그 사람의 생각·감정·행동에 영향을 주는 것'인데 비해, 집단 무의식은 '옛 조상이 경험했던 의식이 쌓인 것으로서 모든 사람들에게 공통되는 정신의 바탕이며 경향'이다. 옛사람들의 의식적 경험은 상징을 통해 집단 무의식으로 전승된다. 따라서 융은 집단으로 전승되는 신화·전설·민담을 집단 무의식의 '원형(Archetypes)'이 녹아들어 있는 지혜의 보고(寶庫)로 여기고, 여러 민족의 신화·전설·민담을 광범위하게 분석하였다.(역자 주)

9 융(Carl Gustav Jung)의 개념을 빌어서 말한 것이다.

내가 말하는 유교는 유학 혹은 유가 전체를 가리키는 것이 아니라, 은·주 이래 3천년 동안 이어져 내려온 중국의 토착(原生)종교, 즉 천제신앙을 핵심으로 하고 '상제'관념·'천명'체험·제사활동과 상응하는 제도를 포괄하며, 유생儒生을 사회의 중추로 하고, 유학 속의 상관되는 내용을 이론으로 나타내는 그러한 일종의 종교체계이다.10 이러한 종교체계가 역사상에 확실히 존재하였는지, 그것의 유학과의 관계가 밀접하여 유교라고 부를 수 있었는지에 관해서, 나는 다른 논문에서 이미 일부 설명하였다.11 여기서는 다만 조금 보충하여 어째서 공자보다 훨씬 이전의 종교를 유교라 부를 수 있는지를 설명하려고 한다.

이 문제는 중국어 학술계에 대해서 말한 것으로, 서양어(영어와 같은) 학술계와 서로 비교하여 말하면 매우 쉽게 설명된다. 왜냐하면 중국어에서 '유儒'는 '공孔'과 같지 않기 때문이다.12 '유'는 본래 무巫·사史·축祝·복卜에서 분화되어 나온 것으로, 구체적 종교직능을 가진 사람을 가리킨다.(『설문說文』「인부人部」에는 '유'를 해석하여 "'유'는 술사術士를 일컫는다"13라고 하였다). 그들이 정통하고 또한 "백성을 교화하는

---

10 이 세 가지 개념-유교·유가(유생)·유학은 영문에서 항상 하나의 말, 즉 Confucianism으로 표시되었다. 때문에 쉽게 서양학계에 혼동을 조성하였다. 이 때문에 나는 유교를 'Confucian Religion'으로 번역하고, 유교도 혹은 유생(역사적으로 이러한 종교를 믿지 않거나 혹은 '하늘을 믿지 않는 사람'은 유생으로 부르기 어렵다)을 'Confucians'로 번역하고, 유가(학파)를 'Confucianist (School)'로 번역하고, 유학을 'Confucianist Scholarship'로 번역할 것을 건의한다.

11 「中國宗敎改革論綱」을 참고한다. 이 논문은 『東方』잡지, 1994년, 제4기에 실려 있다.

12 이른바 '서양어(영어) 학술계에 대해서 말하는' 번거로움은, 원인이 다만 '유(儒)'를 '공(孔)'으로 번역하는 잘못된 번역방법을 답습하여 익숙해진데 있다.(이 때문에 나는 번역 명칭을 애써 구분할 것을 건의한다.) 그러나 예외도 있으니, 최근에 내가 본 영(John D. Young)이 저술한 『유교와 기독교(Confucianism and Christianity)』(홍콩 대학출판사, 1983년) 등의 책에는 '유술(儒術)'을 'Ju-shu'로, 유문(儒門)을 'Ju-men'으로 번역하였으며, 또한 1993년 12월에 출판된 『Ching Feng(景風)』이라는 잡지 내의 Chinese Glossary(중국어 용어사전)에는 유(儒)를 'Ru'로 번역함으로써 '유(儒)'와 '공(孔)'을 구분하였다.

데"14 쓰던 『시경』·『서경』·『예기』·『악기』에는 매우 분명한 종교적 성질을 가지고 있으며, 특히 귀족들이 행하던 '예禮'였다. 때문에 세계 상에 이미 샤머니즘과 라마교Lamaism 등의 종교명칭이 있었고, 같은 이 치에서 유교가 종교명칭이 된 것은 결코 갑작스러운 일이 아니다. 또 한 나는 이러한 종교를 '공교孔敎'라고 부르는 것이 합당하지 않다고 생 각하는데, 왜냐하면 '공교'라는 호칭은 사람들로 하여금 쉽게 공자를 그것의 창립자로 여기게 하기 때문이다. '천제'관념이 공자보다 빠른 데도 그것이 유교의 관념으로 불릴 수 있는데 방해되지 않는 것은, 바 로 '상제'관념이 예수의 탄생보다 빠르지만 결코 그것이 기독교의 관 념이 될 수 있는데 방해되지 않는 것과 같다. 기독교의 『신약』「요한 복음」에는 심지어 "우주가 만들어지기 이전에 도가 이미 존재하였 다"15라고 하였다.

　일부 학자들은 이러한 중국의 종교를 '중국의 종법성 전통종교' 혹 은 '중국 토착성 종교'라고 부를 것을 주장한다. 이 두 명칭은 확실히 이러한 종교적 모종의 특징을 묘사하고 있다. 그러나 첫째, 이러한 종 교에는 전적으로 다른 특성이 있을 수 있고 둘째, 다른 종교에 전적으 로 이러한 특성이 있을 수 있기 때문에 특성 묘사를 종교의 명칭으로 하면, 이러한 종교에는 지나치게 많은 명칭이 있을 수 있고, 또한 하나

---

13 『說文』「人部」, "儒, 術士之稱."

14 교민(敎民)이라는 말은 정현이 주석한 『주례(周禮)』「천관(天官)·태재(太宰)」에 근 거하였다.

15 『신약(新約)』「요한복음」1장 1절(현대 중국어 번역본에 근거한다): '도(道)'는 곧 그리 스도이고 또한 하느님이다. 나는 이 기회를 빌러 앞에서 제기한 논문(「中國宗敎改 革論綱」『東方』잡지, 1994년, 제4기)속의 견해를 수정하고 싶다. 왜냐하면 신앙대상 으로 종교의 명칭을 삼는 것은 결코 불가하지 않다('天主敎'와 같은 것이다). 때문에 논문의 주석①에서 "우리가 기독교를 '상제교(上帝敎)' 혹은 '성사교(聖事敎)'라고 부를 수 없는 것과 같다"라는 구절은 삭제해야 한다. 그러나 그 논문에서도 여기 서와 마찬가지로, 나의 주된 목적은 종교의 명칭이 역사상에서 형성된 것이고, 대중에 의해 수락된 것이며, 유행하고 간명(簡明)한 것임을 설명하려는 것이다.

의 명칭이 너무 많은 종교를 지칭할 수도 있다. 이 때문에 이러한 '명칭'은 학술토론에는 쓰일 수 있지만, 일종의 실존하는 종교를 대신하는 명칭은 될 수 없으니, 이는 바로 우리가 '인도의 카스트Caste 전통종교'를 가지고 '힌두교'의 이름으로 대신할 수 없고, '일본의 토착성 종교'를 가지고 '신도교神道敎'의 이름으로 대신할 수 없는 것과 같다.

'유교'의 명칭은 역사상에서 확실히 이러한 종교의 제사활동과 조직제도를 가리키는데 쓰이지 않고, 통상적으로 유학의 교화적 성분 혹은 유학의 교화적 기능을 지칭하였다. 그러나 첫째, 현대에 이르러 비로소 있는 '종교'와 '철학'개념으로 그러한 성분을 보면, 그것에는 종교와 철학이 함께 있으며 또한 '교화'이지 '학술'이 아니요, '유교'라 부르고 '유학'이 아니라고 한다면 그 종교적 성분이 철학 성분보다 많고, 그 종교적 기능이 철학 기능보다 크다.(왜냐하면 문맹이 다수를 차지하는 대중에서 말하면, 정미한 철학이론은 '교화'작용을 하기가 매우 어렵기 때문이다.) 이러한 종교적 성분이 바로 내가 말하는 유교의 이론적 표현이고, 이러한 종교기능도 유교의 제사활동(祭天·祭祖·祭禮)이나 조직제도(가족 종법제도)와 분리될 수 없는 것이다. 둘째, '유교'의 명칭은 항상 불교나 도교와 함께 쓰였으니, 철학과 다른 성분을 함유한 '불교나 도교'와 다름없이 함께 쓰일 때에 이해되는 종교로 쓴다면, '유儒'는 적어도 주로 종교방면에서 이해한 것이다. 만약 이와 같은 것이 아니라면, '유·불·도'를 함께 병렬한 것은 동류同類사물이 아닌 것을 병렬한 것이 되니, 마치 '산의 음식'이 일반적으로 입에 맞지 않고 또한 자연스럽지 않은 것과 같다. 셋째, '유교'의 명칭은 역사상에서 형성된 것이고 또한 장기간에 습관이 된 것이니, 유교에 대한 나의 해석이 비록 그것의 원뜻에 완전히 부합하지 않을지라도[16], 그에 대해 명확한 정의(본 절의 두 번째 단락에서 한 처럼)를 내린 뒤에 완전히 이러한 중국 종교의 명칭을 사용할 수 있다는 것이다. 결국, 이러한 전통종교의 명칭은 다만 역사 속에서 형성되고 또한 통용되던 통속명칭일 뿐이지, 연구자들이 그 특징 방면을 묘사하여 만들어낸 고유명칭이 아니다.

　'유교'의 개념에 대해 이상과 같이 분명히 한 뒤에, 우리는 유교와 유학의 관계를 말할 수 있다. 즉 유교는 근원이고 유학은 지류이며, 유교는 뿌리이고 유학은 꽃이다. 유교의 이론은 유학에 있고 유학의 정신은 유교에 있으며, 유교는 인민 이하의 의식 속에 있고 유학은 학자들의 의식 속에 있으며, 유교는 민중의 생활 속에 있고 유학은 문인들의 저술 속에 있다. 유교의 본질이 바로 '천제'관념이기 때문에 유학은 '천제'관과 일종의 내재관계가 있다.(실제로 유학의 '천리'와 '천도'학설은 천제관의 철학적 발전이다.) 그러나 유학과 '천제'관의 관계가 이미 소홀해진지가 너무 오래되었구나!

3. 어디가 돌아갈 '근본'인가

　'천제'관념은 문자기록이 있는 가장 빠른 중국의 종교 관념이고, 중국 고인들의 초월의식의 최고 표현이다. 갑골문에서 『서경』・『시경』에 이르기까지, 이러한 관념은 일찍이 다른 명칭과 개념으로 표현되었다. 갑골문 속의 '제帝' 혹은 '상제上帝'가 관활하던 범위가 인류 사회와 자연계 여러 방면을 포괄하던 것에서 보면, 중국인의 가장 빠른 상제관이 가리키던 것은 지고무상한 우주의 주재자였다.17 그 뒤에 『서경』

---

16 새로운 해석이 원뜻에 적합하지는 않지만, 받아들일 수 있는 명사는 결코 적지 않아 보인다. 다만 종교 명칭에서만 논하면, 예를 들어 Judaism(유태교)・Hinduism(힌두교)・Taoism(도교)의 원뜻은 결코 종교만을 가리키지 않고, 심지어 기독교(Christanity)도 그러하다.

17 胡厚宣, 「은허(殷墟) 갑골문 속의 상제(上帝)와 왕제(王帝)」참조, (『歷史研究』, 1959년, 제9기에 실려 있다.)

과 『시경』의 '천' 혹은 '천제'가 출현하였고, 그리고 그 위에 일부 형용
사를 더한 '황천皇天'·'호천昊天' 등의 말도 대체로 서로 같은 방식으로
같은 관념을 나타내었다.

> 옛날 상제께서 무탕武湯(상나라 탕임금)에게 명하여 국경을 저 사방에다 바
> 로잡게 하였다.18
> 하늘에서 천명을 내리시어 이 문왕文王에게 명하셨다.19
> 황천皇天상제께서 그 원자元子(맏아들로 천자를 말한다)를 바꾸셨다.20

이러한 말은 천제가 인간의 최고 주제자임을 나타낸 것이다.

> 하늘의 질서(君臣·父子·夫婦·兄弟·朋友의 윤리질서)에 법칙이 있어 우리 오전
> 五典(인·의·예·지·신)을 바로잡아 다섯 가지를 후하게 하시고, 하늘의 질서
> (尊卑·貴賤·等級·隆殺의 품계질서)에 예가 있어 우리 오례五禮(천자·제후·경대부·
> 사·서민)를 따라 다섯 가지를 떳떳하게 하소서.21
> 하늘이 뭇 백성을 내시니 사물이 있으면 법칙이 있다.22
> 하늘이 아래의 백성을 도와 군주를 세우고 스승으로 세운 것은, 오직 능
> 히 상제를 도와 사방의 백성들을 사랑하고 편안히 살도록 하기 위한 것
> 이다.23

이러한 말은 하늘이 사회질서의 최종 원천임을 나타낸 것이다.

---

18 『詩經』「商頌」, "古帝命武湯, 正域彼四方."
19 『詩經』「大雅」, "有命自天, 命此文王."
20 『書經』「召誥」, "皇天上帝, 改厥元子."
21 『書經』「皐陶謨」, "天敍有典, 勅我五典五惇哉, 天秩有禮, 自我五禮有庸哉."
22 『詩經』「大雅」, "天生烝民, 有物有則."
23 『書經』「泰誓(上)」, "天佑下民, 作之君作之師, 惟其克相上帝, 寵綏四方."

하늘이 뭇 백성을 낳았다.24
하늘이 높은 산을 만들었다.25
상천의 일은 소리도 없고 냄새도 없다.26

이러한 말은 하늘이 세계를 만든 자이고 유지하는 자임을 나타낸 것이다.

나 소자小子는 감히 상제의 명을 저버릴 수 없으니, 하늘이 무왕(寧王)께 복을 내려 우리 작은 주나라를 일으키셨다. 무왕께서는 오직 점을 사용하여 이 〈하늘의〉 명을 편안히 받으실 수 있었다. 지금 하늘이 백성을 돕고 계시니 하물며 점을 사용함이겠는가.27
하나라 임금이 죄가 많아서 하늘이 주벌誅罰할 것을 명하신 것이다.28
하늘의 도는 착한 자에게 복을 주고 악한 자에게 벌을 준다.29

이러한 말은 하늘이 자기의 의지를 실행하고 또한 인류를 징벌할 수 있음을 나타낸 것이다.
대만 학자 부패영傅佩榮30의 결론에 따르면, 후세에 점차 '제帝'자를 대신하여 유행하던 '천天'자가 천제관념을 나타낼 때에 통치자·창조자·대행자·계시자·심판자 등의 의미를 포함하였다는 것이다.31 또

---

24 『詩經』「大雅」, "天生烝民."
25 『詩經』「周頌」, "天作高山."
26 『詩經』「大雅」, "上天之載, 無聲無臭."
27 『書經』「大誥」, "已予惟小子, 不敢替上帝命, 天休于寧王, 興我小邦周, 寧王惟卜用, 克綏受玆命, 今天其相民, 矧亦惟卜用."
28 『書經』「湯書」, "有夏多罪, 天命殛之."
29 『書經』「湯誥」, "天道福善禍淫."
30 부패영(傅佩榮, 1950~): 중국 대만(臺灣)대학 철학과 교수. 대표 저서로는 『儒家哲學新論』·『孔子九講』·『中西十大哲學家』·『맹자의 지혜』 등이 있다. (역자 주)

한 일부 연구자들은 춘추시기 이전에 지고신至高神이던 천제天帝와 사람의 각종 관계를 총괄한 뒤에 다음과 같이 지적하였다.

『시경』과『서경』의 천제는 인류의 창조자이고, 한분의 덕성德性과 인애仁愛를 가지고 있고, 사람과 교감하며, 권능權能을 가진 공적인 의미의 신령이다.32

바꾸어 말하면, 상고시대 중국인의 초월의식이 형성된 것은 일종의 상당히 완비된 '천제'관념이었다.

이후의 시대에는 '천'의 다른 용법, 즉 '자연'적 의미의 용법이 점차 증가하였지만, 분명한 종교적 의미의 '천'이 있었으니, 즉 '천제'로 표시되었고 여전히 주도적 지위를 차지한 개념이었다.『좌전』과『국어』에는 '천명'과 '천도'에 관한 많은 견해가 있다.

선善이 불선不善을 대신하는 것은 천명이다.33 (『좌전』「양공 29년」)
나라가 장차 망하려는 것은 천명이다.……하늘의 도에는 사사로이 친애함이 없으니 오직 덕이 있는 자만이 명을 받는다.34 (「국어」「진어」)

이러한 '천'은 분명한 인격성을 가지고 있음을 분명히 나타내었다. 예를 들어『국어』「주어(하)」의 "유왕幽王이 하늘의 명덕明德을 빼앗으면

---

31 그가 저술한『儒道天論發微』(學生書局, 1985)와『儒家哲學新論』(業强出版社, 1993) 제1장과 제5장과 부록 1을 참고한다. 필자는 그 설에 근거가 있고 말에 이치가 있다고 여겼다.
32 李杜,『중서(中西) 철학사상 속의 天道와 上帝』, p.27, 聯經出版事業公司, 1991. 그는 많은 문헌적 증거를 말하였으나 여기에서는 생략한다.
33『左傳』「襄公 29年」, "善之代不善, 天命也."
34『國語』「晋語」, "國之將亡, 天命也." "天道無親, 唯德是授."

서부터 〈역대 제왕들로 하여금〉 미혹되고 덕을 버리고 음란함에 빠지게 하여 그 백성을 잃게 하였다"[35]는 말과 같은 것은, 사람들에게 서양 속담에서.말한 "하느님이 누구를 멸망시키려 하면 반드시 먼저 그를 미치게 한다"[36]는 말을 상기시켜 주었다. 또한 『국어國語』「오어吳語」에는 다음과 같이 말하였다.

> 하늘이 버리는 자에게는 반드시 작은 기쁨을 안겨주고 큰 걱정을 감추어 둔다.[37] (『국어』「오어」)
> 하늘이 거짓으로 불선(不善)을 돕는 것은 그에게 복을 주는 것이 아니라, 그 죄악을 두터이 하여 재앙을 내리려는 것이다.[38] (『좌전』「소공 11년」)

여기에서 나타내는 '천'의 인격성은 『구약』에서 말한 하느님보다 조금도 뒤지지 않는다.

국내 학술계에서 유교를 종교가 아니라고 주장하는 자들은 항상 '천'이 인격성을 가지고 있지 않는다는 것을 이유로 '천'이 서양 종교의 '하느님'과 근본적인 관계가 없다고 생각한다. 적어도 이러한 이유는 성립될 수 없다. 서양 사람이 말하는 '하느님'은 실제로 시공을 초월하는 무한성無限性, 이해할 수 없는 속성, 완전히 다른 속성(Wholly Otherness), 인격을 초월하는 초인격성을 가지고 있기 때문에 결코 '인격신'이라는 말로 개괄할 수 있는 것이 아니다. 즉 공자가 말한 '천'으로 말하면, 분명한 인격성을 가지고 있다. 『논어』에서 공자 본인이 '천'을 말한 곳은

---

35 『國語』「周語(下)」, "自幽王而天奪之明, 使迷亂棄德而卽臨淫, 以亡其百姓."
36 이 말은 고대 희랍 역사학자 헤로도토스(Herodotus, BC 484~BC 425년경)의 말이다. "Those whom God wishes to destroy, he first makes mad."
37 『國語』「吳語」, "夫天之所棄, 必驟近其小喜, 而遠其大憂."
38 『左傳』「昭公 11年」, "天之假助不善, 非祚之也, 厚其凶惡而降之禍也."

모두 아홉 곳이다.

> 내가 잘못을 하였다면 하늘이 나를 버릴 것이다.[39]
> 내가 누구를 속였던가. 하늘을 속였구나![40]
> 하늘이 나를 망하게 하는구나![41]
> 나를 알아주는 자는 하늘일 것이다.[42]
> 하늘이 이 문文을 없애려하지 않았는데, 광匡땅의 사람이 나를 어떻게 하겠는가.[43]
> 하늘에 죄를 얻으면 빌 곳이 없다.[44]

그 중에 적어도 이상의 여섯 곳에서 말한 '천'에 인격성(知·情·意 등의 방면을 포함한다)이 없다면, 근본적으로 말이 되지 않는다.[45]

> 하늘이 나에게 덕을 주었다.[46]
> 오직 하늘만이 위대하고, 오직 요임금만이 그것을 본받으셨다.[47]

---

39 『論語』「雍也」, "予所否者, 天厭之."
40 『論語』「子罕」, "吾誰欺, 欺天乎."
41 『論語』「先進」, "天喪予."
42 『論語』「憲問」, "知我者, 其天乎."
43 『論語』「子罕」, "天之未喪斯文也, 匡人其如予何."
44 『論語』「八佾」, "獲罪于天, 無所禱也."
45 예를 들어 주자가 "하늘에서 죄를 얻으면 빌 곳이 없다"는 구절을 주석할 때 '리(理)'로써 '천'을 해석하였다. 청대 전대흔(錢大昕, 1728~1804)은 주자의 이러한 해석에 대해 "하늘에 죄를 얻으면 빌 곳이 없다는 것은, 하늘에 빈다는 것이지 어찌 리(理)에 빈다는 것이겠는가"라고 비판하였다.(『十駕齋養新錄』卷3, 臺灣中華書局) 실제로 이러한 비판은 여기에 있는 여섯 곳에 적용된다.
46 『論語』「述而」, "天生德于予."
47 『論語』「泰伯」, "巍巍乎唯天爲大, 唯堯則之."

위의 두 곳에서는 공자께서 '천'을 지고무상至高無上한 창조자로 여겼음을 나타낸 말이다.

하늘이 무엇을 말하더냐. 사계절이 운행하고 온갖 만물이 자라나는데, 하늘이 무엇을 말하더냐.48

마지막 한 곳에서, 어떤 사람이 이곳의 '천'을 자연으로 해석하자, 풍우란馮友蘭은 다음과 같이 반박하였다.

여기서는 다만 천의 '함이 없이 다스려짐(無爲而治)'을 말하였으니, 천을 '자연의 천'으로 보아서는 안된다. 또한 '천이 말하지 않는 것'을 하나의 명제로 삼은 것은, 천이 말할 수 있는데 말하지 않은 뜻을 함유한다. 그렇지 않으면 이 명제는 무의미하다. 이것은 우리가 '돌이 말하지 않고 탁자가 말하지 않는다'고 말하지 않는 것과 같은데, 왜냐하면 돌과 탁자는 본래 말할 수 있는 물건이 아니기 때문이다.49

풍우란의 결론은 "공자가 말한 '천'은 의지가 있는 상제이고 주재의 천이다."50

또한 논자들이 "나(공자)는 괴·력·난·신을 말하지 않았다"51와 "귀신을 공경하되 멀리하였다"52 등의 말을 근거로 공자와 유학의 '비종

---

48 『論語』「陽貨」, "天何言哉, 四時行焉, 百物生焉, 天何言哉."
49 『中國哲學史』上卷, p.65 주석, 三聯書店, 1992.
50 위의 책, p.64. 공자가 말한 '천명'에 대해, 풍우란은 "천명 또한 상제의 의지이다"라고 지적하였다.(위의 책, p.65.) '천명'이 실제로 '신의 뜻'이라는 논거에 관해서는 여기에서 생략한다.
51 『論語』「述而」, "子不語怪力亂神."
52 『論語』「雍也」, "敬鬼神而遠之."

교성'을 주장하는 것을 흔히 볼 수 있다. 이러한 논증의 중대한 잘못
은, 중국문화가 형성되던 시기와 공자 본인의 사상 속의 '천'(천제·제·
상제)와 '귀(鬼)'·'신(神)'의 중요한 구별을 혼동하였는데 있다. '천'은 주
로 지고무상한 우주의 주재자를 가리키고, '귀'는 주로 죽은 후에도 존
속하는 인물을 가리키며, '신'은 주로 변화무상하여 신격화된 자연사
물을 가리킨다. 후인들의 논술 혹은 민간신화와 뒤늦게 나온 도교의
'신들의 계보'에는 '천'과 '신'이 비록 간혹 뒤섞여 있지만('五帝'설 혹은
'玉帝'개념과 같다), 결코 완전히 동일한 것이 아니고 중국의 원초적
사상도 아니다. 중국어 '천'자의 용법을 전체 역사에 나타나는 중국인
집단 무의식에서 보면, '천'이라는 개념의 지고무상한 주재자의 의미
가 지금껏 완전히 소실되지 않았고, 또한 일반적으로 말하는 '귀신'과
본질적으로 구별된다. 이것은 오랫동안 많은 논자들에 의해 소홀히 여
겨진 구별로, 아마도 중국 종교사상 속에서 가장 중요한 문제일 것이
다.53 공자의 종교사상으로 돌아가서 말하면, 필자는 유교의 개혁이
응당 '하늘을 공경하되 조상에게 제사지내고 만물을 숭배하지 않는 것'
이면, 바로 공자의 "귀신을 공경하되 멀리하였다", "사람을 섬길 수 없
는데 어찌 귀신을 섬길 수 있겠는가"54, "괴·력·난·신을 말하지 않았
다"는 정신에 부합한다고 생각한다.55

　물론 『시경』과 『서경』에서 공자에 이르기까지, '천'이라는 말에는
간혹 다른 의미도 있었다.('자연의 천'이 그 중의 하나이다) 그러나 본
문의 주제는 이 말에 대해 결코 상세하고 철저한 어의학語義學적 고찰

---

53 당군의(唐君毅, 1909~1978)는 『중국문화의 정신가치』라는 책에서 다음과 같이 말
하였다. "세상의 논자들은 아마도 중국에는 종교가 없고 종교가 있어야 할 필요
도 없다고 하였다. 그러나 종교정신의 특징이 오직 절대의 정신이 실재한다고 믿
는데 있다면, 중국 고대에는 실제로 하늘에 절대의 정신생명이 실재한다고 믿었
다."(그 책의 p.530, 正中書局, 1979.)

54 『論語』「先進」, "未能事人, 焉能事鬼."

을 진행하는 것이 아니라, 다만 중국문화의 형성시기에 이미 중국인의 초월의식이 집중적으로 나타나서 비교적 완전한 상제관념 혹은 천제 신앙이 형성되었음을 설명하려는 것이다. 그러나 중국문화 이후의 발전, 특히 엘리트문화 속에서 주도적 지위를 차지한 유학의 발전은 점차 이러한 초월의식을 약화시키고 원초적 종교정신과 소원해졌다.

한편으로, 실제상의 '정교합일'제도는 유교의 관방성官方性을 더욱 강화시키고 관료형식의 의례도 더욱 고착시켰다. 이에 중국인의 집단 무의식에서 나온 '천제'관념은, 결국 궁중 속에 제한되어 인민에게서 멀리 벗어나 통치자에게 쓰여 자기의 의식형태를 꾸미는 도구가 되어 이름은 있으나 실제가 없고 형체는 있으나 정신이 없게 되었다. 많은 정황 하에서 관방의 제사의식이 나타내는 것은, 통치자의 내심에서 나온 경천敬天이라 말하기 보다는 차라리 통치를 견고히 하기 위해 인민에게 내보인 자태라고 말하는 편이 나을 것이다. 일부 외국학자들은 다음과 같이 간주하였다.

황제로부터 이하 각급의 관원들이 상천上天에 간청하고 또한 신고할 때는 사람들에게 지고무상至高無上한 상제 혹은 신령계통이 인간세상을 통치하

---

55 이 밖에, 주나라 초기의 종교관념에 대한 공자의 중요한 돌파구 혹은 개혁은 '천' 과 개인을 직접 연결시켰다는 것이다. 주나라 초기에 확립된 종교제도에 따르면, 제천(祭天)은 주왕(周王: 天子를 말한다)의 배타적 특권에 속하였고, 백성들은 다만 '거처하는 방에서 제사지낼 수 있었다(祭於寢)', 즉 가까운 조상에게 제사지낼 수 있었다. 이것은 일종의 중세기 서양 천주교 교회제도가 민중과 종극자를 비교할 수 없을 정도로 멀리 분리시켰던 제도로, 또한 그것은 종교제도로써 뿐만 아니라 정치제도로 출현하였고(중국의 군주만이 누리던 제천의 특권상황과 비교하면, '정교합일'로 불리던 중세기 서양의 정황은 실제로 '정교분리(政敎分離)'로 불러야 한다.) 또한 사회제도로 출현하였다. 공자와 맹자가 항상 자신을 '천'과 직접 연결시켰던 말이 나타내는 사상은 애석하게도 제도적 측면을 실현시키지 못하였다. 이것은 학술적 가치가 매우 풍부한 문제이니, 전문적으로 논술할 만한 가치가 있다.

고 있는 인상을 준다. 그러나 이러한 의식은, 보기에는 요지가 백성을 위로하는데 있는 것 같지만, 그들의 복리福利는 바로 각급 관원들의 관심을 받고 있음을 나타낸다. 이것은 결코 그들(황제 등)이 제물을 바쳐 제사를 드리고 연기를 피우는 중에 그(상제 혹은 신령계통)에게 기도하는 천신天神의 존재를 진정으로 믿었음을 나타내지 않는다.56

이것은 바로 구양수歐陽修(1007~1073)가 말한 "하·은·주 삼대三代 이후에는 정치가 둘(二)에서 나와서 예악이 빈 명칭에 불과하였다는 것이다."57

다른 한편으로, 유학의 발전 속에서 먼저 유술儒術의 '독존獨存'과 제자백가의 '축출'은58, 묵자와 노자 등의 학파가 혹 배척되기도 하고 혹 '조정'에서 '세간'으로 밀려나기도 하여 정통문화로 하여금 종교성과 대중성이 풍부하던 묵가와 초월성과 비판성이 풍부하던 도가의 자원 (資源)에서 멀어지게 하였다. 그러나 정통문화로 대표되던 유학 자체는 그 후의 발전에서 원시유학과 그 이전의 '천'개념의 초월적 요소가 약화되어 혹은 번쇄한 자의훈고字義訓詁에 치중하기도 하고, 혹은 공소空疎한 심성心性해설에 치중하기도 하였다. 실제로, 한학漢學에서 건가乾嘉학파59에 이르기까지, 또한 참위讖緯에서 송명이학에 이르기까지, 비록 학술상에서 보면 허실虛實의 구분이 있지만, 사회역사상에서 보

---

56 J. Blofeld가 쓴 J. Chamberlain's 『중국의 신들(Chinese Gods: An Introduction to Chinese Folk Religion)』(Selangor(雪蘭莪: 말레이시아의 영문지명), 말레이시아, 1988) 서문을 참조.

57 『新唐書』卷11, 「禮樂志(一)」, "由三代而下, 治出於二, 而禮樂爲虛名."

58 동중서의 '백가(제자백가)를 축출하고 오직 유술(유교)만을 존숭할 것(罷黜百家 獨尊儒術)'을 말한다.(역자 주)

59 청대 고증학이다. 건륭(乾隆)과 가경(嘉慶) 연간(1736~1820)이 그 전성기로, '건가(乾嘉)의 학'이라고도 부른다.(역자 주)

면 모두 일종의 민중의 실제생활에서 벗어나서 인간의 권위를 지켰으나 비판하지 못한 경향이 있다. 한나라에서 청나라의 '소학小學'에 이르기까지, 참으로 초월정신을 말하지 못하였으니, 즉 육상산陸象山과 왕양명王陽明에서 당대 신유학의 심성학설에 이르기까지 말하면, 이른바 '내재적 초월'정신을 크게 선양하였지만, 개인의 입체적 작용을 과장하였기 때문에 '본심에 만족하고(本心自足)', '밖에서 구하지 않는(不假外求)' 방향으로 나아갔다. 비록 학술이론상에서 말하면, '천'은 유학 인성론의 기점과 종점이지만60, 선종의 영향 하에서 주류가 되었던 심학의 이른바 '심즉리心卽理'설은 도리어 인성론의 기점('하늘이 명한 것을 성이라 한다(天命之謂性)')에서 점차 멀리 벗어났던 것 같다. 왜냐하면 추상적인 '리理'개념이 인격성을 결핍하여 종교성의 '천'개념을 떠났기 때문이다. 보기에는 이상한 것 같지만 모두 논리적 사실에 부합하는 것은, 이러한 기점에서 멀리 떠나간 동향動向이 결코 종점에 접근하는 운동이 아니라는 것이다. 왜냐하면 천인합덕天人合德 혹은 천인합일天人合一의 경지가 다만 사람의 자력自力에 의지하면, 실제로 보통 사람이 생각할 수 없는 경지에 도달할 수 있기 때문이다. 즉 실제생활이 개개의 중국인에게 알려준 것은 인간세상에서 하늘로 대표되던 '천자'도 항상 덕을 잃고 무도無道한데, 미천한 백성들이 허둥지둥 몇 십년을 살면서 어떻게 도를 얻을 수 있고, 성인이 될 수 있으며, "나의 마음을 다하면 하늘과 같아질 수 있겠는가?"61 당군의唐君毅의 총괄은 매우 훌륭하다.

---

60 傅佩榮, 『儒學哲學新論』, 業强出版社, 1993, p.121.
61 『陸九淵集』卷35, 「語錄(下)」, "盡我之心, 便與天同."

다만 제유들이 모두 공자와 맹자의 천도天道를 이어서 인도人道를 연 것이
아니라, '인도'에 의해 '천도'를 세운 것이다. 그러므로 위를 이어서 아래를
연 것이 아니라, 아래를 열어서 위를 세운 것이다. 송명 유학사상 속에는
하늘과 사람이 서로 관통하고 종교가 도덕에 융화되어 종교는 끝내 독립
주의 문화영역을 이루지 못하였다.[62]

통치계급에 의해 독점되던 유학 혹은 집권자의 눈에 들었던 유학은
이미 권위성이나 심지어 재제성의 도덕과 사회교조로 변하였고[63], 이
미 자기의 초월적 근거를 인간의 근거로 바꾸었으며, 자기 종교적 힘
을 정치적 힘으로 바꾸었다. 그리하여 중국의 이러한 사회환경 속에서
상고시기에 근원하고 민중의 의식 속에 근거하던 초월성 종교정서는
필연적으로 중국의 네 번째 큰 종교로 발전하였으며 또한 중국의 두
번째 큰 종교-민간종교라고 말할 수 있다. 그것을 네 번째라고 말한
것은 종교학적 의미에서 '유·불·도'와 병렬할 수 있음을 가리킨 것이
요, 두 번째라고 말한 것은 발생학적 의미에서 불교가 중국에서 유행
하던 것보다 빠르고, 또한 도교보다 앞서서 혹 도교의 모체라고 말할
수 있음을 가리킨 것이다.[64] 민간종교가 비록 일종의 통일된 종교가
아니고 또한 불가능하여 형형색색形形色色의 변화가 다양하고 저속한
형식을 취하였지만, 그들은 시종 기본적인 종교 특징을 반영하고 있
다. 민간종교는 상고시기부터 중국 민중의 의식 속에 잠복해있던 종교
관념의 표현 혹은 변형變形이고, 그 후에도 항상 유·불·도의 성분을

---

62 당군의,『중국문화의 정신가치』, p.530. 이곳의 '종교'에 근거하면, 응당 유학 속의
종교적 성분을 가리켜야 한다.

63 그러므로 "예교(禮敎)가 사람을 죽인다"는 설이 있었다.

64 나는 노신(魯迅, 1881~1936)의 "중국의 뿌리는 도교에 있다"는 말을 보고서 이것을
이해할 수 있었다.

흡수하여 잡다한 형식으로 출현하였다고 말할 수 있다.

민간종교는 유교의 관방화官方化와 유학의 공소화空疏化[65]에 대한 반응일 뿐만 아니라, 또한 불교와 도교의 상부구조가 실제 활동에서 통치계층에 접근하였고 이론적 활동에서 하층민중을 소외시킨 것에 대한 반응이다. 이것은 중국의 민간종교 연구자인 마서사馬西沙(1943~)의 말과 같다.

> 유학이든 정통종교이든 전체의 전통문화를 포괄할 수는 없다.……중화민족의 주체를 구성하는 것은 저층底層사회이고 하층下層민중이다.……그들은 자기가 바라고 원하며, 기뻐하고 두려워하며, 기대고 믿는 것이 있으며, 그들도 자기의 환상幻想과 이상理想, 차안此岸과 피안彼岸이 있고, 자기가 듣고 싶어 하고 보고 싶어 하는 문화와 신앙이 있다.……민간종교와 전통종교에 비록 질적인 차이가 존재하지만, 정치범주에서 차이가 더 많이 나타난다.[66]

결국, 종교상의 '이단異端'이 민중에 접근하는 것은 종교상의 '정통正統'이 통치자에 접근하는 상응하는 산물에 지나지 않는다. 피통치자가 종교를 이용하는 것은 통치자가 종교를 이용하는(혹은 통치성 의식형태) 필연적 결과이다. 이 둘의 연맹적 대립 혹은 대항은 진정한 정교분리政敎分離를 실행해야 비로소 해소될 수 있다. 때문에 대만의 민간종교 연구자인 정지명鄭志明은 다음과 같이 말하였다.

---

65 이것은 훈고학자들이 의리학자를 배척할 때 말한 '공소화'를 가리키는 것이 아니라, 사회의 실제를 벗어난 공소화를 가리킨다.

66 馬西沙·韓秉方,『中國民間宗敎史』'서문', 上海人民出版社, 1992.

전통종교(인용자에 따르면, 민간종교를 가리킨다)의 발전이 패권覇權의 통제 하에서는 원래 상당히 열악한 것이 당연하지만, 민간문화가 진공眞空에 접근한 상태에서는 패권체계의 틈 속으로 옮겨가서 도리어 한 차례 천지天地를 개벽한다. 이것은 하나의 기적奇迹이고, 또한 일종의 위기危機이다. '기적'인 것은 본토문화가 전통종교의 선전 하에서 결국 민간에 뿌리를 내려 사회의 문화전통을 유지할 수 있다는 것이요, '위기'인 것은 예전의 패권 가치체계의 통제를 받아 이성적 발전공간을 결핍하여 사회의 생리체질을 더 악화시킬 수 있다는 것이다. ……현대화라는 다원사회를 맞이하여 전통종교가 이미 시의時宜에 부합하지 않는지 여부는, 간단히 전통종교만의 문제가 아니라 사회 전체의 문제이니, 근본적 해결방법이 진정한 자유평등을 수립하여 다원사회의 공통된 인식을 세우는데 있다면, 전통종교도 더 이상 '민간제강법(1958년 대약진大躍進 운동 기간 중에 채택한 민간 전래의 재래식 방법)'이 필요하지 않다.[67]

'민간제강법'의 산물이 비록 조잡할지라도 하층 인민들의 '의지하고 믿거나', '환상과 이상', '차안과 피안'을 절실히 반영한 것이요, 인민의 마음속에 깊이 감추어져 있는 초월감 의식 혹은 소박한 신앙을 반영한 것이다.[68] 미국의 구조주의 언어학자 블룸필드Leonard Bloomfield(1887~1949)가 지은 『중국의 여러 신들中國諸神』의 서문 속의 이러한 분석은 일리가 없지 않다.

---

67 鄭志明, 『중국의 의식과 종교』, 學生書局, 1993, p.280.

68 이것은 물론 연구자들이 매우 복잡한 민간종교 자료 속에서 자세히 발굴해야 한다. 그러나 예컨대 마서사(馬西沙)와 한병방(韓秉方) 등 학자의 '보권(寶卷: 일종의 說唱文學)' 연구와 정지명(鄭志明) 등 학자의 '난서(鸞書: 신랑을 맞이하는 풍속)' 연구는 모두 '민간 제강법'의 결과가 전적으로 조잡한 것만이 아님을 나타낸다. (馬西沙·韓秉方의 『中國民間宗敎史』와 정지명이 앞에서 인용한 책인 『중국의 의식과 종교』 및 『臺灣의 鸞書』를 참고한다.)

중국의 종극자에 관한 개념은 공자 이후에 두 방향으로 발전하였으니, 한 방향은 지식인들이 대부분 받아들인 비인격성 개념이고, 다른 한 방면은 하층민중의 인격성 개념의 기초 위에서 발전해 나온 민간종교이다.[69]

이로부터 보면, 중국문화의 초월의식의 뿌리는, 통시태通時態[70]적으로 말하면 춘추시대 이전의 '천天'·'제帝' 관념 속에(『시경』·『서경』에서 공자에 이르기까지, 더 나아가 노자와 묵자의 '천天'·'도道'개념 및 그 표현형식) 뿌리를 내리고 있고, 공시태共時態적으로 말하면 각 시대마다 광대한 민중의 종교관념 속에(유가·불가·도가의 일부 이론과 민간종교의 모종의 성분 및 그 표현형식) 뿌리를 내리고 있다.[71]

위에서 기술한 것을 종합하면, 유학의 '반본返本'은 시간적으로 송명시기 심학心學을 뛰어넘어 선진시기 천제관天帝觀의 근본으로 돌아가야 하고, 사회적으로 정통의 콤플렉스를 극복하여 민간종교의 근본으로 돌아가야 한다. 학술이론상에서 말하면, 철학과 사회윤리학을 뛰어넘어 종교학의 연구로 나아가야 하고, 차등구별이 있는 인륜관계를 극복하여 공통된 인성의 초월적 근원으로 돌아가야 한다. 필자가 하늘에 제사지내는 고례古禮를 회복할 것을 주장하는 것도 아니고, 민간종교를 널리 보급시킬 것을 주장하는 것도 아니다. 다만 어떤 문화라는 나무가 정신적 토대의 배양을 소홀히 하고 줄곧 높은 곳으로 자라기만

---

69 앞에서 인용한 책의 '서문'을 참고한다.

70 공시태(共時態: Synchronie)와 통시태(通時態: Diachronie): 언어학에 시간관념을 적용시켜 일정 시점에 있어서의 언어와 시대를 통한 언어의 변화를 구분하는 방법론적 개념이다. 소쉬르(Ferdinand de Saussure, 1857~1913)는 언어의 가치체계와 시간의 작용과의 상호 의존관계를 직시하고, 언어라는 대상을 역사와 현상태라는 2차원의 세계로 구별시켰다. 즉 일정 시점에 있어서의 언어의 기술과 시대를 통한 언어의 변화를 기술하는 것을 갈라놓아 전자를 공시태 언어학, 후자를 통시태 언어학이라 불렀다.(역자 주)

71 실제로 민간종교와 묵가는 공통점이 매우 많다.

한다면, 그 앞날은 아마도 가지와 잎이 시들고 꽃과 열매가 떨어질 뿐만이 아니라는 사실을 거듭 밝히고자 할 뿐이다.

4. '개방하지(開)' 않고 어떻게 '새로울(新)' 수 있겠는가

일반적으로 말하면, '개신開新'은 모두 새로운 경지를 연다는 뜻이다. 내가 여기에서 말하려는 것은 유학에 대한 것이니, 여기서의 '개開'자는 무엇보다도 모름지기 자신을 개방開放·개통開通·타개打開해야 한다. '개방'은 두 방면을 포괄하니, 하나는 '대외적 개방'이고 다른 하나는 '대내적 개방'이다.

'대외적 개방'의 필요성은 국내 논자들이 대부분 비판하지 않고 받아들이는 '중화와 오랑캐의 논변'의 전제가 항상 '오랑캐(夷)의 저급한 문화가 중화(夏)의 우월한 문화를 망치기 때문에 방어해야 한다'는 방면만을 강조하고 인류문화의 공통된 토대라는 근본적인 방면을 완전히 무시하는데 있다. 또한 정지명鄭志明이 관찰한 다음과 같은 사실에도 있다.

전통사회의 진정한 위기는 서구의 충격과 침입에 있지 않고, 문화환경이 장기간 군왕전제에 의해 조성된 권위적 성격의 인지認知가치에 있다.……권위적 성격은 정치의 현대화와 민주화를 방해하고, 나아가 통치계층은 백성들의 환경에 순응하고 권위에 복종하는 성격을 이용하여 기득권의 권위를 확장시킨다. 그러나 전통권위의 정치가 현대화가 낳은 문제와 수요에 대응할 수 없을 때는, 정치권력의 합법성적 문화와 심리 기초의 근본적 훼손에 따라 권위의 위기가 발생한다.[72]

유·불·도사상이 만약 현대사회와 결합하여 그 기조체계의 가치이성을

중시하려면, 반드시 세속의 권위체제에 대한 전면적인 반성과 배척이 있어야 한다.[73]

현대 신유가가 유학발전의 모종의 새로운 국면을 열 수 있었던 것은, 그들이 신해혁명辛亥革命(1911) 후에 구舊권위의 실각과 1949년 후에 해외로 흩어져 신新권위와 소원해져서 그들로 하여금 원거리에서 정치에서 문화에 이르는 중국 권위주의를 반성할 수 있게 하였고, 또한 근거리에서 서양의 종교·문화와 정치를 관찰할 수 있게 하였기 때문이다. 대륙에 남아있던 유학 학자들과 비교하면, 그들은 비교적 개방적 환경 속에 있었기 때문에 그들이 비록 기독교와 신학에 대한 이해가 여전히 많은 누락과 심지어 오해가 있었지만, 어느 정도에서는 유학과 기독교사상의 상통점을 간파하여 적어도 비교 연구할 수 있는 문제를 제기함으로써 일부 대외적 개방의 통로를 알려주었다는 것이다.

앞에서 기술한 선진시기의 '천제'관념이 서양의 하느님관념에 상당히 접근하는 것은 중국문화의 뿌리와 기독교문화의 뿌리가 서로 이어지고 서로 통한다는 것을 나타내지만, 여기서는 더 이상 말하지 않겠다. 이 절에서는 다만 근대 중국문화의 꽃인 신유학이라는 중요한 관념에 나아가 그것(신유학)이 '개신開新'하는데 '대외적 개방'을 어떻게 하고 왜 해야 하는지, 바꾸어 말하면 그것의 기독교신학과 상통점은 어디에 있고, 그것이 기독교신학을 학습해야 할 필요성은 어디에 있는지를 살펴보려는 것이다.

실제로 이론상에서 보면, 심학心學이 세력을 얻기 전에는 공맹孔孟에서 정주程朱에 이르는 유학 혹은 유교이론이 기독교와 비교적 가까웠

고 불교와는 비교적 멀었다. 정이천程頤은 다음과 같이 말하였다.

> 성인은 하늘에 근본을 두고 불교는 마음에 근본을 둔다.[74]
> 하늘에는 이 이치가 있고, 성인이 그것을 따라서 행하니 이른바 도道라는 것이다.[75]

이것은 하늘의 객관성과 지상성至上性을 긍정한 것이다. 여영시余英時 (1930~)는 "리理 위에 하나의 '천天'자를 더한 것은 바로 이 세계가 객관 적으로 실재한다는 것을 증명하기 위해서이다.……송명의 신유가가 '리'자를 어떠한 해석하든 모두 '천'자를 완전히 내다버릴 수 없었다"[76] 라고 논평하였다. 무엇 때문인가?

> 왜냐하면 '천'은 가치의 근원이니 분량의 무게로 논할 수 없기 때문이다. '심즉리心卽理'를 주장하던 육왕일파가 가치의 근원을 애써 '심'으로 돌려놓 았지만, 참으로 '리'와 '천'을 단절시키지 못하였다. 상산象山(육구연)과 양명 陽明(왕수인)은 모두 자각하여 위로 맹자를 계승하였지만, 맹자의 '사단의 마음(四端之心)'은 여전히 '천이 나에게 부여한 것이었다.' 그러므로 양명은 항상 "양지良知가 곧 천리이다" 혹은 "천리가 곧 양지이다" 등의 말을 하였 는데, 여기에서 '천'자의 의미는 비교적 공령空靈한 것에 불과하다.[77]

대체로 말하면, 신유학 중에 정주계열의 사상이 유교의 정신을 더 잘 반영할 수 있고 또한 기독교사상과 상통점을 더 많이 가지고 있기

---

74 『河南程氏遺書』卷21(下), 「附師說後」, "聖人本天, 釋氏本心."
75 『河南程氏遺書』卷21(下), 「附師說後」, "天有是理, 聖人循而行之, 所謂道也."
76 『중국 근세 종교윤리와 상인정신』, 聯經出版社 1992, p.55.
77 위의 책, p.56.

때문에, 신유학을 위해 밖으로 개방을 위한 가능성을 제공하였다. 왜
냐하면 이 일파는 육왕심학이 불교 선종에 가까운 것과는 달리, 그들
이 말한 천리天理 혹은 천도天道는 초월적이면서 실재적이기 때문이다.
계숭契嵩(1007~1072)의 "다만 인륜의 가까운 일만을 지킬 뿐이고 인생의
먼 이치를 보지 못하였다"[78]는 한유韓愈에 대한 비판과는 달리, 그들은
"천도가 멀지만"[79] 천도를 소홀히 하지 않았다. 왜냐하면 그들은 천도
가 바로 '인도人道' 혹은 '인륜의 가까운 일'의 형이상적 근거라는 것을
알았기 때문이다. 이것이 바로 정주학파의 이론이 기독교신학과 서로
통하고 서로 이어질 수 있는 점이다.

일반인들은 모두 유가가 성선性善(맹자의 심성론에서 나옴)을 주장
하고 기독교가 성악性惡(성경의 원죄설에 근원함)을 주장하기 때문에
둘은 서로 용납될 수 없다고 생각한다. 이것은 하나만 알고 둘을 모르
는 잘못된 결론의 소치이다. 주자가 '천리와 인욕' 혹은 '선악善惡'·'이
기理氣'의 관계를 논술할 때, 그는 다음과 같이 강조하여 지적하였다.

> 일용 사이에 운용되는 것은 모두 이 기氣에 말미암는다. 다만 '기'는 강하
> 고 '리'는 약하다.[80]

이것은 생활 속에서 나쁜 인성이 착한 인성을 이긴다는 말이다. 실
제로, 순자의 성악론에서 송유들의 '기질지성氣質之性'학설에 이르기까
지 유학에도 성악이론이 있음을 보여주었지만, 다만 이러한 이론은 기
독교의 유사한 이론처럼, 법제法制를 추구하고 성군聖君을 추구하지 않
는 사회정치의 관념 속에 체현되어 그 적극적 작용을 발휘하지 못하

---

78 『鐔津文集』卷14, 「非韓上 第一」, "(韓子)徒守人倫之近事, 而不見乎人生之遠理."
79 『左傳』「昭公 17年」, "子産回答說, 天道遠, 人道邇." 참조.
80 『朱子語類』卷12, "日用間運用都由這个氣, 只是氣强理弱."

고, 도리어 단편적 성선론의 낙관주의에 매몰되는데 불과하였다. 다른 한편으로, 기독교신학의 '원죄'론이 사람에게 널리 알려졌지만, 첫째로 그것의 또 다른 적극적 의미, 즉 사람의 책임에 대한 강조를 중국에서는 분명히 설명하지 못하였고(아래 글에서 언급하였다), 둘째로 기독교신학의 '원의原義(원죄와 대립)론'에 대해 중국에서는 아는 사람이 매우 적었다. '원의론'에서는 사람이 이미 '하느님의 형상에 따라 만들어졌다면' 사랑 혹은 창조의 가능성을 부여하여 '하느님의 아들과 딸'이 될 수 있고, 더 나아가 하느님의 창조에 참여하여 "천지의 화육을 도울 수 있다"[81]라고 지적하였다. 이로부터 보면, 유가와 기독교의 인성론은 모두 단순한 성선론 혹은 성악론이 아니라, 선과 악이 함께 있는 선악겸유론善惡兼有論이다. 우리가 여영시의 "신유가는 매우 엄숙한 태도로 '이 세상'의 부면적 힘에 대처하여 항상 일종의 큰 적에 임하는 것 같은 심정을 갖는다"[82]라는 말을 볼 때면, 우리는 자연히 기독교가 사람의 죄성(罪性: 이기적 본능을 원죄의 대체물로 봄)을 마귀로 보던 오래된 상징을 상기할 수 있다. 주자의 말을 살펴보자.

어떤 사람이 묻기를, "천지는 무너질 수 있습니까?" 주자가 대답하기를, "무너질 리가 없다. 다만 사람들의 무도無道가 매우 극심하면 〈천지가〉 일제히 뒤섞이고 한 차례 혼돈(하나로 뒤섞여 나눌 수 없는 상태)되어 사람과 사물이 모두 없어졌다가 다시 새로이 생겨난다"라고 하였다.[83]

---

81 『中庸』, 第22章, "贊天地之化育."
82 『중국 근세 종교윤리와 상인정신』, p.61.
83 『朱子語類』卷1, "問天地會壞否. 曰不會壞. 只是相將人無道極了, 便一齊打合, 混沌一番, 人物都盡, 又重新起."

주자의 말을 보았을 때, 우리는 기독교에서 말한 하느님의 심판과 세상의 종말을 상기할 수 있다.

그러나 여기에는 하나의 문제, 즉 어떻게 없어지고 어떻게 생겨나는지, 누가 와서 없애고 누가 와서 생기게 하는가라는 문제가 나타날 수 있다. 이것은 바로 유학, 특히 신유가가 초월문제를 논할 때의 모순 혹은 결함을 언급한 것으로, 신유가가 대외적으로 개방하거나 혹은 기독교신학을 학습해야 할 필요성을 나타낸다.

여영시는 이미 이러한 모순을 간파하였다.[84] 그는 먼저 『주자어류』 권1의 말을 아래와 같이 인용하였다.

> 지금 하늘에 한 사람이 있어서 그 안에서 죄악罪惡을 판결한다고는 참으로 말할 수 없다. 〈그렇다고〉 주재하는 자가 전혀 없다고 말하는 것도 옳지 않다. 여기에서 사람이 알아차릴 수 있어야 한다.[85]

그런 후에, "하늘 위에 이미 '상제(하느님)'가 없다면 어떻게 또 '주재하는 자가 전혀 없다'고 말할 수 있겠는가"[86]라고 비평하였다. 이것은 확실히 모순이다. 게다가 주자가 말한 '주재하는 자'는 바로 '이치(理)'이고, 그가 말한 이치는 또한 "정의情意도 없고 계탁計度도 없고 조작造作도 없으니"[87], 여기에 바로 더 큰 모순이 있다. 왜냐하면, 첫째로 '정의도 없고 계탁도 없고 조작도 없는 것'은 무도한 세계와 사람이나 사물을 없앨 수도 없고 또한 생기게 할 수도 없기 때문이다. 둘째로 여영시

---

84 그는 『중국 근세 종교윤리와 상인정신』이라는 책에서 이러한 모순을 제기하였지만, 논술하지 않았다. 그의 책 p.64 주석 63을 참고한다.

85 『朱子語類』卷1, "而今說天有個人在那里批判罪惡, 固不可說. 道全無主之者又不可. 這里要人見得."

86 『중국 근세 종교윤리와 상인정신』, p.62.

87 『朱子語類』卷1, "無情意無計度無造作."

의 말처럼, "이치가 비록 멀리 하늘에 근원하고 있지만, 하늘은 이미 더 이상 관섭하지 않고 일체의 가치문제를 모두 사람의 '마음'속에 귀속시켰다면"[88], 사람의 마음이 각각 달라서 주관주의와 상대주의 및 세속주의는 피할 수 없기 때문이다. 이것이 바로 필자가 말한 유학(특히, 심학이 우세를 차지한 뒤의 유학)이 천제관에서 소원해진 결과이고, 또한 유학이 기독교신학에서 장점을 취해야 할 곳이다. 당군의는 다음과 같이 말하였다.

> 공자와 맹자의 사상 속에는 다만 인도人道 혹은 사람의 심성론만 있고, 천도天道와 천심天心의 관념이 없거나 혹은 그 천도가 오늘날 과학에서 말하는 '자연의 도'일뿐이라면, 사람의 심성과 인도人道·인문人文은 모두 객관우주에 근거할 수 없는 것이 되고, 객관우주에 대해 있을 수도 있고 없을 수도 있는 물건이 되고 만다.……여러 사람의 마음이 또한 끝내 진정으로 관통할 수 있는 가능성과 필요성이 없게 되며 우주 역시 참으로 하나의 통일성을 가진 우주가 될 수 없다.[89]

이것은 그야말로 일부 신유가 학설과 몇몇 당대 유학자들이 유학과 중국문화에 시행한 질식이고 치사술이 아닌가!

초월성방면의 마비가 치명적 결함이라는 것을 간파하였기 때문에, 일부 참으로 식견이 있는 '현대 신유가'에서는 유학을 기독교로 개방하고 학습할 필요성을 통찰할 수 있었다. 두유명杜維明(1940~)은 다음과 같이 말하였다.

---

88 『중국 근세 종교윤리와 상인정신』, p.62.
89 『중국문화의 정신가치』, 正中書局, 1987, p.448.

기독교의 초월성은 매우 강하여, 그것이 현실정치와 현실세계 밖으로 완전히 독립하여 별도의 전혀 다른 영역에서 그 정신문명을 창조할 수 있었기 때문에, 기독교는 언제나 기독교의 순결성을 유지할 수 있었다. 유가에 이러한 선택이 없었던 것은 유가가 이러한 선택을 주도적으로 버렸다고 말할 수 있다. 이것은 내재적인 전환을 진행해야 하였는데, 이 때문에 진행과정 중에 매우 저속화되고 천박화되어 현실세계에서 '오직 이익만을 도모하는 자'라는 이론상의 구실로 바뀌었다.……이것은 유가전통과 현실세계가 갈라놓을 수 없는 인연을 맺은 후에 도망쳐 나오기 어려운 결함이다.……우리는 기독교신학의 지혜의 결정체를 흡수하여 당대 기독교 신학자들 속에서 계시啓示를 얻어야 한다.90

유학이 '기독교신학의 지혜 결정체'와 '계시'를 '흡수해야 한다'거나 또한 '얻을 수 있다'는 것에 대해서, 여기에서 상세히 논술할 수는 없다.91 다만 두유명이 말한 유학이 버렸고 기독교가 일찍이 버리지 않았던 '초월성'의 선택 외에 다시 아래의 몇 가지 예를 거론할 수 있다.

유학 학자들은 통상적으로 주자의 "정의도 없고 계탁도 없고 조작도 없는" '천'이 바로 인격적 상제의 관념이 아니라는 것을 받아들였지만, 이러한 '천'개념이 이미 그 원초적 뜻에서 벗어난 것은 조금도 문제 삼지 않았다. 또한 당군의가 풍우란에 접근하는 견해를 살펴보자.

공자와 맹자는 하늘이 무사無思·무위無爲·무욕無欲하다고 하였으나, 실제로 그 말은 성인의 '함이 없는데 다스려지고(無爲而治)' '생각하지 않아도 적중하는(不思而中)' 것과 같다. 이것은 사려思慮·의지意志가 미칠 수 없다는

90 『유가전통의 현대화(儒家傳統의 現代轉化)』, 中國廣播電視出版社, 1992, pp.232~233.
91 이것은 한 권의 책을 쓸 수 있는 제목이다.

뜻이 아니라, 사려·의지가 있고 다시 사려·의지 이상을 초월한다는 뜻
이다. 사려·의지를 초월하는 하늘은 사람이 따라 나오는 곳이고(하늘은
사람의 근원이고), 또한 사람의 사려·의지가 따라 나오는 곳이다(하늘은
사람의 사려·의지의 근원이다).[92]

서양 신학과 종교·철학이 상제(하느님)의 인격성 문제를 논술할 때
나, 상제의 '인격성'학설에 대해 인격성에 '미치지 못하는' 왜곡을 피하
기 위해 그에게 인격성(물론 사려·의지 등을 포함한다)이 있음을 긍
정할 때는 인격성을 초월한다거나 인격을 초월한다고 분명히 지적한
다. 또 인격성을 포함한 상제가 바로 '사람이 따라 나오는', 즉 사람의
인격성이 '따라 나오는' 등의 문제는 모두 훨씬 상세하고 세밀한 사고
와 논증이 있어 일부 당대 유학 학자들이 하던 그러한 '인격화된 상제'
라는 말로 개괄할 수 있는 것과는 매우 다르다. 그러한 논증은 유학 학
자들이 신유학의 '천天'·'리理'에 관한 이론과 대조하여 연구할만하다.
당군의는 다음과 같이 말하였다.

공맹의 하늘에 대한 태도나 하늘에 대한 설이 어떻게 서양 종교와 다른지
간에, 동일한 형이상의 초월이고 객관적이고 보편적인 우주의 절대정신
혹은 우주의 절대생명이며, 사람의 정신 혹은 생명의 최후 의지처임을 가
리킬 수 있어야 한다.[93]

이러한 뛰어난 총괄은 분명히 유학 대가들이 서양 종교와 철학 속의
절대관념론과 인격관념론에 대한 겸허한 대응이고 개방적 태도를 지

---

92 『중국문화의 정신가치』, p.449.
93 위의 책.

닌 결과이다.

여영시의 총괄에 따르면 다음과 같다.

> 리理 자체는 조작하지 않으니, 일체는 사람 마음 속의 '리'에 의지하여 주재
> 해야 한다. 때문에 이 세계가 '가장 좋다'고 말할 수 없고[94], 좋을 수도 있
> 고 나쁠 수도 있으며, 나쁜 것이 심해지면 파괴되어 없어질 수도 있다.[95]
> 서양의 하느님은 사람에게 '자유의지自由意志'를 주어 사람으로 하여금 선
> 을 행할 수도 있고 악을 행할 수도 있게 하였다. 반면 신유가의 '리'는 다
> 만 사람에게 선을 행하는 자유만 주었다. 이기론에 근거하면, 악은 기氣에
> 근원하는데, 기가 리理를 따르지 않고 움직이면 바로 악이 된다. 때문에
> 악은 결정되는 것이니, 결코 자유로 말할 수 없다.[96]

여기서도 몇 가지 오해와 모순을 나타내었다. 먼저, 여기서는 당대
유학 학자들(설령 일부 통속적이고 간단한 설명으로 기독교를 이해한
유학 학자가 아닐지라도)이 기독교신학, 특히 현대 기독교신학에 대해
더 전반적이고 더 깊은 이해가 필요하다는 것을 분명히 보여주었다.
서양의 신학과 종교·철학에 따르면, '악'에는 두 가지가 있다. 하나는
교단教團적인 악을 가리키고(사람의 죄에 근원하니 sin이다), 다른 하
나는 자연적인 악을 가리킨다(비인위적 원인에 근원하니 evil이다).
후자는 본체론상에서 세계를 말하여 아직 완전하지 않고 아직 결함이
있다는 뜻을 함유한다. 이를 감안하면, 이른바 "이 세계가 일체 가능한
세계 중에 가장 좋은 것이다"라는 말은 결코 세상에 악한 일이 없고 나

---

94 라이프니츠(Gottfried Wilhelm von Leibniz, 1646~1716)의 이른바 '이 세계가 일체 만
능의 세계 가운데 가장 좋은 것'이라는 설을 따른 것이다.

95 『중국 근세 종교윤리와 상인정신』, p.63.

96 위의 책.

쁜 일이 없음을 말하는 것이 아니라, 세상의 악한 일과 나쁜 일이 전혀 의미가 없는 것이 아니라는 말이다.97 이 설은 세상이 '나쁠 수 있는' 가능성을 배제하지 않았을 뿐만 아니라, 도리어 "악이 결정되는 것"임을 이해하는데 도움을 주었다. 이러한 '악'에 대해, 기독교신학은 억측을 더 적게 하는 것도 더 합리적인 분석이라고 말할 수 있다.98

다음으로, 여기서도 신유학의 모순을 드러내었다. 첫째, 이미 일체가 사람 마음속의 '리'의 주재에 의지하고 '리' 또한 사람에게 선을 행하는 자유만을 주었다면, 세상은 좋을 수만 있어야 하는데, 어떻게 좋을 수도 있고 나쁠 수도 있는가? 만약 "기가 강하고 리가 약하다", "악은 결정되는 것"이라고 말한다면, 세상은 나쁠 수만 있어야 하는데, 또한 어떻게 좋을 수도 있고 나쁠 수도 있는가? 둘째, '리'가 이미 정의도 없고 조작하지도 않는다면, 세상이 극심하게 나빠졌을 때는 누가 와서 없애겠는가? 사람과 사물이 모두 없어졌을 때는 누가 와서 다시 생기게 하겠는가? 셋째, 만일 '자유'(철학적 의미상의 의지자유意志自由이지 사회정치적 의미상의 권리자유權利自由가 아니다)가 하나의 일만 할 수 있고 다른 일은 할 수 없는 것을 의미한다면(여기서는 선을 행할 수 있는 것만 가리킨다), 자유는 그 자유가 될 수 없다. 자유는 유한한 것이지만, 그것의 부면과는 같지 않다는 것을 알아야 한다.99 이러한 문제가 언급하는 몇몇 방면의 관계에서는 기독교신학의 이론분석이 더 심도있고 더 완전하다. 왜냐하면 사람의 자유는 사람으로 하여금 선을

---

97 존 힉(John Hick, 1922~)의 『종교철학: Philosophy of Religion, 1963』에서 논한 '악의 難題', 제1장을 참고한다(三聯書店, 1988년). 라이프니츠와 다른 사상가의 '신정론(神正論: 신이 선하다면 왜 세상에 악이 존재하는가를 설명하는 이론)'은 '가장 좋다'는 설을 포괄하는데, 그 요지는 바로 악의 존재를 해석해내는 것이다.

98 폴 틸리히(Paul Tillich, 1886~1965)의 『조직신학: Systematic Theology』에서 실존의 '비극성'에 관한 분석을 참고한다.

99 여영시도 신유가 윤리의 철학적 근거에 '이론상의 어려움'이 있다고 지적하였다. (『중국 근세 종교윤리와 상인정신』, p.64 주석 참조.)

행할 수도 있게 하고 악을 행할 수도 있게 하기 때문에(이것은 사람이 죄를 저지를 수 있는 가능성, 즉 '원죄설'의 의미이다) 세상이 '좋을 수도 있고 나쁠 수도 있어야' 비로소 논리에 부합하고, 상제는 조작할 수도 있고 처벌(심판)할 수도 있기 때문에(이것은 기독교 상제관의 일부분이다) 세상이 '없어질 수도 있고 생겨날 수도 있어야' 비로소 논리에 부합한다—이것은 바로 기독교신학이 유학에 줄 수 있는 '계시'가 아니겠는가? 또한 사람에게 진정한 자유(하나의 일도 할 수 있고 다른 일도 할 수 있는)를 부여하였기 때문에 선도 비로소 선을 행하는 것(마지못해 하는 선은 선이라고 부를 수 없다)이 된다. 이러한 '자유의지' 학설이 이로부터 사람의 존엄성을 수호하였으니—사람은 다만 선을 행하고 혹은 악을 행할 수 있게 결정된 나무인형이 아니고 기계인이 아니라, 자유가 부여되었기 때문에 스스로 선을 행하거나 혹은 악을 행하게 결정해가는 선택권을 가진 창조물이다. 이 때문에 사람은 반드시 자기의 행위에 대해 책임을 져야하고—운명 혹은 하느님에 책임을 전가할 수 없다. 이러한 '원죄설' 및 '자유의지설'과 서로 관련되는 기독교 인성론은 분명히 단순한 성선론의 낙관주의와 단순한 성악론의 비관주의보다 현실적 의미가 더 풍부하다. 기독교 인성론은 이미 사람에게 도덕상의 신앙심(선을 행할 수 있음)을 가질 것을 고취하였고, 사람에게 도덕상의 약속과 경각심(악을 행하는 것을 방지)을 일깨워주었으며, 또한 반드시 외재적 제어시스템으로 사람이 악을 행하는 가능성을 억제시켜 천진하게 청렴한 관리(淸官)나 어진 임금(名君)에게 희망을 걸지 않을 것을 요구하였는데, 이것은 분명히 인류의 실제에 부합하는 법률제도에 도움을 주었다.

당군의가 『생명존재와 심령경계』[100]에서 제기한 '심통구경心通九

---

100 唐君毅, 『生命存在와 心靈境界』, 中國社會科學出版社, 1977.

境'101학설은 상당히 정밀하고 광범위하다. 그는 '주객을 초월한' 뒤의 '삼경三境'102을 다음과 같이 총괄하였다.

진성盡性과 입명立命으로부터 하나의 도道를 보아야 하니, 즉 지금 주관과 객관을 관통하여 주객을 분별하는 집착을 초월하고, 또한 동시에 이 속에서 주관과 객관의 세계를 통일하는 하나의 '도'가 바로 천도天道요 인도人道의 '도'임을 보아야 한다. 사람의 생명심령生命心靈은 바로 이 '도'에 인연하여 그 대상(境)에 응하는 감통感通의 작용(用)으로 나타나고, 대상도 이 '도'에 인연하여 이 심령이 이룬 입명立命이 대상에 응하는 감통의 일 속에서 그 작용을 드러낸다. 이 속의 생명심령과 그 대상이 상호 감통함에 따라 서로 대립하고 서로 도와주어 이 심령생명의 활동이 계속 변화하며, 이와 더불어 심령생명이 계속 존재하지만 이 속에 보이는 생명심령과 그 대상은 여기에서 계속하여 그치지 않고 상호 감통하는 속에 대용大用이 유행한다. 이는 바로 이 하나의 주객이 감통하는 경지를 하나의 주객을 관통(通)하는 것으로 보아 주객의 분별이 생긴 것이니, 그 작용은 단순히 주객의 분별을 초월한 경지 속의 상대相大·용대用大보다 크고, 또한 단순히 주객 통일의 경지를 초월한 상제신령의 체대體大·상대相大·용대用大103 보다 크다.104

---

101 심통구경(心通九境)은 일심통삼계구경(一心通三界九境)이라고도 한다. 당군의는 사람의 마음을 아홉 단계로 구분하였으니, 萬物散殊境(제1경), 依類成化境(제2경), 功能序運境(제3경), 感覺互攝境(제4경), 觀照凌虛境(제5경), 道德實踐境(제6경), 歸向一神境(제7경), 我法二空境(제8경), 天德流行境(제9경)이다.(역자 주)

102 歸向一神境(제7경), 我法二空境(제8경), 天德流行境(제9경)을 말한다.(역자 주)

103 기신론(起信論)에서는 사람의 마음을 세 가지로 나누어서 설명하니, 마음의 본체와 마음의 양상과 마음의 작용이다. 이 본체(本體)·양상(樣相)·작용(作用)을 삼대(三大)라고 하는데, 세 가지 큰 것이라는 뜻이다. 체(體)·상(相)·용(用)에 큰 '대'자를 붙인 것은 우리의 마음이 가진 특징과 마음의 작용력이 광대하고 무변한 것을 나타내기 위해서이다.(역자 주)

실제로 일부 기독교 신학자들은 '성령론聖靈論(Pneumatology)'이라는 명목 하에서 이 점에 대한 해석을 더 분명히 하였다.105 그러나 당군의가 말한 '제9경第九境' 혹은 최고경지-'천덕유행경天德流行境'은 기독교신학의 창세론에서 말세론에 이르거나 성령론聖靈論에서 신국론神國論(City of God)에 이르는 논술에도 체계적인 해석이 있다. 당군의는 '제7경 귀향일신경'과 '제8경 아법이공경'의 결점을 다음과 같이 분석하였다.

'귀향일신경歸向一神境'속에서는 상제와 신령이 체대體大이나 그 상대相大는 '아법이공경我法二空境'속에서와 같으니, 일체의 법을 실현하여 각종 아법我法106의 집착을 타파하여 무량한 중생(有情)에게 무량한 방식의 해탈과정이 있음을 보는 것과 같기 때문에 그 드러나는 상相이 크다. 그러나 이 후자(제9경인 天德流行境 혹은 盡性立命境)는 반드시 각종 아법의 집착을 타파한 이후에 사람에게 본래 있는 불심佛心·불성佛性이 그 작용을 드러낼 수 있다. 또한 사람에서 지금의 생명심령은 바로 일체 집착의 장애를 초월한 지극히 선한 본성本性·본심本心을 본체로 간주한 것이지만, 그 작용은 지금 바로 천도天道·천덕天德이 유행하고 현현顯現하는 것만 못하니 그 작용이 크다. 그러므로 이 삼경三境 속에서의 '귀향일신경'은 다만 체대體大가 우월하고, '아법이공경'은 상대相大가 더 우월하고, '진성입명경盡性立命境'은 용대用大가 한층 더 우월하다.107

104 唐君毅,『문화의식 우주의 탐색』, 中國廣播電視出版社, 1992, p.536.
105 예를 들면 폴 틸리히의 『조직신학(Systematic Theology)』, 제4부이다.
106 아법(我法): 일체의 만법(萬法)을 인식하고 분별하는 주체를 아(我)라 하고, 나로부터 인식되어진 일체의 만법을 법(法)이라 한다.(역자 주)
107 『문화의식 우주의 탐색』, p.537.

만약 우리가 『구약舊約』「전도서傳道書(Ecclesiastes)」의 "만사가 모두 공허하다"는 견해와 『신약新約』의 "생명을 버리고 생명을 얻는" 견해 에서 폴 틸리히Paul Tillich(1886~1905)의 "존재물은 모두 비존재물의 위협 을 받는다"와 존 매커리John Macquarrie(1919~2007)의 "존재물은 존재와 허 무 사이에 있다"는 논술에 이르기까지를 한번 연구해보면, 기독교신학 이 '제8경'에 대해서도 포용하고 있고 심지어 실제에 더 부합한다고 말 할 수 있음을 발견할 수 있다. 또한 우리가 『구약』「창세기創世記」에서 인신人身상의 '하느님 형상'에 관한 신화적 의미와 『신약』의 '신을 사랑 하고 인간을 사랑하는' 신학적 해석에서 현대 신학 속의 각종 '신과 인 간의 교제'와 지상신국에 관한 이론에 이르기까지를 한번 연구해보면, 기독교신학이 '제9경'에 대해서도 포용하고 있고, 심지어 더 상세하고 전반적이라고 말할 수 있음을 발견할 수 있다. 왜냐하면 기독교신학의 '제9경'에 대한 해석은 철학의 인성론과 윤리학에 제한되지 않고, 사회 정치론과 법철학의 기본 근거방면의 학설로 더 확대되었기 때문이다.

당대 신유학의 중국과 서양사상에 '내재적 초월'과 '외재적 초월'의 구별이 있다는 견해는 일부 오해와 곤혹을 조성할 수 있다.108 겉으로 혹은 문자상에서 가장 쉽게 오해를 불러일으킨 것은, 즉 초월이 이미 자신을 초월하고 밖으로 초월하는 것을 의미한다면, '내재적 초월'이 라는 말은 거의 자체 모순이고 그에 상응하는 '외재적 초월'이라는 말 도 거의 동어반복同語反覆이다. 물론 당대 신유가가 이 구절을 쓰는 데 는 특정의 의미(즉 내재적 길을 통하여 초월적 목표를 실현해가는 것 을 가리킨다)가 있었지만, 여기에는 여전히 아래의 문제가 나타날 수 있다. 즉 이미 토론한 것이 정신생명의 문제라면, 서양 사람도 정신신 앙을 통하여 초월적이고 '외재적'인 하느님께로 나아간 것이지만 정신

---

108 이것은 이미 비평과 논쟁을 불러일으키기 시작하였다.(馮耀明·杜維明·劉述先 등 이 최근에 『당대(當代)』라는 잡지 제84기~96기에 걸쳐 발표한 글을 참고한다.)

신앙이 설마 '내재적' 길이 아니라고 하겠는가? 때문에 '초월'이 개인의
'성성成聖(중국용어)' 혹은 '성화聖化(서양용어)'[109]를 가리킨다면, 중국과
서양은 구별 없이 모두 '내재적 초월'의 길로 나아간 것이다.

그러나 문제의 관건인 '초월'의 방법에서 말하여, 줄곧 본심本心·본
성本性만을 찾고 진심盡心·지성知性의 요지가 지천知天에 있음을 잊어버
리고, 존심存心·양성養性의 요지가 사천事天에 있음을 잊어버리고, 모든
일을 자기의 마음으로 표준을 삼는다면, 아마도 맹자가 말한 이러한
목표에서 더욱 멀리 벗어날 수 있다. 이러한 수신의 방법은 유가의 전
형적인 방법으로 말해지지만, 유가의 일부 주요 경전 속의 중요한 견
해와는 부합하지 않는다.

> 그러므로 군자는 몸을 닦지 않을 수 없으니, 몸을 닦을 것을 생각하면 부
> 모를 섬기지 않을 수 없고, 부모를 섬길 것을 생각하면 사람을 알지 않을
> 수 없으며, 사람을 알 것을 생각하면 하늘을 알지 않을 수 없다.[110]

이러한 견해에 따르면, 지천知天은 '수신'의 조건이고 또한 근본적 조
건이다. 『역전』「계사(상)」에는 다음과 같이 말하였다.

> 하늘이 신묘한 물건을 내시니 성인이 그것을 본받았고, 천지가 변화하니
> 성인이 그것을 본받았으며, 하늘이 상象을 드리워서 길흉吉凶을 보이시니
> 성인이 그것을 본받았다.[111]

---

109 성서에는 다만 인간의 수양에 의해 이른바 성인의 영역에 도달한다는 사상은
　　없다. 다만 하느님께서 성령에 의해 주시는 성(聖: 거룩함)을 인간은 경외와 감사
　　로서 자신의 생활 속에 받아들여, 이것을 실현하여 가는 것이다. (역자 주)
110 『中庸』, 제20章, "故君子不可以不修身. 思修身, 不可以不事親. 思事親, 不可以不知
　　人. 思知人, 不可以不知天."
111 『周易』「繫辭(上)」, "天生神物, 聖人則之, 天地變化, 聖人效之, 天垂象見吉凶, 聖人象之."

서양언어로 말하면, '그리스도의 모방De imitatione Christi'112이다. 하느님이 이미 세상을 창조하고 사람을 사랑하셨다면 사람은 응당 하느님을 공경하고 사람을 사랑하도록 노력해야 한다. 사람의 행위는 하느님의 행위를 본받아야 한다는 것이다.

종교와 철학상에서 말하면, '초월'과 '내재'가 가리키는 것은 주로 '천'('천도' 혹은 '상제')과 세계와 인류의 관계이니, 이러한 관계를 이해해야 비로소 하늘을 알 수 있고(知天), 하늘을 알 수 있어야 하늘을 두려워하고(畏天) 하늘에 순응하고(順天) 천명을 즐거워할 수 있다(樂天). '내재적 초월'과 비교하여 말하면, 아래의 견해의 '천'과 세계에 대한 관계와 같으니 '내재'와 '초월'에 대해 더 분명히 말할 수 있다.

> 하늘은 이미 객관적으로 독립 존재하여 지고무상至高無上하고 만유萬有를 통섭하는 의미가 있기 때문에 천도天道에는 또한 객관적으로 독립하고 사람의 대공무사大公無私한 의미의 근거가 되어 절대적이고 궁극적인 의미가 있다. 또한 하늘은 만유萬有를 떠나 독자적으로 존재하지 않고 만유와 더불어 다 같이 그 하늘을 이루기 때문에 천도에는 또한 초월적이고 내재적인 의미가 있다.113

여기서는 서양 종교와 철학의 개념을 빌어서 '천'과 사람의 관계, 만유萬有 혹은 세계와의 관계를 설명하였다. 그러나 이러한 의미상의 '초월'과 '내재'문제에서 논술이 가장 상세하고 가장 설득력 있는 것으로는 아마도 현대 기독교신학 속의 '초월신론Panentheism'114보다 더 나은 것이 없을 것이다.

---

112 중세 때의 성자 토마스 아 켐피스(Thomas a Kempis, 1380~1471)의 유명한 명상록에 나오는 말이다.(역자 주)
113 李杜, 『中西 哲學思想 속의 天道와 上帝』, 聯經出版事業公司, 1991, p.6.

나는 여기에서 유술선劉述先(1934~)의 말을 차용하였는데, 그는 다음과 같이 말하였다.

> 당대 신유가가 기독교에서 배울 수 있었던 것은 결코 앞에서 제기한 몇 가지에 그치지 않는다. 나는 다만 시험 삼아 몇 가지의 문호門戶를 열어 신유학이 자기의 최종 의지처에 동요하거나 변화하는 것을 걱정할 필요 없이 주도적이고 적극적으로 자기의 노력을 통하여 기독교 전통내부에 함유된 명철한 견해를 흡수할 수 있다는 것을 가리키는데 불과하다.115

유술선은 또한 다음과 같은 사실을 관찰하였다.

> 서양 현대 신학과 종교·철학이 발전해가는 신조류는 유가사상과 서로 호응하는 곳이 상당이 있다.……우리는 지금 바야흐로 유가사상의 의리義理 구조를 새로이 반성하는 시기에 이르렀고, 또한 자연히 서양의 상응하는 사상발전 속에서 일부 영양분을 흡수할 수 있다.116

이상의 논술은 당대 유가가 기독교신학으로 '개방'해야 할 필요성과 가능성을 나타낸 것이다. 유학이 만약 대외적으로 개방하지 않으면, 낡은 것을 들어내고 새것으로 바꿀 수 없다고 단언할 수 있다. 일찍이 저술에서117 유학이 기독교에서 배울 점을 논술하였던 유술선이나, 앞

---

114 이렇게 초월과 내재를 동시에 강조하는 신관을 영어로 Panentheism이라 하는데, 한국말로 '범재신론(汎在新論)'이라 번역할 수 있다. 초월만 강조하는 유신론이나 내재만 강조하는 범신론의 일방성을 극복하여 신의 초월과 내재를 동시에 다 강조하는 신관으로서 전문적인 용어를 쓰면, '양극적 유신론(dipolar theism)'이라 하기도 하고, 초자연주의적 신관과 대비시켜 '자연주의적 유신론(naturalist theism)'이라 하기도 한다.(역자 주)

115 劉述先, 『儒家思想과 現代化』, 中國廣播電視出版社, 1992, p.310.

116 위의 책, p.65.

에서 인용한 당군의와 두유명 등 당대 유학 학자들이 현대 '신'유가가 될 수 있었던 주요 원인 중의 하나는, 그들이 기독교사상 개방의 환경 하에 있었으며, 또한 정도는 다르지만 기독교사상에 대해 개방적 태도를 견지한 것이 아니겠는가?

마지막으로, '대내적 개방'의 뜻을 간단하게 말하겠다. 독자들은 앞의 글에서 객관적 천리를 중시한 정주와 주관적 심성을 중시한 육왕 사이에서, 내가 전자를 높이고 후자를 폄하했다고 생각할 수 있으나, 실제는 결코 모두 그렇지 않다. 왜냐하면 첫째로, 나는 순수주관 혹은 순수객관의 길이 모두 존재하지도 않고 통하지도 않는다고 생각하기 때문이다(이것은 전문적 철학문제이니 여기서는 상세히 논하지 않겠다). 둘째로, 정주학파가 사대부로 향하고 통치자로 향했기 때문에 하층생활에서 쉽게 벗어나 외재적 권위로 바뀌었던 경향과 비교하여, 나는 또한 육왕학파가 대중을 향하고 사회를 향했기 때문에 자기도 모르는 사이에 쉽게 감화되고 사람들의 마음에 깊이 파고들었던 방법을 높이 평가한다. 이러한 비교는 물론 상대적이고 방법상의 것일 뿐이다.

육상산陸象山에 대해 말하면, 여기에서 그의 가정출신이 상인商人이라는 것을 말하려는 것이 아니라(선대에 약방을 하면서 생계를 꾸렸다), 그의 강학이 대중을 향했음을 말하려는 것이다(들으려는 자는 귀한 자, 천한 자, 늙은이, 젊은이 할 것 없이 길을 가득 메웠다.118) 그는 일찍이 다음과 같이 말하였다.

사대부 유학자들이 밭에서 농사짓는 사람을 보면 부끄러워하지 않을 수 없었다.119

---

117 위의 책, pp.300~311.
118 『陸九淵集』卷36, 「年譜」, "聽者貴賤老少, 溢塞途巷."
119 『陸九淵集』卷34, 「語錄(上)」, "士大夫儒者, 視農圃間人不能無媿矣."

여영시는 육상산이 여기에서 루터Martin Luther(1483~1546)와 매우 비슷
하다고 말하였는데, 왜냐하면 루터도 "글을 알지 못하는 농민이 신학
박사보다 훨씬 더 하느님을 알 수 있다"[120]고 깊이 믿었으며 또한 육
상산의 가르침을 전하는 방식이 기독교의 목사와 같았고 주자의 '독서
궁리讀書窮理'설과 강한 대조를 이루었기 때문이다.[121] 후에 태주학파泰
州學派 문하에는 나무꾼·도공인·농민이 있었고, 또한 예수의 기풍도
상당히 있었다. 그들 중의 한정韓貞(1509~1585)은 더욱 "풍속교화를 자
기의 임무로 삼고 임의로 농사·기술·장사를 가르쳤는데, 그를 따르
는 자가 천여 명이었다. 추수가 끝난 농한기에는 사람을 모아서 강학
하였다. 한 촌락이 끝나면 다른 촌락으로 옮겨갔다."[122] 여영시는 "농
사꾼·기술자·상인을 기본 청중으로 하는 대규모 포교였다"[123]라고
하였다. 그 속의 원인으로는 왕간王艮(1483~1541)의 아버지가 장사를 하
였고 한정이 본래 도공인이었던 것과 관계가 없지 않으니, 이것은 참
으로 왕양명의 "모름지기 어리석은 일반 백성이라야 비로소 남과 더불
어 강학할 수 있다"[124]는 말과 같다.

왕간이 "백성의 일용에 의거하여 양지良知의 학문을 발명할 수 있었
던 것"[125]은 여영시의 말에 따르면, 육왕학이 "간단하고 쉽고 직접적"
이었기 때문이라는 것이다. 또한 왕양명의 "길거리에 가득 찬 것이 모
두 성인이다"[126]라는 말은 실제로 유가의 윤리가 사회 대중에 보급되

---

120 『중국 근세 종교윤리와 상인정신』, p.86.
121 위의 책, p.87.
122 『明儒學案』卷32, 「泰州學案(一)」, "以化俗爲任, 隨機指點農工商賈, 從之遊者千餘. 秋成農隙, 則聚徒談學. 一村旣畢, 又之一村."
123 『중국 근세 종교윤리와 상인정신』, p.90.
124 『王陽明全集』卷3, 「傳習錄(下)」, 第313條, "須做得個愚夫愚婦, 方可與人講學."
125 王艮, 『王心齋先生遺集』卷3, 「年譜」, "指百姓日用, 以發明良知之學"
126 『王陽明全集』 「傳習錄(下)」, 第313條, "滿街都是聖人."

어야 하고 사대부계층의 일만이 아니라는 것을 가리킨다.

> 경사經史의 글을 외우고 익히며 성명性命의 근본을 강구하는 것은 한 둘의
> 독서하는 선비만이 할 수 있을 뿐이고, 어리석고 완고한 자가 억지로 고
> 집할 수 있는 것이 아니다. 양지는 양심良心을 말한다. 비록 어리석고 불초
> 하여 글을 읽지 못하는 사람이라도 감응하여 발동(感發)함이 있으면 동요
> 하지 않는 자가 없다.127

육왕학이 얼마나 간단하고 쉽고 직접적인지, '양지'가 '천리'를 떠나
서 말할 수 있는지(일부 학자들이 한 것처럼) 여부는 여기에서 잠시
논하지 않겠다. 그렇지만 왕양명은 현대 유학 학자나 더 나아가 전체
학술계가 계승하고 발전시킬만한 위대한 점이 확실히 많이 있다. 그
중의 하나가 바로 그의 '치생治生(생계를 도모함)'에 대한 중시이다.

> 비록 치생治生이라도 역시 강학 속의 일이다. 그러나 '치생'을 으뜸가는 임
> 무로 삼을 수 없는 것은 헛되이 계몽啓蒙하고 영리營利하는 마음 때문이다.
> 과연 이곳에서 '심체心體에 허물이 없게(無累) 조정하여 비록 하루 종일 장
> 사하여도 성인이 되고 현인이 되는 것에 해되지 않으니, 학문에 무슨 방
> 해가 되겠는가? 학문이 어째서 '치생'을 둘로 하는가?128

---

127 焦循, 『雕菰集』卷8, 「良知論」, "誦習乎經史之文, 講求于性命之本, 此唯一二讀書之
士能之, 未可執顚愚頑梗者而强之也. 良知者, 良心之謂也. 雖愚不肖, 不能讀書之人,
有以感發之, 無不動者."(역자 주: 하광호는 초순의 글을 양명의 글로 오해한 듯하다.)

128 『王陽明全集』卷32, 「傳習錄拾遺」, 第14條, "雖治生亦是講學中事. 但不可以之爲首
務, 徒啓蒙營利之心. 果能於此處調停得心體無累, 雖終日做買賣, 不害其爲聖爲賢. 何
妨於學. 學何貳於治生."

나는 여기에서 학자들이 모두 '돈 벌로 떠날 것(下海)'129(실제로 원 뜻에서 말하면, '장사하는 것'에는 조금도 폄하의 뜻이 없지만, '돈 벌 로 떠나는 것'에는 본래 정당하게 일을 하지 않는 뜻이 있다)을 말하는 것이 아니다. 말하려는 것은 첫째, 오늘날에 만약 장사하는 것을 정당 하지 않다고 한다면, 몇 백 년 전의 왕양명만 못하다는 것이다. 둘째, 여영시가 말한 것처럼 '장사하는 것'이 이미 백성들의 일상생활 속의 하나의 일이라면, 그것에도 자연히 '양지'가 응당 '실현된(致)' 영역이 니130, 오늘날 중국에 부족한 것은 상업이 아니라 정당하고 덕이 있는 상업경쟁이다. 왕양명이 말한 "심체에 허물이 없는 것(心體無累)"은 확 실히 '양지'가 결정권을 가진다는 뜻이지만, 진정한 시장경제를 세우 는 것에서 말하면 아마도 '양지'를 큰 소리로 외치거나 혹은 '유상儒 商'131을 큰 소리로 외치는 것은 전혀 쓸모없는 것이다. 쓸모 있는 것은 평등하고 공정한 기초 위에 세운 법제法制, 즉 그에 상응하는 사회제도 의 보장이니, 여기에서 언급한 원칙은 아마도 개인을 초월한 '천리'와 관련된다. 셋째, 이른바 '치생'은 물론 장사를 하는데 그치지 않고, 현 대사회 속에서 또한 '농農·공工·상商'에 그치지 않는데, 왜냐하면 사람 의 생활은 전적으로 사회에 의존하기 때문에 각 방면의 사회체제는 모 두 직접 '치생'에 영향을 미치고, 개개인의 생활에 영향을 미치고, 생활 의 각 방면에 영향을 미친다. 만약 유학의 '천리'와 학술의 '원칙'이 사 회생활에 진입하고 사회체제에 진입하여 인민과 대중에게 행복을 가

---

129 하해(下海)는 원래 고기잡이 하러 배타고 바다로 나간다는 뜻인데, 그 뜻이 비유 적으로 쓰여 지식인과 노동자들이 원래의 직무나 직장을 버리고 장사하거나 돈 벌러 떠나는 것을 일컫는다. (역자 주)

130 『중국 근세 종교윤리와 상인정신』, p.94.

131 유상(儒商)은 유교 덕목을 갖춘 상인, 즉 유학적 교양에 기반을 두고 사람과 사람 간의 관계를 매우 중요시하는 상인을 말한다. (역자 주)

져주지 않는다면, 유학은 어디에 쓰겠고 학술은 어디에 쓰겠는가?

여기에서 말하는 '대내적 개방'의 뜻이 이미 분명하니, 즉 유학의 '개방'(및 모든 학술의 '개방')은 반드시 민중에 대한 개방이어야 하고 사회에 대한 개방이어야 한다. 대중매체와 인연을 끊고 엘리트 내에서만 순환하는 그러한 유학(혹은 학술), 상아탑 내에서 자아가 증폭된 그러한 유학(혹은 학술)은, 흡사 문화라는 나무 위의 꽃과 같아서 아마도 땅에서 너무 멀리 떨어져 영원히 열매를 맺지 못하고, 설령 자신을 고결한 인격자라 여기고 스스로 만족해할지라도 역시 격일로 국화를 피우는데 불과하다.

5. 결론: 하늘과 사람

윗글의 결론은 매우 분명하다. 즉 유학은 어디로 '반본返本'해야 하는가? 하나는, 위로 춘추시기 이전의 '천제관' 혹은 '천도관'으로 돌아가야 하고, 다른 하나는 민심의 깊은 곳에 있는 종교성 혹은 초월성으로 돌아가야 한다. 유학은 어떻게 '개신開新'해야 하는가? 하나는, 대외적으로 기독교신학과 서양 전통사상에 대해 개방해야 하고, 다른 하나는 대내적으로 민중의 심지心智와 사회생활에 대해 개방해야 한다.

"천도는 멀고 인도는 가깝다(天道遠, 人道邇)"라는 말은 국내학자들이 너무 오래도록 말을 하여 거의 가까운 것만을 보고 먼 것을 보지 못하는데 대한 회피하는 말이 되었다. 우리는 소강절邵康節(1011~1077)의 "사물을 알고자 하면 사람을 알지 않을 수 없고, 사람을 알고자 하면 하늘을 알지 않을 수 없다"는 말을 되새겨보아야 한다. 우리는 소련의 알렉산더 솔제니친Aleksandr Isaevich Solzhenitsyn(1918~2008)의 "20세기에 가장 중요한 재앙은 인류가 상제를 잊어버린데 있다"는 말을 잘 경청해야 한다.

'화이유별華夷有別과 중체서용中體西用'의 말은 국내학자들이 말을 지나
치게 많이 하여 거의 보수적이고 변혁하지 않는데 대한 핑계의 말이
되었다. 우리는 '상제' 두 글자가 있는 곳이 바로 고대 중국의 갑골문
이고 오늘날 북경의 기년전祈年殿132임을 잘 살펴보아야 한다. 우리는
"하늘이 명한 것을 성性이라 하고, 성을 따르는 것을 도라 하니"133 인
류가 이 때문에 "습관은 서로 멀고 본성은 서로 가깝다(習相遠, 性相近)"
는 것을 잘 알아야 한다.

인류문화는 일대의 작은 대나무 숲처럼 녹황색을 띠며 뒤섞여 있고,
길게 자란 대나무 가지가 한 줄로 서로 잇닿아 있고, 푸른 하늘을 동경
하는 공통의 오래된 뿌리다!

---

132 기년전(祈年殿): 중국 북경 천단(天壇) 공원 내에서 가장 중심이 되는 건축물로,
　　황제가 오곡의 풍성을 위해 제사를 지내던 곳이며 원형 궁전이다.(역자 주)
133 『中庸』, 第1章, "天命之謂性, 率性之謂道."

유학의 '인본주의'와 '천인합일' 1

뇌영해賴永海 2

중국 선진시기의 사상문화는 공자를 시작으로 중대한 전환이 생겼
으니, 공자 이전의 사상계에서 강조한 것이 '천天'과 '상제'에 대한 신앙
이라고 말한다면, 공자를 시작으로 시야를 현실세계로 돌리고 시선을
사람에게로 전환하기 시작하였다. 현존하는 문헌자료에서 보면, 하·
상·주 삼대는 '천'과 '신'의 시대였다. 그 때의 '천'은 자연계의 많은 신
들의 우두머리였을 뿐 아니라 또한 사회·정치·도덕의 입법자였으니,
비록 "소리가 없고 냄새가 없으며" 3 또한 반드시 인격화되지는 않았지
만 우주의 질서, 만물의 생장, 더 나아가 세간 왕조의 교체, 군대와 국
가의 큰 일에 이르기까지 한결같이 '천명'을 따랐다. 당시의 '성인聖人'

---

1 원래『불학과 유학』(절강인민출판사, 1992)에 실렸던 글인데, 본 논문은 그 책 제2
　장 제2절의 내용이다.
2 뇌영해(賴永海, 1949~): 중국 남경(南京)대학 철학과 교수. 대표 저서로는『중국불성
　론』·『종교학개론』·『불학과 유학』·『중국불교문화론』 등이 있다. (역자 주)
3『詩經』「大雅」, "無聲無臭."

이란 자는 오직 천명을 따를 뿐이었다.

천명이 돕지 않는 것을 행하겠는가?4

중국문화사상에서 공자의 가장 큰 공헌은 '사람'의 발견이다. 그는 '성性과 천도天道'를 드물게 말하고 인사人事를 중시하였고, 귀신을 공경하되 멀리하여 시선을 현실 인생의 사상적 경향으로 돌려놓았다. 당시에는 확실히 크게 각성시키는 작용이 있었으며, 그 후에 사상계의 시각이 완전히 바뀌었으니-'인사'에 대한 탐구가 '천도'에 대한 신앙을 대신하였다.

사상의 내용에서 보면, 공자학의 핵심은 '인학仁學'이다. 이른바 '인'은 어원학적 관점에서 말하면, 두 사람을 한데 모아놓은 것이다. 『설문』에는 "'인'은 사랑(親)이다. 사람(人)과 둘(二)에서 나온 글자이다"5라고 해석하였다. 공자는 '인'으로 사람과 사람의 상호 관계를 논술하였다. 『논어』에는 공자의 '인'에 대한 견해가 매우 많다.

남을 사랑한다.6
자기가 서고자 하면 남을 세워주고, 자기가 도달하고자 하면 남도 도달하게 해 준다.7
자기가 원하지 않는 것을 남에게 베풀지 않는다.8

---

4 『易經』「無妄」, "天命不祐, 行矣哉."
5 『說文』, "仁, 親也, 從人二."
6 『論語』「顏淵」, "愛人."
7 『論語』「雍也」, "己欲立而立人, 己欲達而達人."
8 『論語』「顏淵」, "己所不欲, 勿施於人."

　　어떤 견해든지 모두 자기와 남, 사람과 사람의 일종의 관계를 가리
킨다. '사람'은 줄곧 공자학의 근거지임을 알 수 있다. 중국사상사에
서 공자학의 위치에 대해서도 아마도 지금까지 통일된 견해가 없지
만, 공자가 '사람'을 중시하고 '사람'의 지위를 제고시킨 것은 의심할
수 없다.

　　유가에서 맹자는 공자에 다음가는 '아성亞聖'이다. 맹자학은 중심이
인성人性이론과 인정仁政학설에 있다. 인정이론의 핵심은 "남에게 차마
하지 못하는 마음이 있어 이에 남에게 차마 하지 못하는 정치가 있
다"9라고 제창하였고, 인성이론은 사람의 본성에 대한 탐구에 진력하
였다. 둘은 모두 사람을 대상으로 삼고 귀결시켰다. 후대 유가는 대부
분 공맹孔孟의 사유노선을 따랐고, 논지를 세운 것은 대부분 사람을 떠
나지 않았으니 사람을 '천지의 덕(天地之德)', '천지의 마음(天地之心), '오
행의 빼어난 기'10로 간주하였다. 한대의 동중서董仲舒(BC 179~BC 104)에
이르러 사상노선이 편중되어 '천인감응天人感應'을 제창하였다. 그러나
말한 것은 여전히 사람을 떠나지 않았고, 여전히 만물을 초월하고 천
하에 가장 귀한 것으로 사람을 간주하였다.

　　유학은 송나라에 이르러 다시 한 차례 고조되었다. 송유들은 이전
유학자들이 '천도'를 드물게 말하던 사상적 전통을 바꾸어 "도의 큰 근
원은 하늘에서 나오고"11, "우주가 곧 내 마음이고 내 마음이 곧 우
주"12임을 주장하였다. 그러나 이학자들이 천지만물의 근원을 미루어
밝힌 목적은 '사람'을 설명하고, '인성人性'을 설명하고, 인류지도人倫之道
의 상규常規를 설명하기 위해서였다. 이학자들의 수많은 말들이 사람

---

9 『孟子』「公孫丑(上)」, "先王有不忍人之心, 斯有不忍人之政矣."

10 『禮記』「禮運」, "故人者, 其天地之德, 陰陽之交, 鬼神之會, 五行之秀氣也."

11 『漢書』「董仲舒傳」, "道之大原出於天."

12 『陸九淵集』卷36, 「年譜」, "宇宙便是吾心, 吾心卽是宇宙."

에게 어떻게 "마음을 닦아 본성을 기르는지(修心養性)", 어떻게 "천리를 보존하고 인욕을 없애는지(存天理 滅人欲)", 어떻게 "현인이 되고 성인이 되는지"를 가르치지 않음이 없었으나, 그 출발점과 귀착점은 여전히 '사람'이었다.

총괄하면, 유가학설은 상당한 정도로 일종의 사람에 관한 학문이고, 사람과 사람의 상호관계에 관한 학설이며, 일종의 사람을 근본으로 하는 인생철학이다. 이 점은 오늘날 학술계에서도 거의 공인하는 것이니, 이 때문에 더 이상 언급하지 않겠다.

그러나 여기에서 언급해야 하는 문제가 있으니, 즉 유가의 인본주의 人本主義를 논의하면 자연히 서양 15~16세기 문예부흥시기의 '인본주의'와 독일 고전철학가 포이에르바하Feuerbach(1804~1872)를 대표로 하는 19세기의 인본학人本學을 연상하게 된다. 조금의 의심도 없이 모두 일종의 '사람'에 관한 학설이기 때문에 둘에는 공통점이 없을 수 없는데, 이러한 공통점은 둘이 모두 사람을 중시하였고, 모두 사람을 중심으로 하였으며, 모두 사람의 지위를 높이 끌어올렸다는 것이다. 그렇지만 중국과 서양의 사회역사조건과 사상문화배경의 차이에 따라 두 '인본주의'의 사상적 의미는 완전히 같지 않았고, 특히 '사람'에 대한 이해방면에는 둘 사이에 한층 더 중대한 차이가 존재하였다. 서양 인본주의가 보는 '사람'은 대체로 생물적이고 생리적 관점에 착안하여 사람을 정감情感 · 의지意志 · 이지理智(Logos)를 가지고 있는 독립체로 보았다. 그러나 유가에서 말한 '사람'은 항상 그 사회성과 집단성을 강조하고 대체로 사람과 사람, 사람과 집단, 사람과 사회의 관점에 입각하여 '사람'을 사회의 한 분자나 집단의 한 구성원으로 간주하였다. 서양의 인본주의가 비교적 사회적 성질을 결핍하였다고 말한다면, 유가에서 말한 '사람'은 막스 웨버Max Weber(1864~1920)의 말처럼 비교적 독립적인 성격을 결핍하였다. 실제로, 사람이 사람인 것은 응당 생물적일뿐만 아니

라 사회적이기도 하며, 독립적인 개체일 뿐만 아니라 집단의 한 분자
이기도 하며, "직접적으로 자연 존재물일 뿐만 아니라 사회 존재물이
기도 하다."13 한걸음 더 나아가 사람의 본질을 탐구한다면, 마르크
스Karl Heinrich Marx(1818~1883)의 역사유물주의는 다음과 같이 명확히 주장
하였다.

> 사람의 본질은 결코 단순히 개인의 고유한 추상물이 아니다. 현실성 위에
> 서 그것은 모든 사회관계의 총화이다.14

이 밖에도, 유가의 인본주의와 서양 인본주의에는 중요한 차이가 있
었으니, 즉 둘이 근거하는 철학의 기초 혹은 두 학설이 근거하여 세워
진 사유방식이 완전히 같지 않다. 19세기 독일철학 속의 인본주의가
완전히 본체론적 사유방식의 기초위에서 세워졌다고 말한다면, 중국
고대 유가의 인본주의는 완전히 '천인합일天人슴一'의 사유방식으로 사
상적 구조를 삼았다. 이 점을 분명히 하려면, 유가의 인본주의를 정확
히 파악하는 것이 매우 중요하다.

여기에서 필자가 제기하려는 하나도 학술계의 논쟁을 야기하였던
문제이다. 즉 학술계가 중국 고대 전통문화에 대한 학습과 연구 및 널
리 선양할 것을 이전보다 더 중시하거나, 학계가 공자가 창립한 유가
의 '인본주의'사상에 대해 대체로 일종의 적극적이고 긍정적인 태도를
취할 때면, 사람들은 응당 이러한 문제를 지속적으로 한층 더 깊이 사
고할 것이다. 다시 말하면, 공자가 '사람'을 발견하여 중국 고대사상계
에 '천'에서 '사람'으로의 전환이 생겼다고 말하거나 유가학설의 주류

---

13 마르크스, 「1844年經濟學哲學手稿」, 『마르크스·엥겔스전집』, 第42卷, p.167.
14 마르크스, 「포이에르바하에 관한 提綱(요지)」, 『마르크스·엥겔스선집』, 第1卷,
   p.18.

가 일종의 '인본주의'사조라고 말하는 등은, 공자 혹은 유가가 이미 '천'을 포기하였다거나 혹자는 이미 '천'을 타도하였다고 말하는 것을 의미하는가? 유가학설에는 결국 종교적 색채가 없는가? 종교적 색채가 있다면, 주로 어느 방면에 나타나 있는가?—이것은 전체 중국 고대전통철학의 사상내용과 사유방식과 관계되는 중대한 이론적 문제로써 사람들이 진지하게 다루어 볼만한 것이다.

이 문제를 분명히 하려면, 먼저 공자에서 논의를 시작해야 한다.

중국 고대사상발전사 속의 일환으로서 공자사상이 '천도'에서 '인사'로 전환을 시작한 것은 객관적 사실이다. 그러나 이러한 전환을 지나치게 과장하고, 더 나아가 공자가 이미 '천'을 버리거나 혹은 타도하여 공자학에는 이미 천명관념과 종교색채가 전혀 없고 일종의 순수한 인생철학만 있다고 간주한다면, 분명히 역사적 사실에 위배되고 또한 사상발전의 일반규율에도 부합하지 않는다.

사람들은 세계에 존재했던 많은 민족들과 마찬가지로, 중국의 아주 오래된 문화에도 상당한 정도의 종교문화임을 알고 있다. 하·상·주 삼대의 통치사상인 '천신天神'관념은 바로 아주 오래된 유목민족 원시종교의 계승과 발전인 것이다. 이러한 '천신'관념은 비록 춘추시기에 '하늘을 원망(怨天)'하거나 '하늘을 욕하는(罵天)' 등의 사상적 충격을 거쳐 점차 동요되었지만, 인류 역사상 몇 천년 내지 몇 만년의 사상적 누적은 결코 하루아침에 혹은 개별 사상가들이 쉽게 씻어낼 수 있는 것이 아니다.

실제로, 공자는 '천'을 완전히 포기하거나 혹은 타도하지 않았을 뿐만 아니라, 전체 고대사상사에서도 모두 '천'이라는 껍질을 완전히 포기하지 못하였으니, 모두 무성무취無聲無臭하고 또한 지고무상至高無上한 '천' 아래에서 각종 문제를 담론하고 토론하였다. 특히 '인사'문제—비록 시대적 차이에 따라 '천명天命'이라 부르기도 하고 '천도天道'라 부르기도

하고 '천리天理'라고 말하기도 하였으나, 핵심은 모두 "천과 사람간의 관계를 궁구하여"15 어떻게 "천에 순응하고 사람을 따를 것인가"16를 탐구하는데 있었다. 바꾸어 말하면, 전체 중국고대의 전통철학은 상당한 정도로 모두 '천'과 '사람'의 관계를 탐구하는 문제에 있었고, 모두 '천인합일天人合一'이라는 기본적 구조 안에서 도덕을 담론하고 문장을 만들었으니―한마디로 말하면, 이것은 중국 전통철학의 가장 크고 가장 기본적인 사유방식이다. 아래에서 사실을 분명히 볼 수 있다.

공자의 제자인 자공子貢은 "선생님의 문장은 들을 수 있었지만, 선생님께서 말한 성性과 천도天道는 들을 수 없었다"17라고 하였다. 그러나 『논어』를 펴면 공자가 '천'을 언급한 것이 적지 않다.

> 위대하구나! 요堯의 임금됨이여. 오직 하늘만이 위대하고 오직 요임금만이 그것을 본받으셨다.18
>
> 군자에게는 세 가지 두려워하는 일이 있으니, 천명을 두려워하고 큰 인물을 두려워하고 성인의 말씀을 두려워한다. 소인은 천명을 알지 못하여 두려워하지 않는다.19
>
> 하늘에 죄를 얻으면 빌 곳이 없다.20

이러한 말에서 보면, 공자가 이미 완전히 '천'을 포기하였다고 말하는 것은 분명히 적당하지 않다. 만약 관점을 바꾸어 문제를 보면, 공자가 천도를 비교적 적게 말하고 인사를 더 중시한 것은 천도가 너무 아

---

15 『漢書』「司馬遷傳」, "究天人之際."
16 『周易』「革卦」, "順乎天而應乎人."
17 『論語』「公冶長」, "夫子之文章, 可得而聞也, 夫子之言性與天道, 不可得而聞也."
18 『論語』「泰伯」, "大哉堯之爲君也, 巍巍乎, 唯天爲大, 唯堯則之."
19 『論語』「季氏」, "君子有三畏, 畏天命, 畏大人, 畏聖人之言. 小人不知天命而不畏也."
20 『論語』「八佾」, "獲罪於天, 無所禱也."

득하고 심오하여 감히 함부로 추측할 수 없었기 때문이고, 또한 인사
가 조금 더 실제적이었기 때문에 공자는 차라리 삶을 말할지언정 죽음
을 말하지 않았고 사람을 섬길지언정 귀신을 섬기지 않았으니, 이렇게
공자의 사상을 보아야 비교적 실제에 부합한다.

　　공자 이후 중국 고대학술사상, 특히 유가철학은 기본적으로 공자가
개척한 길을 따라 전진하였다. 공자와 조금 다른 점이 있다면, 공자는
천도가 심원하여 드물게 말하였지만, 공자 후학들은 항상 '천도'로 '인
사人事'를 제약하고 '인도人道'를 '천도'에 도달하는 것을 목표로 삼았는
데, 이 점은 공자학의 정통을 물려받은 자사와 맹자학파에서 더욱 분
명히 나타났다. 『중용』에는 다음과 같이 말하였다.

> 하늘이 명한 것을 본성(性)이라 하고, 본성을 따르는 것을 도道라고 한
> 다.[21]
> 진실한 것은 하늘의 도이고, 진실하려고 노력하는 것은 사람의 도이다.[22]

　　도道의 본원을 '천'에 돌리고 '천'의 덕성을 체인하고 확충해야 "천지
의 화육을 도울 수 있고"[23], "천지와 하나될 수 있다"[24]고 보았다. 맹
자는 천도天道와 사람의 심성心性을 직접 연결시켜 천도와 심성이 일관
하는 설을 제창하였다. 춘추전국시기가 제자백가로 불리지만, 후세의
학술사상에 대해 영향이 가장 큰 것으로는 당연히 자사와 맹자학파를
추천해야 하는데, 특히 그 학파의 '천인일관天人一貫'사상이다.

　　한대 유학자로는 동중서董仲舒를 으뜸으로 추천할 수 있다. 동중서학

---

21 『中庸』, 第1章, "天命之謂性, 率性之謂道."
22 『中庸』, 第20章, "誠者, 天之道也, 誠之者, 人之道也."
23 『中庸』, 第12章, "可以贊天地之化育."
24 『中庸』, 第12章, "可以與天地參矣."

설의 기본 사유방식은 천인감응天人感應이고, '천인감응'의 사상적 기초
는 "도의 큰 근원은 하늘에서 나왔다"[25], "하늘과 사람 사이는 합쳐서
하나라는 것이다."[26] 이연李淵이 세운 당나라 때는 유·불·도 삼교가
병행하였고, 전통학술인 유가철학은 유종원柳宗元(773~819)과 유우석劉禹
錫(772~842)을 대표로 하였다. 유종원과 유우석의 철학사상이 비록 자
사와 맹자계열의 사상과 조금 차이가 있고 순자에 더 접근하여 "하늘
과 사람이 서로 이긴다(사람이 하늘을 이길 때도 있고 하늘이 사람을 이길 때도
있다)"[27]는 이론을 제창하여 하늘과 사람에 각자 그 직분과 공능이 있
음을 주장하였지만, 총체적으로 말하면 여전히 '천인관계'의 큰 틀에
서 벗어나지 못하였고, 여전히 하늘과 사람 사이에 유사점과 상통점이
있다는 것을 부인하지 못하였다. 송대 '신유학'에 이르러 언급한 것도
여전히 '천'과 '사람'을 떠나지 못하였다. 송유들의 수많은 말들이 사람
에게 "천리를 보존하고 인욕을 없앨 것(存天理 滅人欲)"을 가르치지 않음
이 없었다. 이른바 '천리'는 바로 전통유학의 '천도天道'이다. 사유의 특
징에서 말하면, 송유들이 걸었던 것은 천도를 윤리화하고 윤리를 천도
화하는 길이었다.

그들이 말마다 하늘의 도를 말한 것은 오히려 말마다 성인의 신상을 가리
키는 수단이었다. 계선성성繼善成性[28]이 바로 원형리정元亨利貞이니, 본래부

---

25 『漢書』「董仲舒傳」, "道之大原出於天."
26 『春秋繁露』「深察名號」, "天人之際, 合而爲一."
27 『劉禹錫集』卷五,「天論」, "天人交相勝說." '천인교상승'설은 같은 하늘이라도 사람
　　과의 관계에 따라 '신령스런 하늘'과 '자연스런 하늘'로 분명하게 구별된다는 이론
　　이다.(역자 주)
28 『周易』「繫辭傳(上)」, "一陰一陽之道, 繼之者善, 成之者性也."(한 번 음이 되고 한 번
　　양이 되는 것을 도라 한다. 이것을 계속 이어가는 것이 선이요, 이것을 이루어 갖
　　춘 것이 성이다.)(역자 주)

터 하늘과 사람이 구별되었던 것이 아니다.[29]

송명이학에 비록 정주이학과 육왕심학의 구분이 있었지만, 장재 「서명西銘」의 "건은 아버지이고 곤은 어머니이며(乾坤父母), 백성은 나의 동포이고 만물은 나와 함께한다(民胞物與)"[30]는 사상은 모든 사람들이 이구동성으로 칭찬하였다. 그 연유를 궁구하면, 이 말이 '천인일체天人一體'의 사상을 가장 잘 나타낼 수 있었기 때문이다. 물론 불학佛學의 영향을 받아 이학의 '천'은 이미 전통의 '천도'와 완전히 달랐는데, 이 점은 본장의 제3절에서 구체적으로 논술하였으니 더 이상 언급하지 않는다.

총괄하면, 중국 고대 유가학설은 공맹에서 송명이학에 이르기까지 그 사상적 내용에서 말하면 모두 일종의 정치윤리철학이다. — 기존의 학자들은 모두 이렇게 말하였다. 실제로 이러한 견해는 어떤 의미에서 말하면 절반 정도만 옳다. — 왜냐하면 그것은 이러한 정치윤리학설의 특정한 사유방식을 설명하지 못하였고, 정치윤리학설의 철학적 구조를 구축하는데 소홀히 하였기 때문이다. 실제로 유가가 중시한 윤리와 논의한 심성心性은 그 근원이 줄곧 '천'에 있었고 '천도'에 있었으니, 이는 '천도'가 변천한 산물이다. 여기에서 사람들은 중국 고대사상사 연구에서 항상 마주치는 문제, 즉 중국 고대 유가학설이 종교적 성질을 가지는지 및 어떤 종교적 성질을 띠는지의 문제에 직면한다. 어떤 사람은 중국 고대 유가학설이 서양 혹은 인도의 고대사상과 비교하여 말하면, 그 특징 중의 하나가 종교적 성질을 가지지 않고 종교적 색채를

---

29 『宋元學案』卷11, 「濂溪學案·通書」, "句句言天之道也, 卻句句指聖人身上家當. 繼善成性, 卽是元亨利貞, 本非天人之別."

30 『張載集』「西銘」(『正蒙』의 마지막 장인 「乾稱篇」 첫 머리에 들어있다), "乾稱父, 坤稱母,…… 民吾同胞, 物吾與也."

띠지 않는다고 말하였다. 개인적으로 이러한 견해는 특정의미에서만 옳다고 생각한다. 다시 말하면, 서양의 중세기 철학과 신학이 완전히 융합하여 일체가 되었던 것과 상대해서 말한다면, 혹은 고대 인도철학이 아직 종교 속에서 분화되어 나오지 못한 것과 상대해서 말한다면, 중국 고대철학과 그것들은 구별된다. 그러나 종교적 성질을 지니고 있는지 내지 농후한 종교적 색채를 띠고 있는지에 대해 말하면, 중국 고대 유가학설은 종교와의 관련성에서 서양 혹은 인도 고대와 어떤 원칙적인 구별이 없다. 때문에 사람들로 하여금 중국 고대에 발생한 철학이 종교적 경향이 아닌 것으로 착각하게 하였으니, 주로 다음의 두 원인에 의해 만들어진 것이다.

첫째, 중국 고대 지상신인 '천'은 고대 인도와 서양의 '브라만' 혹은 '하느님'처럼 본체화 혹은 인격화되지 않고 윤리화되었다. 그러나 인격화된 지상신인 '하느님'은 종교이고 윤리화된 지상신인 '천'은 종교가 아니라고 한다면, 어떻게 근·현대 이래 서양 '하느님'이 윤리화되는 경향을 다룰 수 있겠는가? 설마 윤리화된 '하나님'을 최고의 도덕원칙으로 삼는 기독교가 또한 종교가 아닌 것으로 변했다고 하겠는가?— 그러나 고대 중국에서 '천'은 줄곧 세속에서 정치나 윤리의 최고 입법자였고, '천도'는 줄곧 인도人道나 인성人性의 본원이었다—어떤 사람은 이에 대해 비교적 설득력 있는 부정적 논거를 제기할 수 있다.

둘째, 연구방법의 문제이다. 즉 사람들은 유가학설의 사유형식을 파악할 때에 항상 후반부가 되는 '인사'나 '윤리' 혹은 정치만을 살피고 본원이 되는 '천' 혹은 '천도'는 내버렸다. —그러나 중국 고대의 성현과 철인들은 실제로 줄곧 '천' 혹은 '천도'의 구조 안에서 도덕을 말하고 문장을 만들었으며, 줄곧 '천인합일'의 사유방식 하에서 그들의 학술사상을 설명하였다. 여기에서 중국 고대 유가학설을 종교로 몰고 가려는 생각은 추호도 없고, 다만 역사적 사실에 근거하여 이전에 허리를 잘라 두 동강이 냈던 '천도'의 연구방법에 대해 약간의 이의를 제기할 뿐이다. 목적은 중국전통의 학술사상을 설명하데 있는데, 특히 중국 전통학술의 주류가 되는 유가철학이 시종 모두 '천인관계'의 문제를 둘러싸고 있다. 비록 유학의 창시자인 공자로부터 이미 착안점을 '사람'과 '인도人道'로 전환하기 시작하였지만, '인도'와 '인성人性'의 본원 혹은 출발점이 되는 '천'과 '천도'는 송명이학에 이르러서도 완전히 버리지 못하였다. 심지어 전체 중국 고대사상사에도 아직 없었고, '천'을 타도하는 임무를 완성할 수 없었다고 말할 수 있다. ─왜냐하면 한층 더 깊은 의미에서 말하면, 소농경제에 의지하던 고대사회는 영원히 '천'을 떠날 수 없었으니, 당연히 '천'을 타도하는 것은 불가능하였다. ─ 다만 이렇게 중국 고대의 철학사상을 다루어야 비로소 역사적이고 변증적 태도라 말할 수 있다.

유교-중국 역대 왕조의
국가종교1

사겸謝謙2

    현대 학자들이 토론하는 유교儒敎 혹은 유가儒家는 일반적으로 유행하는 종교정의에서 출발하거나 또한 기독교와 불교 혹은 도교 등 종교형태를 참고하여, 이에 근거하여 유교 혹은 유가가 종교인지 아닌지를 판단하였다. 실제로, 종교정의는 일부 학자들의 종교현상에 대한 일반적인 개괄에 불과하다. 19세기 종교학의 창시자인 영국학자 뮐러Friedrich Max Muller(1823~1900)는 그의 『종교의 기원과 발전』3이라는 책에서, 지나치게 많은 종류의 서로 모순되는 종교정의를 열거하고, 이로부터 "세상에 많은 종류의 종교가 있으면, 많은 종류의 종교정의가 있을 수 있다"는 결론을 얻어냈다. 이와 같더라도, 우리는 잠시 통상적인 정의,

---

1 원래 『전통문화와 현대화』, 1996년, 제5기에 실렸던 글이다.

2 사겸(謝謙, 1956~): 중국 사천(四川)대학 문학과 교수. 대표 저서로는 『경학과 중국문화』·『중국고대종교와 예악문화』·『중국문학』·『중국시가예술』 등이 있다.(역자 주)

3 원제는 Muller, F. Max, "Lectures on the Origin and Growth of Religion: as illustrated by the Religion of India", 1878.(역자 주)

즉 종교는 '초자연적 신령神靈에 대한 신앙과 숭배'라는 정의를 취하여
중국전통의 종교와 유학에 대한 일정한 성질을 분석하였다.

　중국의 종교를 말하면, 사람들은 무엇보다도 먼저 불교와 도교를 생
각한다. 비록 유가경전 속에 귀신관념이 가득 있고 또한 고대에 이미
'삼교동원三敎同源(유·불·도가 같은 근원임)'·'삼교합일三敎合一'과 같은 견해
가 있지만, 현대 학자들은 여전히 유교를 '교화의 교(敎化之敎)'로 보고
'종교의 교(宗敎之敎)'가 아니라는데 더 기울어졌다. 의심할 여지없이,
유가는 인륜을 중시하고 도덕교화를 중시하여 수신·제가·치국·평천
하의 '내성외왕內聖外王'의 학문을 추구하였고, '부모에게 효도하고 임금
에게 충성'하는 강상윤리를 강구하였다. 또한 우리는 유가의 대표인물
중에서 종교관념과 완전히 상반되는 사상을 찾을 수 있으니, 예컨대
공자의 "괴怪·력力·난亂·신神을 말하지 않았다"[4], 순자의 "천명을 재
단하여 이용하였다"[5]는 등이다. 총체적으로 통상적인 종교정의에 근
거하면, 우리는 유교 혹은 유가가 종교라는 결론을 내리기 어렵다. 유
가의 '학學'은 '윤리의 학'이고 중국 역대 왕조가 높이 숭배하던 '정통의
학'으로, 이것은 이미 정론이 된 것 같다.

　그러나 우리가 역대의 정사正史[6]를 펼쳐보면, 불교와 도교 외에도 중
국에는 다른 종교현상이 존재하였고, 또한 그 역사가 불교와 도교보다
훨씬 더 유구하였음을 발견하기가 어렵지 않다. 이것이 바로 역대 왕

---

4 『論語』「述而」, "子不語怪力亂神."

5 『荀子』「天論」, "制天命而用之."

6 『사기(史記)』 이전의 편년체(編年體)의 사서(史書)를 고사(古史)라고 한 것에 비해, 이
　후의 사서를 정사(正史)라고 한다. 『사기(史記)』·『전한서(前漢書)』·『후한서(後漢書)』·
　『삼국지(三國志)』·『진서(晉書)』·『송서(宋書)』·『남제서(南齊書)』·『양서(梁書)』·『진
　서(陳書)』·『위서(魏書)』·『북제서(北齊書)』·『주서(周書)』·『남사(南史)』·『북사(北史)』·
　『수서(隋書)』·『구당서(舊唐書)』·『신당서(新唐書)』·『구오대사(舊五代史)』·『신오대사
　(新五代史)』·『송사(宋史)』·『요사(遼史)』·『금사(金史)』·『원사(元史)』·『명사(明史)』
　등이 정사에 속한다.(역자 주)

조가 국가제전에 배열한 교묘郊廟제도이다. 교郊는 천신天神과 지기地祇에 제사지내는 종교의식으로, 수도의 남교南郊와 북교北郊에서 나누어 거행하였기 때문에 '교'라고 불렀다. 묘廟, 즉 종묘宗廟는 조상에게 제사지내던 곳이기 때문에 조상에게 제사지내는 종교의식을 가리킨다. 『주례周禮』「고공기考工記」에서 말하기를,

> 왼쪽은 종묘宗廟이고 오른쪽은 사직社稷이다.[7]

역대의 교묘제도는 매우 복잡하고 그 의식도 매우 성대하여 모두 전용 악무樂舞도 있었는데, 이러한 것들은 모두 역대 정사의 「교사지郊祀志」혹은 「예악지禮樂志」속에 상세히 기록되어 있고, 역대 왕조의 주요한 예악제도이다.

교묘의 예악이 제사지내던 것은 천신天神·지기地祇·인귀人鬼인데, 이것은 역대 왕조에서 서로 돌아가며 높이 숭배하던 삼원三元계열의 신이다. '천신'은 상제를 존숭하고, 그 다음으로 해·달·별(日月星辰)과 바람·비·천둥·번개(風雨雷電)의 신을 존숭하였다. '지기'는 사직社稷(漢 이후에는 后土로 고침)을 존숭하고, 그 다음으로 산·내·숲·연못(山川林澤)과 강·하천·호수·바다(江河湖海)의 신을 존숭하였다. '인귀'는 시조始祖를 존숭하고, 그 다음으로 열조列祖·열종列宗과 선공先公(돌아가신 아버지)·선비先妣(돌아가신 어머니)를 존숭하였다. 이러한 삼원신三元神숭배의 기본구조는 상대商代에 형성되었는데, 현대 학자인 진몽가陳夢家(1911~1966)는 『은허복사종술殷墟卜辭綜述』[8]에서 일찍이 상商민족 제사의 여러 신을 크게 세 계열로 개괄하였다.

---

7 『周禮』「冬官考工記(下)·匠人」, "左祖右社."

8 갑골문의 백과전서에 해당되는 진몽가(陳夢家)의 대표작으로, 1956년 중화서적(中華書局)에서 출판된 책이다. (역자 주)

(갑) 천신天神계열 : 상제上帝·일日·동모東母·서모西母·운운雲·풍風·우雨·설雪

(을) 지기地祇계열 : 사社·서방西方·사과四戈·사무四巫·산山·천川

(병) 인귀人鬼계열 : 선왕先王·선공先公·선비先妣·제자諸子·제모諸母·구신舊臣

　상민족은 시조를 지존신至尊神으로 간주하였기 때문에 상제는 많은 신들의 주인이었고, 또한 상민족의 시조는 상민족의 보호신이었다. 상민족의 종교는 천·지·조상 삼원신을 숭배대상으로 하였으니 일종의 다신교였다. 주 무왕武王이 상商을 점령한 후에, 기본적으로 이러한 종교적 전통을 답습하였다.『주례』「춘관春官」에는 서주西周의 종교제전을 기록하고 있다.

　대종백大宗伯9의 직분은 국가를 세운 지역의 천신天神·인귀人鬼·지시地示(地祇)의 예를 관장하고 왕을 보좌하여 국가를 편안하게 하는 일을 한다. 길례吉禮로써 국가의 인귀·천신·지기를 섬기고, 인사禋祀10로써 호천상제昊天上帝에 제사지내고, 실시實柴11로써 일월성신日月星辰에 제사지내고, 유료燎12로써 사중司中(星宿의 이름)·사명司命(星宿의 이름)·풍사飄師(風神)·우사雨師(雨神)에게 제사지낸다. 혈제血祭13로써 사직社稷·오사五祀·오악五嶽에 제사지내고, 매침薶沈14으로 산림山林·천택川澤에 제사지내고, 벽고疈辜15로 사방의 온갖 사물에 제사지낸다. 헌관獻祼16으로써 돌아간 왕들을 접대하고,

9 왕국(王國)의 모든 예절과 음악을 관장하는 최고 책임자이다.(역자 주)

10 몸을 정결히 하고 제사를 지내는 것을 말한다.(역자 주)

11 희생물의 몸체. 혹자는 옥백을 불살라 연기를 오려서 양(陽)에 보답하는 것이라고도 한다.(역자 주)

12 화톳불을 피워놓고 제사지내는 것을 말한다.(역자 주)

13 희생을 죽여서 제사지내는 일이다.(역자 주)

14 묻어서 가라앉히는 제사의식의 일종이다.(역자 주)

15 희생을 갈라서 사지를 찢는 제사의식의 일종이다.(역자 주)

궤식饋食으로써 돌아간 왕들을 접대하며, 사祠인 봄 제사로써 돌아간 왕들을 접대하고, 약禴인 여름제사로써 돌아간 왕들을 접대하며, 상嘗인 가을 제사로써 돌아간 왕들을 접대하고, 증烝인 겨울제사로써 돌아간 왕들을 접대한다.17

그러나 주나라 사람은 상민족의 상제관념을 변경하였다. 즉 시조신始祖神과 지존신至尊神을 둘로 나누고 상제와 하늘을 연결시켜 어떤 민족 혹은 씨족을 초월하는 최고신이 되게 하여 '호천상제昊天上帝'라고 불렀고, 또한 시조인 후직后稷을 오곡의 으뜸으로 존숭하고 '사社'와 합쳐 '사직社稷'이 되게 하여 지기地祇의 최고 자리에 두었다. 이것이 바로 공자가 말한 "주나라는 은나라의 예를 인습하였으나 또한 손익한 바가 있었다"18는 것이다. 주 문화는 중국문화상에서 모범적 의미이고, 또한 역대 통일왕조 국가종교의 발전유형을 결정하였다.

나는 「유학 독존의 문화배경설」19이라는 논문에서 일찍이 서한西漢(前漢)왕조의 문화노선을 한 차례 탐구하였는데, 한漢문화의 건설에는 선택할만한 세 가지 유형−진秦문화·초楚문화·주周문화의 유형이 있었고 매 유형마다 서한 통치자들이 모두 일찍이 시험을 거쳤으나 마지막으로 주나라를 계승한 문화노선을 선택하였다고 보았다.

만약 한 무제가 한 왕조 대일통 종교를 세울 때에 '초'문화의 영향

---

16 강신(降神)할 때 잔을 올리는 일이다.(역자 주)

17 『周禮』「春官宗伯·大宗伯」, "大宗伯之職, 掌建邦之天神人鬼地示之禮, 以佐王建保邦國. 以吉禮事邦國之鬼神祇. 以禋祀祀昊天上帝, 以實柴祀日月星辰, 以槱燎祀司中司命觀師雨師. 以血祭祭社稷五祀五嶽, 以貍沈祭山林川澤, 以疈辜祭四方百物. 以肆獻祼享先王, 以饋食享先王, 以祠春享先王, 以禴夏享先王, 以嘗秋享先王, 以烝冬享先王."

18 『論語』「爲政」, "周因於殷禮, 所損益, 可知也."

19 謝謙, 「유학 독존(獨尊)의 문화배경설」(『전통문화와 현대화』, 1993년, 제5기에 들어있다) 참조.

을 깊이 받았다고 한다면, 예를 들어 '태일太一'로 지존신을 삼고 '호천
상제昊天上帝'로 지존신을 삼지 않았다면, 원제元帝(BC 48~BC 33년 재위)와
성제成帝(BC 33~BC 7년 재위) 시기에 한 왕조 대일통 종교는 서주西周의
옛 제도를 전면적으로 회복하기 시작하였고, 그 절정을 이룬 것이 바
로 왕망王莽(8~24 재위)이 한 평제平帝(1~5 재위) 원시元始(한 평제의 연호) 연
간에 추진한 '원시개제元始改制'이다.20 '원시개제'의 근거는 바로 고문
경전인 『주례』이다. 광무光武 중흥中興21에 교묘제도는 기본적으로
'원시고사元始故事'를 취하였으니, 즉 왕망이 한 평제의 명의로 반포한
종교제전에 근거하였다. 청대 학자 진혜전秦蕙田(1702~1764)이 지적하
기를,

> 서한西漢에서 말하는 천지에 교제郊祭를 지낸다는 것은 바로 오치五畤와 감
> 천태일甘泉太一・분음후토汾陰后土 등에 제사지내는 것으로, 모두 방사方士들
> 의 기복祈福의 설에서 나온 것이지 옛 사람들의 '근본에 보답하고 처음으
> 로 돌아간다(報本反始)'는 뜻이 아니다.22

그러나 '원시고사'는 서주의 옛 제도이니, 이것은 한 왕조가 문화건
설에서 주나라를 계승한 기본노선에 부합한다. 이처럼 상나라와 주
나라의 삼원신 숭배를 중심으로 하는 교묘제도는 정식으로 대일통
왕조의 종교제전으로 확립되었다. 한나라 이후 역대 왕조의 종교제

---

20 사겸, 「한대의 유학 복고운동과 '元始改制'」(『四川師範大學學報』, 1996年, 第2期에 들
   어있다)를 참고.
21 동한(東漢: 後漢) 광무제(光武帝: 25~57 재위) 유수(劉秀). 유수는 왕망의 신(新)정권을
   무너뜨리고 동한(東漢)을 세운 후에, 유도(柔道)로 천하를 다스렸다. 광무제는 서
   한 말기의 사회위기를 극복하고 동한 초기의 사회안정・경제회복・인구증가의
   국면을 이끌어냈는데, 이를 '광무 중흥(光武 中興: 25~57)'이라 부른다.(역자 주)
22 秦蕙田, 『五禮通考』卷7, 「吉禮(7)」 "西漢所謂郊祀天地者, 乃是祀五畤及甘泉太一汾陰
   后土之類, 皆出於方士祈福之說, 而非古人報本反始之意也."

전이 비록 시대와 지역에 따른 변화가 있었으나, 이러한 삼원신 숭배의 기본구조를 유지하였고 그들이 숭배하고 제사지내던 대상은 천天·지地·인人 세 범위를 벗어나지 않았으니, 이에 중국 고대에 천·지·조상에 제사지내는 교묘제도가 형성되었다. 유교의 전통에 근거하면, 제왕이 나라를 세우고 백성에 임금노릇 하면서 첫 번째의 큰 일이 바로 예악제정, 즉 그 왕조의 교묘제도를 중심으로 예악제도를 세우는 것이다.

교묘제도는 국가제전으로, 일종의 종교현상일 뿐만 아니라 동시에 일종의 정치제도였다. 예컨대 천자만이 하늘에 제사지내는 특권이 있었고, 신하와 백성들은 다만 자기의 조상에게 제사지낼 수 있었다. 중국 전통의 '상제'는 제왕가帝王家의 보호신과 같았으니, 이것은 아마도 중국 상제와 서방 '하느님'의 가장 큰 구별이다. 인간 제왕만이 유일무이唯一無二한 '천자'요, 사람마다 누구나 다 상제의 '유권자'가 아니기 때문에 일반 백성들의 안중에는 이러한 상제가 아득히 멀게 여겨졌다. 중국인의 상제관념이 약하고 충군忠君관념이 농후한 것도 아마 여기에서 이해할 수 있을 것이다. 실제로, 고대 중국인의 마음속에서 제왕은 결코 평범한 사람이 아니라 '천자'이고 '인신人神'이었으며, 특히 천하를 연 개국황제는 더 신성하였다. 고대 제왕의 감생신화感生神話[23]는 이러한 종교관념의 산물이다. 비록 신하(관원)와 백성들이 자기의 조상에게 제사지낼 수 있었지만, 종묘제도에는 등급의 구분이 있었다. 『예기禮記』「왕제王制」편에 근거하면 다음과 같다.

---

23 '감생설화'는 남녀의 결합이 아닌 특이한 계기나 성스러운 물체의 정기를 받아 잉태하게 되었다는 설화로, 비범한 인물을 주인공으로 삼는 신화나 인물전설에 주로 나타난다.(역자 주)

천자는 사당에 7대의 신주를 모시는데, 3위의 소昭와 3위의 목穆24과 태조太祖25의 신주를 합해 7묘七廟이다. 제후諸侯는 5대의 신주를 모시는데, 2위의 소昭와 2위의 목穆과 태조26의 신주를 합해 5묘五廟이다. 대부大夫는 3대의 신주를 모시는데, 1위의 소昭와 1위의 목穆과 태조27의 신주를 합해 3묘三廟이다. 사士는 1묘一廟이고, 서인庶人은 거처하는 방(寢)에서 제사 지냈다.28

청대 학자 손희단孫希旦(1736~1784)은 이러한 묘제廟制29가 한대 유학자에서 나왔고 서주의 옛 제도가 아니라고 보았다.30 서주의 묘제가 반드시 이와 같지는 않았더라도, 묘제를 통하여 상하上下·존비尊卑의 등급질서를 나타낸 것은 예로부터 모두 그러하였을 것이다. 이러한 삼원신 숭배를 기초로 하는 교묘제도는 고대사회의 등급질서를 나타냈을 뿐만 아니라, 또한 전통도덕의 최고관념인 '충군忠君'과 '효친孝親'관념을 나타냈다. 종묘의 제사는 '초상을 삼가고 멀리 돌아가신 분에 대한 효를 추모하기 위한 것(愼終追孝)'이고, 충군忠君은 '효'의 확장일 뿐만 아니라 또한 종교적 기초, 즉 제왕이 곧 '천자'라는 관념이 있었다. 총괄하면, 역대 왕조의 국가제전인 교묘제도에는 세 가지 의미가 있으

---

24 삼소삼목(三昭三穆): 소목(昭穆)은 조상의 신주를 사당에 모시는 차례를 말하는 것이다. 북쪽의 중앙에 남향하여 시조(始祖)를 모시고, 좌측에 2대·4대·6대의 신주를 차례로 모시니 이를 소(昭)라 하고, 우측에 3대·5대·7대의 신주를 차례로 모시니 이를 목(穆)이라 한다.(역자 주)

25 처음 나라를 세운 이를 말한다.(역자 주)

26 처음 제후로 봉해진 이를 말한다.(역자 주)

27 대부의 집안으로, 처음 봉작을 받은 이를 말한다.(역자 주)

28 『禮記』「王制」, "天子七廟, 三昭三穆與大祖之廟而七. 諸侯五廟, 二昭二穆與大祖之廟而五. 大夫三廟, 一昭一穆與大祖之廟而三. 士一廟. 庶人祭於寢."

29 조상의 신주를 사당에 모시고 제사를 드리는 제도이다.(역자 주)

30 孫希旦, 『禮記集解』卷53, 참조.

니, 즉 종교신앙·정치제도·윤리관념이다.

천·지·조상에게 제사지내는 이러한 종교제전은, 중국 역대 왕조에서 받들어 행하던 전통이다. 불교와 도교가 유행하던 시기에는 심지어 조정에서조차도 수륙도장水陸道場[31] 혹은 재초齋醮[32] 등의 복을 빌고 재앙을 물리치는 의식을 거행하였지만, 이러한 종교제전은 폐기되지 않았고, 그 중요성도 불교와 도교의 의식보다 훨씬 컸다. 역대로 불교와 도교를 배척하는 사람이 있었지만, 이러한 종교제전을 배척한 사람은 없었다. 원인은 매우 간단하였으니, 이것이 바로 중국 본토에 오랫동안 유전되어 오던 전통종교이고, 상商·주周가 나라를 세운 근본신앙이며, 서한西漢 이후 역대 왕조에서 받들던 정통의 국가종교이기 때문이다.

이러한 국가종교는 객관적으로 존재하는 역사적 현상이니, 설령 통상적인 정의에 근거하더라도 그것이 종교라는 것을 부인할 수 없다. 사실, 현대 학자들이 중국 고대종교를 언급할 때에 이러한 종교현상에 주목하지 못하는 것이 아니라 적절한 명칭을 찾지 못해 고생하는데, 예컨대 도교·불교·기독교 등은 '오랜 세월을 거치면서 습속으로 굳어진 것(約定俗成)'이거나 혹은 옛날부터 이미 있던 명칭이다. 다시 말하면, 관건은 명칭에 있다. 우리는 중국 역대 왕조의 국가종교를 유교로 부를 수 있다고 생각한다.

여기에서 먼저 두 개념―유교儒敎와 유가儒家를 구분하였다. 주지하듯이, 도가道家와 도교道敎는 두 개념으로, 전자는 학파이고 후자는 일

---

31 수륙재(水陸齋)의 본래 이름은 '법계성범수륙보도대재승회(法界聖凡水陸普度大齋勝會)'로 '수륙법회(水陸法會)'·'수륙도장(水陸道場)'·'비제회(悲濟會)'라고 부르기도 하고, 물과 뭍에서 헤매는 고혼(孤魂)과 아귀(餓鬼)를 구제하기 위해 공양을 베푸는 의식을 말한다.(역자 주)

32 '재초'는 단(壇)을 설치하고 제물(祭物)을 신에게 바쳐 복을 구하고 재앙을 면하도록 기원하는 의식으로, 굿이나 재 등을 말한다.(역자 주)

종의 종교이다. 유가와 유교도 유사하게 구분할 수 있다. 즉 유가는 공자가 창립한 학파이고, 유교는 중화민족의 전통종교-역대 왕조의 국가종교이다. 반드시 지적해야 할 것은, 이 두 개념의 의미는 우리가 정의한 것이고, 고대에는 두 개념 간에 이러한 정의가 없었다는 것이다. 마치 우리가 오늘날 도가와 도교를 엄격히 구분하지만, 실제로 고대도교는 노담老聃(노자)과 장주莊周(장자)를 '태상노군太上老君'과 '남화진인南華眞人'으로 받들었고, 『노자』와 『장자』를 도교의 귀중한 경전으로 존숭하였던 것과 같다. 중국 고대에는 본래 객관적으로 공자가 창립한 학파와 이 학파보다 역사가 더 오래된 중화민족의 종교전통과 문화전통이 존재하였고 둘 간에 매우 긴밀한 관계도 있었으나, 고대 학자들은 뭉뚱그려 '선왕의 교(先王之敎)'라고 불렀고, 현대 학자들은 뭉뚱그려 '유가문화'라고 불렀다. 그렇다면 우리가 '유가'와 '유교'라는 옛날부터 이미 있던 두 용어를 끄집어내어 공자가 창립한 학파와 중화민족의 전통종교를 분별하는 것도 '다른 구상이나 계획에서 나온(別出心裁) 발명'이 아니다.

실제로, 고대 중국인의 마음속에는 천·지·조상을 신앙의 중심으로 하는 국가종교와 이른바 '유교'가 본래 같은 것이었으니, 이는 말하지 않아도 분명하다. 옛날 사람들이 말하는 유교는 무엇인가? 바로 예교禮敎로, 예로써 가르침을 삼은 것이다. 이른바 '예'는 무엇보다도 천·지·조상을 신앙의 중심으로 하는 종교 제례(祭禮)이다. 『예기』「제통(祭統)」에는 말하기를,

무릇 사람을 다스리는 도리로는 예보다 절실한 것이 없다. 예에는 다섯 가지[33]가 있는데, 그 중에 제사보다 더 중한 것이 없다.[34]

---

[33] 오경(五經)은 다섯 가지 종류, 즉 길례(吉禮)·흉례(凶禮)·빈례(賓禮)·군례(軍禮)·가례(家禮)를 말한다. 제례(祭禮)는 길례에 포함된다. (역자 주)

제사는 가르침의 근본이다.35

이것은 후세 유가에서 크게 칭송하던 '선왕의 가르침'이다. 당대 한
유韓愈(768~824)는 그의 「원도原道」에서 유·불·도 삼교의 차이를 구분
하였다.

이른바 선왕의 가르침이란 무엇인가? 널리 사랑하는 것을 인仁이라 하고,
행하여 이치에 맞는 것을 의義라 하며, 이를 따라가는 것을 도道라 하고,
자기에게 만족하고 밖에 기대함이 없는 것을 덕德이라 한다. 그 글은 『시
경』·『서경』·『역경』·『춘추』이고, 그 법도는 예禮·악樂·형刑·정政이고,
그 백성은 사士·농農·공工·상(賈)이고, 그 위계는 군신君臣·부자父子·사우
師友·빈주賓主·형제(昆弟)·부부夫婦이고, 그 의복은 베·명주이고, 그 거처
는 궁宮·실室이고, 그 음식은 조·쌀·과일·채소·생선·고기이다. 그들의
도리는 명백하여 알기가 쉽고, 그들의 가르침은 실행하기가 쉽다.……이
것은 내가 말한 도를 이르고, 앞에서 말한 도가와 불가의 도가 아니다. 요
임금은 이것을 순임금에게 전하였고, 순임금은 이것을 우임금에게 전하
였으며, 우임금은 이것을 탕임금에게 전하였고, 탕임금은 이것을 문왕·
무왕·주공에게 전하였으며, 문왕·무왕·주공은 이것을 공자에게 전하였
고, 공자는 이것을 맹가孟軻(맹자)에게 전했는데, 맹자가 죽자 이것이 전해
지지 않게 되었다.36

---

34 『禮記』「祭統」, "凡治人之道, 莫急於禮. 禮有五經, 莫重於祭."

35 『禮記』「祭統」, "祭者, 教之本也已."

36 『韓昌黎集』卷11, 「原道」, "夫所謂先王之教者, 何也. 博愛之謂仁, 行而宜之之謂義,
由是而之焉之謂道, 足乎己無待於外之謂德. 其文詩書易春秋, 其法禮樂刑政, 其民士農
工賈, 其位君臣父子師友賓主昆弟夫婦, 其服麻絲, 其居宮室, 其食栗米果蔬魚肉. 其爲
道易明, 其爲教易行也.……曰斯吾所謂道也, 非向所謂老與佛之道也. 堯以是傳之舜,
舜以是傳之禹, 禹以是傳之湯, 湯以是傳之文武周公, 周公以是傳之孔子. 孔子傳之孟軻,
軻之死, 不得其傳焉."

공자 이전에 역대 성인이 서로 전해주던 '도통道統'이 존재하였는지 여부에 대해서는 잠시 보류하고 논하지 않겠다. 그러나 공자 이전의 고대문화, 즉 삼대(하·은·주)의 고례古禮는 결코 근거 없이 만들어진 것이 아니라 대대로 누적되어 이루어진 것이다. 공자는 일찍이 다음과 같이 말하였다.

> 주나라는 이대二代(하나라와 은나라)를 본보기로 삼았으니, 찬란하구나 그 문채여! 나는 주나라를 따르겠다.[37]
> 은나라는 하나라의 예를 인습하였으니 손익損益한 바를 알 수 있고, 주나라는 은나라의 예를 인습하였으니 손익한 바를 알 수 있다.[38]

여기서의 '예'는 최초로 신에게 제사지내는 종교의식이다. 『상서尚書』 「요전堯典」에는 다음과 같은 글이 있다.

> 요임금이 말씀하시기를, 자! 사악四岳(사방의 큰 산을 관장하는 사람)아. 나의 삼례三禮를 맡을 수 있겠는가?[39]

마융馬融(79~166)의 주석에는 "삼례는 천신天神·지기地祇·인귀人鬼의 예이다"[40]라고 하였고, 정현鄭玄(127~200)의 주석에는 "천사天事·지사地事·인사人事의 예이다"[41]라고 하였다. 고대 문화의 중심이 종교에 있고 고대 예악의 중심이 신에 제사지내는데 있어서 삼대 종교와 예악이 한

---

37 『論語』「八佾」, "周監於二代, 郁郁乎文哉. 吾從周."
38 『論語』「爲政」, "殷因於夏禮, 所損益可知也. 周因於殷禮, 所損益可知也."
39 『尚書』「堯典」, "帝曰, 咨四岳, 有能典朕三禮."
40 孫星衍, 『尚書今古文疏證』卷1, 融注, "三禮, 天神地祇人鬼之禮."
41 孫星衍, 『尚書今古文疏證』卷1, 鄭玄注, "天事地事人事之禮."

계통으로 이어져 내려와서 고대 중화민족의 문화전통을 형성하였으니, 이것이 바로 후세 유가에서 신격화된 역대 성인이 서로 전해주던 '도통'이다. 고대의 예교, 즉 '선왕의 가르침'은 본래 '종교의 교'이니, 그 도덕교화는 '종교의 교' 속에 포함되어 있다. 이것이 바로 유교이고 후세 유가가 근본으로 삼던 것이다.

유교는 중화민족의 전통종교이고, 또한 역대 왕조의 국가종교이다. 『시경』·『서경』·『예기』·『악기』·『역경』·『춘추』는 유교의 성스러운 경전으로 그 성질은 유태교의 『구약』에 해당되니, 종교의 귀중한 경전일 뿐만 아니라 또한 고대 선민先民의 역사이다. 현대 학자들은 청대 유학자들의 "육경이 모두 역사이다"[42]는 설에 근거하여 '육경'을 '역사'로 보지만, 이른바 '역사'와 종교경전이 상고시대에는 본래 어떤 구별도 없었다는 것을 알아야 한다. 지금 사람의 입장에서 과거의 묵은 자취를 모두 '역사'라고 말할 수 있겠지만, 이러한 '역사' 속에서 '육경'이 역대 왕조에 의해 경전으로 존숭될 수 있었던 것은, 육경이 중화민족의 문화전통을 대표하고 민족문화의 으뜸 경전이라는데 있다. 역대로 정통으로 자처하던 왕조는 이러한 문화전통을 존숭하지 않을 수 없었으니, 그 국가종교와 교묘제도는 반드시 경전에 실리는 근거가 되었다. 예를 들어 천자는 수도의 남교南郊에서 호천상제昊天上帝에게 제사지내고 수도의 북교北郊에서 후토后土에게 제사지내며, 황실의 왼쪽에 종묘를 세우고 황실의 오른쪽에 사직을 세우며, 태산泰山에서의 봉선封禪과 명당제도 등에 이르기까지, 하나라도 '육경'에 근거하지 않음이 없었다. 역대 왕조가 '육경'을 존숭한 것은, 육경이 공자에서 나왔기 때문이 아니라 육경이 중화민족 문화의 으뜸 경전이었기 때문이다.

다시 말하면, 유교의 전통은 결코 공자에서 시작된 것이 아니라, 공

---

42 경(전)이 곧 역사(서)이며, 역사가 곧 경전이 된다는 것을 의미한다. (역자 주)

자는 다만 이러한 오래된 문화전통의 전수자에 불과하다. 실제로, 공자 본인은 어떤 학파도 창립할 의도가 없었다. 이른바 유가이든 학파이든 모두 후인들이 진술한 것이다. 공자는 '유儒'라는 용어를 발명하지 못하였고 '유가'의 창시자로 자처하지도 않았다. 공자 이전에 중국에는 후세에서 말하는 그러한 학파가 결코 존재하지 않았고, 문화가 종교를 포괄한 것은 모두 왕관王官에서 관장되었으니 이른바 '왕관문화王官文化'였고, 그 전적이 바로 '육경'이었다. 공자는 춘추 말기에 태어나서 자기가 사모하고 그리워하던 문화전통이 땅에 떨어지는 것을 직접 목격하고, 이에 이러한 문화전통을 더 한층 발전시키는 것을 자기의 임무로 삼았다.

> 기술하되 창작하지 않았고, 옛 것을 믿고 좋아하였다.[43]

공자는 먼저 개인적으로 강학하는 학풍을 열고 『시경』·『서경』·『예기』·『악기』를 가르쳤는데, 본래 '왕관문화'였던 '육경'을 민간에 전파시켰다. 후세에 공자가 '육경'을 산정刪定하였다는 견해가 있지만, '산정' 또한 근거 없이 만들어진 것이 아니라 '선왕의 옛 경전'을 정리한 것이다. 공자는 '하나라의 예'·'은나라의 예'·'주나라의 예'에 대해 모두 숙지하였고 '인습'과 손익'에 대해서도 매우 상세하였는데, 이것이 바로 공자의 사상적 특징, 즉 예로써 가르침을 삼은 특징을 구성하였다. 이 또한 공문孔門 후학들의 '일이관지一以貫之'하는 전통이 되었다. 공자시대에 '유儒'란 일종의 직업 혹은 예악의식을 잘 아는 술사術士를 통칭하였으니, 공자와 그 제자들의 비장의 솜씨가 고례古禮에 익숙하였기 때문에 공자 문하에는 '유가儒家'라는 명칭이 있었다.

---

43 『論語』「述而」, "述而不作, 信而好古."

  공자와 유가에서 말하는 '공孔'은 물론 신에게 제사지내는 종교예악일 뿐만 아니라, 교사郊社·종묘宗廟의 예이기도 하다. 공자 이전에는 '예'가 이미 신에게 제사지내는 종교의식에서 인사人事로 확대되었다. 오늘날 전해지는 『의례儀禮』44의 기록에 근거하면, 사관례士冠禮·사혼례士婚禮·사상견례士相見禮·향음주례鄕飮酒禮·향사례鄕射禮·연례燕禮·대사례大射禮·빙례聘禮·공식대부례公食大夫禮·근례覲禮·상례喪禮·기석례旣夕禮·특성궤식례特性饋食禮·소뢰궤식례少牢饋食禮 등 17가지로 크게 구분하고 있다. 그 중의 관례冠禮·혼례婚禮·사례射禮·연례燕禮 등은 인사의 예이다. 『주례』에는 "오례五禮로써 백성들의 허례허식을 막는다"45는 말이 있는데, 이른바 '오례'는 정현의 주에 따르면, "길례吉禮·흉례凶禮·군례軍禮·빈례賓禮·가례嘉禮이다."46 '오례'의 공능을 분별하면 다음과 같다.

  길례로써 국가의 인귀·천신·지기를 섬기고, 흉례로써 국가의 근심을 슬퍼하며, 빈례로써 큰 나라와 작은 나라 간에 친하게 지내며, 군례로써 큰 나라와 작은 나라 사이를 동등하게 하고, 가례로써 모든 백성을 친애하게 하였다.47

  『주례』가 주공이 예악을 제정하여 태평을 이룬 책인지의 여부'에 대해 지금까지 의심하는 사람이 있지만, 공자 이전의 고례古禮에 이미 신에게 제사지내는 의식이 인사로 확대되었다는 것은 오히려 부인할 수

---

44 중국 고대의 지배자 계급의 관혼상제(冠婚喪祭) 등의 예법을 기록한 책. 『주례』·『예기』와 더불어 3례라고 하며, 구경(九經)·십삼경(十三經)의 하나로 꼽힌다. (역자 주)
45 『周禮』「地官司徒·大司徒」, "以五禮防萬民之僞."
46 『周禮注疏』卷19, 漢鄭氏注, "五禮吉凶賓嘉."
47 『周禮』「春官宗伯(上)·大宗伯」, "以吉禮事邦國之鬼神祇. 以凶禮哀邦國之憂. 以賓禮親邦國. 以軍禮同邦國. 以嘉禮親萬民."

없는 역사적 사실이다. 이와 같을지라도, 공자시대는 비종교의 시대가
아니었다. 논자들은 대부분 춘추시대에 출현한 종교회의론宗敎懷疑論 혹
은 무신론無神論으로 중국인의 '이성이 조숙하였음'을 증명하였다. 예컨
대 정자산鄭子産[48]이 말한 "천도는 멀고 인도는 가깝다"[49], 노자가 말한
"도는 자연을 본받는다"[50], 공자의 "괴·력·난·신을 말하지 않았다"[51]
는 등과 같지만, 소수 선각자들의 '이성이 조숙한 것'으로는 결코 민족
의 종교관념이 희박하였다는 것을 증명할 수 없다. 실제로, 공자 생전
에서 사후 2천여 년에 이르기까지, 중화민족은 일종의 천·지·조상신
앙을 중심으로 하는 전통종교를 보유하고 있었으니, 이것이 바로 '유교'
이다.

공자 본인은 아마도 무신론자나 적어도 종교회의론자였지, 독실한
종교 신도자가 아니었을 것이다. 그의 "귀신을 공경하되 멀리하였다"[52]
는 태도가 바로 그 증거이다. 실제로, 종교는 모두 일반 중생들의 정신
적 귀의처일 뿐이고, 공자·노자·장자·맹자·순자 등은 크게 지혜로
운 분이고 그들은 모두 선지선각先知先覺자이다. 공자의 심오한 점은, 문
화전통이 일맥상전一脈相傳하는 것을 깊이 알았을 뿐만 아니라 또한 모
든 백성들의 신앙이 종교에 있음을 깊이 알았는데 있다. 때문에 공자가
'예'로써 가르침을 삼고 '인'으로 근본을 삼을 때에, 한편으로는 "기술하
되 창작하지 않았고", 다른 한편으로는 "신도로써 가르침을 베풀었던
것이다." 체禘는 고대에 매우 융성이 지내던 일종의 제사의식으로 천자

---

48 国僑(?~BC 522): 성은 국(國), 이름은 교(僑), 자산(子産)은 자이다. 춘추시대 정(鄭)
나라 목공(穆公: 재위 BC 627~606)의 손자이며, 자국(子國)의 아들이며, 유명한 정치
가와 사상가이다. (역자 주)

49 『春秋左傳』「昭公 18年」, "子産曰, 天道遠, 人道邇."

50 『老子』, 第25章, "道法自然."

51 『論語』「述而」, "不語怪力亂神."

52 『論語』「雍也」, "敬鬼神而遠之."

만이 거행할 수 있었다. 『논어』「팔일八佾」의 기록에 따르면, 어떤 사람이 체례褅禮의 의미를 묻자, 공자께서 다음과 같이 대답하였다.

"알지 못하겠다. 그 예를 아는 자는 천하를 다스림에 있어 이것을 보는 것과 같을 것이다!"라고 하고 그 손바닥을 가리켰다.[53]

또한 『예기』「중용」에서 이 단락에 대해 부연·설명하였다.

교사郊社의 예는 상제를 섬기는 것이요, 종묘宗廟의 예는 조상을 섬기는 것이다. 교사의 예와 체상(褅嘗: 褅祭(여름에 지내는 제사)와 상제嘗祭(가을에 지내는 제사))의 뜻에 밝은 자는 나라를 다스리는 일이 손바닥 위에 놓고 보는 것과 같을 것이다![54]

이른바 '체상褅嘗의 뜻'은 바로 '신도로 가르침을 베푼다'는 뜻이다. 공자는 "백성을 부릴 때는 큰 제사를 받들듯이 한다"[55]라고 하였는데, 자못 의미심장한 말이다.

실제로, 공자가 예로써 가르침을 삼은 사상은 종교예악에 근본한다. 즉 도덕교화는 종교로 기초를 삼으니 이러한 뜻은 고대 유가에서 매우 분명히 말하였다.

충신이 임금을 섬기고 효자가 어버이를 섬기는데, 그 근본은 하나이다. 위로 귀신을 따르고, 밖으로 임금과 어른을 따르고, 안으로 그 부모에게

---

53 『論語』「八佾」, "不知也. 知其說者之於天下也, 其如示諸斯乎."
54 『中庸』, 第19章, "郊社之禮, 所以事上帝也, 宗廟之禮, 所以祀乎其先也. 明乎郊社之禮, 褅嘗之義, 治國其如示諸掌乎."
55 『論語』「顏淵」, "使民如承大祭."

효도하는데, 이와 같은 것을 모든 것이 갖추어진 것이라고 하는 것이다.……제사는 공손한 마음과 정성스러운 준비로 지내는 것이니, 이것이 그 가르침의 근본이다. 이 때문에 군자가 사람을 가르치는 데는 밖으로는 임금과 어른을 존경할 것을 가르치고, 안으로는 그 부모에게 효도할 것을 가르친다. 그런 까닭에 밝은 임금이 위에 있으면 모든 신하가 복종하고, 종묘와 사직을 높이 받들어 제사지내면 자손들은 공손하고 효도하게 된다. 그 도리를 다하고 그 의리를 받들면, 가르침의 효과가 나타난다.…… 이 때문에 군자의 가르침은 반드시 그 근본에 말미암는 것이니, 효순孝順하는 마음이 지극한 것으로는 제사가 이러한 것이다. 그러므로 "제사는 가르침의 근본이다"라고 하는 것이다.56

제사로 가르침의 근본을 삼는 것은 바로 종교로 도덕교화의 근본을 삼는 것이다. 충군忠君과 효친孝親은 유가 도덕교화의 핵심이지만, 도덕은 결코 신앙이 아니라 행위의 규범이다. 다시 말하면, 유가의 도덕은 결코 '증명할 필요 없이 자명한' 최종 진리가 아니라 모종의 신앙을 기초로 해야 성립될 수 있는 것이다. 유가의 도덕이 중화민족 사람의 마음속에 깊이 파고들 수 있었던 것은, 전통의 종교신앙을 기초로 하고 삼원신 숭배를 그 도덕교화의 기초로 삼은데 있다. 유가가 말하는 '오례五禮'는 길례吉禮, 즉 제례祭禮를 으뜸으로 하는데, 그 의미가 바로 여기에 있다.

---

56 『禮記』「祭統」, "忠臣以事其君, 孝子以事其親, 其本一也. 上則順於鬼神, 外則順於君長, 內則以孝於親, 如此之謂備.……順以備也, 其敎之本與, 是故君子之敎也, 外則敎之以尊其君長, 內則敎之以孝於其親. 是故明君在上, 則諸臣服從. 崇事宗廟社稷, 則子孫順孝. 盡其道, 端其義, 而敎生焉.……是故君子之敎也, 必由其本, 順之至也, 祭其是與. 故曰祭者敎之本也已."

〈재아宰我가 말하기를 "저는 귀신이라는 말을 들었습니다만, 그것이 무엇인지를 모르겠습니다"라고 하자, 공자께서 대답하기를, "기氣라는 것은 신神이 왕성한 것이요 백魄이라는 것은 귀鬼가 왕성한 것이니〉 귀鬼와 신神을 합해서 말해야 가르침이 완전할 것이다.……만물의 정령精靈에 인하여 지극한 존경의 호칭을 만들어주어 귀신이라 분명히 명명하고 백성의 법칙으로 삼게 한 것이니, 사람들이 두려워하고 만백성이 복종하는 것이다.57
대저 제사에는 10가지 윤리(十倫)가 있다. 귀신을 섬기는 도리를 나타내고, 군신君臣의 의리를 나타내며, 부자父子의 윤리를 나타내고, 귀천貴賤의 등급을 나타내며, 친소親疎의 차이를 나타내고, 작위를 주고 상을 내리는 일의 시행을 나타내며, 부부夫婦의 유별함을 나타내고, 정사政事에 있어 균등함을 나타내며, 장유長幼의 차례를 나타내고, 상하上下의 교제를 나타내니, 이것을 10가지 윤리라고 이른다.58

만약 공자의 종교적 태도가 비교적 애매하다고 말한다면, 순자는 태도가 분명한 무신론자이다. 그는 「예론禮論」에서 다음과 같이 말하였다.

예에는 세 가지 근본이 있으니, 하늘과 땅은 생명의 근본이고, 선조는 종족(인류)의 근본이고, 임금과 스승은 다스림의 근본이다. 하늘과 땅이 없었다면 어떻게 생명이 있었겠는가? 선조가 없었다면 사람이 어디에서 나왔겠는가? 임금과 스승이 없었다면 어떻게 다스려졌겠는가? 세 가지 중에 어느 하나가 없어도 사람이 편안히 살 수 없을 것이다. 그러므로 예는

---

57 『禮記』「祭義」, "合鬼與神, 教之至也.……因物之精, 制爲之極, 明命鬼神以爲黔首則, 百衆以畏, 萬民以服."

58 『禮記』「祭統」, "夫祭有十倫焉. 見事鬼神之道焉, 見君臣之義焉, 見父子之倫焉, 見貴賤之等焉, 親疎之殺焉, 見爵賞之施焉, 見夫婦之別焉, 見政事之均焉, 見長幼之序焉, 見上下之際焉. 此之謂十倫."

위로는 하늘을 섬기고, 아래로는 땅을 섬기며, 선조를 존숭하고 임금과 스승을 극진히 받들어야 한다. 이것이 예의 세 가지 근본이다.[59]

교묘제사의 의미는 "근본에 보답하고 처음으로 돌아가서 자신이 태어난 근본을 잊지 않는데"[60] 있다. 순자가 말한 천·지·조상에는 어떤 종교적 의미도 없다. 때문에 그는 다음과 같이 말하였다.

제사는 죽은 사람에 대한 애틋한 마음과 사모하는 정이 나타난 것이요, 충신忠信과 애경愛敬의 마음이 지극한 것이요, 예절과 의식을 성대하게 한 것이니, 참으로 성인이 아니고서는 알 수 없는 것이다. 성인은 〈제사의 의미를〉 분명히 알고, 선비와 군자들은 조용히 실행하며, 벼슬아치들은 그것으로 수칙守則을 삼고, 백성들은 그것으로 풍속을 이룬다. 〈제사를〉 군자들은 사람의 도리로 여기지만, 백성들은 귀신에 관한 일로 생각한다.[61]

'군자'의 자각은 결코 '백성'의 신앙이 아니다. 유가 성현들 속에서는 예교禮敎가 '도덕의 교'가 되지만, 일반 백성들 속에서는 예교가 '종교의 교'가 된다. 그러나 유교가 천하에 유행하여 사람들의 마음속에 깊이 파고들 수 있었던 것은, 그 '도덕의 교'가 '종교의 교'를 기초로 하는 데 있었다. 이 점은 역대로 유가가 매우 자각적이었다. 때문에 그들 중에 일부 사람들이 귀신을 믿지 않았지만 여전히 종교의 제례를 진지하

---

59 『荀子』「禮論」, "禮有三本, 天地者, 生之本也, 先祖者, 類之本也, 君師者, 治之本也. 無天地,惡生. 無先祖惡出. 無君師惡治. 三者偏亡焉, 無安人. 故禮上事天,下事地, 尊先祖而隆君師, 是禮之三本也."

60 『禮記』「祭義」, "反古復始, 不忘其所由生也,"

61 『禮記』「禮論」, "祭者, 志意思慕之情也, 忠信愛敬之至矣, 禮節文貌之盛矣. 苟非聖人, 莫之能知也. 聖人明知之, 士君子安行之, 官人以爲守, 百姓以成俗. 其在君子, 以爲人道也 ,其在百姓, 以爲鬼事也."

고 엄숙하게 시행하였으며, 그들이 불교와 도교의 여러 신들에 대해 크게 공경하지 않았지만 천·지·조상에 대해서는 깊이 공경하였으니, 만약 이러한 종교신앙을 배척하고 도덕교화에 근거해서 말한다면 '솥 밑에 타고 있는 장작을 꺼내어 끓어오르지 못하게 하는(釜底抽薪)' 것과 같다. 묵자는 일찍이 일부 유가의 비종교적 태도를 다음과 같이 비판하였다.

> 귀신이 없다고 주장하면서 제례를 배워야 한다는 것은, 손님이 없는데 손님접대의 예를 배우는 것과 같고, 물고기가 없는데 어망을 만드는 것과 같다.[62]

유가가 예로써 가르침을 삼고 제례로 예교의 근본을 삼은 것은, 전통의 종교신앙과 둘로 나눌 수 없는 것이다.

총괄하면, 유가에서 말하는 예는 '교묘의 예'로 모두 공자가 만든 것이 아니라 고대 중화민족 전통종교인 제례를 핵심으로 하는 의식과 규범이다. 예교, 즉 유교의 전통도 결코 공자에서 시작된 것이 아니라, 가장 직접적인 연원은 적어도 서주의 예악문화로 소급해갈 수 있다. 때문에 순자가 "대유大儒의 공적"[63]를 술회할 때에 먼저 주공을 나열하고 후에 공자를 기술하였으나, 후세 유가에서는 대체로 주공과 공자를 함께 칭하였다. 사실, 공자가 후세에 성인으로 존숭된 것은 그가 중화민족의 유구한 예교의 전통을 한층 더 발전시켰기 때문이고, 유가가 후세에 '도'에서 최고의 학파로 존숭된 것도 이러한 예교의 전통으로 자기의 출발점을 삼았는데 있다. 비록 역대 유가에는 문호門戶도 많고

---

62 『墨子』「公孟」, "執無鬼而學祭禮, 是猶無客而學客禮也, 是猶無魚而爲魚罟也."
63 『荀子』「儒效」, "大儒之效."

종파도 즐비하였지만 예로써 가르침을 삼은 것은 '일이관지—以貫之'하던 전통이었으니, 이것이 바로 "온갖 변화에도 그 종지를 벗어나지 않는다는 것이다."[64] 간단히 말하여 유교가 중화민족의 전통종교이고 역대 왕조의 국가종교라면, 공자와 유가는 전도자이다. 유가의 유교에 대한 관계는 서양 신학의 기독교에 대한 관계와 매우 비슷하다. 둘은 비록 구별되지만, 분명히 구분하기 어려울 뿐만 아니라 항상 사람들에게 하나로 취급되었다. 이것으로 유교는 큰 개념이고 유가는 작은 개념이며, 전자는 후자를 포괄할 수 있으나 후자는 다만 전자의 어떤 일부분으로 볼 수 있을 뿐이다. 현대 학자들이 중국문화의 주류가 이른바 '유가문화'라고 말할 때는, 이러한 혼동을 분명히 하여 유가학파와 이 학파가 명명하는 중화문화의 전통을 분별하려고 노력하였지만, 실제로 유가문화의 핵심은 바로 우리가 말하는 유교이다.

---

64 (淸) 譚獻, 『明詩』, "萬變而不離其宗."

원서목차

우리는 종교인가 **1**

찾아보기

■ 인명색인

■ 서명색인

■ 일반색인

역자소개

금장태 琴章泰

서울대 종교학과, 성균관대 대학원 동양철학과 수료(철학박사)
동덕여대, 성균관대 한국철학과, 서울대 종교학과 교수 역임
현 서울대 명예교수

주요저서
『비판과 포용—한국실학의 정신』
『비움과 밝음—동양고전의 지혜』
『한국유교와 타종교』
『율곡평전—나라를 걱정한 철인』외

안유경 安琉鏡

경북대 중문과, 성균관대 대학원 동양철학과 졸업(철학박사)
현 성균관대 유교문화연구소 연구원

주요저·역서
『갈암(葛庵) 이현일(李玄逸)의 철학사상』
『理의 철학』
『유가의 형이상학』
『동아시아 유교경전 해석학』외

편자소개

임계 유任繼愈(1916~2009)

중국 산동 평원(平原) 출생. 북경대 연구생으로 졸업
북경대 철학과 교수, 국가도서관 관장 역임

주요저서
『中國哲學史論』
『中國哲學史』(4권)
『中國哲學發展史』(7권)
『中國佛教史』(8권)
『中國道教史』외 다수

유교는 종교인가 ① : 유교종교론

초판 인쇄 ∣ 2011년 7월 8일
초판 발행 ∣ 2011년 7월 13일

편 자	임계유
역 자	금장태 · 안유경

책임편집   윤예미

발 행 처   도서출판 지식과교양
등록번호   제 2010-19호
주   소   서울시 도봉구 창5동 320번지 행정지원센터 B104
전   화   (02) 900-4520 (대표)/ 편집부 (02) 900-4521
팩   스   (02) 900-1541
전자우편   kncbook@hanmail.net

인 지 는
저 자 와 의
합 의 하 에
생 략 함

ISBN 978-89-94955-25-4 94150
     978-89-94955-24-7 (전2권)   **정가** 36,000원

이 도서의 국립중앙도서관 출판도서목록(CIP)은 e-CIP홈페이지(http://www.nl.go.kr/ecip)에서
이용하실 수 있습니다. (CIP제어번호: CIP2011002826)